JN493110

# CentOS 리눅스

## 시스템 & 네트워크

이종원 지음

지은이 **이종원** jw@ck.ac.kr

서강대학교 컴퓨터공학과에서 박사 학위를 취득했습니다. 1999년부터 현재까지 청강문화산업대학교 게임콘텐츠스쿨 교수로 재직 중이고, 소프트웨어 테스팅 · 게임 QA · 리눅스 분야를 강의하고 있습니다. 주요 저서로는 『SWedu. 앱 인벤터(2판)』(한빛아카데미, 2020), 『유닉스 이론과 실습(3판)』(한빛아카데미, 2020), 『우분투 리눅스(개정판)』(한빛아카데미, 2018), 『페도라 리눅스(개정판)』(한빛아카데미, 2017), 『유닉스 시스템 프로그래밍』(한빛미디어, 2010), 『유닉스 시스템 관리』(한빛미디어, 2009), 『C 프로그래밍 연습』(홍릉, 2004), 『프로그래밍 입문 with C』(홍릉, 2001) 등이 있습니다.

# CentOS 리눅스

**초판발행** 2020년 5월 30일
**4쇄발행** 2023년 8월 3일

**지은이** 이종원 / **펴낸이** 전태호
**펴낸곳** 한빛아카데미(주) / **주소** 서울시 서대문구 연희로2길 62 한빛아카데미(주) 2층
**전화** 02-336-7112 / **팩스** 02-336-7199
**등록** 2013년 1월 14일 제2017-000063호 / **ISBN** 979-11-5664-489-7 93000

**총괄** 박현진 / **책임편집** 유경희 / **기획** 강은희 / **편집** 이재욱 / **진행** 정지윤
**디자인** 이아란 / **전산편집** 박종희 / **제작** 박성우, 김정우
**영업** 김태진, 김성삼, 이정훈, 임현기, 이성훈, 김주성 / **마케팅** 길진철, 김호철, 심지연

이 책에 대한 의견이나 오탈자 및 잘못된 내용에 대한 수정 정보는 아래 이메일로 알려주십시오.
잘못된 책은 구입하신 서점에서 교환해 드립니다. 책값은 뒤표지에 표시되어 있습니다.
**홈페이지 www.hanbit.co.kr / 이메일 question@hanbit.co.kr**

Published by HANBIT Academy, Inc. Printed in Korea
Copyright © 2020 이종원 & HANBIT Academy, Inc.
이 책의 저작권은 이종원과 한빛아카데미(주)에 있습니다.
저작권법에 의해 보호를 받는 저작물이므로 무단 복제 및 무단 전재를 금합니다.

**지금 하지 않으면 할 수 없는 일이 있습니다.**
**책으로 펴내고 싶은 아이디어나 원고를 메일(writer@hanbit.co.kr)로 보내주세요.**
**한빛아카데미(주)는 여러분의 소중한 경험과 지식을 기다리고 있습니다.**

# CentOS 리눅스

## 시스템 & 네트워크

이종원 지음

한빛아카데미
Hanbit Academy, Inc.

# 이제 나도 리눅서다!

리눅스는 기존의 운영체제인 윈도나 유닉스와는 달리 리눅스 커널 개발자인 리누스 토르발스와 GNU라는 공개 소프트웨어 운동이 만나서 발전을 거듭하고 있는 운영체제입니다. 따라서 누구나 소스를 쉽게 구할 수 있고, 원하는 대로 자신만의 버전을 만들 수도 있습니다. 무료일 뿐만 아니라 매우 뛰어난 성능과 안정성을 유지하며 지속적으로 업그레이드되기 때문에 전 세계에서 널리 사용되고 있습니다.

리눅스의 큰 장점을 또 하나 꼽자면 다양한 응용 소프트웨어를 지원하는 점입니다. 리눅스에서는 웹 서버인 아파치, 데이터베이스 관리 시스템인 MariaDB, 웹 프로그래밍 언어인 PHP, 파일 공유 서비스인 삼바 등 꼭 필요한 서비스를 제공하는 응용 소프트웨어를 무료로 사용할 수 있습니다. 마찬가지로 응용 소프트웨어도 뛰어난 성능과 안정성을 유지하며 지속적으로 업그레이드되고 있습니다.

따라서 리눅스를 다룰 줄 알면 업무에 필요한 컴퓨팅 환경을 무료 혹은 아주 저렴한 비용으로 구축할 수 있습니다. 이는 전 세계적으로 개인과 공동체가 자발적으로 리눅스와 다양한 응용 소프트웨어의 개발 및 기능 개선을 위해 이바지하고 있기 때문에 가능한 일이므로 항상 감사하게 생각해야 합니다.

리눅스는 유닉스와 호환되며 주로 서버용 운영체제로 사용됩니다. 리눅스도 데스크톱용이 있고 GUI로도 많은 기능을 제공하지만, 서버를 운영하기 위해 사용하는 경우가 더 일반적입니다. 유닉스를 접해보지 않고 처음 리눅스의 세계에 발을 들여놓은 사용자라면 직접 키보드로 명령을 입력해야 하는 리눅스가 어렵게 느껴질 것입니다. 물론 리눅스도 윈도처럼 GUI로 시스템 관리 도구를 제공하지만, 처음에는 반드시 직접 명령어를 입력하면서 익숙해지는 것이 좋습니다. 나중에 다양한 명령과 옵션을 사용하다 보면 GUI로 느낄 수 없는 재미를 알게 될 것입니다.

이 책은 리눅스 기본 이론을 설명하고 그에 대한 예제를 제시한 후 실습을 통해 학습 내용을 점검할 수 있어서 실력 향상에 많은 도움이 될 것입니다. 특히 따라해보기 실습 외에 혼자해보기 실습도 제시하여 중요 내용을 반복적으로 학습할 수 있습니다. 또한 각 장의 내용을 점검해볼 수 있는 연습문제와 16장의 프로젝트는 실전 감각을 키우는 데 큰 도움이 될 것입니다.

저자는 모뎀으로 PC 통신을 하던 시절에 미닉스라는 것을 처음 만났습니다. 미닉스는 리눅스가 세상에 나오기 전에 교육용으로 등장한 PC용 유닉스 계열 운영체제입니다. 지금은 찾아볼 수 없는 5.25인치 디스켓 아홉 장으로 된 미닉스를 구입했는데, 디스켓을 갈아 끼우면서 커서가 깜빡이는 검은 화면에 유닉스 명령을 입력했던 기억이 납니다.

지금은 스마트폰과 태블릿 기기가 널리 보급되어 말 그대로 언제 어디서나 네트워크에 접속할 수 있는 세상이 되었고, 사람들은 의식하지 못하지만 인터넷 너머에는 리눅스 서버가 존재합니다. 아마 지금도 리눅스 서버에 접속된 상태로 웹 페이지를 보고 있을 것입니다. 리눅스는 더 이상 무료로 배포되는 허접한 운영체제가 아니고 윈도나 유닉스와 당당하게 경쟁하고 있습니다. 리눅스를 배운다는 것은 미래를 향한 준비입니다. 리눅스 세계에 첫발을 내디딘 여러분을 환영합니다. 리눅스의 개방과 협력 정신을 잊지 말기 바라며, 이 책이 리눅스 전문가를 꿈꾸는 독자들에게 조금이나마 도움이 되기를 희망합니다.

이 책은 페도라, 우분투에 이어 한빛아카데미㈜에서 출판하는 세 번째 리눅스 책입니다. 매번 책이 완성될 수 있도록 적극적으로 도와준 편집자에게 감사드립니다. 또한, 저를 늘 응원해주는 가족들에게 고마운 마음을 전합니다.

저자 **이종원**

**• 강의 보조 자료**

한빛아카데미 홈페이지에서 '교수회원'으로 가입하신 분은 인증 후 교수용 강의 보조 자료를 제공받으실 수 있습니다. 한빛아카데미 홈페이지 상단의 〈교수전용공간〉 메뉴를 클릭해 주세요.

**http://www.hanbit.co.kr/academy**

**• 연습문제 해답 안내**

본 도서는 대학 강의용 교재로 개발되었으므로 연습문제 해답은 제공하지 않습니다.

**• 무엇을 다루는가**

총 4부로 구성되어 있으며, 리눅스의 기본 → 리눅스 시스템 관리 → 리눅스 네트워크 서비스 관리 → 리눅스 보안 순으로 배웁니다.

**❶ 리눅스의 기본(1~6장)**

리눅스의 탄생과 발전 과정, GNU와의 관계 등 기본적인 리눅스의 개요를 살펴보고, 실습을 위해 리눅스를 가상머신에 설치하는 과정을 단계별로 설명합니다. 그리고 리눅스를 사용하기 위한 기본 지식을 학습합니다. 리눅스의 기초 명령인 파일과 디렉터리 관련 명령의 사용법, 파일 편집기인 vi의 사용법을 배웁니다. 또한 명령을 해석하여 실행하는 기능을 수행하는 배시셸의 사용법을 살펴보고, 파일에 대한 접근 권한을 설정하는 방법과 프로세스를 다루는 명령을 익힙니다.

**❷ 리눅스 시스템 관리(7~10장)**

리눅스 시스템을 관리하는 데 필요한 기능과 명령을 배웁니다. 파일 시스템과 디스크 관리 명령, 리눅스 시스템을 부팅하고 종료하는 방법, 패키지를 설치하고 소스를 컴파일하는 방법을 다룹니다. 또한 리눅스 시스템에 사용자와 그룹을 생성, 수정, 삭제하는 명령을 익힙니다.

**❸ 리눅스 네트워크 서비스 관리(11~14장)**

리눅스에서 네트워크를 통해 서비스를 관리하는 명령을 다룹니다. 네트워크 설정과 텔넷, SSH, VNC를 통한 원격 접속, FTP를 통한 파일 송수신 방법, 웹 서버와 데이터베이스 서버를 설치하고 설정하는 방법을 익힙니다. 그리고 NFS와 삼바를 통해 리눅스와 리눅스, 리눅스와 윈도 사이에서 디렉터리를 공유하는 방법을 살펴봅니다.

**❹ 리눅스 보안(15~16장)**

리눅스 보안의 기초적인 내용을 다룹니다. 보안에 대한 기본 개념을 이해하고 시스템 로그를 점검하는 방법, 방화벽을 설정하는 방법을 살펴봅니다. 또한 NMap과 PAM, SELinux 등 리눅스 보안 도구의 기본적인 사용법을 익힙니다. 마지막 장에서는 지금까지 공부한 것을 종합적으로 활용하여, 다양한 서비스를 복합적으로 제공하는 리눅스 시스템을 구축하는 간단한 프로젝트를 수행합니다.

**• 실습 환경**

실습은 VMware Workstation Player 15.5, CentOS 8에서 진행합니다. 윈도 10에서 VMware Workstation Player 15.x 버전 이상, CentOS 8(1905) 버전 이상 설치할 것을 권하지만 CentOS 7도 패키지 설치를 제외하고는 대부분의 실습이 가능합니다.

## •이 책의 구성 요소

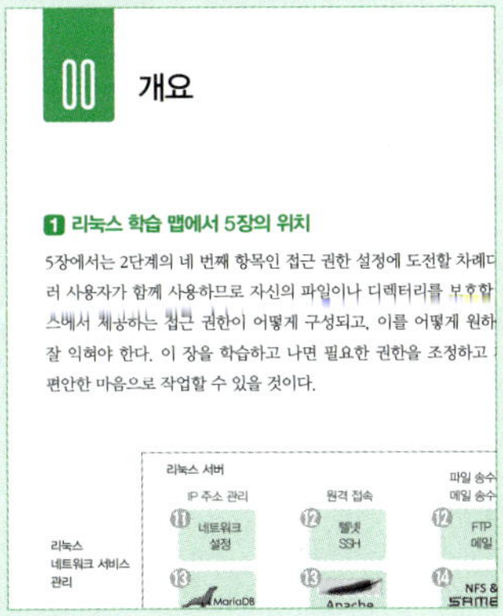

00 개요

1 리눅스 학습 맵에서 5장의 위치

5장에서는 2단계의 네 번째 항목인 접근 권한 설정에 도전할 차례다. 러 사용자가 함께 사용하므로 자신의 파일이나 디렉터리를 보호할 스에서 제공하는 접근 권한이 어떻게 구성되고, 이를 어떻게 원하 잘 익혀야 한다. 이 장을 학습하고 나면 필요한 권한을 조정하고 편안한 마음으로 작업할 수 있을 것이다.

**|개요|**

각 장에서 목표로 하는 학습 단계를 맵 형식으로 보여주고 배울 내용을 안내합니다.

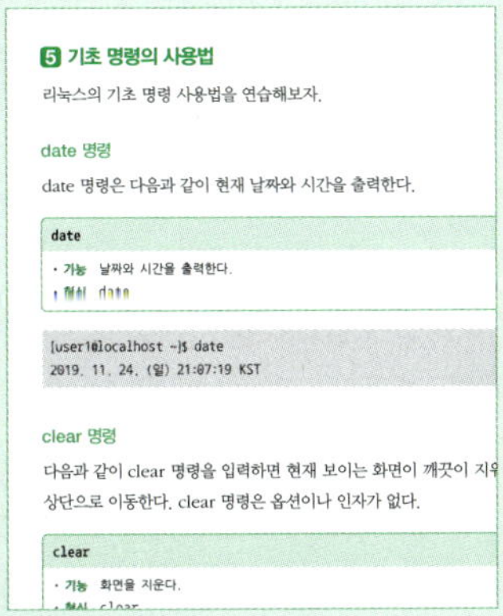

5 기초 명령의 사용법

리눅스의 기초 명령 사용법을 연습해보자.

date 명령

date 명령은 다음과 같이 현재 날짜와 시간을 출력한다.

```
[user1@localhost ~]$ date
2019. 11. 24. (일) 21:07:19 KST
```

clear 명령

다음과 같이 clear 명령을 입력하면 현재 보이는 화면이 깨끗이 지워 상단으로 이동한다. clear 명령은 옵션이나 인자가 없다.

**|명령 형식과 예제|**

리눅스의 기능을 사용하려면 다양한 명령을 알아야 합니다. 각 기능에 필요한 명령 사용법을 쉽게 익힐 수 있도록 기본 형식과 예제를 설명합니다.

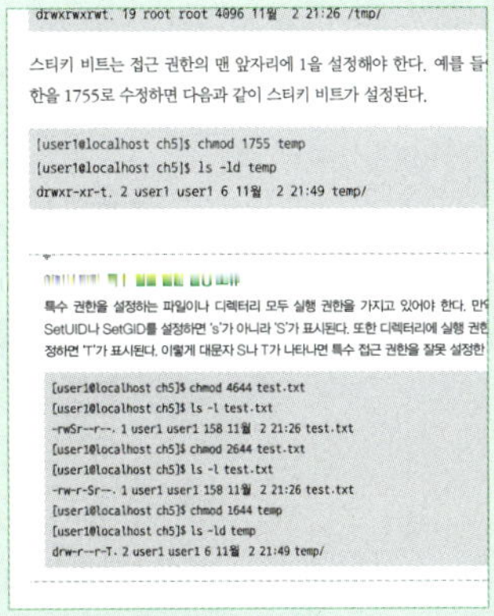

스티키 비트는 접근 권한의 맨 앞자리에 1을 설정해야 한다. 예를 들어 한을 1755로 수정하면 다음과 같이 스티키 비트가 설정된다.

```
[user1@localhost ch5]$ chmod 1755 temp
[user1@localhost ch5]$ ls -ld temp
drwxr-xr-t. 2 user1 user1 6 11월  2 21:49 temp/
```

**|여기서 잠깐|**

본문에서 자세히 다루지 않았지만 알아두면 도움이 되는 참고 내용을 담았습니다.

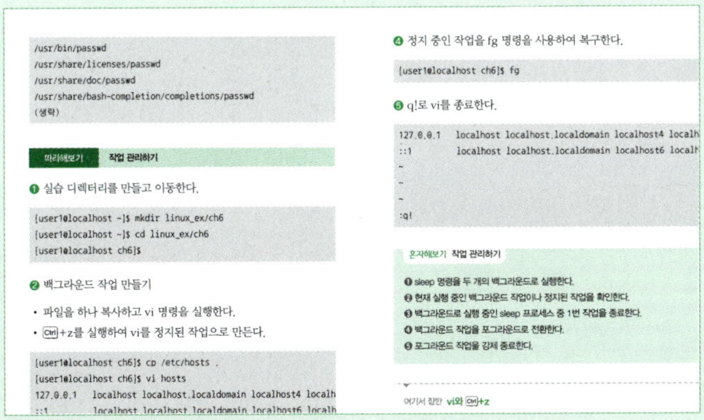

따라해보기 작업 관리하기

❶ 실습 디렉터리를 만들고 이동한다.

```
[user1@localhost ~]$ mkdir linux_ex/ch6
[user1@localhost ~]$ cd linux_ex/ch6
[user1@localhost ch6]$
```

❷ 백그라운드 작업 만들기

- 파일을 하나 복사하고 vi 명령을 실행한다.
- Ctrl+z를 실행하여 vi를 정지된 작업으로 만든다.

❹ 정지 중인 작업을 fg 명령을 사용하여 복구한다.

❺ q!로 vi를 종료한다.

혼자해보기 작업 관리하기

❶ sleep 명령을 두 개의 백그라운드로 실행한다.
❷ 현재 실행 중인 백그라운드 작업이나 정지된 작업을 확인한다.
❸ 백그라운드로 실행 중인 sleep 프로세스 중 1번 작업을 종료한다.
❹ 백그라운드 작업을 포그라운드로 전환한다.
❺ 포그라운드 작업을 강제 종료한다.

**|실습|**

학습한 이론을 직접 적용해보는 실습입니다. 기본 사용법을 익히는 따라해보기 실습과 스스로 답을 찾으며 학습 이해도를 점검하는 혼자해보기 실습이 있습니다.

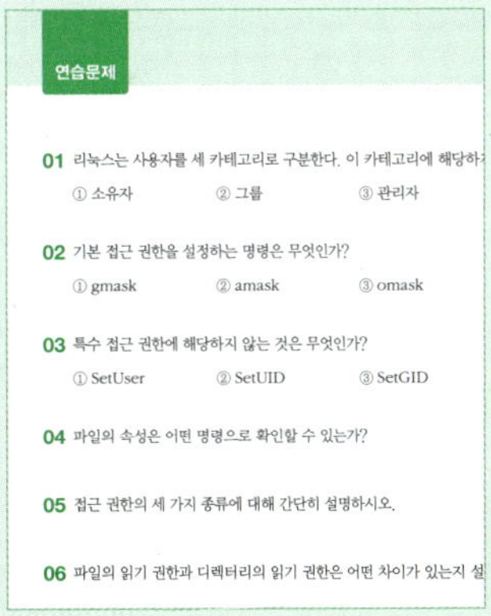

연습문제

02 기본 접근 권한을 설정하는 명령은 무엇인가?
① gmask ② amask ③ omask

03 특수 접근 권한에 해당하지 않는 것은 무엇인가?
① SetUser ② SetUID ③ SetGID

04 파일의 속성은 어떤 명령으로 확인할 수 있는가?

05 접근 권한의 세 가지 종류에 대해 간단히 설명하시오.

**|연습문제|**

장이 끝날 때마다 본문에서 익힌 핵심 내용을 문제 형식으로 제시했습니다. 문제를 풀면서 본문에서 배운 내용을 확인하고 응용력을 기를 수 있습니다.

**• 참고 문헌 및 참고 사이트**

- **우재남, ≪이것이 리눅스다(개정판) with RedHat CentOS 8≫(한빛미디어, 2020)**
  레드햇 CentOS 8을 중심으로 리눅스 서버와 네트워크 기술이 잘 설명되어 있습니다.
- **우재남, ≪리눅스 실습 for Beginner≫(한빛아카데미, 2020)**
  우분투를 중심으로 리눅스의 기본 사용과 시스템 관리의 기초가 잘 설명되어 있습니다.
- **윤소정 · 이종원, ≪유닉스 이론과 실습(3판)≫(한빛아카데미, 2020)**
  유닉스의 기본적인 사용법이 잘 설명되어 있고 리눅스와 사용법을 비교해볼 수 있습니다.
- **엘리 쿼글리, ≪유닉스 쉘 바이블≫(케이앤피북스, 2011)**
  본셸, C셸, 콘셸, 배시셸 등 리눅스와 유닉스에서 동작하는 주요 셸의 소개와 사용법, 셸 프로그래밍에 대해 전체적으로 잘 설명되어 있습니다.
- **셸리 파워즈 외, ≪유닉스 파워 툴(개정 3판)≫(한빛미디어, 2005)**
  유닉스의 각종 유틸리티와 명령에 대한 세부 내용을 종합적으로 집대성한 책으로, 유닉스 사용자라면 반드시 갖춰야 할 책입니다.
- **이종원, ≪유닉스 시스템 프로그래밍≫(한빛아카데미, 2017)**
  유닉스에서 시스템 프로그램을 작성하는 데 필요한 각종 함수와 시스템 호출에 대해 소개하고, 풍부한 예제를 통해 사용법을 잘 소개하고 있습니다.
- **centos.org**
  CentOS 리눅스 공식 사이트로 CentOS의 최신 버전을 내려받고 기술 문서를 참조할 수 있습니다.

## PART 01 리눅스의 기본

## PART 02 리눅스 시스템 관리

## PART 03 리눅스 네트워크 서비스 관리

# PART 04 리눅스 보안

# PART 01

# 리눅스의 기본

CHAPTER 01
리눅스 설치와 기본 사용법

CHAPTER 02
디렉터리와 파일 사용법

CHAPTER 03
문서 편집

CHAPTER 04
셸 사용법

CHAPTER 05
파일 접근 권한 관리

CHAPTER 06
프로세스 관리

# PART 01 리눅스의 기본

# CHAPTER 01
# 리눅스 설치와 기본 사용법



**학습목표**

- 리눅스의 탄생과 발전 과정을 설명할 수 있다.
- GNU 프로젝트, 리눅스 배포판, 가상머신이 무엇인지 설명할 수 있다.
- 가상머신을 설치하고 여기에 리눅스를 설치할 수 있다.
- 리눅스 윈도 환경의 메뉴 구조를 이해하고 필요한 응용 프로그램을 실행할 수 있다.
- 리눅스에서 터미널 창을 열고 기본 명령을 사용할 수 있다.

# 00 개요

## 1 리눅스 학습 맵에서 1장의 위치

이 책은 웹, 삼바Samba 등 다양한 네트워크 서비스를 제공하는 리눅스 서버를 구축하고 관리하는 것을 최종 목표로 한다. 이 학습 단계를 맵으로 정리하면 다음과 같다. 4단계와 15개 항목으로 구성되며 최종 단계에서 리눅스 서버를 완성한다. 1장은 리눅스의 개요를 이해하고 실습 환경을 구축하는 1단계에 해당한다.

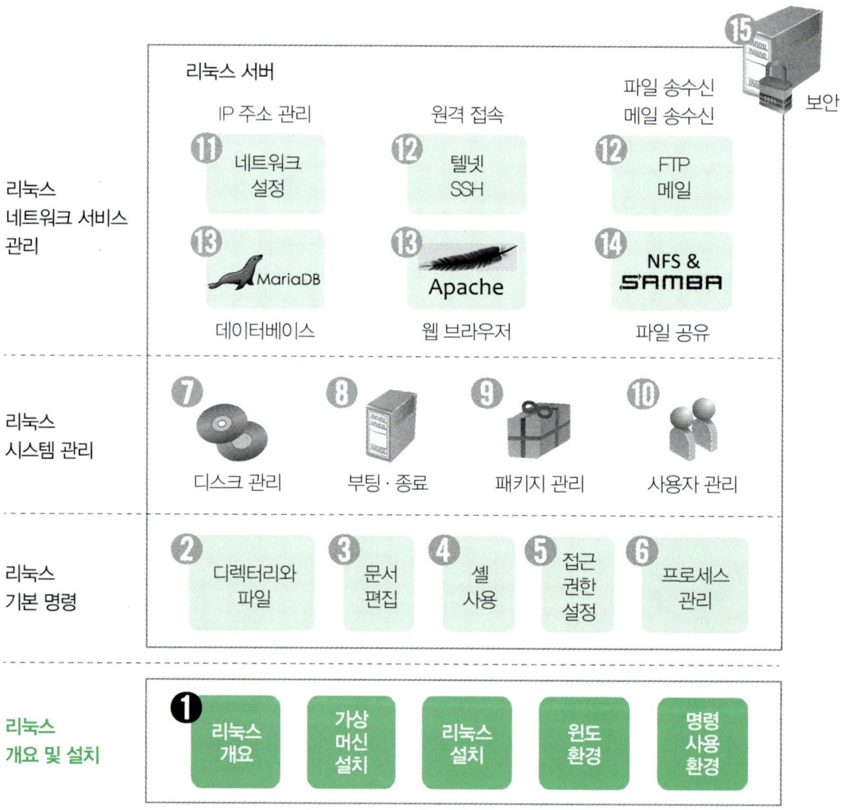

## 2 1장의 내용 구성

1장은 리눅스 기초, 리눅스 실습 환경 구축, 리눅스 사용의 기초로 구성된다. 즉, 리눅스를 본격적으로 공부하는 데 기본적으로 알아야 할 것을 살펴보고 필요한 실습 환경을 준비한다. 리눅스의 시작과 발전 과정 및 리눅스의 발전에 중요한 역할을 수행하고 있는 GNU 프로젝트에 대해 학습한다. 그리고 리눅스의 조상이라 할 수 있는 유닉스와 리눅스의 관계를 살펴본 뒤 레드햇, 데비안을 비롯해 다양한 리눅스 배포판의 종류와 리눅스의 특징 및 구조를 살펴볼 것이다. 기본적인 사항을 이해하고 나면 이 책을 학습하는 데 필요한 실습 환경을 구축하고, 리눅스의 윈도 환경과 명령을 사용해본다.

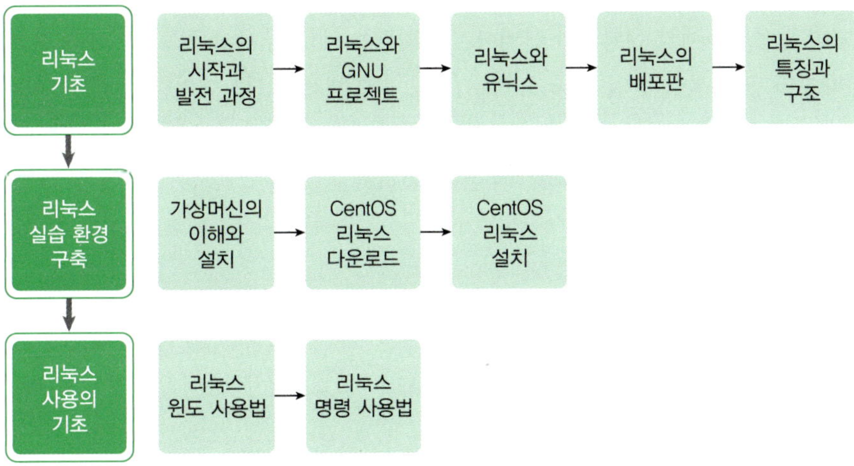

# 01 리눅스 기초

현재 데스크톱 PC에서 사용할 수 있는 대표적인 운영체제는 마이크로소프트의 윈도 계열이다. 그러나 인터넷 서버나 슈퍼컴퓨터 시장에서는 리눅스가 압도적 위치를 차지하고 있으며, 리눅스 커널을 기반으로 하는 안드로이드 운영체제는 모바일 기기 시장의 76.2%를 점유하고 있다(https://en.wikipedia.org/wiki/Usage_share_of_operating_systems).

리눅스는 검증받은 운영체제인 유닉스와 완벽하게 호환되는 데다 공개 소프트웨어라는 점 때문에 등장할 때부터 큰 주목을 받았다. 리눅스는 PC용 운영체제로 시작했지만 슈퍼컴퓨터에서도 동작하고 임베디드 시스템이나 모바일 기기 등 다양한 환경에서도 사용된다. 전 세계의 개발자들이 공개하는 소프트웨어도 대부분 리눅스를 지원하고 있다.

여기서 잠깐 **리눅스와 유닉스**

리눅스는 이름에서도 알 수 있듯이 유닉스 계열의 운영체제로 분류할 수 있다. 리눅스라는 이름 자체도 '리누스Linus가 만든 유닉스Unix'라는 의미를 가지고 있다. 리눅스는 각종 명령이나 시스템 콜 등에 대한 유닉스의 표준을 준수하여 호환성을 제공한다.

유닉스는 1969년 AT&T의 벨연구소에서 개발한 것으로, 처음에는 어셈블리어로 개발했으나 1971년 C 언어로 재개발했다. 이는 최초로 고급 프로그래밍 언어로 작성되어 다른 기종에 쉽게 이식할 수 있게 되었다. 유닉스는 이후 상용화 버전인 시스템 계열과 오픈 소스 버전인 BSD 계열로 나뉘어 발전했다. 그리고 1980년대 후반 들어 BSD 계열의 유닉스가 AT&T와 라이선스 문제로 법적인 공방을 벌이는 와중에 리눅스가 등장하여 PC에서 동작하는 유닉스로 자리 잡게 되었다.

## 1 리눅스의 시작과 발전

리눅스는 핀란드 헬싱키대학교의 학생이었던 리누스 베네딕트 토르발스Linus Benedict Torvals가 처음 개발했다. 대학원에서 운영체제를 공부하던 리누스가 미닉스MINIX 라는 교육용 운영체제를 참조하여 새로운 운영체제를 개발한 것이다.

리누스는 자신이 개발하던 새 운영체제에 대한 소식을 1991년 8월 26일 comp.os.minix 뉴스 그룹에 포스팅했다. 이날을 리눅스의 탄생일로 보며, 2020년은 리눅스 탄생 29주년이 되는 해다. 리누스가 뉴스 그룹에 포스팅한 내용은 구글의 메일링 리스트 아카이브(https://groups.google.com/forum/#!msg/comp.os.minix/dlNtH7RRrGA/SwRavCzVE7gJ)에 보존되어 있다.

여기서 잠깐 **미닉스**

네덜란드 브리제대학교의 컴퓨터과 교수인 앤드루 타넨바움Andrew Tanenbaum이 만들어낸 운영체제다. 유닉스를 모형으로 만들어졌으며 학생들에게 소스 코드와 함께 무료로 배포되었다. 그 결과 많은 사람으로부터 더 나은 운영체제로 발전시켜 달라는 제안을 받았지만 타넨바움은 이를 받아들이지 않고 교육용으로만 배포했다. MINIX3은 기존 MINIX1, MINIX2와 달리 본격적인 운영체제로 개발되었으며 공개 소프트웨어로 배포되고 있다(www.minix3.org).

그 내용을 번역하면 다음과 같다.

> 미닉스를 사용하는 여러분, 안녕하세요.
>
> 저는 386(486) AT 클론에서 동작하는 (무료) 운영체제를 개발하고 있습니다(취미일 뿐이며 GNU처럼 거대하거나 전문적인 것은 아닙니다). 지난 4월부터 준비 중이며 이제 거의 다 되었습니다. 미닉스의 장단점에 대한 피드백을 보내주시면 이를 제 OS에 반영하고 싶습니다 [파일 시스템의 물리적 레이아웃은 (실용적 이유 때문에) 같습니다].
>
> 저는 현재 배시셸(1.08)과 gcc(1.40)를 이식했는데 동작하는 것 같습니다. 이는 제가 몇 달 안에 실제적인 것을 작업할 수 있음을 의미하며, 대부분의 사람들이 원하는 기능이 무엇인지 알고 싶습니다. 어떤 제안이든지 환영하지만 제안을 모두 구현한다고는 약속할 수 없습니다.
>
> 리누스 (torv...@kruuna.helsinki.fi)
>
> 추신: 물론 미닉스 코드를 전혀 사용하지 않았고 멀티스레드 파일 시스템을 가지고 있습니다. 이식 가능한 상태는 아니며(386 태스크 스위칭 등을 사용해서) 아마도 AT 하드디스크 외에는 지원할 수 없을 것입니다(제가 가진 게 그것뿐이라).

자신의 운영체제 개발 소식을 알리는 한 대학생의 포스팅으로 시작된 리눅스는 전 세계의 많은 개발자가 동참하는 오픈 소스 운동에 합류하면서 급속도로 발전했다. 최근에는 PC를 넘어 서버 컴퓨터, 슈퍼컴퓨터, 임베디드 시스템 등 다양한 분야에서 사용하고 있으며, 스마트폰 열풍의 주역인 안드로이드 운영체제도 리눅스 기반이다. 1991년 게시판에 포스팅했던 리누스 본인도 자신의 운영체제가 이렇게 발전하리라고는 꿈에도 상상하지 못했을 것이다. 리눅스가 이렇게 발전하게 된 데에는 GNU 프로젝트가 큰 역할을 했다. GNU 프로젝트에 대해서는 뒤에서 다시 살펴볼 것이다.

리눅스는 1991년 8월에 처음 알려진 이후 핵심 부분인 리눅스 커널이 공개되었다. 최초로 릴리즈된 리눅스 커널은 버전 0.01이었다. 이후 발전을 거듭한 리눅스 커널의 2020년 1월 26일 현재 안정 버전은 5.4.15이고 5.5 버전을 개발 중이다(https://www.kernel.org).

앞에서도 언급했듯이 리눅스 개발자는 리누스 토르발스로 알려져 있다. 하지만 정확하게 얘기하자면 리누스가 개발한 것은 리눅스 커널이다. 운영체제에서 가장 중요한 핵심 부분이 커널이기는 하지만 커널만으로는 사용자가 운영체제를 활용할 수 없으며, [그림 1-1]과 같이 사용자와의 인터페이스를 제공하는 윈도 시스템, 컴파일러, 편집기 등 다양한 응용 프로그램을 함께 제공해야 한다.

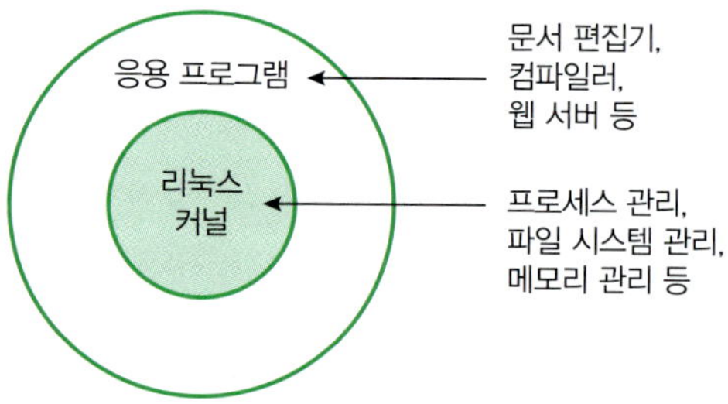


**그림 1-1 커널과 응용 프로그램**

리눅스 커널에 이러한 응용 프로그램을 제공하는 것이 바로 GNU 프로젝트다. 따라서 정확하게 표현하면 리눅스는 'GNU/리눅스'라고 해야 한다. 리눅스를 소개하는 웹 사이트에서 이런 표현을 본 적이 있을 것이다. 이처럼 리눅스와 GNU 프로젝트는 떼어놓을 수 없는 사이이다.

2007년, 리눅스의 발전을 지원하기 위한 비영리 연합체로 '리눅스재단The Linux Foundation(www.linuxfoundation.org)'이 설립되었다. 리눅스재단은 리눅스 커널을 개발하는 리누스 토르발스를 지원하며 페이스북, AT&T, 퀄컴, 시스코, VMware, 인텔, 삼성전자, IBM 등 전 세계의 수많은 기업, 대학과 개인이 참여하고 있다. 리눅스재단에 따르면 리눅스 커널은 두세 달 간격으로 업데이트 버전이 배포되고 있으며, 수많은 국가와 기업과 개발자들이 리눅스 커널 개발에 참여하고 있다. 리눅스 커널은 리눅스 커널 아카이브(www.kernel.org)에서 누구나 소스와 패치를 내려받을 수 있다.

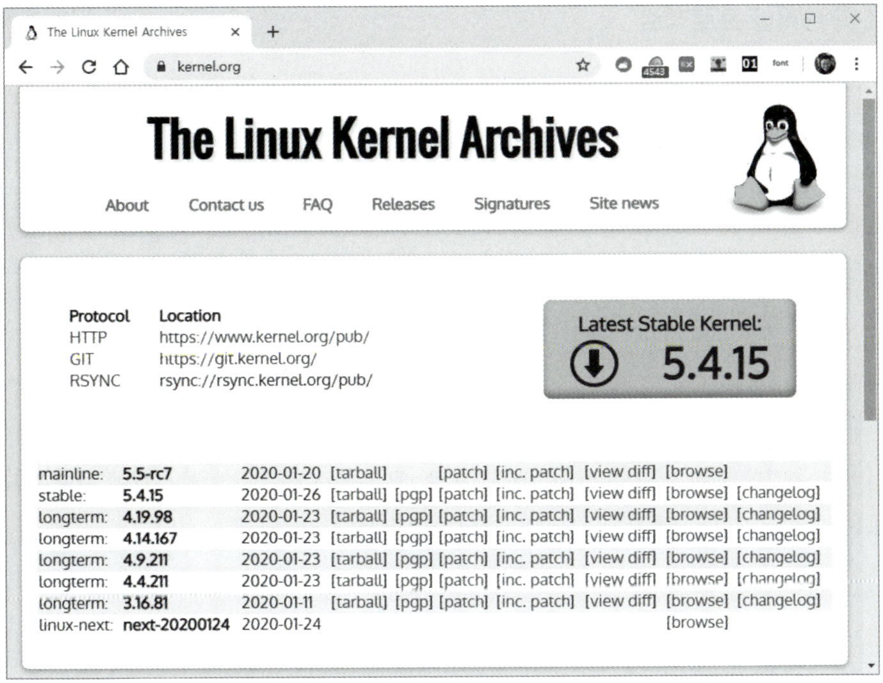


**그림 1-2 리눅스 커널 아카이브 웹 사이트**

리눅스 커널을 비롯해 GNU에서 배포하는 다양한 응용 프로그램은 누구나 내려받아 설치할 수 있지만 일반 사용자가 직접 구성하려면 여러 가지 복잡한 과정을 거쳐야 한다. 이에 여러 기업과 커뮤니티에서 리눅스 커널과 GNU 응용 프로그램을 적절하게 구성하여 배포하기 시작한 것이 리눅스 배포판의 시초다. 리눅스 배포판도 뒤에서 다시 살펴볼 것이다.

여기서 잠깐 **리눅스의 상징, 펭귄**

리눅스가 알려지기 시작한 이후, 1996년 언제부턴가 리눅스에 어울리는 로고에 대한 이야기가 리눅스 커널 메일링 리스트에 등장했다. 이후 리누스 토르발스가 우연히 펭귄이 좋겠다고 언급한 이후 다양한 모습의 펭귄이 등장했다. 이에 리누스 토르발스는 모든 사람이 사랑스럽게 느낄 수 있는 모습이었으면 좋겠다면서 구체적으로 청어를 배불리 먹고 편안하게 앉아 있는 모습의 펭귄을 제안했다. 그 후 펭귄 콘테스트를 거쳐 래리 어윙Larry Ewing의 펭귄이 로고로 채택되었다. 리눅스 펭귄의 이름은 턱스TUX인데 이는 '토르발스 유닉스Torvals Unix'에서 유래되었다는 설이 가장 유력하다. 이 유래는 호기심 많은 사람들이 리눅스 커널 메일링 리스트를 추적하여 정리한 것이라고 한다.

## 2 리눅스와 GNU 프로젝트

리눅스의 성공에 큰 역할을 한 GNU 프로젝트는 자유 소프트웨어 운동의 중심 인물인 리처드 스톨먼Richard Stallman에 의해 리눅스보다 더 이른 시점에 시작되었다. 스톨먼은 1985년 〈GNU 선언문〉을 발표하고, 그 후 비영리 기관인 '자유 소프트웨어재단Free Software Foundation, FSF'을 설립했다. GNU의 정신을 대변하는 〈GNU 선언문〉은 http://www.gnu.org/gnu/manifesto.html에서 확인할 수 있다.

GNU는 유닉스와 호환되는 자유 소프트웨어를 개발하는 프로젝트이며, 'GNU is Not Unix (GNU는 유닉스가 아니다)'의 약자다. 1980년대에 들어서면서 유닉스를 기반으로 상호 협력의 정신 아래 자유롭게 사용하던 소프트웨어가 점차 소유와 독점에 의해 제한되기 시작했다. GNU는 이러한 독점에 대한 반발에서 시작한 것으로, 모든 소프트웨어를 자유롭게 사용하도록 하는 데 목적을 두고 다음 네 가지 자유를 보장하고 있다(www.gnu.org).

- 프로그램을 어떠한 목적으로도 실행할 수 있는 자유
- 프로그램이 어떻게 동작하는지 학습하고, 자신의 필요에 맞게 개작할 수 있는 자유. 이를 위해서는 소스 코드에 대한 접근이 전제되어야 한다.
- 이웃을 도울 수 있도록 복제물을 재배포할 수 있는 자유
- 프로그램을 개선할 수 있는 자유와 개선된 이점을 공동체 전체가 누릴 수 있도록 발표할 자유. 이를 위해서도 역시 소스 코드에 대한 접근이 전제되어야 한다.

GNU 프로젝트는 자체적으로 운영체제(커널)를 개발 중이었으나 완성하지 못하고 있었는데, 리누스 토르발스가 개발한 리눅스 커널과 GNU의 각종 응용 프로그램이 결합하여 완성된 형태의 운영체제로 태어났다. 그리고 GNU 프로젝트로 배포한 프로그램의 라이선스로 사용하기 위해 GPLGNU General Public License이라는 자유 소프트웨어 라이선스를 1989년에 제정했다. GPL은 다음 다섯 가지 의무를 저작권의 한 부분으로 강제하고 있다(출처: 위키백과–GNU 일반 공중 사용 허가서).

- 컴퓨터 프로그램을 어떠한 목적으로든 사용할 수 있다. 다만 법으로 제한하는 행위는 할 수 없다.
- 컴퓨터 프로그램의 실행 복사본은 언제나 프로그램의 소스 코드와 함께 판매하거나 소스 코드를 무료로 배포해야 한다.

- 컴퓨터 프로그램의 소스 코드를 용도에 따라 변경할 수 있다.
- 변경된 컴퓨터 프로그램 역시 프로그램의 소스 코드를 반드시 공개 배포해야 한다.
- 변경된 컴퓨터 프로그램 역시 반드시 똑같은 라이선스를 취해야 한다. 즉 GPL 라이선스를 적용해야 한다.

GPL은 다음 버전이 나와 있는데, 보다 자세한 내용은 www.gnu.org/licenses/licenses.html을 참고하기 바란다.

- GPLv1: 1989년 1월에 발표되었으며, 이에 근거하여 프로그램을 배포할 때는 이해하기 쉬운 소스 코드를 같이 배포해야 한다는 조건이 있다. GPLv1 프로그램을 수정한 프로그램은 원래 프로그램과 마찬가지로 GPLv1을 따라야 한다.
- GPLv2: 1991년 6월에 발표되었으며, GPL 라이선스 프로그램을 배포하는 것을 막는 조건이 있다면, 예를 들어 특허 때문에 추가로 돈을 지불해야 하는 일이 발생하여 소스 코드의 공개가 불가능하고 실행 프로그램만 배포하려 한다면 소스 코드뿐만 아니라 실행 프로그램조차 배포할 수 없도록 했다.
- GPLv3: 2007년 6월에 발표되었으며, 소프트웨어 특허에 대한 대처, 다른 라이선스와의 호환성, 디지털 저작권 관리에 관한 내용이 포함되어 있다.

여기서 잠깐 **아파치 라이선스**Apache License

대표적인 웹 서버 소프트웨어인 아파치도 자체적인 라이선스 규정을 가지고 있다. 아파치 라이선스는 아파치 소프트웨어재단에서 자체적으로 만든, 소프트웨어에 대한 라이선스 규정이다. 아파치 2.0 라이선스는, 누구나 해당 소프트웨어에서 파생된 프로그램을 제작할 수 있으며 저작권을 양도, 전송할 수 있는 라이선스 규정을 의미한다. 아파치 라이선스에 따르면 누구든 자유롭게 아파치 소프트웨어를 내려받아 부분 혹은 전체를 개인적 목적으로나 상업적 목적으로 이용할 수 있다. 재배포할 때 원본 소스 코드 또는 수정한 소스 코드를 반드시 포함해야 하는 것은 아니지만 아파치 라이선스 버전 2.0을 포함해야 하며, 아파치 소프트웨어재단에서 개발한 소프트웨어라는 것을 명확하게 밝혀야 한다.

출처: 위키백과

## 3 리눅스의 배포판

초창기에는 리눅스 커널에 GNU 프로젝트의 여러 응용 프로그램을 적용하여 구성하는 작업이 쉽지 않았다. 이에 여러 회사와 커뮤니티의 일반 사용자들이 리눅스를 쉽게 사용할 수 있도록 리눅스 커널과 응용 프로그램으로 구성된 배포판을 제공하기 시작했다. 초기에는 서너 개에 불과했던 것이 공개 소프트웨어답게 가지치기를 계속하여 지금은 수백 개의 리눅스 배포판이 사용되고 있다.

리눅스는 GPL에 따르는 공개 소프트웨어이므로 누구나 내려받아 설치하고, 수정하여 다시 자유롭게 배포할 수 있다. 따라서 마음만 먹는다면 이 책의 독자도 자신만의 리눅스 배포판을 만들 수 있다. 리눅스 배포판의 계통도는 futurist.se/gldt에서 확인할 수 있다. [그림 1-3]은 이 웹 사이트에서 제공하는 리눅스의 계통도의 일부다. 그러나 2012년 10월 이후 업데이트가 되지 않고 있다.

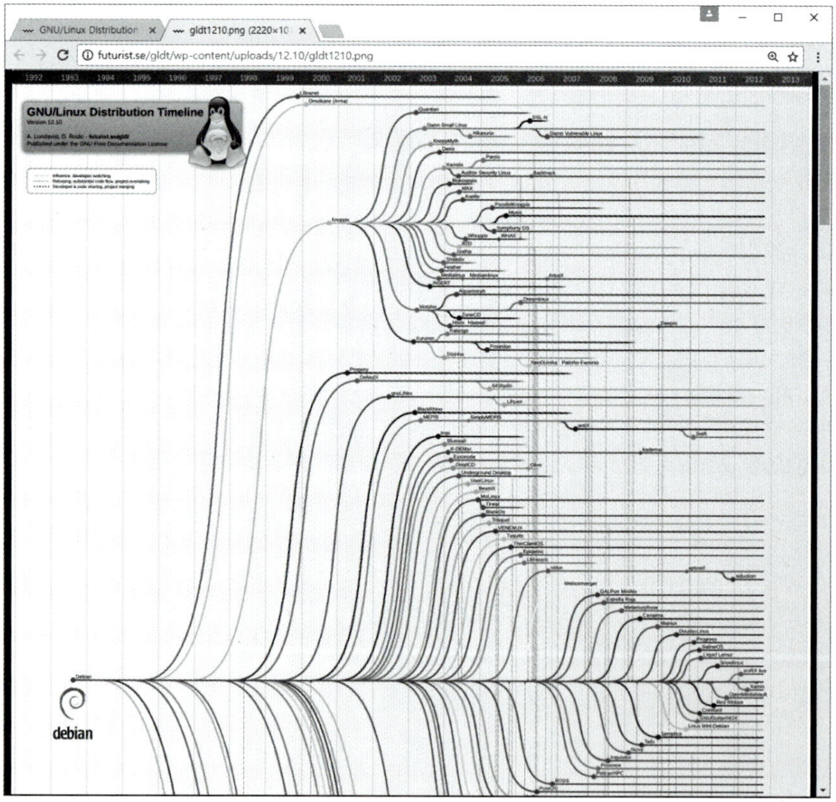


그림 1-3 리눅스 배포판의 계통도 일부(출처: http://futurist.se/gldt)

리눅스 배포판은 [그림 1-4]와 같이 크게 레드햇Red Hat 계열, 데비안Debian 계열, 슬랙웨어Slackware 계열로 구분할 수 있고 계열별로 수백 가지의 리눅스 배포판이 만들어졌다 사라졌다를 반복하고 있다. 기본 사용에는 큰 차이가 없지만 각 계열에 따라 패키지 관리 명령 등 일부 기능이 다르다. 자바Java의 경우 운영체제는 아니지만 슬랙웨어 계열의 리눅스를 바탕으로 하고 있다. 또한 안드로이드 운영체제는 2008년 리눅스 커널 2.6.25를 기반으로 개발되었다.

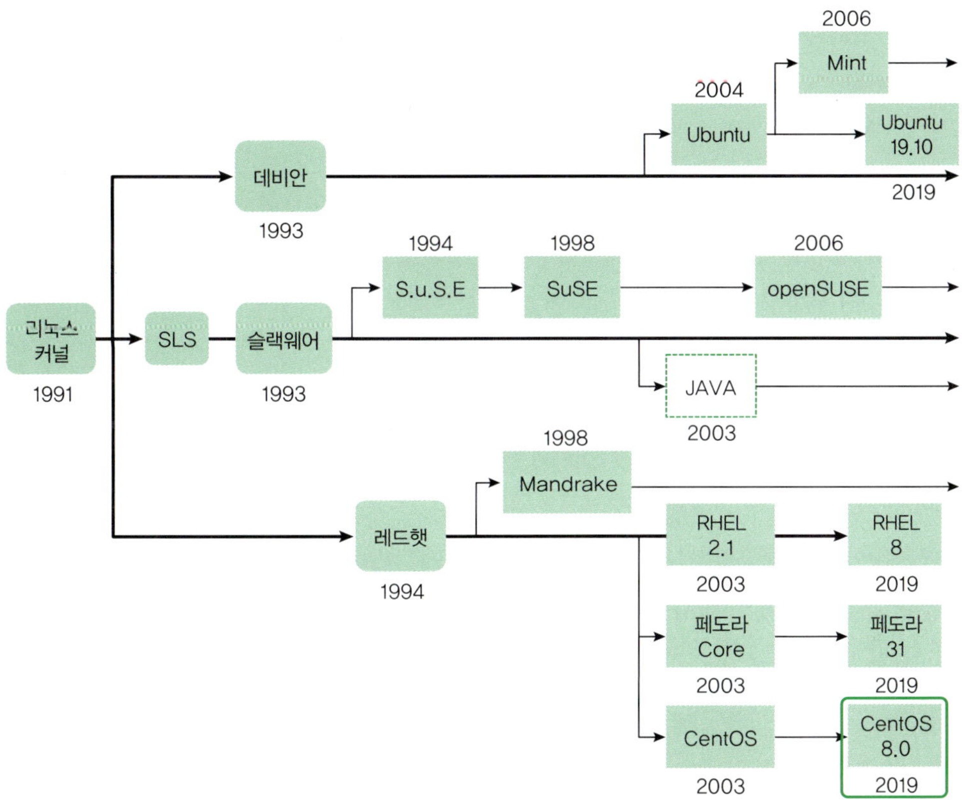


그림 1-4 주요 리눅스 배포판의 계통도

이 책은 레드햇 계열인 CentOS 리눅스를 학습한다. CentOS는 상용 제품인 레드햇 엔터프라이즈 리눅스(RHEL)와 100% 호환되면서 오픈 소스로 제공된다. 같은 레드햇 계열인 페도라의 경우 대략 6개월 간격으로 업그레이드되지만 CentOS는 RHEL과 업그레이드 주기를 공유해 페도라에 비해 안정성이 높음에도 무료로 사용할 수 있다.

## 4 리눅스의 특징과 구조

리눅스의 특징은 다음과 같이 정리할 수 있다.

### ❶ 리눅스는 공개 소프트웨어이며 무료로 사용할 수 있다.

리누스 토르발스는 처음부터 자신이 개발한 리눅스 커널을 자유롭게 사용하도록 공개했고 이는 오늘날까지도 그대로 유지되고 있다. 또한 리누스를 비롯한 수많은 자원자가 기능을 꾸준히 업그레이드하여 다양한 배포판을 제공하고 있다. 사용자들은 자신이 원하는 배포판을 선택하여 마음껏 사용할 수 있다. 또한 모든 소스가 공개되어 있으므로 할 수 있다면 자신이 원하는 대로 프로그램을 수정하여 사용하고 다시 배포할 수도 있다.

### ❷ 유닉스와의 완벽한 호환성을 유지한다.

리눅스는 이름에서도 알 수 있듯이 유닉스와의 호환성을 염두에 두고 개발되었다. GNU 프로젝트의 응용 프로그램들도 기존 유닉스와 호환성을 유지하고 있다. 따라서 사용자들은 비용이 드는 유닉스 대신에 리눅스를 이용하여 원하는 작업을 처리할 수 있다. 리눅스는 유닉스의 장점을 그대로 물려받아 멀티유저, 멀티태스킹을 제공하고 강력한 네트워크 기능과 보안 기능을 갖추고 있다.

### ❸ 서버용 운영체제로 많이 사용된다.

최근에는 데스크톱용으로도 사용되지만 기본적으로 리눅스는 서버용 운영체제로 사용된다. PC뿐만 아니라 서버 컴퓨터, 대형 컴퓨터에서도 사용할 수 있다.

### ❹ 편리한 GUI 환경을 제공한다.

리눅스는 그놈Gnome을 비롯한 다양한 그래픽 사용자 인터페이스Graphical User Interface, GUI 환경을 제공한다. 리눅스 배포판에 따라 화면 구성이 조금씩 차이가 있지만, 기본적으로 윈도에 익숙한 사용자들을 위해 마우스를 이용하여 쉽게 작업할 수 있도록 기능을 제공하고 있다.

리눅스는 [그림 1-5]와 같이 크게 커널, 셸, 응용 프로그램으로 구성되어 있다.

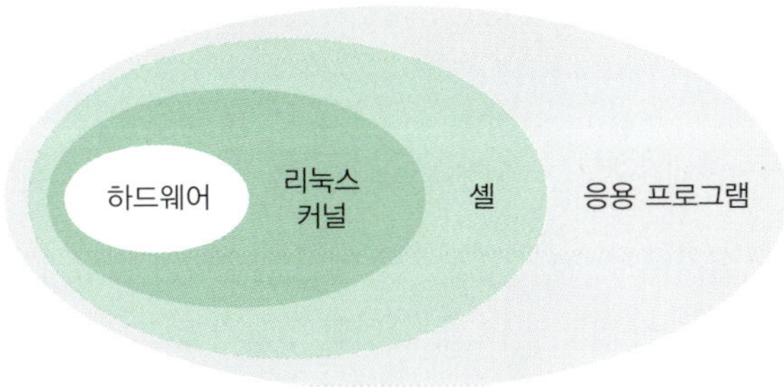


그림 1-5 리눅스의 구조

■ **커널**

커널kernel은 리눅스의 핵심으로 프로세스 관리, 메모리 관리, 파일 시스템 관리, 장치 관리 등 컴퓨터의 모든 자원을 초기화하고 제어하는 기능을 수행한다.

■ **셸**

셸shell은 리눅스의 사용자 인터페이스로서 사용자와 커널 사이의 중간자 역할을 담당하는 특별한 프로그램이다. 셸은 사용자가 입력한 명령을 해석하여 커널에 넘겨준다. 그러면 커널이 명령의 수행 결과를 돌려주고 셸은 다시 사용자가 이해할 수 있는 형태로 바꿔 출력한다. 리눅스는 배시셸Bash shell, Born again shell을 기본으로 사용한다.

■ **응용 프로그램**

리눅스는 각종 프로그래밍 개발 도구, 문서 편집 도구, 네트워크 관련 도구 등 매우 다양한 응용 프로그램을 제공한다.

여기서 잠깐 **배시셸**

배시셸은 본셸을 기반으로 개발된 셸로, 본셸과 호환성을 유지하면서 C셸, 콘셸의 앨리어스와 히스토리 등 편리한 기능도 포함하고 있다. 배시셸은 GPL을 따르는 공개 소프트웨어로 리눅스의 기본셸로 제공되어 리눅스 셸로도 많이 알려져 있다.

# 02 리눅스 실습 환경 구축

리눅스를 본격적으로 공부하려면 리눅스를 설치해야 한다. 윈도 사용에만 익숙하여 걱정되겠지만 차근차근 따라 해보면 생각보다 어렵지 않다. 별도의 PC를 준비할 필요가 없으며, 사용하는 PC에 가상머신을 설치하고 그 가상머신에 리눅스를 설치하면 된다. 물론 사용하고 있는 윈도도 그대로 사용 가능하다.

자신만의 리눅스 시스템을 구축해보자. 이 책의 뒷부분에서 다루는 네트워크 관리를 제대로 학습하려면 리눅스 두 대를 설치해야 하지만 일단 한 대만 설치한다. 나중에 3부를 공부할 때 추가로 설치하면 된다. 이제 차근차근 시작해보자.

## 1 가상머신 개념과 종류

가상머신은 PC에 설치되어 있는 운영체제(호스트 OS)에 가상의 머신(시스템)을 생성한 후 여기에 다른 운영체제(게스트 OS)를 설치할 수 있도록 해주는 응용 프로그램이다. 윈도에 오피스 같은 응용 프로그램을 설치하듯이 가상머신이라는 응용 프로그램을 설치한 후 이 가상머신에 새로운 운영체제를 설치할 수 있다.

가상머신은 말 그대로 가상의 PC가 생긴다고 이해하면 된다. 가상머신을 여러 개 생성하면 각각 별도의 운영체제를 설치할 수 있다는 것이 장점이다. 다만 가상머신은 PC의 메모리를 나누어 사용하므로 동시에 가상머신을 여러 개 동작시키려면 메모리가 충분해야 한다.

가상머신은 여러 가지가 있는데 현재 많이 사용하는 것은 [표 1-1]과 같다. 이 중 VMware는 상용 제품으로 가장 안정적으로 서비스되어 널리 사용되고 있으며 다양한 제품군을 제공한다. 리눅스 실습을 하려는 사람들이 선택할 수 있는 것으로는 VMware Workstation Pro와 VMware Workstation Player가 있다. 이 책에서는 VMware Workstation Player를 사용하여 리눅스를 설치하고 학습한다.

**표 1-1** 가상머신의 종류

| 가상머신 | 호스트 OS | 게스트 OS |
|---|---|---|
| VMware | 윈도 계열 운영체제, 대부분의 리눅스, 애플 맥 | 윈도 계열 운영체제, 대부분의 리눅스 배포판, 솔라리스, Mac OS |
| 버추얼 PC | 윈도 계열 운영체제 | 윈도 계열 운영체제, 일부 리눅스, 솔라리스 |
| 버추얼 박스 | 윈도 계열 운영체제, 대부분의 리눅스, 애플 맥, 솔라리스 | 윈도 계열 운영체제, 대부분의 리눅스 배포판, 솔라리스, Mac OS, OpenBSD |

- VMware Workstation Pro: 유료 제품으로 30일간 평가판을 무료로 사용할 수 있다.
- VMware Workstation Player: 비영리 및 개인의 경우 무료로 사용할 수 있는 제품으로 시리얼 번호도 없이 바로 설치하여 사용할 수 있다. 상용 제품인 VMware Workstation Pro의 기능을 대부분 제공하므로 매우 유용하다.

## 2 가상머신의 설치

**따라해보기** VMware 다운로드하고 설치하기

### ❶ VMware 다운로드하기

VMware Workstation Player는 www.vmware.com/kr에서 다운로드할 수 있다. 2019년 11월을 기준으로 VMware Workstation Player의 최신 버전은 15.5였으나 여러분은 최신 버전을 설치하면 된다. VMware 웹 사이트에서 [다운로드]-[무료 제품 다운로드]-[Workstation Player]를 선택한 후 다음 화면에서 하단의 'Windows용 Workstation 15.5 Player 사용해보기'를 선택해 다운로드한다.

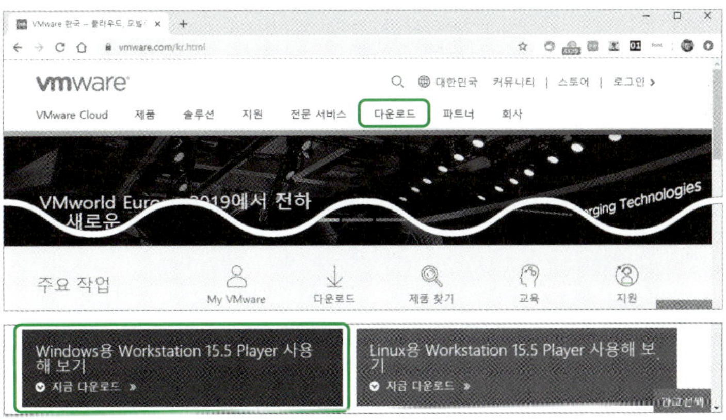

### ❷ VMware 설치하기

VMware Workstation Player는 일반 윈도 프로그램처럼 설치하면 된다. 라이선스 동의 화면에서만 'I accept the terms in the License Agreement'에 체크한 후 차례로 [Next]를 클릭하면 설치된다. 단, VMware Workstation Player의 이전 버전이 있다면 먼저 삭제한다. 설치 완료를 확인하는 화면에서 [Finish]를 클릭하면 설치가 완료된다.

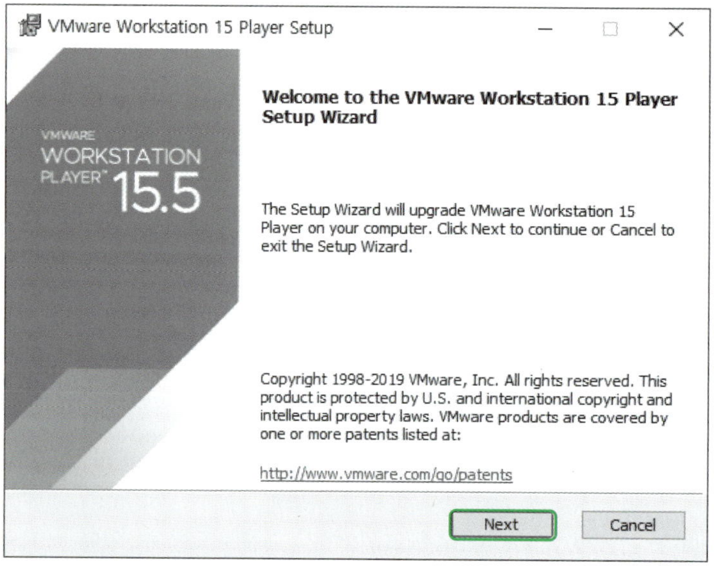


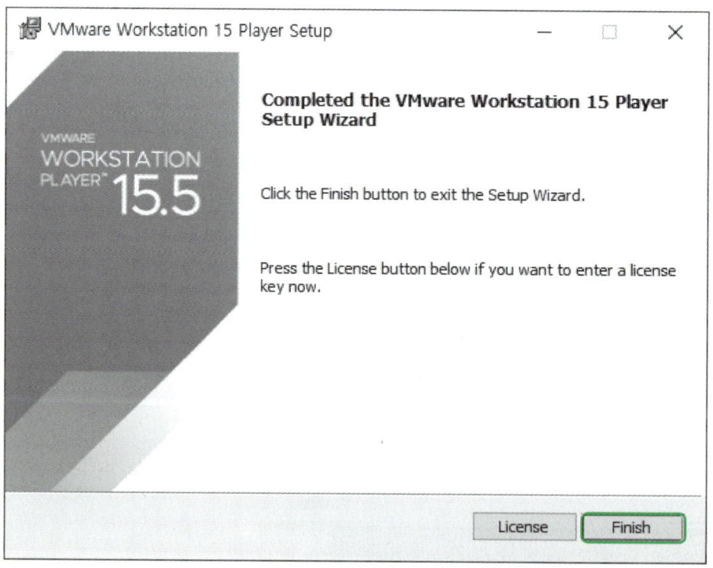

따라해보기 | 가상머신 생성하기

### ❶ VMware 실행하기

VMware 설치 완료 화면에서 [Finish]를 클릭하고 VMware Workstation Player를 실행한다. VMware Workstation Player의 왼쪽에는 설치된 가상머신의 목록이 나오는데 아직은 설치된 가상머신이 하나도 없기 때문에 'Home'만 보인다. 가상머신을 생성하려면 [Create a New Virtual Machine]을 선택한다.

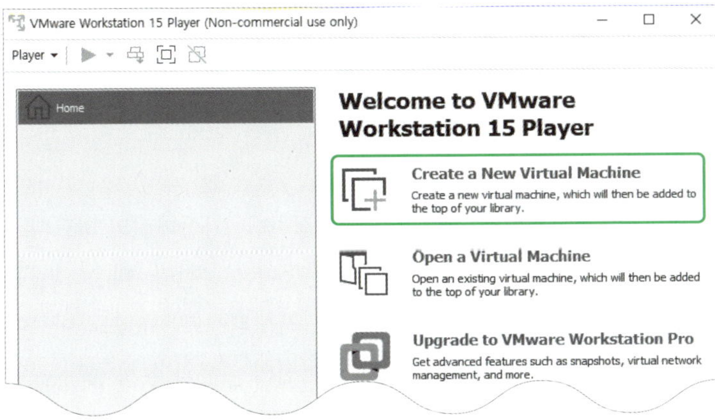


### ❷ 게스트 OS 설치 방법 선택하기

가상머신에 설치할 게스트 OS를 어떻게 설치할지를 선택하는 창이 나타난다. 게스트 OS 설치는 세 가지 방법으로 할 수 있다.

- PC에 장착된 CD/DVD 드라이브를 이용하여 해당 운영체제의 설치 디스크로 설치한다.
- 해당 운영체제 설치 디스크의 이미지 파일(ISO 파일)로 설치한다.
- 운영체제 설치는 나중에 하고 일단 빈 하드디스크만 생성한다.

지금은 빈 디스크만 생성해놓고 운영체제는 나중에 설치할 것이므로 세 번째 항목(I will install the operating system later.)을 선택하고 [Next]를 클릭한다. 다음 화면에서 설치할 게스트 OS를 선택한다. CentOS 리눅스를 설치할 것이므로 'Linux'를 선택하고, 2019년 11월 현재 기준으로 아직 CentOS 8이 등록되어 있지 않아 CentOS 7 64-bit를 선택했다. 지금은 리눅스를 공부하고 있으므로 리눅스를 선택하지만 자신의 필요에 따라 윈도나 유닉스, 우분투 같은 다른 리눅스 버전 등 다양한 운영체제를 선택하여 설치할 수 있다.

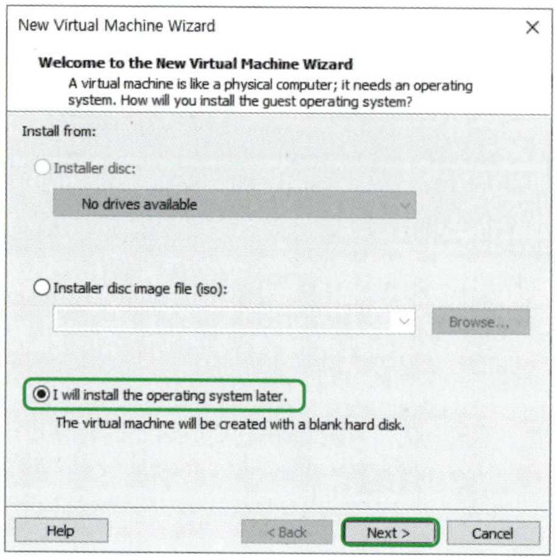


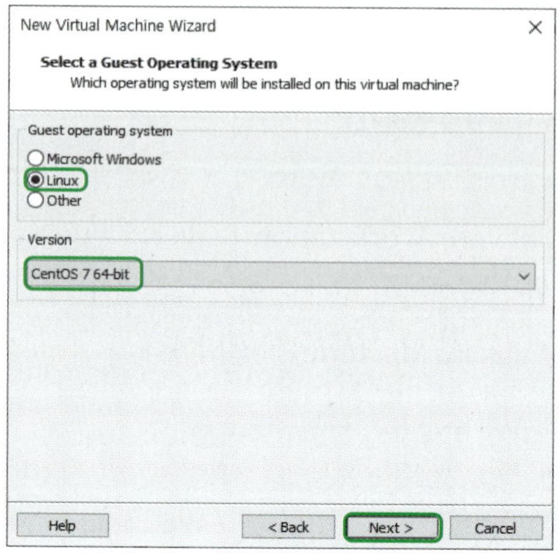


### ❸ 가상머신의 이름과 디스크 파일의 위치 지정하기

가상머신의 이름과 가상머신에 사용할 하드디스크의 위치를 지정한다. 가상머신의 하드디스크는 파일로 생성되는 것이므로 각자의 PC에 적당한 폴더를 만들어 사용한다. 다음 그림을 보면 가상머신의 이름을 'CentOS 8 64-bit – 1124'로 했으며, 하드디스크는 E 드라이브에 'CentOS-8'이라는 폴더를 미리 생성하고 이를 지정했다. 가상머신의 이름과 설치 폴더는 각자 실습 환경에 맞게 수정하면 된다.

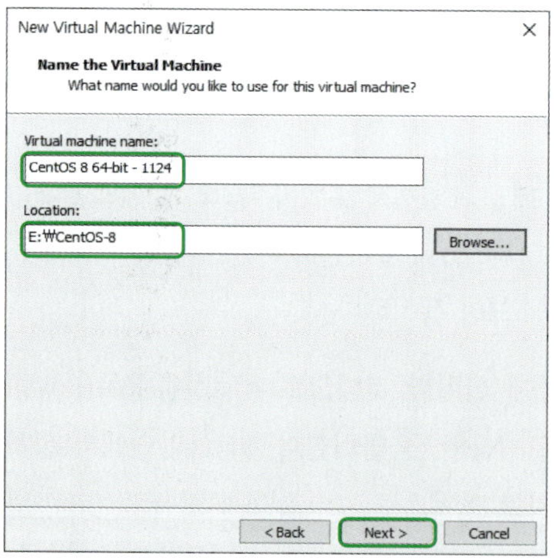


### ❹ 디스크 파일의 크기와 저장 방식 지정하기

디스크 파일의 위치를 지정하고 나면 디스크 파일의 용량을 지정한다. 여기서 디스크 용량은 권고 용량인 20GB로 한다. 또한 이 디스크 파일을 하나의 파일로 저장할 것인지, 여러 개의 작은 파일로 저장할 것인지를 정한다. 여러 개의 파일로 분리하는 것은 가상머신을 복사하거나 이동할 때 용이하다는 장점이 있지만 디스크의 성능이 저하된다는 단점도 있다. 여기서는 하나의 파일로 저장한다.

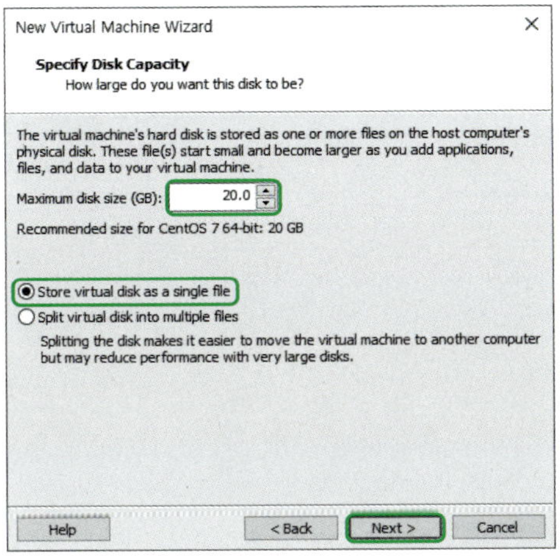


### ❺ 하드웨어 정보 수정하기

가상머신 생성을 위해 설정한 값을 요약해서 보여준다. [Finish]를 클릭하면 가상머신이 바로 생성된다. 하드웨어 정보를 나중에 수정할 수도 있지만 미리 수정하기 위해 [Customize Hardware...]를 클릭한다. 네트워크 설정, CD/DVD 드라이브 연결, 하드디스크 추가 등 일반 PC에서 할 수 있는 하드웨어 작업을 모두 가상으로 설정할 수 있지만 우선 메모리만 2GB로 수정한 후 요약 화면으로 돌아와 [Finish]를 클릭한다.

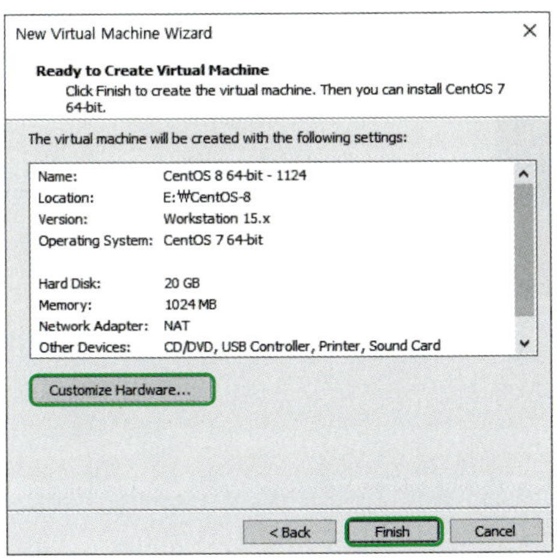

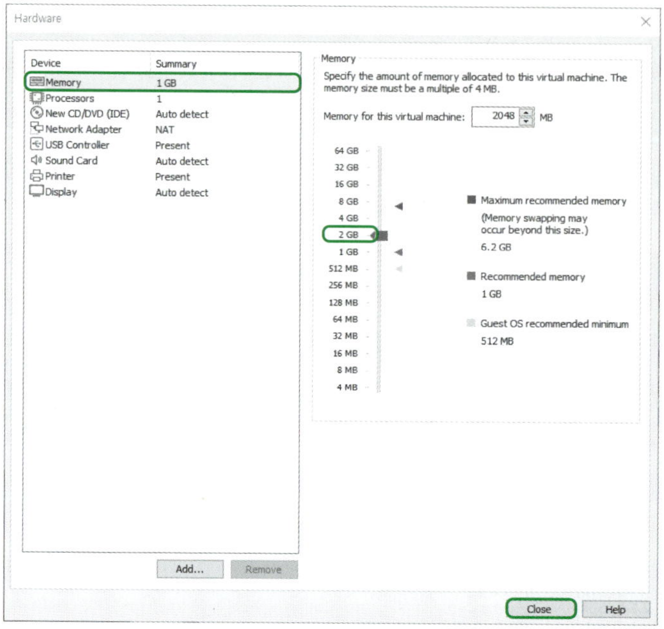

### ❻ 가상머신 생성 완료하기

가상머신을 생성하면 다음과 같이 새로운 항목이 나타난다. 가상머신을 추가로 생성할 때마다 이와 같은 항목이 하나씩 증가하는 것이다. 이제 리눅스를 설치하기 위한 가상머신 준비가 끝났다. [Play virtual machine]을 클릭하면 가상머신이 부팅되고, [Edit virtual machine settings]를 클릭하면 설정을 수정할 수 있는 창이 나타난다.

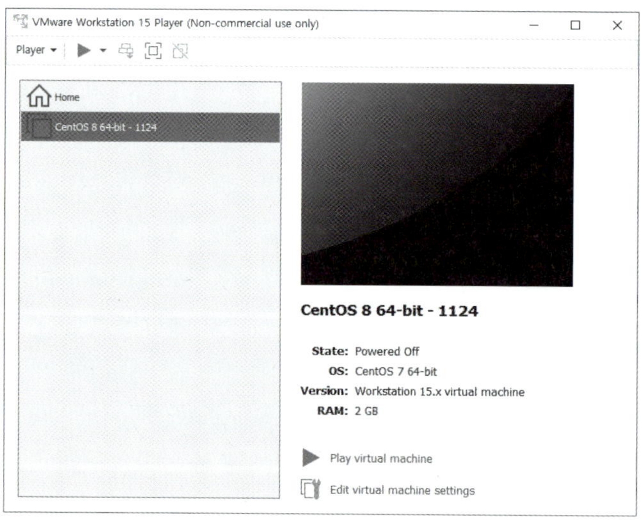

## 3 리눅스의 설치

CentOS를 다운로드해 설치해보자.

**따라해보기** CentOS 다운로드하기

CentOS를 설치하기 위해 이미지 파일(ISO 파일)이 있어야 한다. CentOS의 최신 버전은 CentOS 웹 사이트(http://centos.org)에서 구할 수 있다. 이 책을 집필한 시점의 최신 버전은 CentOS 8이었고, 대략 2년을 주기로 새로운 버전이 출시되고 10년 간 유지보수를 한다. CentOS 웹 사이트(http://centos.org)에서 [Get CentOS Now]를 선택한 후 다음 화면에서 [CentOS Linux DVD ISO]를 선택한 후 미러 사이트 목록에서 하나를 선택하여 CentOS ISO 이미지(CentOS-8-x86_64-1905-dvd1.iso)를 다운로드한다.

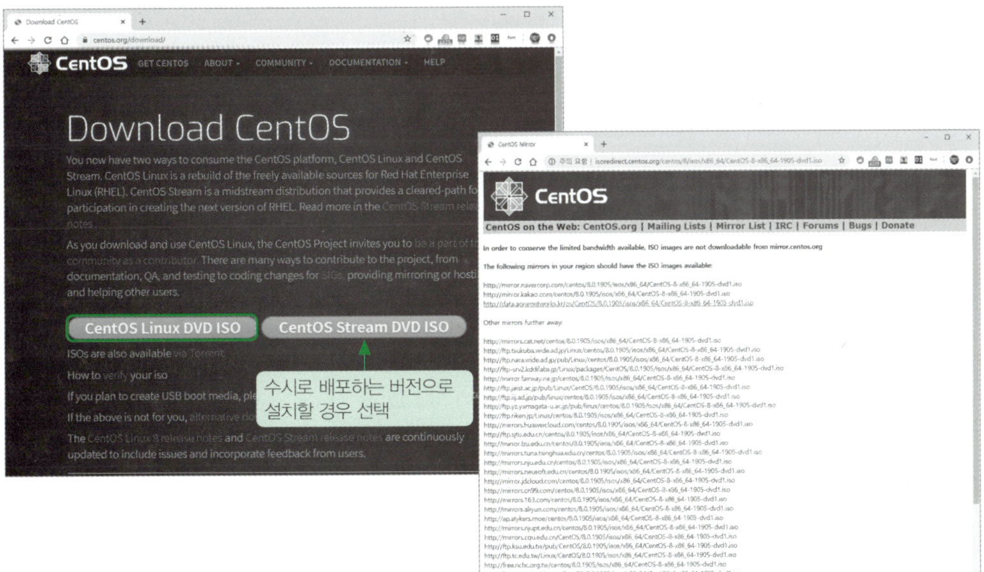


**따라해보기** CentOS 설치하기

### ❶ ISO 파일 설정하고 VMware 시작하기

다운로드한 CentOS 8 ISO 파일을 VMware가 인식할 수 있도록 지정해야 한다. 가상머신 생성 화면에서 [Edit virtual machine settings]를 클릭한 후 'CD/DVD(IDE)' 항목의 'Use ISO image file:'을 선택하고 다운로드한 ISO 파일의 경로를 지정한 다음 [OK]를 클릭한다. [Play virtual machine]을 클릭하면 VMware가 시작되는데 이는 컴퓨터의 전원을 켜는 것과 같다고 생각하면 된다. VMware Tools for Linux 설치와 관련된 팝업 창이 뜨면 [Remind Me Later]를 클릭한다. 필요하면 나중에 설치할 수 있다.

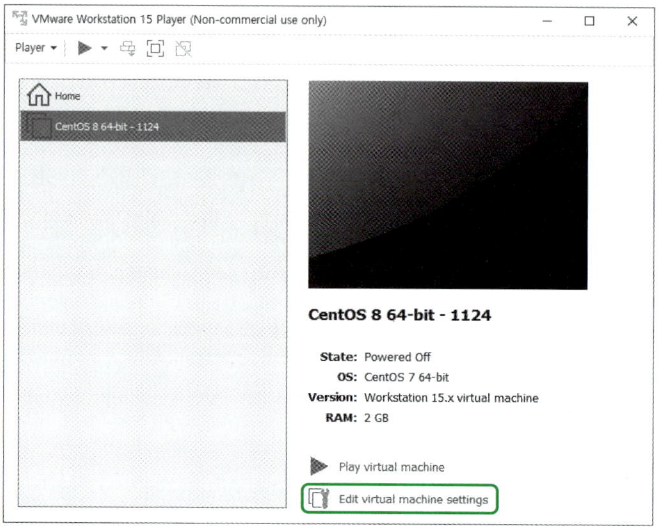


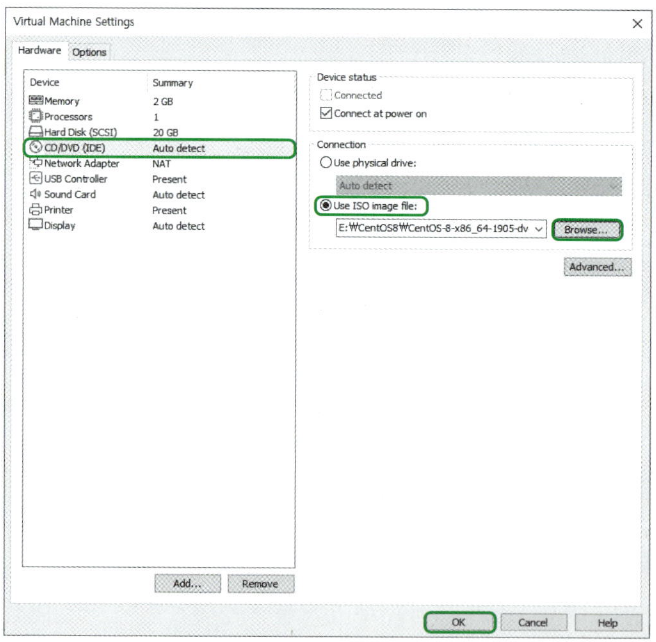

## ❷ 리눅스 설치를 위해 시스템 확인하기

설치 시작 화면이 나타난다. CentOS 미디어를 테스트하고 설치할 것인지 그냥 설치할 것인지 선택해야 한다. 여기서는 [Install CentOS Linux 8.0.1905]를 선택하면 시스템 체크를 하고 서비스 제공을 위한 프로그램들을 확인한다.

TIP VMware Workstation Player에서 마우스를 빠져나오게 하는 키는 Alt+Ctrl 이다.

### ❸ 설치 과정에서 사용할 언어 선택하기

설치 과정에서 사용할 언어로 '한국어'를 선택하고 [계속 진행]을 클릭한다.

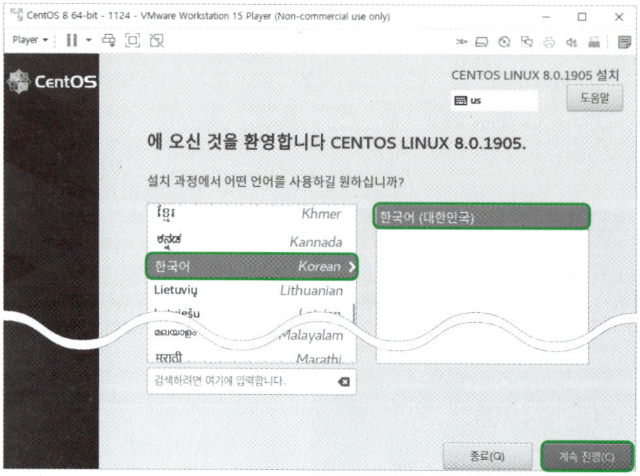


### ❹ 설치 요약 확인하기

설치 요약의 각 항목을 확인한다. 반드시 수정해야 할 필요가 있는 정보에 '⚠'로 표시되고 이를 수정해야 다음 단계로 진행할 수 있다. 간단한 것부터 진행하기 위해 [네트워크 및 호스트 이름]을 클릭한다.

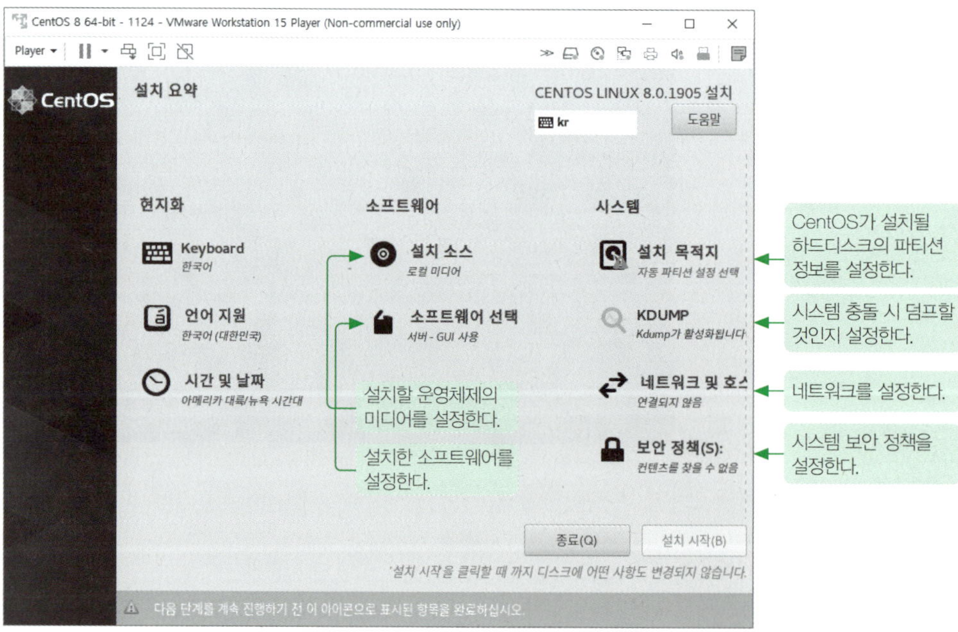

### ❺ 네트워크 설정하기

'네트워크 & 호스트 이름' 설정 화면에서 이더넷을 '켬' 상태로 하여 IP 주소가 동적으로 할당되도록 네트워크를 활성화한 후 [완료]를 클릭한다.

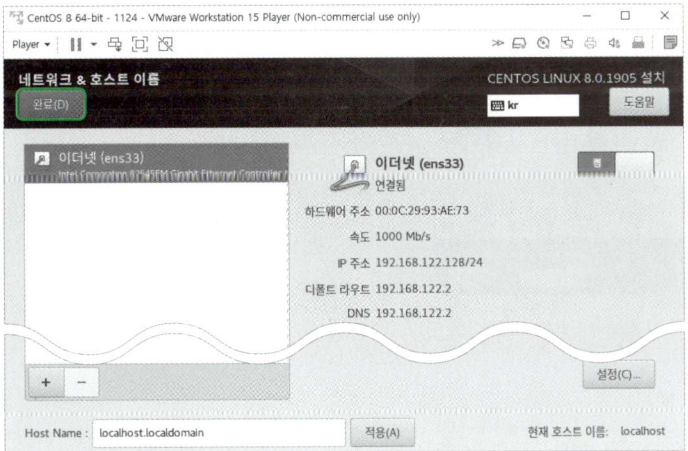


### ❻ 시간과 날짜 설정하기

[설치 요약] 화면에서 [시간 및 날짜]를 클릭하면 '시간 및 날짜' 설정 화면이 나타난다. 지역은 아시아, 도시는 서울로 선택하고 네트워크 시간을 켜면 하단의 시간과 날짜가 현재 날짜와 시간으로 자동 조정된 후 [완료]를 클릭한다.

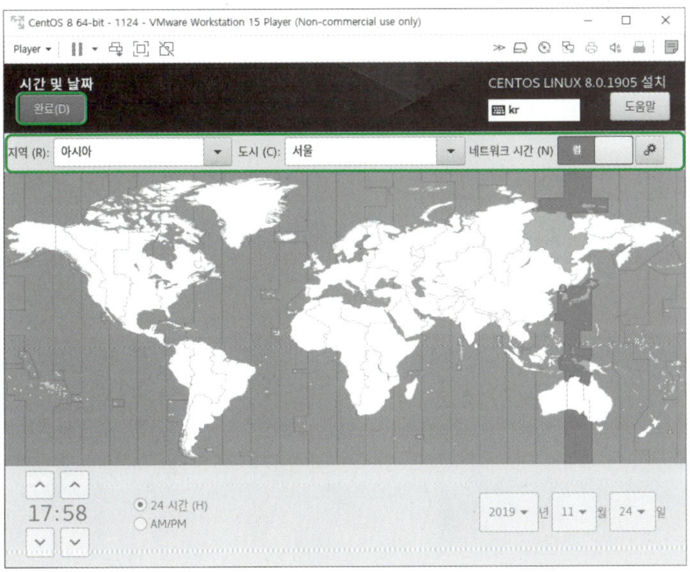

### ❼ 설치 목적지 확인하고 디스크 파티션 설정하기

[설치 요약] 화면에서 [설치 목적지]를 클릭한 후 '설치 목적지' 설정 화면에서 CentOS를 설치할 장치를 선택하고, 디스크의 파티션을 설정한다. CentOS를 설치할 디스크는 VMware에서 설정한 20GB 디스크를 선택하면 된다. 이 디스크의 내부 구성을 설정하는 저장소 구성을 파티션 작업이라고 한다. 파티션 작업은 자동 또는 수동으로 설정할 수 있는데 여기서는 기본으로 자동인 '오토매틱'으로 그대로 두고 [완료]를 클릭한다. 만약 파티션을 수동으로 설정하고 싶다면 52쪽의 〈여기서 잠깐〉을 참고해 설정한다.

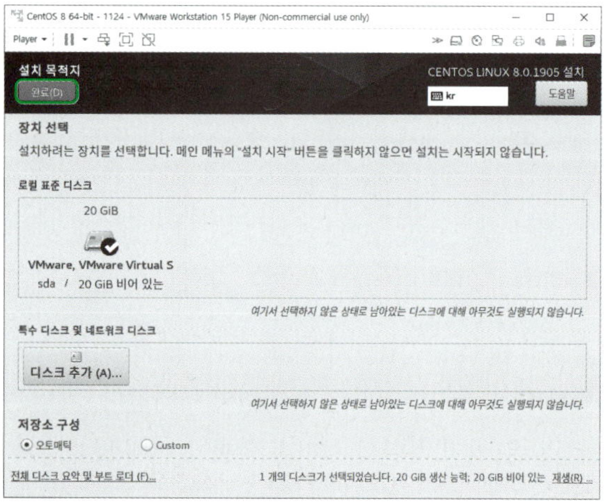

### ❽ 설치 시작하기

[설치 요약] 화면에서 [설치 시작]을 클릭한다.

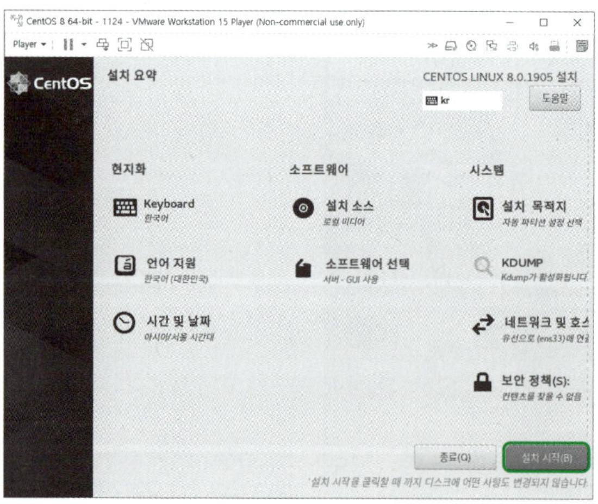

### ⑨ root 암호 설정하고 사용자 생성하기

[설치 요약] 화면에서 [설치 시작]을 클릭한 후 사용자 설정 화면에서 root 계정의 암호를 설정하고, 사용자 계정을 하나 추가한다. root는 root 계정을 의미한다. root 계정은 반드시 시스템 관리자 계정으로 설정해야 한다. 아직 root 암호를 설정하지 않았으므로 역시 '⚠' 표시가 나타난다. [Root 암호]를 클릭하면 root 계정의 암호를 설정하는 창이 나타난다. 같은 암호를 두 번 입력한 다음 왼쪽 위에 있는 [완료]를 클릭한다. 다음으로 일반 사용자 계정을 하나 생성한다. [User Creation]을 클릭하고 그림과 같이 user1 계정을 생성한다. 사용자 계정을 관리자로 등록하는 '이 사용자 관리자로 지정하십시오.'에는 체크 표시를 하지 않는다.

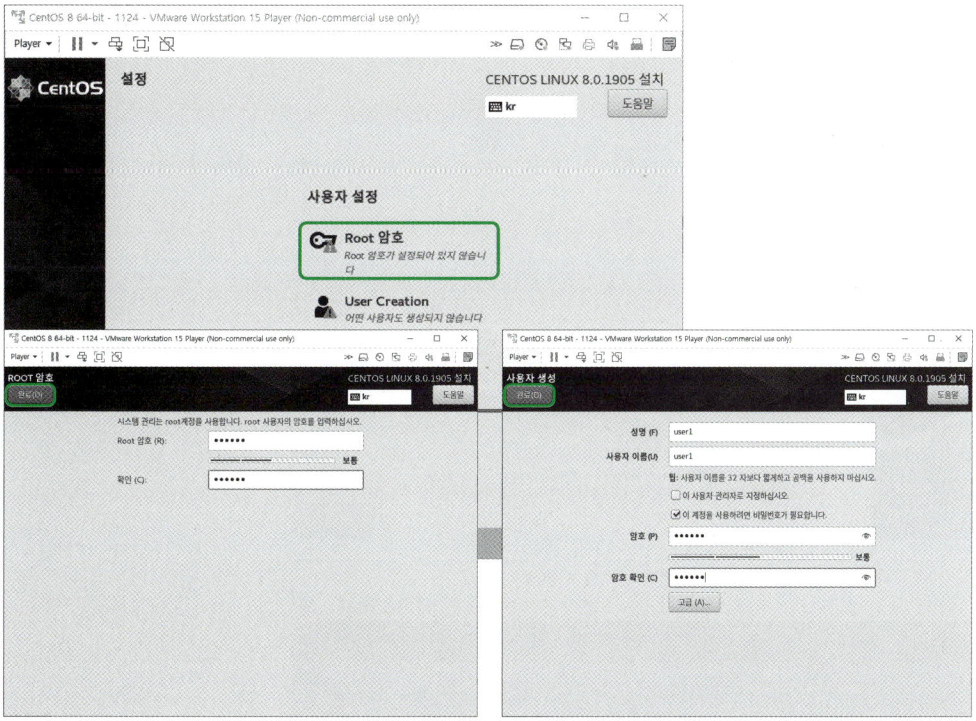


### ⑩ 패키지 설치 완료하기

root 암호를 설정하고 사용자 계정을 생성하는 동안 자동으로 패키지 설치가 진행되고 있다. 패키지를 설치하는 데 시간이 걸리므로 기다려야 한다.

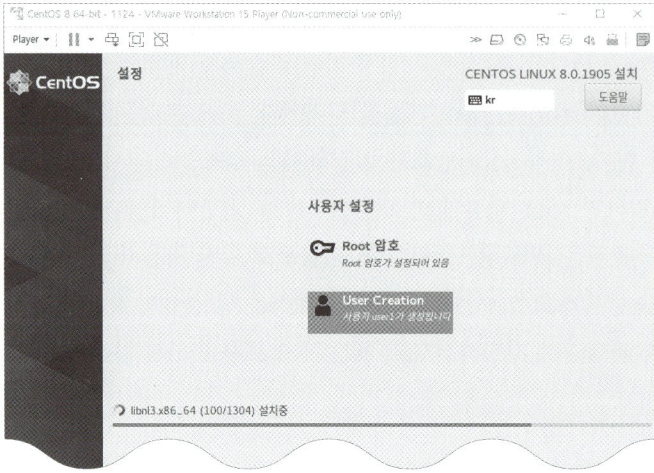


## ⓫ CentOS 부팅하기

패키지 설치 완료 화면에서 [재부팅]을 클릭하면 CentOS 부팅 초기 화면이 나타나고 자동으로 부팅된다.

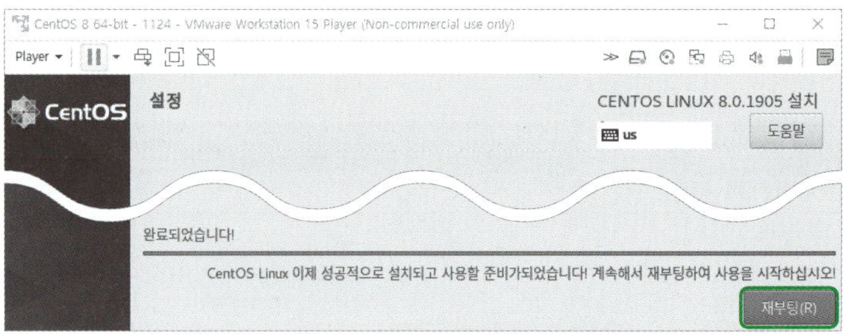


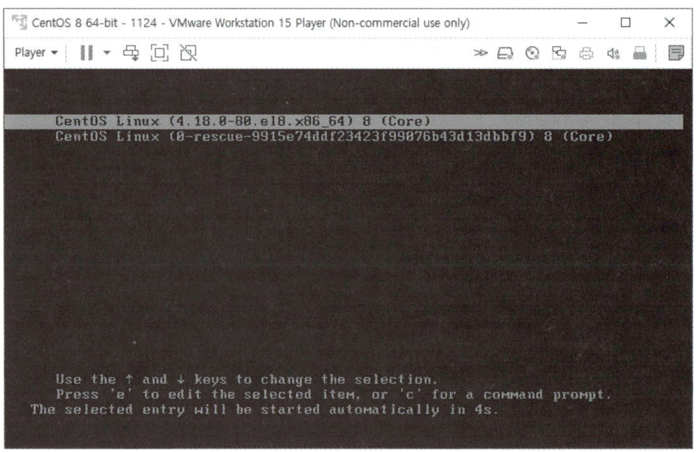

### ⓬ 라이선스 동의하기

CentOS는 부팅하는 과정에서 라이선스에 동의하지 않았다는 화면이 나타난다. [License Information]을 클릭하여 라이선스에 동의하고 [설정 완료]를 클릭한다.

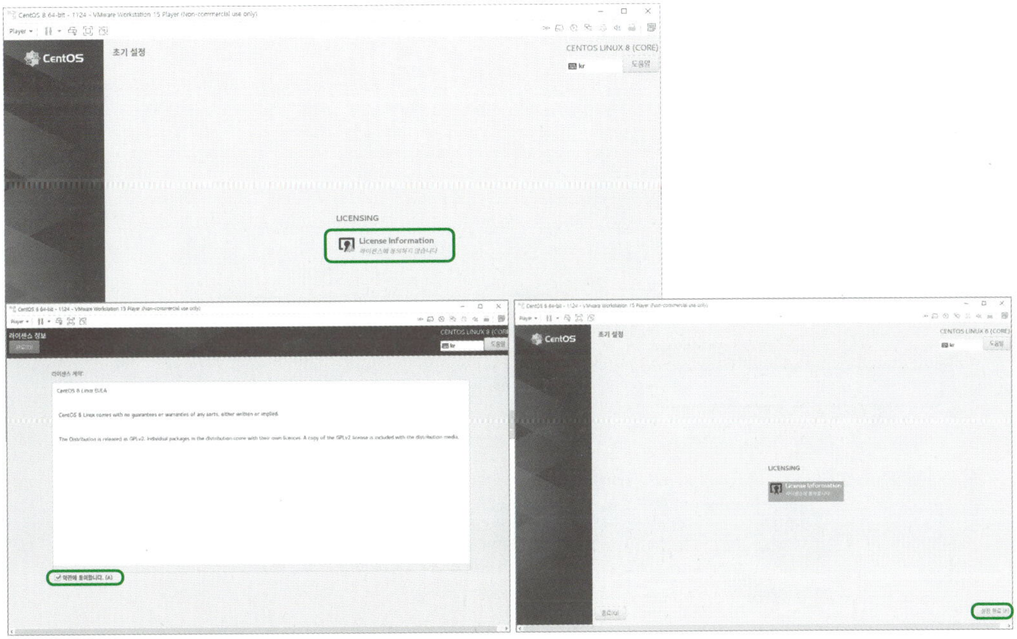


### ⓭ 로그인하기

CentOS가 재부팅되면 로그인 화면이 나타난다. 지정한 암호를 입력하고 로그인한다.

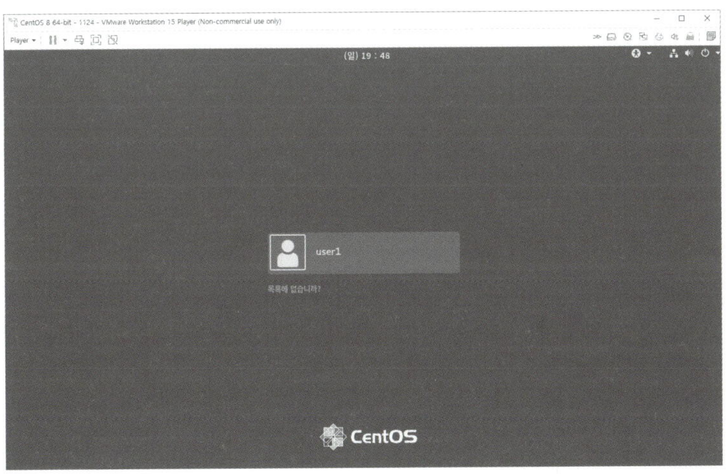

### ⓮ 그놈 초기 설정하기

CentOS 8에 로그인을 하면 그놈 초기 설정 화면이 나타난다. 다음과 같은 순서에 따라 설정하고, [CentOS Linux 시작(S)]를 클릭한다.

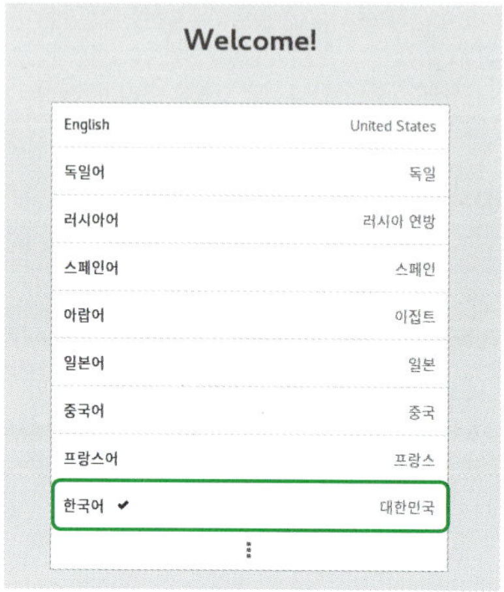


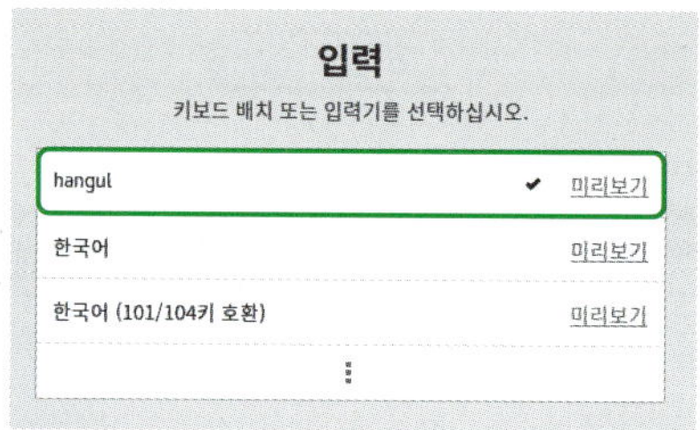


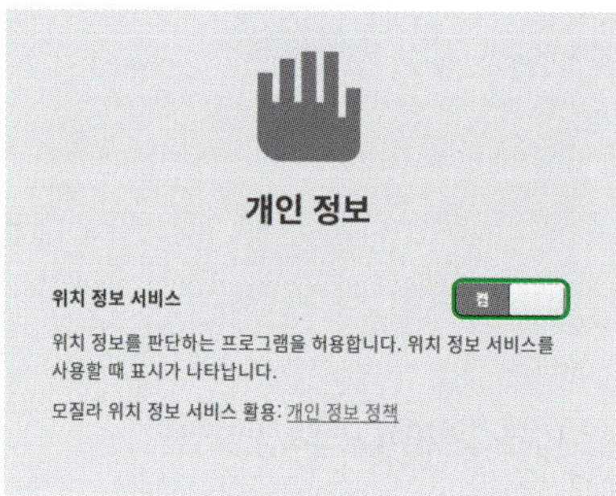


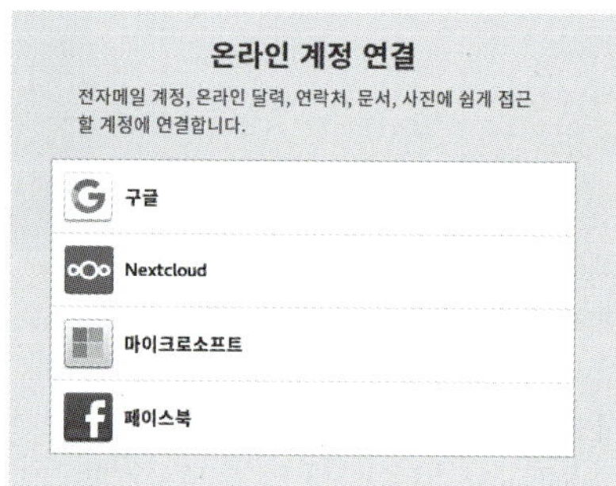

### ⑮ CentOS 8 초기 화면 확인하기

그놈 도움말이 나타난다. 도움말은 필요할 때 참고하기로 하고 오른쪽 위의 [X]를 클릭하여 종료하면 CentOS 8의 바탕 화면이 나타난다. 이제 모든 설치가 완료되었다. 그런데 바탕 화면에 아무것도 없다. 이제 무엇을 해야 할까? 본격적인 리눅스 윈도 환경 사용법은 다음 절에서 알아보자.

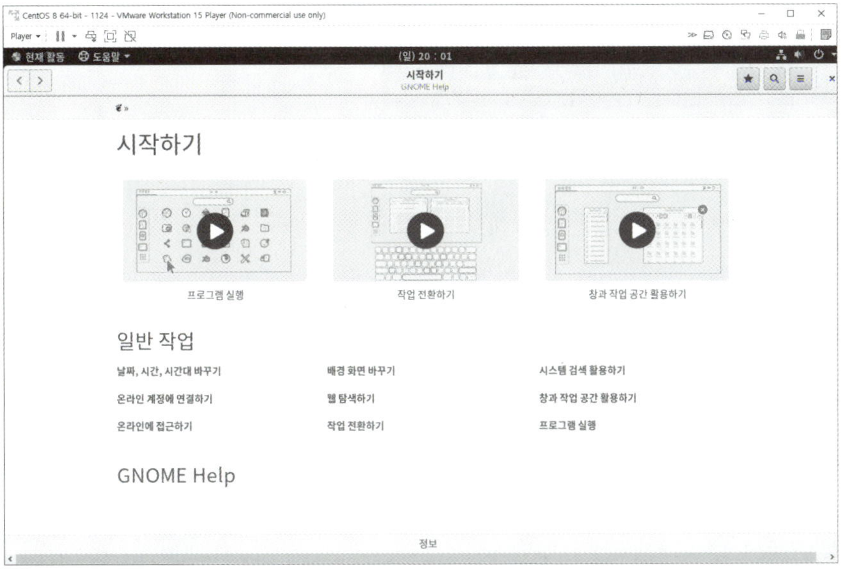


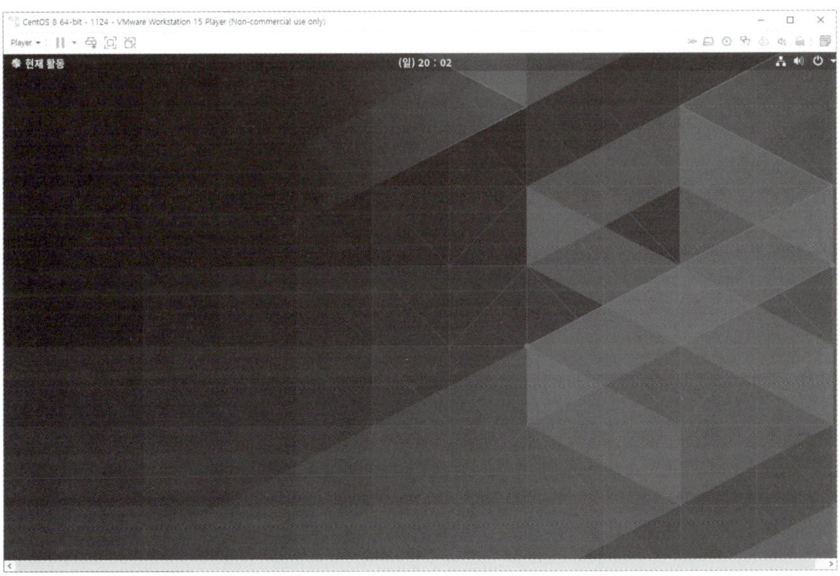

### 여기서 잠깐 파티션을 수동으로 설정하기

저장소 구성 항목에서 'Custom'을 선택하면 디스크 파티션을 사용자 마음대로 설정할 수 있다. 단, 사용자 지정으로 디스크 파티션을 설정할 때는 디스크 파티션에 대한 기본 지식을 가지고 있어야 한다. 46쪽의 디스크 파티션 설정 화면에서 'Custom'을 선택하고 [완료]를 클릭한다. 다음 그림의 화면에서 [여기를 클릭하여 자동으로 생성합니다. (C)]를 클릭하여 필수 파티션을 자동으로 구분한 뒤 사용자의 필요에 따라 수정하거나, 아래쪽의 [+]를 클릭하여 사용자가 완전히 수동으로 할 수도 있다. 여기서는 [여기를 클릭하여 자동으로 생성합니다. (C)]를 클릭한다.

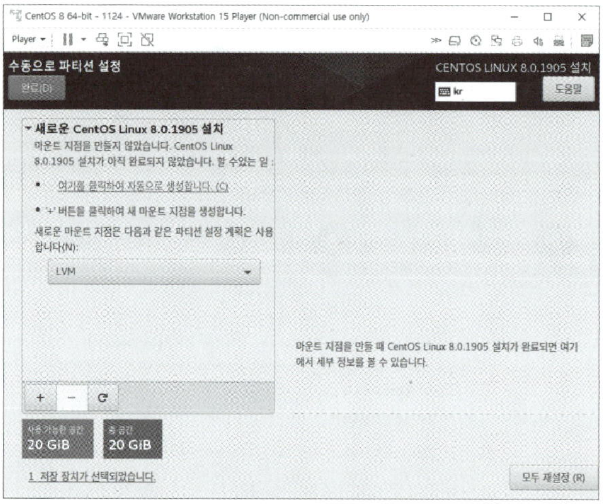


[여기를 클릭하여 자동으로 생성합니다. (C)]를 클릭하면 필수 파티션을 자동으로 구분하고 마운트 포인트를 지정하면 다음과 같이 보여 준다.

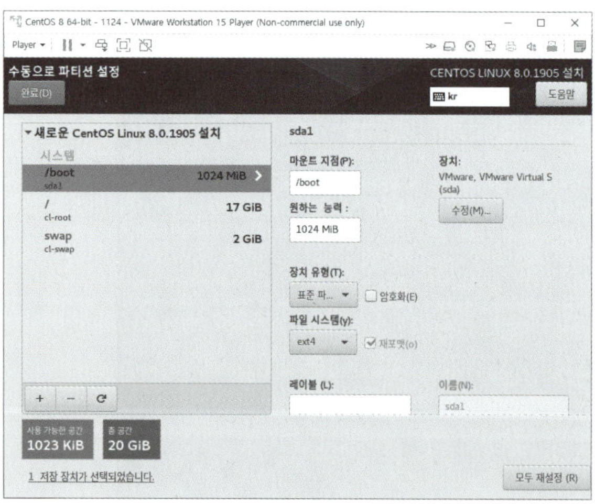

CentOS 같은 리눅스를 설치할 때 디스크의 파티션은 기본적으로 boot 파티션(/boot), root 파티션(/), swap 파티션이 필수다. 필요에 따라 좀 더 세부적으로 파티션을 구분할 수도 있는데, [표 1-2]는 용도에 따라 구분한 예를 보여준다.

**표 1-2 리눅스 파티션의 구분 예**

| 마운트 포인트 | | 내용 |
|---|---|---|
| 필수 | / | root 파티션으로 시스템 설정 등 주요 내용이 저장된다. |
| | /boot | boot 파티션으로 리눅스 부팅 커널이 저장된다. 대략 500MB를 할당한다. |
| | swap | 메모리(RAM)가 부족할 때 사용되는 영역으로 대개 RAM 크기의 2배 정도로 설정한다. |
| 선택 | /usr | 명령어, 응용 프로그램 등이 주로 저장된다. |
| | /var | 로그 파일 등이 주로 저장된다. |
| | /tmp | 시스템 사용 중에 발생하는 임시 파일이 저장된다. |
| | /home | 사용자 홈 디렉터리가 위치한다. |

/usr, /var 같은 파티션을 구분하지 않으면 모두 root 파티션에 포함된다. 파티션을 다양하게 구분하면 백업을 하는 데 편리한 점이 있다. 여기서는 실습에 중점을 두기 위해 파티션을 다양하게 구분하지 않지만, 실무에서는 업무의 용도에 따라 파티션을 다양하게 구성하여 사용한다.

파티션을 좀 더 구분하고 마운트 포인트를 추가하려는 경우, 왼쪽 아래의 [+]를 클릭하면 다음과 같이 '새 마운트 지점 추가' 팝업 창이 뜨는데 여기서 사용자가 원하는 대로 지정할 수 있다.

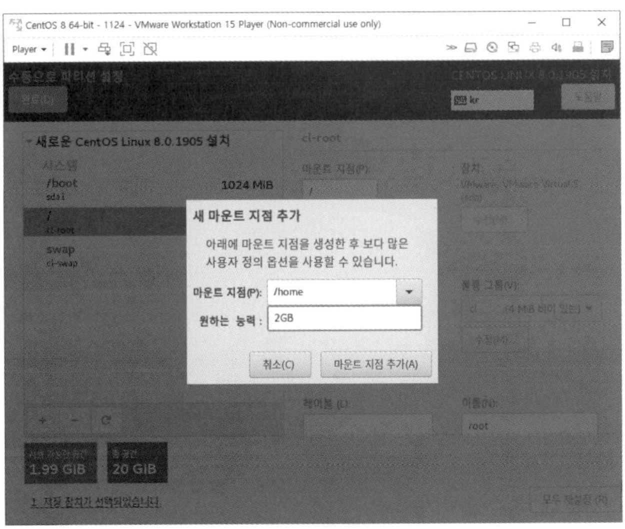

파티션 설정이 완료되어 왼쪽 위의 [완료]를 클릭하면 사용자 지정으로 설정한 파티션 정보를 보여준다. 여기서 [취소하고 사용자 정의 파티션 설정으로 되돌아갑니다.(C)]를 선택하면 설정 화면으로 되돌아간다. [변경 사항 적용 (A)]을 선택하여 설치 요약 화면으로 돌아가 설치를 계속 진행하면 된다.

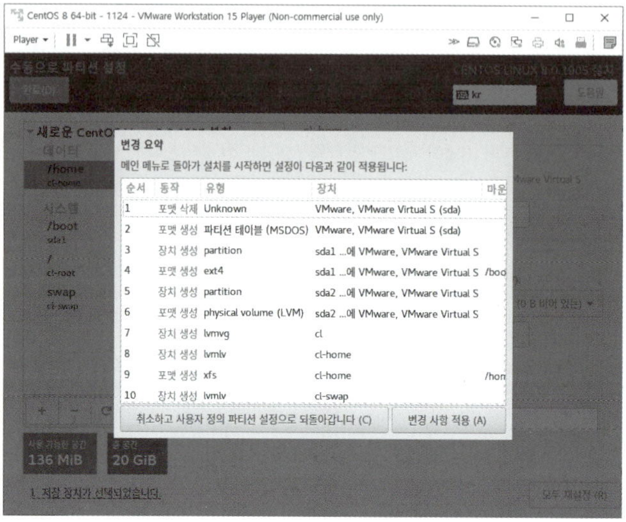

TIP 마운트 포인트mount point는 디스크의 각 파티션과 연결되는 디렉터리 이름이다. 이 디렉터리 이름을 통해 사용자는 디스크의 파티션을 사용할 수 있다. 마운트와 관련된 자세한 내용은 7장에서 다룬다.

# 03 리눅스 윈도 기본 사용법

리눅스의 윈도 환경은 리눅스 버전이 업그레이드됨에 따라 점점 더 기능이 다양해지고 사용법도 매우 편리해지고 있다. CentOS 8의 경우 로그인했을 때 아무 것도 없는 바탕 화면만 보여 조금 당황스러울 것이다. 하지만 대부분의 사용자에게 익숙한 MS 윈도와 크게 다르지 않으므로 어렵지 않게 사용할 수 있을 것이다. 여기서는 CentOS 8의 윈도 환경을 살펴본다.

## 1 CentOS 윈도 환경의 구성

CentOS 8을 기준으로 리눅스 윈도의 구성 요소를 살펴보면 CentOS 8의 윈도 상단에는 [그림 1-6]과 같은 요소가 있다.

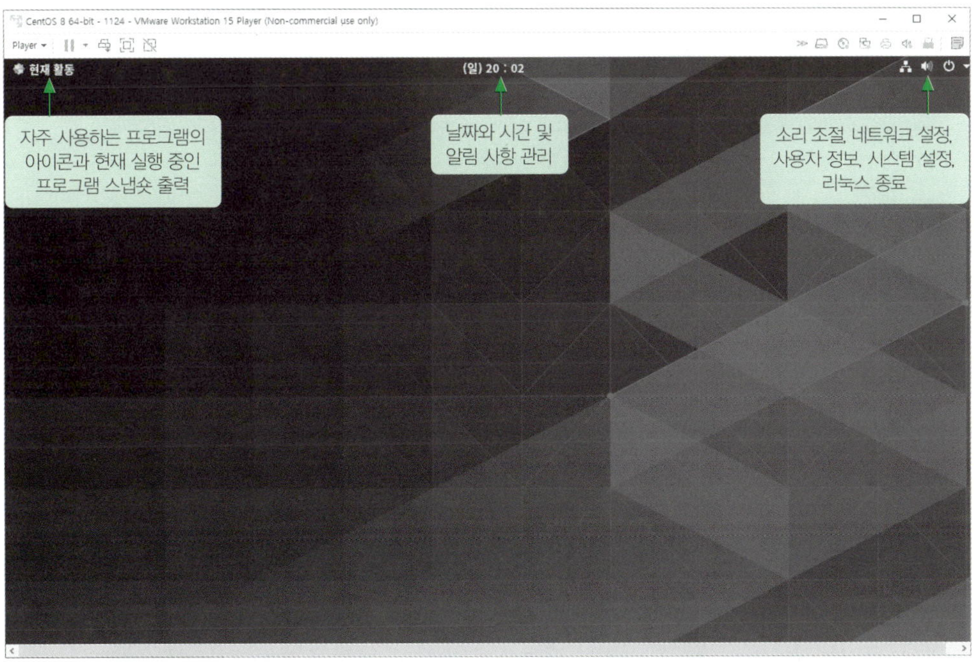

그림 1-6 CentOS 윈도 상단의 구성 요소

■ 현재 활동

[현재 활동]을 선택하면 [그림 1-7]의 예와 같이 화면 왼쪽에 세로로 아이콘 메뉴가 나타난다. 이 메뉴는 파이어폭스(인터넷 브라우저), 파일, 소프트웨어, 도움말, 터미널 등 자주 사용하는 프로그램의 아이콘과 전체 프로그램을 확인할 수 있는 프로그램 표시 아이콘으로 구성되어 있다. 실행 중인 프로그램이 있을 경우 해당 프로그램의 아이콘이 추가로 표시된다.

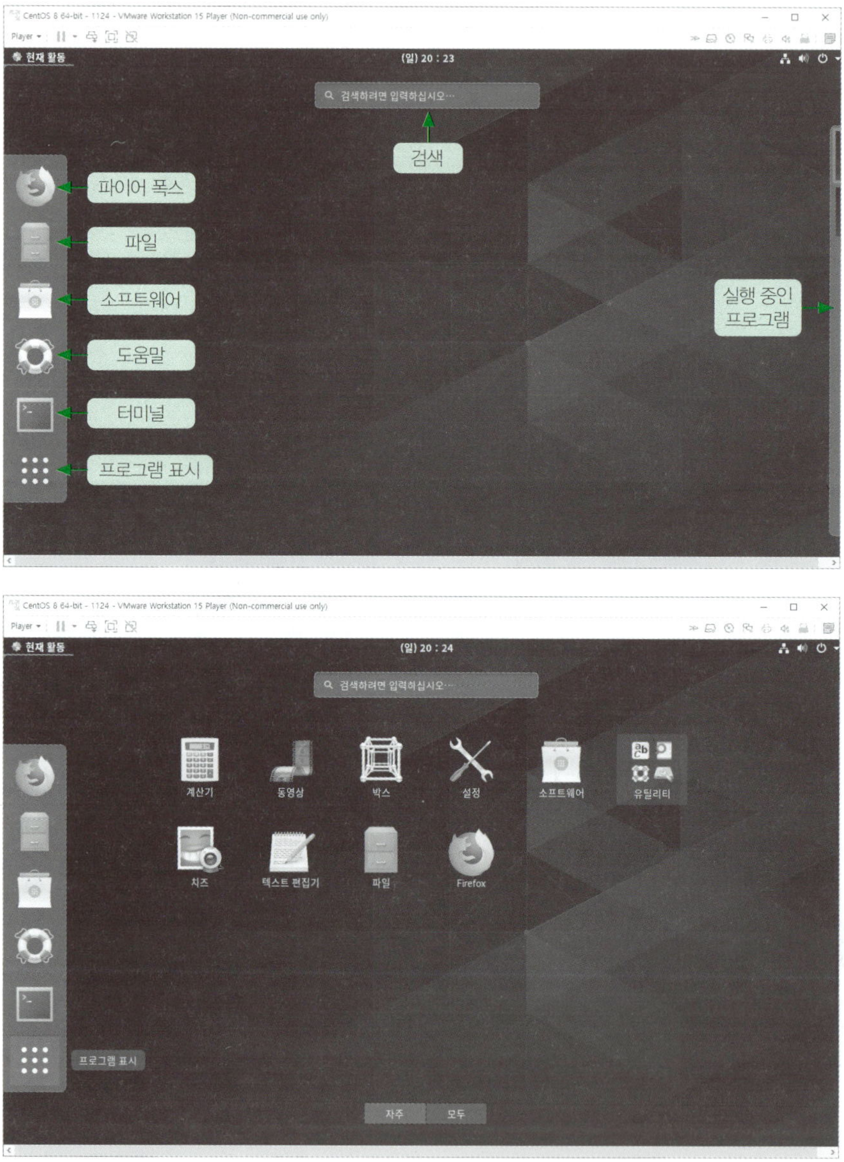


그림 1-7 현재 활동

■ 날짜와 시간 및 알림사항 관리

바탕 화면의 상단 가운데에 있는 시간을 클릭하면 [그림 1-8]과 같이 날짜와 시간을 설정하고 알림 사항을 확인할 수 있는 팝업 창이 뜬다.

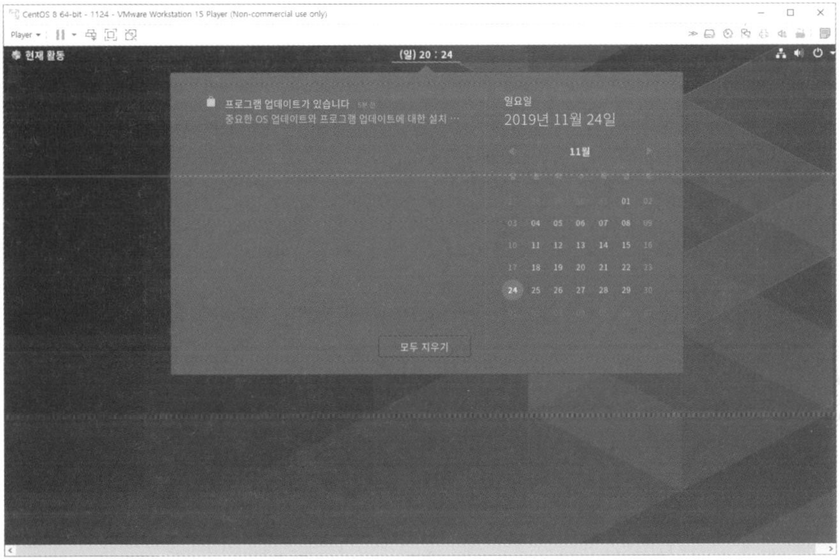


그림 1-8 날짜와 시간 설정 및 일정 확인

■ 기타 설정

바탕 화면의 상단 오른쪽에 있는 ▼을 클릭하면 [그림 1-9]와 같이 소리 설정, 네트워크 설정, 사용자 설정, 시스템 설정, 시스템 종료 등의 메뉴가 나타난다.

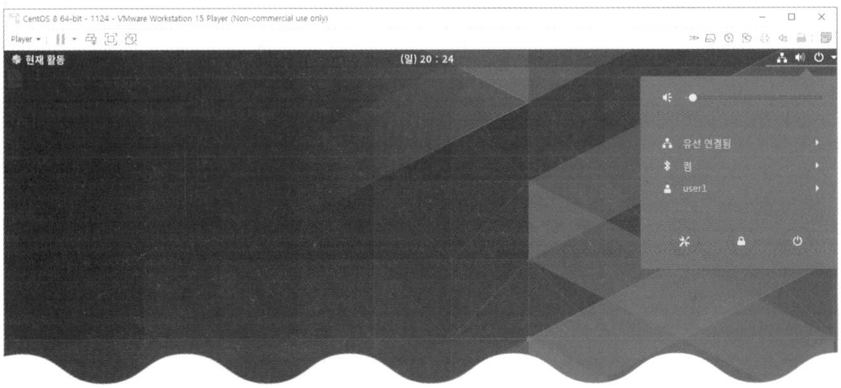


그림 1-9 소리, 블루투스, 네트워크, 사용자 설정 메뉴

| 따라해보기 | 한글 입력 설정하기 |
|---|---|

CentOS는 기본적으로 한글을 지원한다. CentOS를 설치한 후에 터미널을 동작하여 ls 명령의 결과를 보면 한글이 출력된다. 그런데 한글 입력은 어떻게 하는 것인가? 한영 전환키는 무엇인가? 터미널에서 한영 전환키나 shift-space키로 한영 전환이 되지 않는다면 다음 절차에 따라 한영 전환키를 등록한다.

### ❶ 한글 입력기 패키지 설치하기

한글 입력기를 설치해야 한다. 이것은 일반 사용자 계정이 아니라 root 계정에서 해야 한다. 터미널에서 다음과 같이 root 계정으로 전환하여 한글 입력기 패키지를 설치한 후 CentOS를 재부팅한다.

```
[user1@localhost ~]$ su -                              → root계정으로 전환
암호:                                                  → root계정의 암호 입력
[root@localhost ~]# yum -y install ibus-hangul         → 한글 입력기 설치
(생략)
설치됨:
  ibus-hangul-1.5.1-4.el8.x86_64          libhangul-0.1.0-16.el8.x86_64

완료되었습니다!
[root@localhost ~]# exit                         → root계정에서 나가기
logout
```

### ❷ 지역 및 언어 설정하기

[현재 활동]-[프로그램 표시]-[설정]에서 [지역 및 언어]를 선택한다.

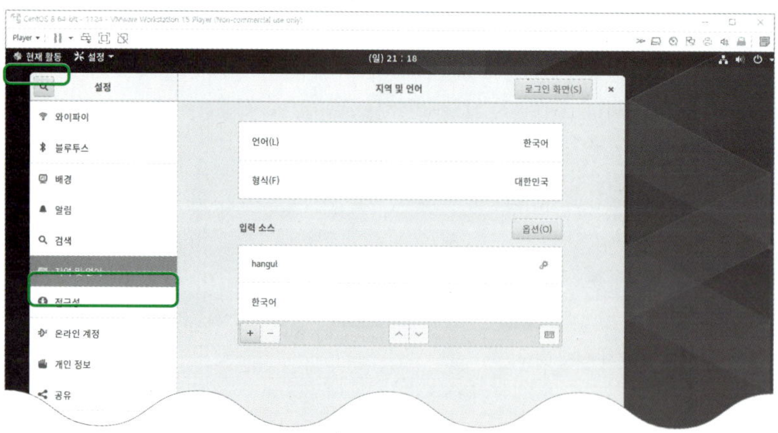

### ❸ 입력 소스 추가하기

입력 소스의 + 를 선택한 후 입력 소스 추가에서 '한국어'를 선택한다.

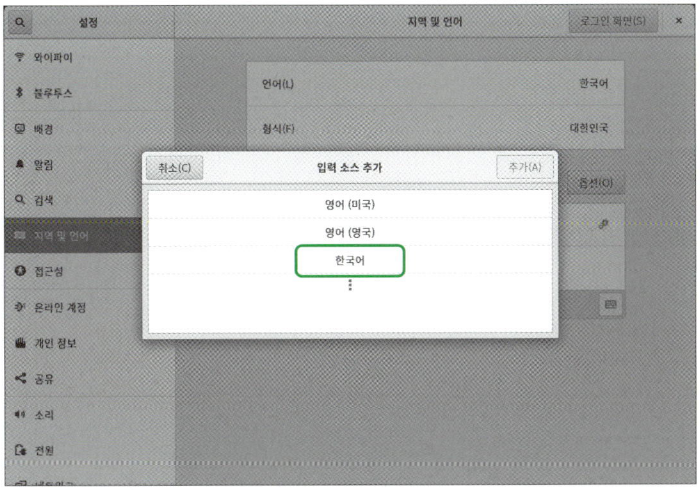


### ❹ 한국어 선택하기

'한국어(Hangul)'를 선택하고 [추가(A)]를 클릭한다.

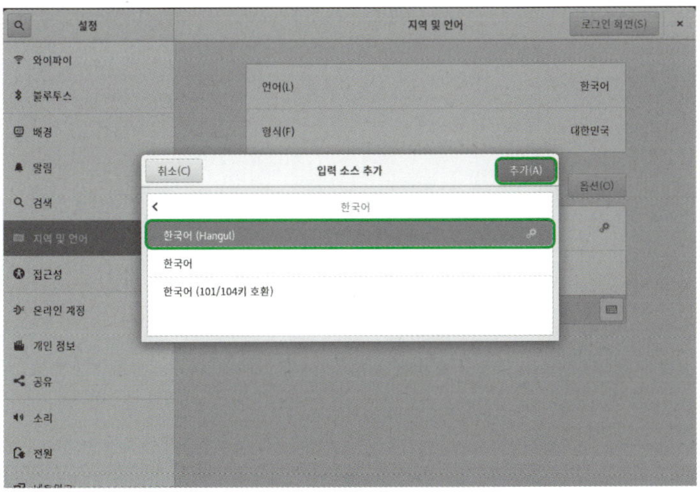

### ❺ 한국어 설정 선택하기

입력 소스에서 '한국어(Hangul)'을 선택한 후 아래의 ⚙ 을 클릭한다.

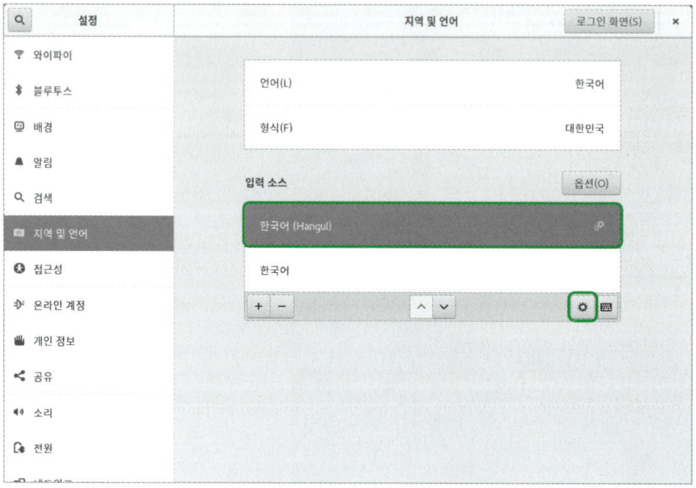


### ❻ IBus 한글 설정하기

IBus 한글 설정 창에서 '한영전환키'의 [추가(A)]를 클릭한다.

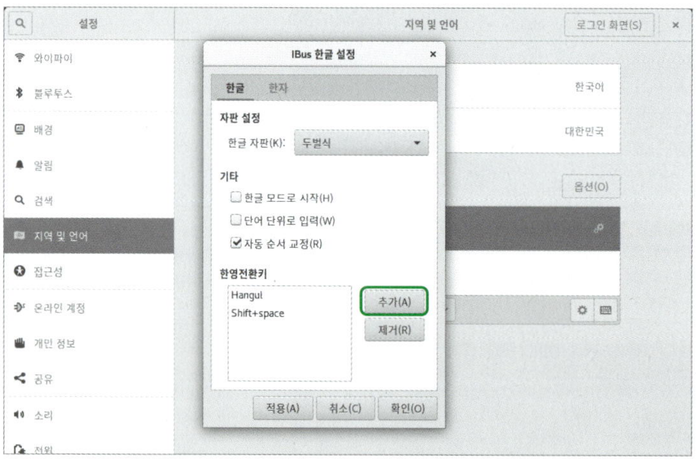


### ❼ 한영 전환키 선택하기

팝업 창이 뜨면, 키보드에서 한영 전환키로 사용할 키를 누른다. 예를 들어 키보드의 스페이스바 옆에 있는 '한/영'키나 오른쪽 Alt키를 누르면 'Alt_R'이 표시된다. 한영 전환키의 선택이 끝나면 [확인(O)]을 클릭한다.

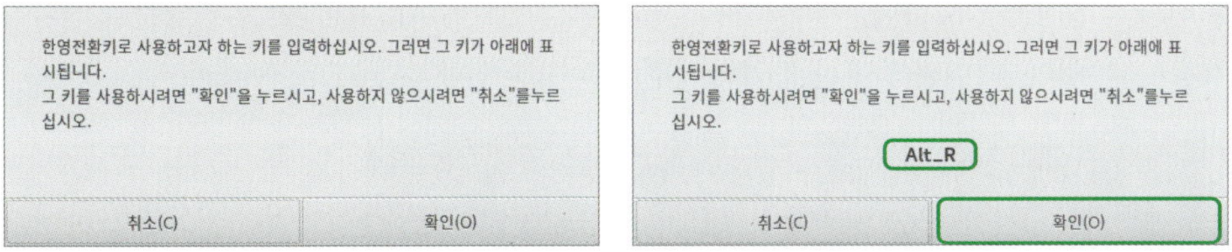


### ❽ 기존 한영 전환키 삭제하기

IBus 한글 설정 창에서 기존의 한영 전환키를 삭제하고 새로 추가한 키(Alt_R)만 남겨놓는다. [적용]–[확인]을 클릭한다.

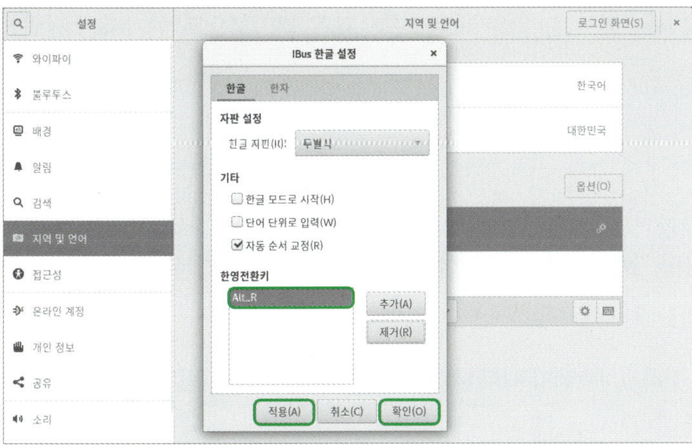


### ❾ 기존 한국어 삭제하기

지역 및 언어 창의 입력 소스에서 '한국어'를 삭제하고 '한국어(Hangul)'만 남겨놓는다.

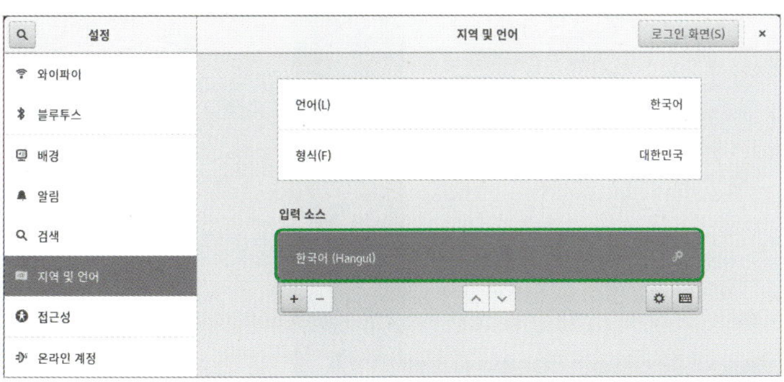

### ⑩ 한글 입력 확인하기

한영 전환키 설정을 완료했다. 이제 새로 선택한 한영 전환키(Alt_R)로 한글과 영문을 전환하며 사용할 수 있다. 터미널에서 한글 입력이 잘 되는지 확인해본다.

## 2 CentOS 윈도의 사용

CentOS의 윈도 프로그램을 사용해보자. 응용 프로그램이 매우 다양하므로 여기서는 시범적으로 한두 개만 실행해본다.

### 파일

윈도 탐색기처럼 CentOS에도 파일을 관리하는 응용 프로그램이 있는데 이를 '파일'이라고 한다. 파일은 자주 사용하는 응용 프로그램이므로 '현재 활동'을 선택하면 기본적으로 표시되는 목록에 포함되어 있다([그림 1-7] 참조).

파일을 실행하면 [그림 1-10]과 같은 창이 나타난다. 파일의 세부 내용은 윈도와 거의 동일하므로 쉽게 사용할 수 있을 것이다.

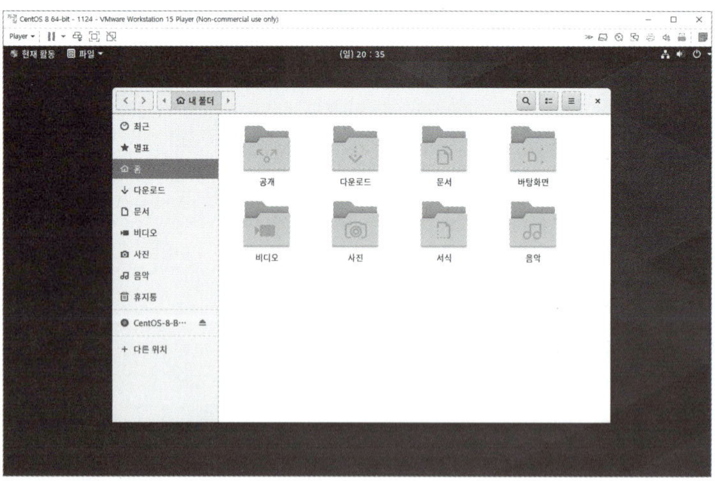


그림 1-10 파일 관리 창

## 이미지 보기 프로그램

이미지 보기 프로그램을 실행해보자. 이미지 보기 프로그램은 유틸리티 그룹에 속해 있다. [현재 활동]-[프로그램 표시]-[유틸리티]-[이미지 보기]의 순서로 선택하면 [그림 1-11]과 같이 실행된다.

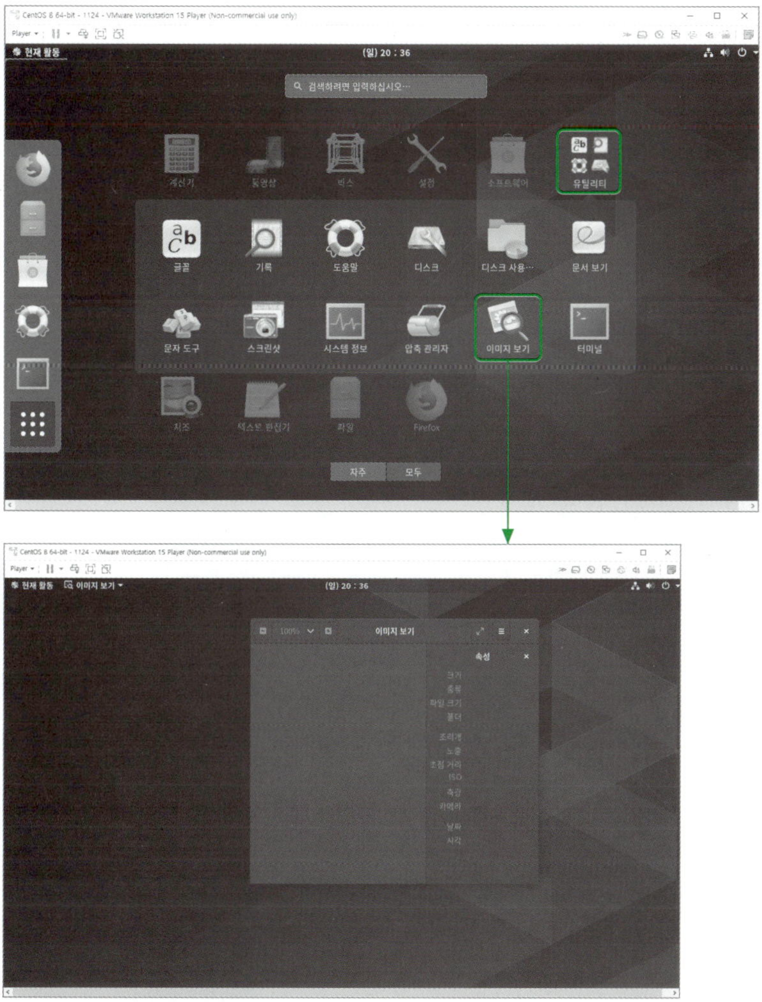


그림 1-11 이미지 보기 실행 화면

따라해보기 | 텍스트 편집기로 문서 열기

### ❶ 텍스트 편집기 실행하기

[현재 활동]–[프로그램 표시]–[텍스트 편집기]를 선택한다. 텍스트 편집기gedit는 그놈에서 제공하는 기본 프로그램으로 윈도의 메모장과 같은 기능을 수행한다. 간단한 문서를 작성할 때 사용하면 편리하다.

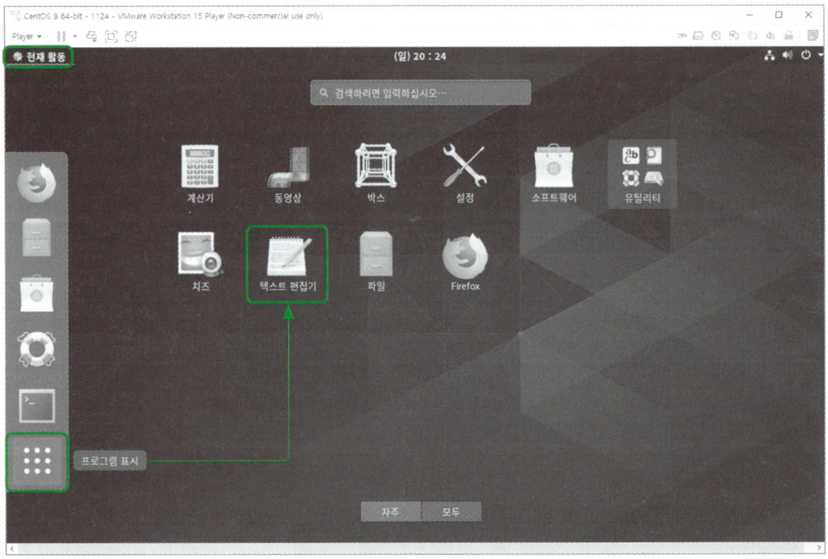


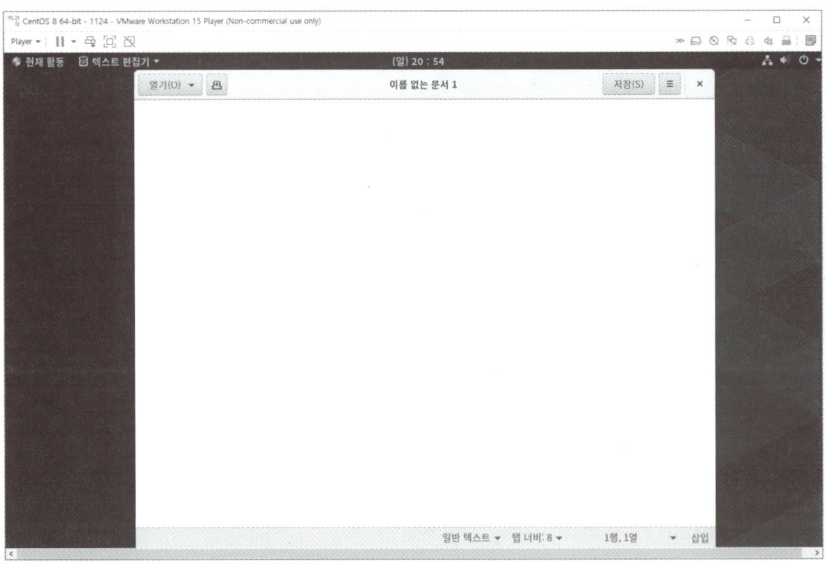

## ❷ 텍스트 편집기에서 디렉터리 선택하기

빈 문서이므로 여기서 새로운 문서를 작성해도 되지만 기존의 파일을 열어보자. [열기]–[기타 문서]–[다른 위치]–[컴퓨터]–[etc]를 선택한다.

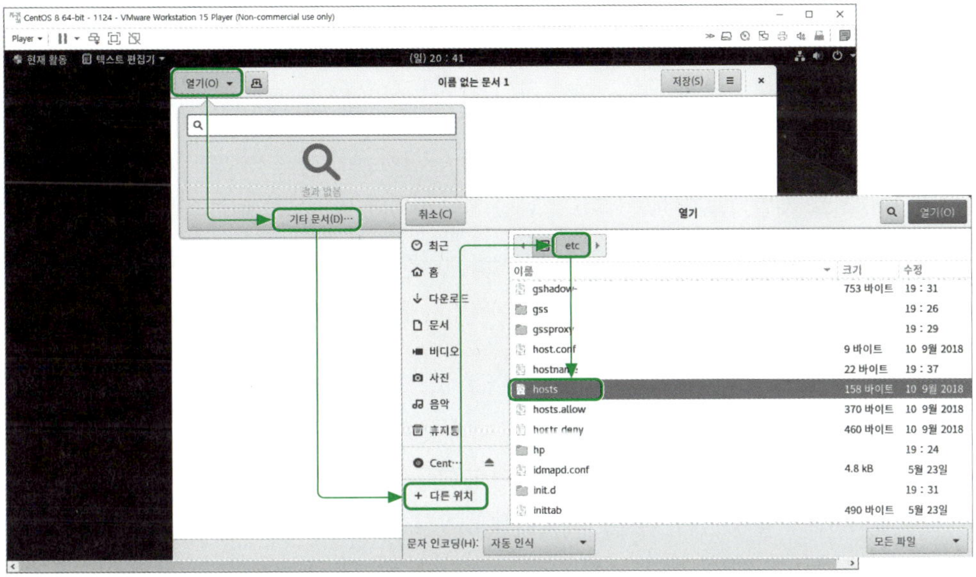


## ❸ 텍스트 편집기에서 파일 열기

etc 디렉터리에서 hosts 파일을 선택하고 [열기(O)]를 클릭하여 파일을 연다.

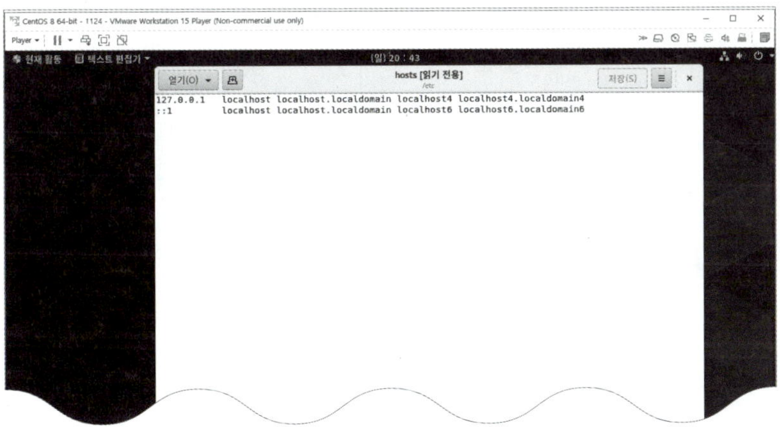


다른 응용 프로그램도 실행하는 방법이 동일하므로 어떤 프로그램이 있는지 살펴보고 실행해 보자.

# 04 리눅스 명령 사용법

리눅스는 GUI를 사용할 수도 있지만 전통적으로 명령 기반 인터페이스를 기본으로 제공한다. 이는 리눅스의 조상이라 할 수 있는 유닉스가 GUI가 등장하기 이전에 명령 기반 인터페이스를 바탕으로 개발되었기 때문이다. 조금만 익숙해지면 명령으로 리눅스를 활용하기가 편해질 것이다. 특히 일반 사용자가 아니라 리눅스 시스템 관리자가 되고 싶다면 명령을 사용하는 방법을 꼭 알아두어야 한다.

## 1 터미널의 시작과 종료

리눅스에서 명령을 사용하려면 터미널을 동작시켜야 한다. CentOS 8에서 터미널은 [그림 1-7]과 같이 [현재 활동]-[터미널]을 선택하여 동작시킬 수 있다. 터미널을 동작시키면 [그림 1-12]와 같이 터미널 창이 열린다. 윈도의 cmd 창과 비슷해 보일 것이다. 이 터미널 창에서 명령을 입력하여 작업을 할 수 있다.

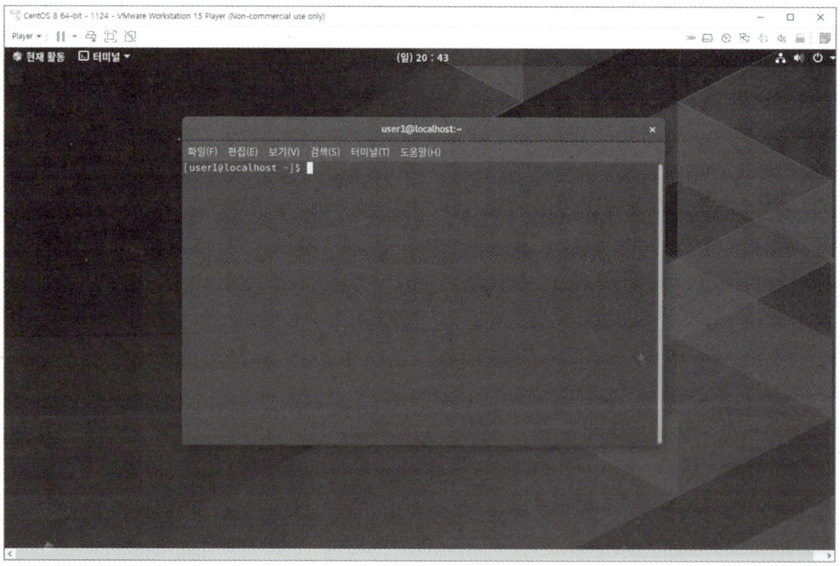


그림 1-12 터미널 창

터미널에서 작업을 마치면 터미널을 닫아야 한다. 터미널을 닫는 방법은 크게 두 가지가 있다. 물론 마우스로 터미널 창의 오른쪽 위에 있는 ×를 클릭해도 된다.

■ **exit 명령을 사용한 접속 해제**

```
[user1@localhost ~]$ exit
```

■ **Ctrl+d를 사용한 접속 해제**

```
[user1@localhost ~]$ ^d          → Ctrl+d
```

## 2 프롬프트 기호와 홈 디렉터리

터미널 창을 띄우거나 원격으로 리눅스에 접속하면 프롬프트prompt가 나타난다. 프롬프트는 사용자의 명령 입력을 기다리는 표시로, 사용하는 셸에 따라 다르게 나타난다. 배시셸의 경우에는 기본적으로 $로 표시되고, 시스템 관리자의 경우에는 #로 표시된다. 프롬프트는 사용자가 다른 모양으로 바꿀 수 있다.

터미널 창이 나왔을 때 기본 디렉터리는 사용자의 홈 디렉터리에 위치한다. [그림 1-12]의 터미널 창을 보면 상단에 'user1@localhost:~'라고 제목이 표시되어 있다. 여기서 user1은 사용자 계정의 이름이고, localhost는 호스트의 이름으로 서버 자체를 의미한다. ~ 기호는 user1 사용자의 홈 디렉터리를 나타낸다. 사용자의 홈 디렉터리는 사용자 계정을 등록할 때 결정된다. 사용자는 홈 디렉터리 아래에 자신이 원하는 파일이나 디렉터리를 생성하며 작업할 수 있다. user1 사용자의 홈 디렉터리가 어디에 있는지 잠시 뒤에 확인해보자.

## 3 명령행 편집

명령을 이용하여 리눅스를 사용하려면 프롬프트 다음에 명령을 입력해야 한다. 명령을 잘못 입력했을 때는 문자 단위, 단어 단위, 행 단위로 수정할 수 있다.

■ **문자 지우기**

리눅스의 명령행에서 문자를 지울 때는 ←나 Delete를 사용한다. 리눅스에 따라 둘 중 하나가 기본 값으로 설정되어 있는데 CentOS의 경우는 ←다.

■ 단어 지우기

리눅스의 명령 행에서 단어를 지울 때는 Ctrl+w를 사용한다. 이때 단어는 공백으로 구분한다.

```
[user1@localhost ~]$ linux CentOS█ → CentOS를 지우려면 Ctrl+w를 누른다.
[user1@localhost ~]$ linux █
```

■ 행 지우기

리눅스의 명령 행에서 행을 지울 때는 Ctrl+u를 사용한다. Ctrl+u를 누르면 해당 행의 내용을 모두 삭제할 수 있다.

```
[user1@localhost ~]$ linux CentOS█ → 모두 지우려면 Ctrl+u를 누른다.
[user1@localhost ~]$ █
```

## 4 명령의 구조와 사용

리눅스에서 사용하는 명령의 기본 구조는 다음과 같다.

**명령의 구조**

- **형식** 명령 [옵션] [인자]
- **명령** 리눅스를 사용하기 위해 사용자가 입력하는 다양한 명령은 date, man, ls, cp, mv 등 수백 가지가 있다.
- **옵션** 옵션을 사용하여 명령의 세부 기능을 선택할 수 있다. 리눅스의 기능을 풍부하게 하는 중요한 특징으로 명령에 따라 있는 경우도 있고 없는 경우도 있다. 옵션은 -나 -- 기호로 시작하며 영문 소문자나 대문자로 구성된다. 명령에 따라 어떤 옵션이 있고 그 기능이 무엇인지는 해당 명령의 사용법을 참조해야 한다.
- **인자** 인자는 명령으로 전달되는 값이며 주로 파일명이나 디렉터리명이 사용된다. 명령에 따라 없을 수도 있고 각 명령에 필요한 인자도 각기 다르므로 사용법을 참조해야 한다.

ls 명령을 통해 명령을 사용한 예를 살펴보자. ls 명령의 기능에 대해서는 2장에 자세히 설명되어 있으며 여기서는 그 사용법만 알아보자.

■ 명령만 사용한 경우

다음은 ls 명령만 사용한 경우다.

```
[user1@localhost ~]$ ls
공개  다운로드  문서  바탕 화면  비디오  사진  서식  음악
```

■ **명령과 옵션을 사용한 경우**

다음은 ls 명령과 함께 -a라는 옵션을 사용한 경우다.

```
[user1@localhost ~]$ ls -a
.               .bash_history  .bashrc  .esd_auth  .pki      문서       사진
..              .bash_logout   .cache   .local     공개      바탕 화면  서식
.ICEauthority   .bash_profile  .config  .mozilla   다운로드  비디오     음악
```

■ **명령과 인자를 사용한 경우**

다음은 ls 명령과 함께 /tmp라는 인자를 사용한 경우다. 명령의 출력 결과는 다를 수 있다.

```
[user1@localhost ~]$ ls /tmp
VMwareDnD
anaconda.log
dbus.log
ifcfg.log
(생략)
```

■ **명령, 옵션, 인자를 사용한 경우**

다음은 ls 명령과 함께 -a라는 옵션과 /tmp라는 인자를 사용한 경우다.

```
[user1@localhost ~]$ ls -a /tmp
.
..
.ICE-unix
.Test-unix
.X0-lock
.X1024-lock
.X11-unix
(중략)
.viminfo
VMwareDnD
anaconda.log
(생략)
```

## 5 기초 명령의 사용법

리눅스의 기초 명령 사용법을 연습해보자.

### date 명령

date 명령은 다음과 같이 현재 날짜와 시간을 출력한다.

**date**

- **기능** 날짜와 시간을 출력한다.
- **형식** date

```
[user1@localhost ~]$ date
2019. 11. 24. (일) 21:07:19 KST
```

### clear 명령

다음과 같이 clear 명령을 입력하면 현재 보이는 화면이 깨끗이 지워지고 커서가 화면의 왼쪽 상단으로 이동한다. clear 명령은 옵션이나 인자가 없다.

**clear**

- **기능** 화면을 지운다.
- **형식** clear

```
[user1@localhost ~]$ clear
```

### man 명령

man 명령은 리눅스가 제공하는 각종 명령의 사용법을 자세히 보여준다. 명령의 옵션이나 인자 등 명령 사용법을 자세히 알고 싶을 때 매우 유용하다.

**man**

- **기능** 명령 사용 방법을 화면에 출력한다.
- **형식** man 명령

man 다음에 자세히 알고 싶은 명령을 지정한다. 예를 들어 clear 명령의 자세한 사용법을 알고 싶다면 다음과 같이 입력한다.

```
[user1@localhost ~]$ man clear
```

그러면 다음과 같은 결과가 출력된다.

```
lear(1)                    General Commands Manual                    clear(1)

NAME                       → 명령에 의한 간략한 설명
    clear - clear the terminal screen

SYNOPSIS                   → 명령의 사용 방법 요약
    clear [-Ttype] [-V] [-x]

DESCRIPTION                → 명령에 대한 상세한 기술
       clear  clears your screen if this is possible, including its scrollback
       buffer (if the extended “E3” capability is defined).  clear  looks  in
       the environment for the terminal type given by the environment variable
       TERM, and then in the terminfo database to determine how to  clear  the
       screen.
(생략)
PORTABILITY                → 명령의 호환성과 관련된 사항
       Neither IEEE Std 1003.1/The Open  Group  Base  Specifications  Issue  7
       (POSIX.1-2008) nor X/Open Curses Issue 7 documents tset or reset.

       The latter documents tput, which could be used to replace this  utility
       either  via  a shell script or by an alias (such as a symbolic link) to
       run tput as clear.

SEE ALSO                   → 명령과 관련된 참고 사항
       tput(1), terminfo(5)

       This describes ncurses version 6.1 (patch 20180224).
                                                                  clear(1)
 Manual page clear(1) line 78/100 (END) (press h for help or q to quit)
```

NAME 항목에는 명령에 대한 간단한 설명이 나오며, SYNOPSIS 항목은 명령 사용법을 요약해서 알려준다. DESCRIPTION 항목에는 명령의 옵션에 대한 설명이나 자세한 사용법이 나

온다. 그 외 명령에 필요한 인자나 속성, 오류 메시지 등에 대한 설명이 이어진다. 마지막 행의 (END)는 설명이 끝났음을 나타낸다. 여기서 h를 입력하면 도움말 키가 나오고, q를 입력하면 man의 실행이 종료된다.

### passwd 명령

앞서 배운 방식으로 리눅스에 접속하려면 로그인 ID와 비밀번호가 필요하다. 로그인 ID는 사용자가 변경할 수 없으며 시스템 관리 권한을 가진 특별한 사용자(root)만 변경할 수 있다. 이와 달리 비밀번호는 필요에 따라 직접 변경할 수 있는데, 이때 사용하는 명령이 바로 passwd다.

**passwd**

- **기능** 사용자 계정의 비밀번호를 변경한다.
- **형식** passwd [인자]

passwd 명령의 인자는 로그인 ID이고, 이는 시스템 관리자가 다른 사용자의 비밀번호를 바꿀 때 사용한다. 일반 사용자는 자신의 비밀번호만 바꿀 수 있다. 다음과 같이 인자 없이 passwd 명령만 사용하면 로그인한 계정의 비밀번호를 바꿀 수 있다.

```
[user1@localhost ~]$ passwd
user1 사용자의 비밀번호 변경 중
Current password:
새 암호:
새 암호 재입력:
passwd: 모든 인증 토큰이 성공적으로 업데이트 되었습니다.
```

passwd 명령을 입력하면 먼저 현재 사용하는 비밀번호를 물어본다. 그런 다음 새 비밀번호를 입력하라고 하는데 확인을 위해 두 번 입력해야 한다. 이때 입력하는 비밀번호는 화면에 보이지 않는다. 비밀번호는 일곱 자 이상이어야 하며 숫자나 특수문자를 포함하는 것이 좋다. 비밀번호는 자신의 정보를 지키는 데 매우 중요하므로 다른 사람이 쉽게 알아낼 수 없는 것으로 지정한다.

## 연습문제

**01** 리눅스와 GNU의 관계를 간단히 설명하시오.

**02** 리눅스는 PC용 운영체제로 자리를 잡아 발전을 거듭하고 있다. 반면 미닉스는 리눅스보다 먼저 개발되었음에도 불구하고 널리 사용되지 않는다. 그 이유는 무엇이라고 생각하는가?

**03** 리눅스 배포판이 필요한 이유를 설명하시오.

**04** GPL과 아파치 라이선스, BSD 라이선스를 비교하여 설명하시오.

**05** GNU 선언문을 찾아 읽어보시오.

**06** 리눅스를 GNU/리눅스로 불러야 하는 이유를 설명하시오.

**07** 리눅스의 세 가지 구성 요소를 간단히 설명하시오.

**08** 가상머신에 대해 간단히 설명하시오.

**09** 가상머신에서 호스트 OS와 게스트 OS는 무엇인지 설명하시오.

**10** Swap 파일과 파티션의 역할에 대해 간단히 설명하시오.

**11** 다음 명령의 기능을 간단하게 설명하시오.

- date
- clear
- man
- passwd

**12** date 명령의 도움말을 확인해보시오.

**13** CentOS의 응용 프로그램 중 다음 응용 프로그램을 동작시키는 과정을 설명하시오.

- 파이어폭스
- 계산기
- 스크린샷

**14** 텍스트 편집기는 마우스로 메뉴를 선택하여 실행할 수도 있지만 gedit 명령으로도 실행할 수 있다. 텍스트 편집기를 명령으로 실행하는 방법을 설명하시오.

**15** 터미널을 종료하는 두 가지 명령은 무엇인가?

# CHAPTER 02
# 디렉터리와 파일 사용법



**학습목표**

- 리눅스 파일의 종류와 특징을 설명할 수 있다.
- 디렉터리 계층 구조를 보고 절대 경로명과 상대 경로명을 작성할 수 있다.
- 디렉터리를 이동하고, 디렉터리의 내용을 확인할 수 있다.
- 디렉터리를 만들고 삭제할 수 있다.
- 다양한 명령으로 파일 내용을 확인할 수 있다.
- 파일을 복사/이동/삭제할 수 있다.
- 파일 링크의 특징을 설명하고, 하드 링크와 심볼릭 링크를 만들 수 있다.
- 파일의 내용과 위치를 검색할 수 있다.

# 00 개요

## 1 리눅스 학습 맵에서 2장의 위치

1장의 1단계에서 리눅스의 개요와 발전 과정을 살펴보고 가상머신에 리눅스를 설치했다. 이제 2단계 중 디렉터리와 파일을 다루는 명령을 학습할 차례다.

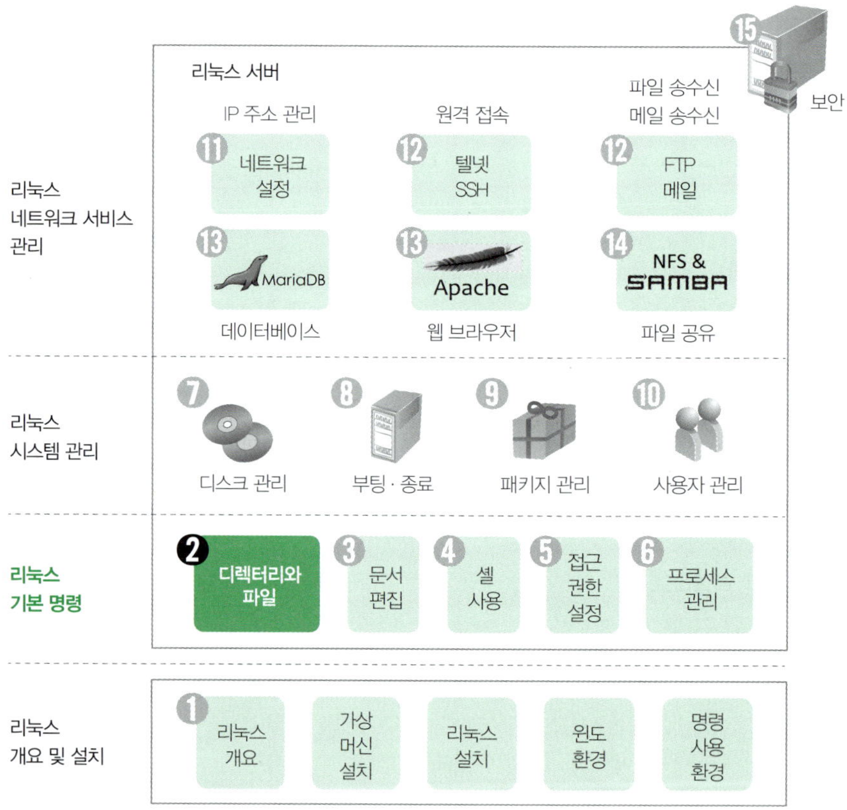

## 2 2장의 내용 구성

2장은 리눅스 파일의 종류와 특징 이해, 디렉터리 사용 명령, 파일을 다루는 명령 순으로 구성된다. 즉, 리눅스에서 디렉터리와 파일을 다루는 명령을 공부한다. 디렉터리는 폴더와 같은 개념이라고 생각하면 된다. 윈도에 익숙한 사용자들을 위해 CentOS에서는 폴더라는 용어를 사용하지만 전통적으로 유닉스에서 사용한 용어는 디렉터리다. 디렉터리를 사용하기 위해 디렉터리의 계층 구조를 먼저 이해한 후 디렉터리를 이동 · 생성 · 삭제하는 명령을 배운다. 또한 정보를 관리하는 단위인 파일의 종류를 살펴보고, 파일의 내용을 보는 명령과 파일을 생성 · 복사 · 이동 · 삭제하는 명령을 배운다. 리눅스에서 작업을 수행하려면 필수적으로 디렉터리와 파일을 이용하게 되므로 쉽다고 그냥 지나치지 말고 실습을 통해 확실히 자기 것으로 만들기 바란다.

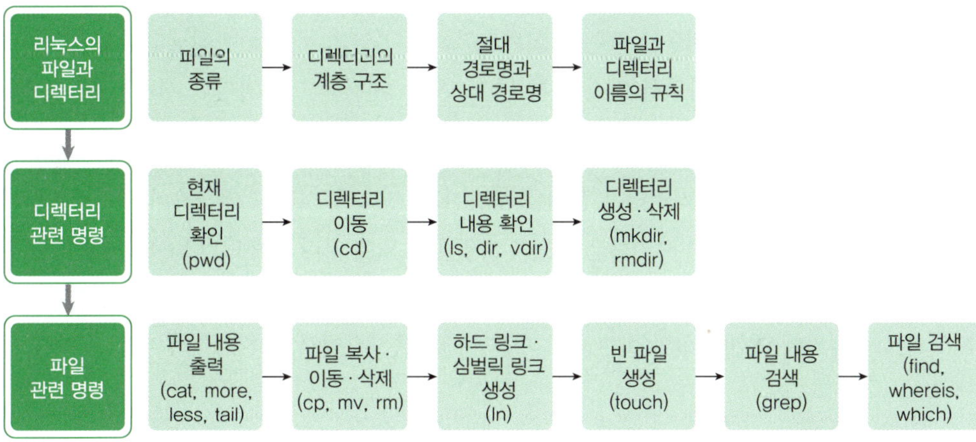

# 01 리눅스의 파일과 디렉터리

리눅스는 기본적으로 유닉스 계열의 운영체제이므로 유닉스의 많은 부분을 그대로 이어받아 유지하고 있다. 유닉스에서는 시스템과 관련된 정보와 하드웨어 같은 장치를 모두 파일로 관리한다. 리눅스도 유닉스처럼 시스템 관련 정보와 장치를 관리하기 위해 파일을 사용한다.

파일은 관련 있는 정보들의 집합이다. 리눅스는 파일을 효과적으로 관리하기 위해 디렉터리를 사용하는데, 디렉터리는 계층 구조를 가지고 있다. 원래 유닉스에서는 디렉터리라는 용어를 사용했으나 윈도에서 폴더라는 용어를 사용하기 시작했다. 디렉터리는 전화번호부와 같은 개념으로, 명령 기반으로 사용할 때는 전화번호부처럼 파일의 목록을 관리했다. 그런데 윈도가 도스에서 GUI로 변환하면서 단순 목록 관리보다는 시각적 이미지가 느껴지는 폴더(서류철)라는 개념을 도입한 것이다. 이름만 다르지 용도는 똑같다.

이 책에서는 전통적인 디렉터리라는 용어를 사용한다. 간혹 폴더라고 언급하더라도 디렉터리와 같은 뜻으로 이해하면 된다. 리눅스는 전체 파일을 용도에 따라 계층적인 디렉터리로 구분하여 관리한다. 이렇게 디렉터리와 파일로 구성된 전체 집합을 파일 시스템이라고 한다. 여기서는 파일과 디렉터리에 대한 사항만 살펴보고 파일 시스템은 7장에서 더 자세하게 다룰 것이다.

## 1 파일의 종류

리눅스에서 파일은 사용 목적에 따라 일반 파일, 디렉터리, 심볼릭 링크, 장치 파일로 구분할 수 있다.

### 일반 파일

일반 파일regular file은 데이터를 저장하는 데 주로 사용된다. 각종 텍스트 파일, 실행 파일, 이미지 파일 등 리눅스에서 사용하는 대부분의 파일은 일반 파일에 해당한다. 텍스트 파일은 파일 내용을 확인하는 명령으로 내용 확인이 가능하며, 문서 편집기를 사용하여 내용을 보거나 편집할 수 있다.

실행 파일이나 이미지 파일 같은 경우 데이터가 바이너리 형태로 저장되어 바이너리 파일이라고 한다. 바이너리 파일은 해당 파일의 내용을 확인할 수 있는 특정 응용 프로그램이 있어야 내용을 확인할 수 있다. 예를 들어 이미지 파일은 이미지 편집기가 있어야 파일의 내용을 확인할 수 있다.

### 디렉터리

리눅스에서는 디렉터리도 파일로 취급한다. 디렉터리 파일에는 해당 디렉터리에 저장된 파일이나 하위 디렉터리에 대한 정보가 저장된다. 2절에서 디렉터리에 대해 자세히 살펴본다.

### 심볼릭 링크

심볼릭 링크symbolic link는 원본 파일을 대신하도록 원본 파일을 다른 파일명으로 지정한 것으로, 윈도의 바로가기 파일과 비슷하다고 보면 된다.

### 장치 파일

리눅스에서는 하드디스크나 키보드 같은 각종 장치도 파일로 취급한다. 장치 파일device file은 리눅스 시스템에 부착된 장치들을 관리하기 위한 특수 파일이다. 리눅스 시스템에서 각종 장치를 관리하기 위해 시스템 관리자는 해당 장치 파일에 접근해야 한다. 대부분의 장치 파일은 /dev 디렉터리 아래에 위치한다.

리눅스 명령 중에 파일의 종류를 확인하는 file 이라는 명령이 있다. 명령을 입력하고 결과를 확인해보기 위해 터미널을 하나 동작시킨다. file 명령으로 현재 user1 사용자의 홈 디렉터리에 있는 .bash_profile 과 '다운로드'의 종류를 알아보면 다음과 같은 결과가 나온다.

```
[user1@localhost ~]$ file .bash_profile
.bash_profile:   ASCII text
[user1@localhost ~]$ file 다운로드
다운로드: directory
```

.bash_profile의 경우 파일의 종류가 ASCII text인데 이는 ASCII 코드를 사용하는 텍스트 파일이라는 의미다. '다운로드'는 디렉터리임을 알 수 있다. /usr/bin/pigz 파일의 종류를 한 번 확인해보자. /usr/bin/pigz 파일은 executable, 즉 실행 파일임을 알 수 있다.

```
[user1@localhost ~]$ file /usr/bin/pigz
/usr/bin/pigz: ELF 64-bit LSB executable, x86-64, version 1 (SYSV),
(생략)
```

## 2 디렉터리의 계층 구조

윈도에서 파일을 폴더로 구분하여 관리하는 것처럼 리눅스에서도 수많은 파일을 관리하기 위해 디렉터리를 사용한다. 리눅스에서는 파일을 효율적으로 관리하기 위해 디렉터리를 계층적으로 구성하는데 이를 트리tree 구조라고 한다.

나무가 뿌리에서 시작하여 가지로 갈라지고 각 가지에 잎이 달리고 열매가 열리는 것처럼 디렉터리도 하부 디렉터리로 나누어지고 각 디렉터리에 파일이 저장된다. 나무의 출발점이 뿌리이듯이 리눅스에서도 모든 디렉터리의 출발점은 루트root 디렉터리다. 루트 디렉터리는 /(슬래시)로 표시한다. 루트 디렉터리가 나무와 다른 점은, 그림으로 나타낼 때 루트 디렉터리가 맨 위에서 출발한다는 것이다.

### 루트 디렉터리와 서브 디렉터리

[그림 2-1]은 리눅스 디렉터리 계층 구조의 일부를 나타낸 것이다. 최상단에 루트 디렉터리(/)가 있고, 그 아래에 etc, usr, home, tmp 같은 디렉터리가 있다. 이 디렉터리들 아래에는 다시 디렉터리나 파일이 있다. 이렇게 디렉터리 아래에 있는 디렉터리를 하위 디렉터리 또는 서브 디렉터리라고 하는데 이 책에서는 서브 디렉터리라고 부를 것이다. 예를 들어 [그림 2-1]에서 lib 디렉터리는 usr 디렉터리의 서브 디렉터리이고, usr 디렉터리는 루트 디렉터리의 서브 디렉터리다.

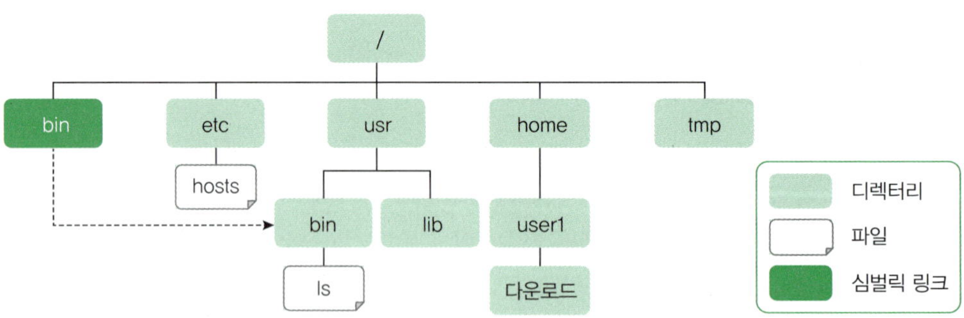


그림 2-1 디렉터리 계층 구조의 예

반대로 서브 디렉터리의 입장에서 보면 위에 자신을 포함하고 있는 디렉터리가 있는데 이를 부모 디렉터리parent directory 또는 상위 디렉터리라고 한다. 상위 디렉터리는 ..(마침표 두 개)로 표시한다. 루트 디렉터리를 제외하고 모든 디렉터리는 부모 디렉터리가 있다. 루트 디렉터리는 유일하게 부모 디렉터리가 없는 디렉터리다.

루트 디렉터리 아래에는 기본적으로 다음과 같은 서브 디렉터리가 있다. cd, ls 명령은 2절에서 다룰 것이다. 리눅스 배포판에 따라 약간씩 차이를 보일 수는 있으나 대부분 호환성을 유지하므로 유사한 디렉터리를 가지고 있다.

```
[user1@localhost ~]$ ls -F /
bin@   dev/  home/  lib64@  mnt/  proc/  run/   srv/  tmp/  var/
boot/  etc/  lib@   media/  opt/  /  sbin@  sys/  usr/
```

디렉터리 이름의 끝에 붙은 /는 해당 파일이 디렉터리임을, @(앳)은 심볼릭 링크임을 뜻한다. 즉 bin, lib64, lib, sbin은 디렉터리가 아니라 심볼릭 링크다. bin은 /usr/bin 디렉터리와 심볼릭 링크이고, lib는 /usr/lib 디렉터리와 심볼릭 링크다. bin과 lib는 유닉스 초기부터 있었던 디렉터리로 지금은 그 기능이 /usr/bin과 /usr/lib로 통합되었으나, 호환성 유지를 위해 심볼릭 링크 형태로 남겨둔 것이다. [표 2-1]에 디렉터리의 주요 기능을 간단하게 정리했다.

**표 2-1 디렉터리의 주요 기능**

| 디렉터리 | 기능 |
|---|---|
| dev | 장치 파일이 담긴 디렉터리다. |
| home | 사용자 홈 디렉터리가 생성되는 디렉터리다. |
| media | DVD/CD나 USB 같은 외부 장치를 연결(마운트라고 함)하는 디렉터리다. |
| opt | 추가 패키지가 설치되는 디렉터리다. |
| root | root 계정의 홈 디렉터리다. 루트(/) 디렉터리와 다른 것이므로 혼동하지 않도록 한다. |
| sys | 리눅스 커널과 관련된 파일이 있는 디렉터리다. |
| usr | 기본 실행 파일과 라이브러리 파일, 헤더 파일 등 많은 파일이 있다. 참고로 usr는 'Unix System Resource'의 약자이다. |
| boot | 부팅에 필요한 커널 파일을 가지고 있다. |
| etc | 리눅스 설정을 위한 각종 파일을 가지고 있다. |
| lost+found | 파일 시스템에 문제가 발생하여 복구할 경우, 문제가 되는 파일이 저장되는 디렉터리로 보통은 비어 있다. |
| mnt | 파일 시스템을 임시로 마운트하는 디렉터리다. |

| 디렉터리 | 기능 |
|---|---|
| proc | 프로세스 정보 등 커널 관련 정보가 저장되는 디렉터리다. |
| run | 실행 중인 서비스와 관련된 파일이 저장된다. |
| srv | FTP나 Web 등 시스템에서 제공하는 서비스의 데이터가 저장된다. |
| tmp | 시스템 사용 중에 발생하는 임시 데이터가 저장된다. 이 디렉터리에 있는 파일은 재시작하면 모두 삭제된다. |
| var | 시스템 운영 중에 발생하는 데이터나 로그 등 내용이 자주 바뀌는 파일이 주로 저장된다. |

### 작업 디렉터리

리눅스에 로그인하여 사용하다 보면 디렉터리를 이동하게 된다. 이때 현재 사용 중인 디렉터리를 작업 디렉터리working directory 또는 현재 디렉터리current directory라고 한다. 이는 .(마침표)로 표시하며, 작업 디렉터리의 위치는 pwd 명령으로 확인할 수 있다.

### 홈 디렉터리

홈 디렉터리는 각 사용자에게 할당된 디렉터리로 처음 사용자 계정을 만들 때 지정된다. 사용자는 자신의 홈 디렉터리 아래에 파일이나 서브 디렉터리를 생성하며 작업할 수 있다. 홈 디렉터리는 ~(물결표)로 표시한다. 예를 들어 user1 계정의 홈 디렉터리를 나타내려면 '~user1'이라고 하면 된다.

## 3 절대 경로명과 상대 경로명

리눅스 파일 시스템에서 디렉터리 계층 구조에 있는 특정 파일이나 디렉터리의 위치를 나타내는 것을 경로명path name이라고 한다. 경로명에서 각 경로를 구분하는 구분자로는 /를 사용한다. 경로명에서 가장 앞에 있는 /는 루트 디렉터리를 뜻하지만 경로명 중간에 있는 /는 구분자다. 예를 들어 /usr/bin/ls에서 맨 앞의 /는 루트 디렉터리를 의미하고, 중간에 있는 / 두 개는 디렉터리명과 파일명을 구분하는 구분자다.

경로명에는 절대 경로명과 상대 경로명이 있다. 절대 경로명은 항상 루트 디렉터리부터 시작하고 상대 경로명은 현재 디렉터리를 기준으로 시작한다. 따라서 상대 경로명은 현재 어느 디렉터리에서 작업 중이냐에 따라 매번 달라질 수 있다. [표 2-2]는 상대 경로명과 절대 경로명의 주요 특징을 비교한 것이다.

**표 2-2** 상대 경로명과 절대 경로명의 특징

| 구분 | 특징 |
|---|---|
| 절대 경로명 | • 반드시 /로 시작한다.<br>• 루트 디렉터리부터 시작하여 특정 파일이나 디렉터리의 위치에 이르기까지 중간에 있는 모든 디렉터리의 이름을 표시한다.<br>• 특정 위치를 가리키는 절대 경로명은 항상 동일하다. |
| 상대 경로명 | • / 이외의 문자로 시작한다.<br>• 현재 디렉터리를 기준으로 서브 디렉터리로 내려가면 그냥 서브 디렉터리명으로 시작한다.<br>• 현재 디렉터리를 기준으로 상위 디렉터리로 가려면 ..(마침표 두 개)로 시작한다.<br>• 상대 경로명은 현재 디렉터리가 어디냐에 따라 달라진다. |

예를 살펴보자. [그림 2-1]에서 현재 디렉터리가 user1이라고 가정한다. 그러면 user1의 절대 경로명은 '/home/user1'이 된다. 또 user1 아래 다운로드의 절대 경로명은 '/home/user1/다운로드'가 된다. 그렇다면 다운로드의 상대 경로명은 무엇일까? 현재 디렉터리인 user1을 기준으로 서브 디렉터리로 이동하는 것이므로 그냥 서브 디렉터리의 이름을 지정하면 된다. 따라서 상대 경로명은 '다운로드'가 된다. 아니면 현재 디렉터리를 표시하는 기호인 .(마침표)를 사용하여 './다운로드'라고 할 수도 있다.

그럼 hosts 파일의 상대 경로명은 무엇일까? user1 디렉터리에서 hosts 파일까지 가려면 상위 디렉터리를 통해 이동해야 하므로 ..(마침표 두 개)로 시작한다. 따라서 user1에서 hosts까지의 상대 경로명은 '../../etc/hosts'가 된다. 실습을 통해 다른 디렉터리들의 경로명이 무엇인지 알아보자.

**혼자해보기** **절대 경로명과 상대 경로명 연습하기**

[그림 2-1]의 디렉터리 계층 구조를 기준으로 다음 경로명을 알아보자. 현재 디렉터리는 user1이라고 가정한다.

| 디렉터리/파일 | 절대 경로명 | 상대 경로명 |
|---|---|---|
| / | | |
| home | | |
| tmp | | |
| lib | | |
| ls | | |

## 4 파일과 디렉터리 이름의 규칙

리눅스에서 파일과 디렉터리의 이름을 정하는 규칙과 예는 [표 2-3]과 같다.

**표 2-3 파일과 디렉터리 이름을 정하는 규칙과 예**

| | |
|---|---|
| **규칙** | • 파일과 디렉터리의 이름에는 /을 사용할 수 없다. /는 경로명에서 구분자로 사용하기 때문이다.<br>• 파일과 디렉터리의 이름에는 알파벳, 숫자, 하이픈(-), 언더스코어(_), 마침표(.)만 사용한다.<br>• 파일과 디렉터리의 이름에는 공백문자, *, \|, ", ', @, #, $, %, ^, & 등을 사용하면 안 된다.<br>• 파일과 디렉터리 이름의 영문은 대문자와 소문자를 구별하여 다른 글자로 취급한다.<br>• 파일과 디렉터리의 이름이 .(마침표)로 시작하면 숨김 파일로 간주한다. |
| **예** | • 좋은 이름 예: game.txt, hello.c, test, sample11<br>• 나쁜 이름 예: &game, *dir, my home, game₩<br>• 사용할 수 없는 이름 예: myhome/, /test, bad/name |

# 02 디렉터리 관련 명령

1절에서는 리눅스의 디렉터리 계층 구조에 대해 알아보았다. 이제 디렉터리를 사용하기 위한 명령을 살펴보자. 현재 디렉터리의 위치를 파악하고, 다른 디렉터리로 이동하고, 디렉터리의 내용을 확인하는 명령과 디렉터리를 생성, 복사, 삭제하는 명령을 알아보자.

## 1 현재 디렉터리 확인

현재 디렉터리를 확인하는 명령은 pwdprint working directory다.

**pwd**

- **기능** 현재 디렉터리의 위치를 확인한다. 즉 현재 디렉터리의 절대 경로를 출력한다.
- **형식** pwd

현재 디렉터리를 확인해보자. user1 계정으로 로그인하면 현재 디렉터리는 user1 계정의 홈 디렉터리가 된다.

```
[user1@localhost ~]$ pwd
/home/user1
[user1@localhost ~]$
```

pwd 명령의 결과로 /home/user1이 출력되었다. 이는 현재 디렉터리의 절대 경로명이면서 동시에 user1 계정의 홈 디렉터리에 대한 절대 경로명이 된다. 프롬프트에서 ~는 현재 user1 계정의 홈 디렉터리에 있음을 나타낸다. 디렉터리를 이동할 경우 이 기호가 바뀌는데 다음의 디렉터리 이동 명령에서 확인해보자.

## 2 디렉터리 이동

리눅스에서는 다른 사용자의 접근을 막아놓은 디렉터리를 제외하고는 어느 디렉터리든 이동할 수 있다. 물론 파일이나 서브 디렉터리를 생성하는 것은 홈 디렉터리나 권한이 부여된 디렉터리에서만 가능하다. 현재 디렉터리에서 다른 디렉터리로 이동할 때는 cdchange directory 명령을 사용한다.

**cd**

- **기능** 지정한 디렉터리로 이동한다.
- **형식** cd [디렉터리]
- **사용 예** cd, cd /tmp, cd 다운로드

cd 명령과 함께 이동하고자 하는 목적지 디렉터리를 지정하면 해당 디렉터리로 이동한다. 이동할 디렉터리의 경로명은 절대 경로명이나 상대 경로명 모두 사용 가능하다. 다음 예는 /tmp 디렉터리로 이동한 것으로 절대 경로명을 사용했다. 이동한 뒤 현재 디렉터리가 바뀌었는지 pwd 명령으로 확인한다.

```
[user1@localhost ~]$ cd /tmp
[user1@localhost tmp]$ pwd
/tmp
[user1@localhost tmp]$
```

위의 예를 보면 /tmp로 이동한 뒤에 프롬프트에서 ~가 tmp로 바뀌었다. 프롬프트에 현재 디렉터리의 이름을 표시하도록 설정되어 있는 것이다. 프롬프트의 형태는 사용자가 바꿀 수 있는데 이는 4장에서 살펴볼 것이다.

상대 경로명을 이용하여 디렉터리를 이동해보자. 현재 디렉터리가 /tmp이고 여기서 /usr/lib 디렉터리로 이동하려면 상대 경로명은 어떻게 될까? 일단 상위 디렉터리로 이동해야 하므로 ..(마침표 두 개)로 시작한다.

```
[user1@localhost tmp]$ cd ../usr/lib
[user1@localhost lib]$ pwd
/usr/lib
[user1@localhost lib]$
```

작업하기 위해 다른 디렉터리로 이동했다가 원래의 홈 디렉터리로 다시 이동하려고 할 때는 다음 예와 같이 다양한 방법을 사용할 수 있다.

- cd /home/user1: 절대 경로명을 사용하여 홈 디렉터리로 이동한다.

- cd ../../home/user1: 현재 /usr/lib 디렉터리에 있으므로 이를 기준으로 상대 경로명을 사용하여 홈 디렉터리로 이동한다.
- cd ~: 홈 디렉터리를 나타내는 기호인 ~를 사용하여 홈 디렉터리로 이동한다.
- cd: 목적지를 지정하지 않고 cd 명령만 사용하면 해당 계정의 홈 디렉터리로 이동한다.

이 중 가장 간단한 것은 당연히 네 번째 방법이다.

```
[user1@localhost lib]$ cd
[user1@localhost ~]$ pwd
/home/user1
[user1@localhost ~]$
```

## 3 디렉터리 내용 확인

디렉터리에 있는 파일이나 서브 디렉터리 등 디렉터리의 내용을 보는 명령은 lslist다. pwd 명령은 옵션이나 인자를 지정하지 않고 명령만 사용하고, cd 명령의 경우 이동하려는 목적지를 인자로 지정했다. ls 명령은 다양한 기능을 제공하는 옵션을 사용하고, 내용을 보고 싶은 목적지 디렉터리를 인자로 지정할 수 있다. 리눅스의 다양한 명령 중에서 ls는 가장 많이 사용되는 명령일 것이다. 'man ls'로 확인해보면 ls 명령에는 매우 많은 옵션이 있음을 알 수 있다. 그중 자주 사용하는 옵션은 다음과 같다.

**ls**

- **기능** 디렉터리의 내용을 출력한다.
- **형식** ls [옵션] [디렉터리(파일)]
- **옵션** -a: 숨김 파일을 포함하여 모든 파일의 목록을 출력한다.
  -d: 디렉터리 자체의 정보를 출력한다.
  -i: 첫 번째 행에 inode 번호를 출력한다.
  -l: 파일의 상세 정보를 출력한다.
  -A: .(마침표)와 ..(마침표 두 개)를 제외한 모든 파일 목록을 출력한다.
  -F: 파일의 종류를 표시한다(*: 실행 파일, /: 디렉터리, @: 심볼릭 링크).
  -L: 심볼릭 링크 파일의 경우 원본 파일의 정보를 출력한다.
  -R: 하위 디렉터리의 목록까지 출력한다.
- **사용 예** ls    ls -F    ls -al /tmp

### 현재 디렉터리의 내용 확인하기: ls

옵션이나 디렉터리를 지정하지 않고 ls 명령을 사용하면 현재 디렉터리의 내용을 출력한다.

```
[user1@localhost ~]$ ls
공개  다운로드  문서  바탕화면  비디오  사진  서식  음악
[user1@localhost ~]$
```

### 숨김 파일 확인하기: -a 옵션

리눅스에서는 파일명이나 디렉터리명이 .(마침표)로 시작하면 숨김 파일이 된다. 이 숨김 파일은 ls 명령을 그냥 사용해서는 보이지 않는다. 숨김 파일을 확인하려면 -a(all) 옵션을 지정해야 한다. user1 계정의 홈 디렉터리에 어떤 숨김 파일이 있는지 확인해보자.

```
[user1@localhost ~]$ ls -a
.               .bash_logout   .cache   .esd_auth  공개      바탕화면  서식
..              .bash_profile  .config  .local     다운로드  비디오    음악
.ICEauthority   .bashrc        .dbus    .mozilla   문서      사진
[user1@localhost ~]$
```

위의 예를 보면 .bashrc를 비롯해 숨김 파일이 많다는 것을 알 수 있다. 대부분이 사용자 계정의 환경 설정이나 응용 프로그램의 환경 설정 파일이다. 현재 디렉터리를 나타내는 .(마침표)와 상위 디렉터리를 나타내는 ..(마침표 두 개)도 확인할 수 있다. 이 숨김 파일들은 디렉터리가 생성될 때 자동으로 만들어지며 리눅스 종류에 따라 다를 수 있다.

### 파일의 종류 표시하기: -F 옵션

앞에서 출력된 ls 명령이나 ls -a 명령의 결과를 보면 어느 것이 파일이고 디렉터리인지 구분하기가 어렵다. GUI에서 아이콘을 사용하여 파일의 종류를 구분하는 것처럼 ls 명령도 -F 옵션을 사용하면 파일의 종류를 구분하는 기호가 표시된다. 파일명 뒤에 /가 붙으면 디렉터리, @은 심볼릭 링크, *는 실행 파일을 의미하고, 아무 표시도 없으면 일반 파일이다. 다음 예를 보면 홈 디렉터리에 기본적으로 있는 파일이 모두 디렉터리임을 알 수 있다.

```
[user1@localhost ~]$ ls -F
공개/  다운로드/  문서/  바탕화면/  비디오/  사진/  서식/  음악/
[user1@localhost ~]$
```

옵션은 여러 개를 연결하여 사용할 수도 있다. 옵션을 연결할 때는 '–' 뒤에 옵션만 나열하면 된다. 숨김 파일을 보여주는 -a 옵션과 파일의 종류를 보여주는 -F 옵션을 연결하여 사용하면 다음과 같이 숨김 파일의 종류도 알 수 있는데 .(마침표)와 ..(마침표 두 개)에도 /가 붙어 있다.

```
[user1@localhost ~]$ ls -aF
./              .bash_logout    .cache/    .esd_auth  공개/      바탕화면/  서식/
../             .bash_profile   .config/   .local/    다운로드/  비디오/    음악/
.ICEauthority  .bashrc          .dbus/     .mozilla/  문서/      사진/
[user1@localhost ~]$
```

### 지정한 디렉터리의 내용 출력하기

ls 명령에서는 옵션 외에 인자로 다른 디렉터리를 지정할 수 있다. 이 경우 해당 디렉터리로 이동하지 않고도 디렉터리의 내용을 확인할 수 있다. 다음 예에서 /tmp 디렉터리의 내용을 확인해보자.

```
[user1@localhost ~]$ ls /tmp
ssh-MK1638YPdBHt
systemd-private-400d63c85efc4ea2b3ab99cc84ba8663-bolt.service-E4WAnN
systemd-private-400d63c85efc4ea2b3ab99cc84ba8663-chronyd.service-r9JFIX
systemd-private-400d63c85efc4ea2b3ab99cc84ba8663-colord.service-kbvior
systemd-private-400d63c85efc4ea2b3ab99cc84ba8663-cups.service-KjqyQ7
systemd-private-400d63c85efc4ea2b3ab99cc84ba8663-fwupd.service-7zuZkS
systemd-private-400d63c85efc4ea2b3ab99cc84ba8663-rtkit-daemon.service-vV5XcQ
tracker-extract-files.1000
vmware-_6644-1003206777
[user1@localhost ~]$
```

옵션과 인자를 함께 사용할 수도 있다. -F 옵션과 목적지 디렉터리를 함께 사용해보자.

```
[user1@localhost ~]$ ls -F /tmp
ssh-MK1638YPdBHt/
systemd-private-400d63c85efc4ea2b3ab99cc84ba8663-bolt.service-E4WAnN/
systemd-private-400d63c85efc4ea2b3ab99cc84ba8663-chronyd.service-r9JFIX/
systemd-private-400d63c85efc4ea2b3ab99cc84ba8663-colord.service-kbvior/
systemd-private-400d63c85efc4ea2b3ab99cc84ba8663-cups.service-KjqyQ7/
systemd-private-400d63c85efc4ea2b3ab99cc84ba8663-fwupd.service-7zuZkS/
systemd-private-400d63c85efc4ea2b3ab99cc84ba8663-rtkit-daemon.service-vV5XcQ/
tracker-extract-files.1000/
vmware-_6644-1003206777/
[user1@localhost ~]$
```

### 상세한 정보 출력하기: -l 옵션

디렉터리에 있는 파일들의 상세한 정보를 보려면 -l<sub>long</sub> 옵션을 사용한다. 윈도 탐색기의 자세히 보기 기능과 같다고 생각하면 된다.

```
[user1@localhost ~]$ ls -l
합계 0
drwxr-xr-x. 2 user1 user1  6 10월 27 21:11 공개
drwxr-xr-x. 2 user1 user1  6 10월 27 21:11 다운로드
drwxr-xr-x. 2 user1 user1  6 10월 27 21:11 문서
drwxr-xr-x. 2 user1 user1  6 10월 27 21:11 바탕화면
drwxr-xr-x. 2 user1 user1  6 10월 27 21:11 비디오
drwxr-xr-x. 2 user1 user1  6 10월 27 21:11 사진
drwxr-xr-x. 2 user1 user1  6 10월 27 21:11 서식
drwxr-xr-x. 2 user1 user1  6 10월 27 21:11 음악
[user1@localhost ~]$
```

-l 옵션을 지정하여 출력된 결과를 이해하려면 몇 가지 알아야 할 것이 있다. 출력된 정보의 의미는 [표 2-4]와 같다. 이 중에서 2번 필드의 접근 권한은 5장에서 자세하게 다룰 것이다. 3번 필드의 하드 링크에 대해서는 3절에서 살펴본다.

**표 2-4** 파일의 상세 정보

| 필드 번호 | 필드 값 | 의미 |
|---|---|---|
| 1 | d | 다음과 같은 파일 종류를 나타낸다.<br>–: 일반(정규) 파일<br>d: 디렉터리 파일<br>l: 심볼릭 링크 파일<br>b: 블록 단위로 읽고 쓰는 블록 장치 파일<br>c: 섹터 단위로 읽고 쓰는 문자 장치 파일<br>p: 파이프 파일(프로세스 간 통신에 사용되는 특수 파일)<br>s: 소켓(네트워크 통신에 사용되는 특수 파일) |
| 2 | rwxr–xr–x | 파일 접근 권한, 파일의 소유자, 그룹, 기타 사용자가 읽고 수정하고 실행할 수 있는 권한이 어떻게 부여되어 있는지를 보여준다. |
| 3 | 2 | 하드 링크의 개수 |
| 4 | user1 | 파일 소유자 |
| 5 | user1 | 파일이 속한 그룹 |
| 6 | 6 | 파일 크기(바이트 단위) |
| 7 | 10월 27 21:11 | 파일이 마지막으로 수정된 시간 |
| 8 | 공개 | 파일명 |

### 디렉터리의 자체 정보 확인하기: –d 옵션

ls –l은 디렉터리에 있는 파일의 정보를 보여준다. 그렇다면 디렉터리 자체의 정보는 어떻게 확인할까? 상위 디렉터리로 이동하여 ls –l로 확인할까? 일반적인 디렉터리는 그렇게도 가능하겠지만 최상위 디렉터리인 루트 디렉터리의 자체 정보는 어떻게 확인할까? 이와 같이 디렉터리의 자체 정보를 확인할 때 –d 옵션을 사용한다. 다음 예에서 루트 디렉터리를 ls –l로 확인할 때와 ls –ld로 확인할 때의 차이를 알아보자.

```
[user1@localhost ~]$ ls -l /
합계 24
lrwxrwxrwx.   1      7  5월 11 09:33 bin          → usr/bin
dr-xr-xr-x.   6   4096 10월 27 21:11 boot
drwxr-xr-x.  20  root 3300 11월  3 10:58 dev
drwxr-xr-x. 133 root root 8192 11월  3 10:58 etc
(생략)
[user1@localhost ~]$ ls -ld /
dr-xr-xr-x  17 root root 224 10월 27 20:42 /
```

### 파일이 있는지 확인하기

ls 명령의 또 다른 기능은 지정한 파일이 있는지 확인하는 것이다. ls 명령의 인자로 지정한 파일이 있으면 해당 파일의 정보를 출력하고, 파일이 없을 경우 파일이 없다는 메시지를 출력한다.

```
[user1@localhost ~]$ ls .bashrc
.bashrc
[user1@localhost ~]$ ls game
ls: cannot access game: 그런 파일이나 디렉터리가 없습니다
```

### ls 명령과 비슷한 명령: dir, vdir

리눅스에는 디렉터리의 내용을 보는 명령으로 dir과 vdir이 있다. 이 명령들은 ls 명령과 유사한 기능을 수행한다. 그런데 dir을 어디서 본 것 같지 않은가? 바로 윈도에서 cmd 창을 띄워 도스 명령을 사용할 때 폴더 내용을 보여주는 명령이다. 즉, 도스 명령에 익숙한 사용자를 위해 제공하는 것이다. 다음 예를 살펴보자.

```
[user1@localhost ~]$ dir
공개  다운로드   문서  바탕화면  비디오  사진  서식  음악
[user1@localhost ~]$ vdir
합계 0
drwxr-xr-x. 2 user1 user1  6 10월 27 21:11 공개
drwxr-xr-x. 2 user1 user1  6 10월 27 21:11 다운로드
drwxr-xr-x. 2 user1 user1  6 10월 27 21:11 문서
drwxr-xr-x. 2 user1 user1  6 10월 27 21:11 바탕화면
drwxr-xr-x. 2 user1 user1  6 10월 27 21:11 비디오
drwxr-xr-x. 2 user1 user1  6 10월 27 21:11 사진
drwxr-xr-x. 2 user1 user1  6 10월 27 21:11 서식
drwxr-xr-x. 2 user1 user1  6 10월 27 21:11 음악
```

## 4 디렉터리 생성

리눅스에서는 사용자가 필요에 따라 디렉터리를 생성할 수 있다. 아무 곳에나 만들 수 있는 것은 아니고 기본적으로 해당 계정의 홈 디렉터리에 만들 수 있다. 물론 /tmp 디렉터리와 같이 누구에게나 쓰기 권한이 있는 디렉터리에도 만들 수 있다. 만약 다른 디렉터리의 소유자가 쓰기 권한을 부여해주면 그 디렉터리에도 파일이나 디렉터리를 생성할 수 있다. 이 권한에 관

한 내용은 5장에서 설명할 것이다. 디렉터리를 생성하는 명령은 mkdirmake directory이다.

**mkdir**

- **기능** 디렉터리를 생성한다.
- **형식** mkdir [옵션] [디렉터리]
- **옵션** -p: 하위 디렉터리를 계층적으로 생성할 때 중간 단계의 디렉터리가 없으면 자동으로 중간 단계 디렉터리를 생성하고 지정한 디렉터리를 생성한다.
- **사용 예** mkdir temp

### 디렉터리 한 개 만들기

디렉터리를 한 개만 만들려면 mkdir 명령에 인자로 생성하려는 디렉터리를 지정하면 된다. 디렉터리는 상대 경로명이나 절대 경로명으로 지정한다. 보통의 경우 디렉터리를 현재 디렉터리 아래에 만들게 되므로 상대 경로명을 사용하는 것이 편리하다. 다음 예는 홈 디렉터리에 temp 디렉터리를 만드는 것이다. 디렉터리를 생성한 다음 잘 만들어졌는지 ls 명령으로 확인한다.

```
[user1@localhost ~]$ mkdir temp
[user1@localhost ~]$ ls temp
[user1@localhost ~]$ ls
temp  공개  다운로드  문서  바탕화면  비디오  사진  서식  음악
```

mkdir로 디렉터리를 생성한 후 ls temp로 확인했을 때 아무 것도 출력되지 않은 것은 temp가 빈 디렉터리여서 내용이 없기 때문이다. 또한 해당 디렉터리가 없다는 메시지가 출력되지 않았으므로 정상적으로 생성되었음을 알 수 있다. ls 명령으로 확인해보면 temp 디렉터리가 보인다.

### 동시에 디렉터리 여러 개 만들기

mkdir 명령으로 디렉터리를 만들 때 생성할 디렉터리를 여러 개 지정하면 동시에 만들 수 있다. 이때 디렉터리는 공백문자로 구분해야 한다. 다음 예는 tmp1, tmp2, tmp3 디렉터리를 동시에 생성하는 것이다.

```
[user1@localhost ~]$ mkdir tmp1 tmp2 tmp3
[user1@localhost ~]$ ls
temp   tmp2   공개       문서      비디오   서식
tmp1   tmp3   다운로드   바탕화면  사진     음악
```

### 중간 디렉터리를 자동으로 만들기: -p 옵션

mkdir 명령 다음에 -p 옵션을 사용하면, 생성할 디렉터리로 지정한 경로 중 중간 단계의 디렉터리가 없을 경우 자동으로 중간 단계 디렉터리를 생성한 후 최종 디렉터리를 만든다. 다음 예를 살펴보자. 지정한 경로명에서 중간 단계인 mid가 없다. 이때 mkdir 명령에 -p 옵션을 사용하지 않으면 경로에서 중간 단계 디렉터리가 없으므로 디렉터리를 생성할 수 없다는 메시지가 출력된다.

```
[user1@localhost ~]$ mkdir temp/mid/han
mkdir: `temp/mid/han' 디렉터리를 만들 수 없습니다: 그런 파일이나 디렉터리가 없습니다
```

이제 -p 옵션을 지정하여 다시 실행해보자.

```
[user1@localhost ~]$ mkdir -p temp/mid/han
[user1@localhost ~]$ ls -R temp
temp:
mid

temp/mid:
han

temp/mid/han:
```

오류 메시지가 출력되지 않았으므로 명령이 실행되었음을 알 수 있다. ls -R temp 명령으로 temp 디렉터리의 내용을 살펴보았다. ls 명령에서 -R 옵션은 디렉터리의 서브 디렉터리 내용까지 자동으로 보여준다. 예제 실행 결과를 보면 temp 디렉터리 아래에 mid 디렉터리가 생성되고, mid 디렉터리에 han 디렉터리가 생성되었음을 알 수 있다.

## 5 디렉터리 삭제

디렉터리가 더 이상 필요 없거나 잘못 만들어진 경우 삭제할 수 있다. 디렉터리를 삭제하는 명령은 rmdirremove directory이다.

**rmdir**

- **기능** 디렉터리를 삭제한다.
- **형식** rmdir [옵션] [디렉터리]
- **옵션** -p: 지정한 디렉터리를 삭제하고, 그 디렉터리의 부모 디렉터리가 빈 디렉터리일 경우 부모 디렉터리도 자동으로 삭제한다.
- **사용 예** rmdir temp

rmdir 명령으로 디렉터리를 삭제해보자. 다음 예는 앞의 mkdir 명령 예에서 만들었던 tmp3을 삭제하는 것이다.

```
[user1@localhost ~]$ rmdir tmp3
[user1@localhost ~]$ ls
temp  tmp1  tmp2  공개  다운로드  문서  바탕화면  비디오  사진  서식  음악
```

그런데 rmdir 명령으로 디렉터리를 삭제할 때는 해당 디렉터리가 비어 있어야 한다. 디렉터리에 파일이나 서브 디렉터리가 남아 있으면 rmdir로 디렉터리를 삭제할 수 없다. 다음 예에서 temp 디렉터리를 삭제하려고 시도했는데 어떤 메시지가 출력되는지 보자.

```
[user1@localhost ~]$ rmdir temp
rmdir: failed to remove `temp': 디렉터리가 비어있지 않음
```

그렇다면 비어있지 않은 디렉터리는 어떻게 삭제할까? 디렉터리와 그 내용까지 모두 삭제할 수 있는 명령은 rm이다. 이 명령의 사용법은 3절에서 다룬다.

**따라해보기** 디렉터리 만들고 삭제하기

❶ 현재 위치를 확인한다. 홈 디렉터리가 아니면 홈 디렉터리로 이동한다.

```
[user1@localhost ~]$ cd
[user1@localhost ~]$ pwd
/home/user1
```

❷ 실습을 위한 기본 디렉터리를 만든다. 먼저 홈 디렉터리에 linux_ex 디렉터리를 만들고 그

디렉터리로 이동한다. 앞으로 모든 실습은 이 디렉터리 아래에서 한다.

```
[user1@localhost ~]$ mkdir linux_ex
[user1@localhost ~]$ cd linux_ex
[user1@localhost linux_ex]$
```

❸ 2장의 실습이므로 ch2 디렉터리를 만들고 그 디렉터리로 이동하여 현재 위치를 알아본다.

```
[user1@localhost linux_ex]$ mkdir ch2
[user1@localhost linux_ex]$ cd ch2
[user1@localhost ch2]$ pwd
/home/user1/linux_ex/ch2
```

❹ one, two, three 디렉터리를 동시에 만든다.

```
[user1@localhost ch2]$ mkdir one two three
[user1@localhost ch2]$ ls
one  three  two
```

❺ one 디렉터리 아래에 tmp/test 디렉터리를 만든다. 중간 경로인 tmp 디렉터리가 자동 생성되도록 한다.

```
[user1@localhost ch2]$ mkdir -p one/tmp/test
[user1@localhost ch2]$ ls -R one
one:
tmp

one/tmp:
test

one/tmp/test:
```

❻ one 디렉터리를 rmdir 명령으로 삭제해본다. 삭제가 되는가?

```
[user1@localhost ch2]$ rmdir one
rmdir: failed to remove `one': 디렉터리가 비어있지 않음
```

❼ two, three 디렉터리를 동시에 삭제한다.

```
[user1@localhost ch2]$ rmdir two three
[user1@localhost ch2]$ ls
one
```

❽ 실습을 마치고 홈 디렉터리로 이동한다.

```
[user1@localhost ch2]$ cd
[user1@localhost ~]$ pwd
/home/user1
```

**혼자해보기** **디렉터리 만들고 삭제하기**

❶ 실습 디렉터리 아래의 ch2 디렉터리로 한 번에 이동한다.
❷ 현재 작업 디렉터리를 절대 경로로 출력한다.
❸ 현재 디렉터리의 숨김 파일을 포함하여 모든 파일을 출력한다.
❹ me 디렉터리를 생성한다.
❺ me 디렉터리 아래에 you, him 디렉터리를 동시에 생성한다.
❻ me 디렉터리를 삭제한다. 삭제되지 않는다면 이유는 무엇인가?
❼ 실습을 마치고 홈 디렉터리로 이동한다.

# 03 파일 관련 명령

2절에서는 디렉터리와 관련된 명령을 살펴보았다. 이제 파일을 다루어보자. 파일과 관련된 명령은 파일의 내용을 보는 명령, 파일을 복사하는 명령, 파일을 삭제하고 이동하는 명령, 하드 링크와 심볼릭 링크를 생성하는 명령, 빈 파일을 만드는 명령이 있다.

## 1 파일 내용 출력

### 파일 내용을 연속으로 출력하기: cat

파일 내용을 출력하는 명령은 기본적으로 텍스트 파일의 내용을 출력한다. 실행 파일과 같은 바이너리 파일의 경우 일반적인 명령으로 내용을 확인할 수 없다. cat 명령은 텍스트 파일의 내용을 화면에 연속으로 출력한다.

**cat**

- **기능** 파일 내용을 출력한다.
- **형식** cat [옵션] [파일]
- **옵션** -n: 행 번호를 붙여서 출력한다.
- **사용 예** cat file1 cat -n file1

아직 직접 만든 파일이 없으므로 리눅스에 원래 있는 파일에 cat 명령을 사용해보자. 다음 예에서는 /etc/hosts 파일의 내용을 cat 명령으로 확인한다.

```
[user1@localhost ~]$ cat /etc/hosts
127.0.0.1   localhost localhost.localdomain localhost4 localhost4.localdomain4
::1         localhost localhost.localdomain localhost6 localhost6.localdomain6
```

/etc/hosts 파일에 간단한 데이터가 저장되어 있음을 알 수 있다. cat 명령의 -n 옵션을 사용하면 행 번호가 붙어서 출력된다. 물론 행 번호는 원래 파일에 없다.

```
[user1@localhost ~]$ cat -n /etc/hosts
     1 127.0.0.1   localhost localhost.localdomain localhost4 localhost4.localdomain4
     2 ::1         localhost localhost.localdomain localhost6 localhost6.localdomain6
```

### 파일 내용을 화면 단위로 출력하기: more

cat 명령은 파일 내용을 연속적으로 출력하므로 앞의 예와 같이 간단한 내용을 확인하는 데는 무리가 없지만, 내용이 많을 경우 스크롤되므로 내용을 확인하기가 어렵다. 이렬 때는 화면 단위로 파일 내용을 출력해주는 more 명령을 사용한다.

**more**

- **기능** 파일 내용을 화면 단위로 출력한다.
- **형식** more [옵션] [파일]
- **옵션** + 행 번호: 출력을 시작할 행 번호를 지정한다.
- **사용 예** more file1

more 명령은 파일 내용을 화면 단위로 출력하고 출력할 내용이 더 있으면 화면 하단에 '--More--(0%)'와 같이 알려준다. 다음 예는 /etc/services 파일을 more 명령으로 출력한 것이다.

```
[user1@localhost ~]$ more /etc/services
# /etc/services:
# $Id: services,v 1.49 2017/08/18 12:43:23 ovasik Exp $
#
# Network services, Internet style
# IANA services version: last updated 2016-07-08
(생략)
#
# service-name  port/protocol  [aliases ...]   [# comment]

tcpmux          1/tcp                           # TCP port service multiplexer
--More--(0%)
```

more 명령으로 파일 내용의 첫 화면이 출력된 후 Space Bar를 누르면 다음 화면이 출력되고, Enter↵를 누르면 한 행씩 스크롤된다. '/문자열'을 입력하면 해당 문자열을 찾아 이동한다. more 명령을 종료하려면 q 키를 누른다.

### 파일 내용을 화면 단위로 출력하기: less

more 명령으로 파일 내용을 화면 단위로 출력할 때 한 가지 불편한 점은 이미 스크롤되어 지나간 내용을 다시 볼 수 없다는 것이다. 이를 개선한 명령이 less다. less 명령은 파일 내용을 앞뒤로 스크롤하며 이동할 수 있다.

**less**

- **기능** 파일 내용을 화면 단위로 출력한다.
- **형식** `less [파일]`
- **사용 예** `less file1`

화면을 이동할 때 사용하는 키는 3장에서 다룰 vi 편집기에서 사용하는 키다. 주요 키는 [표 2-5]와 같다.

**표 2-5** less 명령에서 사용하는 키와 동작

| 키 | 동작 |
|---|---|
| j | 한 행씩 다음 행으로 스크롤한다. |
| k | 한 행씩 이전 행으로 스크롤한다. |
| Space Bar, Ctrl+f | 다음 화면으로 이동한다. |
| Ctrl+b | 이전 화면으로 이동한다. |

다음 예는 /etc/services 파일을 less 명령으로 출력한 것이다.

```
[user1@localhost ~]$ less /etc/services
# /etc/services:
# $Id: services,v 1.49 2017/08/18 12:43:23 ovasik Exp $
(생략)
#
# service-name  port/protocol  [aliases ...]   [# comment]

tcpmux          1/tcp                           # TCP port service multiplexer
/etc/services
```

### 파일 내용의 뒷부분 출력하기: tail

tail 명령은 파일 뒷부분의 몇 행을 출력한다. 기본 값은 10으로 파일 뒷부분의 10행이 출력된다.

**tail**

- **기능** 파일 뒷부분의 몇 행을 출력한다.
- **형식** tail [옵션] [파일]
- **옵션** +행 번호: 지정한 행부터 끝까지 출력한다.
  -숫자: 화면에 출력할 행의 수를 지정한다(기본 값은 10).
  -f: 파일 출력을 종료하지 않고 주기적으로 계속 출력한다.

다음은 tail 명령을 사용한 예로 /etc/services 파일의 마지막 10행이 출력되었다.

```
[user1@localhost ~]$ tail /etc/services
aigairserver     21221/tcp              # Services for Air Server
ka-kdp           31016/udp              # Kollective Agent Kollective Delivery
ka-sddp          31016/tcp              # Kollective Agent Secure Distributed Delivery
edi_service      34567/udp              # dhanalakshmi.org EDI Service
axio-disc        35100/tcp              # Axiomatic discovery protocol
axio-disc        35100/udp              # Axiomatic discovery protocol
pmwebapi         44323/tcp              # Performance Co-Pilot client HTTP API
cloudcheck-ping  45514/udp              # ASSIA CloudCheck WiFi Management keepalive
cloudcheck       45514/tcp              # ASSIA CloudCheck WiFi Management System
spremotetablet   46998/tcp              # Capture handwritten signatures
```

### 파일 내용을 지정한 숫자만큼 출력하기: –숫자 옵션

–5와 같이 – 다음에 숫자를 지정하면 기본 값인 10행을 출력하는 것이 아니라 지정한 숫자만큼 행을 출력한다. 다음 예는 파일 뒷부분의 7행을 출력한 것이다. 앞의 예와 비교해보면 출력된 행수가 다르다는 것을 알 수 있다.

```
[user1@localhost ~]$ tail -7 /etc/services
edi_service      34567/udp            # dhanalakshmi.org EDI Service
axio-disc        35100/tcp            # Axiomatic discovery protocol
axio-disc        35100/udp            # Axiomatic discovery protocol
pmwebapi         44323/tcp            # Performance Co-Pilot client HTTP API
cloudcheck-ping 45514/udp             # ASSIA CloudCheck WiFi Management keepalive
cloudcheck       45514/tcp            # ASSIA CloudCheck WiFi Management System
spremotetablet  46998/tcp             # Capture handwritten signatures
```

### 파일 내용을 주기적으로 반복 출력하기: -f 옵션

tail 명령에는 특별한 기능이 하나 있는데, -f 옵션을 사용하면 파일 출력이 종료되지 않고 대기 상태가 되며 파일 내용이 주기적으로 반복 출력된다. 파일의 뒷부분에 내용이 추가되면 그 내용이 자동으로 출력되므로 파일 내용의 변화를 확인할 때 편리하다. -f 옵션을 사용하면 tail 명령이 무한히 반복되기 때문에 Ctrl+C(^C)로 명령을 종료해야 한다.

```
[user1@localhost ~]$ tail -f /etc/services
aigairserver     21221/tcp             # Services for Air Server
ka-kdp           31016/udp             # Kollective Agent Kollective Delivery
ka-sddp          31016/tcp             # Kollective Agent Secure Distributed Delivery
edi_service      34567/udp             # dhanalakshmi.org EDI Service
axio-disc        35100/tcp             # Axiomatic discovery protocol
axio-disc        35100/udp             # Axiomatic discovery protocol
pmwebapi         44323/tcp             # Performance Co-Pilot client HTTP API
cloudcheck-ping 45514/udp              # ASSIA CloudCheck WiFi Management keepalive
cloudcheck       45514/tcp             # ASSIA CloudCheck WiFi Management System
spremotetablet  46998/tcp              # Capture handwritten signatures
^C
```

**따라해보기** **파일 내용 출력하기**

❶ less 명령으로 /etc/services 파일의 내용을 출력한다.

```
[user1@localhost ~]$ less /etc/services
# /etc/services:
# $Id: services,v 1.49 2017/08/18 12:43:23 ovasik Exp $
#
# Network services, Internet style
# IANA services version: last updated 2016-07-08
(생략)
## Each line describes one service, and is of the form:
#
# service-name  port/protocol  [aliases ...]   [# comment]

tcpmux          1/tcp                           # TCP port service multiplexer
/etc/services
```

❷ Space Bar를 눌러 다음 페이지를 출력한다.

```
tcpmux          1/udp                           # TCP port service multiplexer
rje             5/tcp                           # Remote Job Entry
rje             5/udp                           # Remote Job Entry
echo            7/tcp
(생략)
ftp-data        20/udp
# 21 is registered to ftp, but also used by fsp
ftp             21/tcp
ftp             21/udp          fsp fspd
ssh             22/tcp                          # The Secure Shell (SSH) Protocol
ssh             22/udp                          # The Secure Shell (SSH) Protocol
:
```

❸ k 키를 네 번 눌러 위로 다시 이동한다.

```
#
# service-name  port/protocol  [aliases ...]   [# comment]

tcpmux          1/tcp                           # TCP port service multiplexer
tcpmux          1/udp                           # TCP port service multiplexer
rje             5/tcp                           # Remote Job Entry
rje             5/udp                           # Remote Job Entry
```

```
(생략)
chargen         19/tcp          ttytst source
chargen         19/udp          ttytst source
ftp-data        20/tcp
ftp-data        20/udp
# 21 is registered to ftp, but also used by fsp
ftp             21/tcp
:
```

❹ '/IEEE'를 입력하여 파일 내용 중에서 문자열 'IEEE'가 있는 곳을 찾는다.

```
#
# service-name  port/protocol  [aliases ...]   [# comment]

tcpmux          1/tcp                           # TCP port service multiplexer
tcpmux          1/udp                           # TCP port service multiplexer
rje             5/tcp                           # Remote Job Entry
rje             5/udp                           # Remote Job Entry
(생략)
chargen         19/tcp          ttytst source
chargen         19/udp          ttytst source
ftp-data        20/tcp
ftp-data        20/udp
# 21 is registered to ftp, but also used by fsp
ftp             21/tcp
/IEEE
```

```
ieee-mms        651/tcp                 # IEEE MMS
ieee-mms        651/udp                 # IEEE MMS
hello-port      652/tcp                 # HELLO_PORT
hello-port      652/udp                 # HELLO_PORT
(생략)
hap             661/tcp                 # HAP
hap             661/udp                 # HAP
pftp            662/tcp                 # PFTP
pftp            662/udp                 # PFTP
purenoise       663/tcp                 # PureNoise
:
```

❺ n 키를 눌러 문자열 'IEEE'를 계속 찾는다.

❻ q 키를 눌러 less 명령을 종료한다.

**혼자해보기 파일 내용 출력하기**

❶ more 명령으로 /etc/services 파일을 출력한다.

❷ 파일 내용에서 Apple을 검색한다.

❸ 다른 곳에도 Apple이 있는지 추가로 확인한다.

❹ more 명령을 종료한다.

## 2 파일 복사

파일을 복사할 때는 cpcopy 명령을 사용한다. cp 명령으로 디렉터리도 복사할 수 있다.

**cp**

- **기능** 파일이나 디렉터리를 복사한다.
- **형식** cp [옵션] [파일1(디렉터리1)] [파일2(디렉터리2)]
- **옵션** -i: 파일2가 이미 존재하면 덮어쓸 것인지 물어본다.
  -r: 디렉터리를 복사할 때 지정한다.
- **사용 예**

```
cp file1 file2
cp f1 f2 f3 dir1
cp -r dir1 dir2
```

cp 명령의 첫 번째 인자로는 원본 파일이나 디렉터리를 지정하고, 두 번째 인자로는 목적지 파일이나 디렉터리를 지정한다. 두 인자를 어떻게 구성하느냐에 따라서 다양한 결과가 나온다. 각 상황을 예제를 통해 각각의 경우를 살펴보자. 파일 내용을 출력하는 앞의 명령들과 달리 파일을 복사하는 예제와 실습을 위해 ch2 디렉터리로 이동한다(혼란을 막기 위해 디렉터리 명령 실습 시 생성한 me 디렉터리는 출력 결과에 표시하지 않았다).

```
[user1@localhost ~]$ cd linux_ex/ch2
[user1@localhost ch2]$ pwd
/home/user1/linux_ex/ch2
```

### 두 인자가 모두 파일인 경우

두 인자가 모두 파일인 경우는 파일을 다른 파일로 복사하는 것이다. 두 번째 인자로 지정한 파일이 존재하지 않는 경우에는 원본 파일을 복사하여 새로 만든다. 만약 존재하는 파일이라면 원본 파일의 내용으로 덮어쓰고 원래 내용은 없어진다. 즉 복사되는 것이다. 다음 예는 /etc/hosts 파일을 text1이라는 파일로 복사하는 것이다. text1은 원래 없던 파일이므로 새로 생성되고 /etc/hosts 파일의 내용이 복사된다.

```
[user1@localhost ch2]$ ls
one
[user1@localhost ch2]$ cp /etc/hosts text1
[user1@localhost ch2]$ ls
one  text1
```

### 두 번째 인자가 디렉터리인 경우

첫 번째 인자는 파일이고 두 번째 인자는 디렉터리인 경우, 파일을 해당 디렉터리 아래에 복사한다. 당연히 디렉터리는 미리 만들어져 있어야 한다. 다음 예에서는 디렉터리 temp를 미리 만들고 이 디렉터리로 text1 파일을 복사했다.

```
[user1@localhost ch2]$ mkdir temp
[user1@localhost ch2]$ cp text1 temp
[user1@localhost ch2]$ ls temp
text1
```

파일을 복사하면서 파일명을 원본 파일과 다르게 지정하면 새로운 파일명으로 복사된다. 다음 예는 text1 파일을 temp 디렉터리 아래에 text2로 복사한 것이다.

```
[user1@localhost ch2]$ cp text1 temp/text2
[user1@localhost ch2]$ ls temp
text1  text2
```

파일을 다른 디렉터리에 복사할 때는 해당 디렉터리에 대해 쓰기 권한이 있어야 된다. 쓰기 권한이 없는 디렉터리에 파일을 복사하려고 하면 다음과 같은 오류가 발생한다.

```
[user1@localhost ch2]$ cp text1 /etc
cp: cannot create regular file `/etc/text1': 허가 거부
```

### 인자를 여러 개 지정할 경우

cp 명령에서 첫 번째 인자의 자리에 파일을 여러 개 지정할 수 있다. 이때 마지막 인자는 반드시 디렉터리여야 한다. 이럴 경우 마지막에 지정한 디렉터리로 앞서 지정한 파일들이 모두 복사된다. 다음 예에서는 /etc/hosts와 /etc/services를 temp 디렉터리에 복사했다.

```
[user1@localhost ch2]$ cp /etc/hosts /etc/services temp
[user1@localhost ch2]$ ls temp
hosts  services  text1  text2
```

### –i 옵션 사용하기

cp 명령에서 –i 옵션을 사용하면 두 번째 인자로 지정한 파일이 이미 있는 파일인 경우 덮어서 복사할 것인지 물어본다. y라고 답하면 덮어서 복사하고 n이라고 답하면 복사하지 않는다. 다음 예는 –i 옵션을 지정하고 /etc/hosts를 text1로 다시 복사한 것이다. 이미 text1 파일이 있으므로 덮어쓸 것인지 물어본다.

```
[user1@localhost ch2]$ cp -i /etc/hosts text1
cp: overwrite `text1'? n
```

### 디렉터리 복사하기

디렉터리를 복사하려면 첫 번째 인자와 두 번째 인자에 모두 디렉터리를 지정하고 –r 옵션을 사용해야 한다. 만약 디렉터리를 복사하면서 –r 옵션을 사용하지 않으면 오류 메시지가 출력된다. 다음은 temp 디렉터리를 temp2 디렉터리로 복사하는 데 –r 옵션을 지정하지 않은 경우다.

```
[user1@localhost ch2]$ cp temp temp2
cp: omitting directory `temp'
```

두 번째 인자로 지정한 목적지 디렉터리가 존재하지 않는 경우 새로 생성된다. 디렉터리가 복사되면 원본 디렉터리 아래에 있던 모든 내용도 함께 복사된다. 다음 예는 -r 옵션을 지정하여 temp 디렉터리를 temp2 디렉터리로 복사한 것이다. temp2 디렉터리의 내용이 temp 디렉터리와 같다는 것을 확인할 수 있다.

```
[user1@localhost ch2]$ cp -r temp temp2
[user1@localhost ch2]$ ls temp2
hosts  services  text1  text2
```

두 번째 인자로 지정한 디렉터리가 이미 있는 디렉터리인 경우, 원본 디렉터리가 목적지 디렉터리 아래에 원본 디렉터리와 같은 이름으로 복사된다. 다음 예에서는 temp 디렉터리를 다시 temp2 디렉터리로 복사했다. 이미 앞의 예에서 temp2 디렉터리가 생성되었으므로 이번에는 temp 디렉터리가 temp2 디렉터리 아래에 복사되었다.

```
[user1@localhost ch2]$ cp -r temp temp2
[user1@localhost ch2]$ ls temp2
hosts  services  temp  text1  text2
```

## 3 파일 이동과 파일명 변경

파일을 다른 디렉터리로 이동하거나 파일명을 바꿀 때는 mv^move 명령을 사용한다. 디렉터리를 이동하거나 디렉터리명을 바꿀 때도 mv 명령을 사용한다.

**mv**

- **기능** 파일 또는 디렉터리를 이동하거나 이름을 바꾼다.
- **형식** mv [옵션] [파일1(디렉터리1)] [파일2(디렉터리2)]
- **옵션** -i: 파일2(디렉터리2)가 존재하면 덮어쓸 것인지 물어본다.
- **사용 예** mv file1 file2

mv 명령의 첫 번째 인자로는 원본 파일이나 디렉터리를 지정하고, 두 번째 인자는 목적지 파일이나 디렉터리를 지정한다. cp 명령처럼 첫 번째 인자와 두 번째 인자의 구성에 따라 mv 명령 사용의 결과도 다양하게 나타난다.

### 파일을 파일로 이동하기(파일명 바꾸기)

파일을 다른 파일로 이동하는 경우는 결국 원본 파일의 이름을 다른 이름으로 바꾸는 작업이다. 만약 두 번째 인자로 지정한 파일이 이미 존재하는 파일이라면 원본 파일의 내용으로 덮어쓰고 기존의 내용이 삭제된다. 두 번째 인자로 지정한 파일이 존재하지 않는 파일이라면 새 파일이 생성된다. 다음 예에서는 text1 파일을 data1 파일로 이동했다. 결과적으로 text1 파일이 data1 파일로 파일명이 바뀐 것이다.

```
[user1@localhost ch2]$ mv text1 data1
[user1@localhost ch2]$ ls
data1  one  temp  temp2
```

### 파일을 다른 디렉터리로 이동하기

두 번째 인자로 디렉터리를 지정하는 경우 원본 파일을 지정한 디렉터리로 이동한다. 이때 디렉터리만 지정하는지, 디렉터리와 파일을 함께 지정하는지에 따라 이동하는 파일의 이름이 달라질 수도 있다. 다음 예에서는 data1 파일을 temp 디렉터리로 이동했다.

```
[user1@localhost ch2]$ mv data1 temp
[user1@localhost ch2]$ ls
one  temp  temp2
[user1@localhost ch2]$ ls temp
data1  hosts  services  text1  text2
```

다음 예와 같이 두 번째 인자에 디렉터리와 파일을 함께 지정하는 경우, 파일이 지정한 디렉터리로 이동하면 파일명도 바뀌게 된다. 앞의 예에서 파일을 이동하여 ch2 디렉터리에 파일이 없으므로 먼저 파일을 복사한 후 이동을 실행했다.

```
[user1@localhost ch2]$ cp temp/data1 text1
[user1@localhost ch2]$ ls
one  temp  temp2  text1
[user1@localhost ch2]$ mv text1 temp/data2
[user1@localhost ch2]$ ls temp
data1  data2  hosts  services  text1  text2
```

만약, 쓰기 권한이 없는 디렉터리로 파일을 이동하려고 한다면 다음과 같이 오류가 발생한다.

```
[user1@localhost ch2]$ mv temp/data2 /etc
mv: cannot move `temp/data2' to `/etc/data2': 허가 거부
```

### 여러 파일을 디렉터리로 이동하기

mv 명령으로 여러 개의 파일을 지정한 디렉터리로 한 번에 이동할 수 있다. 첫 번째 인자에 파일을 여러 개 지정하면 된다. 마지막 인자는 반드시 디렉터리여야 한다. 명령을 실행하면 지정한 디렉터리로 파일이 모두 이동한다. 다음 예는 temp 디렉터리에 있던 data1과 data2 파일을 현재 디렉터리로 이동하는 것이다.

```
[user1@localhost ch2]$ ls temp
data1  data2  hosts  services  text1  text2
[user1@localhost ch2]$ mv temp/data1 temp/data2 .
[user1@localhost ch2]$ ls
data1  data2  one  temp  temp2
[user1@localhost ch2]$ ls temp
hosts  services  text1  text2
```

### -i 옵션 사용하기

mv 명령에서 -i 옵션을 사용하면, 다음 예와 같이 두 번째 인자에 지정한 파일이 이미 있는 파일인 경우 덮어서 이동할 것인지 물어본다. y라고 답하면 덮어서 이동하고 n이라고 답하면 이동하지 않는다.

```
[user1@localhost ch2]$ mv -i data1 data2
mv: overwrite `data2'? n
[user1@localhost ch2]$ ls
data1  data2  one  temp  temp2
```

### 디렉터리를 디렉터리로 이동하기(디렉터리명 바꾸기)

mv 명령에서 인자를 모두 디렉터리로 지정하면 디렉터리가 이동한다. 만약 두 번째 인자가

기존에 있던 디렉터리가 아닐 경우에는 디렉터리명이 변경된다. 다음 예에서는 temp2 디렉터리가 temp3으로 이름이 바뀌었다.

```
[user1@localhost ch2]$ mv temp2 temp3
[user1@localhost ch2]$ ls
data1  data2  one  temp  temp3
```

두 번째 인자가 존재하는 디렉터리인 경우, 원본 디렉터리가 두 번째 인자로 지정된 디렉터리 아래로 이동한다. 다음 예에서는 temp3 디렉터리가 temp 디렉터리 아래로 이동했다.

```
[user1@localhost ch2]$ ls
data1  data2  me  one  temp  temp3
[user1@localhost ch2]$ mv temp3 temp
[user1@localhost ch2]$ ls
data1  data2  one  temp
[user1@localhost ch2]$ ls temp
hosts  services  temp3  text1  text2
```

## 4 파일 삭제

파일을 삭제하는 명령은 rm(remove)이다. -r 옵션을 지정하면 디렉터리도 삭제할 수 있다.

**rm**

- **기능** 파일을 삭제한다.
- **형식** rm [옵션] [파일 또는 디렉터리]
- **옵션** -i: 파일을 정말 삭제할 것인지 확인한다.
  -r: 디렉터리를 삭제할 때 지정한다.
- **사용 예** rm file    rm -r dir

rm 명령을 사용할 때 파일을 인자로 지정하면 해당 파일이 삭제된다. 이때 삭제할 것인지 물어보지도 않고, 윈도처럼 파일이 휴지통에 담기는 것도 아니다. 그냥 바로 삭제되어 복구할 수 없으므로 파일을 삭제할 때는 신중해야 한다. 특히 일반 사용자가 아니라 시스템 관리자가 시스템의 중요한 파일을 삭제한다면 전체 시스템에 심각한 영향을 줄 수 있으므로 주의해야 한다. 다음 예에서는 data2 파일을 삭제했다.

```
[user1@localhost ch2]$ ls
data1  data2  me  one  temp
[user1@localhost ch2]$ rm data2
[user1@localhost ch2]$ ls
data1  one  temp
```

### –i 옵션 사용하기

cp나 mv 명령처럼 –i 옵션을 지정하고 rm 명령을 사용하면 정말 삭제할 것인지 물어본다. y라고 답하면 삭제하고 n이라고 답하면 삭제하지 않는다. 4장에서 배울 앨리어스 기능을 사용하여 rm 명령을 rm –i로 설정해놓으면 좋다. 다음 예에서는 –i 옵션을 사용하여 data1 파일을 지우려고 시도한다.

```
[user1@localhost ch2]$ rm -i data1
rm: remove 일반 파일 'data1'? n
[user1@localhost ch2]$ ls
data1  me  one  temp
```

### 디렉터리 삭제하기

rm 명령으로 디렉터리도 삭제할 수 있다. 디렉터리도 파일이기 때문이다. 2절에서 배운 rmdir 명령으로도 디렉터리를 삭제할 수 있는데, 이 경우에는 삭제하려는 디렉터리가 비어 있어야 한다. 그러나 rm 명령은 디렉터리가 비어 있지 않아도 삭제할 수 있다. rm 명령으로 디렉터리를 삭제할 때는 –r 옵션을 지정해야 한다. 삭제된 디렉터리는 복구할 수 없으므로 매우 주의해야 한다.

다음 예에서는 temp3 디렉터리를 rm과 rmdir 명령으로 삭제했다. temp3 디렉터리가 temp 디렉터리 아래에 있으므로 먼저 temp 디렉터리로 이동하여 작업한다. 예에서와 같이 rm 명령으로 디렉터리를 삭제하려고 하면 디렉터리라서 삭제할 수 없다는 오류 메시지가 출력된다.

```
[user1@localhost ch2]$ cd temp
[user1@localhost temp]$ ls
hosts  services  temp3  text1  text2
```

```
[user1@localhost temp]$ rm temp3
rm: cannot remove `temp3': 디렉터리입니다
```

rmdir 명령으로 temp3 디렉터리를 삭제하려고 하면 temp3 디렉터리가 비어 있지 않다는 오류 메시지가 출력된다. temp3 디렉터리에는 파일과 서브 디렉터리가 있기 때문이다.

```
[user1@localhost temp]$ rmdir temp3
rmdir: failed to remove `temp3': 디렉터리가 비어있지 않음
[user1@localhost temp]$ ls temp3
hosts  services  temp  text1  text2
```

rm 명령에 -r 옵션을 지정하여 temp3 디렉터리를 삭제해보자. 너무 쉽게 삭제되어서 놀랄 것이다. 이제 temp3 디렉터리는 복구할 수 없다.

```
[user1@localhost temp]$ ls
hosts  services  temp3  text1  text2
[user1@localhost temp]$ rm -r temp3
[user1@localhost temp]$ ls
hosts  services  text1  text2
```

디렉터리를 삭제할 때도 -i 옵션을 사용할 수 있다. i 옵션을 사용하면 삭제하려는 디렉터리 아래에 있는 파일이나 서브 디렉터리를 삭제할 것인지 계속 물어본다. 다음 예에서 이를 확인해보자. 실습을 위해 상위 디렉터리로 이동하여 작업한다.

```
[user1@localhost temp]$ cd ..
[user1@localhost ch2]$ ls
data1  one  temp
[user1@localhost ch2]$ rm -ri temp
rm: descend into directory `temp'? y
rm: remove 일반 파일 `temp/text1'? n
rm: remove 일반 파일 `temp/text2'? n
rm: remove 일반 파일 `temp/hosts'? n
rm: remove 일반 파일 `temp/services'? y
rm: remove 디렉터리 `temp'? n
[user1@localhost ch2]$ ls temp
hosts  text1  text2
```

앞의 예를 보면 -ri 옵션을 지정하는 경우 지정한 디렉터리의 내용을 확인할 것인지 물어본

다. 이때 n이라고 답하면 rm 명령이 바로 종료되고 디렉터리를 삭제하지 않는다. 질문에 y라고 답하면 디렉터리의 내용을 하나하나 확인하며 삭제할 것인지 물어본다. 이 질문에 y로 답해야 파일이 삭제되고 n으로 답하면 파일이 삭제되지 않는다.

다음 예는 지정한 디렉터리를 삭제할 것인지 물어본다. n이라고 답하면 디렉터리가 삭제되지 않는다. y라고 답했을 때, 만약 디렉터리에 삭제되지 않은 파일이 있을 경우 디렉터리가 비어 있지 않다는 메시지를 출력하고 디렉터리를 삭제하지 않는다.

```
[user1@localhost ch2]$ rm -ri temp
rm: descend into directory 'temp'? y
rm: remove 일반 파일 'temp/text1'? n
rm: remove 일반 파일 'temp/hosts'? n
rm: remove 일반 파일 'temp/text2'? n
rm: remove 디렉터리 'temp'? y
rm: cannot remove `temp': 디렉터리가 비어있지 않음
[user1@localhost ch2]$ ls
data1  one  temp
```

**따라해보기** **파일 복사 · 이동 · 삭제하기**

❶ 실습을 위해 /etc/hosts 파일을 test.org로 복사한다.

```
[user1@localhost ch2]$ cp /etc/hosts test.org
[user1@localhost ch2]$ ls
data1  one  temp  test.org
```

❷ test 디렉터리를 만든다.

```
[user1@localhost ch2]$ mkdir test
[user1@localhost ch2]$ ls
data1  one  temp  test  test.org
```

❸ test.org 파일을 test 디렉터리로 복사한다.

```
[user1@localhost ch2]$ cp test.org test
[user1@localhost ch2]$ ls test
test.org
```

❹ test 디렉터리에 있는 test.org의 파일명을 test.bak로 바꾼다.

```
[user1@localhost ch2]$ mv test/test.org test/test.bak
[user1@localhost ch2]$ ls test
test.bak
```

❺ test.org 파일을 삭제한다.

```
[user1@localhost ch2]$ rm test.org
[user1@localhost ch2]$ ls
data1  one  temp  test
```

❻ test 디렉터리에 있는 test.bak를 현재 디렉터리에 test.org로 복사한다.

```
[user1@localhost ch2]$ cp test/test.bak test.org
[user1@localhost ch2]$ ls
data1  one  temp  test  test.org
```

❼ test, one 디렉터리를 삭제한다.

```
[user1@localhost ch2]$ rm -r test one
[user1@localhost ch2]$ ls
data1  temp  test.org
```

**혼자해보기 파일 복사 · 이동 · 삭제하기**

❶ test.org 파일을 test.txt로 복사한다.
❷ backup 디렉터리를 생성한다.
❸ text.txt 파일을 backup 디렉터리로 이동한다.
❹ backup 디렉터리의 이름을 work로 바꾼다.
❺ rmdir로 work 디렉터리를 삭제한다. 어떤 현상이 일어나는가? 왜 그런가?
❻ rm 명령으로 work 디렉터리를 삭제한다. 정말로 삭제할 것인지 물어보게 하려면 어떻게 해야 하는가?

## 5 파일 링크

파일 링크는 기존에 있는 파일에 새로운 이름을 붙이는 것이다. 복잡한 디렉터리 계층 구조를 포함하여 파일명이 복잡할 경우, 짧게 줄인 다른 이름을 붙여서 간단하게 사용할 때 유용하다. 파일 링크에는 하드 링크와 심볼릭 링크가 있다.

하드 링크는 기존 파일에 새로운 파일명을 추가로 생성하는 것이고, 심볼릭 링크는 원본 파일을 가리키는 새로운 파일을 만드는 것이다. 심볼릭 링크는 윈도의 바로가기 기능과 개념이 같다고 생각하면 된다. 파일 링크를 공부하기 전에 먼저 리눅스에서는 파일이 어떻게 관리되는지를 살펴보자.

### 리눅스 파일의 구성 알아보기

리눅스에서 파일은 '파일명+inode+데이터 블록'으로 구성된다([그림 2-2] 참조). 파일명은 사용자가 파일에 접근할 때 사용하는 파일의 이름이다. inode는 파일에 대한 정보를 가지고 있는 특별한 구조체로서 외부적으로는 번호로 표시되고, 내부적으로는 파일의 종류와 크기, 소유자, 파일 변경 시간, 파일명 등 파일 상세 정보와 데이터 블록 주소가 저장되어 있다. ls –l 명령으로 출력되는 정보는 사실 inode에 저장되어 있는 파일 상세 정보다.

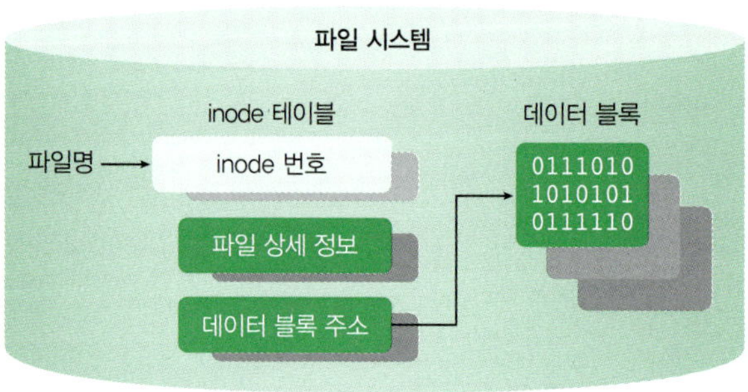


**그림 2-2 리눅스 파일의 구성 요소**

파일의 inode 번호는 ls –i 명령으로 알 수 있다. 다음 예는 ls –i 명령으로 파일의 inode 번호를 확인하는 것이다. 파일명 앞에 출력된 숫자가 inode 번호다. 파일명은 다르지만 inode 번호가 같다면 같은 파일이다.

```
[user1@localhost ch2]$ ls -i
52343390 data1  18161958 temp  52343391 test.org
```

### 하드 링크 만들기: ln

하드 링크는 ln 명령으로 만든다. 리눅스에서는 한 파일에 여러 개의 이름을 붙일 수 있는데, 이때 붙이는 파일명을 하드 링크라고 한다.

**ln**

- **기능** 파일의 링크를 생성한다.
- **형식** ln [옵션] [원본 파일] [링크 파일]
- **옵션** -s: 심볼릭 링크 파일을 생성한다.
- **사용 예** ln test hdtest    ln -s test sbtest

기존 파일에 새로운 파일명을 붙여서 하드 링크를 만들어보자. 다음 예에서는 data1에 대한 하드 링크로 data1.ln을 만든다. 하드 링크를 생성하기 전에 ls –l 명령을 실행하고, 링크를 생성한 후 다시 ls –l 명령을 실행하여 차이가 무엇인지 확인해보자.

```
[user1@localhost ch2]$ ls -l
합계 8
-rw-r--r--.  1 user1 user1 158  11월 2 01:51 data1
drwxrwxr-x.  2 user1 user1  45  11월 2 02:30 temp
-rw-r--r--.  1 user1 user1 158  11월 2 02:33 test.org
[user1@localhost ch2]$ ln data1 data1.ln
[user1@localhost ch2]$ ls -l
합계 12
-rw-r--r--.  2 user1 user1 158  11월 2 01:51 data1
-rw-r--r--.  2 user1 user1 158  11월 2 01:51 data1.ln
drwxrwxr-x.  2 user1 user1  45  11월 2 02:30 temp
-rw-r--r--.  1 user1 user1 158  11월 2 02:33 test.org
```

ln 명령을 실행하기 전과 후에 data1 파일의 상세 정보에서 달라진 것은 무엇인가? 접근 권한(rw–r––r––) 다음에 나오는 숫자가 1에서 2로 바뀌었음을 알 수 있다. 이 기본 값은 [표 2–4]에서 본 것처럼 하드 링크의 개수다. inode와 연결된 파일명이 하나일 때는 1이지만 하드 링크로 새로운 파일이 생성되었으므로 2로 바뀐 것이다. data1 파일에 하드 링크를 생성한 뒤 ls –i 명령으로 두 파일의 inode 기본 값을 비교해보면 같다는 것을 알 수 있다.

```
[user1@localhost ch2]$ ls -i
52343390 data1  52343390 data1.ln  18161958 temp  52343391 test.org
```

파일 내용을 확인해보면 data1이나 data1.ln이나 같은 내용이다. 이름만 다르지 결국 같은 파일이기 때문이다.

```
[user1@localhost ch2]$ cat data1
127.0.0.1   localhost localhost.localdomain localhost4 localhost4.localdomain4
::1         localhost localhost.localdomain localhost6 localhost6.localdomain6
[user1@localhost ch2]$ cat data1.ln
127.0.0.1   localhost localhost.localdomain localhost4 localhost4.localdomain4
::1         localhost localhost.localdomain localhost6 localhost6.localdomain6
```

그렇다면 링크와 파일을 복사한 것의 차이는 무엇일까? 하드 링크는 같은 파일에 이름만 다르게 붙이는 것이지만, 복사는 완전히 독립적인 파일을 만드는 것이다. 다음 예에서는 data1 파일을 복사하여 data1.cp 파일을 만든 다음 inode 번호를 확인해보자. data1과 data1.cp 파일의 inode 번호가 다르다는 것을 알 수 있다. inode 번호가 다르다는 것은 서로 독립적인 파일이라는 뜻이다.

```
[user1@localhost ch2]$ cp data1 data1.cp
[user1@localhost ch2]$ ls -i
52343390 data1     52343390 data1.ln  52343391 test.org
52343379 data1.cp  18161958 temp
```

gedit(텍스트 편집기)를 열어서 data1.ln 파일의 내용을 수정한 후 data1 파일의 내용을 확인하면 두 파일 모두 바뀌어 있다. 그러나 data1.cp 파일의 내용을 바꾼다고 해서 data1이나 data1.ln 파일의 내용이 바뀌지는 않는다. 직접 gedit를 동작시켜 확인해보기 바란다. 다시 한 번 말하지만 inode 번호가 다르면 서로 다른 파일이다.

원본 파일이나 하드 링크로 새로 만든 파일을 삭제하면 하드 링크의 개수가 한 개 줄어든다. 삭제되고 남은 파일명으로 파일을 계속 사용할 수 있다. 사실 rm 명령은 정확하게 말하면 하드 링크 기본 값을 하나씩 줄이는 것이다. 이 기본 값이 0이 되면 그때서야 해당 inode와 데이터 블록의 데이터를 삭제한다.

### 심볼릭 링크 만들기: –s 옵션

심볼릭 링크는 윈도의 바로가기처럼 원본 파일을 가리키는 파일이다. 심볼릭 링크는 ln 명령에 –s 옵션을 사용하여 만든다. 다음 예는 data1 파일의 심볼릭 링크로 data1.sl을 만드는 것이다.

```
[user1@localhost ch2]$ ln -s data1 data1.sl
[user1@localhost ch2]$ ls -i
52343390 data1      52343390 data1.ln   18161958 temp
52343379 data1.cp  52382459 data1.sl  52343391 test.org
```

심볼릭 링크의 inode 번호를 보면 원본 파일과 다른 번호다. 또한 ls –l 명령으로 확인해보면 파일의 종류가 'l(소문자 L)'로 표시되고 파일명도 '–>'를 사용하여 원본 파일이 무엇인지를 알려준다.

```
[user1@localhost ch2]$ ls -l data1.sl
lrwxrwxrwx. 1 user1 user1 5  11월 2 02:44 data1.sl -> data1
```

그럼 심볼릭 링크와 하드 링크의 차이는 무엇일까? 심볼릭 링크는 하드 링크와 비교하여 다음과 같은 몇 가지 특징이 있다.

- 파일의 종류가 l(소문자 L)로 표시된다.
- 하드 링크의 개수가 하나다. 즉 원본 파일에 이름을 추가하는 것이 아니다.
- 파일명 뒤에 원본 파일의 이름이 표시된다(–> data1).
- inode 번호가 원본 파일과 다르다. 즉, 원본 파일과 심볼릭 링크 파일은 별개의 파일이다.

심볼릭 링크의 파일 내용은 원본 파일의 경로를 가지고 있다. ls –l data1.sl 명령을 실행한 위의 결과에서 파일의 크기가 5로 나온 것을 눈여겨보기 바란다. 크기가 5라는 것은 data1.sl 파일의 내용이 5바이트라는 의미다. 이것은 원본 파일 경로(data1)의 길이다. 원본 파일의 경로는 ln –s로 심볼릭 링크를 생성할 때 지정한 경로가 저장된다. 그러나 심볼릭 링크의 내용을 출력하면 원본 파일의 경로가 출력되는 것이 아니라 원본 파일의 내용이 출력된다. 이것이 심볼릭 링크의 특징이다.

```
[user1@localhost ch2]$ cat data1.sl
127.0.0.1   localhost localhost.localdomain localhost4 localhost4.localdomain4
::1         localhost localhost.localdomain localhost6 localhost6.localdomain6
```

심볼릭 링크를 열고 수정하면 원본 파일이 수정된다. gedit로 data1.sl 파일을 열고 수정한 후 data1의 내용을 확인해보자.

하드 링크는 같은 파일 시스템에 있는 파일에만 생성할 수 있다. 디렉터리에는 생성할 수 없고, 다른 파일 시스템에 있는 파일이나 디렉터리에도 생성할 수 없다. 심볼릭 링크가 하드 링크에 비해 탁월한 점은 디렉터리에도 지정할 수 있고 파일 시스템이 달라도 생성할 수 있다는 것이다. 다만 심볼릭 링크에서는 원본 파일이 삭제되면 심볼릭 링크로 연결할 수 없다는 점을 주의해야 한다.

다음과 같이 원본 파일인 data1이 삭제되면 data1.sl의 내용을 출력했을 때 원본 파일이 없으므로 오류 메시지가 나온다.

```
[user1@localhost ch2]$ rm data1
[user1@localhost ch2]$ cat data1.sl
cat: data1.sl: 그런 파일이나 디렉터리가 없습니다
```

**따라해보기** **하드 링크와 심볼릭 링크**

❶ test.org 파일의 하드 링크로 test.ln을 생성한다.

```
[user1@localhost ch2]$ ln test.org test.ln
[user1@localhost ch2]$ ls
data1.cp  data1.ln  data1.sl  temp  test.ln  test.org
```

❷ test.org 파일의 하드 링크로 test.ln2를 생성한다.

```
[user1@localhost ch2]$ ln test.org test.ln2
[user1@localhost ch2]$ ls
data1.cp  data1.ln  data1.sl  temp  test.ln  test.ln2  test.org
```

❸ test.org와 test.ln, test.ln2의 inode 번호가 같다는 것을 확인한다.

```
[user1@localhost ch2]$ ls -i
52343379 data1.cp  52382459 data1.sl  52343391 test.ln   52343391 test.org
52343390 data1.ln  18161958 temp      52343391 test.ln2
```

❹ test.org와 test.ln, test.ln2의 하드 링크 개수를 확인한다.

```
[user1@localhost ch2]$ ls -l
합계 20
-rw-r--r--.  1 user1 user1 158  11월 2 02:41 data1.cp
-rw-r--r--.  1 user1 user1 158  11월 2 01:51 data1.ln
lrwxrwxrwx.  1 user1 user1   5  11월 2 02:44 data1.sl -> data1
drwxrwxr-x.  2 user1 user1  45  11월 2 02:30 temp
-rw-r--r--.  3 user1 user1 158  11월 2 02:33 test.ln
-rw-r--r--.  3 user1 user1 158  11월 2 02:33 test.ln2
-rw-r--r--.  3 user1 user1 158  11월 2 02:33 test.org
```

❺ temp 디렉터리에 대한 심볼릭 링크로 tmp를 만든다.

```
[user1@localhost ch2]$ ln -s temp tmp
[user1@localhost ch2]$ ls -l tmp
lrwxrwxrwx. 1 user1 user1 4  11월 2 02:51 tmp -> temp
```

❻ temp와 tmp 디렉터리의 내용이 같다는 것을 확인한다.

```
[user1@localhost ch2]$ ls temp
hosts  text1  text2
[user1@localhost ch2]$ ls tmp
hosts  text1  text2
```

❼ tmp 디렉터리와 test.ln, test.ln2, test.org 파일을 모두 삭제한다.

**혼자해보기 하드 링크와 심볼릭 링크**

❶ /etc/hosts 파일을 복사하여 work 파일을 만든다.
❷ work 파일의 하드 링크로 work.ln을 만든다.
❸ work 파일의 심볼릭 링크로 work.sl을 만든다.
❹ work 파일을 복사하여 work.cp 파일을 만든다.
❺ work.sl 파일을 gedit로 열어서 마지막 행을 삭제한다.
❻ work, work.ln, work.sl, work.cp 파일의 내용을 확인한다. 내용이 같지 않은 파일은 어느 것인가?
❼ work, work.ln, work.sl, work.cp 파일을 삭제한다.

## 6 파일 관련 기타 유용한 명령

파일에 관한 유용한 명령이 아주 많지만 여기서는 흔히 사용하는 touch, grep, find, whereis, which 명령만 간단하게 살펴보자.

### 빈 파일 만들기, 접근/수정 시간 변경하기: touch

touch 명령으로는 빈 파일을 새로 생성하거나 파일의 마지막 접근 시간 또는 수정 시간을 변경한다. touch에 인자로 주어진 파일이 존재하지 않으면 내용이 없는 빈 파일을 생성하고, 파일이 존재하면 현재 시간 또는 옵션에 지정한 시간으로 파일의 관련 시간을 변경한다.

**touch**

- **기능** 빈 파일을 생성한다.
- **형식** touch [-acm] [-r ref_file ¦ -t time] [파일]
- **옵션** -a: 접근 시간만 변경한다.
  -m: 수정 시간만 변경한다.
  -t [[CC]YY]MMDDhhmm[.ss]: 시간을 직접 입력한다.
- **사용 예** touch test

다음 예는 test 파일을 만드는 것이다. 파일을 생성한 뒤 ls –l로 확인해보면 파일의 크기가 0임을 알 수 있다.

```
[user1@localhost ch2]$ touch test
[user1@localhost ch2]$ ls -l test
-rw-rw-r--. 1 user1 user1 0  11월 2 02:55 test
```

이미 있는 파일에 대해 touch 명령을 옵션 없이 사용하면 파일의 수정 시간이 현재 시간으로 변경된다. 다음 예는 touch 명령을 사용하여 data1.cp의 수정 시간을 현재 시간으로 바꾼 것이다. date 명령으로 현재 시간을 확인해보자.

```
[user1@localhost ch2]$ ls -l data1.cp
-rw-r--r--. 1 user1 user1 158  11월 2 02:41 data1.cp
[user1@localhost ch2]$ date
2019. 11. 02. (토) 02:56:17 KST
[user1@localhost ch2]$ touch data1.cp
[user1@localhost ch2]$ ls -l data1.cp
-rw-r--r--. 1 user1 user1 158  11월 2 02:56 data1.cp
```

–t 옵션을 사용하면 변경할 시간을 지정할 수 있다. 시간 표시 형식은 다음과 같다.

**시간 표시**

- **형식** [[CC]YY]MMDDhhmm[.ss]
- **설명** CC: 연도의 첫 두 자리
  YY: 연도의 마지막 두 자리
  MM: 달(01~12 범위 내 지정)
  DD: 날짜(01~31 범위 내 지정)
  hh: 시간(00~23 범위 내 지정)
  mm: 분(00~59 범위 내 지정)
  ss: 초(00~59 범위 내 지정)

이때 CC를 지정하지 않으면 [표 2–6]과 같이 YY 기본 값에 따라 CC를 자동으로 인식한다.

**표 2-6 연도 지정 방법**

| YY | 69～99 | 00～68 |
|---|---|---|
| CC | 19 | 20 |

다음 예는 연도를 지정하지 않고 월, 일, 시간만 지정하여 test 파일의 수정 시간을 변경하는 것이다.

```
[user1@localhost ch2]$ ls -l test
-rw-rw-r--. 1 user1 user1 0  11월 2 02:55 test
[user1@localhost ch2]$ touch -t 12311200 test
[user1@localhost ch2]$ ls -l test
-rw-rw-r--. 1 user1 user1 0 12월 31  2019 test
```

### 파일 내용 검색하기: grep

grep 명령은 파일 내에서 특정 문자열을 검색할 때 사용한다. grep 명령은 정규 표현식을 이용하여 복잡한 검색도 가능하지만 여기서는 간단한 문자열 검색 기능만 살펴본다. 자세한 것은 'man grep'이나 다른 유닉스, 리눅스 관련 자료를 참고하기 바란다.

**grep**

- **기능** 지정한 패턴이 포함된 행을 찾는다.
- **형식** grep [옵션] [패턴] [파일]
- **옵션** -i: 대문자·소문자를 모두 검색한다.
  -l: 지정한 패턴이 포함된 파일명을 출력한다.
  -n: 행 번호를 출력한다.
- **사용 예** grep root /etc/passwd
  grep -n unix ~/*.txt
  grep -l hello *.c

다음 예는 grep의 가장 기본적인 사용법으로서 인자로 지정한 문자열을 검색하는 것이다. 실습을 위해 /etc/services 파일을 data 파일로 복사했다. data 파일에서 'DHCP'가 포함된 행을 찾아 출력한다.

```
[user1@localhost ch2]$ cp /etc/services data
[user1@localhost ch2]$ grep DHCP data
dhcp-failover   647/tcp                 # DHCP Failover
dhcp-failover   647/udp                 # DHCP Failover
```

-n 옵션을 사용하면 검색된 행 번호도 함께 출력된다. 다음 예를 참조하자.

```
[user1@localhost ch2]$ grep -n DHCP data
1413:dhcp-failover   647/tcp                 # DHCP Failover
1414:dhcp-failover   647/udp                 # DHCP Failover
```

### 파일 찾기: find

find 명령은 리눅스의 디렉터리 계층 구조에서 특정 파일이 어느 디렉터리에 있는지 찾아준다. grep은 파일 내용을 검색하는 데 반해 find는 파일의 생성 일자와 이름, 소유자 등 다양한 조건에 맞는 파일을 찾는다.

**find**

- **기능** 지정한 위치에서 검색 조건에 맞는 파일을 찾는다.
- **형식** find [경로] [검색 조건] [동작]
- **검색조건** -name filename: 파일명으로 검색한다.
  -type 파일 종류: 파일 종류로 검색한다.
  -user loginID: 지정한 사용자가 소유한 모든 파일을 검색한다.
  -perm 접근 권한: 지정한 사용 권한과 일치하는 파일을 검색한다.
- **동작** -exec 명령 {}\;: 검색된 파일에 명령을 실행한다.
  -ok 명령 {}\;: 사용자의 확인을 받아서 명령을 실행한다.
  -print: 검색된 파일의 절대 경로명을 화면에 출력한다(기본 동작).
  -ls: 검색 결과를 긴 목록 형식으로 출력한다.
- **사용 예** find ~ -name hello.c
  find /tmp -user user10 -exec rm {}\;

find 명령에는 많은 옵션이 있지만 모두 다루기는 어려우니 기본적인 사용법만 살펴보자. 다음 예는 /usr 디렉터리에서 ls 파일의 위치를 찾는 것이다. 일반 사용자인 user1 계정으로 검색하는 것이므로 접근 권한이 없는 디렉터리는 검색할 수 없어서 '허가 거부' 메시지가 출력된다.

```
[user1@localhost ch2]$ find /usr -name ls
/usr/bin/ls
find: '/usr/share/polkit-1/rules.d': 허가 거부
find: '/usr/libexec/initscripts/legacy-actions/auditd': 허가 거부
```

특정 사용자 계정이 소유자인 파일을 찾고 싶으면 다음 예와 같이 -user 옵션을 사용한다.

```
[user1@localhost ch2]$ find /home -user user1
[user1@localhost ch2]$ find /home -user user1
/home/user1
/home/user1/.mozilla
/home/user1/.mozilla/extensions
/home/user1/.mozilla/plugins
/home/user1/.bash_logout
/home/user1/.bash_profile
/home/user1/.bashrc
(생략)
```

find 명령으로 검색한 모든 파일을 대상으로 동일한 작업을 수행하려면 -exec나 -ok 옵션을 지정한다. /tmp 디렉터리 아래에 있는 user1 계정 소유의 파일을 전부 찾아서 삭제하려면 다음 예와 같이 find 명령을 사용한다. -exec와 \; 사이에 기술된 부분이 '-user user1' 옵션으로 검색된 파일에 적용될 명령이다. find 명령으로 찾은 파일의 절대 경로가 exec 다음의 {}가 있는 위치에 삽입되어 명령이 처리된다. 이때 rm 명령과 {} 사이, {}와 \ 사이에 공백이 있어야 하며, \과 ;은 공백 없이 붙어야 한다. 다음 예에서는 rm 명령을 사용했으므로 디렉터리는 삭제할 수 없다는 메시지가 출력된 것이다.

```
[user1@localhost ch2]$ find /tmp -user user1 -exec rm {} \;
rm: cannot remove '/tmp/ssh-MK1638YPdBHt': 디렉터리입니다
rm: cannot remove '/tmp/.esd-1000': 디렉터리입니다
find: '/tmp/systemd-private-400d63c85efc4ea2b3ab99cc84ba8663-fwupd.service-7zuZkS': 허가 거부
find: '/tmp/systemd-private-400d63c85efc4ea2b3ab99cc84ba8663-chronyd.service-r9JFIX': 허가 거부
find: '/tmp/systemd-private-400d63c85efc4ea2b3ab99cc84ba8663-rtkit-daemon.service-vV5XcQ': 허가
거부
find: '/tmp/vmware-root_6644-1003206777': 허가 거부
find: '/tmp/systemd-private-400d63c85efc4ea2b3ab99cc84ba8663-cups.service-KjqyQ7': 허가 거부
find: '/tmp/systemd-private-400d63c85efc4ea2b3ab99cc84ba8663-bolt.service-E4WAnN': 허가 거부
find: '/tmp/systemd-private-400d63c85efc4ea2b3ab99cc84ba8663-colord.service-kbvior': 허가 거부
rm: cannot remove '/tmp/tracker-extract-files.1000': 디렉터리입니다
```

find 명령으로 검색한 파일을 삭제하기 전에 하나씩 확인하고 싶으면 -exec 대신 -ok를 사용한다. 그리고 다음과 같이 물을 때 'y'라고 답하면 파일의 경우 삭제된다.

```
[user1@localhost ch2]$ find /tmp -user user1 -ok rm {} \;;
< rm ... /tmp/ssh-MK1638YPdBHt > ? y
rm: cannot remove '/tmp/ssh-MK1638YPdBHt': 디렉터리입니다
< rm ... /tmp/.esd-1000 > ? n
find: '/tmp/systemd-private-400d63c85efc4ea2b3ab99cc84ba8663-fwupd.service-7zuZkS':
허가 거부
find: '/tmp/systemd-private-400d63c85efc4ea2b3ab99cc84ba8663-chronyd.service-
r9JFIX': 허가 거부
find: '/tmp/systemd-private-400d63c85efc4ea2b3ab99cc84ba8663-rtkit-daemon.service-
vV5XcQ': 허가 거부
find: '/tmp/vmware-root_6644-1003206777': 허가 거부
find: '/tmp/systemd-private-400d63c85efc4ea2b3ab99cc84ba8663-cups.service-KjqyQ7':
허가 거부
find: '/tmp/systemd-private-400d63c85efc4ea2b3ab99cc84ba8663-bolt.service-E4WAnN':
허가 거부
find: '/tmp/systemd-private-400d63c85efc4ea2b3ab99cc84ba8663-colord.service-kbvior':
허가 거부
< rm ... /tmp/tracker-extract-files.1000 > ? n
[user1@localhost ch2]$
```

### 명령의 위치 찾기: whereis, which

whereis나 which 명령은 특정 명령이 어느 위치에 있는지를 찾아서 절대 경로를 출력한다. whereis 명령은 지정한 명령을 고정된 특정 경로에서 검색하며, 사용 형식은 다음과 같다.

**whereis**

- **기능** 지정된 경로에서 명령의 바이너리 파일이나 매뉴얼 파일의 위치를 찾는다.
- **형식** whereis [옵션] [파일]
- **옵션** -b: 바이너리 파일만 검색한다.
  -m: 매뉴얼 파일만 검색한다.
  -s: 소스 파일만 검색한다.
- **사용 예** whereis ls

whereis 명령은 환경 변수 $PATH와 $MANPATH에 지정된 디렉터리를 검색하여 파일의 위치를 찾는다. 환경 변수는 4장에서 자세히 설명하겠다. 이 환경 변수에 지정된 디렉터리들은 다음과 같이 확인할 수 있다.

```
[user1@localhost ch2]$ echo $PATH
/home/user1/.local/bin:/home/user1/bin:/usr/local/bin:/usr/bin:/usr/local/sbin:/usr/sbin
[user1@localhost ch2]$ echo $MANPATH
```

다음 예는 mv 명령의 위치를 whereis 명령으로 검색한 것이다.

```
[user1@localhost ch2]$ whereis mv
mv: /usr/bin/mv /usr/share/man/man1/mv.1.gz /usr/share/man/man1p/mv.1p.gz
```

which 명령은 앨리어스나 PATH 환경 변수로 지정된 경로에서 파일을 찾는다. 앨리어스와 환경 변수는 4장에서 다룰 것이다. PATH 변수는 시스템과 사용자마다 다르게 지정되어 있기 때문에 검색 결과가 다를 수 있다.

**which**

- **기능** 명령 파일의 위치를 찾아서 그 경로나 앨리어스를 출력한다.
- **형식** which [명령]
- **사용 예** which ls

which 명령은 사용자 초기화 파일에 지정된 앨리어스를 먼저 찾아보기 때문에 앨리어스가 지정된 명령의 경우에는 해당 앨리어스가 출력된다. 앨리어스가 없으면 PATH 환경 변수에 지정된 경로를 순서대로 찾아가며 파일이 있는지 검색한다. which 명령은 파일을 찾으면 절대 경로를 출력하고 바로 종료한다. 따라서 which 명령은 최대 하나의 경로만을 출력하며 이 경로는 우리가 명령을 입력할 때 실행되는 파일이다.

```
[user1@localhost ch2]$ which mv
/usr/bin/mv
```

### 따라해보기 grep, find 명령 사용하기

❶ /etc/services 파일에서 문자열 'MacOS'가 있는 행을 찾아 행 번호와 함께 출력한다.

```
[user1@localhost ch2]$ grep -n MacOS /etc/services
1437:mac-srvr-admin  660/tcp                    # MacOS Server Admin
1438:mac-srvr-admin  660/udp                    # MacOS Server Adminn
```

❷ 홈 디렉터리에서 파일명이 data1.cp인 파일이 있는지 검색한다.

```
[user1@localhost ch2]$ find ~ -name data1.cp
/home/user1/linux_ex/ch2/data1.cp
```

❸ 홈 디렉터리에서 파일명이 data1.cp인 파일을 찾아 temp 디렉터리로 이동한다.

```
[user1@localhost ch2]$ find ~ -name data1.cp -exec mv {} temp \;
[user1@localhost ch2]$ ls temp
data1.cp  hosts  text1  text2
```

**혼자해보기** grep, find

❶ /etc/passwd 파일에서 'user1'이 들어간 행을 검색한다.
❷ find 명령으로 홈 디렉터리에서 data1.ln 파일을 검색한다.
❸ find 명령으로 홈 디렉터리에서 data1.ln 파일을 찾아 data1로 복사한다.

## 연습문제

**01** 현재 디렉터리를 표현하는 기호는 무엇인가?

① ~　　② .

③ ..　　④ -

**02** 현재 디렉터리의 절대 경로를 알려주는 명령은 무엇인가?

① cd　　② ls

③ pwd　　④ cp

**03** 다음 괄호를 채우시오.

상대 경로는 현재 위치를 기준으로 파일의 위치를 나타낸 것으로, (　　　) 이외의 문자로 시작하며 상위 디렉터리는 (　　　)로 표시한다.

**04** 파일의 네 가지 종류를 간단히 설명하시오.

**05** 사용자 계정의 홈 디렉터리는 무엇이며, 언제 지정하는가?

**06** 다음 표에서 cd 명령어의 의미를 빈칸에 채우시오.

| 명령 | 의미 |
|---|---|
| cd .. | 부모 디렉터리로 이동한다. |
| cd ../temp | |
| cd ~user2 | |
| cd ~/temp | |
| cd /tmp | |

**07** 파일의 종류를 구분하기 위해 ls 명령에 지정하는 옵션은 무엇인가?

**08** ls 명령으로 파일의 종류를 구분하여 출력했더니 파일명 끝에 @이 추가되었다. 이것은 무엇을 의미하는가?

**09** .(마침표)로 시작하는 파일은 무엇이며, 이 파일을 확인하려면 어떻게 해야 하는가?

**10** 'ls /' 명령은 루트 디렉터리의 내용을 보여준다. 루트 디렉터리 자체의 정보를 확인하려면 어떻게 해야 하는가?

**11** 절대 경로와 상대 경로를 정의하시오.

**12** 하드 링크와 심볼릭 링크, 복사 파일을 비교하여 차이점을 설명하시오.

**13** rmdir과 rm -r 명령의 차이점을 설명하시오.

**14** 디렉터리 temp를 생성한 후 ls -al 명령으로 temp 디렉터리의 내용을 확인했더니 다음과 같이 나왔다. 현재 디렉터리(.)의 하드 링크 기본 값이 2인 이유를 설명하시오. 상위 디렉터리(..)의 하드 링크 기본 값은 왜 3인가?

```
[user1@localhost ~]$ ls -al temp
drwxrwxr-x. 2 user1 user1  61  11월 2 03:17 .
drwxrwxr-x. 3 user1 user1  74  11월 2 03:17 ..
```

**15** 심볼릭 링크 A의 원본 파일인 B를 삭제한 후 C 파일을 B로 복사했다. 심볼릭 링크 A의 내용을 출력했을 때 어느 파일의 내용이 출력되는가? 왜 그런지 설명하시오.

**16** cp a.txt b.txt c.txt temp는 무엇을 실행하는 명령인가? 여기서 temp는 무엇이어야 하는가?

**17** inode에 대해 간단히 설명하시오.

**18** 파일명은 다른데 inode가 같다는 것은 무엇을 의미하는가?

※ 다음 그림을 보고 물음에 답하시오(19~24번).

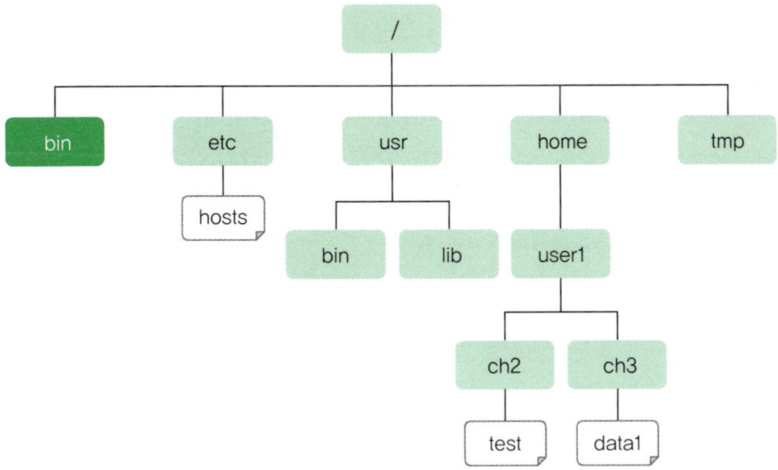


**19** 현재 디렉터리가 ch2일 때 다음 표의 빈칸을 채우시오.

| 파일 | 절대 경로명 | 상대 경로명 |
|---|---|---|
| / | | |
| lib | | |
| data1 | | |
| test | | |
| hosts | | |

**20** 현재 디렉터리를 lib 디렉터리로 이동하는 명령은 무엇인가?

**21** rmdir 명령으로 ch2 디렉터리를 삭제하려고 한다. 삭제되는지 확인하고, 삭제되지 않는다면 그 이유를 설명하시오.

**22** pwd 명령을 실행하니 현재 위치가 /home/user1/ch2였다. data1 파일의 내용을 행 번호를 붙여서 출력하는 명령은 무엇인가?

**23** 현재 디렉터리에 data1 파일의 하드 링크를 data1-hard라는 이름으로 만드는 명령은 무엇인가?

**24** 현재 디렉터리에 ch2 디렉터리의 심볼릭 링크를 ch2-sym이라는 이름으로 만드는 명령은 무엇인가?

**25** /etc/passwd 파일에서 문자열 'bash'가 들어있는 행을 출력하시오.

**26** /etc 디렉터리 아래에 있는 passwd인 파일의 경로를 찾으시오.

**27** cp의 실행 파일이 있는 위치를 검색하시오.

# CHAPTER 03
# 문서 편집



**학습목표**

- 리눅스에서 사용하는 편집기의 종류를 알아본다.
- 대표적인 화면 편집기인 vi를 사용할 수 있다.
- vi의 환경을 설정할 수 있다.

# 00 개요

## 1 리눅스 학습 맵에서 3장의 위치

3장에서는 2단계의 두 번째 항목인 문서 편집에 도전한다. 이제 자신이 원하는 내용으로 파일을 만드는 방법을 알아보자. vi의 다양한 명령키를 자유롭게 사용하게 되면 리눅스 전문가에 한 발짝 더 다가설 수 있다. 혹시 vi가 쉽지 않다는 이야기를 듣고 지레 겁을 먹었다면 걱정을 거두기 바란다. 천천히 따라 하다 보면 자신도 모르게 vi의 매력에 푹 빠져들게 될 것이다.

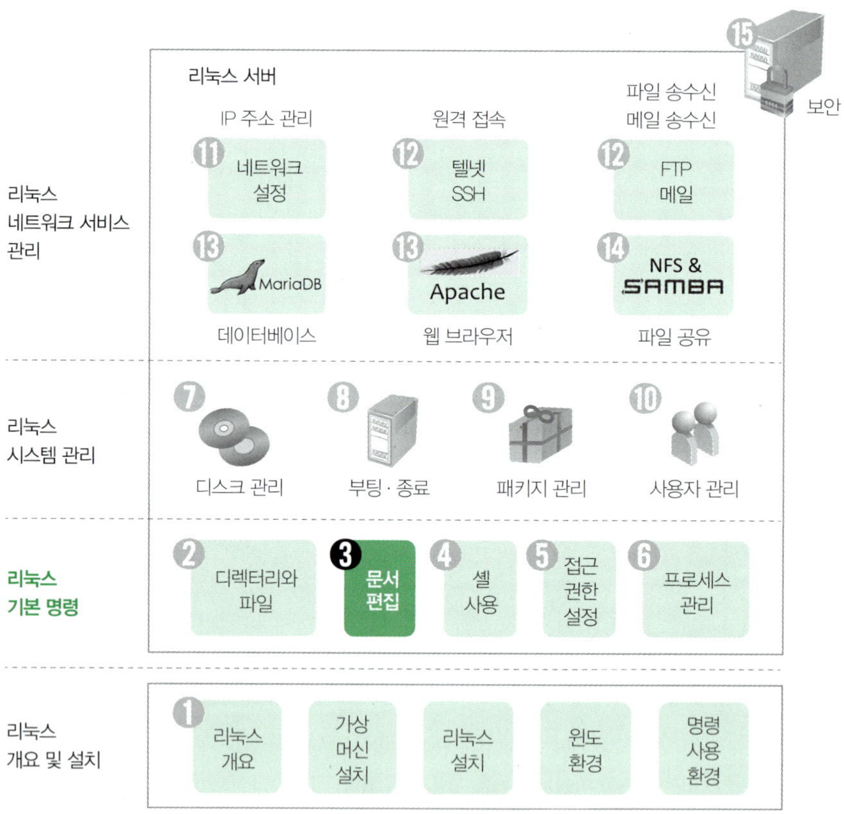

## 2 3장의 내용 구성

2장에서는 리눅스 파일의 종류와 특징을 살펴보고 디렉터리와 파일을 다루는 명령을 배웠다. 그동안 파일 다루는 명령을 사용하면서 리눅스에서 파일을 어떻게 만드는지 궁금했을 것이다. 리눅스에서 파일을 편집할 때는 GUI에서 기본으로 제공하는 gedit를 사용해도 되지만, 터미널 환경에서 사용할 수 있는 편집기의 사용법도 알아야 한다. 실제로 시스템 관리를 위해 터미널을 많이 사용하는데 그때마다 파일을 열어서 보기 위해 gedit를 띄워야 한다면 매우 불편할 것이다. 그러므로 이 장에서는 리눅스의 대표적인 문서 편집기인 vim을 학습한다. vim은 유닉스에서 제공하는 편집기인 vi를 업그레이드한 것으로 기본적인 사용법은 vi와 같다. 본문에서는 vim 대신 용어를 vi로 통일할 것이다. 리눅스 전문가답게 파일을 편집하려면 vi의 사용법을 잘 익혀두는 것이 필수다. 예제를 통해 열심히 공부하여 vim의 달인이 되기 바란다.

3장은 vi의 각 모드를 이해하고, 명령 모드의 명령키를 사용하는 방법과 마지막 행 모드의 명령을 사용하는 방법, vi 사용 방법, vi의 환경을 설정하는 방법으로 구성된다.

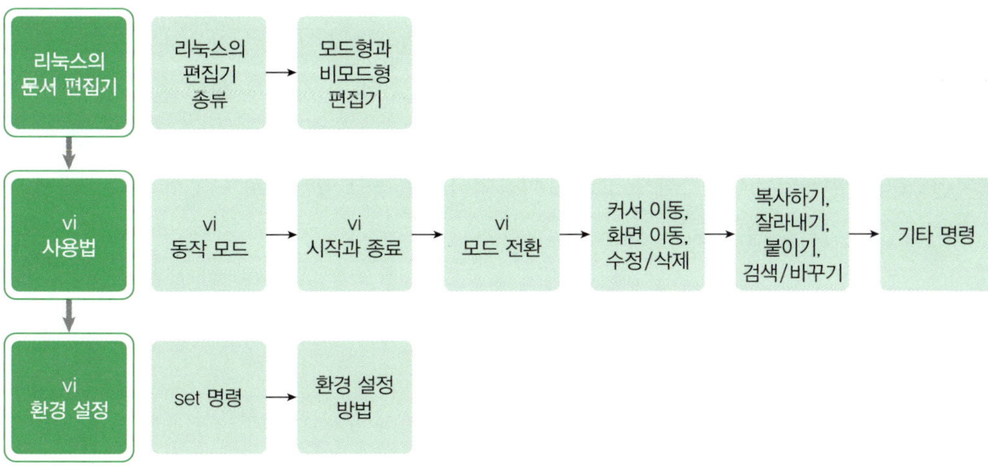

# 01 리눅스의 문서 편집기

## 1 리눅스의 편집기 종류

리눅스도 다른 운영체제처럼 파일을 작성하거나 수정하기 위해 편집기가 필요하다. 리눅스의 GUI 환경인 그놈에서는 gedit로 윈도의 메모장처럼 간단하게 문서를 작성할 수 있다. 하지만 현재 gedit는 GUI용으로만 제공되며, 터미널에서 작업할 때 파일을 편집하려면 다른 형태의 편집기가 있어야 한다. 명령 처리와 파일 편집을 하기 위해 매번 gedit와 터미널을 왔다 갔다 할 수는 없으니 말이다.

그럼 터미널에서 직접 사용할 수 있는 편집기는 무엇일까? 리눅스가 나오기 전인 유닉스에서 사용했던 행 편집기(라인 편집기)와 화면 편집기가 있다. 행 편집기는 유닉스의 초기 편집기로 한 번에 한 행씩 작성하거나 수정할 수 있는데, GUI에 익숙한 요즘 사용자들에게 이런 편집기를 사용하라고 하면 아마 유닉스나 리눅스를 절대로 안 쓸 것이다. 화면 편집기는 윈도의 메모장이나 그놈의 gedit처럼 화면 단위로 내용을 보고 커서를 이동하면서 작업할 수 있다. 이런 초기의 편집기는 리눅스에도 그대로 이식되어 사용하고 있다. [표 3-1]에 리눅스에서 사용 가능한 편집기를 정리했다.

**표 3-1 리눅스의 편집기 종류**

| 구분 | 종류 |
|---|---|
| 행 단위 편집기 | ed, ex, sed |
| 화면 단위 편집기 | vi, emacs(이맥스) |
| GUI 편집기 | gedit |

■ ed

ed는 유닉스 초기의 행 편집기로 지금은 거의 사용하지 않는다. CentOS 8에서는 ed명령을 유지하고 있다.

■ ex

ex는 행 편집기이지만 단독으로 사용하기보다는 vi에 연결하여 vi를 더욱 강력하게 하는 다양한 기능을 제공한다.

■ sed

sed는 스트림 편집기로, 일반 편집기와 달리 지시된 명령에 따라 파일의 내용을 일괄적으로 바꿔서 출력해준다. 셸 스크립트를 작성할 때 파일을 읽어들여 편집하는 기능을 수행하는 데 주로 사용된다.

■ vi

vi는 리눅스에서 일반적으로 사용할 수 있는 화면 편집기다. ex 편집기를 바탕으로 만들어졌기 때문에 ex 편집기의 명령을 그대로 사용할 수 있고, 사용하는 명령이 매우 단순하여 빠르게 편집할 수 있어서 널리 사용된다. vi는 행 편집기에 비해 편리하지만 글자를 입력하는 방법부터 수정하고 삭제하는 방법이 일반적인 윈도 메모장과는 다른 방식이기 때문에 방법을 익히기 전까지는 다소 불편할 수 있다. 하지만 vi 사용법을 익히는 것은 리눅스를 제대로 활용하기 위해 필수적인 부분이다. 예제를 통해 충분히 연습할 테니 차근차근 익혀보자.

■ emacs(이맥스)

이맥스는 제공하는 기능이 매우 다양하지만 사용법이 어렵고 복잡하여 전문적인 애호가 위주로 사용되고 있다. 화면 단위 이맥스 편집기 중에서는 GNU 이맥스가 가장 유명하다. GNU 이맥스는 무료로 배포되지만, 보통 설치되어 있지 않으므로 별도로 설치해야 한다.

## 2 모드형과 비모드형 편집기

문서 편집기는 모드형과 비모드형이 있다. 모드형은 입력 모드와 명령 모드가 구분되어 있고, 비모드형은 두 모드가 구분되어 있지 않다. 입력 모드는 텍스트를 입력할 수 있는 모드이고, 명령 모드는 텍스트를 수정하고, 삭제하고, 복사하고, 붙이기를 하는 등 편집을 하는 모드다. 우리가 윈도에서 문서 작성용으로 주로 사용하는 한글과 워드는 비모드형 편집기다.

즉 비모드형 편집기에서는 편집 기능을 Ctrl이나 Alt 같은 특수 키와 함께 사용한다. 예를 들어 c만 누르면 c가 입력되지만 Ctrl과 c를 같이 누르면 복사 명령이 되는 식이다. 모드형 편집기는 같은 글자라도 입력 모드에서는 텍스트로 처리되어 입력되지만, 명령 모드에서는 편집 명령으로 사용된다. vi가 바로 대표적인 모드형 편집기인데, 입력 모드와 명령 모드가 따로 있어 입력 모드에서 j를 누르면 j가 입력되지만 명령 모드에서 j를 누르면 커서가 아래로 이동한다.

[표 3-2]를 보면 입력 모드에서는 모드형과 비모드형 모두 입력한 텍스트가 그대로 입력됨을 알 수 있다. 그러나 명령 모드에서는 모드형의 경우 그냥 알파벳을 누르면 되고, 비모드형의 경우 Ctrl 키와 함께 사용한다. 모드형에서는 모드 전환 키가 필요하며, 비모드형의 경우 입력 모드나 명령 모드의 구분이 없으므로 모드 전환 키가 필요치 않다.

**표 3-2 모드형과 비모드형 편집기의 비교**

| 구분 | | 모드형(vi) | 비모드형(메모장) |
|---|---|---|---|
| 입력 모드 | | 텍스트 입력 | |
| 명령 모드의 예 | 복사 | yy | Ctrl+c |
| | 붙이기 | p | Ctrl+v |
| | 저장 | :wq, ZZ | Ctrl+s |
| 모드 전환 | | i, a, o, Esc | 해당 없음 |

모드형과 비모드형의 차이가 이해되는가? 이처럼 vi의 명령 모드에는 다양한 명령을 위한 키 값이 존재하며, 이 장에서 배우려는 것도 명령 모드의 다양한 명령 사용법이다. 비모드형 편집기에 익숙한 사용자는 처음에 명령 모드를 사용하기가 조금 힘들겠지만 익숙해지면 정말로 편리한 것이 vi 편집기다. 지금과 같이 101 키나 103 키 등 다양한 키가 있는 키보드가 아닌 상황에서 나름대로 효율적인 파일 편집을 위해 고민했을 초기 vi 개발자들의 마음을 이해하면서 vi를 공부해보자.

# 02 vi 사용법

## 1 vi 동작 모드

vi 사용법을 본격적으로 익히기 전에 모드형 편집기인 vi 동작 모드에 대해 알아보자. vi의 모드는 앞서 설명한 입력 모드와 명령 모드 외에 마지막 행 모드가 있다(마지막 행 모드를 명령 모드에 포함하여 입력 모드와 명령 모드로만 구분하기도 한다). 입력 모드는 실제로 내용을 입력할 수 있는 모드이고, 명령 모드와 마지막 행 모드는 글자와 행의 삭제, 검색, 저장 등의 기능을 수행한다. 마지막 행 모드에서 사용하는 명령은 ex 편집기의 명령이라고 생각하면 된다. vi에서는 입력 모드와 명령 모드, 마지막 행 모드를 오가며 작업하게 된다.

[그림 3-1]을 보면서 정리해보자. vi는 처음에 명령 모드로 시작한다. 즉 vi를 동작시킨 후 바로 입력하는 키는 모두 명령으로 해석된다. 이때 명령은 대문자 · 소문자를 구별하며, 명령 모드에서 입력 모드로 가려면 i, I, a, A, o, O 중 하나를 누르면 된다. 입력 모드로 전환한 다음부터 입력하는 키는 내용으로 인식되어 버퍼에 저장된다. 입력 모드에서 다시 명령 모드로 가려면 Esc 키를 누른다.

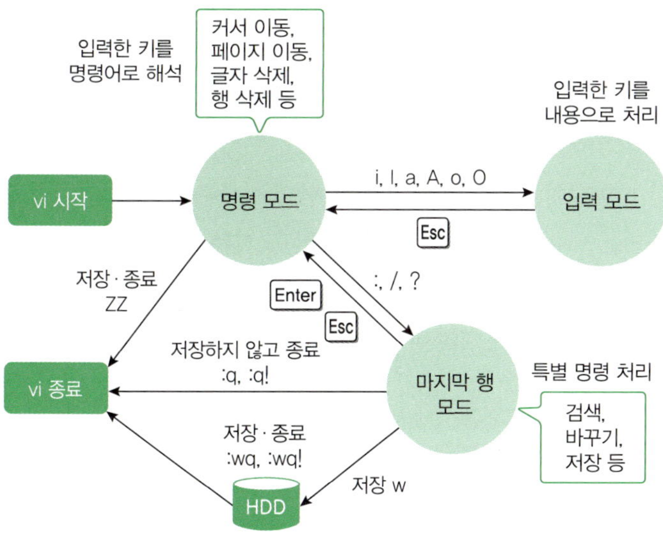


**그림 3-1** vi 동작 모드

검색이나 바꾸기 같은 특별한 명령을 수행하려면 마지막 행 모드로 가야 한다. 명령 모드 상태에서 :, /, ? 중 하나를 누르면 마지막 행 모드로 전환되며, 마지막 행 모드에서 명령을 입력하고 실행하려면 반드시 Enter↵를 눌러야 한다. 명령을 입력하다가 Esc를 누르면 다시 명령 모드로 돌아간다. vi의 종료는 명령 모드나 마지막 행 모드에서 할 수 있다.

## 2 vi 시작과 종료

vi의 시작과 종료는 다음과 같이 한다.

**vi**

- **기능** 지정한 파일을 편집한다. 파일명을 지정하지 않으면 빈 파일이 열리고, 이 빈 파일의 파일명은 별도로 정할 수 있다.
- **형식** vi [파일]

### vi 시작하기

vi를 시작할 때 파일을 지정하거나 지정하지 않을 수 있다. 지정한 파일이 존재하는 파일이면 해당 파일이 열리고, 없는 파일이면 빈 파일이 열린다. 파일을 지정하지 않으면 빈 파일이 열린다. vi를 시작할 때 파일을 지정하지 않으면 나중에 마지막 행 모드에서 파일명을 정할 수 있다.

```
[user1@localhost ~]$ vi test.txt        → test.txt라는 파일이 열린다. 이 파일이 없으면
                                          빈파일이 열린다.
```

```
[user1@localhost ~]$ vi                 → 빈 파일이 열린다. 나중에 파일명을 정할 수 있다.
```

vi로 파일을 열면 명령을 실행한 터미널의 전체 화면을 편집 화면으로 사용한다. 파일을 지정하지 않고 vi를 처음 실행하면 [그림 3-2]와 같이 나타난다. 기본 크기는 가로 80칼럼, 세로 23행이다. 물론 이는 터미널의 크기에 따라 달라질 수 있다. 각 행의 처음에 보이는 ~는 빈 행임을 나타낸다. vim이 vi를 개선한 것이라는 내용과 소스가 공개되어 자유롭게 배포할 수 있다는 메시지가 출력된다.

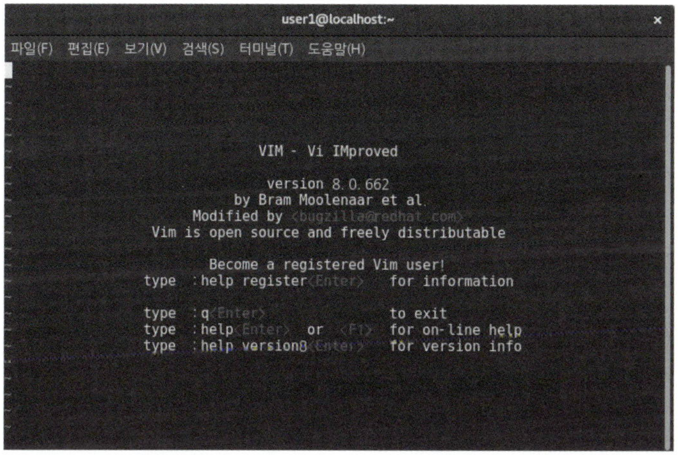


**그림 3-2** vi의 초기 화면

## vi 파일 저장하고 종료하기

편집을 완료하고 vi를 종료하려면 명령 모드나 마지막 행 모드에서 명령을 입력해야 한다. 보통의 편집기처럼 작업한 내용을 저장하지 않고 종료할 수도 있고, 다른 파일명으로 저장할 수도 있다.

명령 모드에서 파일의 저장과 종료를 동시에 수행할 수 있는 명령키가 있는데 바로 Shift+zz, 즉 대문자 ZZ다. 이 명령은 파일을 저장한 후 vi를 바로 종료한다. vi를 종료하기 위한 다른 명령키는 마지막 행 모드에서 실행할 수 있다. 마지막 행 모드로 가려면 :(콜론) 키를 먼저 누른다. vi를 종료하고 파일을 저장하는 데 사용할 수 있는 명령키를 [표 3-3]에 정리했다.

**표 3-3** vi의 저장과 종료 명령키

| 모드 | 명령키 | 기능 |
|---|---|---|
| 마지막 행 모드 | :q | vi에서 작업한 것이 없을 때 그냥 종료한다. |
| | :q! | 작업한 내용을 저장하지 않고 종료한다. |
| | :w 파일명 | 작업한 내용을 저장만 한다. 파일명을 지정하면 다른 파일로 저장한다. |
| | :wq, :wq! | 작업한 내용을 저장하고 vi를 종료한다. |
| 명령 모드 | ZZ(Shift+zz) | 작업한 내용을 저장하고 vi를 종료한다. |

마지막 행 모드의 명령에서 !(느낌표)는 강제의 의미다. 예를 들어 파일을 수정했는데 저장하지 않고 종료하려고 :q를 입력하면 파일이 수정되었다는 메시지를 출력하고 종료되지 않는다. 이때 :q!를 입력하면 강제로 종료된다. 물론 수정한 내용은 저장되지 않는다.

## 3 vi 모드 전환

앞서 말했듯이 vi는 처음에 명령 모드로 시작하므로 내용을 입력하려면 입력 모드로 전환해야 한다. 입력 모드로 전환할 때는 [표 3-4]의 명령키를 이용한다.

**표 3-4 입력 모드 전환 명령키**

| 명령키 | 기능 |
|---|---|
| i | 커서 앞에 입력한다(현재 커서 자리에 입력한다). |
| a | 커서 뒤에 입력한다(현재 커서 다음 자리에 입력한다). |
| o | 커서가 위치한 행의 다음 행에 입력한다. |
| I(대문자 i) | 커서가 위치한 행의 첫 칼럼으로 이동하여 입력한다. |
| A | 커서가 위치한 행의 마지막 칼럼으로 이동하여 입력한다. |
| O | 커서가 위치한 행의 이전 행에 입력한다. |

[표 3-4]의 명령키 가운데 많이 사용하는 i, a, o에 대해 알아보자.

### i 명령키를 사용해 입력 모드로 전환하기

vi를 실습하기 위해 linux_ex 디렉터리로 이동하여 ch3 폴더를 만들고 그 아래의 test.txt 파일에서 작업한다.

```
[user1@localhost ch3]$ vi test.txt
```

먼저 i 명령키의 사용 예를 살펴보자. vi를 실행하여 명령 모드에서 i 명령키를 입력한 뒤 다음 내용을 입력해보자. 이때 i 명령키를 두 번 입력하면 i가 화면에 나오므로 주의해야 한다. 아래와 같이 입력하면 커서가 linux 다음에 위치하고, 입력 모드에서 다시 명령 모드로 전환하기 위해 Esc를 누르면 커서가 x 위로 이동한다.

```
CentOS linux study        → Enter↵ 키를 누르면 다음 행으로 이동한다.
I like linux█             → Esc 키를 누르면 명령 모드로 전환된다.
~
~
~
```

```
CentOS linux study
I like linux              → 명령 모드로 전환되고 커서가 x 위로 이동한다.
~
~
~
```

### i와 a 명령키의 차이

입력 모드로 전환할 때 가장 많이 사용하는 명령키인 i와 a의 차이를 알아보자. [표 3-4]에서 보듯이 명령키 i는 커서 이전 위치에, a는 커서 다음 위치에 입력할 수 있다. 앞의 예제를 그대로 사용하여 두 명령키의 차이점을 살펴보자.

커서가 마지막 글자인 x 위에 있는 상태에서 i를 입력하고 'Space Bar CentOS'를 입력하면 커서의 위치인 x의 이전에 CentOS가 입력된다. CentOS를 입력한 후 Esc를 누르면 명령 모드로 전환되고 입력한 CentOS중 마지막 글자인 S 위에 커서가 놓인다.

```
CentOS linux study
I like linu CentOSx             → 명령 모드로 전환되고 커서가 S 위로 이동한다.
~
~
~
```

이제 a 명령키를 사용해보자. a 키로 입력 모드로 전환한 후 'Space Bar linu'를 입력하면 커서가 위치한 S 다음에 글자가 입력되고, Esc를 누르면 명령 모드로 전환되고 입력한 글자 중 마지막 글자인 u 위에 커서가 놓인다.

```
CentOS linux study
I like linu CentOS linux        → 명령 모드로 전환되고 커서가 u 위로 이동한다.
~
~
~
```

### o 명령키를 사용하여 입력 모드로 전환하기

명령 모드에서 현재 커서가 위치한 후 다음 행에 글자를 입력하려면 o를 누른다. 그러면 다음과 같이 커서의 위치가 아랫 행으로 이동하고 입력 모드 상태가 된다. Esc를 누르면 다시 명령 모드로 전환되고 커서는 아랫 행의 첫 칼럼 자리에 위치한다.

```
CentOS linux study
I like linu CentOS linux      → 명령 모드에서 o를 입력하면 커서가 아랫 행으로 이동한다.
█
~
~
```

다음 실습을 위해 test.txt 파일은 일단 Shift+zz 명령으로 저장하고 종료한다.

## 4 커서와 화면 이동

화면 편집기에서는 일반적으로 커서를 원하는 위치로 자유롭게 움직이면서 작업한다. 윈도의 편집기는 마우스나 방향키를 사용하여 커서를 옮기지만, vi에서는 마우스로 커서를 이동할 수 없고 모두 키보드로 해야 한다. vi에서 커서와 화면을 이동하는 명령키를 살펴보자.

### 커서 이동하기

화면에서 커서를 이동하려면 [표 3-5]의 명령키를 사용하면 된다.

**표 3-5 커서 이동 명령키**

| 명령키 | 기능 | |
|---|---|---|
| k / j | 커서를 한 행 위 / 아래로 이동한다. | 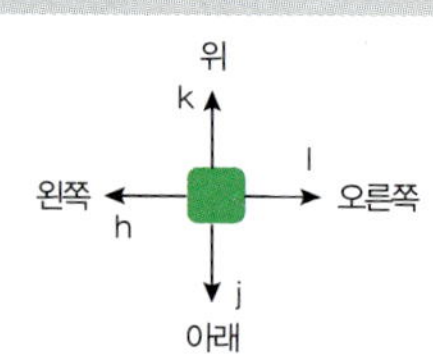 |
| l / h | 커서를 한 글자 오른쪽 / 왼쪽으로 이동한다. | |
| ^ 또는 0 / $ | 커서를 현재 행의 처음 / 마지막으로 이동한다. | |
| - / + 또는 Enter↵ | 커서를 앞 / 다음 행의 처음으로 이동한다. | |
| H / M / L | 커서를 화면의 맨 윗 / 중간 / 맨 아랫 행으로 이동한다. | |
| w / e | 커서를 다음 단어의 첫 / 마지막 글자로 이동한다. | |
| b | 커서를 앞 단어의 첫 글자로 이동한다. | |

다음 [그림 3-3]에서 커서가 7행 'will'의 첫 글자인 w에 있다고 가정하고 각 명령키의 동작을 살펴보자.

```
1 Come, have breakfast.
  ⑩
2 Look at my hands and my feet.

3 He saw and believed.

4 Who do you say that I am?

5 I do know him and I keep his word.
  ⑪
6 You always have the poor with word.
  ⑧                ①
7 Forgive and you will be forgiven.
  ⑥          ④    ⑤ ③          ⑦
8 He loved his own to the end.
  ⑨                ②
9 The Lord is with you.
  ⑫
```

**그림 3-3 커서 이동 명령키의 예**

❶ k 명령키를 입력하면 커서가 w 바로 위에 있는 t로 이동한다.

❷ j 명령키를 입력하면 커서가 w 바로 아래에 있는 공백으로 이동한다.

❸ w 명령키를 입력하면 커서가 다음 단어 be의 첫 글자인 b로 이동한다.

❹ b 명령키를 입력하면 커서가 앞 단어 you의 첫 글자인 y로 이동한다.

❺ e 명령키를 입력하면 커서가 현재 단어 will의 마지막 글자인 l로 이동한다. 만약 다시 e 명령키를 입력하면 커서가 다음 단어 be의 마지막 글자인 e로 이동한다.

❻ ^(캐럿) 명령키(Shift+6)를 입력하면 커서가 현재 행의 첫 글자인 F로 이동한다.

❼ $ 명령키(Shift+4)를 입력하면 커서가 현재 행의 끝인 .(마침표)로 이동한다.

❽ - 명령키를 사용하면 커서가 윗행의 첫 글자인 Y로 이동한다.

❾ + 명령키를 사용하면 커서가 아랫 행의 첫 글자인 H로 이동한다.

❿ H 명령키를 입력하면 커서가 화면의 첫 행으로 이동한다.

⓫ M 명령키를 입력하면 커서가 화면의 중간 행으로 이동한다.

⓬ L 명령키를 입력하면 커서가 화면의 마지막 행으로 이동한다. 내용이 화면 크기보다 작으면 내용의 마지막 행으로 커서가 이동한다.

⓭ h나 l(소문자 L) 명령키를 입력하면 커서가 좌우로 한 칸씩 움직인다.

초기의 유닉스 vi는 방향키로 커서를 이동할 수 없었지만 리눅스 vi는 방향키로도 커서를 이동할 수 있다. [표 3-5]에서 설명한 k, j, l, h 키를 사용하는 데 익숙지 않으면 방향키를 사용해도 된다. [표 3-6]에 기존 명령키와 방향키, Home · End를 정리했다.

**표 3-6 기존 vi 명령키와 방향키, Home · End**

| 명령키 | 방향키 | 명령키 | 방향키, Home · End |
|---|---|---|---|
| k | 위 방향키(↑) | h | 왼쪽 방향키(←) |
| j | 아래 방향키(↓) | ^ 또는 0 | Home |
| l | 오른쪽 방향키(→) | $ | End |

## 화면 이동하기

vi로 한 번에 볼 수 있는 내용은 터미널의 화면 크기에 따라 달라진다. 파일 크기가 터미널의 화면 크기보다 클 경우 화면을 이동해야 한다. 초기의 유닉스 vi에서는 화면 단위로 이동할 때 [표 3-7]과 같은 명령키를 사용했지만 현재는 이 명령키들 외에 Page Up, Page Down 으로도 화면 이동이 가능하다.

**표 3-7 화면 이동 명령키**

| 기존 명령키 | 기능 | 추가 명령키 |
|---|---|---|
| ^u (Ctrl+u) | 반 화면 위로 이동한다. | |
| ^d (Ctrl+d) | 반 화면 아래로 이동한다. | |
| ^b (Ctrl+b) | 한 화면 위로 이동한다. | Page Up |
| ^f (Ctrl+f) | 한 화면 아래로 이동한다. | Page Down |
| ^y (Ctrl+y) | 화면을 한 행만 위로 이동한다. | |
| ^e (Ctrl+e) | 화면을 한 행만 아래로 이동한다. | |

[그림 3-4]와 같이 파일이 화면보다 클 경우 화면에 일부만 보이게 된다. 이때 현재 보이는 화면을 위나 아래로 이동하려면 [표 3-7]에 나와 있는 명령키를 이용한다. Ctrl+f나 Page Down 명령키를 입력하면 현재 보이는 곳의 아랫부분이 나타나고, Ctrl+b나 Page Up 명령키를 입력하면 현재 보이는 곳의 윗부분이 나타난다. 이동하는 단위는 화면 크기에 따라 위나 아래로 이동한다. Ctrl+u나 Ctrl+d를 입력하면 화면의 절반 단위로 위나 아래로 이동한다.

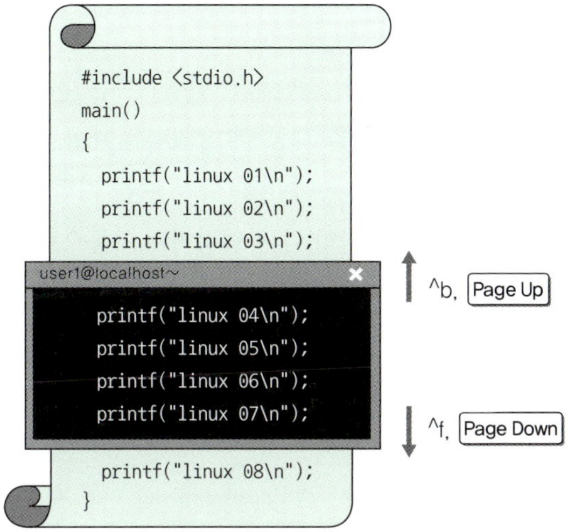


**그림 3-4** 화면 이동 명령키의 사용

### 특정 행으로 바로 이동하기

[표 3-7]의 명령키는 화면 단위로 이동하는데, 원하는 행으로 커서를 바로 이동하는 방법도 있다. vi에서 특정 행으로 커서를 바로 이동하기 위해서는 [표 3-8]의 명령키를 사용하면 된다.

**표 3-8** 특정 행으로 바로 이동하는 명령키

| 명령키 | 기능 |
|---|---|
| G(Shift+g) | 파일의 마지막 행으로 커서가 이동한다. |
| 행 번호G(Shift+g) | 지정한 행 번호로 커서가 이동한다. |
| :행 번호 | 지정한 행 번호로 커서가 이동한다(마지막 행 모드). |
| :$ | 파일의 마지막 행으로 커서가 이동한다(마지막 행 모드). |

특정 행으로 이동하려면 G(Shift+g) 명령키를 사용하거나 마지막 행 모드 명령을 사용한다. 명령 모드에서 그냥 G 명령키만 입력하면 파일의 마지막 행으로 이동하고, G 명령키 앞에 행 번호를 붙이면 해당 행으로 커서가 이동한다. 예를 들어 '50G'를 입력하면 커서가 50번째 행으로 이동한다.

마지막 행 모드 명령을 사용하려면 :을 입력하여 마지막 행으로 전환한 뒤 이동하려는 행 번호를 입력하고 Enter↵를 누르면 된다. 만약 행 번호 대신 $를 입력하면 파일의 마지막 행으로 이동한다. 예를 들어 ':50'을 입력하면 50번째 행으로 커서가 이동한다.

## 5 내용 수정

vi에서 파일의 내용을 수정하거나 삭제하는 명령키를 알아보자. 일반적인 편집기에는 Delete나 Back Space 외에 특별한 수정 명령키가 없지만 vi는 다양한 명령키를 제공한다. 입력된 내용을 수정하는 명령키에는 한 글자만 수정하거나, 단어별로 수정하거나, 수정할 글자 수를 지정해서 수정하는 명령키가 있다. 이 중 한 글자를 수정하는 r 명령키 외의 다른 명령키는 자동으로 입력 모드로 전환되기 때문에 수정을 마치면 Esc를 눌러서 명령 모드로 돌아가야 수정이 완료된다.

**표 3-9 내용 수정 명령키**

| 명령키 | 기능 |
|---|---|
| r | 커서가 위치한 글자를 다른 글자로 수정한다. |
| cw, #cw | 커서 위치부터 현재 단어의 끝까지 수정한다. #에는 수정할 단어의 수를 지정한다. 예를 들면 3cw는 커서 위치부터 세 단어를 수정한다. |
| s, #s | 커서 위치부터 Esc를 입력할 때까지 수정한다. #에는 수정할 글자의 수를 지정한다. 예를 들면 5s는 커서 위치부터 다섯 글자를 수정한다. |
| cc | 커서가 위치한 행의 내용을 모두 수정한다. |
| C | 커서 위치부터 행의 끝까지 수정한다. |

### 한 글자 수정하기: r 명령키

먼저 한 글자를 수정하는 r 명령키를 사용해보자. 수정할 내용은 입력 모드 전환을 공부하면서 입력했던 내용을 그대로 사용한다. 수정하려는 글자 위에 커서를 놓은 후 r 명령키를 먼저 입력하고 바꾸려는 새 글자를 입력하면 된다. 현재 커서를 1행의 중간에 있는 linux의 첫 글자인 l로 이동한다. 여기서 r 명령키로 l을 w로 바꿔보자. r 명령키는 계속 명령 모드를 유지하므로 수정한 후 Esc를 누를 필요가 없다.

```
CentOS winux study          → r 명령키로 글자를 수정한다(l→w).
I like linu CentOS linux

~
```

### 단어 수정하기: cw, #s 명령키

다음으로 단어 단위로 수정하는 명령을 살펴보자. 한 단어를 바꿀 때는 cw 명령키나 #s 명령키를 사용한다. vi에서는 단어를 공백문자나 특수문자로 구분하므로 띄어쓰기 없이 붙어 있는 winux를 한 단어로 인식하는데 winux를 다른 단어로 바꿔보자. 한 단어이므로 cw 명령키나, 글자 수가 다섯 개이므로 5s로 수정한다. 다음과 같이 cw나 5s를 먼저 입력하면 수정할 대상이 지워지고 커서가 입력을 기다린다. 그리고 화면 하단에는 '-- 끼워넣기 --'가 출력되어 입력 모드로 바뀌었다고 표시된다.

```
CentOS  study        → cw 명령키 입력 시 winux가 사라진다.
I like linu CentOS linux

~
(생략)
~
— 끼워넣기 —
```

바꿀 단어의 글자 수는 기존 단어의 글자 수와 상관없이 지정할 수 있다. 다음 예에서는 winux 대신에 'editor'를 입력해보자. cw나 #s 명령키를 사용할 경우 반드시 마지막에 Esc를 눌러야 명령 모드로 전환되어 수정이 완료된다. 수정이 끝나면 커서는 마지막 글자(r) 위에 위치한다.

```
CentOS editor study      → 수정 완료 후 Esc를 눌러야 명령 모드로 전환된다.
I like linu CentOS linux

~
```

### 행 단위 수정하기: C, cc 명령키

■ **C 명령키**

현재 커서가 위치한 r부터 행의 끝까지 수정하려면 C 명령키를 사용한다. 그러면 r부터 행의 마지막까지 모두 지워지고 입력 모드로 전환되어 입력을 기다린다.

```
CentOS edito         → r부터 모두 지워지고 입력 모드로 전환된다.
I like linu CentOS linux

~
(생략)
~
— 끼워넣기 —
```

여기서도 역시 수정할 대상의 글자 수와 상관없이 원하는 대로 입력하면 된다. r이 없어졌으므로 'r vi'로 수정하고 Esc를 눌러 명령 모드로 전환한다.

```
CentOS editor vi
I like linu CentOS linux

~
```

■ cc 명령키

cc 명령키를 입력하면 현재 행의 모든 내용이 삭제되고, 커서가 행의 처음으로 이동하여 새로운 입력을 기다린다.

```
                          → 모두 지워지고 행의 처음으로 이동한다. 입력 모드로 전환된다.
I like linu CentOS linux

~
(생략)
~
— 끼워넣기 —
```

원하는 내용을 입력하고 Esc를 눌러 명령 모드로 전환하면 수정이 완료된다. 다음 예에서는 'CentOS editor vi study'로 수정했다.

```
CentOS editor vi study
I like linu CentOS linux

~
```

## 6 내용 삭제

입력 모드에서 내용을 입력하는 도중에 틀린 글자를 삭제할 때는 ← 키나 Delete를 사용하면 된다. 그러나 명령 모드에서 글자나 행을 삭제하려면 [표 3-10]과 같은 명령키를 사용해야 한다. 한 번에 여러 글자나 행을 삭제하려면 명령키 앞에 글자나 행의 수를 숫자로 지정한다. 예를 들면 한 글자를 삭제하는 것은 x 명령키이지만 세 글자를 삭제하려면 3x를 입력하는 식이다.

표 3-10 내용 삭제 명령키

| 명령키 | 기능 |
|---|---|
| x, #x | 커서 위치의 글자를 삭제한다. #에는 삭제할 글자 수를 지정한다. |
| dw, #dw | 커서 위치의 단어를 삭제한다. #에는 삭제할 단어 수를 지정한다. |
| dd, #dd | 커서 위치의 행을 삭제한다. #에는 삭제할 행의 수를 지정한다. |
| D(Shift+d) | 커서 위치부터 행의 끝까지 삭제한다. |

글자를 삭제해보자. 다음 예에서 현재 커서가 놓인 l 한 글자만 지우려면 x 명령키를 입력한다.

```
CentOS editor vi study
I like linu CentOS linux

~
```

```
CentOS editor vi study
I like inu CentOS linux          → x 명령키로 커서 위치의 l을 삭제한다.

~
```

만약 나머지 inu를 모두 지우려면 글자 수를 지정하여 3x를 입력하거나 단어를 지우는 dw 명령키를 사용하면 된다. 이때 3x로 지우는 경우와 dw로 지우는 경우, 지워지고 난 후 커서의 위치에 차이가 있다.

```
CentOS editor vi study
I like CentOS linux          → dw로 삭제하면 커서가 다음 단어의 첫 글자로 이동한다.

~
```

```
CentOS editor vi study
I like █CentOS linux     → 3x로 삭제하면 커서가 공백문자에 위치한다.

~
```

현재 커서 위치부터 행의 끝까지 삭제하려면 D(Shift+d) 명령키를 입력한다.

```
CentOS editor vi study
I like█

~
```

커서가 위치한 현재 행을 지우려면 dd 명령키를 입력한다.

```
CentOS editor vi study
█
~
```

## 7 명령 취소

vi에서 삭제나 수정을 잘못한 경우 이전 명령을 취소할 수 있다. 대부분의 윈도 프로그램에서는 취소할 때 Ctrl+z를 많이 이용하는데, vi에서 잘못된 명령을 취소하기 위해 무심코 Ctrl+z를 입력하면 취소는커녕 vi 화면이 없어지고 프롬프트가 나타날 것이다. vi에서 Ctrl+z는 취소가 아니라 vi를 잠시 중단하고 셸로 돌아가는 명령이기 때문이다. 만약 이런 상황이 발생했을 때는 당황하지 말고 프롬프트에서 fg를 입력하면 다시 vi로 돌아갈 수 있다. 이에 관한 자세한 내용은 6장에서 다룬다.

vi에서 이전 명령을 취소하는 명령키는 [표 3-11]과 같다.

**표 3-11 이전 명령 취소 명령키**

| 명령키 | 기능 |
|---|---|
| u | 명령을 취소한다. |
| U | 해당 행에서 한 모든 명령을 취소한다. |
| :e! | 마지막으로 저장한 내용 이후의 것을 버리고 새로 작업한다. |

방금 삭제한 내용을 다시 살리는 등 이전 명령을 취소하려면 u 명령키를 사용한다. 원래 유닉스 vi에서는 바로 이전 명령만 취소할 수 있었지만 리눅스 vi에는 히스토리 기능이 있어서 실행했던 역순으로 취소가 가능하다. 삭제 명령키의 마지막 예에서 행을 삭제했는데, 여기서 u 명령키를 입력하면 삭제되었던 행이 다시 복구된다. 계속 u 명령키를 입력하면 삭제되었던 내용이 모두 복구될 것이다.

```
CentOS editor vi study
I like CentOS linux

~
```

그 행에서 했던 모든 작업을 취소하고 원래대로 복구하려면 U 명령키를 이용한다. vi 종료와 관련된 명령키 중 :e!는 마지막으로 저장한 이후의 작업 내용을 모두 무시하고 재편집할 때 사용한다.

이것으로 예제는 일단락되었으니 :wq 명령으로 파일을 저장하고 종료한다. 이제 새로운 파일을 열어 실습을 해보자.

**따라해보기** **vi로 입력 · 수정 · 삭제 · 복구하기**

❶ vi로 새로운 파일인 exec.txt 파일을 연다.

```
[user1@localhost ch3]$ vi exec.txt
```

❷ i를 입력하여 입력 모드로 전환하고 다음 내용을 입력한다.

```
Good morning everyone.
Nice to meet you.
I am a linux beginner.
Now introduce yourself.
~
~
```

❸ Esc를 입력하여 명령 모드로 전환하고 :w 명령으로 파일 내용을 저장한다.

```
Good morning everyone.
Nice to meet you.
I am a linux beginner.
Now introduce yourself.
~
:w
```

❹ 커서를 3행의 beginner로 이동한다. 3G와 l 명령키(또는 오른쪽 화살표나 w 명령키와 h 명령키)를 사용하여 이동할 수 있다.

```
Good morning everyone.
Nice to meet you.
I am a linux beginner.
Now introduce yourself.
~
~
```

❺ beginner를 expert로 수정한다. cw나 8s 명령키를 사용한다. 수정 후에는 Esc를 눌러 명령 모드로 전환한다.

```
Good morning everyone.
Nice to meet you.
I am a linux expert.
Now introduce yourself.
~
~
```

❻ - 명령키로 2행의 첫 글자인 N으로 이동한다.

```
Good morning everyone.
Nice to meet you.
I am a linux expert.
Now introduce yourself.
~
~
```

❼ w 명령키로 커서를 meet로 이동하고, 단어 meet를 dw 명령키로 삭제한다.

```
Good morning everyone.
Nice to you.
I am a linux expert.
Now introduce yourself.
~
~
```

❽ 단어 y부터 행의 끝까지 D(Shift+d) 명령키로 삭제한다.

```
Good morning everyone.
Nice to
I am a linux expert.
Now introduce yourself.
~
~
```

❾ U 명령키로 2행에서 한 모든 삭제를 취소한다.

```
Good morning everyone.
Nice to meet you.
I am a linux expert.
Now introduce yourself.
~
~
```

❿ :wq 명령으로 파일 내용을 저장하고 종료한다.

```
Good morning everyone.
Nice to meet you.
I am a linux expert.
Now introduce yourself.
~
:wq
```

**혼자해보기 vi로 입력 · 수정 · 삭제 · 저장**

❶ exec.txt 파일을 연다.
❷ 현재 행의 아랫 행에 다음 내용을 추가한다.
Welcome Linux World.
❸ 커서를 4행의 첫 글자인 I로 이동한다.
❹ I am을 We are로 수정한다.
❺ 커서를 마지막 행으로 이동한다.
❻ 마지막 행을 삭제한다.
❼ 명령 모드의 명령을 사용하여 파일을 저장하고 종료한다.

## 8 복사 및 잘라 붙이기

vi에서는 커서의 이동, 수정, 삭제 외에 일반적인 편집기처럼 내용을 복사하거나 잘라서 붙이기를 할 수 있다. 또한 내용의 일부를 버퍼에 복사하거나 잘라낸 내용을 저장할 수도 있다.

### 복사하기, 잘라내기, 붙이기

vi에서는 복사하기, 잘라내기, 붙이기를 할 때도 마우스가 아닌 [표 3-12]의 명령키를 사용해야 한다. yy 명령키를 입력하면 해당 행이 복사되고, 원하는 행으로 커서를 이동하여 p 명령키를 입력하면 '복사하여 붙이기'가 된다. 앞서 배운 행 삭제 명령키인 dd로 행을 삭제하는 것은 동시에 잘라내기 기능도 된다. dd 명령키로 행을 삭제한 후 p 명령키를 입력하면 '잘라서 붙이기'가 된다. 여러 행을 복사하려면 3yy처럼 행의 수를 지정한다. 3yy는 현재 커서가 있는 행부터 아래로 세 행을 복사한다.

복사하기나 잘라내기를 하면 내용이 임시 버퍼에 저장된다. 따라서 복사하기나 잘라내기를 한 뒤에는 다른 명령을 사용하지 말고 즉시 원하는 위치로 이동하여 붙이기를 하는 것이 좋다. 다른 명령을 사용하다 임시 버퍼에 저장된 내용을 잃어버릴 수도 있기 때문이다.

**표 3-12 복사하기, 잘라내기, 붙이기 명령키**

| 명령키 | 기능 |
|---|---|
| yy, #yy | 커서가 위치한 행을 복사한다. #에는 복사할 행의 수를 지정한다. |
| p | 커서가 위치한 행의 아래쪽에 붙인다. |
| P | 커서가 위치한 행의 위쪽에 붙인다. |
| dd, #dd | 커서가 위치한 행을 잘라둔다. 삭제와 같은 기능이다. #에는 잘라둘 행의 수를 지정한다. |

예제를 실행하기 위해 앞서 저장해둔 test.txt 파일을 vi로 열어보자. 파일의 마지막에는 o 명령을 연습하면서 생긴 빈 행이 있다. 이 행을 dd 명령으로 삭제하고 파일의 처음 위치로 이동한다.

```
CentOS editor vi study
I like  CentOS linux
~
```

현재 커서가 있는 행만 복사하려면 그냥 yy 명령키만 입력하면 된다. 1행과 2행을 함께 복사하려면 2yy를 입력한다. 2yy 명령키로 두 행을 모두 복사한 다음 아랫 행으로 이동하여 p 명령키로 붙이기를 하면 다음과 같다.

```
CentOS editor vi study
I like  CentOS linux
CentOS editor vi study
I like  CentOS linux
~
```

dd 명령키는 삭제뿐만 아니라 잘라내기를 할 때도 사용된다. 현재 위치인 3행을 잘라 2행 위에 붙이기를 하려면 현재 행에서 dd 명령키를 입력한 다음 커서를 2행으로 이동하여 대문자 P 명령키를 입력하면 된다. 순서대로 실행하면 결과는 다음과 같다.

```
CentOS editor vi study
CentOS editor vi study
I like  CentOS linux
I like  CentOS linux
~
```

### 네임드 버퍼 사용하기

yy 명령키로 복사하거나 dd 명령키로 잘라내기를 할 경우, 복사하거나 잘라낸 내용이 버퍼에 저장된다. 이렇게 이름을 붙이지 않은 버퍼를 '언네임드 버퍼'라고 하며, 언네임드 버퍼는 내용을 하나만 저장할 수 있다. 예를 들어 2yy 명령키로 두 행을 복사하여 저장했는데 다시 3yy 명령키를 입력하면 앞에 저장한 두 행은 지워지고 새로 복사한 세 행이 저장되는 것이다.

TIP 버퍼는 복사하거나 잘라낸 내용을 임시로 저장해두는 저장 공간으로 윈도의 클립보드와 같은 기능을 수행한다.

이와 달리 이름을 붙여서 사용할 수 있는 버퍼를 '네임드 버퍼'라고 한다. 네임드 버퍼를 사용하면 각각 다른 이름을 붙인 버퍼에 독립적으로 내용을 저장하고 사용할 수 있다. 네임드 버퍼에 이름을 붙일 때는 다음과 같이 "+문자 또는 "+숫자의 형태로 사용한다. 숫자를 사용할 경우 숫자 버퍼라고도 한다.

- 네임드 버퍼: "a, "b, "c, "d, …, "z
- 숫자 버퍼: "1, "2, …, "9

네임드 버퍼에 커서가 위치한 행을 저장하려면 '버퍼 이름+yy'를 입력한다. 즉 "a 버퍼에 복사한 내용을 저장하려면 "ayy를 입력하면 된다. 이를 커서가 위치한 행의 아래쪽에 붙이려면 "ap와 같이 '버퍼 이름+p'를 입력한다. 다음 예를 통해 살펴보자. 현재 1, 2행과 3, 4행은 각각 같은 내용이다.

```
CentOS editor vi study
CentOS editor vi study
I like  CentOS linux
I like  CentOS linux
~
```

여기서 2행을 "a 버퍼에 잘라서 저장한다. "a를 먼저 입력하고 dd를 입력하면 2행이 잘리고 파일은 다음과 같아진다.

```
CentOS editor vi study
I like  CentOS linux
I like  CentOS linux
~
```

여기서 다시 2행을 잘라 "b 버퍼에 저장한다. 방법은 전과 동일하다. 이제 파일에는 처음과 같이 두 행밖에 없을 것이다. 붙이기를 다음 순서대로 해보자.

❶ 커서를 1행으로 이동한다.
❷ "b 버퍼의 내용을 1행 윗 행에 붙여 넣으려면 "bP를 입력한다.
❸ "a 버퍼의 내용을 1행 아랫 행에 붙여 넣으려면 "ap를 입력한다.

자, 이제 파일 내용이 어떻게 바뀌었는가? 순서대로 잘 따라 했다면 다음과 같이 나타난다. 네임드 버퍼를 사용할 경우 어느 버퍼에 어떤 내용을 저장했는지 잘 기억해야 한다.

```
I like  CentOS linux
CentOS editor vi study
CentOS editor vi study
I like  CentOS linux
~
```

## 마지막 행 모드에서 복사하기, 잘라내기, 붙이기

마지막 행 모드에서도 행을 복사하거나 잘라낼 수 있다. 마지막 행 모드에서 행을 복사하거나 잘라낼 때는 범위를 지정해서 할 수 있다. 먼저 범위를 지정하는 방법을 살펴보고, 이를 이용하여 복사하거나 잘라내어 붙여넣는 방법을 익히자.

### ■ 범위 지정하기

윈도에서 문서를 편집할 때는 마우스를 드래그하여 범위를 지정한다. 짐작했겠지만 vi에서는 범위 지정도 명령으로 한다. 범위 지정은 마지막 행 모드에서 할 수 있으며 특수문자(., $, %)와 숫자를 사용한다.

.(마침표)는 커서가 위치한 현재 행을 나타내고 $는 마지막 행을, %는 전체 행을 의미한다. 이때 숫자로 행 번호나 행의 개수를 지정할 수 있다. 범위를 지정하려면 우선 :을 입력하여 마지막 행 모드로 전환하고 [표 3-13]과 같은 명령키를 사용한다.

**표 3-13 범위 지정 명령키**

| 명령키 | 기능 |
|---|---|
| 1, $ 또는 % | 1행부터 마지막 행까지 지정한다. |
| 1,. | 1행부터 커서가 있는 행까지 지정한다. |
| .,$ | 커서가 있는 행부터 마지막 행까지 지정한다. |
| .,–3 | 현재 행과 이전 세 행까지(총 네 행) 지정한다. |
| 10, 20 | 10행부터 20행까지 지정한다. |

TIP 명령키에서 여러 행을 지정하는 경우, 숫자와 숫자 사이의 ,(쉼표)는 띄어쓰기를 하지 않는다.

■ 복사하기, 잘라내기, 붙이기

마지막 행 모드에서 사용하는 복사하기, 잘라내기, 붙이기 명령키는 [표 3-14]와 같다. 잘라내기 명령은 삭제와 동일하다. 명령의 앞에 붙은 :은 마지막 행 모드로 이동하기 위한 것으로, 이미 마지막 행 모드 상태라면 :을 제외하고 명령키를 입력한다.

**표 3-14 마지막 행 모드에서의 복사하기, 잘라내기, 붙이기 명령키**

| 명령키 | 기능 |
|---|---|
| :#y | #로 지정한 행을 복사한다. 예를 들면 3y는 세 행을 복사한다. |
| :〈범위〉y | 범위로 지정한 행을 복사한다. 예를 들면 2,4y는 2~4행을 복사한다. |
| :#d | #로 지정한 행을 잘라낸다(삭제). 예를 들면 3d는 세 행을 잘라낸다. |
| :〈범위〉d | 범위로 지정한 행을 잘라낸다(삭제). 예를 들면 1,4d는 1~4행을 잘라낸다. |
| :pu | 현재 행 다음에 버퍼의 내용을 붙인다. |
| :#pu | #로 지정한 행 다음에 버퍼의 내용을 붙인다. 예를 들면 4pu와 같이 지정한다. |

다음 예에서 범위 지정과 함께 마지막 행 모드에서 사용하는 명령을 보자. 현재 커서는 2행에 있다.

```
I like  CentOS linux
CentOS editor vi study
CentOS editor vi study
I like  CentOS linux
~
```

:2,3d 명령키로 2행과 3행을 잘라내고 :2pu 명령키로 2행 다음에 잘라낸 것을 붙이면 다음과 같이 된다.

```
I like  CentOS linux
I like  CentOS linux
CentOS editor vi study
CentOS editor vi study
~
```

:1,2y 명령키로 1행부터 2행까지 복사하고 :4pu 명령키로 붙여넣어 보자. 다음과 같이 나오는가?

```
I like  CentOS linux
I like  CentOS linux
CentOS editor vi study
CentOS editor vi study
I like  CentOS linux
I like  CentOS linux
~
```

지금까지 복사하거나 잘라서 붙여넣는 명령키를 살펴보았다. 다음 학습을 진행하기 전에 파일 내용을 저장하자. 파일을 저장하는 명령이 무엇인지 잊지 않았길 바란다.

## 9 검색 및 바꾸기

vi에서 특정 문자열을 검색하거나 검색한 문자열을 다른 문자열로 바꾸는 명령은 마지막 행 모드에서 제공한다.

### 검색하기

문자열을 검색하려면 일단 마지막 행 모드로 가야 한다. 검색하기 위해 마지막 행으로 이동할 때는 :이 아니라 /이나 ?를 입력한다. /은 커서의 위치에서 아래 방향으로 검색하고, ?는 커서의 위치에서 위 방향으로 검색을 한다. /이나 ? 다음에 찾고자 하는 문자열을 입력하고 Enter↵를 누르면 검색이 진행되고, 해당 문자열을 찾으면 그 문자열의 시작 위치로 커서가 이동한다. 계속해서 다음 문자열을 검색하려면 n(next) 명령을 사용한다.

**표 3-15 검색 명령키**

| 명령키 | 기능 |
|---|---|
| /문자열 | 문자열을 아래 방향으로 검색한다. |
| ?문자열 | 문자열을 위 방향으로 검색한다. |
| n | 원래 찾던 방향으로 다음 문자열을 검색한다. |
| N | 역방향으로 다음 문자열을 검색한다. |

다음 예에서 커서가 6행에 있는 상태에서 문자열을 검색하기 위해 /을 입력하면 커서가 마지막 행으로 이동한다. 검색할 문자열인 'CentOS'를 입력하고 Enter↵를 누르면 커서 위치보다 뒤쪽에 위치한 같은 행의 CentOS로 커서가 이동한다.

```
I like  CentOS linux
I like  CentOS linux
CentOS editor vi study
CentOS editor vi study
I like  CentOS linux
I like  CentOS linux
~
(생략)
/CentOS
```

계속 CentOS를 검색하려고 n을 입력하면 6행이 파일의 마지막 행이므로 '끝까지 찾았음, 처음부터 계속'이라는 메시지를 출력하고 1행의 CentOS로 커서가 이동한다.

```
I like  CentOS linux
I like  CentOS linux
CentOS editor vi study
CentOS editor vi study
I like  CentOS linux
I like  CentOS linux
~
(생략)
끝까지 찾았음, 처음부터 계속
```

### 바꾸기

기존의 문자열을 다른 문자열로 바꾸려면 먼저 :을 입력하여 마지막 행 모드로 전환한다. 문자열을 바꾸는 명령은 커서 위치의 문자열만 바꿀 수도 있고, 파일 전체나 특정 범위 내에서 해당하는 문자열을 모두 찾아 바꿀 수도 있다. 문자열을 바꾸는 명령은 [표 3-16]에 정리했으며, 범위 지정은 [표 3-13]을 참조하면 된다.

**표 3-16 바꾸기 명령키**

| 명령키 | 기능 |
|---|---|
| :s/문자열1/문자열2/ | 커서가 위치한 행에서 첫 번째로 나오는 문자열1을 문자열2로 바꾼다. |
| :%s/문자열1/문자열2/g | 파일 전체에서 모든 문자열1을 문자열2로 바꾼다. |
| :〈범위〉s/문자열1/문자열2/ | 범위 내 모든 각 행에서 첫 번째로 나오는 문자열1을 찾아 문자열2로 바꾼다. |
| :〈범위〉s/문자열1/문자열2/g | 범위 내 모든 행에서 문자열1을 문자열2로 바꾼다. |
| :〈범위〉s/문자열1/문자열2/gc | 범위 내 모든 행에서 문자열1을 문자열2로 바꿀 때 수정할지 여부를 묻는다. |

문자열을 바꾸는 예를 살펴보자.

```
I like  CENTOS linux
I like  CentOS linux
CentOS editor vi study
CentOS editor vi study
I like  CentOS linux
I like  CentOS linux
~
(생략)
:s/CentOS/CENTOS/
```

범위를 정해 문자열을 바꾸는 예를 살펴보자. 3~4행에 있는 editor를 CentOS로 바꿀 경우의 명령은 :3,4s/editor/CentOS/다.

```
I like  CENTOS linux
I like  CentOS linux
CentOS CentOS vi study
CentOS CentOS vi study
I like  CentOS linux
I like  CentOS linux
~
(생략)
:3,4s/editor/CentOS/
```

3행과 4행에 각각 같은 단어가 두 개씩 생겼다. 이것을 가지고 [표 3-16]의 명령키에서 마지막에 g가 있고 없고의 차이를 살펴보자. 3행에서 :s/CentOS/CENTOS/를 수행하고 4행에서는 :s/CentOS/CENTOS/g를 수행하여 결과의 차이를 비교해보면 다음과 같다. 즉 g가 있을 경우 해당 행이나 범위 내에서 바꾸려는 문자열을 모두 찾아 다른 문자열로 바꾼다.

```
I like  CENTOS linux
I like  CentOS linux
CENTOS CentOS vi study
CENTOS CENTOS vi study
I like  CentOS linux
I like  CentOS linux
~
(생략)
:s/CentOS/CENTOS/g
```

이제 파일 전체에서 문자열을 바꿔보자. 파일 전체를 바꿀 경우 :%s/CentOS/CENTOS/g 또는 :1,$s/CentOS/CENTOS/g를 사용하면 된다. 명령을 실행하면 몇 개가 바뀌었는지 마지막 행에 출력된다. 확인이 끝났으면 파일을 저장하고 vi를 종료한다.

```
I like  CENTOS linux
I like  CENTOS linux
CENTOS CENTOS vi study
CENTOS CENTOS vi study
I like  CENTOS linux
I like  CENTOS linux
~
(생략)
4개 바꿨음 4 행에서
```

**따라해보기** **vi 편집 방법 익히기**

❶ vi로 새로운 파일인 exec2.txt 파일을 연다.

```
[user1@localhost ch3]$ vi exec2.txt
```

❷ i를 입력하여 입력 모드로 전환하고 다음 내용을 입력한다.

```
Good morning everyone.
My name is Gildong Hong.
This is a living room.
~
```

❸ Esc를 입력하여 명령 모드로 전환하고 :w 명령으로 파일 내용을 저장한다.

```
Good morning everyone.
My name is Gildong Hong.
This is a living room.
~
:w
```

❹ 1행을 복사하여 3행 다음에 붙인다.

```
Good morning everyone.
My name is Gildong Hong.
This is a living room.
Good morning everyone.   → ① 1G 입력 → ② yy 입력 → ③ jj 입력 → ④ p 입력
~
~
```

❺ 파일에서 morning이란 단어를 검색한다.

```
Good morning everyone.
My name is Gildong Hong.
This is a living room.
Good morning everyone.    → ① /morning Enter↵ 입력 → ② n 입력
~
/morning
```

❻ 파일에서 morning이란 단어를 모두 찾아 afternoon으로 바꾼다.

```
Good afternoon everyone.
My name is Gildong Hong.
This is a living room.
Good afternoon everyone.    → :%s/morning/afternoon/g Enter↵ 입력
~
:%s/morning/afternoon/g
```

❼ 저장한 후 종료한다.

```
Good afternoon everyone.
My name is Gildong Hong.
This is a living room.
Good afternoon everyone.
~
:wq
```

**혼자해보기** **vi 편집 방법 익히기**

❶ vi로 exec2.txt 파일을 연다.

❷ "a 버퍼에 1행을, "b 버퍼에 2행을, "c 버퍼에 3행을 저장한다.

❸ 4행을 삭제한다.

❹ 네임드 버퍼에 저장한 내용을 사용하여 파일을 다음과 같이 수정한다.

```
Good afternoon everyone.
This is a living room.
My name is Gildong Hong.
This is a living room.
My name is Gildong Hong.
Good afternoon everyone.
```

❺ 첫 번째로 나오는 Hong을 찾아 Park으로 바꾼다.

❻ 파일을 저장하고 종료한다.

## 10 기타 유용한 명령키

지금까지 vi에서 사용하는 주요 기능과 명령키를 살펴봤다. vi는 이 밖에도 아주 많은 명령키를 제공한다. vi의 명령키 설명만으로 구성된 책이 있을 정도다. 그 모든 명령키를 여기서 다 설명할 수는 없고, 이제까지 다룬 주요 명령키 외에 비교적 자주 사용하는 명령키를 추가적으로 살펴보자. 다른 파일을 읽어오거나, vi 작업 도중 셸 기능을 수행하고 돌아오거나, 이전 명령을 반복 수행하고 화면을 다시 출력하는 등 유용하게 사용할 수 있는 명령키가 있다.

## 파일 읽어오기, 여러 파일 편집하기

현재 작업 중인 파일에 다른 파일을 읽어들이거나, 파일 작업을 마친 뒤 vi를 종료하지 않고 다른 파일로 작업을 전환할 수 있다. 또 vi를 시작할 때 여러 개의 파일명을 지정하고 차례로 다음 파일로 이동하면서 작업을 할 수도 있다. 이런 명령은 [표 3-17]과 같이 모두 마지막 행 모드에서 제공한다.

**표 3-17 파일 관련 명령키**

| 명령키 | 기능 |
|---|---|
| :r 파일 | 지정한 파일을 읽어들여 현재 커서 위치에 삽입한다. |
| :e 파일 | 지정한 파일로 전환한다(기존 파일을 :w로 저장한 뒤에 실행해야 한다). |
| :n | vi 시작 시 여러 파일을 지정했을 경우 다음 파일로 작업을 이동한다. |

### ■ 다른 파일 읽어오기

파일을 편집하는 도중에 다른 파일을 읽어들이는 경우를 살펴보자. test.txt 파일과 exec2.txt 파일을 사용하는데, 먼저 test.txt 파일을 열고 커서를 4행으로 이동한다.

```
I like  CENTOS linux
I like  CENTOS linux
CENTOS CENTOS vi study
CENTOS CENTOS vi study
I like  CENTOS linux
I like  CENTOS linux
~
```

여기서 exec2.txt 파일을 읽어들이기 위해서 :r exec2.txt를 실행하면 exec2.txt 파일의 내용이 test.txt 파일의 4행 다음에 삽입된다. 결과는 다음과 같다. 커서는 새로 읽어들인 내용의 첫 행 첫 글자에 위치한다.

```
I like  CENTOS linux
I like  CENTOS linux
CENTOS CENTOS vi study
CENTOS CENTOS vi study
Good afternoon everyone.
```

```
This is a living room.
My name is Gildong Park.
This is a living room.
My name is Gildong Hong.
Good afternoon everyone.
I like  CENTOS linux
I like  CENTOS linux
~
```

■ **파일 편집을 마치고 다른 파일 편집하기**

:e 명령키는 현재 작업 중인 파일의 작업을 마치고 다른 파일을 편집하려고 할 때 사용한다. 예를 들어 test.txt 파일 편집을 완료하고 exec.txt 파일 편집으로 바꾸려면 :e exec.txt라고 하면 된다. 이때 작업 중이던 파일을 먼저 저장하고 :e 명령을 실행해야 한다. 만약 파일을 저장하지 않고 :e exec.txt를 실행하면 다음과 같은 오류 메시지가 출력된다.

```
I like  CENTOS linux
I like  CENTOS linux
CENTOS CENTOS vi study
CENTOS CENTOS vi study
Good afternoon everyone.
This is a living room.
(생략)
~
E37: 마지막으로 고친 뒤 저장되지 않았습니다 (무시하려면 ! 더하기)
계속하려면 엔터 혹은 명령을 입력하십시오
```

위와 같은 오류 메시지가 나온 경우, 파일의 작업 내용을 저장하고 다른 파일로 이동하려면 :w로 먼저 저장하고 :e 명령을 사용한다. 만약 작업한 내용을 저장하지 않고 다른 파일로 이동하려면 :e! exec.txt를 입력한다.

■ **여러 파일 편집하기**

vi를 시작할 때 다음과 같이 파일명을 여러 개 지정할 수 있다.

```
[user1@localhost ch3]$ vi test.txt exec.txt exec2.txt
```

위의 예는 파일 세 개를 모두 작업하겠다는 뜻이다. 이렇게 지정하면 맨 앞에 지정한 파일이 먼저 열리는데, 이 파일의 작업을 마치고 다음 파일로 이동하려면 :n을 입력한다. 물론 파일을 수정했으면 저장한 후 :n을 입력해야 한다. :n 명령키로 다음 파일로 이동한 다음에는 다시 이전 파일로 돌아갈 수 없으므로 vi를 종료하고 다시 시작하거나 :e 명령키를 사용해야 한다.

## vi에서 셸 명령 사용하기

vi로 파일을 편집하던 도중 작업 디렉터리의 파일 목록을 확인하거나 프로그램을 컴파일하는 등 셸 명령을 실행해야 하는 경우가 있다. 이때 vi를 종료하지 않고 셸 명령을 실행하려면 [표 3-18]의 명령키를 사용한다.

**표 3-18 셸 명령 실행 명령키**

| 명령키 | 기능 |
|---|---|
| :! 셸 명령 | vi 작업을 잠시 중단하고 셸 명령을 실행한다(vi로 돌아오려면 Enter↵를 누른다). |
| :sh | vi를 잠시 빠져나가서 셸 명령을 실행한다(vi로 돌아오려면 exit 명령을 입력한다). |

### ■ :! 명령키 이용하기

vi 작업 도중에 셸 명령을 실행하는 가장 간단한 방법은 ':! 셸 명령'과 같은 형태로 사용한다. 예를 들어 test.txt 파일을 편집하는 중에 :! ls라고 하면 다음과 같은 형태로 실행된다.

```
(생략)
~
~
:! ls
```

```
[user1@localhost ch3]$ vi test.txt

exec.txt    exec2.txt    test.txt

계속하려면 엔터 혹은 명령을 입력하십시오
```

이 방법은 vi를 빠져나가거나 하는 번거로움 없이 바로 이용할 수 있다. 셸 명령의 결과를 확인하고 다시 vi 작업으로 돌아가려면 Enter↵를 누른다.

### ■ :sh 명령키 이용하기

':! 셸 명령'은 한 번에 하나의 셸 명령만 실행할 수 있다. 따라서 실행할 셸 명령이 여러 개라면 매번 ':! 셸 명령'을 실행해야 하므로 불편하다. 이런 경우에는 vi를 잠시 빠져나가서 셸 작업을 수행하고 다시 돌아오는 것이 편리하다.

```
(생략)
~
~
:sh
```

:sh로 vi를 잠시 빠져나오면 프롬프트가 나타난다. 여기서 필요한 셸 작업을 마치고 다시 vi로 돌아오려면 exit를 입력하면 된다.

```
[user1@localhost ch3]$ ls
exec.txt     exec2.txt     test.txt
[user1@localhost ch3]$ exit
```

## 기타 명령키

이 외에도 vi를 편리하게 사용하기 위해 알아두면 좋은 명령키는 [표 3-19]와 같다.

**표 3-19 기타 명령키**

| 명령키 | 기능 |
|---|---|
| Ctrl+l(소문자 L) | 현재 화면을 다시 출력한다. |
| Ctrl+g | 현재 커서 위치의 행 번호를 마지막 행에 출력한다. |
| Shift+j(대문자 J) | 현재 행과 아랫 행을 연결하여 한 행으로 만든다. |
| .(마침표) | 바로 직전에 했던 명령을 반복한다. |
| ~(틸드) | 커서 위치의 글자를 대문자나 소문자로 바꾼다. |

### ■ 화면 다시 출력하기

vi 작업 도중에 시스템 메시지나 다른 사용자가 보낸 메시지가 출력되어 화면이 이상하게 보일 때 Ctrl+l(소문자 L) 명령키를 입력하면 메시지가 사라지고 원래 작업 중이던 내용이 다시 출력된다.

■ 행 연결하기

행을 연결할 때는 J 명령키를 사용한다. J 명령키는 커서가 위치한 행과 다음 행을 하나의 행으로 만들어준다. 다음 예에서 커서가 위치한 첫 번째 행에서 J 명령키를 입력해보자.

```
I like  CENTOS linux
I like  CENTOS linux
CENTOS CENTOS vi study
(생략)
~
```

J 명령키를 입력하면 두 번째 행과 합쳐진다. 두 행이 합쳐질 때 사이에 공백문자가 삽입되며, 커서가 그 공백문자로 이동한다.

```
I like  CENTOS linux I like  CENTOS linux
CENTOS CENTOS vi study
(생략)
~
```

■ 이전 명령 반복하기

.(마침표) 명령키는 바로 앞에 했던 명령을 반복적으로 수행한다. 앞의 예에서 마지막으로 실행한 명령이 J 명령이므로 .를 입력하면 다시 J 명령키를 실행한 것과 같은 결과가 나온다(단, 커서 이동 키는 . 명령키를 입력해도 반복 수행되지 않는다).

```
I like  CENTOS linux I like  CENTOS linux CENTOS CENTOS vi study
(생략)
~
```

■ 대·소문자 전환하기

~ 명령키는 커서가 놓인 곳의 글자가 소문자이면 대문자로, 대문자이면 소문자로 바꿔준다. 앞의 예에서 커서를 x로 옮기고 ~ 명령키를 입력하면 X로 바뀌고 커서가 오른쪽으로 한 칸 이동한다.

```
I like  CENTOS linux I like  CENTOS linuX CENTOS CENTOS vi study
(생략)
~
```

이것으로 vi 명령키에 대한 설명을 마쳤다. 파일을 저장하고 vi를 종료한다.

**따라해보기** **기타 유용한 명령 익히기**

❶ vi로 새로운 파일인 exec3.txt 파일을 연다.

```
[user1@localhost ch3]$ vi exec3.txt
```

❷ i를 입력하여 입력 모드로 전환하고 다음 내용을 입력한다.

```
Good
morning
everyone.
~
```

❸ Esc를 입력하여 명령 모드로 전환하고 :w 명령으로 파일 내용을 저장한다.

```
Good
morning
everyone.
~
:w
```

❹ 3행 다음에 exec2.txt 파일을 읽어들인다.

```
Good
morning
everyone.
Good afternoon everyone.     → :r exec2.txt Enter↵를 입력한다.
This is a living room.
My name is Gildong Park.
This is a living room.
My name is Gildong Hong.
Good afternoon everyone.
~
"exec2.txt" 6L, 138C
```

❺ 1행과 2행을 연결하여 한 행으로 만든다.

```
Good morning                → ① 1G로 이동 → ② J 입력
everyone.
Good afternoon everyone.
(생략)
~
"exec2.txt" 6L, 138C
```

❻ 반복 명령키로 1행과 2행을 연결하여 한 행으로 만든다.

```
Good morning everyone.      → .을 입력한다.
Good afternoon everyone.
(생략)
~
"exec2.txt" 6L, 138C
```

❼ ~명령키로 1행의 everyone을 EVERYONE으로 바꾼다.

```
Good morning EVERYONE.      → ~~~~~~~~ 입력
Good afternoon everyone.
(생략)
~
"exec2.txt" 6L, 138C
```

❽ exec3.txt 파일을 저장하고, 셸 명령을 실행하여 현재 디렉터리의 경로를 확인한다.

```
Good morning EVERYONE.
Good afternoon everyone.
(생략)
~
:! pwd        → ① :w Enter↵로 저장 → ② :! pwd Enter↵
```

```
[user1@localhost ch3]$ vi exec3.txt

/home/user1/linux_ex/ch3                  → ① 경로 정보를 출력한다.

계속하려면 엔터 혹은 명령을 입력하십시오    → ② Enter↵를 입력하여 vi로 복귀한다.
```

❾ vi를 종료한다.

**혼자해보기 기타 유용한 명령 익히기**

❶ vi로 exec3.txt 파일을 연다.

❷ 2행 다음에 exec.txt 파일을 읽어들인다.

❸ 3행을 삭제한다.

❹ 3행과 4행을 한 행으로 만든다.

❺ 파일을 저장하고 셸로 잠시 빠져나가 현재 디렉터리의 경로와 파일의 크기를 확인한다.

❻ 파일을 저장하고 종료한다.

# 03 vi 환경 설정

vi는 사용자가 환경을 설정할 수 있도록 set 명령을 제공한다. vi의 환경을 설정하는 데는 다음과 같이 세 가지 방법을 사용할 수 있다.

- 사용자 홈 디렉터리에 .exrc 파일로 저장한다.
- 환경 변수 EXTINIT에 지정한다. 환경 변수는 4장에서 다룰 것이다.
- vi의 마지막 행 모드에서 명령으로 설정한다.

.exrc 파일이나 환경 변수에 환경을 설정해놓았을 경우, vi를 시작할 때 이 설정을 읽어서 적용한다. vi 내에서 마지막 행 모드 명령으로 설정한 것은 vi를 종료하면 해제된다. 환경 설정은 set 명령에 옵션을 주는 것으로, 자주 사용되는 옵션은 [표 3-20]과 같다.

**표 3-20** vi 환경 설정 명령

| set 명령과 옵션 | 기능 |
|---|---|
| set nu | 파일 내용의 각 행에 행 번호를 표시한다(보이기만 할 뿐 저장되지는 않는다). |
| set nonu | 행 번호를 감춘다. |
| set list | 눈에 보이지 않는 특수문자를 표시한다(tab : ^I, eol : $ 등). |
| set nolist | 특수문자를 감춘다. |
| set showmode | 현재 모드를 표시한다. |
| set noshowmode | 현재 모드를 감춘다. |
| set | set으로 설정한 모든 vi 환경 설정 값을 출력한다. |
| set all | 모든 vi 환경 변수와 현재 값을 출력한다. |

## 1 행 번호 표시

:set nu를 입력하면 다음과 같이 행 번호가 표시된다.

| 파일: exec2.txt | set nu 실행 후 |
|---|---|
| Good afternoon everyone.<br>This is a living room.<br>My name is Gildong Park.<br>This is a living room.<br>My name is Gildong Hong.<br>Good afternoon everyone.<br>~<br>:set nu | 1 Good afternoon everyone.<br>2 This is a living room.<br>3 My name is Gildong Park.<br>4 This is a living room.<br>5 My name is Gildong Hong.<br>6 Good afternoon everyone.<br>~<br>:set nu |

행 번호는 사용자의 편의를 위해 보이는 것으로 파일에 저장되지는 않는다. :set nonu를 입력하면 행 번호가 없어진다.

## 2 특수문자 표시

행의 끝이나 탭 같은 특수문자들은 vi에서 보이지 않는다. 이런 특수문자를 보려면 :set list 명령을 입력해야 한다. 한글의 조판 부호 보기 기능과 비슷하다고 생각하면 된다. 다음 예는 exec2.ext 파일에 탭을 하나 추가하고 :set list 명령을 실행한 것이다.

| 파일: exec2.txt | set list 실행 후 |
|---|---|
| Good afternoon everyone.<br>This is a living room.<br>My name is 	Gildong Park.<br>This is a living room.<br>My name is Gildong Hong.<br>Good afternoon everyone.<br>~<br>:set list | Good afternoon everyone.$<br>This is a living room.$<br>My name is ^IGildong Park.$<br>This is a living room.$<br>My name is Gildong Hong.$<br>Good afternoon everyone.$<br>~<br>:set list |

exec2.ext 파일에서 :set list를 입력하면 특수문자 $와 ^I가 보인다. $는 행의 끝을 표시하고 ^I(Ctrl+대문자 i)는 탭을 나타낸다.

## 3 환경 설정 값 표시

:set 명령은 현재 사용 중인 vi의 환경 설정 상태를 보여준다. :set 명령의 결과는 다음과 같다. 시스템이 기본 값으로 설정한 것과 사용자가 :set xxx 명령으로 설정한 것이 표시된다.

```
~
:set
— 옵션 —
  commentstring=       incsearch           scrolloff=5         ttymouse=xterm2
  display=truncate     langnoremap         showcmd             viminfo='20,"50
  filetype=text      nolangremap           syntax=text         wildmenu
  helplang=ko          nrformats=bin,hex   ttimeout            t_Sb=^[[4%dm
  history=200          ruler               ttimeoutlen=100     t_Sf=^[[3%dm
  hlsearch             scroll=11           ttyfast
  backspace=indent,eol,start
  comments=fb:-,fb:*
  fileencoding=utf-8
  fileencodings=ucs-bom,utf-8,latin1
  guicursor=n-v-c:block,o:hor50,i-ci:hor15,r-cr:hor30,sm:block,a:blinkon0
계속하려면 엔터 혹은 명령을 입력하십시오
```

## 4 모든 환경 변수 표시

vi의 환경 실정에 사용되는 모든 환경 변수와 현재 설정 값을 보여주는 명령은 :set all이다. 이 명령의 실행 결과는 다음과 같다. 한 화면에 다 출력할 수 없을 정도로 많으니 Space Bar를 입력하여 다음 내용도 확인해본다.

```
:set all
— 옵션 —
  aleph=224            fileformat=unix     mouse=              swapfile
noarabic             nofileignorecase      mousemodel=extend   swapsync=fsync
  arabicshape          filetype=text       mousetime=500       switchbuf=
noallowrevins          fixendofline        nrformats=bin,hex   synmaxcol=3000
noaltkeymap          nofkmap             nonumber              syntax=text
  ambiwidth=single     foldclose=          numberwidth=4       tabline=
noautochdir            foldcolumn=0        omnifunc=           tabpagemax=10
noautoindent           foldenable          operatorfunc=       tabstop=8
noautoread             foldexpr=0        nopaste               tagbsearch
noautowrite            foldignore=#        pastetoggle=        tagcase=followic
noautowriteall         foldlevel=0         patchexpr=          taglength=0
  background=light     foldlevelstart=-1   patchmode=          tagrelative
```

```
nobackup             foldmethod=manual nopreserveindent     tagstack
  backupcopy=auto    foldminlines=1      previewheight=12   term=xterm
  backupext=~        foldnestmax=20    nopreviewwindow    notermbidi
  backupskip=/tmp/*  formatexpr=         printdevice=       termencoding=
  balloondelay=600   formatoptions=tcq   printencoding=     notermguicolors
noballoonevalterm    formatprg=          printfont=courier  termkey=
  balloonexpr=       fsync               printmbcharset=    termsize=
  belloff=         nogdefault            printmbfont=       termwinkey=
nobinary             helpheight=20       printoptions=      termwinsize=
— 더 —
```

## 5 환경 설정 파일과 변수 이용

### .exrc 파일에 환경 설정

vi 환경 설정은 사용자 홈 디렉터리에 .exrc 파일로 저장해놓을 수 있다. 이 파일은 기본적으로 없는 파일이므로 사용자가 만들어야 한다. .exrc 파일에 환경을 설정할 때는 다음과 같이 set 명령과 옵션만 지정하면 된다. 이 파일이 있을 경우 vi를 시작할 때마다 확인하므로 모든 파일에 동일하게 적용할 수 있다.

```
set nu
set list
set showmode
```

### EXINIT 환경 변수에 설정하기

vi 환경 설정은 다음과 같이 셸의 환경 변수인 EXINIT에도 가능하다.

```
[user1@localhost ch3]$ EXINIT='set nu list'
[user1@localhost ch3]$ export EXINIT
[user1@localhost ch3]$
```

환경 변수와 관련된 자세한 내용은 4장에서 다룰 것이다. 여기서는 vi 환경 설정에 EXINIT라는 변수를 사용할 수 있다는 것만 알고 지나가도록 한다.

## 연습문제

**01** vi의 동작 모드가 아닌 것은 무엇인가?

① 명령 모드 ② 입력 모드 ③ 마지막 행 모드 ④ 사용자 모드

**02** vi의 환경 설정을 하는 방법이 아닌 것은 무엇인가?

① 사용자 홈 디렉터리에 .exrc 파일로 저장한다.
② vi의 입력 모드에서 명령을 입력한다.
③ 환경 변수 EXINIT에 지정한다.
④ vi의 마지막 행 모드에서 명령으로 설정한다.

**03** 내용을 수정하는 명령키가 아닌 것은 무엇인가?

**04** 입력 모드와 명령 모드의 차이를 간단히 설명하시오.

**05** vi에서 입력 모드로 전환하는 데 쓰이는 세 가지 명령키는 무엇인가?

**06** o 명령키와 O 명령키의 차이를 설명하시오.

**07** i 명령키와 a 명령키의 차이를 예를 들어 설명하시오.

**08** 마지막 행 모드로 이동하는 데 쓰이는 세 가지 명령키는 무엇인가?

**09** 다섯 글자인 단어를 수정하는 데 사용하는 명령키를 나열하시오.

**10** 특정 행으로 이동하는데 사용하는 명령키를 두 가지 이상 나열하시오.

**11** 현재 파일에서 문자열 'linux'를 검색하는 방법을 설명하시오.

**12** 파일의 5~10행 사이에 있는 모든 linux를 LinuX로 고치는 명령은 무엇인가?

**13** 행을 잘라서 붙이기를 할 때는 dd 명령과 p 명령을 사용한다. 단어를 잘라서 붙이기를 할 때는 어떤 명령키를 사용할 수 있는가?

**14** 현재 편집 중인 파일을 중간에 저장하고 계속 편집하려고 할 때 사용하는 명령은 무엇인가?

**15** a.txt 파일의 1행과 3행을 각각 버퍼에 저장하여 b.txt 파일에 붙이기를 하려고 한다. 어떻게 해야 하는지 설명하시오.

**16** vi로 파일을 열었더니 자동으로 행 번호가 붙어있다. 왜 행 번호가 표시되었는지 설명하시오.

**17** 현재 작업 중인 파일에 다른 파일(test3.txt)을 읽어들이는 명령은 무엇인가?

**18** vi에서 작업 중이며, 현재 어떤 모드인지 알 수 없을 때 어떻게 해야 하는지 설명하시오.

**19** 파일을 저장하고 vi를 종료하는 두 가지 명령키를 나열하시오.

**20** q 명령키와 q! 명령키의 차이를 설명하시오.

**21** vi 작업 중에 셸에서 ls 명령을 수행할 필요가 있을 때 vi를 종료하지 않고 셸 명령을 사용하는 방법을 설명하시오.

**22** vi 작업 중에 브로드캐스트 메시지가 화면에 표시되면서 작업 내용이 이상해졌다. 화면을 다시 출력하려면 어떻게 해야 하는가?

# CHAPTER 04
# 셸 사용법



**학습목표**

- 셸의 기능과 종류를 설명할 수 있다.
- 셸 특수문자의 종류를 이해하고 필요에 따라 적절하게 사용할 수 있다.
- 표준 입출력 장치를 이해하고 입출력 방향을 설정할 수 있다.
- 새로운 앨리어스를 만들거나 필요 없는 앨리어스를 삭제할 수 있다.
- 이스케이프 문자를 이해하고 프롬프트를 원하는 형태로 바꿀 수 있다.
- 시스템과 사용자 환경 설정 파일을 구분하고 사용자 환경을 직접 설정할 수 있다.

# 00 개요

## 1 리눅스 학습 맵에서 4장의 위치

4장에서는 2단계의 세 번째 항목인 셸 사용에 도전한다. 셸은 사용자와 리눅스 커널 사이에서 중재자 역할을 하는 소프트웨어로, 사용자는 셸을 통해 리눅스를 사용한다고 할 수 있다. 따라서 더 효율적으로 작업하려면 셸의 기능을 잘 익혀두어야 한다. 이 장을 학습하고 나면 셸에서 단순히 명령만 입력하는 것이 아니라 보다 전문가답게 셸을 사용할 수 있을 것이다.

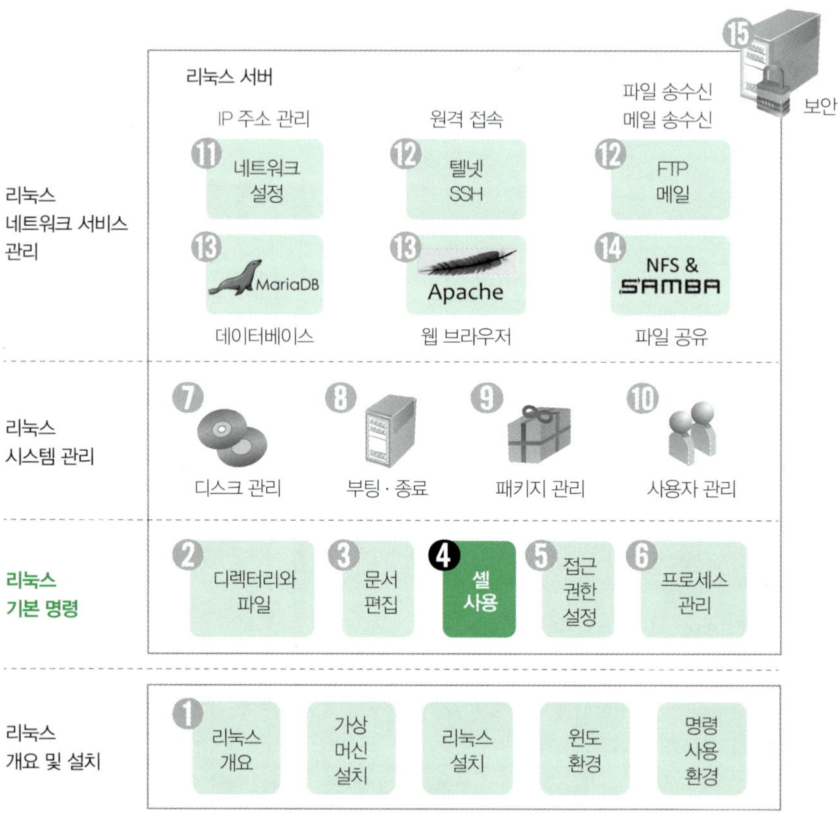

## 2 4장의 내용 구성

3장에서는 대표적인 문서 편집기라고 할 수 있는 vi의 사용법을 배웠다. 이제 vi를 사용하여 원하는 대로 파일을 편집하고 작업할 수 있을 것이다. 리눅스의 기본 명령과 편집기의 사용법을 익혔으므로 이제 셸에 대해 본격적으로 살펴볼 차례다. 1장에서 잠깐 언급했듯이 셸은 리눅스 커널과 사용자를 연결하는 중요한 역할을 수행한다. 사용자가 입력한 내용을 해석하여 관련 명령을 실행하고 그 결과를 출력하므로 사용자는 셸을 통해 리눅스를 만난다고 말할 수 있다. 셸은 유닉스 초기부터 제공되었고 여러 가지 형태로 발전하고 있다. 그중에서도 리눅스의 기본셸로 제공되는 배시셸은 유닉스의 전통적인 셸인 본셸과 호환성을 유지하면서 편리한 기능을 제공하여 리눅스뿐만 아니라 유닉스에서도 널리 사용되고 있다. 이 장에서는 배시셸이 제공하는 다양한 기능을 살펴보고 사용자 환경을 설정하는 방법을 배운다.

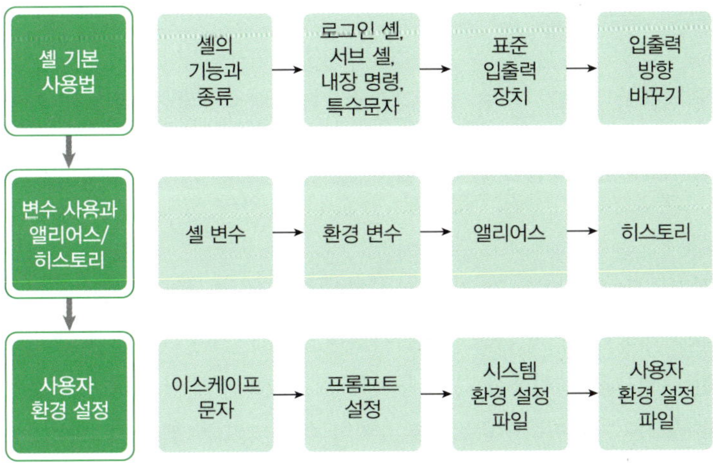

# 01 셸의 기능과 종류

셸은 사용자와 리눅스 커널 사이에서 중간자 역할을 수행한다. 우리가 셸이라고 부르는 특별한 프로그램은 한 가지만 있는 것이 아니다. 최초의 셸인 본셸부터 리눅스 셸이라고도 불리는 배시셸까지 다양한 셸이 있으며, 지금도 계속 새로운 셸이 개발되고 있다. 각 셸이 제공하는 기본적인 기능은 비슷하지만 편리 기능이나 사용자 환경 설정 등에 약간씩 차이가 있다. 여기서는 셸의 핵심 기능과 주요 셸의 특징을 알아본다.

## 1 셸의 기능

셸이 제공하는 기능은 크게 명령어 해석기 기능, 프로그래밍 기능, 사용자 환경 설정 기능 등 크게 세 가지로 구분할 수 있다.

### 명령어 해석기 기능

셸이 제공하는 가장 기본적인 기능은 사용자와 커널 사이에서 명령을 해석하여 전달하는 해석기interpreter와 번역기translator 기능이다. 즉 셸은 사용자가 입력한 명령이나 파일에서 읽어 들인 명령을 해석하고 적절한 프로그램을 실행한다. 사용자가 로그인하면 셸이 자동으로 실행되어 사용자가 명령을 입력하기를 기다린다. 이렇게 로그인할 때 실행되는 셸을 로그인 셸이라고 하며 /etc/passwd 파일에 사용자별로 지정되어 있다.

셸이 사용자의 명령을 기다리고 있음을 나타내는 표시를 프롬프트라고 한다. 셸은 대기 상태로 있다가 사용자가 입력한 명령이나 스크립트를 읽어 들여 우선 이 명령이 셸 자체의 내장 명령인지 판단한다. 내장 명령은 특별한 추가 작업 없이 바로 실행된다. 내장 명령이 아니라면 별도의 명령 파일이 있음을 뜻하므로, 셸은 자식 프로세스를 만들고 이 자식 프로세스가 명령 파일을 실행하게 한다. 자식 프로세스가 명령 파일을 실행하는 동안 부모인 셸은 대기 상태가 되며, 자식 프로세스가 실행을 종료하면 셸의 대기 상태가 해제되어 복귀하면서 다시 프롬프트를 출력한다.

### 프로그래밍 기능

셸은 자체 내에 프로그래밍 기능이 있어서 프로그램도 만들 수 있다. 셸의 프로그래밍 기능을 이용하면 여러 명령을 사용하여 반복적으로 수행하는 작업을 하나의 프로그램으로 만들 수 있는데, 이렇게 작성된 셸 프로그램을 셸 스크립트라고 부른다.

### 사용자 환경 설정 기능

셸은 사용자 환경을 설정할 수 있도록 초기화 파일 기능을 제공한다. 초기화 파일에는 명령을 찾아오는 경로를 설정하거나, 파일과 디렉터리를 새로 생성할 때 적용하는 기본 권한을 설정하거나, 다양한 환경 변수 등을 설정할 수 있다. 사용자가 로그인할 때 이 초기화 파일이 실행되어 사용자별로 특성에 맞게 초기 환경이 설정된다.

## 2 셸의 종류

셸은 유닉스에서 처음 제공하기 시작한 것으로, 대부분의 유닉스 시스템이 지원하는 주요 셸은 본셸, C셸, 콘셸, 배시셸이다. 이 셸들은 일반적으로 명령을 입력하고 실행하는 기능이 비슷하지만 앨리어스 설정이나 초기화 파일, 스크립트를 작성하는 문법 등에 조금 차이가 있다. 각 셸의 특징을 간략하게 살펴보자.

### 본셸

최초의 셸은 유닉스 V7에 처음 등장한 본셸Bourne shell로, 개발자의 이름인 스티븐 본Stephen Bourne의 이름을 딴 것이다. 초기에 본셸은 단순하고 처리 속도가 빨라서 많이 사용되었고, 지금도 시스템 관리 작업을 수행하는 많은 셸 스크립트는 본셸을 기반으로 한다. 본셸의 명령 이름은 sh이다. 그러나 본셸은 히스토리, 앨리어스, 작업 제어 등 사용자의 편의를 위한 기능을 다양하게 제공하지 못해 이후에 다른 셸들이 등장하게 되었다. 현재 본셸은 기존의 오리지널 본셸이 아니라 본셸의 업그레이드 버전이라 할 수 있는 콘셸이나 배시셸로 심볼릭 링크가 되어 있다.

예를 들어 대표적인 유닉스 운영체제 중의 하나인 솔라리스의 경우 솔라리스11에서는 본셸이 배시셸의 심볼릭 링크로 바뀌었고, CentOS도 배시셸로 심볼릭 링크가 되어 있다. 오랜 세월을 지켜온 본셸이 이제 그 사명을 다해 물러나고 있는 것이다. CentOS 8에서 본셸의 경로를 확인해보면 배시셸과 심볼릭 링크로 연결되어 있음을 알 수 있다.

```
[user1@localhost ~]$ ls -l /bin/sh
lrwxrwxrwx. 1 root root 4  5월 10 20:27 /bin/sh → bash
```

### C셸

캘리포니아대학교에서 빌 조이Bill Joy가 개발한 C셸C shell은 2BSD 유닉스에 포함되어 발표되었다. C셸은 본셸의 기능을 확장한 것으로, 본셸에는 없던 앨리어스나 히스토리 같은 사용자 편의 기능을 포함하고 있다. 셸 스크립트 작성을 위한 구문 형식이 C 언어와 같아 C셸이라는 이름을 가지게 되었다. C셸의 명령 이름은 csh이다. C셸은 다양한 사용자 편의 기능을 구현하기 위해 크기가 커지고 처리 속도가 느린 단점이 있으나, 편리한 기능 덕분에 일반 사용자들이 많이 사용했다.

### 콘셸

1980년대 중반 AT&T 벨연구소의 데이비드 콘David Korn이 콘셸Korn shell을 개발했다. 콘셸은 유닉스 SVR 4에 포함되어 발표되었는데, C셸과 달리 본셸과의 호환성을 유지할 뿐만 아니라 히스토리, 앨리어스 기능 등 C셸의 특징도 모두 제공하면서 처리 속도도 빠르다는 장점을 가지고 있다. 콘셸의 명령 이름은 ksh이다. CentOS에서 콘셸은 기본으로 설치되어 있지 않으므로 별도로 설치하여 사용할 수 있다.

### 배시셸

배시셸bash shell은 본셸을 기반으로 개발된 셸로서 1988년 브레인 폭스Brain Fox가 개발했다. 배시셸은 본셸과 호환성을 유지하면서 c셸, 콘셸의 편리한 기능도 포함하고 있다. 배시셸의 명령 이름은 bash이다. 배시셸의 모든 버전은 GPL 라이선스에 의거하여 자유롭게 사용할 수 있다. 배시셸은 GPL을 따르는 공개 소프트웨어로서 리눅스의 기본 셸로 제공되고 있어 리눅스 셸로도 많이 알려졌다. CentOS도 배시셸을 기본 셸로 사용하고 있다.

TIP 배시셸의 명령인 bash는 Bourne Again Shell의 약자다. 본셸을 업그레이드했다는 것을 이름에서도 표현하고 있는 것이다.

# 02 셸 기본 사용법

리눅스의 기본 셸이면서 풍부한 기능을 제공하는 배시셸을 중심으로 기본 셸 지정하고 바꾸기, 셸에서 출력하기, 특수문자 사용하기 등 셸을 사용하는 기본 사용법을 살펴보자.

## 1 셸 지정 및 변경

현재 사용 중인 셸의 종류를 알아보는 가장 쉬운 방법은 프롬프트 모양을 보는 것이 다. 본셸, 콘셸, 배시셸은 기본 프롬프트가 $이고 C셸은 %이다. 프롬프트 모양으로도 잘 모르겠다면 시스템에 저장되어 있는 사용자 정보를 확인하면 된다. 2장에서 배운 grep 명령으로 사용자 정보를 가지고 있는 파일(/etc/passwd)에서 특정 사용자의 정보를 찾아 확인하는 것이다.

```
[user1@localhost ~]$ grep user1 /etc/passwd
user1:x:1000:1000:user1:/home/user1:/bin/bash
```

가장 앞에 나온 정보가 로그인 ID이고 가장 마지막에 나온 /bin/bash가 사용자의 기본 셸이다. user1 사용자는 로그인할 때 사용자의 기본 셸로 배시셸이 지정되는 것이다. 이렇게 사용자가 로그인하면 자동으로 실행되는 기본 셸을 로그인 셸이라고 부른다.

### 기본 셸 변경하기: chsh

CentOS의 기본 셸은 배시셸이지만 사용자가 다른 셸을 기본 셸로 사용하고자 한다면 변경할 수 있다. 물론 그 셸이 리눅스에 설치되어 있어야 한다. 원래 로그인 셸은 사용자가 마음대로 바꿀 수 없고 시스템 관리자에게 요청해야 변경할 수 있다. 그러나 리눅스는 chsh라는 명령을 사용하여 사용자가 자신의 로그인 셸을 바꿀 수 있다. 자기 계정의 암호를 자신이 바꿀 수 있는 것처럼 로그인 셸도 바꿀 수 있도록 명령을 제공하는 것이다.

**chsh**

- **기능** 사용자 로그인 셸을 바꾼다.
- **형식** chsh [옵션] [사용자명]
- **옵션** -s shell: 지정하는 셸(절대 경로)로 로그인 셸을 바꾼다.
  -l: /etc/shells 파일에 지정된 셸을 출력한다.
- **사용 예** chsh -l
  chsh -s /bin/sh user1
  chsh

현재 바꿀 수 있는 셸의 종류는 /etc/shells 파일에 지정되어 있다. 다음과 같이 /etc/shells 파일의 내용을 보면 본셸(/bin/sh)과 배시셸(/bin/bash)이 사용 가능하다는 것을 알 수 있다.

```
[user1@localhost ~]$ cat /etc/shells
/bin/sh
/bin/bash
/usr/bin/sh
/usr/bin/bash
```

/etc/shells 파일의 내용은 chsh -l 명령으로도 확인할 수 있다.

```
[user1@localhost ~]$ chsh -l
/bin/sh
/bin/bash
/usr/bin/sh
/usr/bin/bash
```

로그인 셸을 변경하는 예를 살펴보자. 다음 예는 로그인 셸을 본셸로 바꾸려고 시도하는 것이다. 그냥 셸의 이름만 지정하면 셸의 절대 경로를 입력해야 한다는 메시지가 출력된다.

```
[user1@localhost ~]$ chsh -s sh user1
Changing shell for user1.
chsh: shell must be a full path name    → 절대 경로로 입력하라는 메시지가 출력된다.
```

바꾸려는 셸의 절대 경로를 지정하면 셸이 변경된다.

```
[user1@localhost ~]$ chsh -s /bin/sh user1
Changing shell for user1.
```

```
암호:
Shell changed.    → 로그인 셸이 변경되었다.
```

로그인 셸이 변경되었는지 /etc/passwd 파일을 확인해보면 셸이 /bin/sh로 바뀌어 있다.

```
[user1@localhost ~]$ grep user1 /etc/passwd
user1:x:1000:1000:user1:/home/user1:/bin/sh
```

CentOS의 기본 환경에서 계속 공부하기 위해 user1 사용자의 기본 셸은 다시 배시셸로 바꿔 놓는다.

### 로그인 셸과 서브 셸

사용자는 프롬프트에서 다른 셸을 실행할 수 있는데 이렇게 새로 생성된 셸을 서브 셸이라고 부른다. [그림 4-1]과 같이 서브 셸은 또 다른 서브 셸을 생성할 수 있으며, 여러 개의 셸이 사슬처럼 연결될 수 있다. 서브 셸을 종료하는 명령은 ^d(Ctrl+d), exit 등으로 일반 셸의 로그아웃 명령과 같다. 서브 셸이 종료되면 서브 셸을 실행했던 이전 셸 환경으로 돌아가며, 로그인 셸에서 로그아웃을 하면 접속이 해제된다.

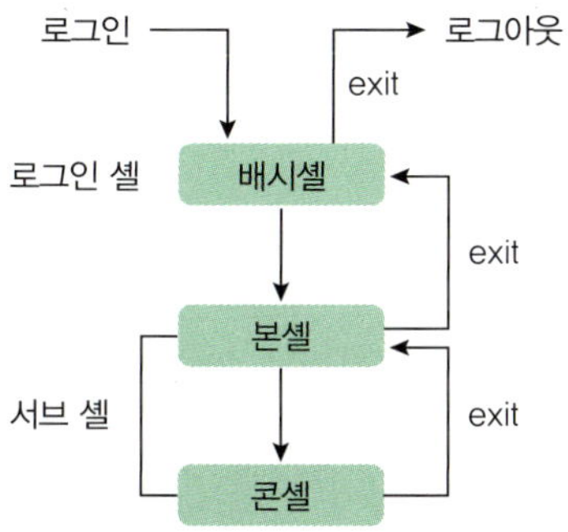


**그림 4-1 로그인 셸과 서브 셸**

## 2 셸 내장 명령

셸은 자체적으로 내장 명령을 가지고 있다. 일반적인 리눅스 명령들이 /bin이나 /usr/bin 디렉터리에 별도의 실행 파일로 있는 것과 달리, 셸 내장 명령은 별도의 실행 파일이 없고 셸 안에 포함되어 있다. 대표적인 셸 내장 명령은 cd인데 /usr/bin 디렉터리를 보면 cd 명령이 파일로 존재한다. 어떻게 된 일인지 알아보자. file 명령으로 /usr/bin/cd 파일의 종류를 확인해보면 다음과 같다.

```
[user1@localhost ~]$ file /usr/bin/cd
/usr/bin/cd: POSIX shell script, ASCII text executable
```

즉 /usr/bin/cd는 셸 스크립트인 것이다. 셸 스크립트는 텍스트 파일이므로 파일의 내용을 볼 수 있다. /usr/bin/cd의 내용을 확인해보면 다음과 같다. 결국 cd는 builtin, 즉 셸 내장 명령인 것이다.

```
[user1@localhost ~]$ cat /usr/bin/cd
#!/bin/sh
builtin cd "$@"
```

그럼, 일반적인 실행 파일은 file 명령으로 확인해보면 어떻게 출력되는지 확인해보자. 예를 들어 /usr/bin/pwd와 /usr/bin/gcc 명령을 확인해보면 shared object나 executable로 출력된다. 둘 다 실행 파일을 의미한다. 실행 파일은 바이너리 파일이므로 cat 명령으로 파일의 내용을 확인할 수 없으므로 주의한다.

```
[user1@localhost ~]$ file /usr/bin/pwd
/usr/bin/pwd: ELF 64-bit LSB shared object, x86-64, version 1 (SYSV), dynamically
linked, interpreter /lib64/ld-linux-x86-64.so.2, for GNU/Linux 3.2.0, BuildID[sha1]=c7
7330cf70af88d0af68f05b1bde8dc6dd7cf3b5, stripped, too many notes (256)
[user1@localhost ~]$ file /usr/bin/gcc
/usr/bin/tmon: ELF 64-bit LSB executable, x86-64, version 1 (SYSV), dynamically
linked, interpreter /lib64/ld-linux-x86-64.so.2, for GNU/Linux 3.2.0, BuildID[sha1]=77
ca9e3bb57f9094c2f6a1047851437e4233e159, stripped
```

## 3 출력 명령

CentOS 배시셸의 출력 명령은 echo와 printf가 있다. 출력 명령은 문자열 출력이나 셸 변수 값 출력, 명령 결과 출력 등에 사용된다. 이 중 echo 명령은 모든 셸에서 공통적으로 제공하는 출력 명령이다.

### echo

- **기능** 화면에 한 줄의 문자열을 출력한다.
- **형식** echo [-n] [문자열]
- **옵션** -n: 마지막에 줄 바꿈을 하지 않는다.
- **사용 예** echo
  echo text
  echo -n text

다음 예는 echo 명령을 사용하여 문자열을 출력하는 것이다. 셸 변수의 출력 등 다른 예는 뒤에서 다시 살펴볼 것이다.

```
[user1@localhost ~]$ echo linux
linux
[user1@localhost ~]$ echo "CentOS Linux"
CentOS Linux
```

다른 출력 명령인 printf는 C 언어의 출력 함수인 printf처럼 % 지시자와 \ 문자를 이용하여 출력 형식을 지정할 수 있다.

### printf

- **기능** 자료를 형식화하여 화면에 출력한다.
- **형식** printf [형식] [인수]
- **옵션** 형식: %d, \n 등 C 언어의 printf 함수의 형식을 지정한다.
- **사용 예** printf text
  printf "text\n"
  printf "%d\n" 100

다음 예를 보면 \n 없이 출력할 경우 줄 바꿈이 되지 않는다. 또 %d와 같은 형식 지정자도 사용할 수 있다. 형식 지정자에 대해 보다 자세한 내용은 C 언어의 printf 함수에 대한 자료를 참고하기 바란다.

```
[user1@localhost ~]$ printf linux
linux[user1@localhost ~]$ printf "CentOS Linux\n"
CentOS Linux
[user1@localhost ~]$ printf "%d + %d = %d \n“ 10 10 20
10 + 10 = 20
```

## 4 특수문자 사용 방법

셸은 사용자가 더욱 편리하게 명령을 입력하고 실행할 수 있도록 다양한 특수문자를 제공한다. 특수문자의 종류와 사용법은 모든 셸에서 거의 비슷한데 여기서는 배시셸을 기준으로 설명하겠다. 특수문자는 셸에서 특별한 의미를 가진 문자로 각 특수문자에 따라 특수 기능을 수행한다. 주요 특수문자는 *, ?, |, ;, [ ], ~, ' ', " ", ` ` 등이 있다. 사용자가 명령을 입력하면 셸은 먼저 입력한 내용 중에 특수문자가 있는지 확인하고 이를 해독하여 적절한 형태로 변경한 후 명령을 실행한다. 특수문자 명령 사용법을 살펴보자.

### 특수문자 *

*(별표)는 임의의 문자열을 나타내는 특수문자로 흔히 사용하는 특수문자 중 하나다. 셸에서 *는 0개 이상의 문자로 대체된다. 주로 여러 파일의 이름을 나열할 때 파일 이름을 간단히 표시하는 데 사용된다. 명령을 실행할 때 파일명을 적어야 하는 자리에 *를 사용하면 모든 파일을 나타낸다.

**표 4-1 특수문자 ***

| 사용 예 | 의미 |
|---|---|
| ls * | 현재 디렉터리의 모든 파일과 서브 디렉터리를 나열한다. 서브 디렉터리의 내용도 출력한다. |
| cp * /tmp | 현재 디렉터리의 모든 파일을 /tmp 디렉터리 아래로 복사한다. |
| ls -F t* | t, tmp, temp와 같이 파일명이 t로 시작하는 모든 파일의 이름과 파일 종류를 출력한다. t도 해당한다는 데 주의한다. |
| cp *.txt ../ch3 | 확장자가 txt인 모든 파일을 상위 디렉터리 아래의 ch3 디렉터리로 복사한다. |
| ls -l h*d | 파일명이 h로 시작하고 d로 끝나는 모든 파일의 상세 정보를 출력한다. hd, had, hard, h12345d 등 이 조건에 맞는 모든 파일의 정보를 볼 수 있다. |

### 특수문자 ?와 [ ]

?(물음표)와 [ ](대괄호)는 모두 하나의 문자를 나타내는 데 사용된다. ?는 길이가 1인 임의의 한 문자를, [ ]는 괄호 안에 포함된 문자 중 하나를 나타낸다. [ ]는 사용할 여러 문자를 나열하거나 범위를 지정할 수 있으며, 다른 특수문자와 혼합하여 사용할 수도 있다.

표 4-2 특수문자 ?와 [ ]

| 사용 예 | 의미 |
|---|---|
| ls t?.txt | t 다음에 임의의 한 문자가 오고 파일의 확장자가 txt인 모든 파일의 이름을 출력한다. t1.txt, t2.txt, ta.txt 등이 해당된다. 단, t.txt는 제외한다. |
| ls -l tmp[135].txt | tmp 다음에 1, 3, 5 중 하나가 오고 파일의 확장자가 txt인 모든 파일의 이름을 출력한다. tmp1.txt, tmp3.txt, tmp5.txt 파일이 있으면 해당 파일의 상세 정보를 출력한다. 단, tmp.txt는 제외한다. |
| ls -l tmp[1-3].txt | [1-3]은 1부터 3까지의 범위를 의미한다. 따라서 ls -l tmp[123].txt와 결과가 같다. 즉 tmp1.txt, tmp2.txt, tmp3.txt 파일이 있으면 해당 파일의 상세 정보를 출력한다. |
| ls [0-9]* | 파일명이 숫자로 시작하는 모든 파일의 목록을 출력한다. |
| ls [A-Za-z]*[0-9] | 파일명이 영문자로 시작하고 숫자로 끝나는 모든 파일의 목록을 출력한다. |

## 특수문자 ~와 -

~(틸드)와 -(하이픈)은 디렉터리를 나타내는 특수문자다. ~만 사용하면 현재 작업 중인 사용자의 홈 디렉터리를 나타내고, 다른 사용자의 로그인 ID와 함께 사용하면(~로그인 ID) 해당 사용자의 홈 디렉터리를 나타낸다. -는 cd 명령으로 현재 디렉터리로 이동하기 직전의 디렉터리를 나타낸다.

표 4-3 특수문자 ~와 -

| 사용 예 | 의미 |
|---|---|
| cp *.txt ~/ch3 | 확장자가 txt인 모든 파일을 현재 작업 중인 사용자의 홈 디렉터리 아래 tmp 디렉터리로 복사한다. |
| cp ~user2/linux.txt . | user2라는 사용자의 홈 디렉터리 아래에서 linux.txt 파일을 찾아 현재 디렉터리로 복사한다. |
| cd - | 이전 작업 디렉터리로 이동한다. |

## 특수문자 ;과 |

;(세미콜론)과 |(파이프)는 명령과 명령을 연결한다. ;은 연결된 명령을 왼쪽부터 차례로 실행하고, |는 왼쪽 명령의 실행 결과를 오른쪽 명령의 입력으로 전달한다. [표 4-4]의 사용 예를 통해 두 특수문자의 사용법을 확인해보자.

표 4-4 특수문자 ;과 |

| 사용 예 | 의미 |
|---|---|
| date ; ls ; pwd | 왼쪽부터 차례대로 명령을 실행한다. 즉 날짜를 출력한 후 현재 디렉터리의 파일 목록을 출력하고, 마지막으로 현재 작업 디렉터리의 절대 경로를 보여준다. |
| ls -al / \| more | 루트 디렉터리에 있는 모든 파일의 상세 정보를 한 화면씩 출력한다. ls -al / 명령의 결과가 more 명령의 입력으로 전달되어 페이지 단위로 출력되는 것이다. |

## 특수문자 ' '와 " "

' '(작은따옴표)와 " "(큰따옴표)는 문자를 감싸서 문자열로 만들어주고, 문자열 안의 특수문자 기능을 없앤다. *, ?, ; 등을 파일 이름에 사용하거나 화면에 메시지로 출력하려고 할 때 셸이 이 문자를 특수문자로 간주하여 미리 처리하지 않도록 해야 하는데, 이때 따옴표를 사용한다. ' '는 모든 특수문자를, " "는 $, `, \을 제외한 모든 특수문자를 일반 문자로 간주하여 처리한다.

셸 변수에 저장된 값을 출력할 때 셸 변수 앞에 $를 붙인다. [표 4-5]의 사용 예를 보면 $를 문자 그대로 사용하려면 작은따옴표를 쓰고, 셸 변수의 값으로 처리하려면 큰따옴표를 사용한다는 것을 알 수 있다.

표 4-5 특수문자 ' '와 " "

| 사용 예 | 의미 |
|---|---|
| echo '$SHELL' | $SHELL 문자열이 화면에 출력된다. |
| echo "$SHELL" | 셸 환경 변수인 SHELL에 저장된 값인 현재 셸의 종류가 화면에 출력된다. /bin/bash를 예로 들 수 있다. |

## 특수문자 ` `

` `(백쿼터)는 키보드 상단의 숫자 1 키 앞에 있는 문자를 사용한다. 모양이 작은따옴표(' ')와 유사하므로 주의해야 한다. 셸은 ` `로 감싸인 문자열을 명령으로 해석하여 명령의 실행 결과가 바뀌게 된다.

**표 4-6 특수문자 ` `**

| 사용 예 | 의미 |
|---|---|
| echo "Today is `date`" | `date`가 명령으로 해석되어 date 명령의 실행 결과로 바뀐다. 결과적으로 다음과 같이 출력된다. Today is 2019. 11. 01. (금) 22:10:35 EDT |
| ls /usr/bin/`uname -m` | uname -m 명령의 실행 결과를 문자열로 바꾸어 파일 이름으로 사용한다. |

## 특수문자 \

\(역슬래시, ₩와 동일함)는 특수문자 바로 앞에 사용하며, 해당 특수문자의 효과를 없애고 일반 문자처럼 처리한다.

**표 4-7 특수문자 **

| 사용 예 | 의미 |
|---|---|
| ls -l t* | t*라는 이름을 가진 파일의 상세 정보를 출력한다. \ 없이 t*를 사용하면 t로 시작하는 모든 파일의 상세 정보를 출력한다. |
| echo \$SHELL | $SHELL을 화면에 출력한다. echo '$SHELL'과 결과가 같다. |

## 특수문자 〉, 〈, 〉〉

〉, 〈, 〉〉는 입출력의 방향을 바꾸는 특수문자로 다음 절에서 자세히 설명하겠다.

**표 4-8 특수문자 〉, 〈, 〉〉**

| 사용 예 | 의미 |
|---|---|
| ls -l 〉 res | ls -l 명령의 실행 결과를 화면이 아닌 res 파일에 저장한다. |

# 03 입출력 방향 변경

지금까지 공부하면서 키보드로 명령을 입력하고 실행 결과는 화면에 출력되었다. 만약 명령의 실행 결과를 파일로 저장하려면 어떻게 해야 할까? 입력도 키보드로 하는 것이 아니라 파일에서 읽어오도록 할 수는 없을까? 리눅스에서 입력과 출력으로 사용하는 장치를 바꾸면 출력을 화면이 아닌 파일에 하고 입력도 파일에서 받을 수 있다. 이 절에서는 입출력 장치를 바꾸는 방법을 알아본다.

## 1 표준 입출력 장치

리눅스에서 셸이 작업을 수행하는 데 필요한 정보를 받아들이는 장치를 표준 입력 장치라 하고, 실행 결과를 내보내는 장치를 표준 출력 장치라 한다. 표준 출력과 별도로 오류 메시지를 내보내는 장치를 표준 오류 장치라고 한다. 기본적으로 표준 입력 장치는 키보드로 설정되어 있고, 표준 출력 및 표준 오류 장치는 화면(모니터)으로 설정되어 있다.

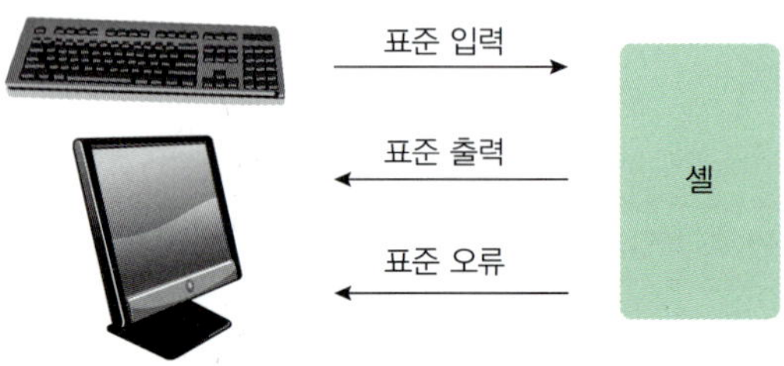


그림 4-2 표준 입출력 장치

2장에서 리눅스는 장치도 파일로 관리한다고 했다. 셸은 작업 중 필요한 파일에 일련번호를 붙여서 관리하며 이를 '파일 디스크립터file desctiptor'라고 한다. 표준 입출력 장치도 파일로 관리되기 때문에 [표 4-9]와 같이 파일 디스크립터가 부여되어 있다. 입출력 장치를 변경할 때는 이 파일 디스크립터를 사용한다.

**표 4-9 표준 입출력 장치의 파일 디스크립터**

| 파일 디스크립터 | 파일 디스크립터 대신 사용하는 이름 | 정의 |
|---|---|---|
| 0 | stdin | 명령의 표준 입력 |
| 1 | stdout | 명령의 표준 출력 |
| 2 | stderr | 명령의 표준 오류 |

표준 입출력 장치를 파일로 바꾸기 위해서는 [표 4-8]에서 살펴본 특수문자를 사용한다. 표준 입출력 장치를 파일로 바꾸는 것을 '리다이렉션redirection'이라고 하는데, 리다이렉션을 어떻게 하는지 자세히 알아보자.

## 2 출력 리다이렉션

출력의 방향을 바꾸는 출력 리다이렉션은 두 가지 방법이 있다. 두 방법의 차이는 출력 결과를 저장할 파일이 이미 존재하는 파일일 경우, 기존 파일의 내용을 유지할 것인지 여부이다. 기존 파일의 내용을 삭제하고 새로 결과를 저장할 때는 >를, 기존 파일의 내용 뒤에 결과를 추가할 때는 >>를 사용한다. 각 방법을 자세히 알아보자.

### 파일 덮어쓰기: >

표준 출력 파일을 바꾸는 특수문자는 >이다. 다음과 같은 형식으로 사용할 수 있다.

**>**

- **기능** 파일 리다이렉션(덮어쓰기)을 한다.
- **형식** 명령 1> 파일명
  명령 > 파일명

첫 번째 형식의 1은 [표 4-9]의 파일 디스크립터 1번을 의미한다. 즉, 지정한 파일을 1번 파일로 간주하겠다는 것이다. 1번이 표준 출력(화면)이므로 이를 대신하여 지정한 파일을 사용한다는 것은 결과적으로 표준 출력이 파일로 바뀌는 것을 의미한다. 파일 디스크립터 1은 생략 가능하며, 보통 1이 생략된 두 번째 형식을 사용한다.

셸은 >를 사용한 리다이렉션에서 지정한 파일명의 파일이 없으면 파일을 생성하여 명령의 수행 결과를 저장한다. 만약 해당 파일이 있으면 기존 내용이 없어지고 명령의 수행 결과로 대체되므로 출력 리다이렉션을 사용할 때는 먼저 해당 이름의 파일이 있는지 확인해야 한다. 다음 예에서는 파일을 생성해야 하므로 실습을 위해 linux_ex 디렉터리 아래에 ch4 디렉터리를 생성하고 이 디렉터리에서 작업한다.

```
[user1@localhost ~]$ mkdir linux_ex/ch4
[user1@localhost ~]$ cd linux_ex/ch4
[user1@localhost ch4]$ ls out1                    → out1이 있는지 확인한다.
ls: cannot access 'out1': 그런 파일이나 디렉터리가 없습니다
[user1@localhost ch4]$ ls -al                     → 명령의 결과가 화면(표준 출력)으로 출력된다.
합계 0
drwxrwxr-x. 2 user1 user1  6 11월  2 01:14 .
drwxrwxr-x. 4 user1 user1 28 11월  2 01:14 ..
[user1@localhost ch4]$ ls -al > out1              → 명령의 결과를 out1 파일에 저장한다.
[user1@localhost ch4]$ cat out1                   → 파일 내용을 확인한다.
합계 0
drwxrwxr-x. 2 user1 user1 18 11월  2 01:19 .
drwxrwxr-x. 4 user1 user1 28 11월  2 01:14 ..
-rw-rw-r--. 1 user1 user1  0 11월  2 01:19 out1
[user1@localhost ch4]$ date > out1                → 명령의 결과를 out1 파일에 저장한다.
[user1@localhost ch4]$ cat out1                   → ls 명령의 실행 결과가 없어졌다.
2019. 11. 02. (토) 14:21:36 KST
```

위의 예에서는 ls -al 명령의 결과를 out1로 리다이렉션했다가 다시 date 명령의 결과를 out1로 리다이렉션했다. 두 번 모두 특수문자 >를 사용했으므로 파일 내용을 덮어쓴다. 따라서 최종적으로 수행한 리다이렉션만 파일에 남아 date 명령의 결과가 저장된 것이다.

다음과 같이 set 명령을 사용하면 예상치 않게 파일 내용을 덮어쓰는 일을 예방할 수 있다. 이를 항상 적용하려면 나중에 배울 사용자 초기화 파일에 해당 설정을 추가하면 된다.

```
[user1@localhost ch4]$ set -o noclobber
[user1@localhost ch4]$ ls > out1
-bash: out1: cannot overwrite existing file
```

이 설정을 해제하려면 다음과 같이 + 옵션을 사용한다.

```
[user1@localhost ch4]$ set +o noclobber
[user1@localhost ch4]$ ls > out1
```

일반적으로 cat 명령은 파일의 내용을 화면에 출력할 때 사용한다. 그러나 cat 명령은 표준 입력으로부터 입력을 받아 표준 출력으로 보낼 수도 있다. 따라서 다음 예와 같이 cat 명령의 결과를 파일로 리다이렉션하면 키보드의 입력을 새로운 파일로 저장할 수 있다. 다시 말해 새로운 파일을 생성하는 것이다.

```
[user1@localhost ch4]$ cat > out1          → 표준 입력을 받아 out1에 저장한다.
CentOS Linux                               → 내용을 입력한다.
I love Linux.
^D                                         → 입력을 종료한다.
[user1@localhost ch4]$ cat out1            → 파일 내용을 확인한다.
CentOS Linux
I love Linux.
```

### 파일에 내용 추가하기: >>

표준 출력을 리다이렉션하는 두 번째 특수문자는 >>다. >>는 명령의 실행 결과를 지정한 파일의 끝에 덧붙인다. 사용 형식은 다음과 같다.

**>>**

- **기능** 파일에 내용을 추가한다.
- **형식** 명령 >> 파일명

>>를 사용한 출력 리다이렉션에서는 지정한 파일명의 파일이 없으면 파일을 생성하고, 해당 파일이 있으면 그 파일의 끝에 명령의 실행 결과를 추가한다.

```
[user1@localhost ch4]$ cat out1            → 기존 파일 내용을 확인한다.
CentOS Linux
I love Linux.
[user1@localhost ch4]$ date >> out1        → 리다이렉션한다(내용 추가).
[user1@localhost ch4]$ cat out1            → 파일 내용을 확인한다.
CentOS Linux
I love Linux.
2019. 11. 02. (토) 14:31:14 KST            → 추가된 내용이다.
```

## 3 오류 리다이렉션

명령을 실행하는 과정에서 셸이 화면에 출력하는 메시지는 두 가지다. 하나는 명령의 정상적인 실행 결과이고, 또 하나는 명령 실행 중 발생하는 오류 메시지다. 정상적인 실행 결과는 앞서 살펴본 것처럼 표준 출력이고, 오류 메시지는 표준 오류라고 한다. 표준 오류도 기본적으로 화면에 출력되며 표준 출력처럼 리다이렉션할 수 있다. 다음 예를 통해 표준 출력과 표준 오류를 확인해보자.

```
[user1@localhost ch4]$ ls
out1                                                         → 정상 실행(표준 출력)
[user1@localhost ch4]$ ls /abc
ls: cannot access '/abc': 그런 파일이나 디렉터리가 없습니다    → 오류 메시지(표준 오류)
```

첫 번째 ls 명령은 정상적으로 처리되어 out1이라는 파일 목록이 표준 출력 장치로 출력되었다. 그러나 두 번째 ls 명령은 정상적으로 처리되지 않았기 때문에 오류 메시지가 표준 오류 장치로 출력되었다. 표준 출력과 표준 오류 모두 기본 장치가 화면으로 지정되어 있어서 같은 것처럼 보이지만 실은 다르게 관리되고 있다. 이 두 가지가 다르다는 것을 확인하기 위해 위의 두 명령을 실행하면서 표준 출력을 리다이렉션해보자.

```
[user1@localhost ch4]$ ls > ls.out                          → 표준 출력 리다이렉션
[user1@localhost ch4]$ ls /abc > ls.err                     → 표준 출력 리다이렉션
ls: cannot access '/abc': 그런 파일이나 디렉터리가 없습니다 → 오류 메시지가 화면에 출력된다.
[user1@localhost ch4]$ cat ls.err                           → 오류 메시지가 저장되지 않았다.
[user1@localhost ch4]$ cat ls.out                           → 표준 출력 내용이 출력된다.
ls.out
out1
```

앞의 예를 보면 표준 출력은 정상적으로 리다이렉션되어 결과가 ls.out 파일에 저장되었지만 오류 메시지는 ls.err 파일에 저장되지 않고 화면에 그대로 출력되었다. 오류 메시지는 표준 출력이 아니기 때문에 리다이렉션되지 않은 것이다.

[표 4-9]를 보면 표준 출력은 1번, 표준 오류는 2번 장치 파일이다. 따라서 〉로는 표준 오류가 리다이렉션되지 않는다. 〉는 1〉와 같은 것으로, 결국 1번 파일 대신에 사용한 파일명을 지

정하는 것이기 때문이다. 그럼 2번인 표준 오류는 어떻게 리다이렉션할까? 표준 오류 메시지를 파일에 저장하는 방법은 다음과 같다.

**2>**

- **기능** 표준 오류 메시지를 파일에 저장한다.
- **형식** 명령 2> 파일명

2>는 2번 파일, 즉 stderr 파일로 나갈 내용을 지정한 파일에 저장하라고 셸에 알려주는 것이다. 오류 리다이렉션에서는 파일 디스크립터 번호를 생략할 수 없다. 다음 예에서 오류 메시지를 새로운 파일로 리다이렉션해보자.

```
[user1@localhost ch4]$ ls /abc 2> ls.err                → 표준 오류를 리다이렉션한다.
[user1@localhost ch4]$ cat ls.err
ls: cannot access '/abc': 그런 파일이나 디렉터리가 없습니다  → 파일에 저장된 메시지이다.
```

### 표준 출력과 표준 오류를 한 번에 리다이렉션하기

명령의 정상적인 실행 결과와 오류 메시지를 한 번에 리다이렉션하여 각각 파일에 저장하려면 >와 2>를 함께 사용하면 된다. 다음 예에서 ls.out 파일과 ls.err 파일의 내용이 무엇일지 예상한 후 확인해보자.

```
[user1@localhost ch4]$ ls . /abc > ls.out 2> ls.err
```

### 오류 메시지 버리기

명령 실행 중 나타나는 오류 메시지를 무시하고 싶을 때는 리눅스의 특수 파일인 /dev/null을 사용하면 된다. /dev/null 파일은 버리고 싶은 내용을 담는 장치 파일로, 이 파일로 전달된 모든 내용은 시스템에서 사라지고 복구할 수 없다.

```
[user1@localhost ch4]$ ls /abc 2> /dev/null
```

### 표준 출력과 표준 오류를 한 파일로 리다이렉션하기

표준 출력과 표준 오류를 한 파일에 저장할 수도 있다. 덮어쓰지 않을까 우려가 되겠지만, 다음과 같이 실행하면 깔끔하게 모든 출력과 오류 메시지를 한 파일로 리다이렉션할 수 있다.

❶ 명령의 정상 실행 결과를 파일로 리다이렉션한다(>).

❷ 그 명령 전체의 오류 메시지를 1번 파일(표준 출력 파일, &1이라고 표현함)로 리다이렉션한다(2>).

이와 같이 하면 ❶번을 실행하면서 표준 출력이 먼저 변경된다. 표준 출력이 변경된 다음이므로 ❷번에서는 오류 메시지를 1번 파일로 보내기만 하면 된다. ❷는 2>&1과 같이 지정한다. 이는 2번 파일을 1번으로 리다이렉션하라는 뜻이다. 이때 2>와 &1 사이에 공백이 있으면 안 된다.

```
[user1@localhost ch4]$ ls . /abc > ls.out 2>&1
[user1@localhost ch4]$ cat ls.out
ls: cannot access '/abc': 그런 파일이나 디렉터리가 없습니다        → 오류 메시지를 저장한다.
.:                                                                   → 현재 디렉터리 내용이다.
ls.err
ls.out
out1
```

## 4 입력 리다이렉션

<는 표준 입력 장치 파일을 리다이렉션하는 기능을 제공하는 특수문자다. <를 이용하여 표준 입력을 바꾸는 방법은 다음과 같다.

**<**

- **기능** 표준 입력을 바꾼다.
- **형식** 명령 0< 파일명
  명령 < 파일명

cat 명령은 파일의 내용이나 키보드로 입력을 받아 화면에 출력하는 명령이다. cat 명령이 파일을 읽어서 출력하는 기능은 <를 생략한 것으로, 표준 입력이 자동으로 파일로 리다이렉션한 것이다. 다음 예를 통해 비교해보자.

```
[user1@localhost ch4]$ cat out1          → 파일 내용을 출력한다(< 생략).
CentOS Linux
I love Linux.
```

```
2019. 11. 02. (토) 14:31:14 KST
[user1@localhost ch4]$ cat < out1          → 표준 입력을 리다이렉션한다(< 사용).
CentOS Linux
I love Linux.
2019. 11. 02. (토) 14:31:14 KST
[user1@localhost ch4]$ cat 0< out1         → 표준 입력을 리다이렉션한다(0< 사용).
CentOS Linux
I love Linux.
2019. 11. 02. (토) 14:31:14 KST
```

**따라해보기** **특수문자 사용하고 입출력 방향 바꾸기**

❶ 현재 디렉터리에서 l(소문자 L)로 시작하는 모든 파일의 상세 정보를 확인한다.

```
[user1@localhost ch4]$ ls -l l*
```

❷ 임시로 사용할 temp 디렉터리를 만든다.

```
[user1@localhost ch4]$ mkdir temp
```

❸ l로 시작하는 모든 파일을 temp 디렉터리로 이동한다.

```
[user1@localhost ch4]$ mv l* temp
```

❹ uname 명령은 운영체제의 이름을 출력한다. 이 명령을 사용하여 'This is Linux System.'이라는 문장을 출력한다. 백쿼터 기호를 작은따옴표와 헷갈리지 않도록 유의한다.

```
[user1@localhost ch4]$ echo "This is `uname` System."
This is Linux System.
```

❺ 출력 방향 바꾸기를 통해 ❹번 명령의 실행 결과를 u.out 파일에 저장한다.

```
[user1@localhost ch4]$ echo "This is `uname` System." > u.out
```

❻ date 명령의 실행 결과를 u.out 파일에 저장한다. u.out 파일에는 어떤 내용이 남아 있을지 생각해본다.

```
[user1@localhost ch4]$ date > u.out
```

**혼자해보기 특수문자 사용하고 입출력 방향 바꾸기**

❶ 특수문자 *를 사용하여 temp 디렉터리로 이동한 모든 파일을 현재 디렉터리로 복사한다.

❷ uname -n 명령은 호스트 이름을 출력한다. 이 명령과 특수문자 ` `를 사용하여 'This system name is ****.'와 같이 출력되도록 명령을 실행한다. ****에는 실제 호스트 이름이 출력되어야 한다.

❸ ❷번에서 실행한 결과를 출력 방향 바꾸기로 un.out 파일에 저장한다.

❹ 현재 디렉터리의 파일 목록을 출력 방향 바꾸기로 ls.out 파일에 저장한다.

❺ un.out, ls.out 파일의 내용을 모두 출력 방향 바꾸기를 사용하여 u.dat 파일에 추가한다. 명령을 한 번에 실행해야 한다.

# 04 배시셸 환경 설정

셸은 셸의 환경을 설정하기 위한 값을 저장할 수 있도록 변수를 제공한다. 이 변수를 이용하여 사용자마다 각각 원하는 환경을 설정할 수 있다. 이 변수에는 사용자 정보, 명령을 찾아오는 경로, 각 사용자의 프롬프트 모양 등 다양한 정보가 저장되어 있어 사용자의 작업 환경을 더욱 편리하게 설정할 수 있도록 해준다. 이 절에서는 셸 변수와 환경 변수를 설정하고 해제하는 방법과 리눅스가 제공하는 주요 환경 변수의 용도를 알아본다.

## 1 셸 변수와 환경 변수

셸이 사용하는 변수에는 셸 변수와 환경 변수가 있다. 셸 변수는 현재 셸에서만 사용이 가능하고 서브 셸로는 전달되지 않지만, 환경 변수는 현재 셸뿐만 아니라 서브 셸로도 전달된다. 셸 변수는 해당 셸의 지역 변수이고, 환경 변수는 현재 셸과 서브 셸에서 공통적으로 사용할 수 있는 전역 변수라고 보면 된다. [그림 4-3]을 보면 셸 변수는 각 셸별로 따로 지정되어 서로 독립적인 반면, 환경 변수는 로그인 셸과 서브 셸 모두 공통적으로 적용된다.

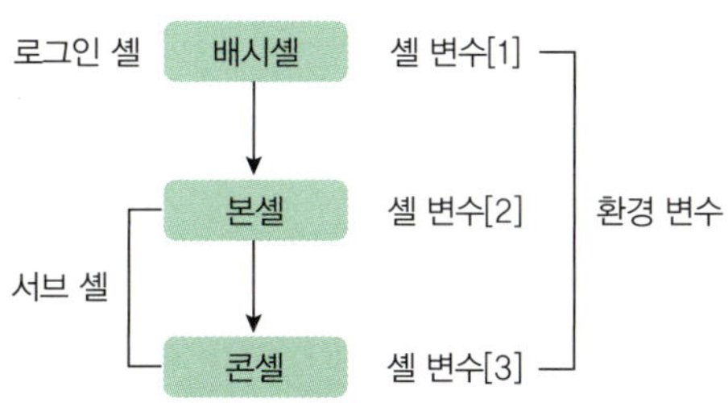


**그림 4-3 셸 변수와 환경 변수**

일반적으로 환경 변수의 이름에는 대문자를 사용한다. 소문자로 지정해도 문제는 없지만 관습적으로 대문자를 사용하므로 특별한 이유가 없는 한 따르는 것이 좋다. 환경 변수 중에서 자주 사용하는 주요 변수는 [표 4-10]과 같다.

표 4-10 주요 셸 환경 변수

| 환경 변수 | 의미 | 환경 변수 | 의미 |
|---|---|---|---|
| HISTSIZE | 히스토리 저장 크기 | PATH | 명령을 탐색할 경로 |
| HOME | 사용자 홈 디렉터리의 절대 경로 | PWD | 작업 디렉터리의 절대 경로 |
| LANG | 사용하는 언어 | SHELL | 로그인 셸 |
| LOGNAME | 사용자 계정 이름 | | |

## 2 셸 변수와 환경 변수 출력

### 전체 변수 출력하기: set, env

셸의 변수를 출력하는 명령은 set과 env이다. 이 중 set은 셸 변수와 환경 변수를 모두 출력하고 env는 환경 변수만 출력한다. set은 변수뿐만 아니라 함수로 정의된 것들도 출력한다. 두 명령을 실행해보면 set으로 출력되는 내용이 훨씬 많다. 먼저 set 명령의 실행 결과는 다음과 같다(사용자에 따라 조금씩 다를 수 있다).

```
[user1@localhost ch4]$ set
BASH=/bin/bash
BASHOPTS=checkwinsize:cmdhist:complete_fullquote:expand_aliases:extglob:extquote
:force_fignore:histappend:interactive_comments:login_shell:progcomp:promptvars:s
ourcepath
BASHRCSOURCED=Y
BASH_ALIASES=()
BASH_ARGC=()
(중략)
quote_readline ()
{
    local quoted;
    _quote_readline_by_ref "$1" ret;
    printf %s "$ret"
}
```

env 명령의 실행 결과는 다음과 같다.

```
[user1@localhost ch4]$ env
LS_COLORS=rs=0:di=01;34:ln=01;36:mh=00:pi=40;33:so=01;35:do=01;35:bd=40;33;01:cd
=40;33;01:or=40;31;01:mi=01;05;37;41:su=37;41:sg=30;43:ca=30;41:tw=30;42:ow=34;4
(생략)
PATH=/home/user1/.local/bin:/home/user1/bin:/usr/local/bin:/usr/bin:/usr/local/s
bin:/usr/sbin
HISTSIZE=1000
LESSOPEN=||/usr/bin/lesspipe.sh %s
_=/usr/bin/env
OLDPWD=/home/user1
```

### 특정 변수 출력하기: echo

전체 변수를 한 번에 출력하지 않고 개별 변수의 값을 출력할 수도 있다. 이때는 앞에서 배운 echo 명령을 사용한다. 변수의 값을 출력할 때는 변수명 앞에 특수문자 $를 붙여야 한다. 나음 예는 사용자의 로그인 셸을 저장하고 있는 환경 변수인 SHELL 변수의 값을 출력한 것이다.

```
[user1@localhost ch4]$ echo $SHELL
/bin/bash
```

## 3 셸 변수와 환경 변수 설정

셸 변수를 설정하는 방법은 다음과 같다. 이때 변수명과 문자열 사이에 공백이 있으면 안 된다.

**셸 변수 정의**

- **형식** 변수명=문자열
- **사용 예** SOME=test

셸 변수를 설정하는 예를 보면 다음과 같다.

```
[user1@localhost ch4]$ SOME=test
[user1@localhost ch4]$ echo $SOME
test
```

set 명령과 env 명령으로 각각 확인해보면, env 명령으로는 SOME 변수를 확인할 수 없다. SOME이 아직 환경 변수로 설정되지 않았기 때문이다.

```
[user1@localhost ch4]$ set | grep SOME
SOME=test
[user1@localhost ch4]$ env | grep SOME
```

### 환경 변수 설정하기: export

환경 변수를 설정하려면 먼저 셸 변수를 정의하고, export 명령을 사용하여 이를 환경 변수로 바꾼다. export는 셸 내장 명령이다.

**환경 변수 정의**

- **기능** 지정한 셸 변수를 환경 변수로 바꾼다.
- **형식** export [옵션] [셸 변수]
- **옵션** -n: 환경 변수를 셸 변수로 변경한다.
- **사용 예** export
  export SOME
  export SOME=test

앞에서 설정한 셸 변수인 SOME을 다음과 같이 환경 변수로 변경할 수 있다.

```
[user1@localhost ch4]$ export SOME
[user1@localhost ch4]$ env | grep SOME
SOME=test
```

export 명령과 함께 변수를 정의하면 한 번에 환경 변수로 설정할 수도 있다.

```
[user1@localhost ch4]$ export SOME1=test1
[user1@localhost ch4]$ echo $SOME1
test1
[user1@localhost ch4]$ env | grep SOME
SOME=test
SOME1=test1
```

### 환경 변수를 다시 셸 변수로 변경하기: export -n

export 명령으로 환경 변수로 전환한 셸 변수를 다시 셸 변수로 변경하려면 export -n 명령을 사용한다. 다음 예는 앞에서 환경 변수로 설정했던 SOME1을 다시 셸 변수로 바꾸는 것이다. env 명령으로 확인해보면 SOME은 보이지만 SOME1은 보이지 않는다.

```
[user1@localhost ch4]$ export -n SOME1
[user1@localhost ch4]$  env | grep SOME
SOME=test
```

## 4 변수 해제

지정한 변수를 해제할 때는 unset 명령을 사용한다.

**unset**

- **기능** 지정한 변수를 해제한다.
- **형식** unset [변수]
- **사용 예** unset SOME

앞의 예에서 설정했던 SOME, SOME1 변수를 해제해보자.

```
[user1@localhost ch4]$ unset SOME
[user1@localhost ch4]$ unset SOME1
[user1@localhost ch4]$ echo $SOME

[user1@localhost ch4]$ echo $SOME1

[user1@localhost ch4]$
```

변수 설정이 해제되었으므로 아무 값도 출력되지 않는다.

# 05 앨리어스와 히스토리

셸은 앨리어스와 히스토리라는 편리한 기능을 제공한다. 이 기능은 원래 본셸에는 없던 것으로 c셸에서 처음 등장하여 이후 콘셸과 배시셸에서 모두 제공하고 있다. 앨리어스는 복잡한 명령을 짧은 별명으로 사용할 수 있게 해주고, 히스토리는 앞에서 입력했던 명령을 다시 불러서 사용하는 것이다. 이를 좀 더 자세히 살펴보자.

## 1 앨리어스

앨리어스alias는 우리말로 '별명'을 뜻하며, 기존의 명령을 대신하여 다른 이름(별칭)을 붙일 수 있도록 하는 기능이다. 앨리어스를 활용하면 긴 명령 대신 짧은 명령을 만들어 사용할 수 있고, 여러 명령을 연결하여 하나의 명령으로 만들 수도 있으며, 자주 사용하는 옵션을 포함하여 새로운 이름을 붙여서 사용할 수도 있다. 앨리어스를 만들 때는 alias 명령을 사용한다.

**alias**

- **기능** 앨리어스를 생성한다.
- **형식** alias 이름='명령'
- **사용 예** alias: 현재 설정된 별칭 목록을 출력한다.
  alias 이름='명령': 명령을 수정해 사용하는 경우다.
  alias 이름='명령;명령2;...': 여러 명령을 하나의 이름으로 사용하는 경우다.

아무것도 지정하지 않고 alias 명령을 실행시키면 현재 설정되어 있는 앨리어스가 출력된다. 기본으로 설정된 앨리어스는 시스템에 따라 다르다.

```
[user1@localhost ch4]$ alias
alias egrep='egrep --color=auto'
alias fgrep='fgrep --color=auto'
alias grep='grep --color=auto'
alias l.='ls -d .* --color=auto'
alias ll='ls -l --color=auto'
```

```
alias ls='ls --color=auto'
alias vi='vim'
alias which='(alias; declare -f) | /usr/bin/which --tty-only --read-alias --read-
functions --show-tilde --show-dot'
alias xzegrep='xzegrep --color=auto'
alias xzfgrep='xzfgrep --color=auto'
alias xzgrep='xzgrep --color=auto'
alias zegrep='zegrep --color=auto'
alias zfgrep='zfgrep --color=auto'
alias zgrep='zgrep --color=auto'
```

앨리어스 중에서 l.과 ll이 ls 명령에 옵션을 지정하여 설정한 것이 있는데 이를 실행해보자.

```
[user1@localhost ch4]$ ls
ls.err  ls.out  out1  temp  u.dat  u.out  un.out
[user1@localhost ch4]$ l.
.  ..
[user1@localhost ch4]$ ll
합계 24
-rw-rw-r--.  1 user1 user1  75 11월  2 15:26 ls.err
-rw-rw-r--.  1 user1 user1  97 11월  2 15:26 ls.out
-rw-rw-r--.  1 user1 user1  60 11월  2 14:31 out1
drwxrwxr-x.  2 user1 user1  34 11월  2 14:46 temp/
drwxrwxr-x.  2 user1 user1   6 11월  2 15:30 tmp/
-rw-rw-r--.  1 user1 user1 124 11월  2 15:33 u.dat
-rw-rw-r--.  1 user1 user1  33 11월  2 14:47 u.out
```

위의 예를 보면 ls 명령의 결과와 앨리어스인 l., ll의 차이를 알 수 있다. l.의 경우 ls -d .*를 앨리어스 한 것이며 .(마침표)로 시작하는 경로를 보여준다. ll의 경우 ls -l 명령을 실행하도록 앨리어스 한 것이다. 이와 같이 자주 사용하는 명령과 옵션을 묶어서 앨리어스를 설정하면 편리하다.

### 앨리어스 설정 및 삭제하기

앨리어스는 alias 명령으로 설정하는데, 셸 변수를 지정하듯이 '앨리어스 이름=명령' 형식을 사용한다. 이때 =를 중심으로 좌우에 공백이 있으면 안 된다. 설정하는 명령에서 옵션 등을 지정하여 공백이 있을 경우에는 작은따옴표로 묶어야 한다.

다음 예는 ls 명령에 –F 옵션을 지정하여 다시 ls 명령으로 지정하는 것이다. 앨리어스에서는 이렇게 앨리어스 이름으로 기존의 명령을 그대로 사용할 수 있다. 사용자가 입력한 명령을 실행할 때 앨리어스가 있는지 셸이 먼저 확인하기 때문이다.

```
[user1@localhost ch4]$ mkdir tmp
[user1@localhost ch4]$ ls
ls.err  ls.out  out1  temp  tmp  u.dat  u.out  un.out
[user1@localhost ch4]$ alias ls='ls -F'            → 공백이 있으면 작은따옴표를 사용한다.
[user1@localhost ch4]$ ls                          → 앨리어스의 ls를 실행한다.
ls.err  ls.out  out1  temp/  tmp/  u.dat  u.out  un.out → ls -F의 결과를 출력한다.
```

앞의 예에서는 앨리어스가 제대로 동작하는지 확인하기 위해 먼저 tmp 디렉터리를 만들었다. 그냥 ls 명령을 실행하면 파일과 디렉터리를 구분할 수 없지만, 앨리어스로 'ls –F'를 지정한 다음 확인해보면 –F 옵션이 적용되는 것을 알 수 있다.

파일 삭제 명령인 rm으로 파일을 무심코 삭제하면 복구가 불가능하다. 이를 방지하기 위해 다음 예와 같이 앨리어스를 사용하여 rm 명령에 안전장치를 할 수도 있다. 이렇게 하면 파일을 삭제할 때마다 –i 옵션으로 삭제 여부를 확인하고 y로 승인된 경우에만 삭제한다.

```
[user1@localhost ch4]$ alias rm='rm -i'
[user1@localhost ch4]$ rm out1
rm: remove 일반 파일 'out1'? n
```

다음, 기존의 앨리어스를 사용하지 않는 경우 삭제해야 하는데 방법은 간단하다. unalias 명령을 사용하면 된다.

**unalias**

- **기능** 앨리어스를 삭제한다.
- **형식** unalias 앨리어스

앞서 설정한 앨리어스는 다음과 같이 삭제한다.

```
[user1@localhost tmp]$ unalias ls
[user1@localhost tmp]$ unalias rm
```

### 앨리어스에 인자 전달하기

디렉터리를 이동한 후에 올바른 위치인지 확인하기 위해서 pwd 명령을 수행하는 것이 귀찮다면 다음과 같이 cd 명령과 pwd 명령을 묶어서 앨리어스를 만들 수 있다.

```
[user1@localhost ch4]$ alias cd='cd;pwd'  → ;으로 명령을 연결하여 앨리어스를 만든다.
[user1@localhost ch4]$ cd
/home/user1
[user1@localhost ~]$ cd linux_ex/ch4
/home/user1
```

그러나 앞의 예와 같이 앨리어스를 만들어 실행하면 cd 명령을 수행해도 계속 사용자의 홈 디렉터리로만 간다. 원하는 디렉터리로 이동하려면 앨리어스를 설정할 때 cd에 인자로 디렉터리명을 지정해야 하는데 그런 인자가 없기 때문이다. 그럼 어떻게 해야 할까? 안타깝지만 배시셸에서는 앨리어스로 인자를 전달할 수 없다.

배시셸에서 인자를 전달하려면 프로그래밍 기능에서 함수를 사용해야 하는데, 셸 프로그래밍과 관련된 내용은 이 책에서 다루는 범위를 벗어나므로 다른 셸 프로그래밍 책을 참고하기 바란다. 이 문제는 함수로 해결하고 계속 진행해보자. 함수는 기존 명령의 이름을 그대로 사용할 수 없으므로 다른 이름을 사용해야 한다. 함수를 입력하기 전에 먼저 unalias 명령으로 기존 앨리어스를 삭제해야 한다.

```
[user1@localhost ~]$ unalias cd          → 앨리어스를 해제한다.
[user1@localhost ~]$  function cdpwd {   → 함수 입력을 시작한다.
> cd $1;pwd                              → 프롬프트가 >로 바뀐다. 내용을 입력한다.
> }                                      → 함수 입력을 종료한다.
[user1@localhost ~]$ cdpwd /tmp
/tmp
[user1@localhost tmp]$
```

## 2 히스토리

명령 기반으로 리눅스를 사용하다 보면 간단한 명령도 있지만 명령, 옵션, 인자 등이 연결되어 긴 명령을 입력해야 할 때가 있다. 이때 실수로 오타라도 나면 그 긴 명령을 다시 입력해야 하므로 불편하다. 이럴 때 유용하게 사용할 수 있는 기능이 히스토리다. 히스토리는 사용자가 이전에 입력한 명령을 다시 불러내서 사용하는 것이다. 배시셸이 제공하는 히스토리 기능의 특징과 사용법을 살펴보자.

### 이전 명령 보기: history

사용자가 로그인하여 작업한 명령은 임시 버퍼에 저장되므로 다시 불러서 사용할 수 있다. 이는 배시셸 내장 명령인 history 명령으로 가능하다.

**history**

- **기능** 히스토리(명령 입력 기록)를 출력한다.
- **형식** history

history 명령을 실행시키면 다음과 같이 출력된다.

```
[user1@localhost tmp]$ history
(생략)
  114  unalias cd
  115  function cdpwd { cd $1;pwd; }
  116  cdpwd /tmp
  117  unalias ls
  118  unalias rm
  119  history
```

### 명령 재실행하기: !

히스토리로 저장되어 있는 명령은 다시 불러서 재실행할 수 있다. 특수문자 !를 사용하여 실행했던 명령을 지정하는데 !는 [표 4-11]과 같이 세 가지 형태로 사용할 수 있다.

**표 4-11 !를 사용한 명령 재실행 방법**

| 사용법 | 기능 |
|---|---|
| !! | 바로 직전에 실행한 명령을 재실행한다. |
| !번호 | 히스토리에서 해당 번호의 명령을 재실행한다. |
| !문자열 | 히스토리에서 해당 문자열로 시작하는 마지막 명령을 재실행한다. |

다음 예는 !!를 사용한 것이다. !!는 바로 직전에 실행한 명령을 다시 실행한다.

```
[user1@localhost tmp]$ cd ~/linux_ex/ch4
[user1@localhost ch4]$ ls
ls.err  ls.out  out1  temp  tmp  u.dat  u.out  un.out
[user1@localhost ch4]$ !!                        → 바로 직전 명령을 재실행한다.
ls
ls.err  ls.out  out1  temp  tmp  u.dat  u.out  un.out
```

직전의 명령이 아니라 이전에 실행한 명령을 재실행할 때는 먼저 history 명령으로 확인하고 재실행할 명령의 히스토리 번호나 명령의 앞 글자를 이용한다. 다음 예에서 확인해보자.

```
[user1@localhost ch4]$ history
(생략)
  121  cd ~/linux_ex/ch4
  122  ls
  123  history
[user1@localhost ch4]$ !122                      → 히스토리 번호로 재실행한다.
ls
ls.err  ls.out  out1  temp  tmp  u.dat  u.out  un.out
[user1@localhost ch4]$ !l                        → 명령의 앞 글자로 재실행한다.
ls
ls.err  ls.out  out1  temp  tmp  u.dat  u.out  un.out
```

명령의 앞 글자를 이용할 경우, 해당하는 글자로 시작하는 명령 중에서 가장 마지막에 실행한 명령이 재실행된다.

### 명령 편집 및 재실행하기

명령을 입력할 때 오타 때문에 오류가 발생하는 경우가 있다. 이때는 명령을 다시 입력해야 하는데, 화살표 키를 사용하여 오류가 난 명령을 프롬프트로 불러내서 수정한 뒤 재실행할 수 있다. ↑, ↓로 이전 명령을 불러온 다음 ←, →를 사용하여 명령의 잘못된 부분을 수정하면 된다. 다음 예를 통해 살펴보자.

우선 명령에 오타를 입력한다. history 명령의 매뉴얼을 보려고 하는데 hisdory라고 잘못 입력한 것이다.

```
[user1@localhost ch4]$ man hisdory
No manual entry for hisdory
```

프롬프트에서 ↑를 누르면 방금 실행한 명령이 다시 나타나고 커서가 행의 끝에서 대기한다.

```
[user1@localhost ch4]$ man hisdory
```

이 상태에서 ←, →로 커서를 이동시키고 Back Space로 삭제한 후 다시 글자를 입력하면 된다.

```
[user1@localhost ch4]$ man history
```

이제 Enter↵를 입력하면 명령이 재실행된다.

### 히스토리 저장하기

터미널에서 작업을 마치고 로그아웃할 때 배시셸은 사용자가 입력했던 명령의 목록을 사용자 홈 디렉터리 아래의 숨김 파일인 .bash_history에 저장한다.

```
[user1@localhost ch4]$ more ~/.bash_history
pwd
ls
ls -a
ls /tmp
(생략)
```

**따라해보기** **환경 변수, 앨리어스, 히스토리**

❶ 셸 변수 TESTA를 설정하고 출력해본다.

```
[user1@localhost ch4]$ TESTA=testa
[user1@localhost ch4]$ echo $TESTA
testa
```

❷ 본셸(sh)을 실행하여 서브 셸로 이동한다.

```
[user1@localhost ch4]$ sh
sh-4.4$
```

❸ 셸 변수 TESTA가 출력되는지 확인한다. 출력이 되지 않는 이유는 무엇일까?

```
sh-4.4$ echo $TESTA

sh-4.4$
```

❹ 서브 셸에서 로그인 셸로 복귀한다.

```
sh-4.4$ exit
exit
[user1@localhost ch4]$
```

❺ pwd 명령과 ls 명령을 묶어서 앨리어스 pls를 만든다.

```
[user1@localhost ch4]$ alias pls='pwd;ls'
[user1@localhost ch4]$ pls
/home/user1/linux_ex/ch4
ls.err  ls.out  out1  temp  tmp  u.dat  u.out  un.out
```

❻ [↑]로 이전 명령을 불러서 clear 명령에 대한 앨리어스 c를 만든다.

```
[user1@localhost ch4]$ ↑                       → [↑]를 누른다.
[user1@localhost ch4]$ pls                     → 바로 이전 명령인 pls를 출력한다.
[user1@localhost ch4]$ ↑                       → 다시 [↑]를 누른다.
[user1@localhost ch4]$ alias pls='pwd;ls'      → alias 명령을 출력한다.
[user1@localhost ch4]$ alias c=clear           → 명령을 수정한다.
```

**혼자해보기** 환경 변수, 앨리어스, 히스토리

❶ 셸 변수 TESTB를 설정하고 환경 변수로 만든다.
❷ 본셸을 실행하여 서브 셸로 이동한다.
❸ TESTA와 TESTB 변수를 출력해본다. 어떤 변수가 출력되는가? 왜 그럴까?
❹ 서브 셸에서 로그인 셸로 다시 복귀한다.
❺ history 명령을 앨리어스 h로 만든다.
❻ alias 명령을 앨리어스 a로 만든다. ↑로 이전 명령을 불러내서 수정한다.

# 06 프롬프트 설정

명령어 기반 인터페이스를 사용하는 시스템에서 프롬프트는 사용자에게 명령을 입력받을 준비가 되었음을 알리는 표시이며, 사용자가 명령을 입력하는 위치를 나타낸다. 지금까지 사용한 프롬프트는 [user1@localhost ~]$와 같은 형태였다. 이 프롬프트의 형태는 사용자가 원하는 모양으로 바꿀 수 있다. 이 절에서는 프롬프트를 바꾸는 방법을 알아본다.

## 1 이스케이프 문자와 프롬프트 설정

배시셸에서는 환경 변수 PS1에 프롬프트로 사용할 문자열을 저장한다. 먼저 PS1의 현재 설정 값을 알아보자.

```
[user1@localhost ch4]$ echo $PS1
[\u@\h \W]\$                  ➡ PS1의 현재 설정값
```

PS1의 설정값을 보면 \u, \h, \W 등 의미를 알 수 없는 문자로 구성되어 있다. 이렇게 \로 시작하는 특별한 문자들을 이스케이프 문자라고 하며, \u와 같이 \로 시작하는 이스케이프 문자들은 두 글자가 아니라 한 글자로 처리된다. 이스케이프 문자는 화면에 문자 그대로 출력되지 않고 셸이 문자의 의미를 해석하여 실행한다. 프롬프트에서 사용할 수 있는 이스케이프 문자는 [표 4-12]에 정리했다.

[표 4-12]를 보고 [\u@\h \W]\$를 해석해보면 \u는 사용자 이름, \h는 호스트 이름, \W는 현재 작업 디렉터리명이다. $앞의 \는 $를 특수문자가 아니라 일반 문자로 인식하게 한다. 따라서 [user1@localhost ~]$와 같은 형태가 되는 것이다.

표 4-12 이스케이프 문자

| 이스케이프 문자 | 기능 |
|---|---|
| \a | ASCII 종소리 문자(07) |
| \d | '요일 월 일' 형식으로 날짜를 표시한다(예 Wed May 1). |
| \e | ASCII의 이스케이프 문자로 터미널에 고급 옵션을 전달한다. |
| \h | 첫 번째 .(마침표)까지의 호스트 이름(예 server.co.kr에서 server) |
| \H | 전체 호스트 이름 |
| \n | 줄 바꾸기 |
| \s | 셸 이름 |
| \t | 24시간 형식으로 현재 시간을 표시한다(HH:MM:SS 형식). |
| \T | 12시간 형식으로 현재 시간을 표시한다(HH:MM:SS 형식). |
| \@ | 12시간 형식으로 현재 시간을 표시한다(오전/오후 형식). |
| \u | 사용자 이름 |
| \v | 배시셸의 버전 |
| \w | 현재 작업 디렉터리(절대 경로) |
| \W | 현재 작업 디렉터리의 절대 경로에서 마지막 디렉터리명 |
| \! | 현재 명령의 히스토리 번호 |
| \[ | 출력하지 않을 문자열의 시작 부분을 표시한다. |
| \] | 출력하지 않을 문자열의 끝 부분을 표시한다. |

프롬프트를 바꾸는 것은 환경 변수 PS1에 새로운 형태의 문자열을 지정하는 것이다. PS1의 값을 바꾸기 전에 먼저 현재 PS1의 값을 임시 변수에 저장해둔다. 나중에 실습을 마치고 원래 프롬프트로 돌아갈 때 사용하기 위해서이다.

```
[user1@localhost ch4]$ PROMPT=$PS1
```

프롬프트를 다양한 형태로 바꿔보자.

❶ 먼저 간단한 문자열로 바꿔본다. 프롬프트의 끝을 표시하기 위해 마지막에 ]나 $ 같은 표시를 하고 공백문자를 하나 두는 것이 좋다. 공백이 없는 경우, 프롬프트로 사용하는 문자열과 사용자가 입력한 명령을 구분하기가 어렵기 때문이다.

```
[user1@localhost ch4]$  PS1='LINUX ] '
LINUX ]
```

❷ 환경 변수를 사용해보자. 다음은 프롬프트에 현재 작업 디렉터리가 출력되도록 한 것이다. 이 경우 디렉터리를 이동하면 프롬프트의 내용도 자동으로 바뀐다.

```
LINUX ] PS1='[$PWD] '
[/home/user1/linux_ex/ch4] cd ..
[/home/user1/linux_ex]
```

❸ 특수문자 ` `를 이용하여 명령의 실행 결과를 사용해보자. uname −n 명령은 호스트 이름을 출력하는데 여기에 프롬프트의 끝을 표시하기 위해 $ 기호를 추가했다.

```
[/home/user1/linux_ex]  PS1='`uname -n` $ '
localhost.localdomain $
```

❹ 이스케이프 문자 \u, \T, \!를 사용해보자. 각 문자의 의미는 [표 4−12]를 참조한다.

```
localhost.localdomain $ PS1='[\u \T] \!$ '
[user1 04:16:59] 138$
```

## 2 컬러 프롬프트 설정

지금까지 설정한 프롬프트는 모두 같은 색상이었다. 터미널이 흰 바탕에 검은색 글씨라면 프롬프트도 검은색으로 표시되었을 것이다. 이 프롬프트의 색상을 바꾸는 방법을 알아보자.

### 컬러 프롬프트 정의하기

컬러 프롬프트를 정의하는 형식은 다음과 같다.

**컬러 프롬프트**

- **형식** PS1= '\[\e[x;y;nm\] 프롬프트 \[\e[x;y;0m\]'

프롬프트의 첫 번째 문자 \[는 [표 4−12]에서 설명한 것처럼 화면에 출력하지 않을 문자의 시작을 알려준다. 이렇게 하지 않으면 이스케이프 문자까지 모두 카운트되어 자동 줄 바꿈이 이상하게 동작한다. 이것은 뒤에서 예를 통해 다시 살펴보자. 두 번째 문자 \e는 터미널 제어를 알리는 이스케이프 문자다. 다음에 나오는 x;y는 [표 4-13]의 컬러 번호를 나타내는데, x는 글자색 y는 배경색을 지정한다. n은 [표 4-14]와 같이 밑줄이나 역상 표시 등 특수 기능을 나타낸다.

프롬프트 앞에서 지정한 색상과 기능은 프롬프트의 색상과 특수 효과를 나타내며, 프롬프트 뒤의 색상은 원래 색상으로 돌아가기 위한 것이다. 이를 지정하지 않으면 이후 셸의 모든 출력이 프롬프트의 색상과 같아진다. 특수 기능으로 역상을 이용할 때는 문자와 배경의 색상을 각각 지정해야 하며, 역상을 이용하지 않을 때는 한 가지 색상만 지정하면 된다.

**표 4-13 프롬프트 컬러 번호**

| 컬러 | 글자색 번호 | 배경색 번호 |
|---|---|---|
| 검정색 | 30 | 40 |
| 빨강색 | 31 | 41 |
| 녹색 | 32 | 42 |
| 갈색 | 33 | 43 |
| 파란색 | 34 | 44 |
| 보라색 | 35 | 45 |
| 청록색 | 36 | 46 |
| 흰색 | 37 | 47 |

**표 4-14 프롬프트 특수 기능 번호**

| 번호 | 기능 |
|---|---|
| 0 | 기본 색 |
| 1 | 굵게 |
| 4 | 흑백에서 밑줄 |
| 5 | 반짝임 |
| 7 | 역상 |
| 10 | 기본 폰트 |
| 38 | 밑줄 사용 가능 |
| 39 | 밑줄 사용 불가능 |

## 컬러 프롬프트 설정하기

프롬프트를 컬러로 바꾸는 다양한 예를 살펴보자. 프롬프트의 지정이 끝난 후에는 기본 색상으로 돌아가도록 설정했다.

❶ 파란색으로 설정하기

```
[user1 04:16:59] 138$ PS1='\e[34mLinux $\e[0;0m '
Linux $    → 파란색
```

❷ 파란색 볼드로 설정하기

```
Linux $ PS1= ' \e[34;1mLinux $\e[0;0m  '
Linux $    → 파란색, 볼드
```

❸ 밑줄 친 빨간색으로 설정하기

```
Linux $  PS1= ' \e[31;4mLinux $\e[0;0m  '
Linux $    → 빨간색, 밑줄
```

❹ 배경은 갈색, 글자는 보라색, 프롬프트는 '사용자명@호스트명 $'로 설정하기

```
Linux $ PS1= ' \e[35;43m\u@\h $\e[0;0m "\ '
user1@localhost $    → 갈색 배경,  보라색 글자
```

## 출력하지 않을 문자열 설정 추가하기

프롬프트를 컬러로 바꾸기 위해 이스케이프 문자를 사용할 때 주의할 점이 있다. 문제가 무엇인지 먼저 확인해보자. 앞의 예에서 컬러로 바꾼 프롬프트 상태에서 문자를 계속 입력해보자.

```
aaar1@localhost $ aaaaaaaaaaaaaaaaaaaaaaaaaaaaaaaaaaaaaaaaaaaaaa → 중간에 이동
```

터미널의 화면 끝에 가기 전에 커서가 앞으로 돌아오고 같은 행을 겹쳐서 기록한다. 이는 언제 줄 바꿈을 해야 하는지 배시셸이 계산할 때, 프롬프트를 설정하면서 지정한 이스케이프 문자도 카운트하기 때문이다. 즉 프롬프트로 지정한 문자와 사용자에게 보이지는 않지만 이스케이프 문자도 모두 카운트되어 터미널 창의 길이를 계산하는 데 반영된 것이다. 이를 해결하기 위해서는 \[와 \]를 사용하여 출력되지 않을 문자를 표시해야 한다. 이렇게 하면 셸이 터미널 창의 길이를 계산할 때 \[와 \] 사이의 글자는 제외하게 된다. 다음과 같이 입력하여 프롬프트를 제대로 설정해보자.

```
user1@localhost $ PS1='\[\e[35;43m\]\u@\h $\[\e[0;0m\]'
user1@localhost $
```

이제 정상적으로 줄 바꿈이 되는지 다시 문자를 입력해서 확인해본다.

```
user1@localhost $ ffffffffffffffffffffffffffffffffffffffffffffffffffffffffffffff ff
ffffffffffffffffffffffffffffffffff^C
user1@localhost $
```

프롬프트를 처음에 저장했던 값으로 되돌린다.

```
user1@localhost $ PS1=$PROMPT
[user1@localhost ch4]$
```

# 07 환경 설정 파일

지금까지 입출력 방향 전환, 앨리어스와 히스토리, 프롬프트 설정 등 배시셸 환경에서 사용할 수 있는 유용한 기능을 살펴보았다. 그러나 열심히 설정한 앨리어스나 프롬프트 모양은 로그아웃하면 모두 사라진다. 로그인할 때마다 앨리어스 등을 새로 설정하는 번거로움을 피하는 방법은 환경 설정 파일에 필요한 설정을 저장하고 로그인할 때 불러오는 것이다.

사용자가 로그인할 때마다 자동으로 실행되는 명령을 저장해놓은 것이 환경 설정 파일이다. 환경 설정 파일에는 시스템 환경 설정 파일과 사용자 환경 설정 파일이 있으며, 셸마다 다른 이름의 파일을 사용하기 때문에 사용자는 여러 셸을 사용하면서 각 셸마다 다른 환경을 꾸밀 수도 있다. 환경 설정 파일은 주로 사용자가 로그인할 때 실행되어 사용자 환경을 초기화하므로 초기화 파일이라고도 부른다. 여기서는 리눅스의 배시셸을 기준으로 시스템 환경 설정 파일과 사용자 환경 설정 파일을 살펴본다.

## 1 시스템 환경 설정 파일

시스템 환경 설정 파일은 시스템을 사용하는 전체 사용자의 공통 환경을 설정하는 파일로 모든 사용자가 로그인할 때마다 무조건 실행된다. 배시셸의 시스템 환경 설정 파일은 /etc 디렉터리에 있다. CentOS의 배시셸에서 제공하는 시스템 환경 설정 파일의 종류와 주요 기능은 [표 4-15]와 같다. 시스템 환경 설정 파일은 일반 사용자가 수정할 수 없으며 시스템 관리자가 관리한다.

배시셸에서 시스템 환경 설정 파일은 [표 4-15]와 같이 세 가지로 구분된다. 이 중 /etc/profile과 /etc/bashrc 파일은 향후 리눅스 업데이트 시 일관성 있는 관리를 위해 수정하지 말 것을 권고한다. 대신 시스템별로 환경을 다르게 구성할 필요가 있으면 /etc/profile.d에 .sh 파일을 추가하도록 권고한다. 참고로 /etc/profile 파일의 앞부분을 약간만 출력해보면 다음과 같다. 전체 내용은 각자 파일을 열어서 확인하기 바란다.

**표 4-15** 배시셸의 시스템 환경 설정 파일

| 파일 | 기능 |
|---|---|
| /etc/profile | • 시스템 공통으로 적용되는 환경 변수를 설정한다.<br>– PATH: 기본 명령 경로를 설정한다.<br>– USER, LOGNAME: 사용자 UID와 이름을 설정한다.<br>– HOSTNAME: 호스트명을 설정한다.<br>– HISTSIZE: 히스토리 크기를 설정한다.<br>• 기본 접근 권한을 설정한다(5장 참조).<br>• /etc/profile.d/*.sh를 실행한다. |
| /etc/bashrc | • 시스템 공통으로 적용되는 함수와 앨리어스를 설정한다.<br>• 기본 프롬프트를 설정한다.<br>• 서브 셸을 위한 명령 경로를 설정한다.<br>• 서브 셸을 위한 기본 접근 권한을 설정한다. |
| /etc/profile.d/*.sh | • 언어나 명령별로 각각 필요한 환경을 설정한다.<br>• 필요시 설정 파일을 추가한다. |

```
[user1@localhost ch4]$ cd
[user1@localhost ~]$ more /etc/profile
# /etc/profile

# System wide environment and startup programs, for login setup
# Functions and aliases go in /etc/bashrc

# It's NOT a good idea to change this file unless you know what you
# are doing. It's much better to create a custom.sh shell script in
# /etc/profile.d/ to make custom changes to your environment, as this
# will prevent the need for merging in future updates.

pathmunge () {
    case ":${PATH}:" in
(생략)
```

## 2 사용자 환경 설정 파일

사용자 환경 설정 파일은 각 사용자의 홈 디렉터리에 숨김 파일로 있으며 사용자가 내용을 수정하고 관리할 수 있다. 사용자가 로그인하면 제일 먼저 시스템 환경 설정 파일이 실행되어 시스템 공통 환경을 만들고, 이후 사용자 환경 설정 파일을 순서대로 실행하여 사용자별 환경을 설정한다. 배시셸의 사용자 환경 설정 파일은 [표 4-16]과 같다.

**표 4-16 배시셸의 사용자 환경 설정 파일**

| 파일 | 기능 |
|---|---|
| ~/.bash_profile | • .bashrc 파일이 있으면 실행한다.<br>• 경로 추가 등 사용자가 정의하는 환경 설정 파일이다. |
| ~/.bashrc | • /etc/bashrc 파일이 있으면 실행한다.<br>• 사용자가 정의하는 앨리어스나 함수 등을 설정한다. |
| ~/.bash_logout | • 로그아웃 시 실행할 필요가 있는 함수 등을 설정한다. |

사용자 등록 시 기본으로 설치되는 사용자 환경 설정 파일은 다음과 같다. CentOS에서 .bash_profile은 .bashrc 파일이 있으면 실행시키는 것 외에 별다른 환경은 설정되어 있지 않다. .bash_logout 파일에는 특별한 설정 내용이 없음을 알 수 있다. 사용자가 필요한 내용을 각 파일에 추가로 설정하면 된다.

```
[user1@localhost ~]$ cat .bash_profile        → .bash_profile 출력
# .bash_profile

# Get the aliases and functions
if [ -f ~/.bashrc ]; then
        . ~/.bashrc
fi

# User specific environment and startup programs
[user1@localhost ~]$ cat .bashrc              → .bashrc 출력
# .bashrc

# Source global definitions
if [ -f /etc/bashrc ]; then
        . /etc/bashrc
fi

# User specific environment
PATH="$HOME/.local/bin:$HOME/bin:$PATH"
```

```
export PATH

# Uncomment the following line if you don't like systemctl's auto-paging feature:
# export SYSTEMD_PAGER=

# User specific aliases and functions
[user1@localhost ~]$ cat .bash_logout        → .bash_logout 출력
# ~/.bash_logout
```

### 사용자 환경 설정 파일 만들기

이 장에서 배운 환경 설정 명령을 이용하여 나만의 환경을 만들어보자. vi로 .bashrc 파일을 열고 앞에서 실습했던 앨리어스를 입력해보자. 다음과 같이 마지막 행 다음에 추가하면 된다.

```
[user1@localhost ~]$ vi .bashrc
# .bashrc

# Source global definitions
if [ -f /etc/bashrc ]; then
        . /etc/bashrc
fi

# User specific environment
PATH="$HOME/.local/bin:$HOME/bin:$PATH"
export PATH

# Uncomment the following line if you don't like systemctl's auto-paging feature:
# export SYSTEMD_PAGER=

# User specific aliases and functions
alias rm='rm -i'                             → 추가한 내용
alias ls='ls -F'                             → 추가한 내용

:wq                                          → 저장하고 종료한다.
```

### 사용자 환경 설정 파일 적용하기

사용자 환경 설정 파일을 수정했을 경우 이를 적용하려면 로그아웃했다가 다시 로그인하거나, 다음과 같이 .(마침표) 명령이나 source 명령을 사용하여 환경 설정 파일을 실행해야 한다. 앞의 예에서 .bashrc 파일을 수정했으므로 이를 바로 적용하려면 다음과 같이 .(마침표)나 source 명령을 실행한다.

```
[user1@localhost ~]$ . .bashrc
```

또는

```
[user1@localhost ~]$ source .bashrc
```

## 3 다른 셸의 환경 설정 파일

배시셸 외에 본셸, 콘셸, c셸 등도 각각 환경 설정 파일을 제공하는데, [표 4-17]에 간략하게 정리했다. 보다 자세한 내용은 해당 셸의 매뉴얼을 참조하기 바란다.

**표 4-17 다른 셸의 환경 설정 파일**

| 셸 | 시스템 초기화 파일 | 사용자 초기화 파일 | 실행 조건 | 실행 시기 | | |
|---|---|---|---|---|---|---|
| | | | | 로그인 | 서브 셸 | 로그아웃 |
| 본셸 | /etc/profile | $HOME/.profile | – | ○ | | |
| 콘셸 | /etc/profile | $HOME/.profile | – | ○ | | |
| | | $HOME/.kshrc | ENV 변수 설정 | ○ | ○ | |
| C셸 | /etc/.login | $HOME/.login | – | ○ | | |
| | | $HOME/.cshrc | – | ○ | ○ | |
| | | $HOME/.logout | – | | | ○ |

**따라해보기** **사용자 환경 설정 파일 수정하기**

❶ .bash_profile 파일을 vi로 연다.

```
[user1@localhost ~]$ vi .bash_profile
```

❷ .bash_profile 파일의 내용에 행 번호가 보이도록 한다.

```
  1 # .bash_profile
  2
  3 # Get the aliases and functions
  4 if [ -f ~/.bashrc ]; then
  5         . ~/.bashrc
  6 fi
  7
  8 # User specific environment and startup programs
~
:set nu
```

❸ 8행 다음에 환경변수 HISTSIZE를 추가하고 크기를 1500으로 설정한 뒤 파일을 저장한 후 종료한다.

```
(생략)
  8 # User specific environment and startup programs
  9 HISTSIZE=1500
~
:wq
[user1@localhost ~]$
```

❹ .bashrc 파일을 vi로 열고 행 번호가 보이도록 한다.

```
[user1@localhost ~]$ vi .bashrc
  1 # .bashrc
  2
  3 # Source global definitions
  4 if [ -f /etc/bashrc ]; then
  5         . /etc/bashrc
  6 fi
  7
  8 # User specific environment
  9 PATH="$HOME/.local/bin:$HOME/bin:$PATH"
 10 export PATH
 11
```

```
 12 # Uncomment the following line if you don't like systemctl's auto-paging feature:
 13 # export SYSTEMD_PAGER=
 14
 15 # User specific aliases and functions
 16 alias rm='rm -i'
 17 alias ls='ls -F'
~
:set nu
```

❺ 9행의 경로에 /etc 경로를 추가하고 파일을 저장한 후 종료한다. 경로를 추가할 때 구분자로 :을 입력해야 한다.

```
(생략)
  9 PATH="$HOME/.local/bin:$HOME/bin:$PATH:/etc"
~
:wq
[user1@localhost ~]$
```

❻ .bash_profile 파일을 실행시킨다. .bashrc는 .bash_profile이 실행시키므로 자동으로 실행된다. 경로에 /etc 디렉터리가 추가되었는지 확인한다.

```
[user1@localhost ~]$ echo $PATH
/home/user1/.local/bin:/home/user1/bin:/home/user1/.local/bin:/home/user1/bin:/home/
user1/.local/bin:/home/user1/bin:/usr/local/bin:/usr/bin:/usr/local/sbin:/usr/sbin:/etc
```

**혼자해보기 사용자 환경 설정 파일 수정하기**

❶ .bash_profile 파일을 vi로 연다.
❷ .bash_profile 파일에서 경로의 마지막에 추가한 HISTSIZE 변수를 삭제하고 파일을 저장한 후 종료한다.
❸ vi로 .bashrc 파일을 연다.
❹ .bashrc 파일에 다음 앨리어스를 추가한다.
  .clear 명령을 c로 앨리어스 생성
  .history 명령을 h로 앨리어스 생성
❺ 경로의 마지막에 추가한 /etc를 삭제한다.
❻ 앨리어스 c와 h가 동작하는지 확인한다.
❼ 경로에서 /etc가 삭제되었는지 확인한다.

## 연습문제

**01** 사용자 계정의 로그인 셸을 저장하고 있는 파일은 무엇인가?

① /etc/shadow ② /etc/passwd
③ /etc/group ④ /etc/gshadow

**02** 현재 a.txt 파일의 내용이 다음과 같다. 이 상태에서 ls /tmp >> a.txt 명령을 수행하면 a.txt 파일의 내용은 어떻게 되는가?

```
CentOS 8 Linux
```

① 아무 변화없이 기존 내용이 유지된다.
② 기존 내용은 삭제되고, /tmp 디렉터리의 내용이 저장된다.
③ 파일 내용이 모두 삭제되고 빈 파일이 된다.
④ 기존 내용은 남아있고, /tmp 디렉터리의 내용이 추가된다

**03** 계정의 기본 프롬프트가 저장되는 환경 변수는 무엇인가?

① PS1 ② PS2
③ PS ④ PROMPT

**04** 셸의 세 가지 주요 기능을 간단히 설명하시오.

**05** 특수문자 *와 ?의 차이를 설명하시오.

**06** 특수문자 " ", ' ', ` `의 차이를 설명하시오.

**07** 표준 입출력 장치가 무엇인지 설명하시오.

**08** >를 사용할 때 기존 파일의 내용을 덮어쓰는 것을 이를 방지하기 위한 방법을 설명하시오.

**09** 현재 디렉터리에 있는 모든 파일의 상세 정보는 ls.out 파일에, 오류 메시지는 ls.err 파일에 저장하시오.

**10** 특정 셸 변수의 값은 echo 명령으로 출력할 수 있다. 전체 환경 변수를 출력하는 env 명령의 결과에서 특정 환경 변수(예 SHELL)만 골라서 출력하려면 어떻게 해야 하는지 설명하시오.

**11** 배시셸이 사용하는 초기화 파일의 이름을 밝히고 각각의 특징을 설명하시오.

**※ 다음 작업을 수행하기 위한 명령을 기술하시오(12번 ~ 15번)**

**12** 확장자가 txt인 모든 파일명을 출력하시오.

**13** 현재 디렉터리에서 숫자로 시작하는 파일을 모두 찾아 상세 정보를 출력하시오.

**14** 현재 디렉터리에 있는 파일명의 확장자가 c인 모든 파일을 /tmp로 복사하시오.

**15** echo 명령으로 다음과 같은 형식으로 출력하시오. 날짜 정보는 명령을 실행하여 출력되도록 하시오.

```
Today is 2020. 02. 02. (일) 17:00:19 KST.
```

**16** ls 명령 실행시 숨김 파일도 모두 출력되도록 앨리어스를 설정하시오.

**17** rm 명령을 rm -i로 앨리어스를 만든 후 많은 파일을 삭제하려는데 계속 삭제할 것인지 물어봐서 번거롭다. 잠시만 앨리어스 설정을 사용하지 않고 rm 명령을 사용하려면 어떻게 해야 하는지 설명하시오.

**18** 내장 명령과 관련된 셸 스크립트 파일은 /usr/bin에 있다. /usr/bin 디렉터리에 있는 명령 중 내장 명령인 것은 무엇인지, 어떻게 찾을 수 있는지 설명하시오.

**19** 프롬프트를 현재 디렉터리와 히스토리 번호로 설정하시오.

**20** 가장 최근 사용한 cp 명령을 재실행하시오.

**21** 긴 명령을 입력했는데 오타가 있어서 실행되지 않았다. 이 명령을 처음부터 다시 입력하지 않고 수정하여 실행하는 방법을 설명하시오.

**22** 수정된 .bashrc 파일을 적용하는 세 가지 방법을 설명하시오.

# CHAPTER 05
# 파일 접근 권한 관리



**학습목표**

- 파일의 속성과 접근 권한의 개념을 이해할 수 있다.
- 접근 권한의 종류와 표기 방법을 이해하고 설명할 수 있다.
- 기호와 숫자로 표기된 접근 권한을 바꿀 수 있다.
- 기본 접근 권한을 확인하고 원하는 값으로 바꿀 수 있다.

# 00 개요

## 1 리눅스 학습 맵에서 5장의 위치

5장에서는 2단계의 네 번째 항목인 접근 권한 설정에 도전할 차례다. 리눅스는 기본적으로 여러 사용자가 함께 사용하므로 자신의 파일이나 디렉터리를 보호할 필요가 있다. 따라서 리눅스에서 제공하는 접근 권한이 어떻게 구성되고, 이를 어떻게 원하는 형태로 바꿀 수 있는지 잘 익혀야 한다. 이 장을 학습하고 나면 필요한 권한을 조정하고 자신의 파일을 보호하면서 편안한 마음으로 작업할 수 있을 것이다.

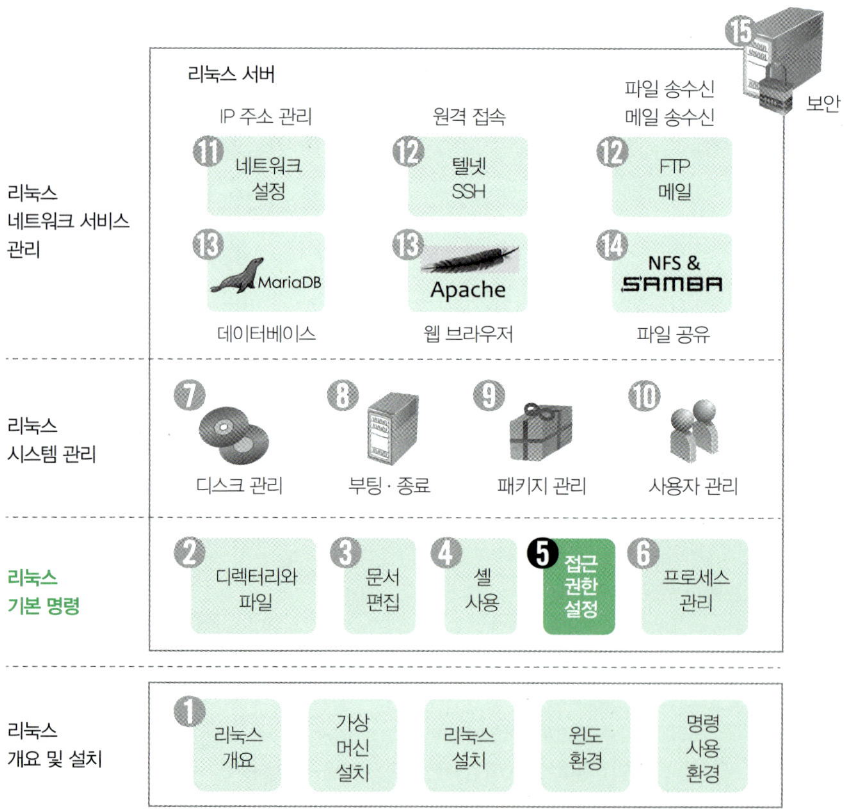

## 2 5장의 내용 구성

2장에서 배운 ls 명령으로 파일의 상세 정보를 확인할 수 있었는데, 상세 정보 중에는 파일에 대한 접근 권한도 포함되어 있다. 접근 권한은 해당 파일을 누가 보거나 수정 및 삭제할 수 있는지 정의한 것으로, 책에 따라 사용 권한이라고도 한다. 리눅스는 기본적으로 여러 명이 함께 사용하는 다중 사용자 시스템이므로 각 사용자의 파일과 정보를 보호하기 위해 접근 권한을 제어하는 것이 필수다. 그러므로 이 장에서는 리눅스에서 접근 권한을 설정하고 변경하는 방법을 알아본다. 윈도만 사용해보았다면 조금 생소할 수도 있다. 윈도에서도 접근 권한을 제어할 수 있지만 일반적인 사용자는 대부분 의식하지 못하고 사용한다. 이에 비해 리눅스는 명확하게 접근 권한을 제어하며 이는 유닉스에서부터 사용된 방법이다. 접근 권한을 관리하는 방법을 잘 익혀 각자 파일을 잘 보호하기 바란다.

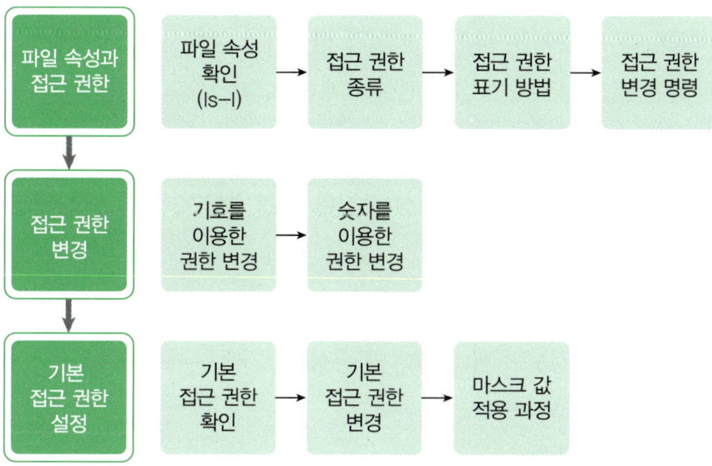

# 01 파일 속성

리눅스는 기본적으로 다중 사용자 시스템이므로 여러 명의 사용자가 같은 시스템에서 작업을 하게 된다. 지금까지 리눅스에 대해 배운 것을 생각해보면 다른 디렉터리로 이동하기도 하고 시스템 디렉터리의 파일을 복사하기도 했다. 그렇다면 내가 만든 파일을 누군가가 복사해 가거나 마음대로 수정하고 심지어 삭제할 수도 있지 않을까?

따라서 리눅스와 같은 다중 사용자 시스템은 이런 사태를 예방하기 위해 사용자의 파일에 마음대로 접근할 수 없도록 보안 기능을 제공한다. 리눅스도 파일에 무단으로 접근하는 것을 방지하고 보호하는 기능을 제공한다. 사용자는 자신의 파일과 디렉터리 중에서 다른 사용자가 접근해도 되는 것과 그렇지 않은 것을 구분하여 접근 권한을 제한할 수 있다.

접근 권한은 파일이 가지고 있는 속성 중 하나다. 먼저 리눅스에서 파일을 관리하는 데 사용하는 속성에는 어떤 것이 있는지 알아보고, 다음 절에서 파일의 접근 권한에 대해 구체적으로 살펴보자.

2장에서 이미 배웠듯이 디렉터리에 있는 파일의 목록을 보는 명령은 ls이다. ls -l 명령은 파일의 상세 정보를 출력하는데 이 상세 정보가 바로 파일의 속성이다. 다음 예를 통해 먼저 파일의 속성에는 어떤 항목이 있는지 알아보자.

```
[user1@localhost ~]$ ls -l /etc/hosts
-rw-r--r--. 1 root root 158  9월 10  2018 /etc/hosts
```

위 예의 출력 결과를 바탕으로 파일의 속성들을 구분해보면 [표 5-1]과 같다. 이 중 파일의 크기나 마지막 수정 날짜는 시스템에 따라 다를 수 있다.

표 5-1 파일의 속성

| 번호 | 속성 값 | 의미 |
|---|---|---|
| ❶ | - | 파일의 종류(-: 일반 파일, d: 디렉터리) |
| ❷ | rw- r-- r-- | 파일을 읽고 쓰고 실행할 수 있는 접근 권한 표시 |
| ❸ | 1 | 하드 링크의 개수 |
| ❹ | root | 파일 소유자의 로그인 ID |
| ❺ | root | 파일이 속한 그룹 이름 |
| ❻ | 158 | 파일의 크기(바이트 단위) |
| ❼ | 9월 10 2018 | 파일이 마지막으로 수정된 날짜 |
| ❽ | /etc/hosts | 파일명 |

### ❶ 파일의 종류

파일 속성의 첫 번째 항목은 파일의 종류를 나타낸다. -는 일반 파일을, d는 디렉터리를 의미한다. 그 외 다른 종류의 파일을 나타내는 문자도 정의되어 있는데 [표 2-4]를 참고하기 바란다. 파일의 종류를 알려주는 명령에는 file이 있으며, 사용 형식은 다음과 같다.

**file**

- **기능** 지정한 파일의 종류를 알려준다.
- **형식** `file [파일명]`
- **사용 예** `file /etc/services`

다음은 file 명령의 사용 예를 보여준다. 실행 결과를 보면 /etc/hosts는 일반 텍스트 파일이고 /usr/bin은 디렉터리임을 알 수 있다.

```
[user1@localhost ~]$ file /etc/hosts /usr/bin
/etc/hosts: ASCII text
/usr/bin:   directory
```

### ❷ 파일의 접근 권한 표시

파일의 소유자와 그룹이나 기타 사용자들이 파일에 대해 가지고 있는 접근 권한을 표시하는 것이다. 접근 권한은 파일의 소유자가 chmod 명령을 사용하여 마음대로 바꿀 수 있는데, 이에 대해서는 다음 절에서 자세히 살펴본다.

❸ 하드 링크의 개수

하드 링크는 한 파일에 대해 여러 개의 파일명을 가질 수 있도록 하는 기능이다.

❹ 파일 소유자의 로그인 ID

리눅스에서 모든 파일은 소유자가 있다. 시스템과 관련된 파일들은 대부분 루트 계정이 소유자이고, 일반 파일은 해당 파일을 생성한 사용자가 소유자다.

❺ 파일이 속한 그룹 이름

리눅스에서 사용자는 기본적으로 하나 이상의 그룹에 속해 있다. ls -l 명령에서 출력되는 그룹명은 파일이 속한 그룹의 이름이다. 이 그룹에 속한 사용자들에게 권한을 부여하여 파일을 공유할 수 있다. 사용자가 속한 기본 그룹은 시스템 관리자가 사용자를 등록할 때 결정한다. 사용자가 임의로 자신의 그룹을 바꿀 수 없으며 반드시 시스템 관리자에게 변경을 요청해야 한다. 그룹이 정의된 파일은 /etc/group으로 시스템 관리자만 수정할 수 있다.

사용자가 속한 그룹을 알려주는 명령은 groups다.

**groups**

- **기능** 사용자가 속한 그룹을 알려준다.
- **형식** groups [사용자명]

groups 명령의 사용 예는 다음과 같다. 인자로 다른 사용자명을 지정하면 그 사용자가 속한 그룹을 알려주며, 인자를 지정하지 않으면 자신이 속한 그룹을 알려준다.

```
[user1@localhost ~]$ groups
user1
[user1@localhost ~]$ groups root
root : root
```

❻ 파일의 크기

파일의 크기를 바이트 단위로 알려준다.

❼ 파일이 마지막으로 수정된 날짜

파일이 마지막으로 수정된 날짜와 시간이 표시된다. 연도가 표시되지 않으면 올해를 의미한다.

# 02 파일 접근 권한

앞에서 살펴본 바와 같이 파일의 속성 중에는 접근 권한이 있다. 접근 권한은 해당 파일을 읽고 쓰고 실행할 수 있는 권한으로 사용자의 파일을 보호하는 가장 기본적인 보안 기능이라고 할 수 있다. 리눅스는 사용자를 파일 소유자, 파일이 속한 그룹, 그 외 기타 사용자라는 세 카테고리로 구분하여 접근 권한을 적용한다.

사용자가 파일을 생성하면 그 파일의 소유자가 되는데, 일반적으로 사용자가 속한 기본 그룹이 파일과 관련된 그룹이 된다. 만약 상위 디렉터리에 특수한 권한이 부여되어 있으면 다른 그룹으로 지정될 수도 있다. 파일의 소속 그룹은 시스템 관리자가 명령을 이용하여 강제로 변경할 수도 있다. 그리고 소유자도 아니고 그룹에 속한 사용자도 아닌 나머지 사용자는 모두 기타 사용자가 된다.

사용자 카테고리별로 접근 권한을 다르게 부여하여 파일을 보호할 수 있다. 예를 들어 소유자는 읽고 쓰고 실행할 수 있는 모든 권한을 가지고, 그룹에는 읽고 실행할 수 있는 권한을, 기타 사용자에게는 실행할 수 있는 권한만 부여하는 식이다. 카테고리별로 파일에 접근하는 권한을 소유자나 시스템 관리자가 조정할 수 있다.

## 1 접근 권한 종류

리눅스에서 접근 권한은 읽기 권한, 쓰기 권한, 실행 권한 등 세 가지로 구성된다. 읽기 권한은 파일을 변경할 수는 없지만 내용은 볼 수 있는 권한이므로, 파일 내용을 공개하면 안 될 경우 읽기 권한도 주면 안 된다. 쓰기 권한은 파일의 내용을 보는 것뿐만 아니라 수정하거나 삭제하는 것도 가능한 권한이다. 이 권한을 다른 사용자에게 부여한다는 것은 파일을 마음대로 수정해도 된다는 의미이므로 신중하게 결정해야 한다. 이러한 권한은 [표 5-2]와 같이 대상이 파일인지 디렉터리인지에 따라 그 의미가 약간 다르게 해석된다.

표 5-2 파일과 디렉터리의 접근 권한

| 권한 | 파일 | 디렉터리 |
|---|---|---|
| 읽기 | 파일을 읽거나 복사할 수 있다. | ls 명령으로 디렉터리 목록을 볼 수 있다(ls 명령의 옵션은 실행 권한이 있어야 사용할 수 있다). |
| 쓰기 | 파일을 수정 · 이동 · 삭제할 수 있다(디렉터리에 쓰기 권한이 있어야 한다). | 파일을 생성하거나 삭제할 수 있다. |
| 실행 | 파일을 실행할 수 있다(셸 스크립트나 실행 파일의 경우). | cd 명령을 사용할 수 있다. 파일을 디렉터리로 이동하거나 복사할 수 있다. |

## 2 접근 권한 표기 방법

접근 권한의 표기는 사용자 카테고리별로 누가 파일을 읽고 쓰고 실행할 수 있는지를 문자로 표현한 것이다. 읽기 권한은 r, 쓰기 권한은 w, 실행 권한은 x로 나타내며, 해당 권한이 없는 경우에는 –로 표기한다. 사용자 카테고리별로 세 가지 권한의 부여 여부를 rwx 세 문자를 묶어서 표기한다. 즉 사용자 카테고리가 세 개이고 권한도 세 개이므로 총 아홉 개의 문자로 나타내는 것이다. 앞의 예를 다시 살펴보면 ls –l 명령의 결과 중 접근 권한을 나타낸 것은 첫 항목인 –rw–r––r–– 부분이다.

```
[user1@localhost ~]$ ls -l /etc/hosts
-rw-r--r--. 1 root root 158  9월 10  2018 /etc/hosts
```

이 중 맨 앞의 –는 파일의 종류를 나타내는 부분으로 접근 권한과는 관계가 없으며, 실제 접근 권한은 –를 제외한 rw–r––r––가 된다. 이는 사용자 카테고리별로 세 문자씩 한 묶음으로 표기한 것이다. 즉 [그림 5–1]과 같이 소유자의 권한은 rw–이고, 그룹의 권한은 중간의 r––이며, 기타 사용자의 권한은 마지막의 r––가 된다.

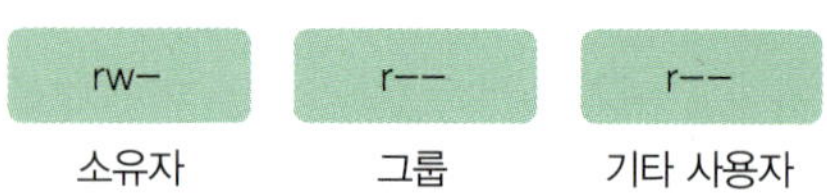


그림 5–1 파일의 접근 권한 표기

각 카테고리별로 접근 권한은 읽기(r), 쓰기(w), 실행(x)의 순서로 표기하며 해당 권한이 없을 경우 –로 표기한다. 그러므로 [그림 5–1]은 소유자가 읽기와 쓰기 권한을 가지고 있고 그룹과 기타 사용자는 읽기 권한만 가지고 있음을 나타낸다. 접근 권한은 이처럼 다양한 조합이 가능하다. 대표적인 접근 권한의 예는 [표 5-3]과 같다.

**표 5-3 다양한 접근 권한 조합의 예**

| 접근 권한 | 의미 |
|---|---|
| rwxr-xr-x | 소유자는 읽기 · 쓰기 · 실행 권한을 모두 가지고 그룹과 기타 사용자는 읽기 · 실행 권한을 가지고 있다. |
| r-xr-xr-x | 소유자, 그룹, 기타 사용자 모두 읽기 · 실행 권한을 가지고 있다. |
| rw------- | 소유자만 읽기 · 쓰기 권한을 가지고 그룹과 기타 사용자는 아무 권한이 없다. |
| rw-rw-rw- | 소유자, 그룹, 기타 사용자 모두 읽기 · 쓰기 권한을 가지고 있다. |
| rwxrwxrwx | 소유자, 그룹, 기타 사용자 모두 읽기 · 쓰기 · 실행 권한을 가지고 있다. |
| rwx------ | 소유자만 읽기 · 쓰기 · 실행 권한을 가지고 그룹과 기타 사용자는 아무 권한이 없다. |
| r-------- | 소유자만 읽기 권한을 가지고 있다. |

## 3 접근 권한 변경 명령

파일의 소유자와 시스템 관리자는 접근 권한을 바꿀 수 있다. 일반 사용자는 자신이 소유한 파일의 접근 권한뿐 아니라 그룹과 기타 사용자의 권한도 변경할 수 있지만 다른 사용자가 소유한 파일의 접근 권한은 손댈 수 없다. 접근 권한을 바꾸려면 chmod 명령을 사용한다.

**chmod**

- **기능** 파일이나 디렉터리의 접근 권한을 변경한다.
- **형식** chmod [옵션] 권한 파일(디렉터리)
- **옵션** -R: 하위 디렉터리까지 모두 변경할 수 있다.

chmod 명령으로 접근 권한을 변경할 때 기호 모드와 숫자 모드를 사용할 수 있다.

- 기호 모드: 접근 권한을 변경하기 위해 문자와 기호를 사용하여 권한을 표시한다.
- 숫자 모드: 접근 권한을 변경하기 위해 숫자를 사용한다.

# 03 기호를 이용한 파일 접근 권한 변경

기호를 이용하여 파일 접근 권한을 변경하는 기호 모드는 [그림 5-2]와 같이 사용자 카테고리 문자, 연산자 기호, 접근 권한 문자로 구성된다.

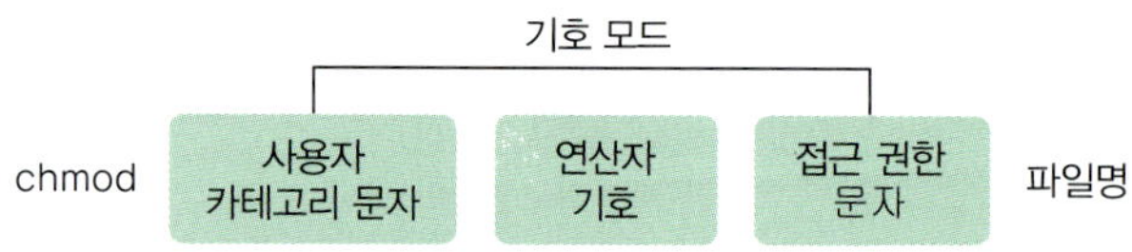


**그림 5-2 기호 모드의 구성 요소**

기호 모드에서는 각 항목별로 사용할 수 있는 문자와 기호가 정해져 있다. 사용자 카테고리는 소유자, 그룹, 기타 사용자를 나타내는 문자로 표기되고, 연산자는 권한 부여나 제거를 나타내는 기호로 표기된다. 또한 접근 권한 기호로는 읽기, 쓰기, 실행을 나타내는 문자를 사용한다. 이를 [표 5-4]에 정리했다.

**표 5-4 기호 모드에서 사용하는 문자와 기호**

| 구분 | 문자/기호 | 의미 |
|---|---|---|
| 사용자 카테고리 문자 | u | 파일 소유자 |
| | g | 파일 소유 그룹 |
| | o | 소유자와 그룹 이외의 기타 사용자 |
| | a | 전체 사용자 |
| 연산자 기호 | + | 권한 부여 |
| | - | 권한 제거 |
| | = | 접근 권한 설정 |
| 접근 권한 문자 | r | 읽기 권한 |
| | w | 쓰기 권한 |
| | x | 실행 권한 |

[표 5-4]의 문자와 기호를 어떻게 조합하여 권한을 부여하거나 제거하는지 [표 5-5]의 예를 통해 살펴보자.

**표 5-5 기호 모드를 사용한 접근 권한 설정의 예**

| 권한 표기 | 의미 |
|---|---|
| u+w | 소유자(u)에게 쓰기(w) 권한 부여(+) |
| u-x | 소유자(u)의 실행(x) 권한 제거(-) |
| g+w | 그룹(g)에 쓰기(w) 권한 부여(+) |
| o-r | 기타 사용자(o)의 읽기(r) 권한 제거(-) |
| g+wx | 그룹(g)에 쓰기(w)와 실행(x) 권한 부여(+) |
| +wx | 모든 사용자에게 쓰기(w)와 실행(x) 권한 부여(+) |
| a+rwx | 모든 사용자에게 읽기(r), 쓰기(w), 실행(x) 권한 부여(+) |
| u=rwx | 소유자(u)에게 읽기(r), 쓰기(w), 실행(x) 권한 부여(=) |
| go+w | 그룹(g)과 기타 사용자(o)에게 쓰기(w) 권한 부여(+) |
| u+x, go+w | 소유자(u)에게 실행(x) 권한을 부여하고(+) 그룹(g)과 기타 사용자(o)에게 쓰기(w) 권한 부여(+) |

[표 5-5]의 예를 chmod 명령과 함께 사용하여 그 결과가 어떻게 나오는지 확인해보자. 먼저 다음과 같이 ch5 디렉터리와 파일을 준비한다.

```
[user1@localhost ~]$ mkdir linux_ex/ch5
[user1@localhost ~]$ cd linux_ex/ch5
[user1@localhost ch5]$ cp /etc/hosts test.txt
```

우선 현재 접근 권한을 확인한다. test.txt 파일의 현재 접근 권한은 rw-r--r--이다.

```
[user1@localhost ch5]$ ls -l
합계 4
-rw-r--r--. 1 user1 user1 158 11월  2 21:26 test.txt
```

소유자의 쓰기 권한을 제거하는 것은 u-w다.

```
[user1@localhost ch5]$ chmod u-w test.txt
[user1@localhost ch5]$ ls -l
합계 4
-r--r--r--. 1 user1 user1 158 11월  2 21:26 test.txt
```

나머지 예는 실습을 통해 확인해본다. 각각의 경우에 기호를 조합하는 방법과 실행 후 접근 권한이 어떻게 표시되는지에 주의해서 따라해보자.

**따라해보기** **기호 모드로 접근 권한 변경하기**

❶ 그룹에 쓰기와 실행 권한을 부여한다(g+wx).

```
[user1@localhost ch5]$ chmod g+wx test.txt
[user1@localhost ch5]$ ls -l
합계 4
-r--rwxr--. 1 user1 user1 158 11월  2 21:26 test.txt*
```

test.txt 파일 이름의 색이 초록색으로 바뀌거나 끝에 *가 붙은 것은 실행 권한이 부여되어 실행 파일로 인식하기 때문이다. 사용하는 터미널의 설정에 따라 다를 수 있다.

❷ 기타 사용자에게 실행 권한을 부여한다(o+x).

```
[user1@localhost ch5]$ chmod o+x test.txt
[user1@localhost ch5]$ ls -l
합계 4
-r--rwxr-x. 1 user1 user1 158 11월  2 21:26 test.txt*
```

❸ 그룹과 기타 사용자의 실행 권한을 제거한다(go−x).

```
[user1@localhost ch5]$ chmod go-x test.txt
[user1@localhost ch5]$ ls -l
합계 4
-r--rw-r--. 1 user1 user1 158 11월  2 21:26 test.txt
```

❹ 모두에게 실행 권한을 부여한다(a+x).

```
[user1@localhost ch5]$ chmod a+x test.txt
[user1@localhost ch5]$ ls -l
합계 4
-r-xrwxr-x. 1 user1 user1 158 11월  2 21:26 test.txt*
```

❺ 소유자에게 쓰기 권한을 부여하고 그룹의 쓰기 권한은 제거한다(u+w,g−w).

```
[user1@localhost ch5]$ chmod u+w,g-w test.txt
[user1@localhost ch5]$ ls -l
합계 4
-rwxr-xr-x. 1 user1 user1 158 11월  2 21:26 test.txt*
```

u+w,g−w와 같이 사용할 때는 u+w와 g−w 사이에 쉼표 외에 공백문자가 있으면 안 된다.

**혼자해보기 기호 모드로 접근 권한 변경하기**

❶ 앞의 '따라해보기'에서 사용했던 test.txt 파일을 현재 접근 권한 상태에서 그대로 사용한다.
❷ 모든 사용자의 실행 권한을 한 번에 제거한다.
❸ 그룹과 기타 사용자에게 쓰기 권한을 한 번에 부여한다.
❹ 그룹과 기타 사용자의 읽기, 쓰기 권한을 한 번에 모두 제거한다.
❺ 소유자의 쓰기 권한을 제거한다.
❻ 소유자의 읽기 권한을 제거한다.
❼ 소유자에게는 읽기, 쓰기 권한을, 그룹과 기타 사용자에게는 읽기 권한을 한 번에 부여한다.

# 04 숫자를 이용한 파일 접근 권한 변경

chmod 명령은 문자와 기호를 사용하는 기호 모드 외에 숫자를 사용하여 접근 권한을 변경할 수 있는 숫자 모드를 제공한다. 이 절에서는 숫자 모드로 chmod 명령을 사용하는 방법을 알아보자.

소유자, 그룹, 기타 사용자별로 권한을 부여하거나 제거할 때는 기호 모드가 편리하지만 전체적으로 권한을 조정할 때는 문자의 조합이 복잡해진다. 이럴 때 숫자 모드로 chmod 명령을 사용하면 소유자, 그룹, 기타 사용자의 권한을 한 번에 원하는 대로 변경할 수 있어서 매우 편리하다.

## 1 숫자로 환산하는 방법

앞에서 접근 권한은 세 개의 사용자 카테고리와 각 카테고리별 세 개의 권한으로 표현한다고 했다. 기호 모드에서는 이 카테고리와 권한을 모두 문자로 표현했으나 숫자 모드에서는 각 권한이 있고 없고를 0과 1로 표기하고 이를 다시 환산하여 숫자로 표현한다. 카테고리별로 권한의 조합에 따라 0~7로 나타내는 것이다. 결과적으로 숫자 모드는 [그림 5-3]과 같이 세 자리 수로 표현된다.

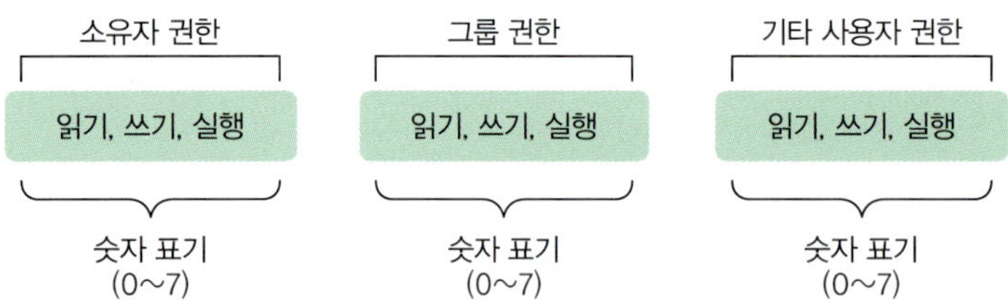


**그림 5-3 숫자 모드의 구성 요소**

권한 묶음(rwx)을 숫자로 환산하는 방법을 알아보자. 읽기, 쓰기, 실행의 각 권한이 있으면 1, 없으면 0으로 바꾼 후 이를 2진수 세 자리로 간주하여 환산하면 권한 묶음을 0~7까지의 숫자 중 하나로 표기할 수 있다. 예를 들어 [그림 5-4]에서 보듯이 접근 권한이 ❶과 같이 r-x일 때, 권한이 있는 것은 1로, 없는 것은 0으로 바꾸면 ❷처럼 2진수 1, 0, 1이 된다. 이 2진수를 각 자릿수별로 10진수로 환산하면 ❸처럼 4, 0, 1이 되고, 이 세 숫자를 더하면 최종 권한 값은 ❺와 같이 5가 된다. 즉 접근 권한 r-x는 숫자로 5가 되는 것이다.

복잡해 보이는가? 겁먹을 것 없다. 조금만 연습해보면 권한 기호만 봐도 숫자가 자동으로 환산되어 기호 모드보다 편하게 사용할 수 있을 것이다.

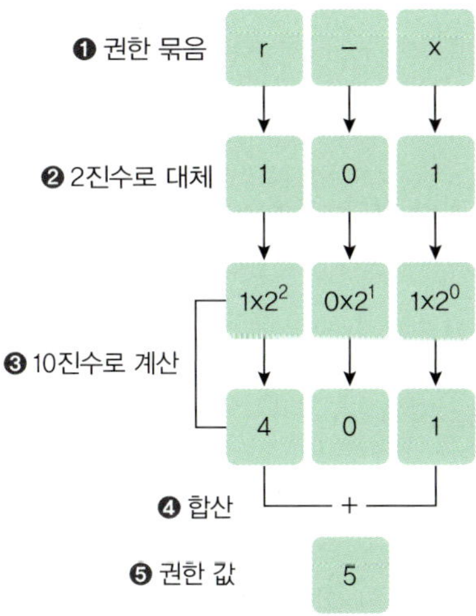


**그림 5-4 권한을 숫자로 환산하는 과정**

접근 권한의 표기와 숫자의 대응 관계를 [표 5-6]에 정리했다. 이 중 숫자 7, 6, 5, 4, 0의 형태가 자주 사용되며 1, 2, 3은 대체로 잘 사용하지 않는다.

**표 5-6 접근 권한과 숫자의 대응 관계**

| 접근 권한 | 환산 | 숫자 | 의미 |
|---|---|---|---|
| rwx | 111 → 4+2+1 | 7 | 읽기, 쓰기, 실행 |
| rw- | 110 → 4+2+0 | 6 | 읽기, 쓰기 |
| r-x | 101 → 4+0+1 | 5 | 읽기, 실행 |
| r-- | 100 → 4+0+0 | 4 | 읽기 |
| -wx | 011 → 0+2+1 | 3 | 쓰기, 실행 |
| -w- | 010 → 0+2+0 | 2 | 쓰기 |
| --x | 001 → 0+0+1 | 1 | 실행 |
| --- | 000 → 0+0+0 | 0 | 권한이 없음 |

이와 같은 방식으로 소유자 권한, 그룹 권한, 기타 사용자 권한을 각각 숫자로 환산하면 [그림 5-5]와 같이 전체 접근 권한을 나타내는 숫자 세 개가 나온다. 이 세 숫자를 연결하면 전체 접근 권한을 나타낼 수 있다.

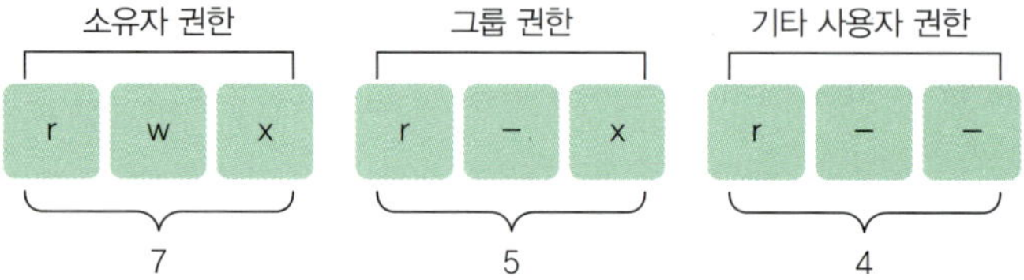


**그림 5-5 전체 접근 권한을 숫자로 표기한 예**

전체 접근 권한을 숫자로 표시한 대표적인 형태는 [표 5-7]과 같다. chmod 명령의 숫자 모드에서 사용하는 것이 [표 5-7]과 같은 형태다.

**표 5-7 숫자로 표현한 접근 권한의 예**

| 접근 권한 | 숫자 모드 | 접근 권한 | 숫자 모드 |
|---|---|---|---|
| rwxrwxrwx | 777 | rw-r--r-- | 644 |
| rwxr-xr-x | 755 | rwx------ | 700 |
| rw-rw-rw | 666 | rw-r----- | 640 |
| r-xr-xr-x | 555 | r-------- | 400 |

## 2 숫자 모드를 이용한 접근 권한 변경

이제 chmod 명령에서 숫자 모드를 사용해보자. chmod 명령을 사용하는 형식은 [그림 5-6]과 같이 기본적으로 같다.

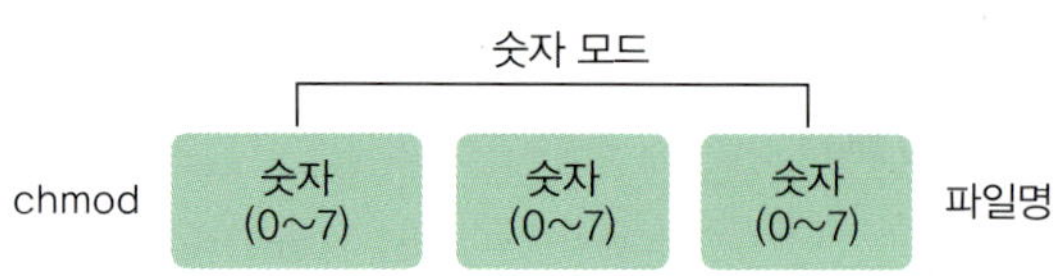


**그림 5-6 숫자 모드를 이용한 접근 권한 변경**

기호 모드에서 문자와 기호가 들어갈 자리에 [표 5-7]과 같은 숫자를 사용하면 된다. 기호 모드와 다른 점은, 숫자의 각 위치가 사용자 카테고리를 나타내기 때문에 사용자 카테고리를 따로 지정할 필요가 없다는 것이다. 그리고 항상 세 자리 수를 사용해야 하므로 변경하려는 한 카테고리의 권한뿐만 아니라 다른 카테고리의 권한도 반드시 같이 명시해야 한다.

예를 들어, 현재 권한이 644(rw-r--r--)인데 이 중 소유자의 쓰기 권한을 제거하려면 소유자의 권한 값인 6(rw-)만 4(r--)로 바꾸고 나머지는 그대로 결합하여 444(r--r--r--)로 권한을 변경해야 한다. 만약 chmod 4 test.txt와 같이 숫자를 세 자리가 아니라 한 자리만 지정할 경우, 4를 400(r--------)이 아닌 004(------r--)로 해석하여 의도와 달리 최종 권한이 달리지므로 주의해야 한다. 예제와 실습을 통해 숫자 보느로 chmod 명령을 사용하는 방법을 연습해보자.

앞 절에서 실습한 test.txt 파일을 그대로 사용한다. test.txt 파일의 현재 접근 권한은 다음과 같이 644(rw-r--r--)이다.

```
[user1@localhost ch5]$ ls -l
합계 4
-rw-r--r--. 1 user1 user1 158 11월  2 21:26 test.txt
```

먼저 소유자의 쓰기 권한을 제거해보자. 기호로는 u-w이지만 이를 숫자로 표기하면 최종 권한의 형태가 r--r--r--이므로 444가 된다. 이해가 되는가? 잘 모르겠다면 앞으로 돌아가 [그림 5-3]부터 다시 찬찬히 읽어보기 바란다. 444로 접근 권한을 바꾸면 다음과 같이 된다.

```
[user1@localhost ch5]$ chmod 444 test.txt
[user1@localhost ch5]$ ls -l
합계 4
-r--r--r--. 1 user1 user1 158 11월  2 21:26 test.txt
```

이제 그룹에 쓰기와 실행 권한을 부여한다. 최종 권한 형태가 r--rwxr--이므로 이를 숫자로 표시하면 474가 된다.

```
[user1@localhost ch5]$ chmod 474 test.txt
[user1@localhost ch5]$ ls -l
합계 4
-r--rwxr--. 1 user1 user1 158 11월  2 21:26 test.txt*
```

다음 실습에서 접근 권한을 다양하게 변경해보자.

**따라해보기** **숫자 모드로 접근 권한 변경하기**

❶ 기타 사용자에게 실행 권한을 부여한다(o+x).

r--rwxr-x → 475

```
[user1@localhost ch5]$ chmod 475 test.txt
[user1@localhost ch5]$ ls -l
합계 4
-r--rwxr-x. 1 user1 user1 158 11월  2 21:26 test.txt*
```

❷ 그룹과 기타 사용자의 실행 권한을 제거한다(go-x)

r--rw-r-- → 464

```
[user1@localhost ch5]$ chmod 464 test.txt
[user1@localhost ch5]$ ls -l
합계 4
-r--rw-r--. 1 user1 user1 158 11월  2 21:26 test.txt
```

❸ 모두에게 실행 권한을 부여한다(a+x).

r-xrwxr-x → 575

```
[user1@localhost ch5]$ chmod 575 test.txt
[user1@localhost ch5]$ ls -l
합계 4
-r-xrwxr-x. 1 user1 user1 158 11월  2 21:26 test.txt*
```

❹ 소유자에게 쓰기 권한을 부여하고 그룹의 쓰기 권한은 제거한다(u+w,g-w).

rwxr-xr-x → 755

```
[user1@localhost ch5]$ chmod 755 test.txt
[user1@localhost ch5]$ ls -l
합계 4
-rwxr-xr-x. 1 user1 user1 158 11월  2 21:26 test.txt*
```

❺ 소유자의 권한만 남기고 나머지 사용자의 권한은 모두 제거한다.

rwx------ → 700

```
[user1@localhost ch5]$ chmod 700 test.txt
[user1@localhost ch5]$ ls -l
합계 4
-rwx------. 1 user1 user1 158 11월  2 21:26 test.txt*
```

**혼자해보기 숫자 모드로 접근 권한 변경하기**

❶ test.txt 파일을 현재 접근 권한 상태에서 그대로 사용한다.
❷ 소유자의 권한을 읽기와 쓰기로 변경한다.
❸ 그룹과 기타 사용자도 읽고 쓰기가 가능하도록 변경한다.
❹ 기타 사용자의 쓰기 권한을 제거한다.
❺ 그룹의 쓰기 권한을 제거한다.
❻ 소유자의 읽기 권한만 남겨놓고 모든 권한을 제거한다.
❼ 파일의 모든 권한을 제거한다.

# 05 기본 접근 권한 설정

리눅스에서는 파일이나 디렉터리를 생성할 때 기본 접근 권한이 자동적으로 설정된다. 일반 파일의 경우 소유자와 그룹에는 읽기와 쓰기 권한이 설정되고 기타 사용자에게는 읽기 권한만 설정되며, 디렉터리의 경우 소유자와 그룹에는 읽기, 쓰기, 실행 권한이 설정되고 기타 사용자에게는 읽기, 실행 권한만 설정된다. 다음 예에서 새로 만든 centos.txt 파일과 temp 디렉터리의 접근 권한을 보면 기본 접근 권한으로 설정되었음을 알 수 있다.

```
[user1@localhost ch5]$ touch centos.txt
[user1@localhost ch5]$ mkdir temp
[user1@localhost ch5]$ ls -l
합계 4
-rw-rw-r--. 1 user1 user1   0 11월  2 21:49 centos.txt
drwxrwxr-x. 2 user1 user1   6 11월  2 21:49 temp/
----------.  1 user1 user1 158 11월  2 21:26 test.txt
```

기본 접근 권한은 리눅스 시스템에 설정된 기본 값에 따른 것으로, 이 기본 값을 바꾸면 기본 접근 권한도 바꿀 수 있다.

## 1 기본 접근 권한 확인 및 변경

기본 접근 권한을 확인하고 설정하는 데는 umask 명령을 사용한다.

**umask**

- **기능** 기본 접근 권한을 출력하거나 변경한다.
- **형식** umask [옵션] [마스크 값]
- **옵션** -S: 마스크 값을 문자로 출력한다.
- **사용 예** umask 022
  umask

아무 인자 없이 umask 명령만 사용하면 다음과 같이 현재 설정된 기본 마스크 값을 보여준다. 0002에서 맨 앞의 0은 다른 용도가 있으며, 기본 접근 권한은 002로 적용한다.

```
[user1@localhost ch5]$ umask
0002
```

### 마스크 값의 의미

마스크 값은 파일이나 디렉터리 생성 시 부여하지 않을 권한을 지정해놓는 것을 말한다. 얼굴에 쓰는 마스크를 떠올려보라. 마스크란 원래 일부분을 가리는 기능을 가지고 있지 않은가. 예를 들어 마스크 값이 002일 경우, 이를 접근 권한의 숫자 모드로 해석하여 표기하면 -------w-가 된다. 이는 기타 사용자에게 쓰기 권한은 부여하지 않겠다는 뜻이다. umask 명령에 -S 옵션을 적용하여 마스크 값을 문자로 출력하면 분명히 알 수 있다.

```
[user1@localhost ch5]$ umask -S
u=rwx, g=rwx, o=rx
```

umask -S의 결과로 출력된 'u=rwx, g=rwx, o=rx'는 사용자와 그룹에는 읽기, 쓰기, 실행 권한을 부여하고 기타 사용자의 경우에는 읽기와 실행 권한만 부여한다는 의미다.

### 마스크 값 변경하기

umask 명령으로 마스크 값을 변경해보자.

```
[user1@localhost ch5]$ umask 077
[user1@localhost ch5]$ umask
0077
```

umask로 마스크 값을 바꾸면 파일이나 디렉터리를 생성할 때 적용되는 기본 접근 권한도 바뀐다. linux.txt 파일을 만들어 이를 확인해보자. 다음 예를 보면 linux.txt 파일의 기본 접근 권한이 600(rw-------)인 것을 알 수 있다.

```
[user1@localhost ch5]$ touch linux.txt
[user1@localhost ch5]$ ls -l
합계 4
```

```
-rw-rw-r--. 1 user1 user1   0 11월  2 21:49 centos.txt
-rw-------. 1 user1 user1   0 11월  2 21:56 linux.txt
drwxrwxr-x. 2 user1 user1   6 11월  2 21:49 temp/
----------. 1 user1 user1 158 11월  2 21:26 test.txt
```

## 2 마스크 값의 적용 과정

마스크 값은 파일이 생성될 때마다 적용된다. 마스크 값을 비트로 표시했을 때 그 값이 1인 경우 대응하는 권한은 제외한다. 마스크 값이 적용되는 진리표는 [표 5-8]과 같다.

표 5-8 umask 진리표

| 요청 권한 | 1 | 1 | 0 | 0 |
|---|---|---|---|---|
| 마스크 | 1 | 0 | 1 | 0 |
| 부여된 권한 | 0 | 1 | 0 | 0 |

[표 5-8]의 진리표가 의미하는 것은 마스크 값이 1이면 요청 권한이 1인지 0인지에 상관없이 부여되는 권한은 0이 되고, 마스크 값이 0일 경우 해당 요청 권한이 그대로 부여된다는 것이다. 리눅스 시스템은 파일이나 디렉터리를 생성할 때 부여하려는 접근 권한과 마스크 값을 [표 5-8]의 진리표를 기준으로 마스킹하여 기본 접근 권한을 결정한다.

### 마스크 값 계산 방법

리눅스의 기본 설정을 적용하는 일반적인 사용자 환경에서 마스크 값을 사용자의 입장에서 좀 더 쉽게 이해하는 방법은 최대 접근 권한에서 마스크 값을 빼는 것이다. 예를 들어 마스크 값이 002일 경우 이를 접근 권한으로 해석해 표시하면 --------w-가 된다. 이를 최대 접근 권한인 rw-rw-rw-에서 빼면 파일의 기본 접근 권한은 rw-rw-r—가 된다. 이는 그냥 숫자로 계산할 수도 있다(666-002=664). 이 과정을 [그림 5-7]을 통해 자세히 살펴보자.

우선 일반 파일이 가질 수 있는 최대 접근 권한은 666(rw-rw-rw)이다. 현재 마스크 값이 002일 때 666과 002를 [표 5-8]에 따라 마스킹하면 결과가 664임을 알 수 있다. 따라서 마스크 값이 002일 때 일반 파일을 생성하면 기본 접근 권한이 664가 된다.

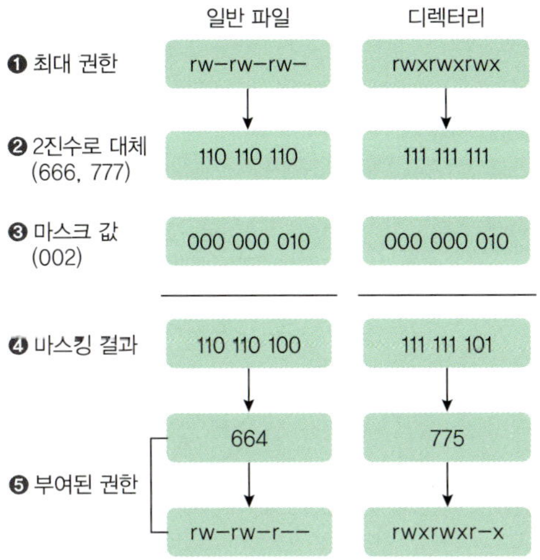


(a) 마스크 값을 적용하는 과정

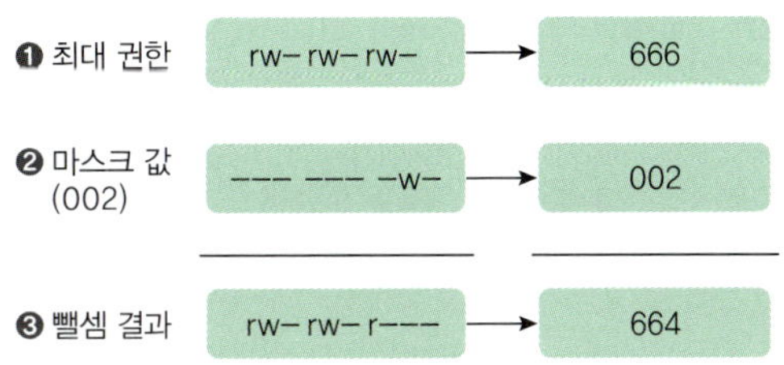


(b) 마스크 값에 빨셈을 적용하는 과정

**그림 5-7 마스크 값 계산 방법**

디렉터리의 경우에는 최대 접근 권한이 777이므로 여기에 002를 마스킹하면 기본 접근 권한이 775가 된다. 실행 파일도 기본적으로 실행 권한을 가져야 하므로 디렉터리와 같은 형태로 권한이 부여된다. 나중에 9장에서 실행 파일을 생성할 때 확인해보도록 하자.

## 여러 가지 마스크 값

리눅스의 기본 마스크 값은 002인데 이를 필요에 따라 적절히 변경하여 자신의 파일과 디렉터리를 보호할 수 있다. [표 5-9]는 여러 가지 마스크 값의 의미를 정리한 것이다.

**표 5-9 마스크 값의 의미**

| 마스크 값 | 일반 파일 | 디렉터리 | 의미 |
|---|---|---|---|
| 022 | 644 | 755 | 그룹과 기타 사용자는 읽기만 가능하다. |
| 077 | 600 | 700 | 그룹과 기타 사용자의 접근 권한을 모두 제거한다. |
| 027 | 640 | 750 | 그룹은 읽기와 실행만 가능하고 기타 사용자의 접근 권한을 모두 제거한다. |

umask로 마스크 값을 바꿀 때 파일과 디렉터리에 모두 적용해봐야 한다. 마스크 값이 파일에는 적합하지만 디렉터리에는 적합하지 않을 수도 있기 때문이다. 예를 들어 마스크 값이 026일 경우, 파일은 640으로 적합하지만 디렉터리는 751이 되어 기타 사용자의 접근 권한이 이상해진다.

**따라해보기** **기본 접근 권한 변경하기**

❶ 현재의 기본 접근 권한을 확인한다.

```
[user1@localhost ch5]$ umask
0077
```

❷ 그룹과 기타 사용자가 읽기와 실행을 할 수 없도록 기본 접근 권한을 변경한다.

```
[user1@localhost ch5]$ umask 022
[user1@localhost ch5]$ umask
0022
```

❸ 파일을 생성하여 기본 접근 권한이 변경되었는지 확인한다.

```
[user1@localhost ch5]$ touch mask.txt
[user1@localhost ch5]$ ls -l mask.txt
-rw-r--r--. 1 user1 user1 0 11월  2 22:02 mask.txt
```

**혼자해보기** **기본 접근 권한 변경하기**

❶ 그룹에는 읽기와 쓰기 권한을 부여하고 기타 사용자에게는 아무 권한이 없도록 마스크 값을 변경한다.
❷ mask2.txt 파일과 tmp 디렉터리를 생성하여 기본 접근 권한이 변경되었는지 확인한다.
❸ 기본 접근 권한을 원래의 기본 마스크 값(002)으로 변경한다.

# 06 특수 접근 권한 설정

지금까지 살펴본 접근 권한은 일반적인 접근 권한이라고 할 수 있다. 리눅스에서는 이런 일반적인 접근 권한 외에 특별한 접근 권한을 제공하는데 이를 특수 접근 권한이라고 한다. 앞 절에서 umask 값을 출력하면 네 자리 숫자로 출력되는 것을 보고 이상하게 생각하지는 않았는가?

```
[user1@localhost ch5]$ umask
0002
```

우리는 계속 777, 755 등의 세 자리 숫자를 사용했는데 umask는 왜 네 자리를 출력할까? 나머지 자리는 바로 특수 접근 권한을 나타낸다. 맨 앞자리의 숫자가 0이면 일반적인 접근 권한이지만 1, 2, 4이면 특수 접근 권한이 설정된다. 그동안 우리는 맨 앞자리의 0을 생략했던 것이다. 특수 접근 권한은 다음과 같이 세 가지가 있다.

- SetUID: 맨 앞자리가 4
- SetGID: 맨 앞자리가 2
- 스티키 비트sticky bit: 맨 앞자리가 1

각각 어떤 특징을 지닌 접근 권한인지 살펴보자.

## 1 SetUID

SetUID가 설정된 파일을 실행하면 해당 파일이 실행되는 동안에는 파일을 실행한 사용자의 권한이 아니라 파일 소유자의 권한이 적용된다. SetUID가 어떻게 적용되는지 예를 통해 살펴보자. 일단 set.exe 파일을 만들고 실행 권한을 부여하면 다음과 같다.

```
[user1@localhost ch5]$ touch set.exe
[user1@localhost ch5]$ chmod 755 set.exe        → 실행 권한을 부여한다.
[user1@localhost ch5]$ ls -l set.exe
-rwxr-xr-x. 1 user1 user1 0 11월  2 22:09 set.exe*
```

이제 SetUID를 설정해보자. SetUID는 접근 권한에서 맨 앞자리에 4를 설정해야 한다. 예를 들어 set.exe 파일 앞에 4755로 수정하면 다음과 같이 SetUID가 설정된다.

```
[user1@localhost ch5]$ chmod 4755 set.exe
[user1@localhost ch5]$ ls -l set.exe
-rwsr-xr-x. 1 user1 user1 0 11월  2 22:09 set.exe*
```

무엇이 바뀌었는지 발견했는가? SetUID가 설정되면 소유자의 실행 권한에 's'가 표시된다. 이는 set.exe 파일을 실행하면 항상 user1의 권한을 가진다는 의미다. 무슨 말인지 아직 감이 오지 않을 것이다. 흔히 사용하는 명령 중에 SetUID가 설정되어 있는 명령을 살펴보자. 대표적인 것은 passwd이다.

```
[user1@localhost ch5]$ ls -l /usr/bin/passwd
-rwsr-xr-x. 1 root root 34928  5월 12 00:14 /usr/bin/passwd*
```

passwd 명령은 사용자 계정의 암호를 바꾼다. 그런데 계정의 암호가 저장되어 있는 /etc/shadow 파일은 root 계정으로만 수정이 가능하다. 따라서 일반 사용자가 passwd 명령으로 암호를 바꾸려고 할 때 본인의 권한으로 실행하면 암호를 바꿀 수 없을 것이다. /etc/shadow 파일을 수정할 수 없기 때문이다. 그러나 passwd 명령에는 SetUID가 설정되어 있기 때문에 소유자인 root 권한으로 실행되어 /etc/shadow 파일을 수정하여 암호를 바꿀 수 있다. SetUID는 일반 사용자가 root 권한으로 명령을 실행할 필요가 있는 일부 명령에 설정하여 사용하는데, 이를 이용한 해킹도 등장하여 보안에 신경을 써야 한다.

## 2 SetGID

SetGID는 SetUID와 거의 동일하다. SetGID가 설정된 파일을 실행하면 해당 파일이 실행되는 동안에는 파일 소유 그룹의 권한으로 실행된다. SetGID는 접근 권한의 맨 앞자리에 2를 설정해야 한다. set.exe 파일에 SetGID를 설정하면 다음과 같이 그룹의 실행 권한에 's'가 표시된다.

```
[user1@localhost ch5]$ chmod 2755 set.exe
[user1@localhost ch5]$ ls -l set.exe
-rwxr-sr-x. 1 user1 user1   0 11월  2 22:09 set.exe*
```

## 3 스티키 비트

스티키 비트는 SetUID, SetGID와 다른 특징을 가지고 있다. 스티키 비트는 디렉터리에 설정하며, 디렉터리에 스티키 비트가 설정되어 있으면 이 디렉터리에는 누구나 파일을 생성할 수 있다. 파일은 파일을 생성한 계정으로 소유자가 설정되고, 다른 사용자가 생성한 파일은 삭제할 수 없다. 이런 디렉터리 하면 딱 떠오르는 것이 있지 않은가? 바로 /tmp 디렉터리다. 스티키 비트가 설정되면 기타 사용자의 실행 권한에 't'가 표시된다. /tmp 디렉터리의 권한을 확인해보자. t가 보이는가?

```
[user1@localhost ch5]$ ls -ld /tmp
drwxrwxrwt. 19 root root 4096 11월  2 21:26 /tmp/
```

스티키 비트는 접근 권한의 맨 앞자리에 1을 설정해야 한다. 예를 들어 temp 디렉터리의 권한을 1755로 수정하면 다음과 같이 스티키 비트가 설정된다.

```
[user1@localhost ch5]$ chmod 1755 temp
[user1@localhost ch5]$ ls -ld temp
drwxr-xr-t. 2 user1 user1 6 11월  2 21:49 temp/
```

여기서 잠깐 **특수 접근 권한 설정 오류**

특수 권한을 설정하는 파일이나 디렉터리 모두 실행 권한을 가지고 있어야 한다. 만약 실행 권한이 없는 파일에 SetUID나 SetGID를 설정하면 's'가 아니라 'S'가 표시된다. 또한 디렉터리에 실행 권한이 없는데 스티키 비트를 설정하면 'T'가 표시된다. 이렇게 대문자 S나 T가 나타나면 특수 접근 권한을 잘못 설정한 것이다.

```
[user1@localhost ch5]$ chmod 4644 test.txt
[user1@localhost ch5]$ ls -l test.txt
-rwSr--r--. 1 user1 user1 158 11월  2 21:26 test.txt
[user1@localhost ch5]$ chmod 2644 test.txt
[user1@localhost ch5]$ ls -l test.txt
-rw-r-Sr--. 1 user1 user1 158 11월  2 21:26 test.txt
[user1@localhost ch5]$ chmod 1644 temp
[user1@localhost ch5]$ ls -ld temp
drw-r--r-T. 2 user1 user1 6 11월  2 21:49 temp/
```

**01** 리눅스는 사용자를 세 카테고리로 구분한다. 이 카테고리에 해당하지 않는 것은 무엇인가?

① 소유자 ② 그룹 ③ 관리자 ④ 기타 사용자

**02** 기본 접근 권한을 설정하는 명령은 무엇인가?

① gmask ② amask ③ omask ④ umask

**03** 특수 접근 권한에 해당하지 않는 것은 무엇인가?

① SetUser ② SetUID ③ SetGID ④ 스티키비트

**04** 파일의 속성은 어떤 명령으로 확인할 수 있는가?

**05** 접근 권한의 세 가지 종류에 대해 간단히 설명하시오.

**06** 파일의 읽기 권한과 디렉터리의 읽기 권한은 어떤 차이가 있는지 설명하시오.

**07** 디렉터리에 실행 권한이 없다는 것은 무엇을 의미하는지 설명하시오.

**08** 파일의 접근 권한이라고 가정할 때, 다음 접근 권한은 어떤 의미가 있는지 설명하시오.

| 접근 권한 | 소유자 권한 | 그룹 권한 | 기타 사용자 권한 |
|---|---|---|---|
| rwxr-xr-x | | | |
| rw-r--r-- | | | |
| r--r--r-- | | | |

**09** /etc 디렉터리에 있는 group, passwd, shadow 파일의 권한을 확인해보고 다음 표의 빈칸을 채우시오.

| 파일 | 소유자 권한 | 그룹 권한 | 기타 사용자 권한 |
|---|---|---|---|
| group | | | |
| passwd | | | |
| shadow | | | |

**10** 다음 접근 권한을 숫자로 표기하시오.

① rwxr–xr–x ② rw–r––r–– ③ rw–r–––––
④ r––r––r–– ⑤ r–xr–xr–x

**11** exmod.txt 파일의 현재 권한을 변경된 권한처럼 바꾸는 명령을 빈칸에 쓰시오.

① 기호 모드

| 현재 권한 | 변경된 권한 | 명령 |
|---|---|---|
| rwxr–xr–x | r–x–––––– | |
| rw–r––r–– | r––r––r–– | |

② 숫자 모드

| 현재 권한 | 변경된 권한 | 명령 |
|---|---|---|
| rw––––––– | rw–rw–rw– | |
| r––r––r–– | r–xr–xr–x | |

**12** 마스크 값이 007일 때 파일과 디렉터리를 생성하면 기본 접근 권한은 어떻게 되는가?

**13** 마스크 값을 007로 바꾸는 명령은 무엇인가?

**14** 파일의 접근 권한을 확인했더니 'rwSr--r--'이었다. S가 의미하는 것은 무엇인가?

**15** 스티키 비트에 대해 간단히 설명하시오.

**16** /bin 디렉터리에서 SetUID가 설정된 명령의 예를 세 개만 제시하시오.

# CHAPTER 06
# 프로세스 관리



**학습목표**

- 프로세스가 무엇인지 설명할 수 있다.
- 프로세스의 목록을 확인하고 특정 프로세스를 검색할 수 있다.
- 프로세스를 강제로 종료할 수 있다.
- 프로세스 관리 도구로 전체 프로세스의 상태를 확인할 수 있다.
- 포그라운드와 백그라운드 작업의 차이를 설명할 수 있다.
- 명령을 자동으로 실행하는 방법을 직접 설정할 수 있다.

# 00 개요

## 1 리눅스 학습 맵에서 6장의 위치

6장에서는 2단계의 마지막인 프로세스 관리에 도전할 차례다. 리눅스 시스템에서는 동시에 여러 개의 프로세스가 실행되기 때문에 현재 어떤 프로세스가 실행되는지 확인할 수 있어야 한다. 그리고 필요할 때 적절하게 관리 작업을 하고 반복적인 작업은 작업 예약 기능을 사용하여 자동화할 수 있어야 한다. 이 장을 학습하고 나면 시스템에서 다양한 프로세스가 실행된다는 것을 이해하고, 필요한 작업을 자동으로 진행할 수 있을 것이다.

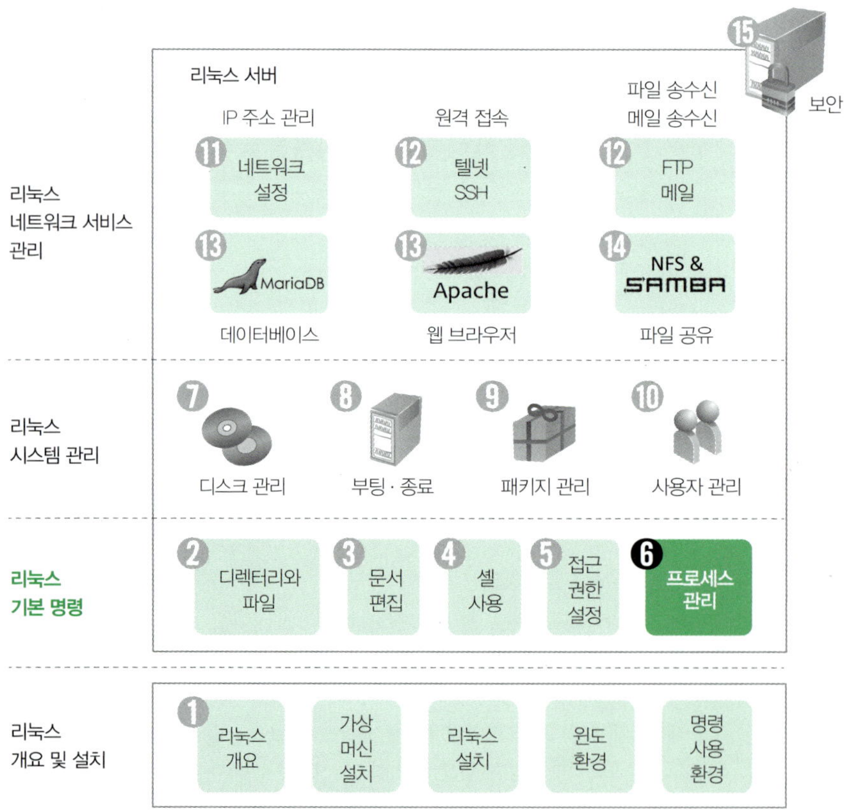

## 2 6장의 내용 구성

리눅스에서 사용자가 입력한 명령은 프로세스가 되어 실행된다. 프로세스는 현재 실행 중인 프로그램을 의미하는 것으로, 시스템에서는 사용자가 실행한 프로세스 외에도 사용자 관리, 메모리 관리, 네트워크 접속 관리 등 다양한 기능을 수행하는 많은 프로세스가 실행되고 있다. 일상적으로 사용하는 대부분의 명령은 실행 시간이 짧아 실행된 뒤 바로 종료되기 때문에 짧은 시간 동안만 프로세스 상태를 유지한다.

이 장에서는 다양한 프로세스의 종류를 살펴보며, 동작 중인 프로세스를 확인하고 강제로 종료하는 명령을 배울 것이다. 또한 프로세스를 백그라운드에서 동작시키는 방법과 정해진 시간에 자동으로 명령이 실행되도록 설정하는 방법도 배운다. 프로세스와 관련된 명령은 일반 사용자 계정에서도 사용하지만 특히 시스템 관리자가 많이 사용한다. 프로세스를 관리하는 방법을 제대로 익혀 프로세스를 잘 관리할 수 있기를 바란다.

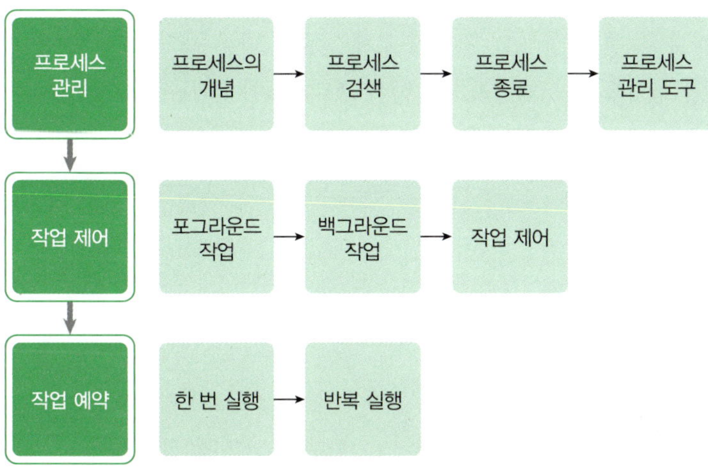

# 01 프로세스의 개념

프로세스는 현재 시스템에서 실행 중인 프로그램을 뜻한다. 리눅스는 기본적으로 다중 프로세스 시스템이므로 여러 개의 프로세스가 동시에 실행된다. 리눅스의 운영에 필요한 다양한 기능을 수행하는 시스템 프로세스도 있고, 사용자가 실행한 프로그램인 사용자 프로세스도 있다. 이 절에서는 프로세스의 기본 개념을 살펴본다.

## 1 프로세스의 부모-자식 관계

리눅스에서 모든 프로세스는 부모-자식 관계를 가지고 있다. 필요에 따라 부모 프로세스parent process는 자식 프로세스child process를 생성하고, 자식 프로세스는 또 다른 자식 프로세스를 만들 수 있다. 리눅스 시스템을 부팅할 때 스케줄러가 실행한 프로세스인 systemd와 kthreadd 프로세스를 제외하면 모든 프로세스는 부모 프로세스를 가지고 있다.

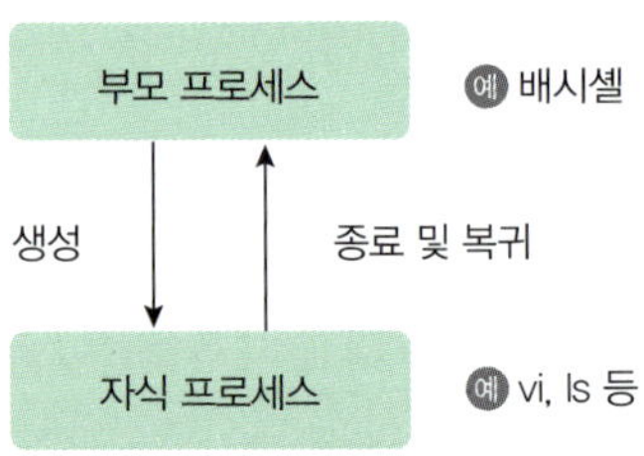


그림 6-1 부모 프로세스와 자식 프로세스의 관계

[그림 6-1]과 같이 자식 프로세스는 부모 프로세스에 의해 만들어지는 프로세스다. 자식 프로세스는 할 일이 끝나면 부모 프로세스에 결과를 돌려주고 종료된다. 예를 들어 사용자가 vi를 실행하여 셸이 vi 프로세스를 생성할 경우, 셸은 부모 프로세스가 되고 vi는 자식 프로세스가 된다. 사용자가 vi를 종료하면 [그림 6-1]과 같이 다시 부모 프로세스인 셸로 돌아간다.

## 2 프로세스의 번호

각 프로세스는 고유한 번호를 가지고 있는데 이를 PIDprocess identification number라고 한다. PID는 1번부터 시작하고 프로세스가 실행되면서 하나씩 증가하여 부여된다. 리눅스가 부팅될 때 PID 1번 systemd 프로세스와 2번 kthreadd 프로세스가 차례로 실행된다. 이때 1번 프로세스는 나머지 모든 시스템 프로세스의 부모 프로세스가 되고, 2번 프로세스는 모든 스레드의 부모 프로세스가 된다. 이에 대해서는 2절에서 살펴보자.

---

여기서 잠깐 **1번 프로세스**

전통적으로 유닉스에서 1번 프로세스는 init 프로세스다. 그러나 CentOS의 경우 CentOS 7부터 init의 기능을 systemd로 바꾸고 systemd가 1번 프로세스가 되었다. systemd는 init와 호환성을 유지한다.

---

## 3 프로세스의 종류

리눅스의 프로세스 중 사용자가 실행한 일반적인 프로세스는 잠깐 실행되었다가 바로 종료된다. 시스템에는 이렇게 잠깐 실행되는 프로세스 외에 다음과 같은 프로세스가 있다.

### 데몬 프로세스

데몬daemon 프로세스는 특정 서비스를 제공하기 위해 존재하며 리눅스 커널에 의해 실행된다. 데몬은 평소에는 대기 상태로 있다가 서비스 요청이 들어오면 서비스를 제공한다. 리눅스에서는 다양한 서비스를 제공하기 위한 데몬이 동작한다. 예를 들어 원격 접속 서비스를 제공하기 위해 동작하는 sshd 프로세스가 있는데 이를 ssh 서버 데몬이라고 한다.

### 고아 프로세스

자식 프로세스는 종료되면 부모 프로세스로 돌아간다. 그러나 자식 프로세스가 아직 실행 중인데 부모 프로세스가 먼저 종료되면 자식 프로세스는 고아orphan 프로세스가 된다. 이 경우 1번 프로세스가 이런 고아 프로세스의 새로운 부모 프로세스가 되어 고아 프로세스가 작업을 마치고 종료될 수 있게 한다.

### 좀비 프로세스

자식 프로세스는 종료될 때 부모 프로세스에 종료 정보exit status를 보내고, 부모 프로세스가 이 정보를 받으면 자식 프로세스는 프로세스 테이블 목록에서 삭제된다. 하지만 자식 프로세스가 실행을 종료했는데도 프로세스 테이블 목록에 남아 있는 경우가 있는데 이를 좀비 프로세스라고 한다. 자식 프로세스의 종료 정보를 부모 프로세스가 읽어 가기를 기다리고 있는 것이다. 부모 프로세스가 자식 프로세스의 종료 정보를 제대로 처리하지 않았기 때문에 이런 일이 발생한다. 좀비 프로세스는 프로세스 목록에 defunct 프로세스라고 나오기도 한다.

좀비 프로세스는 실제로 실행되지는 않지만 동작 중인 프로세스 테이블 목록을 차지하고 있다. 따라서 잘못 작성된 프로그램 때문에 좀비 프로세스가 증가하면 프로세스 테이블의 용량이 부족해서 정상적인 프로세스가 실행되지 않을 수도 있다. 좀비 프로세스는 kill 명령으로 제거할 수 없으며, SIGCHLD 시그널을 부모 프로세스에 보내어 부모 프로세스가 자식 프로세스를 정리하도록 하거나 부모 프로세스 자체를 종료해야만 한다. 부모 프로세스가 종료되면 좀비 프로세스는 고아 프로세스가 되고, 새로운 부모인 1번 프로세스는 주기적으로 자식 프로세스의 종료 정보를 확인하여 정리한다.

# 02 프로세스 관리 명령

프로세스 관리와 관련된 명령에는 현재 실행 중인 프로세스의 목록을 보는 명령, 특정 프로세스가 실행 중인지 확인하는 명령, 프로세스를 강제로 종료하는 명령이 있다. 또한 리눅스 GUI인 그놈의 '시스템 정보' 툴에서도 프로세스를 확인하고 종료할 수 있다. 각 명령의 사용법을 자세히 살펴보자.

## 1 프로세스 목록 확인

현재 실행 중인 프로세스의 목록을 보는 명령은 ps다. ps 명령이 출력하는 PID를 통해 프로세스의 부모-자식 관계도 확인할 수 있다.

**ps**

- **기능** 현재 실행 중인 프로세스에 대한 정보를 출력한다.
- **형식** ps [옵션]
- **옵션** 〈유닉스 옵션〉
  - -e: 시스템에서 실행 중인 모든 프로세스의 정보를 출력한다.
  - -f: 프로세스에 대한 자세한 정보를 출력한다.
  - -u uid: 특정 사용자에 대한 모든 프로세스의 정보를 출력한다.
  - -p pid: pid로 지정한 특정 프로세스의 정보를 출력한다.

  〈BSD 옵션〉
  - a: 터미널에서 실행시킨 프로세스의 정보를 출력한다.
  - u: 프로세스 소유자 이름, CPU 사용량, 메모리 사용량 등 상세 정보를 출력한다.
  - x: 시스템에서 실행 중인 모든 프로세스의 정보를 출력한다.

  〈GNU 옵션〉
  - --pid PID 목록: 목록으로 지정한 특정 PID 정보를 출력한다.
- **사용 예**
  ```
  ps
  ps -ef
  ps aux
  ```

CentOS에서 ps 명령의 옵션은 다음과 같은 세 가지 유형을 모두 지원한다.

- 유닉스(SVR4) 옵션: 묶어서 사용할 수 있고, –으로 시작한다(예 –ef).
- BSD 옵션: 묶어서 사용할 수 있고, –으로 시작하지 않는다(예 aux).
- GNU 옵션: – 두 개로 시작한다(예 ––pid).

이 세 가지 유형은 섞어서 사용할 수 있으나 충돌이 발생할 수도 있다. 따라서 여러 가지 옵션을 사용해보고 자신에게 필요한 정보를 제공하는 옵션의 조합을 찾을 필요가 있다.

### 현재 단말기의 프로세스 목록 출력하기: ps

ps 명령을 옵션 없이 사용하면 현재 셸이나 터미널에서 실행한 사용자 프로세스의 정보를 출력한다. 다음 예는 ps 명령의 결과를 보여준다. 여기서 PID는 프로세스 번호이고, TTY는 현재 터미널 번호, TIME은 해당 프로세스가 사용한 CPU 시간의 양이며, CMD는 프로세스가 실행 중인 명령이 무엇인지를 알려준다. 또한 bash를 터미널 1번에서 실행 중이고 PID가 3141번임을 알 수 있다. PID는 시스템에 따라 다르게 나타난다.

```
[user1@localhost ~]$ ps
   PID TTY          TIME CMD
  3141 pts/1    00:00:00 bash
  6990 pts/1    00:00:00 ps
```

### 프로세스 상세 정보 출력하기: –f 옵션

–f 옵션은 프로세스의 상세한 정보를 출력한다. 위의 예와 비교해보면 PPID와 터미널 번호, 시작 시간 등의 정보가 추가로 출력된다.

```
[user1@localhost ~]$ ps -f
UID         PID   PPID  C STIME TTY          TIME CMD
user1      3141   3136  0 11:02 pts/1    00:00:00 -bash
user1      8246   3141  0 20:05 pts/1    00:00:00 ps -f
```

위의 프로세스에서 user1 사용자는 bash를 11:02분에 1번 터미널에서 실행하고 있으며, 부모 프로세스의 PID(PPID)는 3136번이다. –f 옵션의 결과로 알 수 있는 상세 정보는 [표 6–1]과 같다.

**표 6-1** ps -f의 출력 정보

| 항목 | 의미 | 항목 | 의미 |
|---|---|---|---|
| UID | 프로세스를 실행한 사용자 ID | STIME | 프로세스의 시작 날짜나 시간 |
| PID | 프로세스 번호 | TTY | 프로세스가 실행된 터미널의 종류와 번호 |
| PPID | 부모 프로세스 번호 | TIME | 프로세스 실행 시간 |
| C | CPU 사용량(% 값) | CMD | 실행되고 있는 프로그램 이름(명령) |

### 터미널에서 실행시킨 프로세스 정보 출력하기: a 옵션

a 옵션은 터미널에서 실행시킨 프로세스의 정보를 출력한다. 다음 예는 콘솔 터미널(tty1, tty2)과 가상 터미널(pts/0)에서 실행시킨 프로세스 정보를 출력한 것이다.

```
[user1@localhost ~]$ ps a
   PID TTY      STAT   TIME COMMAND
  1108 tty1     Ssl+   0:00 /usr/libexec/gdm-wayland-session gnome-session --aut
ostart /usr/share/gdm/greeter/autostart
  1172 tty1     Sl+    0:00 /usr/libexec/gnome-session-binary --autostart /usr/s
hare/gdm/greeter/autostart
  1232 tty1     Sl+    0:21 /usr/bin/gnome-shell
(생략)
  2727 tty2     Sl     0:00 /usr/libexec/ibus-engine-hangul --ibus
  3089 pts/0    Ss+    0:00 bash
  3141 pts/1    Ss     0:00 -bash
  8276 pts/1    R+     0:00 ps a
```

출력 내용 중 STAT는 프로세스의 상태를 나타낸다. 상태를 나타내는 주요 문자의 의미는 [표 6-2]와 같다. 예를 들어 pts/1 터미널의 'ps a'는 현재 실행 중이고 포그라운드 프로세스임을 알 수 있다. 포그라운드 프로세스는 3절에서 자세히 살펴볼 것이다.

**표 6-2** STAT에 사용되는 문자의 의미

| 문자 | 의미 | 비고 |
|---|---|---|
| R | 실행 중(running) | |
| S | 인터럽트가 가능한 대기(sleep) 상태 | |
| T | 작업 제어에 의해 정지된(stopped) 상태 | |

| 문자 | 의미 | 비고 |
|---|---|---|
| Z | 좀비 프로세스(defunct) | |
| STIME | 프로세스의 시작 날짜나 시간 | |
| s | 세션 리더 프로세스 | BSD 형식 |
| + | 포그라운드 프로세스 그룹 | |
| l(소문자 L) | 멀티스레드 | |

### 터미널에서 실행시킨 프로세스 상세 정보 출력하기: a 옵션과 u 옵션

a 옵션과 u 옵션을 함께 사용하면 터미널에서 실행한 프로세스의 상세 정보를 출력한다. 단순히 a 옵션이나 –f 옵션을 사용한 것과 비교해보면 다음 예에서는 CPU와 메모리 사용량 등 추가적인 정보가 출력되었다. 추가 정보에 대해서는 [표 6–3]에 정리했다.

```
[user1@localhost ~]$ ps au
USER         PID %CPU %MEM    VSZ   RSS TTY      STAT START   TIME COMMAND
gdm         1108  0.0  0.5 315704  9548 tty1     Ssl+ 10:58   0:00 /usr/libexec/g
dm-wayland-session gnome-session --autostart /usr/share/gdm/greeter/autostart
gdm         1172  0.0  0.7 560144 14400 tty1     Sl+  10:58   0:00 /usr/libexec/g
nome-session-binary --autostart /usr/share/gdm/greeter/autostart
gdm         1232  0.0 12.3 2918928 227524 tty1   Sl+  10:58   0:21 /usr/bin/gnome
-shell
(생략)
user1       2727  0.0  0.5 281896  9536 tty2     Sl   10:59   0:00 /usr/libexec/i
bus-engine-hangul --ibus
user1       3089  0.0  0.2  22720  4932 pts/0    Ss+  11:01   0:00 bash
user1       3141  0.0  0.2  22848  5120 pts/1    Ss   11:02   0:00 -bash
user1       8341  0.0  0.2  55608  3904 pts/1    R+   20:13   0:00 ps au
```

**표 6–3** ps au의 출력 정보

| 항목 | 의미 | 항목 | 의미 |
|---|---|---|---|
| USER | 사용자 계정 이름 | VSZ | 사용 중인 가상 메모리의 크기(KB) |
| %CPU | 퍼센트로 표시한 CPU 사용량 | RSS | 사용 중인 물리적 메모리의 크기(KB) |
| %MEM | 퍼센트로 표시한 물리적 메모리 사용량 | START | 프로세스 시작 시간 |

### 전체 프로세스 목록 출력하기(유닉스 옵션): -e 옵션과 -f 옵션

-e 옵션은 시스템에서 실행 중인 모든 프로세스를 출력한다. TTY의 값이 ?인 것은 대부분 데몬으로 시스템이 실행한 프로세스다. 그런데 -e 옵션을 실행하면 출력 내용이 위로 스크롤되어 프로세스 목록을 제대로 확인하기가 어렵다. 따라서 출력 결과를 페이지 단위로 확인하려면 다음과 같이 |(파이프)와 more나 less 명령을 함께 사용해야 한다. 다음 예에서는 1번 프로세스가 systemd이고 2번 프로세스가 kthreadd임을 알 수 있다.

```
[user1@localhost ~]$ ps -e | more
    PID TTY          TIME CMD
      1 ?        00:00:06 systemd
      2 ?        00:00:00 kthreadd
      3 ?        00:00:00 rcu_gp
      4 ?        00:00:00 rcu_par_gp
      6 ?        00:00:00 kworker/0:0H-kblockd
(생략)
     21 ?        00:00:00 kcompactd0
     22 ?        00:00:00 ksmd
     23 ?        00:00:00 khugepaged
     24 ?        00:00:00 crypto
     25 ?        00:00:00 kintegrityd
--More--
```

전체 프로세스의 더 자세한 정보를 확인하려면 -e 옵션과 -f 옵션을 함께 사용해야 한다. 이 두 옵션을 함께 사용할 때는 -ef를 입력한다. 다음 예를 보면 TTY가 ?인 프로세스는 사용자 ID가 root이다. 또한 스레드는 CMD에 [ ]로 표시하여 구분한다.

```
[user1@localhost ~]$ ps -ef | more
UID          PID    PPID  C STIME TTY          TIME CMD
root           1       0  0 10:57 ?        00:00:06 /usr/lib/systemd/systemd --swi
tched-root --system --deserialize 17
root           2       0  0 10:57 ?        00:00:00 [kthreadd]
root           3       2  0 10:57 ?        00:00:00 [rcu_gp]
root           4       2  0 10:57 ?        00:00:00 [rcu_par_gp]
root           6       2  0 10:57 ?        00:00:00 [kworker/0:0H-kblockd]
(생략)
```

```
root         21       2  0 10:57 ?        00:00:00 [kcompactd0]
root         22       2  0 10:57 ?        00:00:00 [ksmd]
root         23       2  0 10:57 ?        00:00:00 [khugepaged]
root         24       2  0 10:57 ?        00:00:00 [crypto]
--More--
```

### 전체 프로세스 목록 출력하기(BSD 옵션): ax 옵션과 aux 옵션

ax 옵션은 -e 옵션과 마찬가지로 시스템에서 실행 중인 모든 프로세스를 출력한다.

```
[user1@localhost ~]$ ps ax | more
   PID TTY      STAT   TIME COMMAND
     1 ?        Ss     0:06 /usr/lib/systemd/systemd --switched-root --system --
deserialize 17
     2 ?        S      0:00 [kthreadd]
     3 ?        I<     0:00 [rcu_gp]
     4 ?        I<     0:00 [rcu_par_gp]
     6 ?        I<     0:00 [kworker/0:0H-kblockd]
     8 ?        I<     0:00 [mm_percpu_wq]
(생략)
    21 ?        S      0:00 [kcompactd0]
    22 ?        SN     0:00 [ksmd]
    23 ?        SN     0:00 [khugepaged]
    24 ?        I<     0:00 [crypto]
--More--
```

aux 옵션은 -ef 옵션처럼 시스템에서 실행 중인 모든 프로세스에 대한 자세한 정보를 출력한다.

```
[user1@localhost ~]$ ps aux | more
USER         PID %CPU %MEM    VSZ   RSS TTY      STAT START   TIME COMMAND
root           1  0.0  0.7 179072 13940 ?        Ss   10:57   0:06 /usr/lib/syste
md/systemd --switched-root --system --deserialize 17
root           2  0.0  0.0      0     0 ?        S    10:57   0:00 [kthreadd]
root           3  0.0  0.0      0     0 ?        I<   10:57   0:00 [rcu_gp]
root           4  0.0  0.0      0     0 ?        I<   10:57   0:00 [rcu_par_gp]
```

```
root         6  0.0  0.0      0     0 ?        I<   10:57   0:00 [kworker/0:0H-
kblockd]
(생략)
root        21  0.0  0.0      0     0 ?        S    10:57   0:00 [kcompactd0]
root        22  0.0  0.0      0     0 ?        SN   10:57   0:00 [ksmd]
root        23  0.0  0.0      0     0 ?        SN   10:57   0:00 [khugepaged]
--More--
```

### 특정 사용자의 프로세스 목록 출력하기: -u 옵션

-u 옵션을 사용하면 특정 사용자가 실행한 프로세스의 목록을 확인할 수 있다. 다음 예에서는 user1 사용자의 프로세스만 출력했다.

```
[user1@localhost ~]$ ps -u user1
   PID TTY          TIME CMD
  2262 ?        00:00:00 systemd
  2267 ?        00:00:00 (sd-pam)
  2273 ?        00:00:01 pulseaudio
  2279 ?        00:00:00 gnome-keyring-d
  2284 ?        00:00:00 dbus-daemon
  2291 tty2     00:00:00 gdm-wayland-ses
  2298 tty2     00:00:00 gnome-session-b
  2360 tty2     00:01:17 gnome-shell
  2375 ?        00:00:00 gvfsd
(생략)
```

더욱 상세한 정보를 보고 싶으면 -f 옵션을 함께 사용한다. 이 경우 -u 옵션이 -f 뒤에 와야 한다.

```
[user1@localhost ~]$ ps -fu user1
UID         PID   PPID  C STIME TTY          TIME CMD
user1      2262      1  0 10:59 ?        00:00:00 /usr/lib/systemd/systemd --use
user1      2267   2262  0 10:59 ?        00:00:00 (sd-pam)
user1      2273   2262  0 10:59 ?        00:00:01 /usr/bin/pulseaudio --daemoniz
user1      2279      1  0 10:59 ?        00:00:00 /usr/bin/gnome-keyring-daemon
user1      2284   2262  0 10:59 ?        00:00:00 /usr/bin/dbus-daemon --session
```

```
user1       2291   2244  0 10:59 tty2      00:00:00 /usr/libexec/gdm-wayland-sessi
user1       2298   2291  0 10:59 tty2      00:00:00 /usr/libexec/gnome-session-bin
user1       2360   2298  0 10:59 tty2      00:01:17 /usr/bin/gnome-shell
user1       2375   2262  0 10:59 ?         00:00:00 /usr/libexec/gvfsd
(생략)
```

### 특정 프로세스 정보 출력하기: -p 옵션

-p 옵션과 함께 특정 PID를 지정하면 해당 프로세스의 정보를 출력할 수 있다. 이때 -f 옵션을 함께 사용하는 것이 좋다.

```
[user1@localhost ~]$ ps -p 3141
   PID TTY          TIME CMD
  3141 pts/1    00:00:00 bash
[user1@localhost ~]$ ps -fp 3141
UID          PID    PPID  C STIME TTY          TIME CMD
user1       3141   3136  0 11:02 pts/1    00:00:00 -bash
```

## 2 특정 프로세스 정보 검색

전체 프로세스 목록에서 특정 프로세스의 정보만 골라서 확인하기는 불편하다. 특정 프로세스를 바로 검색하려면 ps 명령과 grep 명령을 |(파이프)로 연결하여 이용하거나 pgrep 명령을 이용하는 방법이 있다.

### 특정 프로세스 정보 검색하기: ps

ps 명령과 2장에서 다룬 grep 명령을 |로 연결하여 특정 프로세스에 대한 정보를 검색할 수 있다. 다음 예와 같이 'ps -ef | grep 명령'의 형태로 연결해서 사용한다. 다음은 bash 셸에 대한 정보를 검색한 것이다.

```
[user1@localhost ~]$ ps -ef | grep bash
root         887       1  0 09:04 ?        00:00:01 /bin/bash /usr/sbin/ksmtuned
user1      10291   10286  0 21:32 pts/1    00:00:00 -bash
user1      10378   10291  0 21:40 pts/1    00:00:00 grep --color=auto bash
```

### 특정 프로세스 정보 검색하기: pgrep

pgrep 명령은 ps와 grep을 하나로 통합하여 만든 명령이라고 생각하면 된다. pgrep 명령은 기본적으로 인자로 지정한 패턴과 일치하는 프로세스를 찾아 PID를 알려주며, 옵션의 지정에 따라 검색 내용이 다양해진다.

**pgrep**

- **기능** 지정한 패턴과 일치하는 프로세스의 정보를 출력한다.
- **형식** pgrep [옵션] [패턴]
- **옵션** -x: 패턴과 정확히 일치하는 프로세스의 정보를 출력한다.
  -n: 패턴을 포함하고 있는 가장 최근 프로세스의 정보를 출력한다.
  -u 사용자 이름: 특정 사용자에 대한 모든 프로세스를 출력한다.
  -l: PID와 프로세스 이름을 출력한다.
  -t term: 특정 단말기와 관련된 프로세스의 정보를 출력한다.
- **사용 예** pgrep bash

다음은 bash 패턴을 지정한 예다. 여기서 bash를 실행하고 있는 프로세스의 PID는 10291이다.

```
[user1@localhost ~]$ pgrep -x bash
10291
```

pgrep 명령의 경우 -l 옵션을 지정해도 PID와 명령 이름만 출력한다.

```
[user1@localhost ~]$ pgrep -l bash
10291 bash
```

더 자세한 정보를 검색하려면 pgrep 명령을 ps 명령과 연결해서 사용해야 한다. pgrep 명령으로 검색하려는 프로세스의 PID를 찾아 ps 명령으로 자세한 정보를 확인하는 것이다. 다음 예를 통해 사용법을 살펴보자.

```
[user1@localhost ~]$ ps -fp $(pgrep -x bash)
UID        PID   PPID  C STIME TTY          TIME CMD
user1     10291  10286  0 21:32 pts/1    00:00:00 -bash
```

만약 리눅스 시스템에서 동시에 여러 사용자가 실습하고 있을 때 위의 예처럼 검색한다면 다른 사용자가 실행한 bash가 모두 검색될 것이다. 이 때 -u 옵션으로 사용자명을 지정하면 그 사용자의 프로세스 정보만 검색할 수 있다.

```
[user1@localhost ~]$ ps -fp $(pgrep -u user1 bash)
UID          PID   PPID  C STIME TTY          TIME CMD
user1      10291  10286  0 21:32 pts/1    00:00:00 -bash
```

## 3 프로세스 종료

응답이 없는 프로세스나 불필요한 프로세스를 강제로 종료하려면 해당 프로세스의 PID를 알아야 한다. ps -ef나 ps aux 명령으로 프로세스의 정보를 확인하면 PID와 PPID를 알 수 있다. 프로세스를 종료하는 데는 kill이나 pkill 명령을 사용한다. 이 명령들은 프로세스에 시그널을 보내 프로세스를 종료한다.

시그널signal은 프로세스에 무언가 발생했음을 알리는 간단한 메시지다. 이 메시지에는 무엇이 발생했는지를 나타내는 미리 정의된 상수를 사용한다. 시그널은 번호로 구분되며 이름을 가지고 있다. 시그널을 받은 프로세스는 기본적으로 종료된다. 리눅스에서 지원하는 시그널의 목록은 kill -l 명령으로 알 수 있다.

```
[user1@localhost ~]$ kill -l
 1) SIGHUP       2) SIGINT       3) SIGQUIT      4) SIGILL       5) SIGTRAP
 6) SIGABRT      7) SIGBUS       8) SIGFPE       9) SIGKILL     10) SIGUSR1
11) SIGSEGV     12) SIGUSR2     13) SIGPIPE     14) SIGALRM     15) SIGTERM
16) SIGSTKFLT   17) SIGCHLD     18) SIGCONT     19) SIGSTOP     20) SIGTSTP
21) SIGTTIN     22) SIGTTOU     23) SIGURG      24) SIGXCPU     25) SIGXFSZ
26) SIGVTALRM   27) SIGPROF     28) SIGWINCH    29) SIGIO       30) SIGPWR
31) SIGSYS      34) SIGRTMIN    35) SIGRTMIN+1  36) SIGRTMIN+2  37) SIGRTMIN+3
38) SIGRTMIN+4  39) SIGRTMIN+5  40) SIGRTMIN+6  41) SIGRTMIN+7  42) SIGRTMIN+8
43) SIGRTMIN+9  44) SIGRTMIN+10 45) SIGRTMIN+11 46) SIGRTMIN+12 47) SIGRTMIN+13
48) SIGRTMIN+14 49) SIGRTMIN+15 50) SIGRTMAX-14 51) SIGRTMAX-13 52) SIGRTMAX-12
53) SIGRTMAX-11 54) SIGRTMAX-10 55) SIGRTMAX-9  56) SIGRTMAX-8  57) SIGRTMAX-7
58) SIGRTMAX-6  59) SIGRTMAX-5  60) SIGRTMAX-4  61) SIGRTMAX-3  62) SIGRTMAX-2
63) SIGRTMAX-1  64) SIGRTMAX
```

주로 사용하는 시그널들은 [표 6-4]와 같다.

표 6-4 주요 시그널

| 시그널 | 번호 | 기본 처리 | 의미 |
|---|---|---|---|
| SIGHUP | 1 | 종료 | 터미널과의 연결이 끊어졌을 때 발생한다. |
| SIGINT | 2 | 종료 | 인터럽트로 사용자가 Ctrl+c를 입력하면 발생한다. |
| SIGQUIT | 3 | 종료, 코어덤프 | 종료 신호로 사용자가 Ctrl+\을 입력하면 발생한다. |
| SIGKILL | 9 | 종료 | 이 시그널을 받은 프로세스는 무시할 수 없으며 강제로 종료된다. |
| SIGALRM | 14 | 종료 | 알람에 의해 발생한다. |
| SIGTERM | 15 | 종료 | kill 명령이 보내는 기본 시그널이다. |

### 프로세스 종료하기: kill

kill 명령은 인자로 지정한 프로세스에 시그널을 전달한다. 프로세스는 각 시그널을 받았을 때 어떻게 처리할 것인지 동작이 지정되어 있다. 15번 시그널은 일반적으로 프로세스 종료이지만, 시그널을 무시하거나 다른 동작을 하도록 지정되어 있다면 프로세스가 종료되지 않을 수도 있다. kill 명령에서 시그널을 지정하지 않을 경우 15번 시그널로 간주된다. 그러나 9번 시그널은 강제 종료이기 때문에 무조건 종료되지만 좀비 프로세스의 경우 9번 시그널을 받아도 종료되지 않을 수 있다.

**kill**

- **기능** 지정한 시그널을 프로세스에게 보낸다.
- **형식** kill [-시그널] PID...
- **시그널** 2: 인터럽트 시그널을 보낸다(Ctrl+c).
  9: 프로세스를 강제로 종료한다.
  15: 프로세스와 관련된 파일들을 정리하고 종료한다. 종료되지 않는 프로세스가 있을 수 있다.
- **사용 예** kill 1001
  kill -15 1001
  kill -9 1001

프로세스 종료를 실습하기 위해 터미널을 하나 더 생성하여 두 개의 터미널에서 작업한다. 터미널 1에서 프로세스를 실행하고, 터미널 0에서 해당 프로세스를 검색하여 종료한다. 터미널 번호는 실습 환경에 따라 다를 수 있으므로 tty 명령으로 터미널 번호를 확인한다. 먼저 터미널 1에서 man ps 명령을 실행한다.

```
[user1@localhost ~]$ man ps
PS(1)                          User Commands                          PS(1)

NAME
       ps - report a snapshot of the current processes.
(생략)
```

터미널 0에서 pgrep과 ps 명령으로 man 프로세스의 PID를 확인한다. 다음 예에서는 터미널 1에서 실행시킨 man 프로세스의 PID가 10675임을 알 수 있다.

```
[user1@localhost ~]$ ps -fp $(pgrep -x man)
UID          PID    PPID  C STIME TTY          TIME CMD
user1      10675  10291  0 22:05 pts/1    00:00:00 man ps
```

자, 이제 man 프로세스를 종료해보자. 다음과 같이 man 프로세스의 PID를 지정하여 kill 명령을 실행하면 된다.

```
[user1@localhost ~]$ kill 10675
```

kill 명령을 실행하면 터미널 1에서 man이 종료되고, 터미널 0에서 pgrep 명령으로 검색해도 나오지 않는다. man 프로세스가 종료되어 사라진 것이다.

```
Manual page ps(1) line 1 (press h for help or q to quit)종료됨
[user1@localhost ~]$
```

```
[user1@localhost ~]$ pgrep -x man
```

TIP 리눅스에서 작업을 하다 보면 단순히 kill 명령으로는 종료되지 않는 경우가 발생한다. 이럴 때는 9번 시그널을 사용하여 강제 종료한다(kill -9 pid).

### 프로세스 종료하기: pkill

pkill 명령도 kill 명령과 마찬가지로 시그널을 보내지만, PID가 아니라 프로세스의 명령 이름(CMD)으로 프로세스를 찾아 종료한다. kill 명령과의 차이점은, 명령 이름으로 찾아 종료하므로 같은 명령이 여러 개 검색될 경우 한 번에 모두 종료한다는 것이다. 물론 자신이 소유한 프로세스만 종료할 수도 있다. 사용법이 간단하니 바로 예제를 통해 살펴보자.

실습을 위해 터미널을 하나 더 실행한다. 터미널 1과 터미널 2에서 각각 man pkill을 실행하고 터미널 0에서 프로세스가 동작하는지 확인한다.

```
[user1@localhost ~]$ ps -fp $(pgrep -x man)
UID          PID   PPID  C STIME TTY        STAT   TIME CMD
user1      10909  10880  0 22:16 pts/2      S+     0:00 man kill
user1      10932  10291  0 22:16 pts/1      S+     0:00 man kill
```

이제 pkill 명령으로 man 프로세스를 모두 종료해보자.

```
[user1@localhost ~]$ pkill man
[user1@localhost ~]$ pgrep -x man
```

터미널 1과 터미널 2에서 man 명령이 모두 종료되고 프로세스 정보도 더 이상 검색되지 않음을 알 수 있다.

### 프로세스 종료하기: killall

killall 명령도 pkill 명령처럼 프로세스의 명령 이름(CMD)으로 프로세스를 찾아 종료한다. 이 이름으로 실행 중인 모든 프로세스를 한 번에 종료할 수 있는데, 물론 해당 프로세스를 소유하고 있어야 한다.

**따라해보기 | 프로세스 찾아서 종료시키기**

❶ 터미널 1에서 sh 프로세스를 실행한다.

```
[user1@localhost ~]$ sh
sh-4.4$
```

❷ 터미널 1에서 more 명령을 실행한다.

```
sh-4.4$ more /etc/services
# /etc/services:
#
# Network services, Internet style
(생략)
```

❸ 터미널 1에서 실행한 프로세스를 터미널 0에서 찾는다. -t 옵션이나 a 옵션을 사용한다.

```
[user1@localhost ~]$ ps -ft pts/1
UID         PID   PPID  C STIME TTY          TIME CMD
user1     10291  10286  0 21:32 pts/1    00:00:00 -bash
user1     11088  10291  0 22:29 pts/1    00:00:00 sh
user1     11089  11088  0 22:29 pts/1    00:00:00 more /etc/services
```

```
[user1@localhost ~]$ ps a
  PID TTY      STAT   TIME COMMAND
(생략)
 10291 pts/1    Ss     0:00 -bash
 10547 pts/0    Ss     0:00 -bash
 10880 pts/2    Ss+    0:00 -bash
 10924 pts/2    S      0:00 less
 11088 pts/1    S      0:00 sh
 11089 pts/1    S+     0:00 more /etc/services
 11100 pts/0    R+     0:00 ps a
```

❹ 터미널 1에서 실행한 more 명령을 종료한다.

```
[user1@localhost ~]$ kill 11089         → 터미널 1에서 more 종료를 확인한다.
```

❺ -9 시그널로 터미널 1에서 실행한 sh 프로세스를 종료한다.

```
[user1@localhost ~]$ kill -9 11088      → 터미널 1에서 sh의 종료를 확인한다.
```

**혼자해보기 프로세스를 찾아서 종료하기**

❶ 터미널 1에서 crond 프로세스를 검색한다. 사용자 ID와 터미널 번호가 보이도록 검색한다.

❷ 앞의 ❶번에서 검색한 결과 중 UID가 root인 프로세스를 종료한다. 종료되지 않는다면 그 이유는 무엇인가?

❸ 앞의 ❶번에서 검색한 결과 중 UID가 root인 프로세스를 9번 시그널을 사용하여 종료한다. 종료되지 않는다면 그 이유는 무엇인가?

## 4 프로세스 관리 도구

ps 명령으로는 현재 프로세스 목록을 확인만 할 수 있다. 이 정보를 좀 더 가공하여 사용자가 보기 편하게 다양한 기능을 제공하는 도구가 있다. 바로 터미널에서 사용할 수 있는 'top 명령'과 CentOS의 GUI인 그놈이 제공하는 '시스템 정보'다. 이러한 도구는 시스템 관리자의 입장에서 실행 중인 프로세스를 확인할 때 매우 유용하다.

### top 명령

top 명령은 현재 실행 중인 프로세스의 정보를 주기적으로 출력하는데, 프로세스의 자세한 요약 정보를 상단에 출력하고 각 프로세스의 정보를 하단에 출력한다. top 명령이 출력하는 프로세스의 세부 정보는 [표 6-5]와 같다.

**표 6-5 top 명령의 출력 정보**

| 항목 | 의미 | 항목 | 의미 |
|---|---|---|---|
| PID | 프로세스 ID | SHR | 프로세스가 사용하는 공유 메모리의 크기 |
| USER | 사용자 계정 | %CPU | 퍼센트로 표시한 CPU 사용량 |
| PR | 우선순위 | %MEM | 퍼센트로 표시한 메모리 사용량 |
| NI | Nice 값 | TIME+ | CPU 누적 이용 시간 |
| VIRT | 프로세스가 사용하는 가상 메모리의 크기 | COMMAND | 명령 이름 |
| RES | 프로세스가 사용하는 메모리의 크기 | | |

top 명령의 실행 화면은 다음과 같다.

```
[user1@localhost ~]$ top
top - 22:36:30 up 13:32,  4 users,  load average: 0.00, 0.00, 0.00
Tasks: 254 total,   2 running, 252 sleeping,   0 stopped,   0 zombie
%Cpu(s):  1.0 us,  1.7 sy,  0.0 ni, 96.7 id,  0.0 wa,  0.3 hi,  0.3 si,  0.0 st
MiB Mem :   1806.1 total,    108.6 free,   1054.2 used,    643.2 buff/cache

  PID USER      PR  NI    VIRT    RES    SHR S %CPU %MEM     TIME+ COMMAND
11135 user1     20   0   62436   4764   3904 R   0.7   0.3   0:00.71 top
    1 root      20   0  179072  13936   9196 S   0.0   0.8   0:08.42 systemd
    2 root      20   0       0      0      0 S   0.0   0.0   0:00.02 kthreadd
    3 root       0 -20       0      0      0 I   0.0   0.0   0:00.00 rcu_gp
```

```
    4 root      0 -20      0      0      0 I   0.0   0.0   0:00.00 rcu_par_+
    6 root      0 -20      0      0      0 I   0.0   0.0   0:00.00 kworker/+
    8 root      0 -20      0      0      0 I   0.0   0.0   0:00.00 mm_percp+
    9 root     20   0      0      0      0 S   0.0   0.0   0:01.21 ksoftirq+
   10 root     20   0      0      0      0 R   0.0   0.0   0:01.62 rcu_sched
   11 root     rt   0      0      0      0 S   0.0   0.0   0:00.00 migratio+
   12 root     rt   0      0      0      0 S   0.0   0.0   0:00.04 watchdog+
   13 root     20   0      0      0      0 S   0.0   0.0   0:00.00 cpuhp/0
   15 root     20   0      0      0      0 S   0.0   0.0   0:00.00 kdevtmpfs
   16 root      0 -20      0      0      0 I   0.0   0.0   0:00.00 netns
   17 root     20   0      0      0      0 S   0.0   0.0   0:00.00 kauditd
   18 root     20   0      0      0      0 S   0.0   0.0   0:00.05 khungtas+
   19 root     20   0      0      0      0 S   0.0   0.0   0:00.00 oom_reap+
```

top 명령은 종료하지 않고 실시간으로 프로세스의 상태를 보여주며 내부적으로 사용하는 명령도 있다. top의 내부 명령은 [표 6-6]과 같다.

**표 6-6 top 명령의 내부 명령**

| 내부 명령 | 기능 |
|---|---|
| Enter, Space Bar | 화면을 즉시 다시 출력한다. |
| h, ? | 도움말 화면을 출력한다. |
| k | 프로세스를 종료한다. 종료할 프로세스의 PID를 물어본다. |
| n | 출력하는 프로세스의 개수를 바꾼다. |
| u | 사용자에 따라 정렬하여 출력한다. |
| M | 사용하는 메모리 크기에 따라 정렬하여 출력한다. |
| p | CPU 사용량에 따라 정렬하여 출력한다. |
| q | top 명령을 종료한다. |

## 시스템 정보

CentOS의 GUI인 그놈에서 기본으로 제공하는 도구 중에 '시스템 정보'가 있다. [그림 6-2]와 같이 [현재 활동]-[프로그램 표시]-[유틸리티]-[시스템 정보]와 같은 순서로 동작시킬 수 있다.

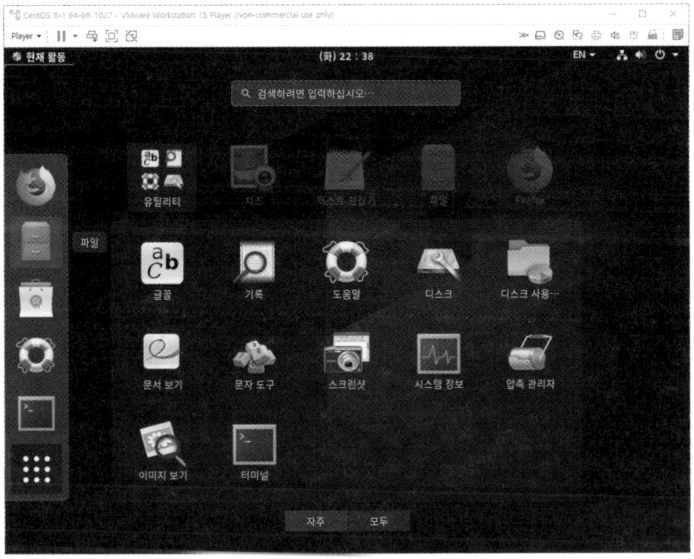


**그림 6-2** 시스템 정보 동작시키기

시스템 정보 화면은 [그림 6-3]과 같이 프로세스 이름, 사용자, CPU 사용량, 메모리 사용량 등의 정보를 보여주며, [프로세스 끝내기(P)] 버튼을 사용하여 프로세스를 종료할 수도 있다. 이 외에 시스템 정보에서는 시스템이나 파일 시스템 관련 정보도 확인할 수 있어 윈도 환경에 익숙한 사용자들은 프로세스를 관리하는 데 편리하게 사용할 수 있을 것이다.

| 프로세스 이름 | 사용자 | % CPU | ID | 메모리 | 총 디스크 읽기 | 총 디스크 |
|---|---|---|---|---|---|---|
| (sd-pam) | user1 | 0 | 2267 | 4.9 MiB | 없음 | |
| Xwayland | user1 | 0 | 2385 | 9.4 MiB | 없음 | 24. |
| at-spi-bus-launcher | user1 | 0 | 2402 | 776.0 KiB | 없음 | |
| at-spi2-registryd | user1 | 0 | 2410 | 792.0 KiB | 없음 | |
| bash | user1 | 0 | 10291 | 1.6 MiB | 852.0 KiB | |
| bash | user1 | 0 | 10547 | 1.6 MiB | 없음 | |
| bash | user1 | 0 | 10880 | 1.6 MiB | 100.0 KiB | |
| dbus-daemon | user1 | 0 | 2284 | 1.4 MiB | 16.0 KiB | |
| dbus-daemon | user1 | 0 | 2407 | 648.0 KiB | 없음 | |
| dconf-service | user1 | 0 | 2706 | 656.0 KiB | 100.0 KiB | 176. |
| evolution-addressbook-factory | user1 | 0 | 2711 | 4.0 MiB | 320.0 KiB | |
| evolution-addressbook-factory- | user1 | 0 | 2733 | 6.1 MiB | 104.0 KiB | 36. |
| evolution-calendar-factory | user1 | 0 | 2563 | 4.1 MiB | 1.6 MiB | |
| evolution-calendar-factory-subp | user1 | 0 | 2664 | 4.0 MiB | 28.0 KiB | |
| evolution-source-registry | user1 | 0 | 2453 | 4.3 MiB | 2.3 MiB | |
| gdm-wayland-session | user1 | 0 | 2291 | 1.2 MiB | 4.0 KiB | |

**그림 6-3** 시스템 정보 화면

# 03 포그라운드·백그라운드 프로세스와 작업 제어

## 1 포그라운드 작업과 백그라운드 작업

사용자가 터미널에서 작업할 때 보통의 경우 한 번에 하나의 프로세스만 실행할 수 있다. 즉 어떤 명령을 실행하면 명령이 끝날 때까지 기다려야 다시 터미널을 사용할 수 있다. 그런데 사용자가 어떤 프로세스를 실행하면서 동시에 다른 프로세스를 실행해야 할 때가 있다. 작업 제어job control 도구는 이렇게 한 터미널에서 동시에 여러 프로세스를 실행하고 관리하기 위해 개발되었다.

작업 제어는 C셸에서 처음 개발되었고 4.1BSD 커널에 포함되었다. 이후 본셸에 도입되어 대부분의 유닉스 셸과 리눅스 셸에 포함하여 제공하고 있다. 작업 제어 도구가 관리하는 프로세스를 작업이라고 한다. 작업 제어의 구체적인 기능을 살펴보기 전에 포그라운드foreground 작업과 백그라운드background 작업의 차이를 살펴보자. 책에 따라서 포그라운드를 전위, 백그라운드를 후위라고 번역하기도 한다.

### 포그라운드 작업

터미널에서 작업할 때 일반적으로 사용자가 명령을 입력하면 셸이 그 명령을 해석하여 실행하고 결과를 화면에 출력한다. 그러면 사용자는 화면에 출력된 결과를 보고 다시 명령을 입력하는 대화식으로 작업을 수행한다. 이렇게 사용자가 입력한 명령이 실행되어 결과가 출력될 때까지 기다리는 방식으로 처리되는 프로세스를 포그라운드 프로세스라고 하며, 작업 제어에서는 이를 포그라운드 작업이라고 한다.

포그라운드 작업은 일반적으로 사용자가 명령을 실행하는 방식으로, 프롬프트가 출력되지 않아 다른 명령을 입력할 수 없으므로 기다려야 한다. 다음은 포그라운드 작업의 예로, sleep 명령이 주어진 시간만큼 잠시 프로세스의 실행이 지연된다.

```
[user1@localhost ~]$ sleep 100    → 포그라운드 작업
                                  → sleep 명령이 끝날 때까지 기다려야 한다.
```

### 백그라운드 작업

포그라운드 작업은 명령을 한 번에 하나씩 실행하므로 동시에 여러 개의 프로세스를 실행할 수 없다. 그러나 작업 제어가 제공하는 백그라운드 기능을 사용하면 앞에서(포그라운드) 프로세스가 실행되는 동안에 뒤에서(백그라운드) 다른 프로세스가 실행될 수 있으므로 한 터미널에서 여러 개의 프로세스를 동시에 실행할 수 있다.

백그라운드 방식으로 명령을 실행하면 명령의 처리가 끝나는 것과 관계없이 곧바로 프롬프트가 출력되어 사용자가 다른 작업을 계속할 수 있다. 즉 여러 작업을 백그라운드로 실행한 후 터미널에서는 포그라운드 작업을 계속 진행할 수 있다. 백그라운드 방식으로 처리되는 프로세스를 백그라운드 프로세스라고 하며, 작업 제어에서는 이를 백그라운드 작업이라고 한다. 백그라운드 작업은 명령의 실행 시간이 많이 걸릴 것으로 예상되거나 명령을 실행한 후 다른 작업을 할 필요가 있을 때 많이 사용한다.

명령을 백그라운드로 실행하려면 다음 예와 같이 명령의 마지막에 &(앰퍼샌드) 기호를 추가한다. 백그라운드로 작업을 실행하면 프롬프트가 바로 나온다.

```
[user1@localhost ~]$ sleep 100 &  → 백그라운드 작업
[user1@localhost ~]$              → 프롬프트가 바로 나와 다른 명령을 실행시킬 수 있다.
```

백그라운드 작업의 실행이 끝나면 기존의 작업 화면과 백그라운드 작업 결과가 뒤섞인 채 터미널 화면에 출력될 수 있다. 그래서 백그라운드로 처리할 때는 다음과 같이 출력과 오류 방향을 전환하고(4장 참조), 실행 결과와 오류 메시지는 파일로 저장하는 방법을 사용하여 문제를 해결한다.

```
[user1@localhost ~]$ find / -name passwd > pw.dat 2>&1 & → pw.dat에 결과와 오류를 저장한다.
```

## 2 작업 제어

작업 제어는 작업 전환, 작업 일시 중지, 작업 종료를 뜻한다. 작업 전환은 포그라운드 작업을 백그라운드 작업으로 전환하거나, 백그라운드 작업을 포그라운드 작업으로 전환하는 것을 말한다. 작업 일시 중지는 작업을 잠시 중단하는 것이고, 작업 종료는 프로세스를 종료하는 것처럼 작업을 종료하는 것이다.

### 작업 목록 보기: jobs

현재 실행 중인 백그라운드 작업을 보는 명령은 jobs다. jobs는 배시셸의 내부 명령이다.

**jobs**

- **기능** 백그라운드 작업을 모두 보여준다. 특정 작업 번호를 지정하면 해당 작업의 정보만 보여준다.
- **형식** `jobs [%작업 번호]`
- **%작업번호** %번호: 해당 번호의 작업 정보를 출력한다.
  %+ 또는 %%: 작업 순서가 +인 작업 정보를 출력한다.
  %-: 작업 순서가 -인 작업 정보를 출력한다.
- **사용 예** `jobs %1`
  `jobs`

다음 예는 jobs 명령을 실행한 결과다. jobs 명령이 출력하는 결과의 의미는 [표 6-7]에 정리했다.

```
[user1@localhost ~]$ jobs
[1]-  Running                   sleep 100 &
[2]+  Running                   find / -name pwsswd > pw.dat 2>&1
```

**표 6-7** jobs 명령의 출력 정보

| 항목 | 출력 예 | 의미 |
|---|---|---|
| 작업 번호 | [1] | 작업 번호로서 백그라운드로 실행할 때마다 순차적으로 증가한다([1], [2], [3],…). |
| 작업 순서 | + | 작업 순서를 표시한다.<br>• +: 가장 최근에 접근한 작업<br>• -: + 작업보다 바로 전에 접근한 작업<br>• 공백: 그 외의 작업 |
| 상태 | 실행 중 | 작업 상태를 표시한다.<br>• Running: 현재 실행 중이다.<br>• Done: 작업이 정상적으로 종료된다.<br>• Terminated: 작업이 비정상적으로 종료된다.<br>• Stopped: 작업이 잠시 중단된다. |
| 명령 | sleep 100 & | 백그라운드로 실행 중인 명령이다. |

### 작업 전환하기

[표 6-8]에 작업 전환과 관련된 명령을 정리했다.

**표 6-8 작업 전환 명령**

| 명령 | 기능 |
|---|---|
| Ctrl+z | 포그라운드 작업을 중지한다(종료하는 것이 아니라 잠시 중단하는 것이다). |
| bg %작업 번호 | 작업 번호가 지시하는 작업을 백그라운드 작업으로 전환한다. |
| fg %작업 번호 | 작업 번호가 지시하는 작업을 포그라운드 작업으로 전환한다. |

현재 포그라운드로 실행 중인 작업을 백그라운드로 전환하려면 우선 Ctrl+z로 작업을 중지해야 한다. 그다음 'bg %작업 번호' 명령으로 작업을 백그라운드로 전환한다. 다음 예를 통해 이를 확인해보자.

```
[user1@localhost ~]$ jobs                          → 백그라운드 작업이 없다.
[user1@localhost ~]$ sleep 100                     → 포그라운드로 실행한다.
^Z                                                 → Ctrl+z로 일시 중지한다.
[1]+  Stopped                 sleep 100            → 일시 중지된 상태이다.
[user1@localhost ~]$ bg %1                         → 백그라운드로 전환한다.
[1]+ sleep 100 &
[user1@localhost ~]$ jobs
[1]+  Running                 sleep 100 &          → 백그라운드로 실행 중이다.
```

위의 예에서 'sleep 100'이란 명령을 포그라운드로 실행했다가 Ctrl+z로 정지한 다음 'bg %1' 명령으로 백그라운드로 전환했다. 작업 번호를 지정하지 않고 bg 명령만 사용하면 작업 순서가 +인 작업에 적용된다.

백그라운드로 실행 중인 작업을 다시 포그라운드로 전환하려면 'fg %작업 번호' 명령을 사용한다. bg 명령과 마찬가지로 작업 번호를 지정하지 않고 fg 명령만 사용하면 작업 순서가 +인 작업에 적용된다.

```
[user1@localhost ~]$ jobs
[1]+  Running                 sleep 100 &
[user1@localhost ~]$ fg                → 포그라운드로 전환한다.
sleep 100                              → 포그라운드로 실행 중이다.
█
```

### 작업 종료하기: Ctrl+c

포그라운드 작업은 Ctrl+c를 입력하면 대부분 종료된다. Ctrl+c는 인터럽트 시그널을 포그라운드 프로세스에 전달하며, 인터럽트를 받으면 기본적으로 프로세스를 종료하도록 되어 있다. 물론 프로그램에서 Ctrl+c를 무시하도록 설정한 경우에는 종료되지 않는다. 포그라운드 작업을 종료하는 또 다른 방법은 다른 터미널에서 해당 프로세스의 PID를 찾아 강제로 종료하는 것이다.

```
[user1@localhost ~]$ sleep 100        → 포그라운드로 실행 중이다.
^C                                    → 강제 종료한다.
[user1@localhost ~]$
```

백그라운드 작업은 kill 명령으로 강제 종료해야 한다. 이때 kill 명령의 인자로 PID 대신 '%작업번호'를 지정해도 된다.

```
[user1@localhost ~]$ sleep 100&              → 백그라운드로 실행 중이다.
[1] 3328
[user1@localhost ~]$ kill %1                 → 강제 종료한다.
[user1@localhost ~]$
[1]+  종료됨           sleep 100             → 종료 메시지가 출력된다.
```

### 로그아웃 후에도 백그라운드 작업 계속 실행하기

백그라운드 작업을 실행한 터미널이 종료되거나 사용자가 로그아웃하면 실행 중이던 백그라운드 작업도 함께 종료된다. 그런데 로그아웃한 다음에도 작업이 완료될 때까지 백그라운드 작업을 실행해야 할 경우가 있다. 이때 nohup 명령을 사용한다.

**nohup**

- **기능** 로그아웃한 후에도 백그라운드 작업을 계속 실행한다.
- **형식** nohup 명령&

nohup 명령을 사용할 때는 반드시 백그라운드로 실행해야 한다. 별도로 출력 방향 전환을 하지 않으면 명령의 실행 결과와 오류 메시지가 현재 디렉터리에 nohup.out 파일로 자동 저장된다. 다음 예를 보면 nohup로 find 명령을 실행했는데 find 명령이 로그아웃한 다음에도 계속 실행되어 결과가 파일로 저장된다.

```
[user1@localhost ~]$ nohup find / -name passwd &
[1] 3359
[user1@localhost ~]$ nohup: ignoring input and appending output to 'nohup.out'
exit
```

다시 로그인하여 파일 내용을 살펴보면 다음과 같다.

```
[user1@localhost ~]$ more nohup.out
find: '/boot/grub2': 허가 거부
find: '/boot/loader/entries': 허가 거부
find: '/boot/lost+found': 허가 거부
(생략)
/usr/bin/passwd
/usr/share/licenses/passwd
/usr/share/doc/passwd
/usr/share/bash-completion/completions/passwd
(생략)
```

명령 실행 시 다음 예와 같이 출력 방향을 전환하면 nohup.out 파일을 생성하지 않고 지정한 파일에 결과와 오류 메시지를 출력한다.

```
[user1@localhost ~]$ nohup find / -name passwd > pw.dat 2>&1 &
[1] 3480
[user1@localhost ~]$ exit
```

다시 로그인하여 파일 내용을 살펴보면 다음과 같다.

```
[user1@localhost ~]$ more pw.dat
nohup: ignoring input
find: '/boot/grub2': 허가 거부
find: '/boot/loader/entries': 허가 거부
find: '/boot/lost+found': 허가 거부
find: '/boot/efi/EFI/centos': 허가 거부
find: '/proc/tty/driver': 허가 거부
(생략)
```

```
/usr/bin/passwd
/usr/share/licenses/passwd
/usr/share/doc/passwd
/usr/share/bash-completion/completions/passwd
(생략)
```

**따라해보기** **작업 관리하기**

❶ 실습 디렉터리를 만들고 이동한다.

```
[user1@localhost ~]$ mkdir linux_ex/ch6
[user1@localhost ~]$ cd linux_ex/ch6
[user1@localhost ch6]$
```

❷ 다음과 같이 백그라운드 작업을 만든다.

- 파일을 하나 복사하고 vi 명령을 실행한다.
- Ctrl+z를 실행하여 vi를 정지된 작업으로 만든다.

```
[user1@localhost ch6]$ cp /etc/hosts .
[user1@localhost ch6]$ vi hosts
127.0.0.1   localhost localhost.localdomain localhost4 localhost4.localdomain4
::1         localhost localhost.localdomain localhost6 localhost6.localdomain6
^Z
```

vi 작업이 일시 정지되면 다음과 같이 Stopped로 표시된다.

```
[user1@localhost ch6]$ vi hosts

[1]+  Stopped                 vim hosts
```

❸ jobs 명령으로 백그라운드 작업을 확인한다.

```
[user1@localhost ch6]$ jobs
[1]+  Stopped                 vim hosts
```

❹ 정지 중인 작업을 fg 명령을 사용하여 복구한다.

```
[user1@localhost ch6]$ fg
```

❺ q!로 vi를 종료한다.

```
127.0.0.1    localhost localhost.localdomain localhost4 localhost4.localdomain4
::1          localhost localhost.localdomain localhost6 localhost6.localdomain6
~
~
~
:q!
```

**혼자해보기 작업 관리하기**

❶ sleep 명령을 두 개의 백그라운드로 실행한다.
❷ 현재 실행 중인 백그라운드 작업이나 정지된 작업을 확인한다.
❸ 백그라운드로 실행 중인 sleep 프로세스 중 1번 작업을 종료한다.
❹ 백그라운드 작업을 포그라운드로 전환한다.
❺ 포그라운드 작업은 강제 종료한다.

**여기서 잠깐 vi와 Ctrl+z**

vi 초보자들이 저지르기 쉬운 실수 중의 하나가 vi로 작업을 하다가 Ctrl+z를 눌러 셸로 빠져나오는 것이다. 저장키와 헷갈렸거나 아니면 vi를 일시 정지시키고 셸로 나와 작업을 하려고 했을 수도 있다. 이때 vi를 일시 정지한 것을 깜빡 잊어버리고 다시 vi로 같은 파일을 열고 작업하게 되면 같은 파일이 vi로 여러 개 열리게 되어 혼란이 생길 수 있으므로 주의해야 한다.

# 04 작업 예약

시스템을 사용하다 보면 주기적으로 반복해야 하는 작업이 있다. 예를 들면 매주 백업을 받거나, 매일 아침 시스템의 상태를 자동으로 확인하여 정해진 시간에 관리자에게 메일을 보내는 것 등이다. 이럴 때 작업 예약을 사용하면 잊지 않고 효율적으로 업무를 처리할 수 있다.

리눅스는 이렇게 특정한 시간에 작업을 실행하도록 예약할 수 있는 두 가지 방법을 제공한다. 첫 번째는 정해진 시간에 한 번만 실행하는 것이고, 두 번째는 정해진 시간에 반복 실행하는 것이다.

## 1 정해진 시간에 한 번 실행

정해진 시간에 한 번만 명령을 실행하려면 at 명령을 사용한다.

**at**

- **기능** 예약한 명령을 정해진 시간에 실행한다.
- **형식** at [옵션] [시간]
- **옵션** -l: 현재 실행 대기 중인 명령의 전체 목록을 출력한다(atq 명령과 동일).
  -r 작업 번호: 현재 실행 대기 중인 명령 중 해당 작업 번호를 삭제한다(atrm과 동일).
  -m: 출력 결과가 없더라도 작업이 완료되면 사용자에게 메일로 알려준다.
  -f 파일: 표준 입력 대신 실행할 명령을 파일로 지정한다.
- **사용 예** at -m 0730 tomorrow
  at 10:00 pm
  at 8:15 am May 30

### at 명령 설정하기

at 명령을 사용하여 정해진 시간에 명령을 실행하도록 예약하려면 우선 다음 예와 같이 at 명령 뒤에 시간을 명시한다. 그러면 프롬프트가 at>로 바뀌고 작업을 예약할 수 있다.

```
[user1@localhost ch6]$ at 04:30 pm
at>
```

at 명령에서 시간을 지정할 때는 위의 예와 같이 'HH:MM' 형태뿐만 아니라 'HHMM' 형태도 지원하며 today, tomorrow, hours, days, weeks와 같이 지정할 수도 있다.

- at 4pm + 3 days: 지금부터 3일 후 오후 4시에 작업을 수행한다.
- at 10am Jul 31: 7월 31일 오전 10시에 작업을 수행한다.
- at 1am tomorrow: 내일 오전 1시에 작업을 수행한다.
- at 10:00am today: 오늘 오전 10시에 작업을 수행한다.

at로 실행할 명령은 기본적으로 표준 입력으로 지정한다. 명령의 입력을 마치려면 Ctrl+d를 누른다. Ctrl+d를 입력하면 화면에는 〈EOT〉로 출력된다.

```
[user1@localhost ch6]$ at 04:30 pm            → 시간을 지정한다.
warning: commands will be executed using /bin/sh
at> /usr/bin/ls -l ~user1 > ~user1/at.out   → 실행할 명령을 지정한다.
at> <EOT>                                    → Ctrl+d 입력으로 종료한다.
job 2 at Fri Nov  8 16:30:00 2019            → 작업 예약을 완료한다.
```

at로 설정한 작업의 결과는 지정된 파일에 저장된다. 만약 표준 출력을 파일로 전환하지 않았다면 작업 결과가 메일로 전달된다. 이 경우 시스템에 메일이 설정되어 있어야 한다.

### at 작업 파일 확인하기

at로 생성된 작업 파일은 /var/spool/at 디렉터리에 저장된다. 이 디렉터리에는 작업 번호로 파일이 생성된다. 위의 예와 같이 at 명령을 지정한 경우에는 /var/spool/at 디렉터리에 작업 파일이 생성된다.

```
[root@localhost ~]# ls -l /var/spool/at
합계 4
-rwx------. 1 user1 user1 3270 11월  8 16:19 a00002019015c2
drwx------. 2 root  root     6  5월 11 22:12 spool
[root@localhost ~]# exit
[user1@localhost ch6]$
```

눈썰미 있는 독자라면 프롬프트가 #로 바뀌었음을 알아챘을 것이다. 왜 #로 바뀌었을까? /var/spool/at 디렉터리는 데몬 사용자만 읽을 수 있는 권한이 있기 때문에 su – root 명령으로 root 사용자로 변경하여 디렉터리의 내용을 확인한 것이다. 물론 root 사용자의 암호를 알고 있어야 사용자 전환이 가능하다. 위의 예에서는 /var/spool/at 디렉터리에 a00002019015c2 파일이 생겼다. 이 파일은 예약된 명령이 실행되면 자동으로 삭제된다.

### at 작업 목록 확인하기: –l 옵션과 atq 명령

at 명령으로 설정된 작업의 목록은 –l 옵션으로 확인할 수 있다. 출력 형식은 각 작업당 한 줄로 작업 번호, 날짜, 시간, 작업 구분 순이다. 다음 예를 보면 user1 사용자가 2019년 11월 8일 16시 30분에 실행할 작업을 설정했고 작업 번호가 2번이다.

```
[user1@localhost ch6]$ at -l
2       Fri Nov  8 16:30:00 2019 a user1
```

–l 옵션 외에 atq 명령도 실행 대기 중인 작업의 목록을 출력한다.

**atq 명령**

- **기능** 현재 사용자의 등록된 작업 목록을 보여준다. 슈퍼유저일 경우 모든 사용자의 작업 목록을 보여준다.
- **형식** atq

다음 예를 보면 'at –l'과 같은 형식으로 출력됨을 알 수 있다.

```
[user1@localhost ch6]$ atq
2       Fri Nov  8 16:30:00 2019 a user1
```

### at 작업 삭제하기: –d 옵션과 atrm 명령

at 명령으로 설정한 작업이 실행되기 전에 삭제하려면 –d 옵션을 사용하고 삭제할 작업 번호를 지정한다. atrm은 at –d와 같은 기능을 수행한다.

**atrm**

- **기능** 지정된 작업 번호의 작업을 삭제한다.
- **형식** atrm 작업 번호

at 명령으로 작업 두 개를 예약해보자.

```
[user1@localhost ch6]$ at 1am tomorrow
warning: commands will be executed using /bin/sh
at> /usr/bin/ls > ~user1/at1.out
at> <EOT>
job 3 at Sat Nov  9 01:00:00 2019
[user1@localhost ch6]$ at 10pm today
warning: commands will be executed using /bin/sh
at> /usr/bin/ls /tmp > ~user1/at2.out
at> <EOT>
job 4 at Fri Nov  8 22:00:00 2019
```

설정된 작업을 atq 명령으로 확인한다.

```
[user1@localhost ch6]$ atq
3       Sat Nov  9 01:00:00 2019 a user1
4       Fri Nov  8 22:00:00 2019 a user1
```

3번과 4번 작업이 예약되어 있음을 알 수 있다. 작업 번호는 실습에 따라 다를 수 있다. 3번은 at -d 명령으로, 4번 작업은 atrm 명령으로 삭제해보자.

```
[user1@localhost ch6]$ at -d 3
[user1@localhost ch6]$ atrm 4
[user1@localhost ch6]$ atq
[user1@localhost ch6]$
```

### at 명령 사용 제한하기

시스템 관리자는 일반 사용자들이 at 명령을 사용하도록 허용하거나 사용하지 못하도록 제한할 수 있다. 이와 관련된 파일은 /etc/at.allow와 /etc/at.deny다. at 명령의 사용이 허용된 사용자들은 /etc/at.allow 파일에 지정하고, at 명령의 사용이 금지된 사용자들은 /etc/at.deny 파일에 지정한다. at.deny 파일은 기본적으로 있지만 at.allow 파일은 없으므로 필요시에 관리자가 만들어야 한다.

/etc/at.allow 파일과 /etc/at.deny 파일에는 사용자 이름을 한 줄에 하나씩만 입력한다. 두

파일의 적용 기준은 다음과 같다.

- /etc/at.allow 파일이 있으면 이 파일에 지정된 사용자만 at 명령을 사용할 수 있다. 이 경우에 /etc/at.deny 파일은 무시된다.
- /etc/at.allow 파일이 없으면 /etc/at.deny 파일에 지정된 사용자를 제외한 모든 사용자가 at 명령을 사용할 수 있다.
- 만약 두 파일이 모두 없다면 root만 at 명령을 사용할 수 있다.
- 사용자가 두 파일 모두에 속해 있다면 at 명령을 사용할 수 있다. /etc/at.allow 파일이 적용되기 때문이다.
- /etc/at.deny를 빈 파일로 두면 모든 사용자가 at 명령을 사용할 수 있는데, 이것이 초기 설정이다.

만약 /etc/at.allow 파일이 있는데 이 파일에 user1 사용자가 없거나 /etc/at.deny 파일에 user1 사용자가 있다면 at 명령을 실행했을 때 다음과 같이 사용 권한이 없다는 메시지가 출력된다.

```
[user1@localhost ch6]$ at
You do not have permission to use at.
```

## 2 정해진 시간에 반복 실행

at 명령은 미리 정해진 시간에 한 번만 실행하는데, 만약 명령을 주기적으로 반복해서 실행해야 한다면 어떻게 해야 할까? 지정 시간이 되면 반복적으로 실행하도록 설정하는 crontab 명령을 사용하면 된다.

**crontab**

- **기능** 사용자의 crontab 파일을 관리한다.
- **형식** crontab [-u 사용자ID] [옵션] [파일명]
- **옵션** -e: 사용자의 crontab 파일을 편집한다.
  -l: crontab 파일의 목록을 출력한다.
  -r: crontab 파일을 삭제한다.
- **사용 예** crontab -l
  crontab -u user1 -e
  crontab -r

### crontab 파일 형식

crontab 명령으로 관리하는 파일은 사용자별로 생성되는데 이 파일에 반복 실행할 작업이 저장된다. crontab 파일에는 여러 개의 작업을 저장할 수 있으며 한 행에 하나의 작업을 설정한다. crontab 파일의 한 행은 다음과 같이 여섯 항목으로 구성되어 있다.

| 분(0~59) | 시(0~23) | 일(1~31) | 월(1~12) | 요일(0~6) | 작업 내용 |
|---|---|---|---|---|---|

앞에서부터 다섯 항목은 시간과 날짜를 나타내는 숫자이고 마지막 항목은 반복적으로 수행할 명령이다. 시간과 날짜를 나타내는 항목의 순서와 값은 다음과 같다. 이 중 요일은 0이 일요일, 1이 월요일, 6이 토요일을 의미한다. 각 항목은 공백문자로 구분한다. 항목의 값이 *이면 해당 항목의 모든 값을 의미한다.

예를 들어 [그림 6-4]와 같이 crontab에 지정하였다면 여기서 ❹번의 월 항목은 매월을, ❺번의 요일은 모든 요일을 의미한다. 따라서 [그림 6-4]의 의미는 매월 1일 23시 30분에 지정한 작업을 실행하라는 뜻이다.

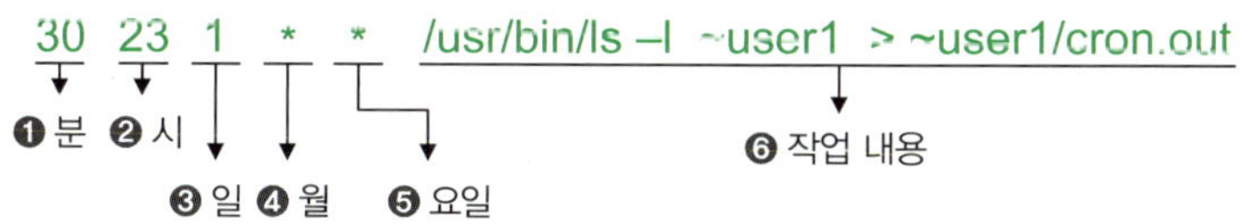


그림 6-4 crontab 파일의 형식

### crontab 파일 생성하고 편집하기: crontab -e

crontab 파일의 생성과 편집은 crontab -e 명령으로 수행한다. crontab 편집기로는 기본적으로 VISUAL 또는 EDITOR 환경 변수에 지정된 편집기를 사용한다. 필요할 경우 다음과 같이 명시적으로 편집기를 지정할 수 있다.

```
[user1@localhost ch6]$ EDITOR=vi;export EDITOR
```

crontab -e 명령으로 수행할 작업을 하나 작성한다.

```
[user1@localhost ch6]$ crontab -e
30 23 1 * * /usr/bin/ls -l ~user1 > ~user1/cron.out
~
~
:wq
```

crontab -e 명령으로 편집한 파일은 저장하면 자동적으로 /var/spool/cron 디렉터리에 사용자 이름으로 생성된다. 이 디렉터리도 일반 사용자는 접근할 수 없으며 시스템 관리자만 접근이 가능하다.

```
[user1@localhost ch6]$ ls -l /var/spool
합계 0
(생략)
drwx------. 2 root root 19 11월  8 17:07 cron/
(생략)
```

### crontab 파일 내용 확인하기: crontab -l

crontab -l 명령을 실행하면 현재 사용자의 crontab 파일 내용이 출력된다. 다음 예는 user1 사용자의 crontab 파일 내용을 출력한 것으로 [그림 6-4]의 내용이 설정되어 있다.

```
[user1@localhost ch6]$ crontab -l
30 23 1 * * /usr/bin/ls -l ~user1 > ~user1/cron.out
```

### crontab 파일 삭제하기: crontab -r

crontab 파일을 삭제하려면 crontab -r 명령을 사용한다. 만약 시스템 관리자가 특정 사용자의 crontab을 삭제하려면 'crontab -u user1 -r'과 같이 삭제하려는 사용자 ID를 지정한다. 다음 예는 user1 사용자가 위에서 설정한 crontab 파일을 삭제하는 것이다.

```
[user1@localhost ch6]$ crontab -r
[user1@localhost ch6]$ crontab -l
no crontab for user1
```

### crontab 명령 사용 제한하기

at 명령과 마찬가지로 crontab 명령도 /etc/cron.allow와 /etc/cron.deny 파일로 crontab 명령 사용 권한을 제한할 수 있다. 두 파일에는 사용자 이름을 한 줄에 하나씩만 입력한다. cron.deny 파일은 기본적으로 있지만 cron.allow 파일은 관리자가 만들어야 한다. 두 파일이 적용되는 기준은 다음과 같다.

- /etc/cron.allow 파일이 있으면 이 파일에 지정된 사용자만 crontab 명령을 사용할 수 있다.
- /etc/cron.allow 파일이 없고 /etc/cron.deny 파일이 있으면 이 파일에 사용자 계정이 없어야 crontab 명령을 사용할 수 있다.
- /etc/cron.allow 파일과 /etc/cron.deny 파일이 모두 없으면 시스템 설정에 따라 시스템 관리자만 crontab 명령을 사용할 수도 있고 모든 사용자가 사용할 수도 있다.

만약 두 파일이 모두 없는데 일반 사용자가 crontab 명령을 사용하려고 하면 다음과 같은 메시지가 출력된다.

```
[user1@localhost ch6]$ crontab -e
You (user1) are not allowed to use this program (crontab)
See crontab(1) for more information
```

**따라해보기** **crontab 설정하기**

❶ crontab -e 명령으로 crontab 파일을 편집한다. 명령의 실행 결과를 확인하기 위해 이 실습을 하고 있는 날짜와 시간을 먼저 확인하고 설정한다.

```
[user1@localhost ch6]$ date
2019. 11. 08. (금) 17:12:41 KST
[user1@localhost ch6]$ crontab -e
20 17 8 * * /usr/bin/ls -l /tmp > /home/user1/linux_ex/ch6/tmp.out
~
~
:wq
[user1@localhost ch6]$
```

❷ crontab -l 명령으로 설정 내용을 확인한다.

```
[user1@localhost ch6]$ crontab -l
20 17 8 * * /usr/bin/ls -l /tmp > /home/user1/linux_ex/ch6/tmp.out
```

❸ crontab에 설정한 시간이 경과한 후 작업 결과를 확인한다.

```
[user1@localhost ch6]$ ls
hosts  tmp.out
[user1@localhost ch6]$ cat tmp.out
합계 0
drwxrwxrwt. 2 user1 user1 20 11월  2 09:13 VMwareDnD
drwx------. 3 root  root  17 11월  8 14:45 systemd-private-7768011a91c94c8c978c7
ab280743286-ModemManager.service-KvleS2
drwx------. 3 root  root  17 11월  8 14:45 systemd-private-7768011a91c94c8c978c7
ab280743286-bluetooth.service-IgAEUR
drwx------. 3 root  root  17 11월  8 14:46 systemd-private-7768011a91c94c8c978c7
ab280743286-bolt.service-S5M9sI
drwx------. 3 root  root  17 11월  8 14:45 systemd-private-7768011a91c94c8c978c7
ab280743286-chronyd.service-76ux9G
drwx------. 3 root  root  17 11월  8 14:46 systemd-private-7768011a91c94c8c978c7
ab280743286-colord.service-VV1uSG
drwx------. 3 root  root  17 11월  8 14:46 systemd-private-7768011a91c94c8c978c7
ab280743286-fwupd.service-LnRfLQ
```

```
drwx------. 3 root   root   17 11월  8 14:45 systemd-private-7768011a91c94c8c978c7
ab280743286-rtkit-daemon.service-MuoBuy
drwx------. 2 user1 user1   6 11월  8 15:16 tracker-extract-files.1000
drwx------. 2 root  root    6 11월  8 14:45 vmware-root_827-4256676229
drwx------. 2 root  root    6 11월  3 10:58 vmware-root_831-4248090624
```

**혼자해보기** at, crontab 설정하기

❶ 현재 날짜와 시간을 확인한다.

❷ at 명령으로 현재 시간보다 5분 후에 ls -l/tmp 〉 ~user1/at.tmp를 실행하도록 설정한다.

❸ at 명령으로 설정한 내용을 확인한다.

❹ 5분 후에 at 명령이 실행되었는지 확인한다.

❺ crontab 명령으로 매주 일요일 18시에 user1의 홈 디렉터리 내용을 출력하여 홈 디렉터리 아래에 week.out 파일로 저장하도록 설정한다(실습하는 요일과 시간을 고려하여 결과를 확인할 수 있게 수정한다).

❻ crontab 명령으로 설정된 내용을 확인한다.

❼ crontab 명령으로 설정된 내용의 실행 결과를 확인한다. 어디서 확인할 수 있는가?

## 연습문제

**01** 다음 중 프로세스에 대한 설명으로 맞지 않는 것은 무엇인가?

① 프로세스는 현재 실행 중인 프로그램이다.
② 프로세스는 부모-자식 관계를 가지고 있다.
③ 프로세스는 PID라는 번호가 있다.
④ 프로세스는 UID라는 번호를 가지고 있다.

**02** 명령을 백그라운드 작업으로 실행시키기 위해 명령 다음에 추가하는 특수문자는 무엇인가?

① @ ② & ③ * ④ $

**03** 사용자 계정이 at 명령을 사용할 수 있는 조건이 아닌 것은 무엇인가?

① /etc/at.allow 파일이 있고 이 파일에 사용자 계정이 등록되어 있다.
② /etc/at.deny 파일만 있고 이 파일에 사용자 계정이 등록되어 있지 않다.
③ /etc/at.allow 파일과 /etc/at.deny 파일이 있고 두 파일에 모두 사용자 계정이 등록되어 있다.
④ /etc/cron.allow 파일과 /etc/cron.deny 파일이 모두 없다.

**04** 일반 프로세스와 데몬 프로세스의 차이를 설명하시오.

**05** ps -f 명령의 결과가 다음과 같을 때 프로세스의 부모-자식 관계를 설명하시오.

```
$ ps -f
UID PID PPID C STIME TTY TIME CMD
user1 15761 15721 0 18:14:17 pts/1 0:00 vi /etc/hosts
user1 15721 15710 0 18:14:09 pts/1 0:00 sh
user1 15710 15701 0 18:12:59 pts/1 0:00 -bash
```

**06** guest 사용자가 실행한 프로세스를 모두 찾으려고 할 때 사용할 수 있는 명령은 무엇인가?

**07** PID가 5000인 프로세스를 kill 5000으로 종료하려는데 종료되지 않는다. 이 프로세스를 강제로 종료하려면 어떻게 해야 하는지 설명하시오.

**08** 주기적으로 프로세스들의 상태를 살펴볼 수 있는 방법에 대해 설명하시오.

**09** 프로세스를 종료할 때 kill 명령보다 pkill 명령이 더 편리한 경우는 어떤 경우인가?

**10** 현재 실행 중인 포그라운드 작업을 백그라운드 작업으로 전환하는 방법을 다음 예를 사용하여 설명하시오.

```
$ find / -name test
```

**11** 현재 실행 중인 백그라운드 작업을 포그라운드 작업으로 전환하는 방법을 다음 예를 사용하여 설명하시오.

```
$ jobs
[1] + 실행 중 sleep 100
```

**12** 다음과 같이 백그라운드로 실행 중인 작업이 세 개 있다. 이 중 3번 작업을 종료하는 명령을 기술하시오.

```
$ jobs
[1] + 실행 중 sleep 100
[2] - 실행 중 find / -name test
[3] 실행 중 sleep 300
```

**13** 로그아웃한 다음에도 find / -name test 명령을 계속 실행하도록 하는 명령을 기술하시오.

**14** at과 crontab 명령의 차이를 설명하시오.

**15** guest01 사용자가 /etc/cron.allow 파일과 /etc/cron.deny 파일에 모두 등록되어 있다. guest01 사용자는 crontab 명령을 사용할 수 있는가?

**16** 12월 31일 낮 12시에 user01 사용자가 실행하고 있는 프로세스 목록을 확인하도록 at 명령으로 설정하는 과정을 설명하시오.

**17** 매주 일요일 밤 12시면 user01 사용자가 실행하고 있는 프로세스 목록을 확인하여 user01 사용자의 홈 디렉터리에 ps.out 파일로 저장하도록 crontab을 설정하시오.

**18** 다음과 같이 at 명령으로 설정한 작업이 있다. 이 작업을 삭제하는 명령은 무엇인가?

```
[user1@localhost]$ atq
8       Sun May 31 15:30:00 2020 a user1
9       Sun May 31 16:00:00 2020 a user1
[user1@localhost]$
```

# PART 02

# 리눅스 시스템 관리

# PART 02 리눅스 시스템 관리

# CHAPTER 07

# 파일 시스템과 디스크 관리



**학습목표**

- 리눅스에서 지원하는 파일 시스템의 종류와 구조를 설명할 수 있다.
- 마운트의 개념을 이해하고 설명할 수 있다.
- 이동식 장치를 마운트하여 사용할 수 있다.
- LVM의 개념을 이해하고 설명할 수 있다.
- 파일 시스템을 구축하고 관리하는 방법을 설명할 수 있다.

# 00 개요

## 1 리눅스 학습 맵에서 7장의 위치

7장에서는 3단계의 첫 번째 항목인 파일 시스템과 디스크 관리를 다룬다. 레벨 1과 2에서 일반 사용자가 사용하는 명령과 기능을 중심으로 살펴보았다면 이제부터 본격적으로 시스템 관리자의 역할을 배운다. 따라서 이 장에서는 시스템 관리자 계정(root 계정)으로 작업한다. 시스템에 설치된 디스크의 파일 시스템을 관리하는 방법뿐만 아니라, 새 디스크를 추가하고 파일 시스템을 생성하여 사용자가 사용할 수 있도록 제공하는 방법도 살펴볼 것이다.

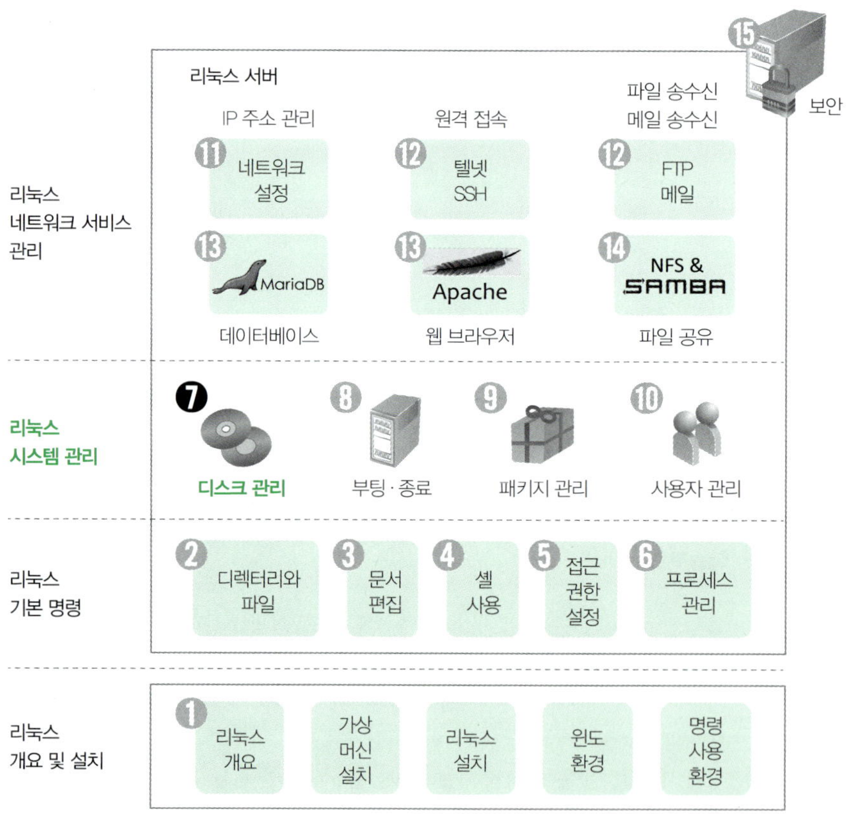

## 2 7장의 내용 구성

지금까지 리눅스의 일반적인 명령과 기능을 중심으로 공부했다면 7장부터는 본격적으로 시스템 관리자로서 시스템을 관리하는 기능과 명령을 중점적으로 다룬다. 리눅스 시스템에는 시스템을 동작시키는 데 필요한 수많은 파일이 있으며, 사용자가 작업 과정에서 생성한 다양한 디렉터리와 파일이 존재한다. 파일 시스템은 이런 디렉터리나 파일을 체계적으로 관리할 수 있도록 도와주는 것이다. 디스크나 USB 메모리 같은 저장 장치에 파일 시스템을 생성해야 파일을 저장하고 디렉터리를 만들 수 있으며, 파일 시스템은 디렉터리 계층 구조와 연결되어야 사용자가 사용할 수 있다.

시스템 관리자는 하드디스크를 장착하고 파일 시스템을 생성하는 방법을 알아야 하며, CD-ROM이나 USB 메모리 같은 이동식 저장 장치도 디렉터리 계층 구조에 연결하여 사용할 수 있어야 한다. 또한 파일 시스템의 용량을 효율적으로 관리하기 위한 LVM 기법을 알고, 파일 시스템에 문제가 있을 때 이를 복구할 수 있어야 한다. 이 장에서 다루는 파일 시스템 관리 방법을 잘 익혀서 실력 있는 시스템 관리자가 되기를 바란다.

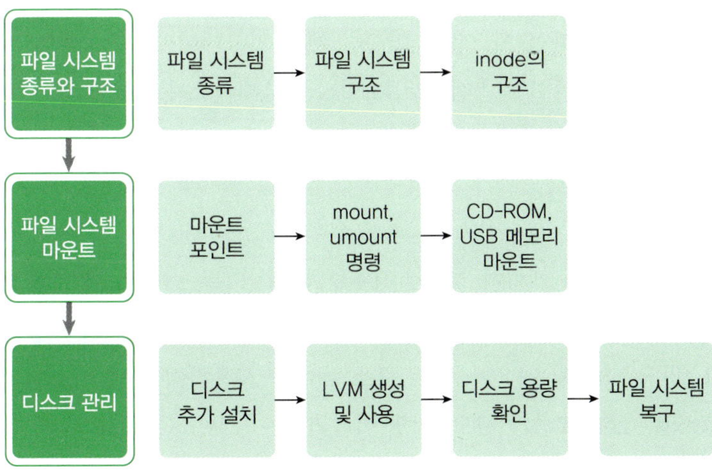

# 01 리눅스 파일 시스템 종류

파일 시스템은 운영체제의 주요한 기능 중 하나로, 다양한 정보를 가지고 있는 파일과 디렉터리의 집합을 구조적으로 관리하는 체계다. 사용자가 외부에서 보기에는 별다른 차이가 없지만, 내부적으로 어떤 구조를 구성하여 파일과 디렉터리를 관리하느냐에 따라 다양한 형식의 파일 시스템이 존재한다. 리눅스를 비롯한 각 운영체제는 다양한 파일 시스템 형식을 사용하고 있다. 여기서는 리눅스에서 사용하는 파일 시스템의 종류를 알아본다.

## 1 리눅스 고유의 디스크 기반 파일 시스템

파일과 디렉터리를 관리하려면 파일 시스템이 필요하다. 리눅스는 초기에 미닉스의 파일 시스템Minix File System, MFS을 이용했으나 곧 ext 파일 시스템으로 알려진 리눅스 고유의 파일 시스템을 만들어 사용하게 되었다. ext 파일 시스템은 버전이 계속 업그레이드되면서 현재는 ext4까지 제공하고 있다. 또한 대용량 파일 시스템을 위해 실리콘 그래픽스가 개발한 XFS 파일 시스템도 도입하고 있다.

### ext(ext1)

ext 파일 시스템은 레미 카드Rémy Card가 개발한 것으로, 1992년 4월 리눅스 0.96c에 포함되어 발표되었다. ext는 'Extended File System'의 약자로 extfs라고도 하며, MFS의 기능을 확장했다는 의미를 가지고 있다. MFS의 경우 16비트 주소 체계를 사용하여 파일 시스템의 최대 크기가 64MB였지만 ext는 2GB로 늘어났고, 파일 이름의 길이도 MFS는 14B인 데 비해 ext는 유닉스처럼 255B까지 지원했다.

그러나 ext 파일 시스템은 inode의 수정과 데이터의 수정 시간 지원이 안 되는 문제, 그리고 링크드 리스트로 파일 시스템을 구성하여 파일 시스템이 복잡해지고 파편화되는 문제가 있었다. 현재 리눅스에서는 ext 파일 시스템을 사용하지 않는다.

## ext2

ext2 파일 시스템의 공식 명칭은 'Second Extended File System(Ext2 fs)'이며 줄여서 보통 ext2라고 한다. ext2 파일 시스템은 ext 파일 시스템의 문제를 해결하기 위해 내놓은 것으로, 역시 레미 카드가 개발하여 1993년 1월에 공개했다. ext2 파일 시스템은 ext 파일 시스템을 기반으로 확장성도 고려하여 만들어졌다. ext2는 초기에 버그가 있어 불안정했으나 점점 사용이 증가하면서 현재는 매우 안정한 파일 시스템이 되었다.

ext2 파일 시스템은 리눅스 커널 2.6.17 이전 버전에서는 파일 시스템의 최대 크기가 2TB로 제한되었으나 현재는 이론적으로 32TB까지 지원이 가능하다. ext2는 ext3 파일 시스템이 도입되기 전까지 사실상 리눅스의 표준 파일 시스템으로 사용되었다. 지금도 부팅 가능한 USB 플래시 드라이브와 기타 SSD 장치에 사용되고 있다.

## ext3

ext3 파일 시스템Third Extended File System은 스티븐 트위디Stephen Tweedie가 개발하여 2001년 11월 리눅스 2.4.15에 추가되었다. ext3는 ext2를 기반으로 개발되어 호환이 가능하다. 즉 ext2 파일 시스템의 파일을 별도의 변경 없이 ext3 파일 시스템에 바로 이식할 수 있다.

ext3 파일 시스템의 가장 큰 장점은 저널링journaling 기능을 도입했다는 것이다. 저널링은 디스크에 기록되는 데이터의 복구 기능을 강화한 것이다. 저널링은 데이터를 디스크에 기록하기 전에 먼저 저널에 수정 사항을 기록한다. 저널은 쉽게 말해 로그 기록 같은 것이라고 생각하면 된다. 따라서 디스크에 데이터를 기록하기 전에 갑자기 전원이 나가거나 시스템에 충돌이 발생할 경우, 이 저널의 기록을 보고 빠르게 복구할 수 있다.

ext3 파일 시스템의 단점은 inode의 동적 할당이나 다양한 블록 크기와 같은 최신 파일 시스템 기능이 부족하고, 온라인 조각 모음 기능이 없다는 것이다. ext3에서 파일 시스템의 최대 크기는 블록의 크기에 따라 2~32TB까지 지원된다.

## ext4

ext4 파일 시스템Fourth Extended File System은 밍밍 카오Mingming Cao, 안드레 딜거Andreas Dilger, 알렉스 주라블레프Alex Zhuravlev, 데이브 클레이캠프Dave Kleikamp, 테오도어 츠오Theodore Ts'o, 에릭 샌딘Eric Sandeen, 샘 나그시네Sam Naghshineh 등이 개발했으며, 안정판은 2008년 12월 25일 리눅스 커널 2.6.28에 포함되어 공개되었다.

ext4 파일 시스템은 1EB(엑사바이트, 1EB=1,024×1,024TB) 이상의 볼륨과 16TB 이상의 파일을 지원하며, ext2 및 ext3와 호환성을 유지하고 있다. 또한 ext3에서는 서브 디렉터리의 수가 32,000개로 제한되었으나 ext4에서는 64,000개로 늘어났으며, 온라인 조각 모음 기능도 지원한다.

### XFS

XFS 파일 시스템eXtended File System은 1993년 실리콘 그래픽스가 개발한 고성능 저널링 파일 시스템으로, 2000년 5월 GNU GPL로 공개되었다. 2001년 리눅스에 이식되었고 현재 대부분의 리눅스 배포판에서 지원하고 있다. XFS는 64비트 파일 시스템으로 최대 16EB까지 지원한다. CentOS 7부터 XFS 파일 시스템을 기본으로 사용하고 있으며, ext4 파일도 기본으로 사용한다.

## 2 리눅스에서 지원하는 다양한 파일 시스템

리눅스에서는 표준 파일 시스템이라고 할 수 있는 ext2, ext3, ext4 외에 유닉스나 윈도 시스템 등 타 시스템과 호환되도록, 또한 DVD, USB 같은 외부 저장 장치를 사용하도록 다양한 파일 시스템을 지원한다. 리눅스에서 지원하는 주요 파일 시스템은 [표 7-1]과 같다.

**표 7-1 리눅스에서 지원하는 기타 파일 시스템**

| 파일 시스템 | 기능 |
|---|---|
| msdos | MS-DOS 파티션을 사용하기 위한 파일 시스템이다. |
| iso9660 | CD-ROM, DVD의 표준 파일 시스템으로 읽기 전용으로 사용된다. |
| nfs | network file system으로 원격 서버의 디스크를 연결할 때 사용된다. |
| ufs | Unix file system으로 유닉스의 표준 파일 시스템이다. |
| vfat | 윈도 95, 98, NT를 지원하기 위한 파일 시스템이다. |
| hpfs | HPFS를 지원하기 위한 파일 시스템이다. |
| ntfs | 윈도의 NTFS를 지원하기 위한 파일 시스템이다. |
| sysv | 유닉스 시스템V를 지원하기 위한 파일 시스템이다. |
| hfs | 맥 컴퓨터의 hfs 파일 시스템을 지원하기 위한 파일 시스템이다. |

## 3 특수 용도의 가상 파일 시스템

리눅스에는 디스크가 아니라 메모리에서 생성되어 사용되는 가상 파일 시스템이 있다. 가상 파일 시스템은 일반적으로 특수한 용도를 가지고 필요에 따라 생기거나 없어진다. 주요가상 파일 시스템은 [표 7-2]와 같다.

**표 7-2 리눅스의 가상 파일 시스템**

| 파일 시스템 | 기능 |
|---|---|
| swap | • 스왑 영역을 관리하기 위한 스왑 파일 시스템이다. |
| tmpfs | • Temporary File System으로 메모리에 임시 파일을 저장하기 위한 파일 시스템이며, 시스템이 재시작할 때마다 기존 내용이 없어진다.<br>• /tmp 디렉터리를 예로 들 수 있다. |
| proc | • proc 파일 시스템으로 /proc 디렉터리다.<br>• 커널의 현재 상태를 나타내는 파일을 가지고 있다. |
| ramfs | • 램디스크를 지원하는 파일 시스템이다. |
| rootfs | • Root File System으로 / 디렉터리다.<br>• 시스템 초기화 및 관리에 필요한 내용을 관리한다. |

## 4 현재 시스템이 지원하는 파일 시스템 확인

리눅스는 [표 7-1], [표 7-2] 외에도 다양한 파일 시스템을 지원하므로 각 배포판에 따라 사용하는 파일 시스템의 종류를 확인해야 한다. /proc/filesystems는 현재 커널이 지원하는 파일 시스템의 종류를 알려준다. CentOS 8의 /proc/filesystems 파일 내용을 보면 [그림 7-1]과 같다. 이는 리눅스 버전에 따라 다를 수 있다.

```
[user1@localhost ~]$ cat /proc/filesystems
nodev    sysfs
nodev    rootfs
nodev    ramfs
nodev    bdev
nodev    proc
nodev    cpuset
nodev    cgroup
nodev    cgroup2
```

```
nodev   tmpfs
nodev   devtmpfs
nodev   configfs
nodev   debugfs
nodev   tracefs
nodev   securityfs
nodev   sockfs
nodev   dax
nodev   bpf
nodev   pipefs
nodev   hugetlbfs
nodev   devpts
nodev   autofs
nodev   pstore
nodev   mqueue
nodev   selinuxfs
        xfs
        ext3
        ext2
        ext4
nodev   rpc_pipefs
        fuseblk
nodev   fuse
nodev   fusectl
        iso9660
nodev   binfmt_misc
```

**그림 7-1** /proc/filesystems의 내용

[그림 7-1]에서 1열의 nodev는 해당 파일 시스템이 블록 장치(예 디스크)와 연결되어 있지 않다는 것으로 가상 파일 시스템임을 뜻한다. 2열에 나오는 것이 지원하는 파일 시스템이다. 특수한 용도로 사용되는 가상 파일 시스템이 대부분이며, 이 중 fuseblk는 ntfs 파일 시스템을 연결할 때 사용되는 파일 시스템이다.

# 02 리눅스 파일 시스템 구조

리눅스의 모든 파일 시스템은 기본적으로 유닉스 운영체제에서 유래된 공통의 개념을 바탕으로 구현되었다. 이 공통의 개념이란 다음과 같은 세 가지 개념을 의미한다.

- 파일은 inode로 관리된다.
- 디렉터리는 단순히 파일의 목록을 가지고 있는 파일일 뿐이다.
- 특수 파일을 통해 장치에 접근할 수 있다.

여기서는 리눅스 전체적인 파일 시스템의 기본 구조와 파일 시스템을 구성하는 핵심이라 할 수 있는 inode의 구조를 살펴본다.

## 1 ext4 파일 시스템의 구조

ext4 파일 시스템은 효율적으로 디스크를 사용하기 위해 저장 장치를 논리적인 블록의 집합(블록 그룹)으로 구분한다. 일반적으로 블록은 4KB이고 실제 크기는 시스템의 설정에 따라 달라질 수 있다. 블록 그룹의 개수는 장치의 크기를 블록 그룹의 크기로 나눈 값이다. [그림 7-2]에 ext4 파일 시스템의 구조를 개략적으로 나타냈다.

[그림 7-2]에서 보듯이 블록 그룹에는 세 가지 유형이 있다.

- 블록 그룹 0: 파일 시스템의 첫 번째 블록 그룹으로 특별하게 그룹 0 패딩과 슈퍼블록, 그룹 디스크립터를 가지고 있다.
- 블록 그룹 a: 파일 시스템에서 첫 번째 블록 그룹이 아닌 블록 그룹으로 그룹 0 패딩이 없으나 슈퍼블록과 그룹 디스크립터의 복사본을 가지고 있다.
- 블록 그룹 b: 파일 시스템에서 첫 번째 블록 그룹이 아닌 블록 그룹으로 그룹 0 패딩, 슈퍼블록, 그룹 디스크립터가 없고 바로 데이터 블록 비트맵으로 시작한다.

**그림 7-2** ext4 파일 시스템의 구조

파일 시스템을 구성하는 요소는 다음과 같다.

### 그룹 0 패딩

블록 그룹 0의 첫 1,024B는 특별한 용도로 사용되는데, x86 부트 섹터와 부가 정보를 저장하기 위한 것이다.

### 슈퍼블록

슈퍼블록에는 파일 시스템과 관련된 다양한 정보가 저장된다. 슈퍼블록에 저장되는 주요 정보는 다음과 같다.

- 전체 inode의 개수
- 할당되지 않은 블록free block의 개수
- 첫 번째 데이터 블록의 주소
- 그룹당 블록의 개수
- 파일 시스템의 상태
- 전체 블록의 개수
- 할당되지 않은 inodefree inode의 개수
- 블록의 크기
- 마운트 시간
- 그룹 디스크립터의 크기

슈퍼블록에 문제가 생기면 전체 파일 시스템을 사용할 수 없게 된다. 따라서 슈퍼블록을 다른 블록 그룹에 복사해놓고, 블록 그룹 0의 슈퍼블록을 읽을 수 없을 경우 복사본을 사용하여 복구한다.

### 그룹 디스크립터와 GDT 예약 블록

그룹 디스크립터도 블록 그룹 0에 있는 것으로 슈퍼블록의 다음에 위치하고 있다. 그룹 디스크립터에는 다음과 같은 정보가 저장된다.

- 블록 비트맵의 주소
- inode 비트맵의 주소
- inode 테이블의 주소
- 할당되지 않은 블록의 개수
- 할당되지 않은 inode의 개수
- 디렉터리의 개수
- 블록 비트맵, inode 비트맵 체크섬

그룹 디스크립터도 슈퍼블록과 함께 다른 블록 그룹에 복사되어, 블록 그룹 0에 문제가 있을 때 복구하는 데 사용된다. GDT 예약 블록은 그룹 디스크립터의 확장을 위한 예비 공간이다

### 데이터 블록 비트맵과 inode 비트맵

데이터 블록 비트맵은 블록 그룹에 포함된 데이터 블록의 사용 여부를 확인하는 데 쓰이며, inode 비트맵은 inode 테이블의 항목이 사용 중인지를 표시한다. 비트맵에서 각 데이터 블록과 inode 테이블의 항목은 1비트로 표현된다.

### inode 테이블과 데이터 블록

일반적인 유닉스처럼 리눅스에서도 inode에 파일 정보를 저장한다. inode의 자세한 구조는 뒤에서 자세히 살펴보겠다. 데이터 블록에는 실제 데이터가 저장된다. 일반 파일은 데이터 블록에 파일 내용을 저장하고, 디렉터리는 데이터 블록에 해당 디렉터리에 있는 파일이나 서브 디렉터리의 정보(이름, inode)를 저장한다.

## 2 inode 구조

inode의 구조를 그림으로 나타내면 [그림 7-3]과 같다.

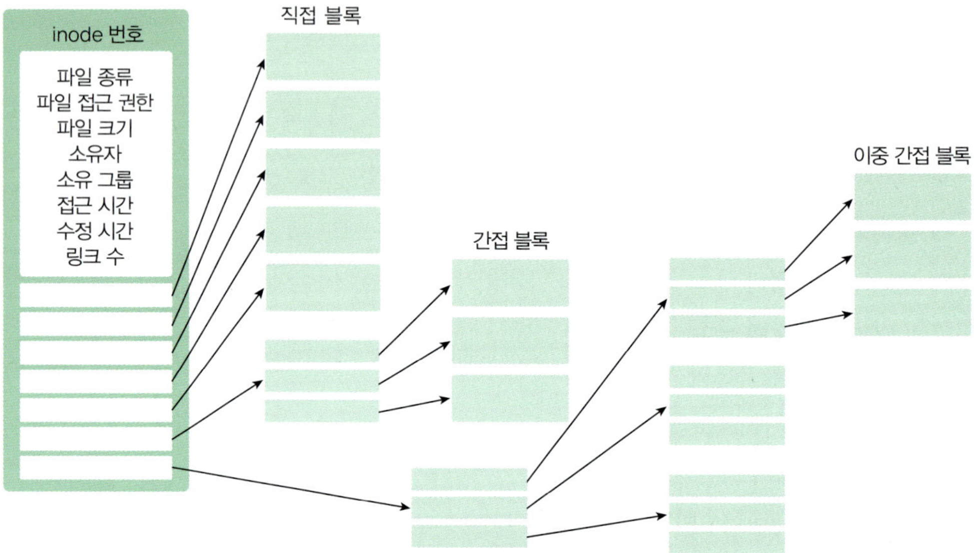


**그림 7-3** inode의 구조

[그림 7-3]에서 보듯이 inode는 크게 두 부분, 즉 파일 정보를 저장하는 부분과 실제 파일 내용이 저장되어 있는 데이터 블록의 주소를 저장하는 부분으로 나누어진다. inode에 저장되는 파일 정보는 파일 종류, 파일 접근 권한, 파일 크기, 소유자, 접근 및 수정 시간 등으로 사용자가 ls -l 명령으로 확인하는 정보다. 즉 ls -l 명령은 inode에 저장되어 있는 파일 정보를 읽어서 출력하는 것이다.

inode에서 데이터 블록의 주소를 저장하는 부분은 직접 블록direct block, 간접 블록indirect block, 이중 간접 블록double indirect block으로 구분된다. 직접 블록은 데이터 블록에 대한 주소를 직접 가지고 있고, 간접 블록과 이중 간접 블록에는 데이터 블록에 대한 주소를 가지고 있는 블록에 대한 주소가 저장된다. 데이터 블록의 크기는 시스템 설정에 따라 1~8KB까지 지정할 수 있다.

## 3 파일 시스템과 디렉터리 계층 구조

디렉터리 계층 구조는 리눅스의 전체 파일과 디렉터리를 어떤 구조로 정리하고 관리할 것인지를 정의한 것으로 2장에서 살펴보았다. 따라서 실제 파일이 저장되어 있는 파일 시스템은 디렉터리 계층 구조에 연결되어야 사용자가 접근하여 사용할 수 있다. 여기서는 디렉터리 계층 구조와 파일 시스템의 관계를 살펴본다.

### 한 파일 시스템으로 구성하기

디렉터리 계층 구조에서 보이는 모든 디렉터리와 파일은 하나의 파일 시스템에 둘 수도 있고 여러 파일 시스템에 나누어 구성할 수도 있다. 1장에서 CentOS를 설치할 때 기본 설정을 사용하여 하나의 파일 시스템으로 구성했다. 하나의 파일 시스템으로 구성할 경우 [그림 7-4]와 같이 / 디렉터리에 해당 파일 시스템을 연결한다.

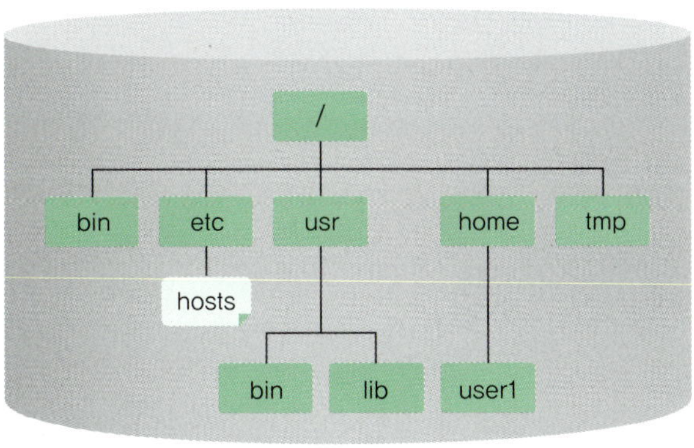


**그림 7-4 한 파일 시스템으로 구성하기**

### 여러 파일 시스템으로 구성하기

디렉터리 계층 구조를 여러 파일 시스템으로 구분하여 구성할 수도 있다. [그림 7-5]의 경우는 파일 시스템 1을 / 디렉터리에, 파일 시스템 2를 /usr 디렉터리에, 파일 시스템 3을 /home 디렉터리에 연결한 것이다. / 디렉터리에 연결된 파일 시스템을 루트 파일 시스템이라고 한다. 여러 파일 시스템으로 나누어 디렉터리 계층 구조를 구성할 경우, 일부 파일 시스템에 문제가 생기더라도 다른 파일 시스템의 파일은 안전하다. 윈도에서 C 드라이브, D 드라이브로 디스크의 파티션을 나누는 것과 유사하다.

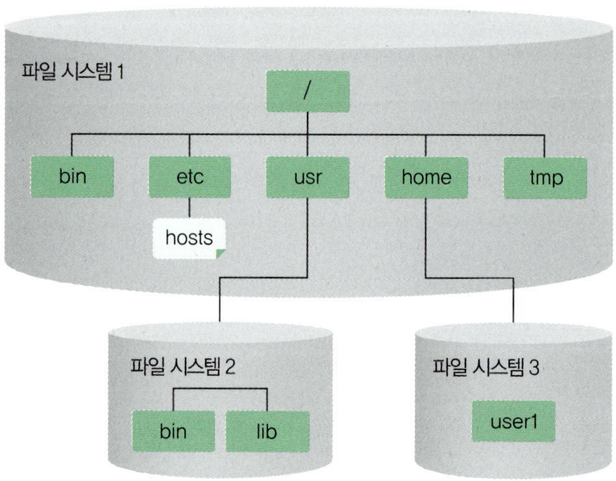


그림 7-5 여러 파일 시스템으로 구성하기

# 03 파일 시스템 마운트

파일 시스템이 디렉터리 계층 구조와 연결되지 않으면 사용자가 해당 파일 시스템에 접근할 수 없다. 파일 시스템을 디렉터리 계층 구조의 특정 디렉터리와 연결하는 것을 마운트라고 한다. 예를 들면 [그림 7-5]의 파일 시스템 3은 /home 디렉터리에 마운트한 것이고, 파일 시스템 2는 /usr 디렉터리에 마운트한 것이다. 리눅스에서 마운트는 파일 시스템 관리와 관련하여 매우 중요한 개념이므로 잘 이해해두자.

## 1 마운트 포인트

[그림 7-5]의 파일 시스템 1, 2, 3은 각각 독립적으로 구성된 파일 시스템이다. 앞서 설명했듯이 디렉터리 계층 구조에 파일 시스템을 마운트하지 않으면 사용자가 접근할 수 없으므로, 마운트하지 않은 파일 시스템의 디렉터리로 이동할 수 없다. 예를 들어 [그림 7-5]의 파일 시스템 3이 /home 디렉터리에 연결되어 있지 않다면 사용자는 user1 디렉터리에 접근할 수 없다. 또한 파일 시스템 2, 3이 각각 /usr, /home 디렉터리에 마운트되어야 사용자가 해당 디렉터리의 내용을 볼 수 있다. 이와 같이 디렉터리 계층 구조에서 파일 시스템이 연결되는 디렉터리를 마운트 포인트라고 한다. [그림 7-5]에서는 /usr, /home 디렉터리가 마운트 포인트가 되는 것이다. 물론 루트 파일 시스템을 마운트한 / 디렉터리도 마운트 포인트가 된다.

## 2 파일 시스템 마운트 설정 파일

그렇다면 여러 개로 나누어진 파일 시스템은 언제 마운트될까? 시스템 관리자가 일일이 마운트해야 할까? 그렇지 않으니 안심해도 좋다. 리눅스 시스템을 부팅할 때 파일 시스템을 자동으로 마운트할 수 있기 때문이다. 실제로 CD-ROM, DVD, USB 메모리 같은 이동식 저장 장치를 제외하고 대부분의 파일 시스템은 부팅할 때 마운트되도록 하는 것이 편리하다. 리눅스에서 시스템이 부팅될 때 자동으로 파일 시스템이 마운트되게 하려면 /etc/fstab 파일에 설정해야 한다

## /etc/fstab 파일의 기능

/etc/fstab 파일은 파일 시스템의 마운트 설정 정보를 가지고 있다. 리눅스 시스템은 부팅할 때 이 파일을 읽고 설정 내용에 따라 파일 시스템을 자동으로 마운트하며, 이 파일에 오류가 있으면 시스템 부팅이 중지될 수도 있다. /etc/fstab 파일에는 파일 시스템의 장치명과 마운트 포인트, 마운트할 때 설정할 옵션을 지정한다.

## /etc/fstab 파일의 구조

/etc/fstab 파일은 [그림 7-6]과 같이 여섯 개 항목으로 구성되어 있다.

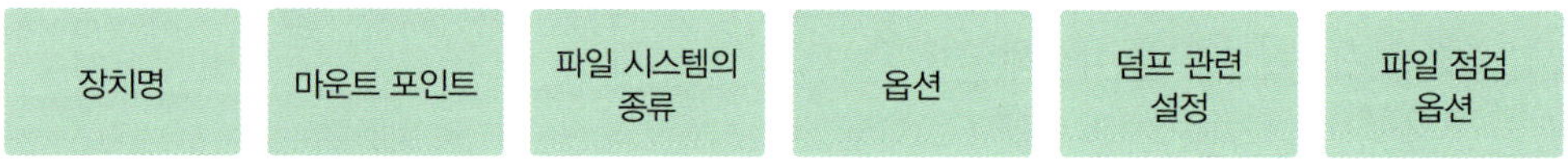


**그림 7-6** /etc/fstab 파일의 구조

예를 통해 /etc/fstab 파일의 각 항목을 살펴보자. 1장에서 설치한 리눅스 시스템의 파일 시스템은 다음과 같이 구성되어 있다.

```
[user1@localhost ~]$ cat /etc/fstab

#
# /etc/fstab
# Created by anaconda on Sun Oct 27 07:40:56 2019
#
# Accessible filesystems, by reference, are maintained under '/dev/disk/'.
# See man pages fstab(5), findfs(8), mount(8) and/or blkid(8) for more info.
#
# After editing this file, run 'systemctl daemon-reload' to update systemd
# units generated from this file.
#
/dev/mapper/cl-root     /                       xfs     defaults        0 0
UUID=8ec5646f-697a-4284-a1fc-44fa024cb134 /boot                   ext4
defaults        1 2
/dev/mapper/cl-swap     swap                    swap    defaults        0 0
```

#로 시작하는 행은 파일 내용에 대한 설명이다. 실제 내용의 첫 행을 [그림 7-6]에 따라 구분하면 다음과 같다.

❶ 장치명: /dev/mapper/cl-root

❷ 마운트 포인트: /

❸ 파일 시스템 종류: xfs

❹ 옵션: defaults

❺ 덤프 관련 설정: 0

❻ 파일 점검 옵션: 0

우선 일반적인 /etc/fstab 파일의 각각의 구성 요소에 대해 알아보고, 앞의 예에 적용하여 다시 살펴보자.

#### ❶ 장치명

/etc/fstab 파일의 첫 번째 항목에는 파일 시스템 장치명을 설정한다. 예를 들어 /dev/hda1, /dev/sda1과 같이 특정 디스크를 지정하는 것이다. 예를 들면 [그림 7-5]는 파일 시스템이 구축된 물리적인 디스크 장치가 3개 있는 것이고, 그 장치의 이름을 첫 번째 항목으로 설정하는 것이다. 디스크 장치와 관련된 장치 파일의 이름은 6절에서 다시 살펴본다.

#### ❷ 마운트 포인트

/etc/fstab 파일의 두 번째 항목에는 파일 시스템이 마운트될 마운트 포인트를 설정한다. 예를 들어 [그림 7-5]에서 파일 시스템 3의 마운트 포인트로 /home을 설정하는 것이다.

#### ❸ 파일 시스템의 종류

/etc/fstab 파일의 세 번째 항목에는 파일 시스템의 종류를 설정한다. 파일 시스템의 종류는 ext2, ext3, ext4, xfs를 비롯해 [표 7-1]과 [표 7-2]에서 제시한 것을 사용할 수 있다.

#### ❹ 옵션

/etc/fstab 파일의 네 번째 항목은 파일 시스템의 속성을 지정하는 옵션이다. 이 항목에 올 수 있는 값은 [표 7-3]과 같다.

**표 7-3** 파일 시스템 속성 설정 옵션

| 속성 | 의미 |
|---|---|
| defaults | 일반적인 파일 시스템에 지정하는 속성이다. rw, nouser, auto, exec, suid 속성을 모두 포함한다. |
| auto | 부팅 시 자동으로 마운트한다. |
| exec | 실행 파일이 실행되는 것을 허용한다. |
| suid | setuid, setgid의 사용을 허용한다. |
| ro | 읽기 전용 파일 시스템이다. |
| rw | 읽기, 쓰기가 가능한 파일 시스템이다. |
| user | 일반 사용자도 마운트가 가능하다. |
| nouser | 일반 사용자의 마운트가 불가능하다. root만 마운트할 수 있다. |
| noauto | 부팅 시 자동으로 마운트하지 않는다. |
| noexec | 실행 파일이 실행되는 것을 허용하지 않는다. |
| nosuid | setuid, setgid의 사용을 금지한다. |
| usrquota | 사용자별로 디스크 쿼터 설정이 가능하다. |
| grpquota | 그룹별로 디스크 쿼터 설정이 가능하다. |

### ❺ 덤프 관련 설정

/etc/fstab 파일의 다섯 번째 항목으로 0 또는 1을 지정한다. 0의 경우 dump 명령으로 파일 시스템의 내용이 덤프되지 않는 파일 시스템이고, 1의 경우 데이터 백업 등을 위해 dump 명령의 사용이 가능한 파일 시스템이다.

### ❻ 파일 점검 옵션

/etc/fstab 파일의 마지막 항목으로 0 또는 1이나 2를 지정한다. 0은 부팅할 때 fsck 명령으로 파일 시스템을 점검하지 않도록 하는 설정이고 1은 루트 파일 시스템을, 2는 루트 파일 시스템 이외의 파일 시스템을 의미한다. 즉 부팅할 때 0으로 지정된 파일 시스템은 fsck 명령을 실행하지 않으며, 다음으로 1번인 루트 파일 시스템이 fsck 명령으로 파일 시스템 점검을 수행하고, 나머지 2로 설정된 파일 시스템들은 나열된 순서대로 fsck 명령을 사용하여 점검하게 된다.

앞의 /etc/fstab 파일 예에서 ❶ 장치명이 /dev/mapper로 시작되는 것은 LVM과 관련이 있다. LVM은 이 장의 뒷부분에서 다룰 것이므로 여기서는 디스크 장치 중 하나라고만 알고 넘어가자. ❷ 마운트 포인트가 /인 것은 / 디렉터리이므로 이는 루트 파일 시스템이라는 뜻이다. ❸ 파일 시스템의 종류는 xfs이다. ❹ 옵션은 defaults로 설정되어 있다. [표 7-3]에 따르면 이는 일반적인 파일 시스템에 지정하는 속성으로 rw, nouser, auto, exec, suid 속성을 모두 포함하고 있음을 뜻한다. ❺ 덤프 관련 설정이 0이므로 dump 명령을 적용할 수 없음을 뜻한다. ❻ 파일 점검 옵션이 0인 것은, 부팅할 때 파일 시스템을 fsck 명령으로 점검하지 않는다는 것을 의미한다.

/etc/fstab 파일에서 두 번째 행의 장치명은 UUID로 시작한다. UUID는 'universally unique identifier'의 약자로 로컬 시스템과 다른 시스템에서 파일 시스템을 유일하게 구분해주는 128비트의 숫자이다. 앞의 예에서 UUID는 8ec5646f-697a-4284-a1fc-44fa 024cb134이다.

UUID는 시스템의 하드웨어 정보와 시간 정보를 조합하여 랜덤으로 생성되는데, 디스크가 추가될 때 부트 로더를 가지고 있는 부트 장치의 이름이 바뀌는 것을 방지하기 위해 사용된다. UUID로 지정된 장치는 /dev/disk/by-uuid 디렉터리에서 찾을 수 있다. 다음 예를 보면 앞에서 UUID로 지정한 부트 장치가 /dev/sda1 장치의 심볼릭 링크임을 알 수 있다.

```
[user1@localhost ~]$ ls -l /dev/disk/by-uuid
합계 0
lrwxrwxrwx. 1 root root  9 11월  8 14:45 2019-08-15-21-52-52-00      → ../../sr0
lrwxrwxrwx. 1 root root 10 11월  8 14:45 686a955f-6e93-47ad-8d9c-c2cca82a24ec
                                                                     → ../../dm-0
lrwxrwxrwx. 1 root root 10 11월  8 14:45 8ec5646f-697a-4284-a1fc-44fa024cb134
                                                                     → ../../sda1
lrwxrwxrwx. 1 root root 10 11월  8 14:45 e27f6795-a007-49a5-8940-39a038474045
                                                                     → ../../dm-1
```

## 3 마운트 관련 명령

장치를 디렉터리와 연결하려면 mount 명령을 사용해야 한다.

**mount**

- **기능** 파일 시스템을 마운트한다.
- **형식** mount [옵션] [장치명 마운트 포인트]
- **옵션** -t 파일 시스템 종류: 파일 시스템 종류를 지정한다.
  -o 마운트 옵션: 마운트 옵션을 지정한다.
  -f: 마운트를 할 수 있는지 점검만 한다.
  -r: 읽기만 가능하게 마운트한다(-o ro와 동일).
- **사용 예** mount
  mount /dev/sdb1 /
  mount -t iso9660 /dev/cdrom /mnt/cdrom

디렉터리와 장치의 연결을 해제하는 것을 언마운트라고 하는데 이는 umount 명령을 사용하여 수행한다.

**umount**

- **기능** 파일 시스템을 언마운트한다.
- **형식** umount [옵션] 장치명 또는 마운트 포인트
- **옵션** -t 파일 시스템 종류: 파일 시스템 종류를 지정한다.
- **사용 예** umount /dev/sdb1
  umount /mnt

### mount 명령만 사용하는 경우

옵션이나 인자를 지정하지 않고 mount 명령을 사용하면 다음과 같이 현재 마운트되어 있는 정보가 출력된다.

```
[user1@localhost ~]$ mount
sysfs on /sys type sysfs (rw,nosuid,nodev,noexec,relatime,seclabel)
proc on /proc type proc (rw,nosuid,nodev,noexec,relatime)
devtmpfs on /dev type devtmpfs (rw,nosuid,seclabel,size=909044k,nr_
inodes=227261,mode=755)
securityfs on /sys/kernel/security type securityfs (rw,nosuid,nodev,noexec,relatime)
tmpfs on /dev/shm type tmpfs (rw,nosuid,nodev,seclabel)
devpts on /dev/pts type devpts (rw,nosuid,noexec,relatime,seclabel,gid=5,mode=620,pt
mxmode=000)
tmpfs on /run type tmpfs (rw,nosuid,nodev,seclabel,mode=755)
(생략)
```

mount 명령으로 출력되는 정보는 /etc/mtab 파일의 내용과 동일하다. /etc/mtab 파일에는 현재 시스템에 마운트되어 있는 파일 시스템의 정보가 저장되어 있다. 이 파일은 /proc/mounts에 대한 심볼릭 링크로 읽기 전용 파일이므로 내용을 수정할 수 없다. /etc/mtab 파일의 내용은 다음과 같다.

```
[user1@localhost ~]$ ls -l /etc/mtab
lrwxrwxrwx. 1 root root 19 10월 27 20:43 /etc/mtab -> ../proc/self/mounts
[user1@localhost ~]$ more /etc/mtab
sysfs /sys sysfs rw,seclabel,nosuid,nodev,noexec,relatime 0 0
proc /proc proc rw,nosuid,nodev,noexec,relatime 0 0
devtmpfs /dev devtmpfs rw,seclabel,nosuid,size=909044k,nr_inodes=227261,mode=755
 0 0
securityfs /sys/kernel/security securityfs rw,nosuid,nodev,noexec,relatime 0 0
tmpfs /dev/shm tmpfs rw,seclabel,nosuid,nodev 0 0
devpts /dev/pts devpts rw,seclabel,nosuid,noexec,relatime,gid=5,mode=620,ptmxmod
e=000 0 0
tmpfs /run tmpfs rw,seclabel,nosuid,nodev,mode=755 0 0
(생략)
```

/etc/mtab 파일을 구성하는 항목은 [그림 7-6]과 같이 다음 순서로 구성된다.

❶ 장치명

❷ 마운트 포인트

❸ 파일 시스템의 종류

❹ 옵션

❺ 사용하지 않는 항목 두 개(0 0)

마지막의 사용하지 않은 항목 두 개는 /etc/fstab 파일과의 호환성을 위해 추가한 것이다.

### 장치 연결하기: mount

하드디스크를 디렉터리 계층 구조에 연결할 때는 기본적으로 다음과 같은 형태로 mount 명령을 사용한다. /dev/sdb1은 하드디스크 장치의 이름이고 /mnt는 마운트 포인트다.

```
mount /dev/sdb1 /mnt
```

이 외에 다른 종류의 파일 시스템이나 CD-ROM, USB 메모리 같은 이동식 저장 장치와 윈도 포맷의 디스크 등 다양한 장치를 디렉터리 계층 구조에 연결하려면 [표 7-4]와 같은 형식으로 mount 명령을 사용한다.

[표 7-4]의 명령 형식 예에서 마운트 포인트는 /mnt 디렉터리 대신에 작업에 필요한 다른 디렉터리를 지정해도 된다. 하드디스크나 USB 메모리 장치의 이름(예 /dev/sdb1)은 시스템에 장착된 장치의 종류나 개수에 따라 달라진다. CD-ROM의 경우 장치명은 /dev/cdrom을 사용한다.

**표 7-4 다양한 장치 마운트의 예**

| 장치 | mount 명령 형식의 예 |
|---|---|
| ext2 파일 시스템 | mount -t ext2 /dev/sdb1 /mnt |
| ext3 파일 시스템 | mount -t ext3 /dev/sdb1 /mnt |
| ext4 파일 시스템 | mount -t ext4 /dev/sdb1 /mnt<br>mount /dev/sdb1 /mnt |
| CD-ROM | mount -t iso9660 /dev/cdrom /mnt/cdrom |
| 윈도 디스크 | mount -t vfat /dev/hdc /mnt |
| USB 메모리 | mount /dev/sdc1 /mnt → 리눅스용 USB 메모리의 경우<br>mount -t vfat /dev/sdc1 /mnt → 윈도용 USB 메모리의 경우 |
| 읽기 전용 마운트 | mount -r /dev/sdb1 /mnt |
| 읽기/쓰기 마운트 | mount -w /dev/sdb1 /mnt |
| 원격 디스크 마운트 | mount -t nfs 서버 주소:/NFS 서버 측 디렉터리 /mnt |

1장에서 설치한 리눅스 시스템에는 하드디스크가 하나밖에 없으므로 하드디스크 마운트 실습을 해볼 수 없다. 하드디스크를 마운트하는 실습은 다음 절에서 하드디스크를 추가하는 방법을 배운 후에 해보자. 원격 디스크 연결은 14장에서 다루므로 여기서는 CD-ROM을 마운트하는 방법과 USB 메모리를 사용하는 방법을 살펴본다.

### 따라해보기 리눅스용 USB 메모리 연결하기

이동식 저장 장치로 흔히 사용하는 USB 메모리를 마운트하는 방법을 알아보자. USB 메모리를 마운트할 때 고려해야 할 사항은 이 메모리가 리눅스용인지 윈도용인지를 구분하는 것이다. 리눅스용 USB 메모리는 리눅스에서 포맷하고 리눅스 파일 시스템을 생성한 메모리를 의미한다. 먼저 리눅스용 USB 메모리를 사용하는 방법을 살펴보자.

### ❶ USB 메모리를 리눅스 시스템에 인식시키기

USB 메모리를 USB 슬롯에 꽂고 리눅스 시스템에 인식시킨다. 일반적인 리눅스 시스템이라면 USB 슬롯에 USB 메모리를 꽂았을 때 바로 인식하고 콘솔 창에 메시지를 출력한다. 그러나 이 책의 실습 환경인 VMware의 경우 먼저 호스트 OS인 윈도에서 USB 메모리를 인식하므로, 리눅스에서 인식하게 하려면 다음과 같은 과정을 거쳐야 한다.

[그림 7-7]과 같이 VMware Workstation Player의 [Player] 메뉴에서 [Removable Devices]-[Silicon Motion SAMSUNG UFD]-[Connect(Disconnect from host)]를 선택한다. 이는 호스트 OS와 USB 메모리 간의 연결을 끊고 리눅스가 USB 메모리를 인식하게 한다.

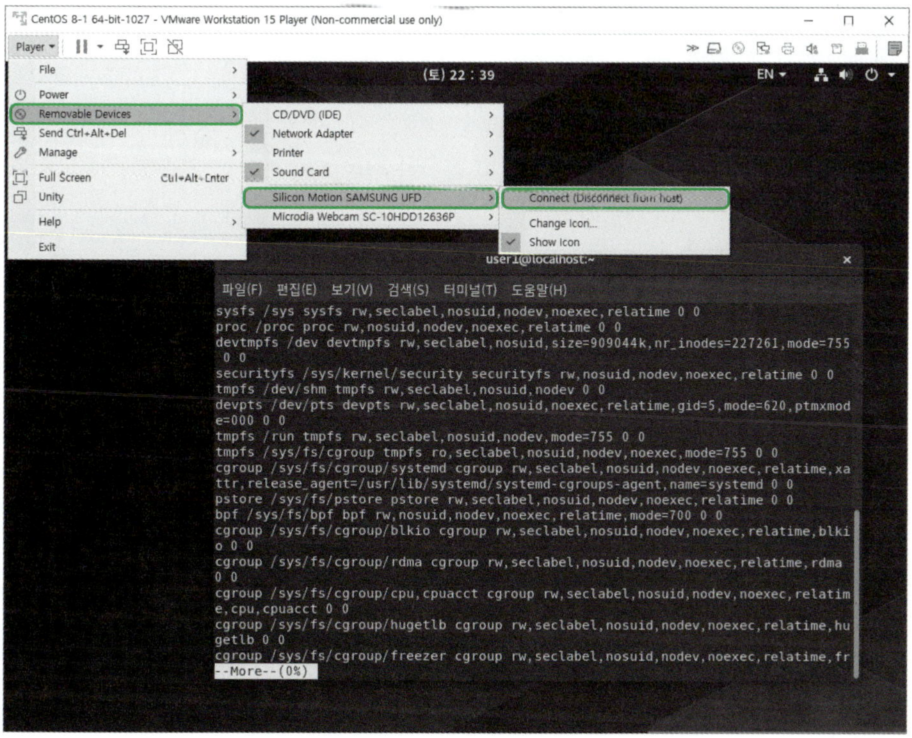


그림 7-7 USB 메모리 스틱 연결하기

[그림 7-8]과 같이 USB 장치를 호스트 OS에서 분리하여 가상머신에 연결한다는 메시지가 나타나면 [OK]를 클릭한다.

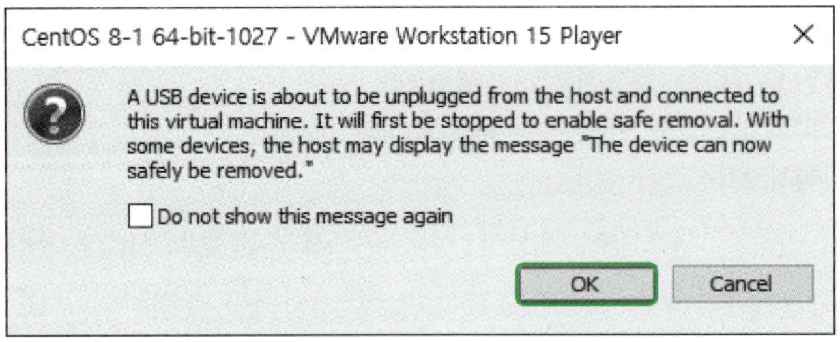


**그림 7-8** USB 메모리 연결 메시지

사용하던 USB 메모리이면 자동으로 디렉터리에 마운트될 수도 있다. [그림 7-9]와 같은 메시지 창이 뜬다면 자동으로 마운트된 것이다. 메시지의 내용은 USB의 내용에 따라 다를 수 있다.

**그림 7-9** USB 메모리 자동 마운트

mount 명령을 실행해보면 장치가 추가되었는지 확인할 수 있다.

```
[user1@localhost ~]$ mount
(생략)
/dev/sdb1 on /run/media/user1/49272dc1-1806-493f-bc1f-d44d654c5bbe type ext4 (rw,nosu
id,nodev,relatime,seclabel,uhelper=udisks2)
```

하지만 리눅스에서 사용하는 USB 메모리가 준비되지 않은 상태로 실습하기 위해 마운트를 해제하고 파일 시스템을 생성하는 작업을 한다. 마운트를 해제하려면 다음과 같이 umount 명령을 사용한다. umount 명령은 잠시 뒤에 자세히 살펴보겠다.

```
[user1@localhost ~]$ umount /dev/sdb1
```

### ❷ USB 메모리의 장치명 확인하기

USB 메모리가 인식되었으면 USB 메모리의 장치명을 확인한다. 리눅스 시스템에 연결된 저장 장치명은 fdisk -l 명령으로 확인할 수 있다. fdisk 명령은 하드디스크의 파티션을 나눌 때 사용하는 것으로, fdisk 명령을 일반 사용자가 사용하면 다음과 같이 권한이 없다는 메시지만 출력된다. 이와 관련된 자세한 내용은 4절에서 살펴보자.

```
[user1@localhost ~]$ fdisk -l
fdisk: cannot open /dev/sda: 허가 거부
fdisk: cannot open /dev/mapper/cl-root: 허가 거부
fdisk: cannot open /dev/mapper/cl-swap: 허가 거부
fdisk: cannot open /dev/sdb: 허가 거부
```

따라서 root 사용자로 전환해야 한다. 일반 사용자에서 root 계정으로 전환할 때는 su 명령을 사용한다. 여기서는 su – 명령으로 root 계정으로 전환한다.

```
[user1@localhost ~]$ su -
암호:
[root@localhost ~]#
```

이제 root 계정에서 다시 fdisk –l 명령을 실행하여 USB 메모리의 장치명을 알아보자.

```
[root@localhost ~]# fdisk -l
Disk /dev/sda: 20 GiB, 21474836480 bytes, 41943040 sectors
Units: sectors of 1 * 512 = 512 bytes
Sector size (logical/physical): 512 bytes / 512 bytes
I/O size (minimum/optimal): 512 bytes / 512 bytes
(생략)

Disk /dev/sdb: 7.4 GiB, 7952400384 bytes, 15532032 sectors
Units: sectors of 1 * 512 = 512 bytes
Sector size (logical/physical): 512 bytes / 512 bytes
I/O size (minimum/optimal): 512 bytes / 512 bytes
Disklabel type: dos
Disk identifier: 0xc3072e18

Device     Boot Start      End  Sectors  Size Id Type
/dev/sdb1  *       80 15532031 15531952  7.4G  7 HPFS/NTFS/exFAT
```

fdisk –l 명령의 실행 결과에는 USB 메모리뿐만 아니라 기존 하드디스크의 정보도 포함된다. 먼저 USB 메모리의 장치명을 확인해보면 /dev/sdb1임을 알 수 있다. 세부 내용은 USB

메모리의 상태에 따라 다르게 출력된다.

### ❸ USB 메모리에 파티션 생성하기

USB 메모리에 파티션을 생성한다. USB 메모리를 리눅스에서 사용할 것이므로 리눅스 파티션을 생성해야 한다. 파티션 작업은 일반 하드디스크에서 수행하는 것과 동일하게 fdisk 명령을 사용한다. fdisk는 일반 하드디스크의 파티션 작업을 할 때도 사용하는 명령으로 자세한 사용법은 4절에서 살펴본다.

fdisk 명령을 실행한다. fdisk에서 명령의 입력을 기다리는 프롬프트는 Command (m for help):이다. m을 입력하여 사용할 수 있는 명령을 알아본다.

```
[root@localhost ~]# fdisk /dev/sdb

Welcome to fdisk (util-linux 2.32.1).
Changes will remain in memory only, until you decide to write them.
Be careful before using the write command.


Command (m for help): m

Help:

  DOS (MBR)
   a   toggle a bootable flag
   b   edit nested BSD disklabel
   c   toggle the dos compatibility flag

  Generic
   d   delete a partition
   F   list free unpartitioned space
   l   list known partition types
   n   add a new partition
   p   print the partition table
   t   change a partition type
   v   verify the partition table
   i   print information about a partition

  Misc
```

```
   m   print this menu
   u   change display/entry units
   x   extra functionality (experts only)

  Script
   I   load disk layout from sfdisk script file
   O   dump disk layout to sfdisk script file

  Save & Exit
   w   write table to disk and exit
   q   quit without saving changes

  Create a new label
   g   create a new empty GPT partition table
   G   create a new empty SGI (IRIX) partition table
   o   create a new empty DOS partition table
   s   create a new empty Sun partition table


Command (m for help):
```

새로운 파티션을 생성하려는 것이므로 n을 입력한다. n을 입력하면 파티션을 기본primary 파티션으로 할 것인지, 확장extended 파티션으로 할 것인지 선택해야 한다. 기본값은 기본(p) 파티션이다.

```
Command (m for help): n
Partition type
   p   primary (0 primary, 0 extended, 4 free)
   e   extended (container for logical partitions)
Select (default p):
```

만약 다음과 같이 기본 파티션이 모두 사용 중이라는 메시지가 출력되거나 선택할 수 있는 파티션 번호가 2번부터 시작하면 USB 메모리가 새 것이 아니라 이미 파티션이 생성되어 있다는 뜻이므로 삭제하고 다시 생성한다.

```
Command (m for help): n
All space for primary partitions is in use.

Command (m for help): d
Selected partition 1
Partition 1 has been deleted.

Command (m for help):
```

다음으로 생성할 파티션의 번호를 지정한다. 파티션 번호를 1로 하고 시작 섹터와 마지막 섹터를 지정한다. 특별한 이유가 없는 한 기본 값을 사용하면 된다.

```
Select (default p): p
Partition number (1-4, default 1): 1
First sector (2048-15532031, default 2048):   → Enter를 입력한다.

Last sector, +sectors or +size{K,M,G,T,P} (2048-15532031, default 15532031):
                                                       → Enter를 입력한다.

Created a new partition 1 of type 'Linux' and of size 7.4 GiB.

Command (m for help)
```

p 명령을 사용하여 파티션이 제대로 설정되었는지 확인한다.

```
Command (m for help): p
Disk /dev/sdb: 7.4 GiB, 7952400384 bytes, 15532032 sectors
Units: sectors of 1 * 512 = 512 bytes
Sector size (logical/physical): 512 bytes / 512 bytes
I/O size (minimum/optimal): 512 bytes / 512 bytes
Disklabel type: dos
Disk identifier: 0xc3072e18

Device     Boot Start      End  Sectors  Size Id Type
/dev/sdb1        2048 15532031 15529984  7.4G 83 Linux

Command (m for help):
```

w를 입력하여 설정한 파티션 정보를 파티션 테이블에 기록한다. 파티션 테이블에 기록되면 이전에 있던 정보가 없어진다. 이제 USB 메모리에 파티션이 생성되었다.

```
Command (m for help): w
The partition table has been altered.
Calling ioctl() to re-read partition table.
Syncing disks.

[root@localhost ~]#
```

### ❹ 생성한 파티션 포맷하고 파일 시스템 생성하기

생성한 파티션을 포맷하여 파일 시스템을 생성한다. 파티션을 만든 다음 바로 USB 메모리에 파일을 저장할 수는 없다. 먼저 포맷 작업을 하여 파일 시스템을 생성해야 한다. 파일 시스템을 생성하는 데는 mke2fs 명령을 사용한다. 이 명령의 구체적인 사용법은 4절에서 다룰 것이니 여기서는 다음 예를 그냥 따라 해보자. 명령의 실행이 끝날 때까지 시간이 약간 걸리므로 기다려야 한다.

```
[root@localhost ~]# mke2fs -t ext4 /dev/sdb1
mke2fs 1.44.3 (10-July-2018)
Creating filesystem with 1941248 4k blocks and 485760 inodes
Filesystem UUID: 49272dc1-1806-493f-bc1f-d44d654c5bbe
Superblock backups stored on blocks:
        32768, 98304, 163840, 229376, 294912, 819200, 884736, 1605632

Allocating group tables: done
Writing inode tables: done
Creating journal (16384 blocks): done     → done이 나올 때까지 기다린다.
Writing superblocks and filesystem accounting information: done
                                          → done이 나올 때까지 기다린다.
```

### ❺ USB 파일시스템 마운트하기

USB 메모리에 파일 시스템을 생성했다. 이제 이 장치를 디렉터리에 연결하는 작업, 즉 마운트만 하면 된다. 다음과 같이 마운트하고 잘되었는지 확인한다. /dev/sdb1 장치가 /mnt 디렉터리에 마운트되었으니 USB 메모리를 사용하기 위한 준비가 완료되었다.

```
[root@localhost ~]# mount /dev/sdb1 /mnt
[root@localhost ~]# mount
sysfs on /sys type sysfs (rw,nosuid,nodev,noexec,relatime,seclabel)
proc on /proc type proc (rw,nosuid,nodev,noexec,relatime)
(생략)
/dev/sdb1 on /mnt type ext4 (rw,relatime,seclabel)
```

### ❻ 디렉터리 사용하기

USB 메모리가 디렉터리에 연결되었으므로 사용이 가능하다. USB 메모리를 마운트한 디렉터리로 이동하여 디렉터리의 내용을 보면 다음과 같이 lost+found 디렉터리만 있다.

```
[root@localhost ~]# cd /mnt
[root@localhost mnt]# ls
lost+found
```

이제 USB 메모리에 파일을 마음대로 생성할 수 있다. 파일을 하나 복사해보자.

```
[root@localhost mnt]# cp /etc/hosts .
[root@localhost mnt]# ls
hosts  lost+found
```

## 장치 연결 해제하기: umount

윈도에서는 USB 메모리를 사용하고 나면 슬롯에서 그냥 뽑아도 큰 문제가 없지만 리눅스에서 마운트되어 있는 장치를 그렇게 제거하는 것은 바람직하지 않다. 리눅스에서는 다음과 같이 umount 명령을 사용하여 연결 해제 절차를 거쳐야 한다. 앞의 실습에서 연결한 USB 메모리의 연결을 해제해보자.

```
[root@localhost mnt]# umount /mnt
umount: /mnt: target is busy.
```

umount 명령을 실행했는데 앞의 예와 같이 'busy'라는 메시지가 출력되면 해당 디렉터리를 누군가가 사용하고 있어서 마운트를 해제할 수 없다는 뜻이다. 위의 예에서는 /mnt 디렉터리에 위치하면서 /mnt 디렉터리의 마운트를 해제한다고 했기 때문에 'busy'라는 메시지가 출력된 것이다. /mnt 디렉터리에서 이동하여 umount 명령을 실행하면 정상적으로 마운트가 해제된다.

```
[root@localhost mnt]# cd /
[root@localhost /]# umount /mnt
```

마운트가 제대로 해제되었는지 mount 명령으로 확인해보도록 한다. 이제 USB 메모리를 슬롯에서 빼도 된다.

### 따라해보기 윈도용 USB 메모리 연결하기

윈도에서 사용하는 USB 메모리를 마운트해보자. 윈도용 USB 메모리를 그냥 마운트하여 사용할 것이므로 별도로 파일 시스템을 생성하지 않아도 된다. 따라서 앞 실습의 3, 4단계는 필요가 없으며 1, 2단계는 USB 슬롯에 메모리를 꽂고 장치명을 확인하는 것이므로 동일하게 적용한다.

❶ USB 메모리를 USB 슬롯에 꽂고 리눅스 시스템에 인식시킨다.

❷ USB 메모리가 인식되었으면, USB 메모리의 장치명을 확인한다.

```
[root@localhost ~]# fdisk -l
(생략)

Disk /dev/sdb: 7.5 GiB, 8022654976 bytes, 15669248 sectors
Units: sectors of 1 * 512 = 512 bytes
Sector size (logical/physical): 512 bytes / 512 bytes
I/O size (minimum/optimal): 512 bytes / 512 bytes
Disklabel type: dos
Disk identifier: 0x00000000

Device     Boot Start      End  Sectors  Size Id Type
/dev/sdb1            32 15669247 15669216  7.5G  b W95 FAT32
```

fdisk -l 명령의 실행 결과를 보면 USB 메모리의 장치명은 /dev/sdb1임을 알 수 있다.

❸ USB 메모리를 마운트한다. 윈도용 USB 메모리를 그대로 사용할 것이므로 바로 /mnt 디렉터리에 마운트한다. 윈도용 USB의 경우 포맷이 FAT인지 NTFS인지에 따라 마운트할 때 파일 시스템의 종류를 vfat로 할지 ntfs로 할지 결정해야 한다. fdisk -l의 결과를 보면 FAT32 포맷이므로 vfat로 지정하여 마운트한다.

```
[root@localhost ~]# mount -t vfat /dev/sdb1 /mnt
[root@localhost ~]# mount
proc on /proc type proc (rw,nosuid,nodev,noexec,relatime)
(생략)
/dev/sdb1 on /mnt type vfat (rw,relatime,uid=1000,gid=1000,fmask=0022,dmask=0022,co
depage=437,iocharset=ascii,shortname=mixed,showexec,utf8,flush,errors=remount-ro)
```

❹ USB 메모리가 디렉터리에 연결되었으므로 사용이 가능하다. USB 메모리를 마운트한 디렉터리로 이동하여 디렉터리의 내용을 보면 다음과 같이 윈도에서 생성한 파일이 보인다.

```
[root@localhost ~]# cd /mnt
[root@localhost mnt]# ls
'System Volume Information'  파일
```

USB 메모리를 읽기/쓰기 모드로 마운트했으므로 파일을 생성할 수 있다. 파일을 하나 복사해보자.

```
[root@localhost mnt]# cp /etc/hosts .
[root@localhost mnt]# ls
'System Volume Information'  hosts  파일
```

❺ USB 메모리를 사용하고 나면 umount 명령으로 마운트를 해제한다.

```
[root@localhost mnt]# cd /
[root@localhost /]# umount /mnt
```

여기서 잠깐 **리눅스 문서를 윈도에서 보기**

마운트를 해제한 후 윈도에서 hosts 파일의 내용이 제대로 보이는지 확인해보자. hosts 파일을 윈도 메모장으로 열어보면 파일의 내용이 한 줄로 붙어서 제대로 확인하기 어려울 것이다. 이것은 리눅스와 윈도가 Enter↵를 처리하는 방식에 차이가 있기 때문이다. 윈도 응용 프로그램 중 리눅스의 Enter↵ 처리를 인식하는 워드패드 같은 다른 편집기를 사용하면 내용을 제대로 볼 수 있다.

따라해보기 **CD-ROM/DVD 연결하기**

CD-ROM/DVD 장치를 마운트해보자. CD-ROM/DVD의 경우 PC 본체에 장착된 경우도 있고 외장 CD-ROM/DVD 장치도 있다. 여기서는 외장 CD-ROM/DVD를 마운트하는 방법을 실습해보자.

❶ CD-ROM/DVD 장치를 연결하여 리눅스 시스템에 인식시킨다. 이 단계는 USB 메모리를 인식시키는 것과 동일하다. [Player] 메뉴에서 [그림 7-7]과 같은 순서로 인식시킨다.

❷ 대부분의 경우 CD-ROM/DVD는 자동으로 인식된다. mount 명령으로 확인해보면 다음과 같이 장치가 자동으로 연결된 것을 알 수 있다.

```
[root@localhost /]# mount
(생략)
/dev/sr1 on /run/media/user1/CentOS 7 x86_64 type iso9660 (ro,nosuid,nodev,relatime,n
ojoliet,check=s,map=n,blocksize=2048,uid=1000,gid=1000,dmode=500,fmode=400,uhelper
=udisks2)
```

❸ 수동으로 CD-ROM/DVD를 마운트할 경우 장치명은, /dev/cdrom이나, /dev/sr#을 사용한다. #은 0,1,2와 같이 숫자를 사용한다. /dev/cdrom은 기본적으로 /dev/sr0의 심볼릭 링크다. 1장에서 iso 파일을 CD-ROM/DVD 장치로 연결하였다면 /dev/sr0이 아니라 /dev/sr1 장치로 연결해야 한다. 자동으로 마운트된 CD-ROM/DVD 장치를 언마운트하고 수동으로 연결해보자.

```
[root@localhost ~]# umount /dev/sr1
[root@localhost ~]# mount -r -t iso9660 /dev/sr1 /mnt
```

❹ 이제 CD-ROM/DVD가 마운트되었으므로 내용을 확인하고 사용할 수 있다. 본 따라해보기에서 연결한 DVD는 CentOS 7 DVD이다.

```
[root@localhost ~]# ls /mnt
CentOS_BuildTag  GPL       RPM-GPG-KEY-CentOS-7          images
EFI              LiveOS    RPM-GPG-KEY-CentOS-Testing-7  isolinux
EULA             Packages  TRANS.TBL                     repodata
```

❺ CD-ROM 장치를 사용하고 나면 umount 명령을 사용하여 마운트를 해제한다.

```
[root@localhost /]# umount /mnt
[root@localhost /]# ls /mnt
```

**혼자해보기 CD-ROM/DVD의 파일을 USB 메모리로 복사하기**

USB 메모리와 CD-ROM/DVD 장치를 연결하는 방법을 배웠다. 이제 이 두 장치 간에 파일을 주고받는 방법을 실습을 통해 알아보자. USB 메모리는 앞의 실습에서 사용한 리눅스용 USB 메모리를 사용한다.

❶ CD-ROM/DVD와 USB 메모리를 리눅스 시스템에 인식시킨다.
❷ USB 메모리의 장치명을 확인한다.
❸ /mnt/cdrom 디렉터리를 생성하고 이 디렉터리에 CD-ROM/DVD를 마운트한다.
❹ /mnt/usb 디렉터리를 생성하고 이 디렉터리에 USB 메모리를 마운트한다.
❺ CD-ROM/DVD에 있는 파일 하나를 골라서 USB 메모리에 복사한다.
❻ CD-ROM/DVD와 USB 메모리의 마운트를 모두 해제한다.

# 04 디스크 추가 설치

우리가 1장에서 설치하여 실습하고 있는 리눅스 시스템에는 하드디스크가 한 개 장착되어 있다. 이 절에서는 하드디스크를 추가로 장착하고 포맷하여 마운트하고 사용하는 방법을 알아본다. 디스크를 추가하는 단계는 [그림 7-10]과 같다. 먼저 새 디스크를 장착하고 디스크의 파티션을 나눈 후, 파티션에 파일 시스템을 생성한다. 그리고 최종적으로 디스크를 디렉터리 계층 구조에 마운트하여 사용한다.

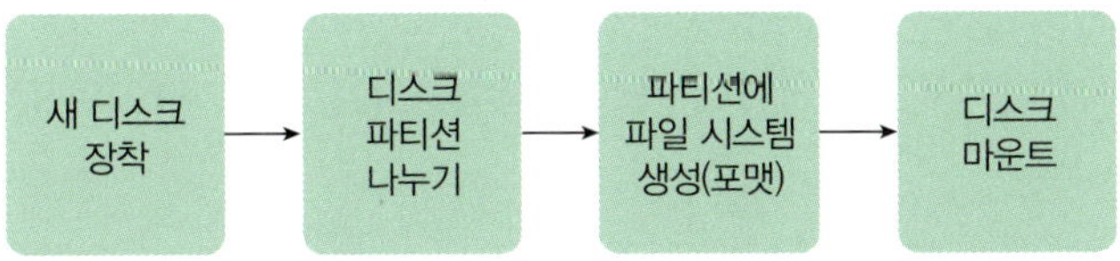


**그림 7-10 디스크 추가 단계**

3절에서 하드디스크를 마운트하는 방법의 실습을 미루었는데, 이제 디스크를 추가한 후 실습할 수 있다.

## 1 가상머신에 디스크를 추가하는 방법

가상머신에 디스크를 추가하는 방법을 알아보기 위해 먼저 가상머신에서 하드디스크가 어떻게 구성되어 있는지 이해해야 한다. 가상머신은 실제 머신을 가상적으로 구성한 것이므로 디스크 장치의 구성도 실제 머신과 큰 차이가 없다.

[그림 7-11]을 보면 가상머신은 IDE 디스크 컨트롤러 두 개, SATA 디스크 컨트롤러 네 개, SCSI 디스크 컨트롤러 네 개, NVMe 컨트롤러 네 개로 구성되어 있다. IDE와 SATA, SCSI, NVMe는 디스크 같은 장치를 연결하는 인터페이스 방식으로, SCSI 방식은 주로 서버급 장치에서 사용한다. 이 중 현재 디스크는 SCSI 0번 컨트롤러의 첫 번째 슬롯(SCSI 0:0)에 연결되어 있고, CD-ROM 장치는 기본적으로 IDE 1:0에 연결되어 있다.

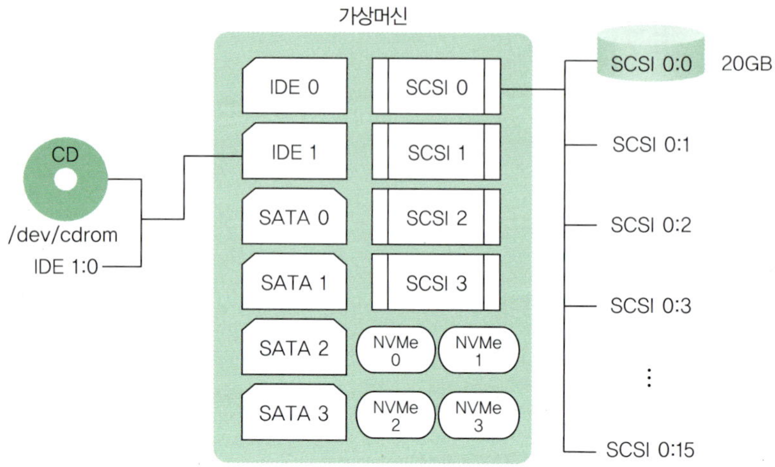


**그림 7-11** 가상머신의 디스크 컨트롤러와 디스크 구성의 개념도

[그림 7-11]과 같이 장착되어 있는 상태에서 디스크를 추가로 장착해보자. [그림 7-12]와 같이 SCSI 디스크 세 개를 장착할 것이다.

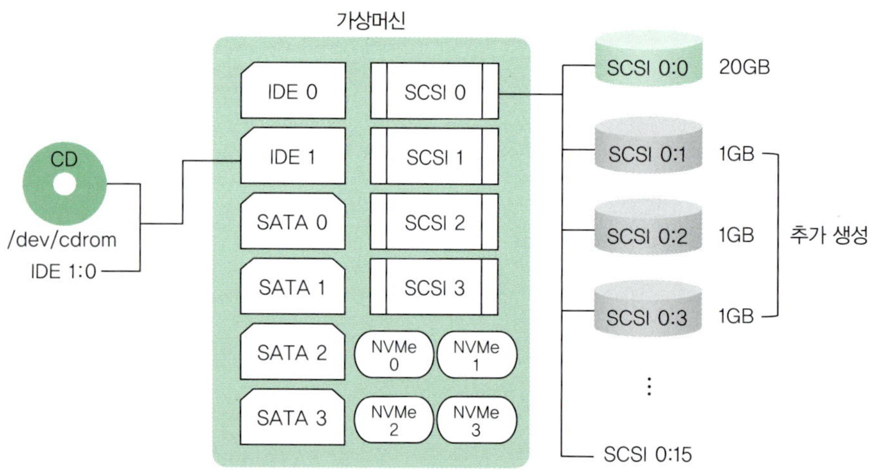


**그림 7-12** 가상머신의 디스크 추가 구성 개념도

실습을 따라 하면서 디스크를 추가한다. 여기서는 가상머신을 기준으로 설명하지만, 실제 PC라면 전원을 끄고 디스크를 추가로 장착하면 된다.

**따라해보기** **가상머신에 디스크 추가 장착하기**

❶ SCSI 디스크의 경우 리눅스를 종료시키지 않고도 가상머신에서 추가로 디스크를 장착할 수 있다. Player 메뉴에서 [Manage]–[Virtual Machine Settings]를 선택하거나, 리눅스를 종료시킨 후에 다음과 같이 VMware Player 메인화면에서 [Edit virtual machine settings]를 선택한다. IDE 디스크는 리눅스를 종료하고 추가해야 한다.

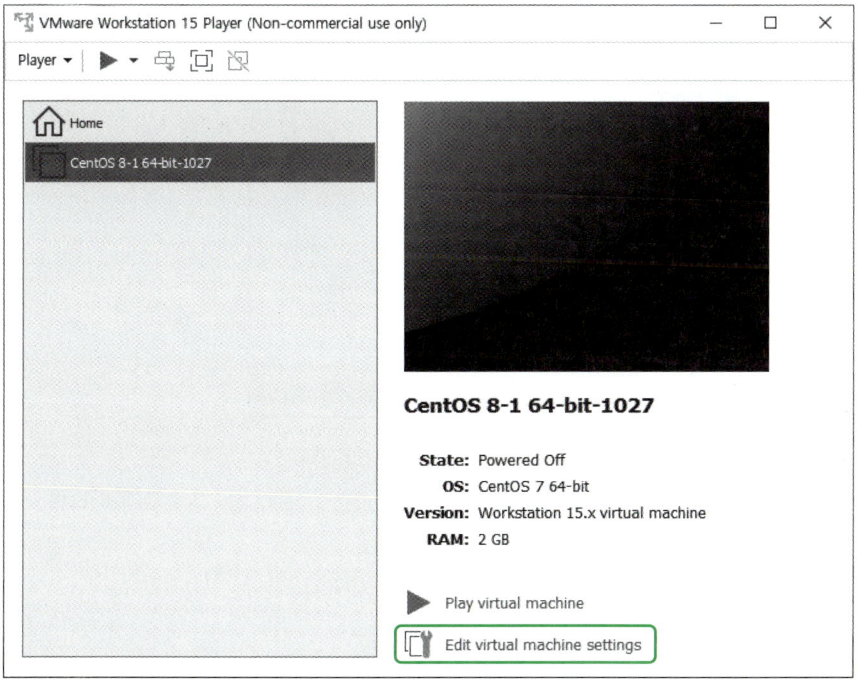


❷ Virtual Machine Settings 창에서 [Add...] 버튼을 선택하면 Add Hardware Wizard 창이 뜬다. 여기서 [Next]를 클릭한다.

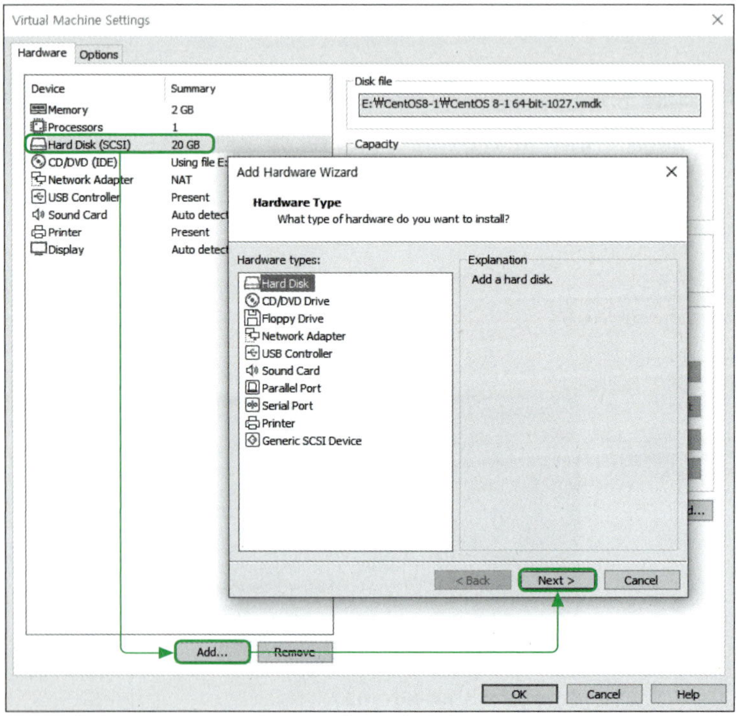


❸ Select a Disk Type 창에서 디스크의 종류로 'SCSI'를 선택한다.

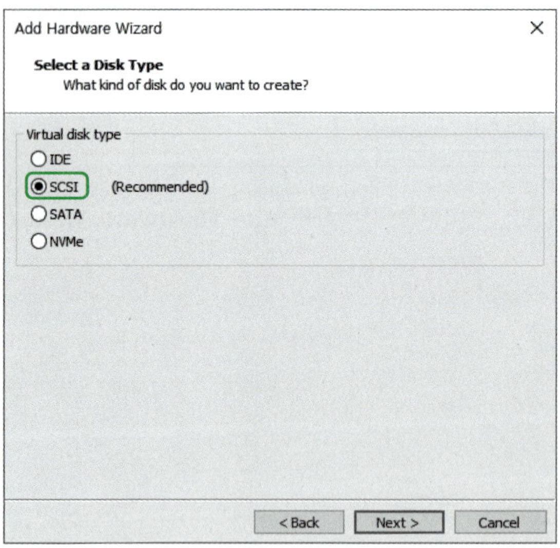

❹ Select a Disk 창에서 'Create a new virtual disk'를 선택하고 [Next]를 클릭한다.

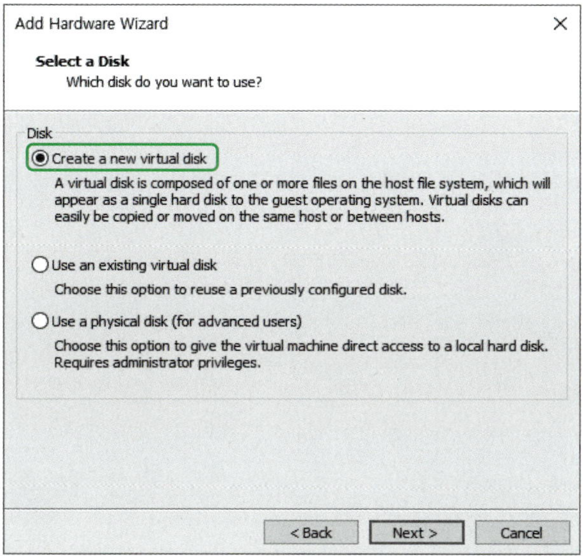


❺ Specify Disk Capacity 창에서는 디스크의 용량을 설정한다. 테스트용이므로 1GB로 설정한다.

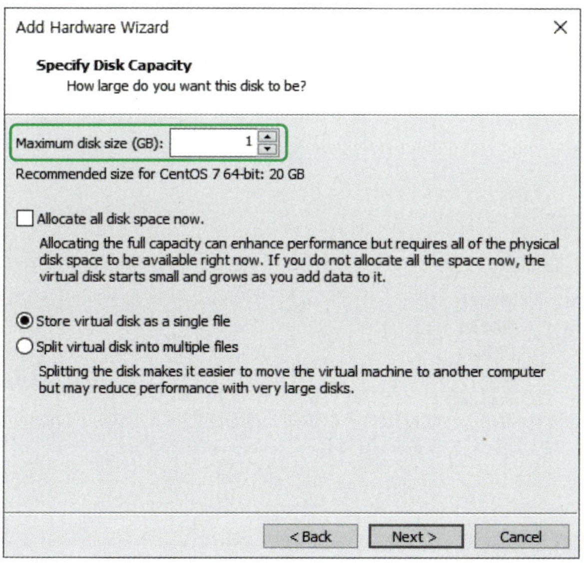

❻ Specify Disk File 창에서 가상 디스크의 파일명을 지정한다. 파일명에 'SCSI'를 넣어 SCSI 유형의 디스크임을 표시하는 것이 좋다.

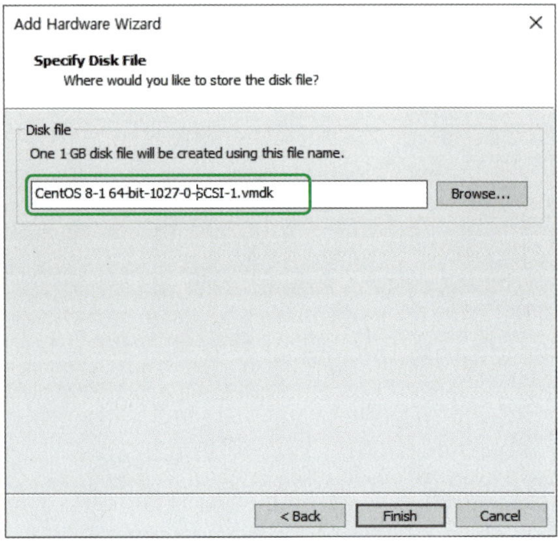


❼ 잠시 기다리면 디스크 파일이 생성되고 디스크 추가 작업이 완료된다. Virtual Machine Settings 창에서 새로 생성된 디스크를 확인할 수 있다.

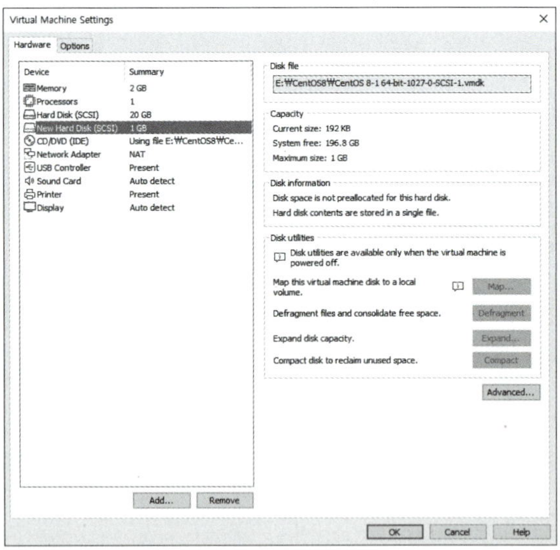

이렇게 해서 SCSI 유형의 디스크 한 개를 추가했다. 나머지 디스크 두 개는 '혼자해보기'에서 추가해본다.

**혼자해보기 SCSI 디스크 두 개 추가하기**

❶ Virtual Machine Settings 창에서 [Add...] 버튼을 클릭한다.
❷ 디스크의 종류를 'SCSI'로 선택한다.
❸ 새 가상 디스크 생성을 선택한다.
❹ 디스크의 크기를 1GB로 선택한다.
❺ 디스크 파일명에 'SCSI'를 넣어서 생성한다.(SCSI-2)
❻ 생성된 디스크의 용량을 확인한다.
❼ 앞의 ❶~❻을 반복하여 세 번째 SCSI 디스크(SCSI-3)를 생성한다.

## 2 디스크 파티션을 나누는 방법

새로운 디스크의 장착이 완료되었으므로 이제 디스크에 파티션을 생성해야 한다. 파티션이란 하나의 디스크를 독립된 영역으로 구분하는 것으로, 디스크 전체를 하나의 파티션으로 사용할 수도 있고 여러 개의 파티션으로 나누어 사용할 수도 있다. 윈도에서 디스크 하나를 C 드라이브, D 드라이브로 나누어 사용하는 것과 같은 개념이다.

### 디스크 장치의 이름과 파티션 표시하기

디스크와 관련된 작업을 하려면 디스크 장치의 이름을 알아야 한다. 리눅스에서 IDE 컨트롤러에 연결된 디스크는 /dev/hd로 시작하는 이름을, SCSI나 SATA 컨트롤러에 장착된 디스크는 /dev/sd로 시작하는 이름을 가졌으나, 최근에는 IDE, SCSI 등의 구분 없이 모두 /dev/sd로 시작하는 이름을 사용한다. 컨트롤러에 연결되는 디스크의 순서에 따라 다음과 같이 알파벳이 추가된다.

- /dev/sda: 첫 번째 디스크
- /dev/sdb: 두 번째 디스크
- /dev/sdc: 세 번째 디스크

일반적으로 IDE 컨트롤러에 장착된 디스크가 SCSI에 장착된 디스크보다 앞에 배정된다. 이제 하나의 디스크를 여러 개의 파티션으로 구분할 수 있다면 디스크의 이름과 파티션은 어떻게 표시하는지 알아보자. 파티션은 디스크 장치명의 뒤에 숫자를 붙여서 표시한다. 예를 들어 장치명이 /dev/sda라면 파티션의 이름은 다음과 같이 표시할 수 있다.

- /dev/sda: 첫 번째 디스크 전체를 의미하는 장치명
- /dev/sda1: 디스크의 첫 번째 파티션
- /dev/sda2: 디스크의 두 번째 파티션

즉, 장치명에 숫자가 붙지 않으면 디스크 장치 전체를 가리키고, 숫자가 붙을 경우 해당 디스크의 구분된 각 파티션을 뜻한다. 디스크 전체를 하나의 파티션으로 사용할 때도 파티션 작업은 반드시 해야 한다.

### fdisk 명령

디스크를 파티션으로 나누는 작업은 fdisk 명령으로 한다.

**fdisk**

- **기능** 디스크의 파티션 생성, 삭제, 보기 등 파티션을 관리한다.
- **형식** fdisk [옵션] [장치명]
- **옵션** -b 크기: 섹터 크기를 지정한다(512, 1024, 2048, 4096).
  -l: 파티션 테이블을 출력한다.
- **사용 예** fdisk /dev/sdb
  fdisk -l

3절에서 언급했듯이 fdisk 명령은 root 계정에서 사용할 수 있다. fdisk로 파티션 작업을 할 때 사용할 수 있는 내부 명령은 [표 7-5]와 같다.

**표 7-5 fdisk 명령의 내부 명령**

| 명령 | 기능 | 명령 | 기능 |
|---|---|---|---|
| a | 부팅 파티션을 설정한다. | p | 파티션 테이블을 출력한다. |
| b | BSD 디스크 라벨을 편집한다. | q | 작업 내용을 저장하지 않고 종료한다. |
| c | 도스 호환성을 설정한다. | s | 새로운 빈 Sun 디스크 라벨을 생성한다. |
| d | 파티션을 삭제한다. | t | 파티션의 시스템 ID를 변경한다(파일 시스템 종류 변경). |
| l | 사용 가능한 파티션의 종류를 출력한다. | u | 항목 정보를 변경 · 출력한다. |
| m | 도움말을 출력한다. | v | 파티션 테이블을 검사한다. |
| n | 새로운 파티션을 추가한다. | w | 파티션 정보를 디스크에 저장하고 종료한다. |
| o | 새로운 빈 DOS 파티션을 생성한다. | x | 실린더 개수 변경 등 전문가를 위한 부가적 기능이다. |

❶ 파티션 정보 보기

fdisk –l 명령을 사용하면 전체 디스크의 파티션 정보를 볼 수 있다. 다음은 현재 시스템에 장착된 디스크의 정보다.

```
[root@localhost ~]# fdisk -l
Disk /dev/sda: 20 GiB, 21474836480 bytes, 41943040 sectors
Units: sectors of 1 * 512 = 512 bytes
Sector size (logical/physical): 512 bytes / 512 bytes
I/O size (minimum/optimal): 512 bytes / 512 bytes
Disklabel type: dos
Disk identifier: 0xdcb0ea8e

Device     Boot   Start      End  Sectors Size Id Type
/dev/sda1  *       2048  2099199  2097152   1G 83 Linux
/dev/sda2       2099200 41943039 39843840  19G 8e Linux LVM


Disk /dev/sdb: 1 GiB, 1073741824 bytes, 2097152 sectors
Units: sectors of 1 * 512 = 512 bytes
Sector size (logical/physical): 512 bytes / 512 bytes
I/O size (minimum/optimal): 512 bytes / 512 bytes


Disk /dev/sdc: 1 GiB, 1073741824 bytes, 2097152 sectors
Units: sectors of 1 * 512 = 512 bytes
Sector size (logical/physical): 512 bytes / 512 bytes
I/O size (minimum/optimal): 512 bytes / 512 bytes


Disk /dev/sdd: 1 GiB, 1073741824 bytes, 2097152 sectors
Units: sectors of 1 * 512 = 512 bytes
Sector size (logical/physical): 512 bytes / 512 bytes
I/O size (minimum/optimal): 512 bytes / 512 bytes


Disk /dev/mapper/cl-root: 17 GiB, 18249416704 bytes, 35643392 sectors
Units: sectors of 1 * 512 = 512 bytes
```

```
Sector size (logical/physical): 512 bytes / 512 bytes
I/O size (minimum/optimal): 512 bytes / 512 bytes

Disk /dev/mapper/cl-swap: 2 GiB, 2147483648 bytes, 4194304 sectors
Units: sectors of 1 * 512 = 512 bytes
Sector size (logical/physical): 512 bytes / 512 bytes
I/O size (minimum/optimal): 512 bytes / 512 bytes
```

/dev/sda는 1장에서 시스템을 설치할 때 장착한 디스크로 용량이 20GB이고 파티션이 sda1, sda2로 나누어져 있다. /dev/sdb, /dev/sdc, /dev/sdd는 이 장에서 추가한 디스크로 용량이 모두 1GB이고 아직 파티션 정보가 없음을 알 수 있다.

### ❷ 파티션 나누기

fdisk로 파티션을 나누어보자. 디스크의 파티션을 나눌 때는 먼저 디스크의 전체 크기와 용도를 고려하여, 몇 개의 파티션으로 나누고 각 파티션의 크기를 얼마로 할 것인지 정한 뒤 작업해야 한다. 다음 실습에서는 앞서 추가한 세 개의 디스크 중 /dev/sdb를 500MB씩 두 개의 파티션으로 나눈다.

### 따라해보기 디스크 파티션 나누기

❶ fdisk 명령을 실행한다. fdisk 명령으로 파티션 작업을 할 때는 장치명을 인자로 지정해야 한다.

```
[root@localhost ~]# fdisk /dev/sdb

Welcome to fdisk (util-linux 2.32.1).
Changes will remain in memory only, until you decide to write them.
Be careful before using the write command.

Device does not contain a recognized partition table.
Created a new DOS disklabel with disk identifier 0xaff4e55b.

Command (m for help):
```

❷ 새로운 파티션을 생성한다. [표 7-5]에 따라 새로운 파티션을 생성하기 위해 n을 입력하면 파티션의 종류를 선택하는 메뉴가 출력된다.

```
Command (m for help): n
Partition type
   p   primary (0 primary, 0 extended, 4 free)
   e   extended (container for logical partitions)
Select (default p):
```

❸ 파티션의 종류를 선택한다. 파티션은 기본 파티션과 확장 파티션이 있는데, 기본 파티션을 선택하면 파티션 번호를 선택하는 메뉴가 출력된다.

```
Select (default p): p
Partition number (1-4, default 1):
```

❹ 파티션 번호를 선택한다. 첫 번째 파티션이므로 1을 선택한다. 파티션의 번호를 선택하면 파티션의 용량을 설정하는 메뉴가 출력된다.

```
Partition number (1-4, default 1): 1
First sector (2048-2097151, default 2048):
```

❺ 파티션의 크기를 설정한다. 시작 섹터는 기본 값으로 하고, 마지막 섹터를 설정하는 메뉴에서는 크기를 500MB로 할 것이므로 '+500M'을 입력한다. 이제 파티션 정보가 설정되었다.

```
First sector (2048-2097151, default 2048):
Last sector, +sectors or +size{K,M,G,T,P} (2048-2097151, default 2097151): +500M

Created a new partition 1 of type 'Linux' and of size 500 MiB.

Command (m for help):
```

❻ 파티션 정보를 확인한다. p를 입력하면 현재 설정된 파티션 정보가 출력된다. /dev/sdb1이 설정되었음을 알 수 있다.

```
Command (m for help): p
Disk /dev/sdb: 1 GiB, 1073741824 bytes, 2097152 sectors
Units: sectors of 1 * 512 = 512 bytes
Sector size (logical/physical): 512 bytes / 512 bytes
I/O size (minimum/optimal): 512 bytes / 512 bytes
Disklabel type: dos
Disk identifier: 0xaff4e55b

Device     Boot Start     End Sectors  Size Id Type
/dev/sdb1        2048 1026047 1024000  500M 83 Linux

Command (m for help):
```

❼ n을 입력하여 두 번째 파티션을 생성한다. 1번 파티션과 동일하게 기본 파티션(p), 파티션 번호는 2, 용량은 +500M을 선택한다.

```
Command (m for help): n
Partition type
   p   primary (1 primary, 0 extended, 3 free)
   e   extended (container for logical partitions)
Select (default p): p
Partition number (2-4, default 2): 2
First sector (1026048-2097151, default 1026048):
Last sector, +sectors or +size{K,M,G,T,P} (1026048-2097151, default 2097151): +500M

Created a new partition 2 of type 'Linux' and of size 500 MiB.

Command (m for help):
```

❽ p를 입력하여 파티션의 정보를 확인한다. /dev/sdb1과 /dev/sdb2가 설정되었음을 알 수 있다.

```
Command (m for help): p
Disk /dev/sdb: 1 GiB, 1073741824 bytes, 2097152 sectors
Units: sectors of 1 * 512 = 512 bytes
Sector size (logical/physical): 512 bytes / 512 bytes
I/O size (minimum/optimal): 512 bytes / 512 bytes
Disklabel type: dos
Disk identifier: 0xaff4e55b

Device     Boot   Start     End Sectors  Size Id Type
/dev/sdb1          2048 1026047 1024000  500M 83 Linux
/dev/sdb2       1026048 2050047 1024000  500M 83 Linux

Command (m for help):
```

❾ w를 입력하여 파티션 설정 정보를 디스크에 기록하고 fdisk를 종료한다.

```
Command (m for help): w
The partition table has been altered.
Calling ioctl() to re-read partition table.
Syncing disks.

[root@localhost ~]#
```

이것으로 /dev/sdb 디스크의 파티션 작업을 마쳤다. 나머지 /dev/sdc, /dev/sdd 디스크의 파티션 작업은 '혼자해보기' 실습을 통해 완료해보자.

**혼자해보기 디스크 파티션 나누기**

/dev/sdc 디스크는 /dev/sdb와 같이 500MB씩 두 개의 파티션으로 나누고, /dev/sdd 디스크는 300MB, 300MB, 400MB의 세 개 파티션으로 나눈다.

❶ fdisk 명령을 실행하고 /dev/sdc 디스크부터 파티션 작업을 한다.
❷ 기본 파티션, 500MB 크기로 첫 번째 파티션을 만든다.
❸ 기본 파티션, 500MB 크기로 두 번째 파티션을 만든다.
❹ 두 파티션 모두 정상적으로 설정되었는지 확인한다.

❺ 파티션의 정보를 저장하고 종료한다.

❻ 다음으로 /dev/sdd 디스크의 파티션을 생성한다.

- /dev/sdd1: 300MB
- /dev/sdd2: 300MB
- /dev/sdd3: 400MB

위와 같은 용량으로 ❶~❺번 작업을 반복하여 파티션을 나누고 저장한다. 파티션 나누기가 완료되었으면 최종적으로 디스크의 파티션 정보를 확인해본다. fdisk -l 명령의 실행 결과를 보면 새로 추가한 세 디스크의 파티션 작업이 완료되었음을 알 수 있다.

```
[root@localhost ~]# fdisk -l
(생략)
Disk /dev/sdb: 1 GiB, 1073741824 bytes, 2097152 sectors
Units: sectors of 1 * 512 = 512 bytes
Sector size (logical/physical): 512 bytes / 512 bytes
I/O size (minimum/optimal): 512 bytes / 512 bytes
Disklabel type: dos
Disk identifier: 0xaff4e55b

Device     Boot   Start     End Sectors  Size Id Type
/dev/sdb1          2048 1026047 1024000  500M 83 Linux
/dev/sdb2       1026048 2050047 1024000  500M 83 Linux


Disk /dev/sdc: 1 GiB, 1073741824 bytes, 2097152 sectors
Units: sectors of 1 * 512 = 512 bytes
Sector size (logical/physical): 512 bytes / 512 bytes
I/O size (minimum/optimal): 512 bytes / 512 bytes
Disklabel type: dos
Disk identifier: 0xa4d4b403

Device     Boot   Start     End Sectors  Size Id Type
/dev/sdc1          2048 1026047 1024000  500M 83 Linux
/dev/sdc2       1026048 2050047 1024000  500M 83 Linux


Disk /dev/sdd: 1 GiB, 1073741824 bytes, 2097152 sectors
```

```
Units: sectors of 1 * 512 = 512 bytes
Sector size (logical/physical): 512 bytes / 512 bytes
I/O size (minimum/optimal): 512 bytes / 512 bytes
Disklabel type: dos
Disk identifier: 0x66ed2994

Device     Boot   Start     End Sectors  Size Id Type
/dev/sdd1          2048  616447  614400  300M 83 Linux
/dev/sdd2        616448 1230847  614400  300M 83 Linux
/dev/sdd3       1230848 2050047  819200  400M 83 Linux
(생략)
```

## 3 파일 시스템을 생성하는 방법

디스크의 파티션 작업이 끝나면 다음으로 파티션에 파일 시스템을 생성해야 한다. 파티션이 디스크를 독립적인 영역으로 구분하는 작업이라면, 파일 시스템 생성은 파티션에서 파일과 디렉터리를 관리하기 위한 구조를 만드는 것이다. 여기서는 파티션에 파일 시스템을 만드는 방법을 알아보자.

### 파일 시스템 생성 명령

리눅스에서 파일 시스템을 만들 때 사용하는 명령은 mkfs와 mke2fs가 있다.

**mkfs**

- **기능** 리눅스 파일 시스템을 만든다.
- **형식** mkfs [옵션] [장치명]
- **옵션** -t 종류: 파일 시스템의 종류를 지정한다(기본값은 ext2).
- **사용 예** mkfs /dev/sdb1
  mkfs -t ext4 /dev/sdb1

mkfs 명령은 생성하는 파일 시스템의 종류에 따라 mkfs.ext2, mkfs.ext3, mkfs.ext4 명령도 제공한다. 이 명령들은 mkfs -t ext2, mkfs -t ext3, mkfs -t ext4와 동일하게 동작한다.

**mke2fs**

- **기능** 리눅스 개정판 확장 파일 시스템(ext2, ext3, ext4)을 만든다.
- **형식** mke2fs [옵션] [장치명]
- **옵션** -t 종류: 파일 시스템의 종류를 지정한다(기본값은 ext2).
  -b 블록 크기: 블록 크기를 바이트 수로 지정한다.
  -c: 배드 블록을 체크한다.
  -f 프래그먼트 크기: 프래그먼트 크기를 바이트 수로 지정한다.
  -i inode당 바이트 수: inode당 바이트 수를 지정한다(기본값은 4,096B).
  -m 예약 블록 퍼센트: 슈퍼유저에게 예약해둘 블록의 퍼센트를 지정한다(기본값은 5%).
- **사용 예** mke2fs /dev/sdb1
  mke2fs -t ext4 /dev/sdb1

mke2fs 명령은 별도의 설정 파일이 있다. 이는 /etc/mke2fs.conf 파일로 파일 시스템의 종류에 따라 기본적으로 설정할 값이 정의되어 있다.

```
[root@localhost ~]# cat /etc/mke2fs.conf
[defaults]
        base_features = sparse_super,large_file,filetype,resize_inode,dir_index,ext_
attr
        default_mntopts = acl,user_xattr
        enable_periodic_fsck = 0
        blocksize = 4096
        inode_size = 256
        inode_ratio = 16384

[fs_types]
        ext3 = {
                features = has_journal
        }
        ext4 = {
                features = has_journal,extent,huge_file,flex_bg,metadata_
csum,64bit,dir_nlink,extra_isize
                inode_size = 256
        }
        small = {
                blocksize = 1024
                inode_size = 128
```

```
		inode_ratio = 4096
	}
	floppy = {
		blocksize = 1024
		inode_size = 128
		inode_ratio = 8192
	}
	big = {
		inode_ratio = 32768
	}
	huge = {
		inode_ratio = 65536
	}
	news = {
		inode_ratio = 4096
	}
	largefile = {
		inode_ratio = 1048576
		blocksize = -1
	}
	largefile4 = {
		inode_ratio = 4194304
		blocksize = -1
	}
	hurd = {
	     blocksize = 4096
	     inode_size = 128
	}
```

mkfs와 mke2fs 명령은 /sbin 디렉터리에 있다. /sbin 디렉터리에서 mk로 시작하는 명령을 살펴보면 다음과 같다.

```
[root@localhost ~]# ls /sbin/mk*
/sbin/mkdict     /sbin/mkfs.cramfs  /sbin/mkfs.minix          /sbin/mklost+found
/sbin/mkdosfs    /sbin/mkfs.ext2    /sbin/mkfs.msdos          /sbin/mksquashfs
/sbin/mkdumprd   /sbin/mkfs.ext3    /sbin/mkfs.vfat           /sbin/mkswap
/sbin/mke2fs     /sbin/mkfs.ext4    /sbin/mkfs.xfs
/sbin/mkfs       /sbin/mkfs.fat     /sbin/mkhomedir_helper
```

### 파일 시스템 생성하기: mkfs

mkfs 명령으로 /dev/sdb 파티션에 파일 시스템을 생성해보자.

**따라해보기** **mkfs 명령으로 파일 시스템 생성하기**

❶ mkfs 명령으로 /dev/sdb1 파티션에 ext2 파일 시스템을 만든다.

```
[root@localhost ~]# mkfs /dev/sdb1
mke2fs 1.44.3 (10-July-2018)
Creating filesystem with 512000 1k blocks and 128016 inodes
Filesystem UUID: 9953af59-9f03-4637-b342-cbd73f0bed15
Superblock backups stored on blocks:
        8193, 24577, 40961, 57345, 73729, 204801, 221185, 401409

Allocating group tables: done
Writing inode tables: done
Writing superblocks and filesystem accounting information: done
```

mkfs 명령으로 파일 시스템을 만들 때 출력되는 정보를 보면 블록의 크기와 inode의 개수, 블록의 개수, 슈퍼블록의 백업 위치 등 2절에서 다룬 파일 시스템의 구성 요소에 대한 정보다. 이제 /dev/sdb1 파티션은 사용 준비가 완료되었다. 마운트만 하면 바로 사용할 수 있다.

❷ mkfs.ext3 명령으로 /dev/sdb2 파티션에 ext3 파일 시스템을 생성한다. 앞에서 언급했듯이 mkfs.ext3 명령은 mkfs -t ext3 명령과 동일하다.

```
[root@localhost ~]# mkfs.ext3 /dev/sdb2
mke2fs 1.44.3 (10-July-2018)
Creating filesystem with 512000 1k blocks and 128016 inodes
Filesystem UUID: adc4a4b0-9076-450c-abf2-2b8e60914884
Superblock backups stored on blocks:
        8193, 24577, 40961, 57345, 73729, 204801, 221185, 401409

Allocating group tables: done
Writing inode tables: done
```

```
Creating journal (8192 blocks): done
Writing superblocks and filesystem accounting information: done
```

명령의 실행 결과를 보면 ext3 파일 시스템이 ext2 파일 시스템과 다른 점 중 하나는 저널 기능임을 알 수 있다. ext3 파일 시스템을 생성하는 과정의 끝부분에서 저널을 저장하기 위한 영역을 별도로 생성했기 때문이다.

### 파일 시스템 생성하기: mke2fs

이번에는 mke2fs 명령으로 /dev/sdc 파티션에 파일 시스템을 생성해보자.

**따라해보기** **mke2fs 명령으로 파일 시스템 생성하기**

❶ mke2fs 명령으로 /dev/sdc1 파티션에 ext3 파일 시스템을 생성한다.

```
[root@localhost ~]# mke2fs -t ext3 /dev/sdc1
mke2fs 1.44.3 (10-July-2018)
Creating filesystem with 512000 1k blocks and 128016 inodes
Filesystem UUID: 9ee8ffb2-2cb4-4632-a944-bb4ab26ea425
Superblock backups stored on blocks:
        8193, 24577, 40961, 57345, 73729, 204801, 221185, 401409

Allocating group tables: done
Writing inode tables: done
Creating journal (8192 blocks): done
Writing superblocks and filesystem accounting information: done
```

❷ mke2fs 명령으로 /dev/sdc2 파티션에 ext4 파일 시스템을 생성한다. 블록 크기는 4,096B로 지정한다.

```
[root@localhost ~]# mke2fs -t ext4 -b 4096 /dev/sdc2
mke2fs 1.44.3 (10-July-2018)
Creating filesystem with 128000 4k blocks and 128000 inodes
Filesystem UUID: cd960426-44b6-4e79-9a39-bc3982b6855a
```

```
Superblock backups stored on blocks:
        32768, 98304

Allocating group tables: done
Writing inode tables: done
Creating journal (4096 blocks): done
Writing superblocks and filesystem accounting information: done
```

명령의 출력 결과를 보면 블록 크기가 4,096B로 생성되었다. 블록 크기가 바뀜에 따라 프래그먼트 크기, 그룹당 블록의 개수, 백업 슈퍼블록의 개수 등이 모두 다르게 설정되었다.

이것으로 /dev/sdb와 /dev/sdc 디스크의 파티션에 파일 시스템을 생성했다. '혼자해보기'에서는 마지막 남은 /dev/sdd 디스크의 파티션에 파일 시스템을 생성해본다.

**혼자해보기 파일 시스템 생성하기**

❶ mke2fs 명령으로 /dev/sdd1 파티션에 ext2 파일 시스템을 생성한다.
❷ mkfs 명령으로 /dev/sdd2 파티션에 ext3 파일 시스템을 생성한다.
❸ mkfs.ext4 명령으로 /dev/sdd3 파티션에 ext4 파일 시스템을 생성한다.

## 4 디스크를 마운트하는 방법

새로 장착한 디스크를 파티션으로 나누고 파일 시스템을 생성했으면 이제 사용할 준비가 끝난 것이다. 파일 시스템을 디렉터리 계층 구조에 마운트만 하면 된다. ext2, ext3, ext4 등 다양한 파일 시스템을 생성했으므로 [표 7-4]의 다양한 마운트 형식을 참고하여 이 파일 시스템들을 디렉터리 계층 구조에 마운트해보자.

### 마운트 포인트 준비하기

여러 개의 파일 시스템을 마운트할 것이므로 마운트 포인트를 미리 준비해야 한다. 일단 여기서는 /mnt 디렉터리에 hdd1, hdd2, hdd3 디렉터리를 준비하고 마운트 포인트로 사용한다.

```
[root@localhost ~]# mkdir /mnt/hdd1
[root@localhost ~]# mkdir /mnt/hdd2
[root@localhost ~]# mkdir /mnt/hdd3
```

### 파일 시스템 마운트하기

/dev/sdb 디스크의 파일 시스템을 마운트해보자. 먼저 /dev/sdb1의 파일 시스템을 /mnt/hdd1 디렉터리에 마운트한다.

```
[root@localhost ~]# mount /dev/sdb1 /mnt/hdd1
```

다음으로 /dev/sdb2의 파일 시스템을 /mnt/hdd2 디렉터리에 마운트한다. -t ext3 옵션을 지정했는데, 이 옵션을 반드시 지정해야 하는 것은 아니다.

```
[root@localhost ~]# mount -t ext3 /dev/sdb2 /mnt/hdd2
```

마운트한 결과는 다음과 같다.

```
[root@localhost ~]# mount
(생략)
/dev/sdb1 on /mnt/hdd1 type ext2 (rw,relatime,seclabel,block_validity,barrier,user_
xattr,acl)
/dev/sdb2 on /mnt/hdd2 type ext3 (rw,relatime,seclabel)
```

### 파일 시스템 사용하기

디렉터리 계층 구조에 연결한 파일 시스템을 사용해보자. 마운트한 파일 시스템으로 파일을 복사할 수 있다.

```
[root@localhost ~]# cp /etc/hosts /mnt/hdd1
[root@localhost ~]# ls /mnt/hdd1
hosts  lost+found
```

만약 이 상태에서 /mnt/hdd1에 연결된 파일 시스템의 마운트를 해제하면 어떻게 될까? /mnt/hdd1에는 어떤 파일이 남아 있는지 확인해보자.

```
[root@localhost ~]# umount /mnt/hdd1
[root@localhost ~]# ls /mnt/hdd1
```

마운트가 해제된 뒤 /mnt/hdd1 디렉터리에 아무 파일도 없음을 알 수 있다. [그림 7-13]에서 보는 바와 같이 복사한 hosts 파일은 /dev/sdb1의 파일 시스템에 있는데, 이 파일 시스템의 마운트가 해제되면 이 파일 시스템과의 연결이 끊어지므로 /mnt/hdd1에서 hosts 파일을 볼 수 없게 되는 것이다.

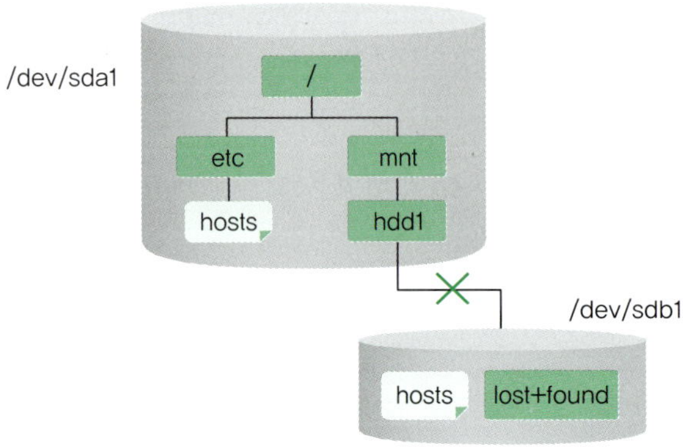


**그림 7-13** 디스크 마운트 해제와 파일의 관계

**따라해보기** **파일 시스템 마운트 · 언마운트하기**

❶ 마운트 포인트를 그대로 사용하기 위해 앞에서 마운트한 /dev/sdb2의 파일 시스템을 언마운트한다.

```
[root@localhost ~]# umount /mnt/hdd2
```

❷ /dev/sdc1의 파일 시스템을 /mnt/hdd1 디렉터리에 마운트한다.

```
[root@localhost ~]# mount /dev/sdc1 /mnt/hdd1
```

❸ /dev/sdc2의 파일 시스템을 /mnt/hdd2 디렉터리에 마운트한다. 마운트할 때 파일 시스템의 종류를 ext4로 지정한다.

```
[root@localhost ~]# mount -t ext4 /dev/sdc2 /mnt/hdd2
```

❹ /dev/sdc1과 /dev/sdc2의 파일 시스템이 제대로 마운트되었는지 확인한다.

```
[root@localhost ~]# mount
(생략)
/dev/sdc1 on /mnt/hdd1 type ext3 (rw,relatime,seclabel)
/dev/sdc2 on /mnt/hdd2 type ext4 (rw,relatime,seclabel
```

❺ /dev/sdc2의 파일 시스템에 파일을 복사해본다.

```
[root@localhost ~]# cp /etc/services /mnt/hdd2
[root@localhost ~]# ls /mnt/hdd2
lost+found  services
```

❻ /dev/sdc1과 /dev/sdc2 파일 시스템의 마운트를 해제한다.

```
[root@localhost ~]# umount /mnt/hdd1
[root@localhost ~]# umount /mnt/hdd2
```

**혼자해보기 파일 시스템 마운트 · 언마운트하기**

❶ /dev/sdd1의 파일 시스템을 /mnt/hdd1 디렉터리에 마운트한다.
❷ /dev/sdd2의 파일 시스템을 /mnt/hdd2 디렉터리에 마운트한다. 파일 시스템의 종류를 ext3로 지정한다.
❸ /dev/sdd3의 파일 시스템을 /mnt/hdd3 디렉터리에 마운트한다. 파일 시스템의 종류를 ext4로 지정한다.
❹ /dev/sdd 디스크의 파일 시스템이 마운트되었는지 확인한다.
❺ /dev/sdd1을 마운트한 디렉터리에 /etc/hosts 파일을 복사한다.
❻ /etc/hosts 파일이 제대로 복사되었는지 확인한다.
❼ /dev/sdd1을 마운트한 디렉터리에 복사한 /etc/hosts 파일을 /dev/sdd3을 마운트한 디렉터리에 복사한다.
❽ /etc/hosts 파일이 제대로 복사되었는지 확인한다.
❾ /dev/sdd1, /dev/sdd2, /dev/sdd3 파일 시스템의 마운트를 해제한다.

## 5 여러 디스크를 하나의 디스크로 사용하는 방법

디스크의 용량이 부족할 때 여러 개의 디스크를 하나의 디스크처럼 사용할 수 있다. LVMlogical volume manager은 파티션을 효율적으로 사용할 수 있도록 해주는 관리 도구로, 한 파티션의 용량이 부족할 때 다른 파티션으로 연장하여 사용할 수 있다.

### LVM 기본 개념

LVM은 독립적으로 구성된 디스크 파티션을 하나로 연결하여 한 파티션처럼 사용할 수 있도록 해준다. LVM에서 사용하는 용어를 먼저 살펴보자.

- PVphysical volume(물리 볼륨): /dev/sdb1, /dev/sdb2 같은 실제 하드디스크의 파티션을 의미한다.

- VG<sub></sub>volume group(볼륨 그룹): 여러 개의 PV를 그룹으로 묶은 것을 말한다. 예를 들어 /dev/sdb1, /dev/sdb2가 GRP1이라는 그룹을 만든다면 GRP1을 VG라고 한다.
- LVlogical volume(논리 볼륨): VG를 다시 적절한 크기의 파티션으로 나눌 때 각 파티션을 LV라고 한다.
- PEphysical extent: PV가 가진 일정한 블록을 뜻한다.
- LElogical extent: LV가 가진 일정한 블록을 뜻한다.

LVM의 기본 개념을 살펴보면 [그림 7-14]와 같다.

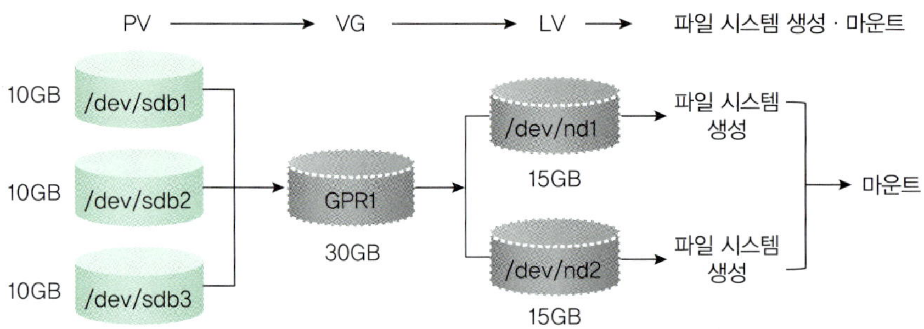


**그림 7-14 LVM의 기본 개념**

[그림 7-14]를 보면 10GB 용량의 물리적 파티션(PV) 세 개를 묶어서 30GB VG 하나를 만든 후 이를 다시 15GB LV 두 개로 분리했다. 그리고 LV에 파일 시스템을 생성하고 마운트했다.

## LVM 관련 명령

LVM과 관련된 명령은 [표 7-6]에 정리했다.

**표 7-6 LVM 관련 명령**

| 구분 | 기능 | 명령 |
|---|---|---|
| PV | PV 생성 | pvcreate 파티션 이름 |
| | PV 상태 확인 | pvscan |
| VG | VG 생성 | vgcreate VG명 파티션(PV)명1 파티션(PV)명2··· |
| | VG 활성화 | vgchange -a y VG명 |
| | VG 비활성화 | vgchange -a n VG명 |
| | VG 삭제 | vgremove VG명 |

| 구분 | 기능 | 명령 |
|---|---|---|
| VG | VG 정보 확인 | vgdisplay –v VG명 |
| | VG에 PV 추가 | vgextend VG명 PV명 |
| | VG에서 PV 삭제 | vgreduce VG명 PV명 |
| | VG명 변경 | vgrename 기존 VG명 새 VG명 |
| LV | LV 생성 | lvcreate –l PE 수 VG명 –n LV명 |
| | LV 삭제 | lvremove LV명 |
| | LV 상태 확인 | lvscan |
| | LV 용량 확대 | lvextent –l +PE 수 LV명 |
| | LV 용량 축소 | lvextent –l –PE 수 LV명 |

### LVM 생성 과정

기존 파일 시스템을 LVM으로 만드는 과정과 각 단계별로 관련된 명령을 정리하면 [그림 7–15]와 같다. 실습을 통해 LVM을 생성하는 방법을 알아보자.

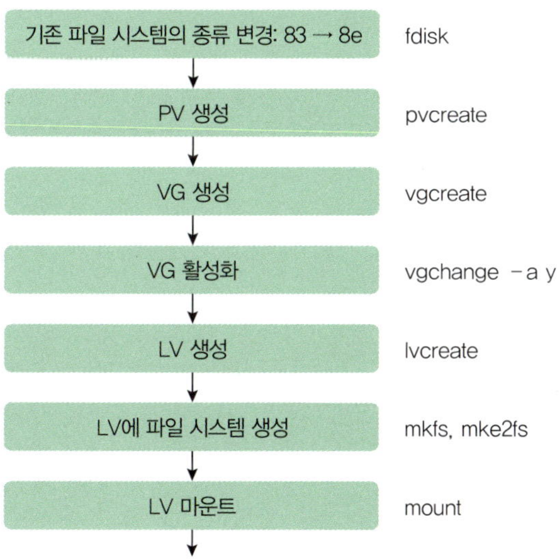


그림 7–15 LVM 생성 단계

**따라해보기** **LVM 생성하기**

/dev/sdb1, /dev/sdb2는 크기가 각각 500MB다. 이를 LVM으로 변환하고 1GB짜리 LV를 생성하여 마운트해보자.

❶ /dev/sdb1, /dev/sdb2의 파일 시스템 종류를 83(Linux)에서 8e(Linux LVM)로 변경한다. fdisk를 실행하고 내부 명령 t를 사용하여 변경한다([표 7-5] 참조). 변경한 다음 반드시 w로 저장해야 한다.

```
[root@localhost ~]# fdisk /dev/sdb

Welcome to fdisk (util-linux 2.32.1).
Changes will remain in memory only, until you decide to write them.
Be careful before using the write command.


Command (m for help): p
Disk /dev/sdb: 1 GiB, 1073741824 bytes, 2097152 sectors
Units: sectors of 1 * 512 = 512 bytes
Sector size (logical/physical): 512 bytes / 512 bytes
I/O size (minimum/optimal): 512 bytes / 512 bytes
Disklabel type: dos
Disk identifier: 0xaff4e55b

Device     Boot   Start     End Sectors  Size Id Type
/dev/sdb1          2048 1026047 1024000  500M 83 Linux
/dev/sdb2       1026048 2050047 1024000  500M 83 Linux

Command (m for help): t
Partition number (1,2, default 2): 1
Hex code (type L to list all codes): 8e

Changed type of partition 'Linux' to 'Linux LVM'.

Command (m for help): t
Partition number (1,2, default 2): 2
Hex code (type L to list all codes): 8e
```

```
Changed type of partition 'Linux' to 'Linux LVM'.

Command (m for help): p
Disk /dev/sdb: 1 GiB, 1073741824 bytes, 2097152 sectors
Units: sectors of 1 * 512 = 512 bytes
Sector size (logical/physical): 512 bytes / 512 bytes
I/O size (minimum/optimal): 512 bytes / 512 bytes
Disklabel type: dos
Disk identifier: 0xaff4e55b

Device     Boot   Start     End Sectors  Size Id Type
/dev/sdb1          2048 1026047 1024000  500M 8e Linux LVM
/dev/sdb2       1026048 2050047 1024000  500M 8e Linux LVM

Command (m for help): w
The partition table has been altered.
Calling ioctl() to re-read partition table.
Syncing disks.
```

❷ /dev/sdb1, /dev/sdb2에 PV를 생성한다. D-Bus 경고 메시지가 나올 경우 yum install lvm2-dbusd 명령으로 패키지를 업데이트한다.

```
[root@localhost ~]# pvcreate /dev/sdb1
WARNING: ext2 signature detected on /dev/sdb1 at offset 1080. Wipe it? [y/n]: y
  Wiping ext2 signature on /dev/sdb1.
  Physical volume "/dev/sdb1" successfully created.
[root@localhost ~]# pvcreate /dev/sdb2
WARNING: ext3 signature detected on /dev/sdb2 at offset 1080. Wipe it? [y/n]: y
  Wiping ext3 signature on /dev/sdb2.
  Physical volume "/dev/sdb2" successfully created.
```

❸ pvscan 명령으로 PV의 상태를 확인한다. 이미 설치된 /dev/sda2도 함께 보인다.

```
[root@localhost ~]# pvscan
  PV /dev/sda2   VG cl            lvm2 [<19.00 GiB / 0    free]
  PV /dev/sdb1                    lvm2 [500.00 MiB]
  PV /dev/sdb2                    lvm2 [500.00 MiB]
  Total: 3 [19.97 GiB] / in use: 1 [<19.00 GiB] / in no VG: 2 [1000.00 MiB]
```

❹ 두 PV를 통합하여 VG를 생성한다. VG의 이름은 grp1로 한다.

```
[root@localhost ~]# vgcreate grp1 /dev/sdb1 /dev/sdb2
  Volume group "grp1" successfully created
```

❺ 생성된 VG grp1을 활성화한다.

```
[root@localhost ~]# vgchange -a y grp1
  0 logical volume(s) in volume group "grp1" now active
```

❻ 활성화된 VG grp1의 상태를 vgdisplay 명령으로 확인한다.

```
[root@localhost ~]# vgdisplay -v grp1
  --- Volume group ---
  VG Name               grp1
  System ID
  Format                lvm2
  Metadata Areas        2
  Metadata Sequence No  1
  VG Access             read/write
  VG Status             resizable
  MAX LV                0
  Cur LV                0
  Open LV               0
  Max PV                0
  Cur PV                2
  Act PV                2
  VG Size               992.00 MiB
  PE Size               4.00 MiB
  Total PE              248
  Alloc PE / Size       0 / 0
  Free  PE / Size       248 / 992.00 MiB
  VG UUID               9dxyog-zDLf-6irS-cxHl-FeUK-kJKz-KXWEOs

  --- Physical volumes ---
  PV Name               /dev/sdb1
  PV UUID               r930iM-f78e-EbBE-aSin-m7F2-T15k-8SSXqq
  PV Status             allocatable
```

```
  Total PE / Free PE    124 / 124

  PV Name               /dev/sdb2
  PV UUID               uP0uft-4dQ5-BD7m-CbsN-kESW-GL4n-fBa6Yz
  PV Status             allocatable
  Total PE / Free PE    124 / 124
```

❼ 앞의 ❻번에서 확인한 결과 VG grp1에는 PE가 총 248개 있다. 이를 모두 합하여 하나의 LV를 생성한다.

```
[root@localhost ~]# lvcreate -l 248 grp1 -n mylvm1
  Logical volume "mylvm1" created
```

❽ 생성된 LV의 상태를 확인해보면 ACTIVE 상태인을 알 수 있다. 이미 생성된 LV의 정보도 함께 출력된다.

```
[root@localhost ~]# lvscan
  ACTIVE            '/dev/grp1/mylvm1' [992.00 MiB] inherit
  ACTIVE            '/dev/cl/swap' [2.00 GiB] inherit
  ACTIVE            '/dev/cl/root' [<17.00 GiB] inherit
```

❾ LV mylvm1에 ext4 파일 시스템을 생성한다. ❽번에서 확인한 LV의 장치명이 /dev/grp1/mylvm1이라는 것을 주의해야 한다.

```
[root@localhost ~]# mke2fs -t ext4 /dev/grp1/mylvm1
mke2fs 1.44.3 (10-July-2018)
Creating filesystem with 253952 4k blocks and 63488 inodes
Filesystem UUID: ba7e480d-df45-4c30-ae1e-fbd0c0400ba0
Superblock backups stored on blocks:
        32768, 98304, 163840, 229376

Allocating group tables: done
Writing inode tables: done
Creating journal (4096 blocks): done
Writing superblocks and filesystem accounting information: done
```

⑩ VG의 상태를 확인하여 LV의 정보가 수정되었는지 확인한다.

```
[root@localhost ~]# vgdisplay -v grp1
  --- Volume group ---
(생략)
  --- Logical volume ---
 LV Path                /dev/grp1/mylvm1
  LV Name                mylvm1
  VG Name                grp1
  LV UUID                Mcm1rV-fUgc-QYUb-nFYs-QPVe-vzgd-xCV202
  LV Write Access        read/write
  LV Creation host, time localhost.localdomain, 2019-11-10 16:08:56 +0900
  LV Status              available
  # open                 0
  LV Size                992.00 MiB
  Current LE             248
  Segments               2
  Allocation             inherit
  Read ahead sectors     auto
  - currently set to     8192
  Block device           253:2

  --- Physical volumes ---
(생략)
```

⑪ LV를 /mnt/lvm 디렉터리에 마운트하고 파일을 복사한다.

```
[root@localhost ~]# mkdir /mnt/lvm
[root@localhost ~]# mount /dev/grp1/mylvm1 /mnt/lvm
[root@localhost ~]# cp /etc/hosts /mnt/lvm
[root@localhost ~]# ls /mnt/lvm
hosts  lost+found
```

**혼자해보기 LVM 생성하기**

/dev/sdc1, /dev/sdc2 파티션으로 800MB, 200MB의 크기를 갖는 LVM을 만들어보자.

❶ /dev/sdc의 파일 시스템 종류를 83(Linux)에서 8e(Linux LVM)로 변경한다.

❷ /dev/sdc1, /dev/sdc2에 PV를 생성한다.

❸ 두 PV를 통합하여 VG를 생성한다. VG의 이름은 grp2로 한다.

❹ 생성된 VG grp2를 활성화한다.

❺ 활성화된 VG grp2의 상태와 PE 개수를 확인한다.

❻ 앞의 ❺번에서 확인한 PE 정보를 활용하여 mylvm2(약 800MB)와 mylvm3(약 200MB)을 생성한다.

❼ LV의 상태를 확인한다.

❽ mylvm2에 ext3 파일 시스템을 생성하고, mylvm3에 ext4 파일 시스템을 생성한다.

❾ mylvm2는 /mnt/lvm2 디렉터리에, mylvm3은 /mnt/lvm3 디렉터리에 마운트한다.

# 05 디스크 관리

시스템에 설치되어 사용하고 있는 디스크는 주기적으로 관심을 가지고 살펴보아야 한다. 언제 디스크 용량이 꽉 차고 배드 섹터가 생겨서 문제가 발생할지 알 수 없기 때문이다. 그럼 디스크 관리를 어떻게 해야 하는지 알아보자.

## 1 디스크 사용량 확인

먼저 시스템에 설치된 디스크의 사용량을 확인하는 명령을 살펴보자. 디스크 사용량을 점검하는 명령으로는 파일 시스템별로 전체 사용량을 확인하는 df 명령과 디렉터리별로 디스크 사용량을 확인하는 du 명령이 있다.

### 파일 시스템별 디스크 사용량 확인하기: df

df는 'disk free'의 약자로, 이 명령은 현재 시스템에서 사용 중인 파일 시스템의 사용량에 대한 정보를 출력한다. 또한 전체 용량, 사용 가능한 용량, 마운트 정보 등도 함께 출력한다.

**df**

- **기능** 디스크의 남은 공간에 대한 정보를 출력한다.
- **형식** df [옵션] [파일 시스템]
- **옵션** -a: 모든 파일 시스템을 대상으로 디스크 사용량을 확인한다.
  -k: 디스크 사용량을 KB 단위로 출력한다.
  -m: 디스크 사용량을 MB 단위로 출력한다.
  -h: 디스크 사용량을 알기 쉬운 단위(GB, MB, KB 등)로 출력한다.
  -t 파일 시스템 종류: 지정한 파일 시스템 종류에 해당하는 디스크의 사용량을 출력한다.
  -T: 파일 시스템 종류도 출력한다.
- **사용 예** df
  df -h

■ **df 명령만 사용하는 경우**

옵션 없이 df 명령만 사용하면 다음과 같이 출력된다.

```
[root@localhost ~]# df
Filesystem              1K-blocks    Used Available Use% Mounted on
devtmpfs                   909044       0    909044   0% /dev
tmpfs                      924716       0    924716   0% /dev/shm
tmpfs                      924716    9940    914776   2% /run
tmpfs                      924716       0    924716   0% /sys/fs/cgroup
/dev/mapper/cl-root      17811456 4406520  13404936  25% /
/dev/sda1                  999320  135532    794976  15% /boot
tmpfs                      184940      28    184912   1% /run/user/42
tmpfs                      184940    3496    181444   2% /run/user/1000
/dev/sr0                  6967726 6967726         0 100% /run/media/user1/CentOS-8-
BaseOS-x86_64
/dev/mapper/grp1-mylvm1    983448    2488    913788   1% /mnt/lvm
/dev/mapper/grp2-mylvm2    789904     828    748116   1% /mnt/lvm2
/dev/mapper/grp2-mylvm3    186301    1550    170989   1% /mnt/lvm3
```

df 명령으로 출력되는 항목은 다음과 같다.

- 파일 시스템 장치명
- 파일 시스템의 전체 용량
- 파일 시스템의 사용량
- 파일 시스템의 사용 가능한 남은 용량
- 퍼센트로 나타낸 사용량
- 마운트 포인트

앞에서 실습했던 LVM으로 생성한 파일 시스템의 사용량도 확인할 수 있다.

#### ■ 파일 시스템 사용량을 이해하기 쉬운 단위로 표시하기: -h

df 명령에 -h 옵션을 사용하면 파일 시스템별로 이해하기 쉬운 단위로 사용량을 표시한다. df -h 명령의 다음 실행 결과를 보면 파일 시스템에 따라 GB와 MB로 표시된 것을 알 수 있다.

```
[root@localhost ~]# df -h
Filesystem               Size  Used Avail Use% Mounted on
devtmpfs                 888M     0  888M   0% /dev
tmpfs                    904M     0  904M   0% /dev/shm
tmpfs                    904M  9.8M  894M   2% /run
```

```
tmpfs                      904M     0  904M   0% /sys/fs/cgroup
/dev/mapper/cl-root         17G  4.3G   13G  25% /
/dev/sda1                  976M  133M  777M  15% /boot
tmpfs                      181M   28K  181M   1% /run/user/42
tmpfs                      181M  3.5M  178M   2% /run/user/1000
/dev/sr0                   6.7G  6.7G     0 100% /run/media/user1/CentOS-8-
BaseOS-x86_64
/dev/mapper/grp1-mylvm1   961M  2.5M  893M   1% /mnt/lvm
/dev/mapper/grp2-mylvm2   772M  828K  731M   1% /mnt/lvm2
/dev/mapper/grp2-mylvm3   182M  1.6M  167M   1% /mnt/lvm3
```

■ **파일 시스템의 종류 출력하기: -T**

파일 시스템의 종류가 무엇인지 궁금할 때가 있다. 이때 -T 옵션을 사용하면 파일 시스템의 종류가 출력된다. df -Th 명령의 다음 실행 결과를 보면 Type 항목이 추가되었다.

```
[root@localhost ~]# df -Th
Filesystem              Type      Size  Used Avail Use% Mounted on
devtmpfs                devtmpfs  888M     0  888M   0% /dev
tmpfs                   tmpfs     904M     0  904M   0% /dev/shm
tmpfs                   tmpfs     904M  9.8M  894M   2% /run
tmpfs                   tmpfs     904M     0  904M   0% /sys/fs/cgroup
/dev/mapper/cl-root     xfs        17G  4.3G   13G  25% /
/dev/sda1               ext4      976M  133M  777M  15% /boot
tmpfs                   tmpfs     181M   28K  181M   1% /run/user/42
tmpfs                   tmpfs     181M  3.5M  178M   2% /run/user/1000
/dev/sr0                iso9660   6.7G  6.7G     0 100% /run/media/user1/CentOS-8-
BaseOS-x86_64
/dev/mapper/grp1-mylvm1 ext4      961M  2.5M  893M   1% /mnt/lvm
/dev/mapper/grp2-mylvm2 ext3      772M  828K  731M   1% /mnt/lvm2
/dev/mapper/grp2-mylvm3 ext4      182M  1.6M  167M   1% /mnt/lvm3
```

df 명령의 나머지 옵션은 실습과 연습문제를 통해 확인해보자.

### 디렉터리나 사용자별 디스크 사용량 확인하기: du

du 명령은 'disk usage'의 약자로, 파일 시스템별로 디스크의 사용량을 알려주는 df 명령과 달리 특정 디렉터리별로 디스크 사용량을 알려준다.

**du**

- **기능** 디스크의 사용 공간에 대한 정보를 출력한다.
- **형식** du [옵션] [디렉터리]
- **옵션** -s: 특정 디렉터리의 전체 사용량을 출력한다.
  -h: 디스크 사용량을 알기 쉬운 단위(GB, MB, KB 등)로 출력한다.
- **사용 예** du
  du -s ~user1

■ du 명령만 사용하는 경우

옵션을 지정하지 않으면 현재 디렉터리의 디스크 사용량을 출력한다.

```
[root@localhost ~]# pwd
/root
[root@localhost ~]# du
4       ./.cache/dconf
4       ./.cache
4       ./.dbus/session-bus
4       ./.dbus
0       ./.config/ibus/bus
0       ./.config/ibus
0       ./.config
40      .
```

du 명령의 실행 결과를 보면 현재 디렉터리의 서브 디렉터리와 파일의 용량도 출력되었다. 출력 단위는 기본적으로 KB이다. 가장 마지막에 있는 현재 디렉터리(.)의 크기가 해당 디렉터리 전체의 디스크 사용량이다.

■ 전체 디스크 사용량 출력하기: -s

-s 옵션을 지정하면 서브 디렉터리나 파일의 사용량은 표시하지 않고 지정한 디렉터리의 전체 사용량만 출력한다.

```
[root@localhost ~]# du -s
40      .
[root@localhost ~]# du -s /etc
28864   /etc
```

■ **특정 사용자의 디스크 사용량 출력**

특정 사용자의 디스크 사용량을 알려면 그 사용자의 홈 디렉터리를 지정한다. 다음 예는 user1 사용자의 디스크 사용량을 확인한 것이다.

```
[root@localhost ~]# du -sh ~user1
12M	/home/user1
```

**따라해보기** **디스크 사용량 확인하기**

❶ 파일 시스템의 디스크 사용량을 MB 단위로 출력한다.

```
[root@localhost ~]# df -m
Filesystem              1M-blocks  Used Available Use% Mounted on
devtmpfs                      888     0       888   0% /dev
(생략)
/dev/mapper/grp1-mylvm1       961     3       893   1% /mnt/lvm
/dev/mapper/grp2-mylvm2       772     1       731   1% /mnt/lvm2
/dev/mapper/grp2-mylvm3       182     2       167   1% /mnt/lvm3
```

❷ ext4 파일 시스템의 디스크 사용량을 출력한다.

```
[root@localhost ~]# df -t ext4
Filesystem              1K-blocks   Used Available Use% Mounted on
/dev/sda1                  999320 135532    794976  15% /boot
/dev/mapper/grp1-mylvm1    983448   2488    913788   1% /mnt/lvm
/dev/mapper/grp2-mylvm3    186301   1550    170989   1% /mnt/lvm3
```

❸ 전체 파일 시스템의 디스크 사용량을 출력한다. –a 옵션을 사용하면 용량이 0인 파일 시스템의 정보도 출력한다. 크기가 0인 파일 시스템은 대부분 내부 관리용으로 사용된다.

```
[root@localhost ~]# df -a
Filesystem              1K-blocks    Used Available Use% Mounted on
sysfs                           0       0         0    - /sys
proc                            0       0         0    - /proc
devtmpfs                   909044       0    909044   0% /dev
securityfs                      0       0         0    - /sys/kernel/security
```

```
tmpfs                      924716      0    924716    0% /dev/shm
devpts                          0      0         0     - /dev/pts
tmpfs                      924716   9940    914776    2% /run
(생략)
```

❹ /usr 디렉터리가 사용하고 있는 디스크 사용량을 출력한다.

```
[root@localhost ~]# du -sh /usr
3.5G    /usr
```

**혼자해보기 디스크 사용량 확인하기**

❶ ext3 파일 시스템의 디스크 사용량을 출력한다.
❷ ext4 파일 시스템의 디스크 사용량과 파일 시스템의 종류를 함께 출력한다.
❸ /tmp 디렉터리의 서브 디렉터리까지 디스크 사용량을 출력한다.

## 2 파일 시스템 검사 및 복구

파일 시스템은 부적절한 시스템 종료나 전원의 불안정, 소프트웨어 오류, 하드웨어 오작동 등 다양한 이유로 손상될 수 있다. 이렇게 손상된 파일 시스템의 용량을 확인해야 할 뿐만 아니라 파일 시스템의 상태를 점검하고 문제가 있을 때 복구해야 한다. 리눅스에서 파일 시스템을 검사하고 복구하는 명령은 fsck와 e2fsck이다.

### 파일 시스템 검사하기: fsck

fsck는 'file sysem check'의 약자로, 이 명령은 inode 및 블록, 디렉터리, 파일 링크 등을 검사하고 필요시 복구 작업도 수행한다.

**fsck**

- **기능** 리눅스의 파일 시스템을 점검한다.
- **형식** fsck [옵션] [장치명]
- **옵션** -f: 강제로 점검한다.
  -b 슈퍼블록: 슈퍼블록으로 지정한 백업 슈퍼블록을 사용한다.
  -y: 모든 질문에 yes로 대답하도록 한다.
  -a: 파일 시스템 검사에서 문제를 발견했을 때 자동으로 복구한다.
- **사용 예** fsck /dev/sdb1
  fsck -f /dev/sdb1

fsck 명령은 기본적으로 /etc/fstab에 지정된 파일 시스템을 대상으로 한다. 물론 다른 파일 시스템에 대한 검사도 수행할 수 있다. 파일 시스템 종류별로 fsck.ext2, fsck.ext3, fsck.ext4 명령도 제공한다.

### ■ 일반적인 파일 시스템 검사

fsck 명령으로 /dev/sdd1 파일 시스템을 검사해보자.

```
[root@localhost ~]# fsck /dev/sdd1
fsck from util-linux 2.32.1
e2fsck 1.44.3 (10-July-2018)
/dev/sdd1: clean, 11/76912 files, 11777/307200 blocks
```

아직 사용한 적이 없으므로 /dev/sdd1 파일 시스템의 상태가 깨끗하다고 출력되었다.

### ■ 파일 시스템 강제 검사

fsck –f 명령으로 /dev/sdd1 파일 시스템을 강제로 검사해보자.

```
[root@localhost ~]# fsck -f /dev/sdd1
fsck from util-linux 2.32.1
e2fsck 1.44.3 (10-July-2018)
Pass 1: Checking inodes, blocks, and sizes
Pass 2: Checking directory structure
Pass 3: Checking directory connectivity
Pass 4: Checking reference counts
Pass 5: Checking group summary information
/dev/sdd1: 11/76912 files (0.0% non-contiguous), 11777/307200 blocks
```

#### ■ 파일 시스템 종류를 지정한 검사

fsck.ext4 명령으로 /dev/sdd1 파일 시스템을 검사해보자.

```
[root@localhost ~]# fsck.ext4 /dev/sdd1
e2fsck 1.44.3 (10-July-2018)
/dev/sdd1: clean, 11/76912 files, 11777/307200 blocks
```

### 파일 시스템 검사하기: e2fsck

e2fsck 명령은 fsck처럼 inode 및 블록, 디렉터리, 파일 링크 등을 검사하고 필요시 복구 작업도 수행한다.

**e2fsck**

- **기능** 리눅스의 확장 파일 시스템(ext2, ext3, ext4)을 점검한다.
- **형식** e2fsck [옵션] [장치명]
- **옵션** -f: 강제로 점검한다.
  -b 슈퍼블록: 슈퍼블록으로 지정한 백업 슈퍼블록을 사용한다.
  -y: 모든 질문에 yes로 대답하도록 한다.
  -j ext3/ext4: ext3나 ext4 파일 시스템을 검사할 때 지정한다.
- **사용 예** e2fsck /dev/sdb1
  e2fsck -f /dev/sdb1

e2fsck 명령으로 파일 시스템을 점검할 때는 해당 파일 시스템의 마운트를 해제해야 한다. 마운트되어 있는 상태에서 e2fsck 명령을 수행할 경우 예상치 않은 오류가 발생할 수도 있으므로 주의한다.

#### ■ 일반적인 파일 시스템 검사

e2fsck 명령으로 /dev/sdd1 파일 시스템을 검사해보자.

```
[root@localhost ~]# e2fsck /dev/sdd1
e2fsck 1.44.3 (10-July-2018)
/dev/sdd1: clean, 11/76912 files, 11777/307200 blocks
```

e2fsck 명령으로도 /dev/sdd1 파일 시스템의 상태가 깨끗하다고 출력되었다.

### ■ 파일 시스템 강제 검사

e2fsck 명령으로 /dev/sdd1 파일 시스템을 강제로 검사해보자. e2fsck 명령은 inode와 블록, 디렉터리 구조, 파일 링크의 수 등을 단계적으로 검사한다. 다음 예에서는 사용한 적이 없는 파일 시스템이므로 각 단계별로 특별한 메시지가 출력되지 않고 마지막에 파일 시스템 사용량에 대한 요약 정보만 출력되었다.

```
[root@localhost ~]# e2fsck -f /dev/sdd1
e2fsck 1.44.3 (10-July-2018)
Pass 1: Checking inodes, blocks, and sizes
Pass 2: Checking directory structure
Pass 3: Checking directory connectivity
Pass 4: Checking reference counts
Pass 5: Checking group summary information
/dev/sdd1: 11/76912 files (0.0% non-contiguous), 11777/307200 blocks
```

## 배드 블록 검사하기: badblocks

디스크에 발생하는 심각한 문제 중의 하나는 배드 블록으로 인한 데이터 유실이다. 물론 백업이나 이중화 구성 등으로 대비하겠지만 주기적으로 배드 블록을 검사하는 것도 매우 중요하다. 배드 블록은 fsck나 e2fsck 명령으로도 검사가 가능하지만 배드 블록을 검사하는 별도의 badblocks 명령도 있다.

**badblocks**

- **기능** 장치의 배드 블록을 검색한다.
- **형식** badblocks [옵션] [장치명]
- **옵션** -v: 검색 결과를 자세하게 출력한다.
  -o 출력 파일: 검색한 배드 블록 목록을 지정한 출력 파일에 저장한다.
- **사용 예** badblocks -v /dev/sdb1
  badblocks -v -o bad.out /dev/sdb1

### ■ 배드 블록 검색하기

badblocks 명령을 사용하여 배드 블록을 검색해보자.

```
[root@localhost ~]# badblocks -v /dev/sdd1
Checking blocks 0 to 307199
Checking for bad blocks (read-only test): done

Pass completed, 0 bad blocks found. (0/0/0 errors)
```

■ **검색 결과를 파일로 저장하기: -o**

-o 옵션을 사용하면 badblocks 명령으로 검색한 결과가 파일로 저장된다. 결과 파일에는 검색된 배드 블록의 블록 번호가 저장된다. 다음 예에서는 검색된 배드 블록이 없어서 파일에 아무것도 저장되지 않았다.

```
[root@localhost ~]# badblocks -v -o bad.out /dev/sdd1
Checking blocks 0 to 307199
Checking for bad blocks (read-only test): done

Pass completed, 0 bad blocks found. (0/0/0 errors)
[root@localhost ~]# cat bad.out
```

### 백업 슈퍼블록을 이용하여 파일 시스템 복구하기

파일 시스템의 기본 슈퍼블록에 문제가 있으면 해당 파일 시스템을 사용할 수 없는데, 이럴 경우에 대비하여 백업 슈퍼블록이 있다. 이 백업 슈퍼블록 중 하나를 사용하여 파일 시스템을 복구할 수 있다.

■ **백업 슈퍼블록의 위치 파악하기: dumpe2fs**

파일 시스템에서 백업 슈퍼블록의 위치를 파악하려면 dumpe2fs 명령을 사용한다.

**dumpe2fs**

- **기능** 파일 시스템의 정보를 출력한다.
- **형식** dumpe2fs [장치명]
- **사용 예** dumpe2fs /dev/sdd1

dumpe2fs 명령으로 /dev/sdd1 파일 시스템의 정보를 출력하면 다음과 같다(4절의 '혼자해보기' 실습에서 /dev/sdd1에 파일 시스템을 생성했다).

```
[root@localhost ~]# dumpe2fs /dev/sdd1
dumpe2fs 1.44.3 (10-July-2018)
Filesystem volume name:   <none>
Last mounted on:          <not available>
Filesystem UUID:          10f77755-bd08-484d-b277-977e580de38f
Filesystem magic number:  0xEF53
Filesystem revision #:    1 (dynamic)
Filesystem features:      ext_attr resize_inode dir_index filetype sparse_super
large_file
Filesystem flags:         signed_directory_hash
Default mount options:    user_xattr acl
Filesystem state:         clean
Errors behavior:          Continue
Filesystem OS type:       Linux
Inode count:              76912
Block count:              307200
Reserved block count:     15360
(생략)
```

아주 많은 정보가 출력되었는데 여기서 슈퍼블록에 관한 정보만 추출하려면 grep 명령을 사용한다.

```
[root@localhost ~]# dumpe2fs /dev/sdd1 | grep superblock
dumpe2fs 1.44.3 (10-July-2018)
  Primary superblock at 1, Group descriptors at 2-3
  Backup superblock at 8193, Group descriptors at 8194-8195
  Backup superblock at 24577, Group descriptors at 24578-24579
  Backup superblock at 40961, Group descriptors at 40962-40963
  Backup superblock at 57345, Group descriptors at 57346-57347
  Backup superblock at 73729, Group descriptors at 73730-73731
  Backup superblock at 204801, Group descriptors at 204802-204803
  Backup superblock at 221185, Group descriptors at 221186-221187
```

출력 결과를 보면 /dev/sdd1 파일 시스템이 8193번 블록 등 백업 슈퍼블록을 모두 일곱 개 가지고 있음을 알 수 있다. 이 가운데 하나를 사용하여 파일 시스템을 복구할 수 있다

■ **파일 시스템 복구하기**

백업 슈퍼블록을 이용하여 파일 시스템을 복구할 때는 fsck나 e2fsck 명령의 -b 옵션을 사용한다. 파일 시스템의 복구를 실습하기 위해 먼저 파일 시스템의 기본 슈퍼블록을 dd 명령으로 삭제한다.

**dd**

- **기능** 지정한 블록 크기만큼 파일을 복사한다.
- **형식** dd [if=파일] [of=파일] [bs=바이트 수] [count=블록 수]
  - if=파일: 표준 입력 대신 지정한 파일에서 읽어온다.
  - of=파일: 표준 출력 대신 지정한 파일로 복사한다.
  - bs=바이트 수: 한 번에 읽어오고 기록할 바이트 수이다.
  - count=블록 수: 블록 수만큼만 복사한다.
- **사용 예** dd if=/dev/zero of=/dev/sdd1 bs=4096 count=20

다음 명령은 /dev/sdd1 파일 시스템의 앞부분 20블록을 0 값으로 채운다.

```
[root@localhost ~]# dd if=/dev/zero of=/dev/sdd1 bs=4096 count=20
20+0 records in
20+0 records out
81920 bytes (82 kB, 80 KiB) copied, 0.00865865 s, 9.5 MB/s#
```

이제 /dev/sdd1 파일 시스템의 기본 슈퍼블록이 지워졌다. 따라서 /dev/sdd1 파일 시스템을 마운트하면 오류 메시지가 출력된다.

```
[root@localhost ~]# mount /dev/sdd1 /mnt/hdd1
mount: /mnt/hdd1: wrong fs type, bad option, bad superblock on /dev/sdd1, missing
codepage or helper program, or other error.
```

앞에서 dumpe2fs로 확인한 백업 슈퍼블록을 이용하여 /dev/sdd1 파일 시스템을 복구하려면 다음과 같이 한다.

```
[root@localhost ~]# e2fsck -b 24577 -y /dev/sdd1
e2fsck 1.44.3 (10-July-2018)
/dev/sdd1 was not cleanly unmounted, check forced.
Resize inode not valid.  Recreate? yes
```

```
Pass 1: Checking inodes, blocks, and sizes
Pass 2: Checking directory structure
Pass 3: Checking directory connectivity
Pass 4: Checking reference counts
Pass 5: Checking group summary information
Free blocks count wrong for group #0 (7663, counted=7664).
Fix? yes

Free blocks count wrong (295422, counted=295423).
Fix? yes


/dev/sdd1: ***** FILE SYSTEM WAS MODIFIED *****
/dev/sdd1: 11/76912 files (0.0% non-contiguous), 11777/307200 blocks
```

e2fsck 명령에서 -b 옵션은 백업 슈퍼블록의 위치를 지정하고, -y 옵션은 복구 과정에서 나오는 질문에 모두 yes로 대답하게 한다.

**혼자해보기 백업 슈퍼블록을 이용하여 파일 시스템 복구하기**

/dev/sdd2 파일 시스템의 백업 슈퍼블록을 확인하고 이를 이용하여 파일 시스템을 복구해보자.

❶ /dev/sdd2 파일 시스템에서 백업 슈퍼블록의 위치를 확인한다.

❷ dd 명령으로 /dev/sdd2 파일 시스템의 슈퍼블록을 삭제한다.

❸ 세 번째 백업 슈퍼블록을 이용하여 파일 시스템을 복구한다.

## 연습문제

**01** 다음 중 디스크 기반 파일 시스템이 아닌 것은 무엇인가?

① proc ② ext
③ ext4 ④ xfs

**02** 디스크를 새로 장착하고 사용하기 위한 작업 순서로 맞는 것은 무엇인가?

① 디스크 파티션 생성 → 디스크 마운트 → 디스크 포맷
② 디스크 파티션 생성 → 디스크 포맷 → 디스크 마운트
③ 디스크 마운트 → 디스트 파티션 생성 → 디스크 포맷
④ 디스크 포맷 → 디스크 파티션 생성 → 디스크 마운트

**03** 부팅할 때 파일 시스템을 마운트하기 위한 정보를 저장하고 있는 파일은 무엇인가?

① /etc/mtab
② /etc/mount
③ /etc/fstab
④/etc/ftab

**04** 디스크 기반 파일 시스템과 가상 파일 시스템의 차이를 설명하시오.

**05** 유닉스에서 유래된 파일 시스템의 공통 개념에 대해 설명하시오.

**06** 블록 그룹 0에서 그룹 0 패딩의 용도는 무엇인지 설명하시오.

**07** 블록 그룹 0 외에 다른 일부 그룹에 슈퍼블록이 있는 이유를 설명하시오.

**08** inode에 대해 간단히 설명하시오.

**09** inode에서 직접 블록과 간접 블록의 차이를 설명하시오.

**10** 마운트 포인트에 대해 설명하시오.

**11** 부팅할 때 /etc/fstab에 설정된 파일 시스템을 점검하는 순서를 어떻게 지정하는지 설명하시오.

**12** CD-ROM을 /cdrom 디렉터리에 마운트하는 명령은 무엇인가?

**13** 윈도에서 사용하던 USB 메모리에 저장된 파일을 리눅스 시스템에 복사하려고 한다. 어떤 순서로 작업해야 하는지 설명하시오.

**14** 시스템에 새로운 하드디스크를 설치했는데 이 디스크의 장치명은 /dev/sde이다. 이 디스크 전체를 하나의 파티션으로 사용하는 절차를 설명하시오.

**15** 하드디스크를 여러 파티션으로 나누어 사용하면 어떤 장점이 있는가?

**16** 파티션에 파일 시스템을 생성하는 명령은 무엇인가?

**17** 다음 그림과 같이 /mnt 아래에 a.txt 파일이 저장되어 있다. 그런데 /dev/sda2 파일 시스템을 /mnt에 마운트하고 ls /mnt 명령을 수행했더니 b.txt 파일만 보인다. 그 이유를 설명하시오.

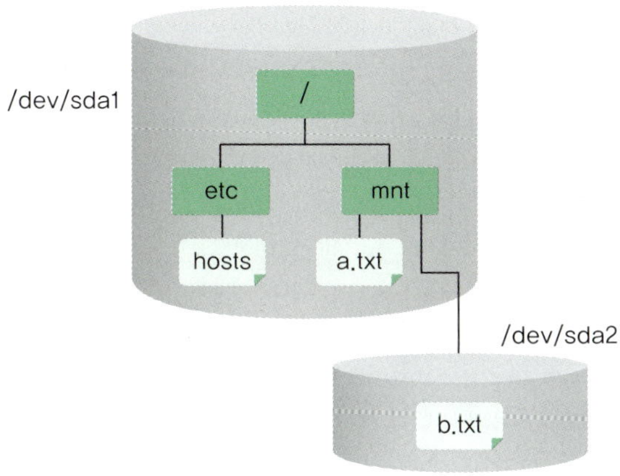


**18** LVM과 같은 기능이 필요한 이유를 설명하시오.

**19** 기존 파일 시스템을 LVM으로 생성하고 마운트하는 과정을 설명하시오.

**20** guest 계정의 디스크 사용량을 확인하는 방법은 무엇인가?

**21** /dev/sdd2 파일 시스템에서 슈퍼블록의 위치를 검색했더니 다음과 같았다. 기본 슈퍼블록에 문제가 있을 때 어떻게 복구할 수 있는지 설명하시오.

```
[root@localhost ~]# dumpe2fs /dev/sdd2 | grep superblock
dumpe2fs 1.44.3 (10-July-2018)
  Primary superblock at 1, Group descriptors at 2-3
  Backup superblock at 8193, Group descriptors at 8194-8195
  Backup superblock at 24577, Group descriptors at 24578-24579
  Backup superblock at 40961, Group descriptors at 40962-40963
  Backup superblock at 57345, Group descriptors at 57346-57347
  Backup superblock at 73729, Group descriptors at 73730-73731
  Backup superblock at 204801, Group descriptors at 204802-204803
  Backup superblock at 221185, Group descriptors at 221186-221187
[root@localhost ~]#
```

# CHAPTER 08
# 리눅스의 부팅과 종료



**학습목표**

- 리눅스 시스템의 부팅 과정을 이해하고 부르 로더의 역할을 설명할 수 있다.
- systemd의 기능을 이해하고 사용법을 설명할 수 있다.
- 런레벨을 이해하고 변경할 수 있다.
- 리눅스 시스템 종료 방법을 설명할 수 있다.
- 데몬을 이해하고 슈퍼데몬의 역할을 설명할 수 있다.
- root 계정의 암호를 복구할 수 있다.

# 00 개요

## 1 리눅스 학습 맵에서 8장의 위치

8장에서는 3단계의 두 번째 항목인 리눅스 시스템의 부팅과 종료에 도전해보자. 이 장을 공부하면 리눅스의 부팅 과정을 이해하고 시스템을 종료할 뿐만 아니라 다양한 서비스를 동작시키거나 종료할 수 있을 것이다. 시스템을 안정적으로 유지하는 데 꼭 필요한 업무이므로 세심하게 살피며 공부할 필요가 있다.

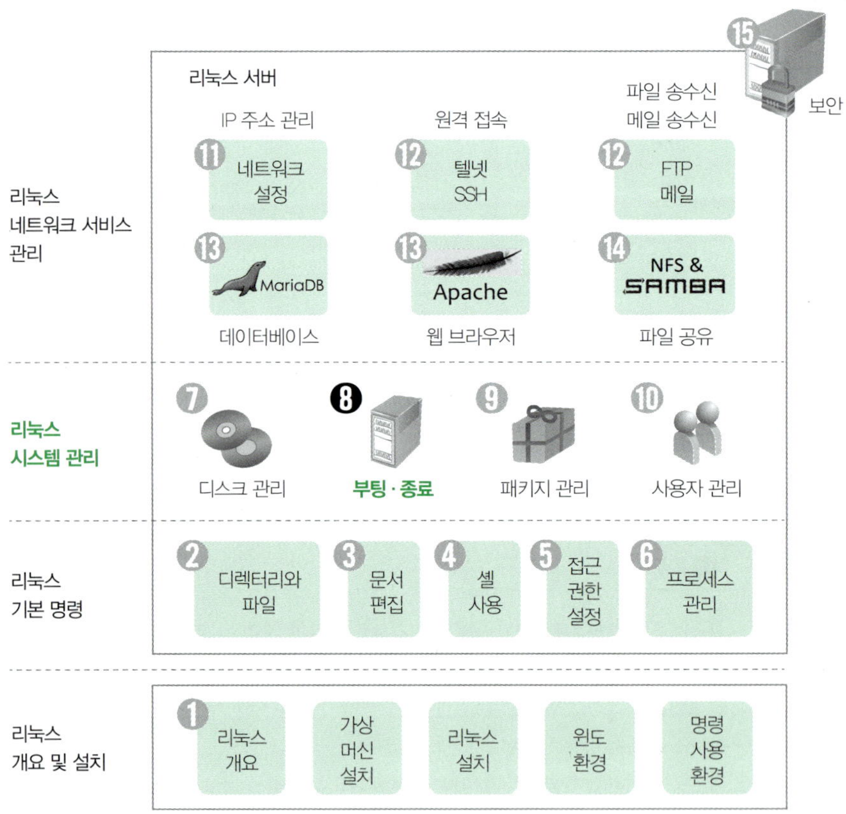

## 2 8장의 내용 구성

윈도도 부팅하다가 가끔 문제가 발생하듯이 리눅스 시스템도 부팅 과정에서 문제가 발생할 수 있다. 리눅스는 주로 서버 운영체제로 사용되므로 부팅이 안 된다면 사용자에게 서비스를 제공할 수 없다. 따라서 부팅 과정에서 문제가 발생할 경우 시스템 관리자는 이를 신속하게 해결해야 한다. 리눅스의 부팅 과정은 PC의 전원을 켜는 순간 바이오스가 동작하는 것으로 시작하여 로그인 프롬프트가 화면에 출력되는 것으로 완료된다.

CentOS는 기존의 1번 프로세스인 init를 대체한 systemd 서비스를 도입하여 시스템의 서비스를 시작하고 종료하며 상태를 확인하는 기능을 보강했다. 리눅스는 하드디스크의 추가 같은 유지 · 보수 작업을 위해 시스템을 종료해야 할 때가 있으므로 시스템을 종료하는 방법을 알아야 한다. 리눅스의 대표적인 부트 로더가 된 GRUB는 다양한 기능을 제공하지만 여기서는 리눅스를 단일 사용자 모드로 부팅하는 방법만 살펴본다. 이는 root 계정의 암호를 잊어버렸을 때 복구하는 데 필요하다. 이 장에서 배우는 리눅스의 부팅 및 종료와 관련된 여러 요소를 숙지하여 시스템을 잘 관리할 수 있기를 바란다.

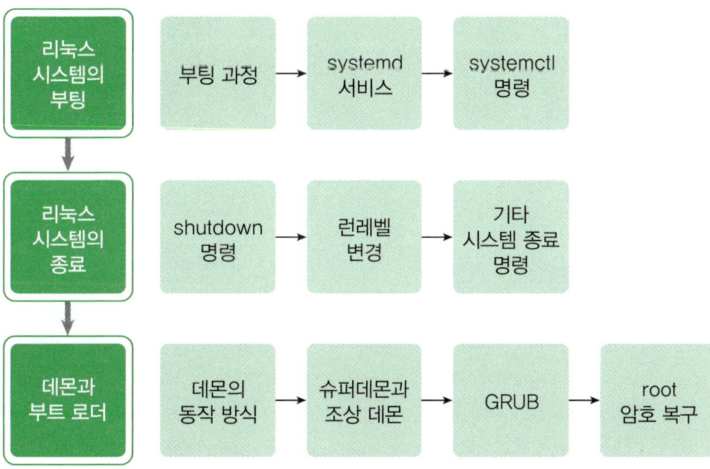

# 01 리눅스 시스템의 부팅

리눅스의 부팅은 PC의 전원을 켜는 순간부터 리눅스가 완전히 동작하여 로그인 프롬프트가 출력될 때까지를 말한다. 시스템 관리자는 이러한 리눅스의 부팅 과정을 잘 이해하고, 부팅할 때 필요한 서비스가 시작되도록 설정하고 부팅 과정에서 문제가 발생할 경우 이를 해결해야 한다.

리눅스 시스템의 부팅 과정은 크게 PC 부팅과 리눅스 부팅으로 나뉜다. 즉 리눅스가 설치된 하드웨어(예 PC)의 부팅과 리눅스 운영체제의 부팅 절차로 구분할 수 있다. 리눅스는 원래 PC를 기반으로 개발된 것이므로 PC의 부팅을 중심으로 부팅 과정을 살펴보자. 리눅스는 부팅 과정을 [그림 8-1]과 같은 단계로 나누어 관리한다.

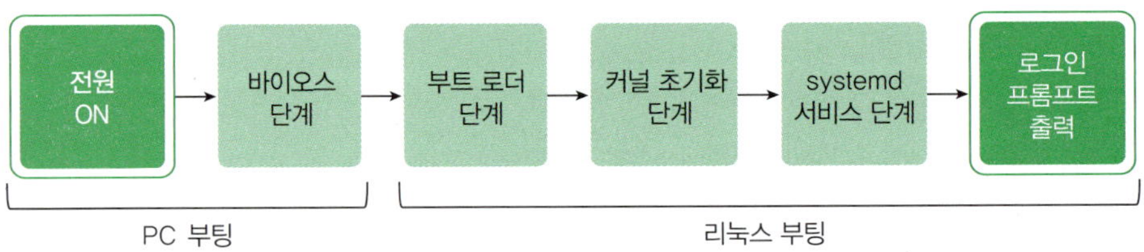


**그림 8-1 리눅스의 부팅 과정**

[그림 8-1]의 각 단계를 구체적으로 살펴보자.

## 1 바이오스 단계

PC의 전원 스위치를 켜면 제일 먼저 바이오스BIOS, basic input/output system가 동작한다. 바이오스는 보통 ROM에 저장되어 있어 흔히 ROM-BIOS라고 부른다. 바이오스는 PC에 장착된 기본적인 하드웨어(키보드, 디스크 등)의 상태를 확인한 후 부팅 장치를 선택하여 부팅 디스크의 첫 섹터에서 512B를 로딩한다. 이 512B를 마스터 부트 레코드master boot record, MBR라고 하며, 디스크의 어느 파티션에 2차 부팅 프로그램(부트 로더)이 있는지에 대한 정보가 저장되어 있다. 메모리에 로딩된 MBR은 부트 로더를 찾아 메모리에 로딩하는 작업까지 수행한다. 이를 정리하면 [그림 8-2]와 같다.

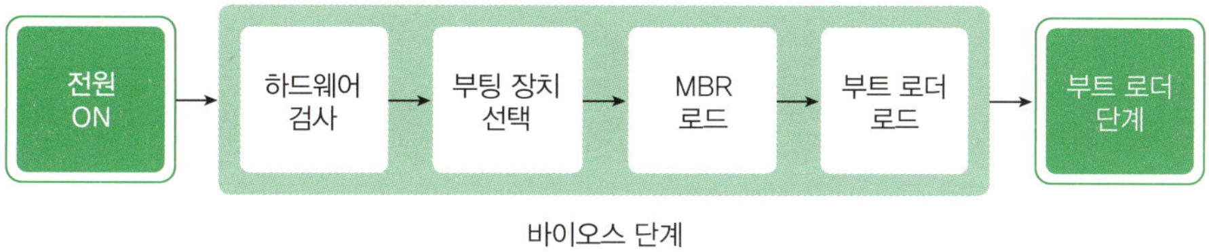


그림 8-2 바이오스 단계의 세부 동작

## 2 부트 로더 단계

바이오스 단계에서 MBR은 부트 로더를 찾아 메모리에 로딩한다. 부트 로더는 일반적으로 여러 운영체제 중에서 부팅할 운영체제를 선택할 수 있도록 메뉴를 제공한다.

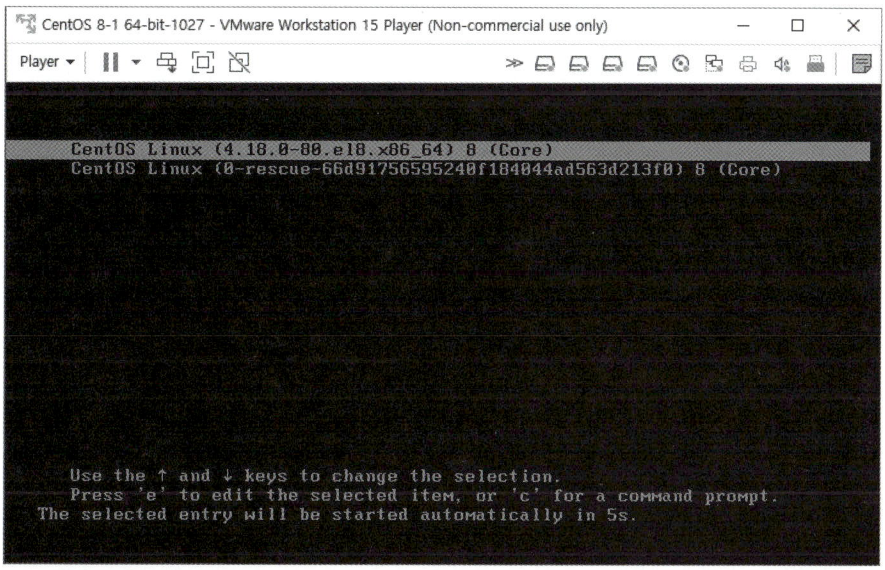


그림 8-3 부트 로더 시작 화면

부트 로더는 리눅스 커널을 메모리에 로딩하는 역할을 수행한다. 리눅스 커널은 /boot 디렉터리 아래에 'vmlinuz-버전명'의 형태로 제공된다. CentOS의 경우는 다음 예와 같다. CentOS를 처음 설치한 이후 업데이트를 하면 커널이 추가로 생성된다. 다음 예에서는 4.18.0이 처음 설치된 버전이고, 업데이트된 버전은 없다. rescue 버전은 응급 상황에서 시스템을 복구하기 위해 사용한다. 윈도의 안전 모드와 유사하다고 생각하면 된다.

```
[user1@localhost ~]$ ls /boot/vm*
/boot/vmlinuz-0-rescue-66d91756595240f184044ad563d213f0
/boot/vmlinuz-4.18.0-80.el8.x86_64
```

리눅스의 대표적인 부트 로더는 GRUB이다. 부트 로더에 대한 자세한 것은 5절에서 살펴볼 것이다.

### 3 커널 초기화 단계

부트 로더에 의해 메모리에 로딩된 커널은 가장 먼저 시스템에 연결된 메모리, 디스크, 키보드, 마우스 등의 장치를 검사한다. 리눅스를 처음 시스템에 설치할 때 사용 가능한 하드웨어의 정보를 미리 확인했다가, 부팅할 때 이러한 장치들이 사용 가능한 상태로 유지되고 있는지 확인하는 것이다.

장치 검사 등 기본적인 초기화 과정이 끝나면 커널은 일반적으로 프로세스를 만드는 방식인 fork를 사용하지 않고 프로세스와 스레드를 생성한다. 이 프로세스들은 메모리 관리 같은 커널의 여러 가지 동작을 수행한다. 이런 커널 프로세스의 개수와 종류는 리눅스의 버전과 종류에 따라 다르다. 이 프로세스들은 일반적인 프로세스와 구분되도록 대괄호([ ])로 표시하며, 주로 PID 번호가 낮게 배정되어 있다. ps 명령으로 확인해보면 다음과 같다.

```
[user1@localhost ~]$ ps -ef | more
UID          PID    PPID  C STIME TTY          TIME CMD
root           1       0  0 20:24 ?        00:00:04 /usr/lib/systemd/systemd --swi
tched-root --system --deserialize 17
root           2       0  0 20:24 ?        00:00:00 [kthreadd]
root           3       2  0 20:24 ?        00:00:00 [rcu_gp]
root           4       2  0 20:24 ?        00:00:00 [rcu_par_gp]
root           6       2  0 20:24 ?        00:00:00 [kworker/0:0H]
root           8       2  0 20:24 ?        00:00:00 [mm_percpu_wq]
root           9       2  0 20:24 ?        00:00:00 [ksoftirqd/0]
root          10       2  0 20:24 ?        00:00:00 [rcu_sched]
root          11       2  0 20:24 ?        00:00:00 [migration/0]
root          12       2  0 20:24 ?        00:00:00 [watchdog/0]
(생략)
```

커널 프로세스가 생성되면 커널이 수행할 작업이 끝난다. 이제 systemd 서비스를 동작시킨다.

## 4 systemd 서비스 단계

systemd 서비스 단계에 이르면 리눅스가 본격적으로 동작하기 시작했다고 생각하면 된다. CentOS에서 systemd 서비스는 기존의 init 스크립트를 대체한 것으로 다양한 서비스를 동작시킨다. systemd는 2절에서 자세히 살펴본다.

각 서비스가 시작하는 과정은 화면에 메시지로 출력되는데, CentOS에서는 기본적으로 이 메시지가 보이지 않도록 하고 대신에 [그림 8-4]와 같은 형태의 이미지를 출력한다. 부트 스플래시boot splash라고 하는 이 이미지는 CentOS의 버전에 따라 다르게 출력되기도 한다.

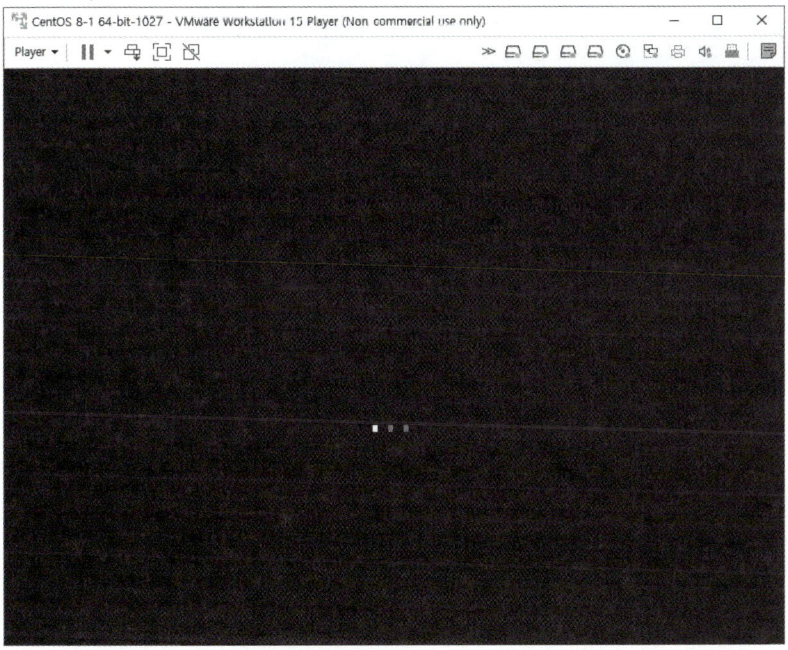


그림 8-4 CentOS의 부트 스플래시 화면

부트 스플래시 화면이 진행 중일 때 Alt+d(소문자 D)키를 누르면 [그림 8-5]와 같이 메시지가 출력되는 화면으로 전환된다.

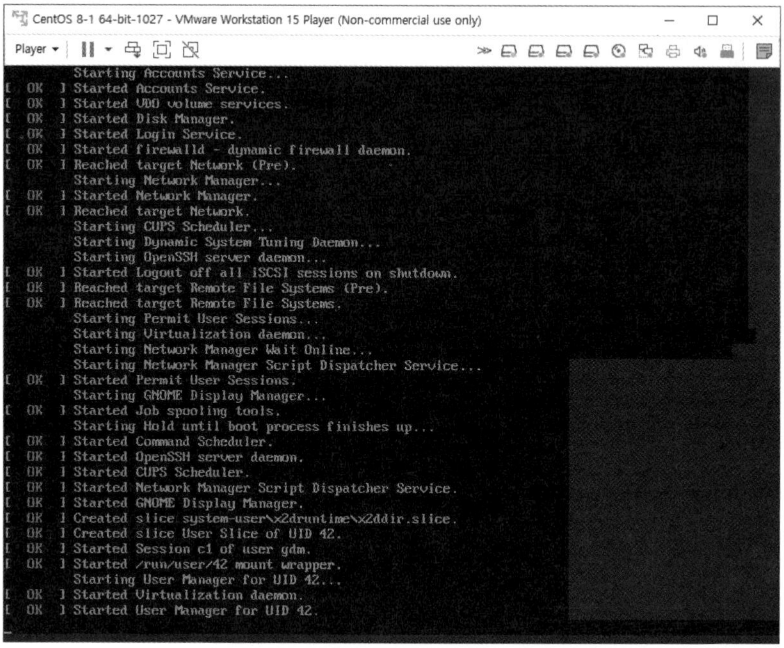


**그림 8-5 부팅 메시지 출력 화면**

위와 같이 부팅 시 출력되는 메시지는 각종 서비스가 정상적으로 시작하는지(OK) 아니면 실패인지(FAIL)를 나타낸다. 그런데 이 메시지가 워낙 빨리 지나가므로 제대로 확인하기 어려울 것이다. 이 메시지는 부팅 후 dmesg 명령이나 more /var/log/boot.log 명령으로 확인할 수 있다. dmesg 명령으로 출력되는 메시지에는 데몬의 시작과 관련된 메시지뿐만 아니라 하드웨어 검사와 관련된 메시지도 모두 포함된다.

```
[user1@localhost ~]$ dmesg | more
[    0.000000] Linux version 4.18.0-80.el8.x86_64 (mockbuild@kbuilder.bsys.cento
s.org) (gcc version 8.2.1 20180905 (Red Hat 8.2.1-3) (GCC)) #1 SMP Tue Jun 4 09:
19:46 UTC 2019
[    0.000000] Command line: BOOT_IMAGE=(hd0,msdos1)/vmlinuz-4.18.0-80.el8.x86_6
4 root=/dev/mapper/cl-root ro crashkernel=auto resume=/dev/mapper/cl-swap rd.lvm
.lv=cl/root rd.lvm.lv=cl/swap rhgb quiet
[    0.000000] Disabled fast string operations
[    0.000000] x86/fpu: Supporting XSAVE feature 0x001: 'x87 floating point regi
sters'
(생략)
```

전통적으로 유닉스에서는 init 프로세스가 서비스를 실행했다. 따라서 init 프로세스는 처음 생성된 프로세스로서 PID가 1번이다. 그러나 CentOS는 버전 7부터 init 대신에 시스템과 서비스 관리자로 systemd를 사용하기 시작했고, systemd 프로세스가 1번 프로세스가 되었다.

```
[user1@localhost ~]$ ps -ef | more
UID          PID   PPID  C STIME TTY          TIME CMD
root           1      0  0 20:24 ?        00:00:04 /usr/lib/systemd/systemd --swi
tched-root --system --deserialize 17
root           2      0  0 20:24 ?        00:00:00 [kthreadd]
root           3      2  0 20:24 ?        00:00:00 [rcu_gp]
(생략)
```

마지막으로 systemd 서비스 단계에서는 데몬을 모두 실행한 뒤 그래픽 로그인 시스템인 GDMGNOME display manager을 동작시키고, [그림 8-6]과 같은 로그인 프롬프트 화면을 출력한다.

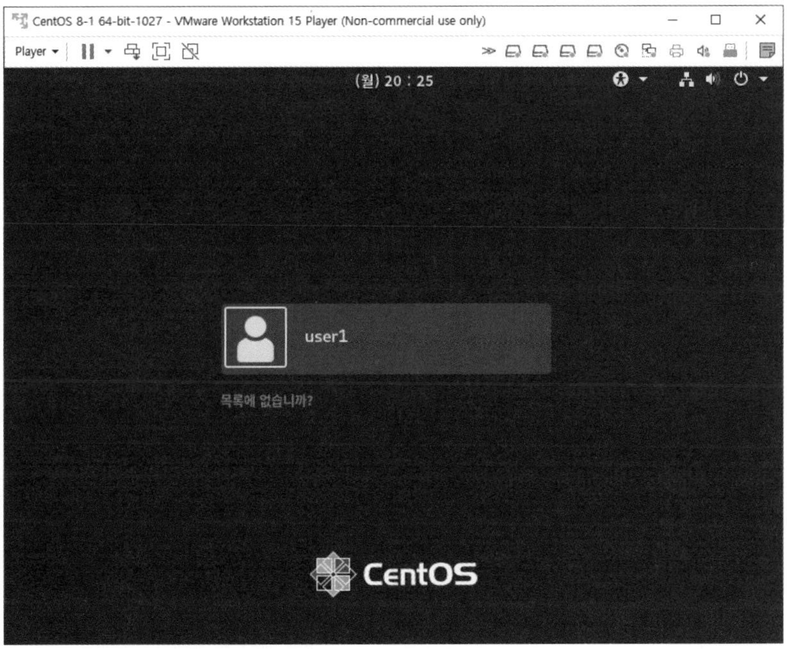


그림 8-6 로그인 프롬프트 화면

이제 리눅스의 부팅 과정이 모두 완료되었다. 암호를 입력하고 로그인하여 시스템을 사용하면 된다.

# 02 systemd 서비스

systemd는 리눅스의 시스템과 서비스 관리자로서 유닉스의 init 프로세스가 하던 작업을 대신 수행한다. 즉 systemd는 다양한 서비스 데몬을 시작하고, 프로세스들의 상태를 유지하며, 시스템의 상태를 관리한다. 먼저 init 프로세스의 동작을 살펴보자.

## 1 init 프로세스와 런레벨

init 프로세스는 PID가 1번인 프로세스로 모든 프로세스의 조상 역할을 한다. init 프로세스는 부팅 과정에서 각종 서비스를 제공하는 셸 스크립트 파일을 실행한다. init 프로세스와 관련된 설정 파일은 /etc/inittab이며, 현재 CentOS의 /etc/inittab 파일의 내용은 다음과 같다.

```
[user1@localhost ~]$ cat /etc/inittab
# inittab is no longer used.
#
# ADDING CONFIGURATION HERE WILL HAVE NO EFFECT ON YOUR SYSTEM.
#
# Ctrl-Alt-Delete is handled by /usr/lib/systemd/system/ctrl-alt-del.target
#
# systemd uses 'targets' instead of runlevels. By default, there are two main
targets:
#
# multi-user.target: analogous to runlevel 3
# graphical.target: analogous to runlevel 5
#
# To view current default target, run:
# systemctl get-default
#
# To set a default target, run:
# systemctl set-default TARGET.target
```

즉 이제 init를 사용하지 않고 systemd를 사용한다는 것이다. 이전 버전과의 호환성 때문에 inittab 파일을 유지하기는 하지만 시스템의 동작과는 아무 상관이 없다. init 프로세스가 실행하는 스크립트 파일은 /etc/rc.d/init.d 디렉터리에 위치하며, /etc/rc*.d 디렉터리에 있는 파일은 /etc/rc.d/init.d 파일에 대한 심볼릭 링크다. 현재는 systemd 서비스에 의해 대체되었다.

```
[user1@localhost ~]$ ls /etc/rc.d/init.d
README  functions
```

/etc/rc.d/init.d 디렉터리의 README 파일에도 다음과 같이 무엇이 어떻게 바뀌었는지 친절한 설명이 들어 있다. 전통적인 init 스크립트가 systemd 기반으로 바뀌었다는 것이다.

```
[user1@localhost ~]$ cat /etc/rc.d/init.d/README
You are looking for the traditional init scripts in /etc/rc.d/init.d,
and they are gone?

Here's an explanation on what's going on:

You are running a systemd-based OS where traditional init scripts have
been replaced by native systemd services files. Service files provide
very similar functionality to init scripts. To make use of service
files simply invoke "systemctl", which will output a list of all
currently running services (and other units). Use "systemctl
list-unit-files" to get a listing of all known unit files, including
stopped, disabled and masked ones. Use "systemctl start
foobar.service" and "systemctl stop foobar.service" to start or stop a
service, respectively. For further details, please refer to
systemctl(1).
(생략)
```

init 프로세스는 없어졌지만, 전통적으로 사용해온 init 프로세스의 런레벨Run Level의 개념은 이해할 필요가 있다. init는 시스템의 상태를 일곱 개로 정의하여 구분하고 각 상태에 따라 셸 스크립트를 실행하는데, 이러한 상태를 런레벨이라고 한다. 리눅스의 런레벨은 [표 8-1]과 같다.

표 8-1 리눅스의 init 런레벨

| 런레벨 | 의미 | 관련 스크립트의 위치 |
|---|---|---|
| 0 | 시스템 종료 | /etc/rc0.d |
| 1, S | 단일 사용자 모드 | /etc/rc1.d |
| 2 | 다중 사용자 모드(NFS를 실행하지 않음) | /etc/rc2.d |
| 3 | 다중 사용자 모드(NFS 포함) | /etc/rc3.d |
| 4 | 사용하지 않음(예비 번호) | /etc/rc4.d |
| 5 | X11 상태로 부팅 | /etc/rc5.d |
| 6 | 재시작 | /etc/rc6.d |

## 2 systemd 기본 개념

systemd는 리눅스의 서비스 관리와 관련된 복잡한 구조를 가지고 있으며 여기서 그 내용을 모두 다루기는 어렵다. 보다 자세한 내용은 다른 책을 참고하기 바란다. 여기서는 기본적인 개념을 이해하고 관련 명령의 사용법을 익히는 정도만 할 것이다.

CentOS는 버전 7부터 거의 대부분의 서비스가 systemd 기반으로 바뀌었다. systemd는 init 방식에 비해 다음과 같은 장점을 가지고 있다.

- 소켓 기반으로 동작하여 inetd와 호환성을 유지한다.
- 셸과 독립적으로 부팅이 가능하다.
- 마운트 제어가 가능하다.
- fsck 제어가 가능하다.
- 시스템 상태에 대한 스냅숏을 유지한다.
- SELinux와 통합이 가능하다.
- 서비스에 시그널을 전달할 수 있다.
- 셧다운 전에 사용자 세션의 안전한 종료가 가능하다.

### systemd 유닛

systemd는 전체 시스템을 시작하고 관리하는 데 유닛unit이라 부르는 구성 요소를 사용한다. systemd는 [표 8-2]와 같은 유닛들을 구분하여 관리한다. systemd는 관리 대상의 이름을

'서비스명.유닛 종류'의 형태로 관리한다. 각 유닛은 같은 이름과 종류로 구성된 설정 파일과 동일한 이름을 사용한다. 예를 들어 atd.service 유닛의 경우 같은 이름의 설정 파일을 가지며, atd 데몬을 관리한다.

**표 8-2 systemd 유닛의 종류**

| 유닛 | 기능 | 예 |
|---|---|---|
| service | 시스템 서비스 유닛으로 데몬을 시작 · 종료 · 재시작 · 로드한다. | atd.service |
| target | 유닛을 그루핑한다.<br>(예 multi-user.target → 런레벨 5에 해당하는 유닛) | basic.target |
| automount | 디렉터리 계층 구조에서 자동 마운트 포인트를 관리한다. | proc-sys-fs-binfmt_misc.automount |
| device | 리눅스 장치 트리에 있는 장치를 관리한다. | sys-module-fuse.device |
| mount | 디렉터리 계층 구조의 마운트 포인트를 관리한다. | boot.mount |
| path | 파일 시스템의 파일이나 디렉터리 등 경로를 관리한다. | cups.path |
| scope | 외부에서 생성된 프로세스를 관리한다. | init.scope |
| slice | 시스템의 프로세스를 계층적으로 관리한다. | system-getty.slice |
| socket | 소켓을 관리하는 유닛으로 AF_INET, AF_INET6, AF_UNIX 소켓 스트림과 데이터그램, FIFO를 지원한다. | dbus.socket |
| swap | 스왑 장치를 관리한다. | dev-mapper-fedora₩x2dswap.swap |
| timer | 타이머와 관련된 기능을 관리한다. | dnf-makecache.timer |

## 3 systemd 관련 명령

systemd 기반으로 서비스를 시작하거나 종료할 때 사용하는 명령은 systemctl이다. systemctl 명령에서 유닛을 지정할 때 유닛의 종류는 제외해도 된다. 예를 들면 sshd.service를 지정할 때 sshd만 지정해도 된다.

**systemctl**

- **기능** systemd 서비스를 제어한다.
- **형식** systemctl [옵션] [명령] [유닛명]
- **옵션** -a: 상태와 관계없이 유닛 전체를 출력한다.
  -t 유닛 종류: 지정한 종류의 유닛만 출력한다.

- **명령** start: 유닛을 시작한다.
  stop: 유닛을 정지한다.
  reload 유닛의 설정 파일을 다시 읽어온다.
  restart: 유닛을 재시작한다.
  status: 유닛 상태를 출력한다.
  enable: 부팅 시 유닛이 시작되도록 설정한다.
  disable: 부팅 시 유닛이 시작하지 않도록 설정한다.
  is-active: 유닛이 동작하고 있는지 확인한다.
  is-enabled: 유닛이 시작되었는지 확인한다.
  isolate: 지정한 유닛 및 이와 관련된 유닛만 시작하고 나머지는 정지한다.
  kill: 유닛에 시그널을 전송한다.
- **사용 예** systemctl
  systemctl -a
  systemctl start atd.service

systemctl 명령의 사용 예를 살펴보자.

### 동작중인 유닛 출력하기

옵션이나 명령 없이 systemctl 명령만 사용하면 현재 동작 중인 유닛이 출력된다. 다음 실행 결과를 보면 ACTIVE 항목이 모두 active인 것만 출력되었다.

```
[user1@localhost ~]$ systemctl
UNIT                        LOAD   ACTIVE SUB     DESCRIPTION
(생략)
basic.target                loaded active active  Basic System
bluetooth.target            loaded active active  Bluetooth
cryptsetup.target           loaded active active  Local Encrypted Volumes
getty.target                loaded active active  Login Prompts
graphical.target            loaded active active  Graphical Interface
local-fs-pre.target         loaded active active  Local File Systems (Pre)
local-fs.target             loaded active active  Local File Systems
multi-user.target           loaded active active  Multi-User System
network-online.target       loaded active active  Network is Online
network-pre.target          loaded active active  Network (Pre)
network.target              loaded active active  Network
nfs-client.target           loaded active active  NFS client services
(생략)
```

### 전체 유닛 출력하기: -a

systemctl 명령에 -a 옵션을 지정하면 전체 유닛이 출력된다. 다음 출력 결과를 보면 inactive인 것이 눈에 띈다.

```
[user1@localhost ~]$ systemctl -a
  UNIT                       LOAD      ACTIVE   SUB       DESCRIPTION
  boot.automount             not-found inactive dead      boot.automount
  proc-sys-fs-binfmt_misc.automount loaded    active   waiting   Arbitrary Exec>
  dev-block-8:17.device      loaded    active   plugged   LVM PV r930iM-f78e-EbB>
  dev-block-8:18.device      loaded    active   plugged   LVM PV uP0uft-4dQ5-BD7>
  dev-block-8:2.device       loaded    active   plugged   LVM PV u7eKdg-zNiu-kra>
  dev-block-8:33.device      loaded    active   plugged   LVM PV l1foLX-g2dY-cmE>
  dev-block-8:34.device      loaded    active   plugged   LVM PV o01pjh-nH7z-aoW>
  dev-cdrom.device           loaded    active   plugged   VMware_Virtual_IDE_CDR>
  dev-cl-root.device         loaded    active   plugged   /dev/cl/root
  dev-cl-swap.device         loaded    active   plugged   /dev/cl/swap
(생략)
```

### 특정 유닛 출력하기: -t

특정 종류의 유닛만 출력하려면 -t 옵션을 사용한다. 다음은 service 유닛만 출력한 것이다.

```
[user1@localhost ~]$ systemctl -t service
UNIT                           LOAD   ACTIVE SUB     DESCRIPTION
accounts-daemon.service        loaded active running Accounts Service
alsa-state.service             loaded active running Manage Sound Card State (>
atd.service                    loaded active running Job spooling tools
auditd.service                 loaded active running Security Auditing Service
avahi-daemon.service           loaded active running Avahi mDNS/DNS-SD Stack
bluetooth.service              loaded active running Bluetooth service
bolt.service                   loaded active running Thunderbolt system service
chronyd.service                loaded active running NTP client/server
colord.service                 loaded active running Manage, Install and Gener>
crond.service                  loaded active running Command Scheduler
cups.service                   loaded active running CUPS Scheduler
(생략)
```

### 유닛의 상태 확인하기: status

유닛의 상태를 확인하려면 status 명령을 사용한다. 다음은 crond.service의 상태를 출력한 것이다.

```
[user1@localhost ~]$ systemctl status crond.service
● crond.service - Command Scheduler
   Loaded: loaded (/usr/lib/systemd/system/crond.service; enabled; vendor prese>
   Active: active (running) since Mon 2019-11-11 21:00:06 KST; 56min ago
 Main PID: 1139 (crond)
    Tasks: 1 (limit: 11362)
   Memory: 2.1M
   CGroup: /system.slice/crond.service
           └─1139 /usr/sbin/crond -n
lines 1-8/8 (END)
```

crond.service의 상태 정보를 보면 데몬의 이름이 crond이고, PID가 1139이며, 현재 active 상태임을 알 수 있다.

### 유닛 서비스 정지하기: stop

유닛 서비스를 정지하려면 stop 명령을 사용한다. 이 부분을 공부하면서 유닛 목록의 아무 서비스나 정지하지 말도록 주의해야 한다. 여기서는 앞에서 살펴본 crond.service를 정지해보자. crond 유닛을 정지한 후 다시 status 명령으로 상태를 확인해보면 inactive(dead)이다. 서비스 정지는 root의 권한이므로 root로 사용자를 전환하여 실습한다.

```
[user1@localhost init.d]$ su -
암호:
[root@localhost ~]# systemctl stop crond.service
[root@localhost ~]# systemctl status crond
● crond.service - Command Scheduler
   Loaded: loaded (/usr/lib/systemd/system/crond.service; enabled; vendor prese>
   Active: inactive (dead) since Mon 2019-11-11 21:58:55 KST; 7s ago
  Process: 1139 ExecStart=/usr/sbin/crond -n $CRONDARGS (code=exited, status=0/>
 Main PID: 1139 (code=exited, status=0/SUCCESS)
```

```
11월 11 21:00:09 localhost.localdomain crond[1139]: (CRON) INFO (running with i>
11월 11 21:01:01 localhost.localdomain CROND[2390]: (root) CMD (run-parts /etc/>
11월 11 21:01:01 localhost.localdomain anacron[2399]: Anacron started on 2019-1>
11월 11 21:01:01 localhost.localdomain anacron[2399]: Will run job `cron.daily'>
11월 11 21:01:01 localhost.localdomain anacron[2399]: Jobs will be executed seq>
11월 11 21:46:01 localhost.localdomain anacron[2399]: Job `cron.daily' started
11월 11 21:46:01 localhost.localdomain anacron[2399]: Job `cron.daily' terminat>
11월 11 21:46:01 localhost.localdomain anacron[2399]: Normal exit (1 job run)
11월 11 21:58:55 localhost.localdomain systemd[1]: Stopping Command Scheduler...
11월 11 21:58:55 localhost.localdomain systemd[1]: Stopped Command Scheduler.
lines 1-16/16 (END)
```

### 유닛 서비스 시작하기: start

유닛 서비스를 시작하려면 start 명령을 사용한다. 앞에서 정지한 crond.service를 다시 시작해보자. crond 유닛을 시작한 후 is-active 명령으로 동작 여부를 확인해보면 active 상태임을 알 수 있다.

```
[root@localhost ~]# systemctl start crond.service
[root@localhost ~]# systemctl is-active crond.service
active
```

## 4 systemd와 런레벨

앞에서 살펴보았듯이 런레벨은 현재 시스템의 상태를 나타내는 한 자리 숫자(문자 S, s 포함)이다. 이에 대응하는 systemd의 target 유닛은 [표 8-3]과 같이 제공된다. 이 파일들은 /usr/lib/systemd/system 디렉터리에 있다. [표 8-3]을 보면 각 런레벨에 해당하는 runlevelX.target이 제공되는데, 이는 런레벨에 익숙한 사용자의 편의를 위한 심볼릭 링크다.

표 8-3 런레벨과 target 유닛의 관계

| 런레벨 | target 파일(심벌릭 링크) | target 원본 파일 |
|---|---|---|
| 0 | runlevel0.target | poweroff.target |
| 1 | runlevel1.target | rescue.target |
| 2 | runlevel2.target | multi-user.target |
| 3 | runlevel3.target | |
| 4 | runlevel4.target | |
| 5 | runlevel5.target | graphical.target |
| 6 | runlevel6.target | reboot.target |

### 현재 target과 런레벨 확인하기

현재 target을 확인하려면 다음과 같이 한다.

```
[root@localhost ~]# systemctl get-default
graphical.target
```

런레벨을 확인하려면 runlevel 명령을 사용한다. 다음과 같이 runlevel 명령으로 확인했을 때 출력된 'N 5'는 런레벨 5로 부팅했다는 의미다.

```
[root@localhost ~]# runlevel
N 5
```

### 기본 target 지정하기

부팅할 때 동작하는 기본 런레벨은 예전에는 /etc/inittab 파일에 지정했으나 지금은 default.target이 가리키는 target 유닛으로 바뀌었다. default.target은 /etc/systemd/system 디렉터리 아래에 있으며 심볼릭 링크 파일이다. 현재 파일을 확인해보면 다음과 같이 graphical.target의 심볼릭 링크다.

```
[root@localhost ~]# ls -l /etc/systemd/system/de*
lrwxrwxrwx. 1 root root 36 10월 27 20:53 /etc/systemd/system/default.target -> /lib/
systemd/system/graphical.target
```

default.target이 가리키는 기본 target은 다음과 같은 형식으로 지정한다.

```
systemctl set-default <name of target>.target
```

이 명령은 /etc/systemd/system 디렉터리 아래의 심볼릭 링크인 default.target이 가리키는 target 파일을 변경한다. 예를 들어 현재 target인 graphical.target에서 multi-user.target으로 바꾸려면 다음과 같이 한다.

```
[root@localhost ~]# systemctl set-default multi-user.target
Removed /etc/systemd/system/default.target.
Created symlink /etc/systemd/system/default.target → /usr/lib/systemd/system/multi-user.target.
[root@localhost ~]# ls -l /etc/systemd/system/de*
lrwxrwxrwx. 1 root root 41 11월 11 22:14 /etc/systemd/system/default.target → /usr/lib/systemd/system/multi-user.targe
```

당연한 말이지만 런레벨 0이나, 런레벨 6에 해당하는 target을 기본으로 지정하면 안 된다. 이렇게 런레벨을 지정할 경우 시스템이 어떻게 동작할지 상상해보라. 기본 target은 graphical.target(런레벨 5)으로 해놓는 것이 좋다. 앞에서 바꾼 기본 target을 다시 graphical.target으로 변경한다.

```
[root@localhost ~]# systemctl set-default graphical.target
Removed /etc/systemd/system/default.target.
Created symlink /etc/systemd/system/default.target → /usr/lib/systemd/system/graphical.target.
```

### target 변경하기

systemd에서 런레벨을 변경하는 것도 isolate 명령으로 간단히 해결할 수 있다. 예를 들어 multi-user.target(런레벨 3)으로 변경하려면 다음 명령 중 하나를 입력한다.

```
systemctl isolate multi-user
```

```
systemctl isolate runlevel3
```

graphical.target(런레벨 5)으로 변경하려면 다음 명령 중 하나를 사용한다.

```
systemctl isolate graphical
```

```
systemctl isolate runlevel5
```

### 런레벨 변경하기: telinit, init

init은 1번 프로세스의 이름이기도 하지만 init 프로세스의 런레벨을 바꿀 때 사용하기도 한다. 현재 init은 systemd에 대한 심볼릭 링크이다.

```
[root@localhost ~]# ls -l /sbin/init
lrwxrwxrwx. 1 root root 22  5월 23 23:48 /sbin/init → ../lib/systemd/systemd
```

init 명령만 입력하면 다음과 같이 출력된다.

```
[root@localhost ~]# init
init: required argument missing.
```

init --help로 사용법을 알아보면 다음과 같이 출력된다.

```
[root@localhost ~]# init --help
init [OPTIONS...] {COMMAND}
Send control commands to the init daemon.

     --help      Show this help
     --no-wall   Don't send wall message before halt/power-off/reboot

Commands:
  0              Power-off the machine
  6              Reboot the machine
  2, 3, 4, 5     Start runlevelX.target unit
  1, s, S        Enter rescue mode
  q, Q           Reload init daemon configuration
  u, U           Reexecute init daemon
```

이는 기존의 init 프로세스에 익숙한 사용자들을 위해 명령을 유지하고 있는 것으로 예를 들어 init 3을 하면 런레벨 3으로 변경된다.

런레벨을 바꾸는 명령으로 telinit도 있다. telinit은 systemctl에 대한 심볼릭 링크다.

```
[root@localhost ~]# ls -l /sbin/telinit
lrwxrwxrwx. 1 root root 16  5월 23 23:48 /sbin/telinit → ../bin/systemctl
```

telinit 명령을 실행하면 init 명령과 같은 결과가 출력된다.

```
[root@localhost ~]# telinit --help
telinit [OPTIONS...] {COMMAND}

Send control commands to the init daemon.

     --help      Show this help
     --no-wall   Don't send wall message before halt/power-off/reboot

Commands:
  0              Power-off the machine
  6              Reboot the machine
  2, 3, 4, 5     Start runlevelX.target unit
  1, s, S        Enter rescue mode
  q, Q           Reload init daemon configuration
  u, U           Reexecute init daemon
```

### 단일 사용자 모드로 전환하기: rescue.target(런레벨 1)

시스템에 문제가 있을 경우 시스템을 rescue.target 유닛(런레벨 1, 런레벨 S)으로 변경하여 점검해야 한다. 이는 윈도의 안전 모드 같은 것으로, 다중 사용자 모드에서 시스템 관리자만 사용할 수 있는 단일 사용자 모드로 전환하는 것이다. 따라서 이 모드로 변환하기 전에 다른 사용자들은 로그아웃을 해야 한다. 다음 명령 중 하나를 사용하면 단일 사용자 모드로 전환할 수 있다.

```
systemctl isolate rescue
```

```
systemctl isolate runlevel1
```

```
init 1
```

```
telinit S
```

단일 사용자 모드로 전환하면 그래픽 환경이었던 리눅스가 텍스트 모드로 바뀐다. 단일 사용자 모드에서는 바로 root 암호를 입력하여 시스템과 관련된 점검 작업을 하고 다시 다중 사용자 모드로 전환한다. 단일 사용자 모드에서 다중 사용자 모드로 전환하려면 reboot 명령이나 systemctl default 명령을 사용한다.

**혼자해보기 서비스 정지하고 시작하기**

❶ colord.service가 동작 중인지 is-active 명령으로 확인한다.
❷ colord.service를 정지한다.
❸ colord.service의 상태를 확인한다.
❹ colord.service를 다시 시작한다.
❺ colord.service의 상태에서 PID를 확인한다.

# 03 리눅스 시스템의 종료

이제 리눅스 시스템을 종료하는 방법을 알아보자. 윈도를 사용하다 보면 가끔 PC가 동작을 멈추어 전원을 껐다가 켤 수밖에 없는 경우가 발생한다. 그러다가 윈도에 문제가 생겨서 새로 설치해야만 하는 일도 있고 중요한 파일이 없어지기도 한다. 윈도를 정상적으로 종료하지 않았기 때문이다.

리눅스도 윈도와 마찬가지로 시스템을 종료할 때 정상적인 절차를 거치는 것이 매우 중요하다. 더구나 리눅스는 대부분 서버 운영체제로 사용되기 때문에 비정상적으로 시스템을 종료하여 문제가 발생하면 서비스를 제공하지 못할 수도 있다. 리눅스를 종료하는 방법은 다음과 같이 여러 가지가 있다.

- shutdown 명령을 사용한다.
- halt 명령을 사용한다.
- poweroff 명령을 사용한다.
- 런레벨을 0이나 6으로 전환한다.
- reboot 명령을 사용한다.
- 전원을 끈다.

물론 마지막의 전원을 끄는 방법은 다른 무엇도 할 수 없을 경우에만 사용하는 최후의 수단이다. 전원을 끄는 경우를 제외하고 종료 방법을 각각 살펴보자.

## 1 shutdown 명령

리눅스 시스템을 가장 정상적으로 종료하는 방법은 shutdown 명령을 사용하는 것이다. 시스템을 종료하는 다른 명령들과 달리 shutdown 명령은 다양한 종료 방법을 제공한다. 또한 시스템 종료 외에 런레벨을 바꿀 때도 사용할 수 있다.

**shutdown**

- **기능** 리눅스를 종료한다.
- **형식** shutdown [옵션] [시간] [메시지]
- **옵션** -k: 실제로 시스템을 종료하는 것이 아니라 사용자들에게 메시지만 전달한다.
  -r: 종료 후 재시작한다.
  -h: 종료하며 halt 상태로 이동한다.
  -f: 빠른 재시작으로 이 과정에서 fsck를 생략할 수도 있다.
  -c: 이전에 내렸던 shutdown 명령을 취소한다.
  시간: 종료할 시간이다(hh:mm, +m, now).
  메시지: 모든 사용자에게 보낼 메시지다.
- **사용 예** shutdown -h now
  shutdown -r +3 "System is going down"
  shutdown -c

### 시스템 즉시 종료하기

shutdown 명령으로 시스템을 즉시 종료하려면 −h 옵션과 함께 현재 시간(now)을 지정한다. 여기서 공부하는 명령을 바로 실습하면 시스템을 계속 종료했다가 다시 시작해야 하는 불편함이 있으니 명령만 확인하고 실습은 나중으로 미룬다.

```
[root@localhost ~]# shutdown -h now
```

종료 시간이 now이므로 바로 시스템 종료 절차가 시작된다.

### 셧다운한다는 메시지 보내고 종료하기

현재 시스템을 사용 중인 사용자들이 있다면 시스템이 종료된다는 메시지를 보내어 작업을 저장하고 정리할 시간을 주어야 한다. 시스템을 종료할 때 shutdown 명령으로 메시지를 보낼 수 있다. 사용자들이 메시지를 받고 정리할 시간이 필요하므로 시간을 now로 지정하면 안 되고 특정 시간을 지정해야 한다. 예를 들어 2분 후에 시스템이 종료되도록 설정하고 메시지를 보내려면 다음과 같이 지정한다.

```
[root@localhost ~]# shutdown -h +2 "System is going down in 2 min"
```

### 시스템 재시작하기

shutdown 명령으로 시스템을 재시작하려면 –r 옵션을 사용한다. 3분 후에 시스템을 재시작하도록 지정하려면 다음과 같이 한다.

```
[root@localhost ~]# shutdown -r +3
```

### 명령 취소하기

shutdown 명령을 취소하려면 –c 옵션을 사용한다.

```
[root@localhost ~]# shutdown -c
```

### 메시지만 보내기

실제로 shutdown 명령을 실행하지는 않고 사용자들에게 메시지만 보내려면 –k 옵션을 사용한다.

```
[root@localhost ~]# shutdown -k 2
```

즉 현재 시간을 알려주고 2분 후에 시스템이 종료된다는 메시지를 보내는데, 그 시간이 되었을 때 실제로 시스템이 종료되지는 않고 자동으로 취소된다.

## 2 런레벨 변경 명령

시스템을 종료하는 다른 방법은 런레벨을 변경하는 것이다. 즉 telinit 명령으로 런레벨을 0으로 변경하면 시스템이 종료되고, 6으로 변경하면 재시작된다. systemd 기능을 사용할 때는 target을 바꾸면 된다.

### 런레벨 변경하기

[표 8–1]에서 살펴본 것처럼 런레벨 0은 시스템 종료 상태이다. 따라서 런레벨을 0으로 바꾸면 시스템을 종료된다.

```
[root@localhost ~]# telinit 0
```

재시작하려면 런레벨을 6으로 바꾸면 된다.

```
[root@localhost ~]# telinit 6
```

### systemd로 종료하기

systemd에서 target 유닛을 변경하면 시스템을 종료하거나 재시작할 수 있다. [표 8-3]을 참조한다. 다음과 같이 하면 시스템을 종료할 수 있다.

```
[root@localhost ~]# systemctl isolate poweroff.target
```

```
[root@localhost ~]# systemctl isolate runlevel0.target
```

또한 다음과 같이 하면 시스템을 재시작할 수 있다.

```
[root@localhost ~]# systemctl isolate reboot.target
```

```
[root@localhost ~]# systemctl isolate runlevel6.target
```

## 3 기타 시스템 종료 명령

shutdown 명령과 런레벨 변경 외에 시스템을 종료하거나 재시작하기 위해 사용할 수 있는 명령으로 halt, poweroff, reboot가 있다. 그런데 이 명령들은 모두 systemctl 명령의 심볼릭 링크다.

```
[root@localhost ~]# ls -l /sbin/halt
lrwxrwxrwx. 1 root root 16  5월 23 23:48 /sbin/halt -> ../bin/systemctl
[root@localhost ~]# ls -l /sbin/poweroff
lrwxrwxrwx. 1 root root 16  5월 23 23:48 /sbin/poweroff -> ../bin/systemctl
[root@localhost ~]# ls -l /sbin/reboot
lrwxrwxrwx. 1 root root 16  5월 23 23:48 /sbin/reboot -> ../bin/systemctl
```

결국 모두 systemctl 명령으로 시스템을 종료하고 재시작한다는 의미다. 이 명령들은 전통적으로 존재하던 것이라 유지하고 있는 것이다. 명령의 기능을 간단하게 살펴보자.

halt, poweroff, reboot 명령은 /var/log/wtmp 파일에 시스템 종료 기록을 남기고 시스템을 종료하거나 재시작한다. 이 명령들은 런레벨이 1~5일 때 내부적으로 shutdown 명령을 호출하며, 사용할 수 있는 옵션은 다음과 같다.

- −n: 재시작이나 종료 전에 sync를 호출하지 않는다.
- −w: 실제로 재시작하거나 종료하지는 않지만 wtmp 파일에 기록을 남긴다.
- −d: wtmp 파일에 기록을 남기지 않는다. −n 옵션은 −d 옵션을 포함한다.
- −f: 강제로 명령을 실행하며 shutdown을 호출하지 않는다.
- −p: 시스템의 전원을 끈다.

# 04 데몬 프로세스

데몬daemon은 리눅스의 백그라운드에서 동작하면서 특정한 서비스를 제공하는 프로세스를 의미한다. 리눅스 시스템에서 동작하는 웹 서버나 데이터베이스 서버, 원격 접속 서버 등 각종 서비스를 제공하는 프로세스가 바로 데몬이다. 여기서는 리눅스에서 운영하는 데몬 중 대표적인 몇 가지를 살펴본다.

## 1 데몬의 동작 방식

데몬은 두 가지 동작 방식, 즉 데몬 혼자서 스스로 동작하는 독자형standalone과 데몬을 관리하는 슈퍼데몬에 의해 동작하는 방식이 있다. 독자형의 경우는 시스템의 백그라운드에서 항상 동작하고 있는데, 자주 호출되는 데몬이 아니라면 시스템의 자원을 낭비할 우려가 있다. 슈퍼데몬에 의한 동작 방식은, 평소에는 슈퍼데몬만 동작하다가 서비스 요청이 오면 슈퍼데몬이 해당 데몬을 동작시키는 것이다. 따라서 독자형보다는 서비스에 응답하는 데 시간이 좀 더 걸릴 수 있지만 자원을 효율적으로 사용한다는 장점이 있다.

독자형이든 슈퍼데몬에 의해 동작하는 형태든 데몬이 제대로 동작하지 않으면 시스템이 서비스를 제공할 수 없다. 따라서 시스템 관리자는 데몬이 잘 동작하도록 관리해야 한다.

## 2 슈퍼데몬

데몬의 종류가 늘어나자 이를 관리하기 위한 슈퍼데몬이 등장했다. 유닉스의 슈퍼데몬은 이름이 inetd였으나 CentOS에서는 보안 기능이 포함된 xinetd를 사용하고 있다. 슈퍼데몬은 네트워크 서비스를 제공하는 데몬만 관리한다. 간단히 말해 사용자가 네트워크 서비스를 요청하면 슈퍼데몬이 이를 받아서 해당하는 서비스 데몬을 동작시키는 것이다. 슈퍼데몬은 11장에서 네트워크를 살펴볼 때 다시 등장할 것이다.

## ❸ 데몬의 조상

대부분의 데몬을 동작시키는 조상 데몬이 있다. systemd와 커널 스레드 데몬이 그것이다.

### systemd 데몬

앞에서 살펴보았듯이 systemd는 init를 대체한 데몬이다. systemd는 1번 프로세스로서 프로세스 대부분의 조상 프로세스이며, 시스템의 상태를 종합적으로 관리하는 역할을 수행한다. pstree 명령으로 프로세스의 실행 구조를 확인해보면 systemd가 다른 데몬들의 조상임을 더 명확하게 알 수 있다.

```
[root@localhost ~]# pstree
systemd─┬─ModemManager───2*[{ModemManager}]
        ├─NetworkManager───2*[{NetworkManager}]
        ├─VGAuthService
        ├─accounts-daemon───2*[{accounts-daemon}]
        ├─alsactl
        ├─atd
        ├─auditd─┬─sedispatch
        │        └─2*[{auditd}]
        │ avahi daemon   avahi daemon
        ├─bluetoothd
        ├─boltd───2*[{boltd}]
        ├─chronyd
        ├─colord───2*[{colord}]
        ├─crond
        ├─cupsd
        ├─dbus-daemon───{dbus-daemon}
        ├─dnsmasq───dnsmasq
        ├─firewalld───{firewalld}
(생략)
```

### 커널 스레드 데몬

커널의 일부분을 프로세스처럼 관리하는 데몬을 커널 데몬이라고 한다. 이는 ps 명령으로 확인했을 때 대괄호([ ])에 들어 있는 프로세스들이다. 예전에는 대부분 k로 시작했으나 요즘에는 이를 반드시 준수하지 않는다. 커널 데몬은 대부분 입출력이나 메모리 관리, 디스크 동기화 등을 수행하며 대체로 낮은 PID가 할당되어 있다.

일반 프로세스의 조상 데몬이 systemd라면 커널 데몬을 동작시키는 조상 데몬은 커널 스레드 데몬kthreadd이다. ps 명령으로 확인해보면 모든 커널 데몬의 PPID가 2번임을 알 수 있다. PID 2번은 kthreadd 데몬이다.

```
[root@localhost sbin]# ps -ef | more
UID          PID    PPID  C STIME TTY          TIME CMD
UID          PID    PPID  C STIME TTY          TIME CMD
root           1       0  0 21:20 ?        00:00:02 /usr/lib/systemd/systemd --swi
tched-root --system --deserialize 18
root           2       0  0 21:20 ?        00:00:00 [kthreadd]
root           3       2  0 21:20 ?        00:00:00 [rcu_gp]
root           4       2  0 21:20 ?        00:00:00 [rcu_par_gp]
root           5       2  0 21:20 ?        00:00:00 [kworker/0:0-xfs-buf/dm-0]
root           6       2  0 21:20 ?        00:00:00 [kworker/0:0H]
root           7       2  0 21:20 ?        00:00:00 [kworker/u256:0-events_unbound
]
(생략)
```

## 4 주요 데몬

리눅스에서 각종 서비스를 제공하기 위한 주요 데몬은 [표 8-4]와 같다. 이 외에도 매우 다양한 데몬이 존재하며, 사용자가 필요에 따라 만들 수도 있다.

**표 8-4 리눅스의 주요 데몬**

| 데몬 | 기능 | 데몬 | 기능 |
|---|---|---|---|
| atd | 특정 시간에 실행하도록 예약한 명령을 실행한다(at 명령으로 예약). | popd | 기본 편지함 서비스를 제공한다. |
| crond | 주기적으로 실행하도록 예약한 명령을 실행한다. | routed | 자동 IP 라우터 테이블 서비스를 제공한다. |
| dhcpd | 동적으로 IP 주소를 부여하는 서비스를 제공한다. | smb | 삼바 서비스를 제공한다. |
| httpd | 웹 서비스를 제공한다. | syslogd | 로그 기록 서비스를 제공한다. |
| lpd | 프린트 서비스를 제공한다. | sshd | 원격 보안 접속 서비스를 제공한다. |
| nfs | 네트워크 파일 시스템 서비스를 제공한다. | in.telnetd | 원격 접속 서비스를 제공한다. |
| named | DNS 서비스를 제공한다. | ftpd | 파일 송수신 서비스를 제공한다. |
| sendmail | 이메일 서비스를 제공한다. | ntpd | 시간 동기화 서비스를 제공한다. |
| smtpd | 메일 전송 데몬이다. | | |

# 05 부트 로더

1절에서 언급했듯이 부트 로더는 커널을 메모리에 로딩하는 역할을 수행한다. 리눅스에는 LILO와 GRUB라는 두 가지 부트 로더가 있는데 CentOS에서는 GRUB를 기본으로 지원한다. 이 책에서 GRUB의 모든 기능을 살펴보기는 어려우므로 GRUB의 개요와 GRUB를 관리하기 위해 알아야 할 핵심적인 내용만 다룬다. 이 절에서는 root 계정의 암호를 잊어버렸을 경우 단일 사용자 모드로 부팅하여 암호를 복구하는 과정을 살펴본다. 부트 로더에 대한 보다 자세한 내용은 다른 책을 참고하기 바란다.

## 1 GRUB의 개요

GRUB는 'grand unified bootloader'의 약자로, 리눅스의 전통적인 부트 로더인 LILO의 단점을 보완하여 GNU 프로젝트의 일환으로 개발되었다. GRUB는 LILO에 비해 다음과 같은 장점을 가지고 있다.

- LILO는 리눅스에서만 사용이 가능하지만 GRUB는 윈도에서도 사용할 수 있다.
- LILO에 비해 설정과 사용이 편리하다.
- 부팅할 때 명령을 사용하여 수정이 가능하다.
- 멀티 부팅 기능을 지원한다.

GRUB의 최신 버전은 GRUB2다. GRUB2는 GRUB를 대체한 것으로, CentOS 8은 GRUB2를 기본 부트 로더로 사용하고 있다. GRUB에 비해 GRUB2는 이식성과 모듈화가 더 좋아져서 동적으로 모듈을 로딩할 수 있다. 그럼 GRUB2를 중심으로 살펴보자.

## 2 GRUB2 관련 디렉터리와 파일

GRUB2를 관리하기 위해 관련 파일과 명령을 살펴보자. 관련 파일의 자세한 내용에 대한 설명은 생략한다.

### /boot/grub2/grub.cfg 파일

/boot/grub2/grub.cfg 파일은 기존의 menu.lst 파일을 대체하는 기본 설정 파일로, menu.lst 파일과 달리 사용자가 직접 수정할 수 없다. 이 파일은 /etc/default/grub 파일과 /etc/grub.d 디렉터리 아래에 있는 스크립트를 읽어서 생성되는 것이다. 이 파일의 내용을 수정하려면 /etc/default/grub 파일과 /etc/grub.d 디렉터리 아래에 있는 스크립트를 수정해야 한다.

```
[root@localhost sbin]# more /boot/grub2/grub.cfg
#
# DO NOT EDIT THIS FILE
#
# It is automatically generated by grub2-mkconfig using templates
# from /etc/grub.d and settings from /etc/default/grub
#

### BEGIN /etc/grub.d/00_header ###
set pager=1

if [ -f ${config_directory}/grubenv ]; then
  load_env -f ${config_directory}/grubenv
elif [ -s $prefix/grubenv ]; then
  load_env
fi
if [ "${next_entry}" ] ; then
   set default="${next_entry}"
   set next_entry=
   save_env next_entry
   set boot_once=true
else
   set default="${saved_entry}"
fi
--More--(9%)
```

### /etc/grub.d 디렉터리

이 디렉터리는 GRUB 스크립트를 가지고 있다. 이 스크립트들은 GRUB의 명령이 실행될 때 순서대로 실행되어 grub.cfg 파일이 생성된다.

```
[root@localhost ~]# ls /etc/grub.d
00_header          01_users       20_ppc_terminfo   40_custom
00_tuned           10_linux       30_os-prober      41_custom
01_menu_auto_hide  20_linux_xen   30_uefi-firmware  README
```

### /etc/default/grub 파일

이 파일에는 GRUB 메뉴 설정 내용이 저장되어 있으며, GRUB 스크립트가 이 파일을 읽어서 grub.cfg에 기록한다. 기존의 menu.lst 파일과 비슷한 역할을 한다.

```
[root@localhost ~]# cat /etc/default/grub
GRUB_TIMEOUT=5
GRUB_DISTRIBUTOR="$(sed 's, release .*$,,g' /etc/system-release)"
GRUB_DEFAULT=saved
GRUB_DISABLE_SUBMENU=true
GRUB_TERMINAL_OUTPUT="console"
GRUB_CMDLINE_LINUX="crashkernel=auto resume=/dev/mapper/cl-swap rd.lvm.lv=cl/root
rd.lvm.lv=cl/swap rhgb quiet"
GRUB_DISABLE_RECOVERY="true"
GRUB_ENABLE_BLSCFG=true
```

## 3 root 암호 복구하기

GRUB2 부트 로더와 관련된 사용법 중에서 꼭 알아두어야 할 것은 root 암호를 복구하기 위해 단일 사용자 모드로 부팅하는 것이다. root 계정의 암호를 잊어버렸을 경우 암호를 복구하기 위해 필요한데 그 과정은 다음과 같다.

❶ 시스템 재시작하기

일단 시스템을 재시작해야 한다. 부팅할 때 [그림 8-7]과 같이 GRUB 메뉴 초기 화면이 출력된다.

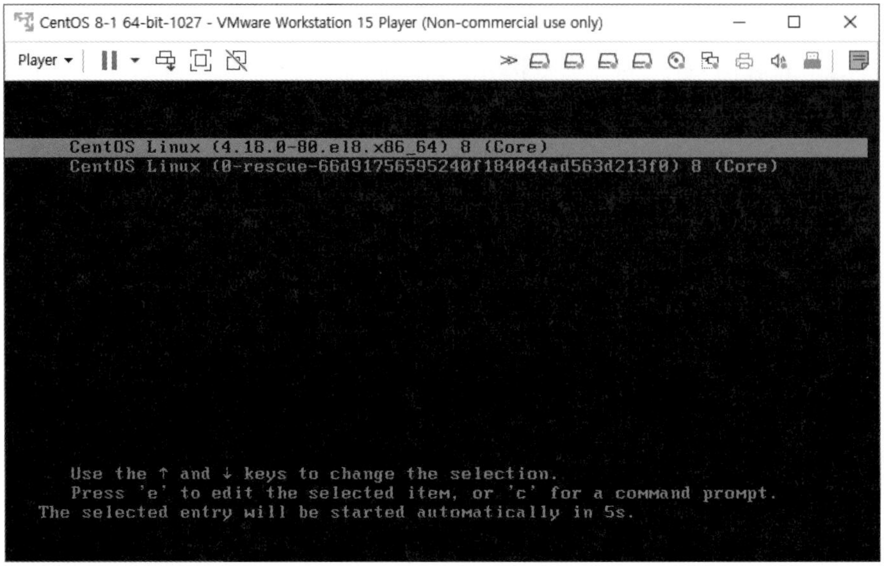


그림 8-7 GRUB 메뉴 초기 화면

❷ GRUB 편집 모드로 전환하기

[그림 8-7]과 같이 GRUB Boot Menu가 출력될 때 신속하게 'e' 키를 눌러서 편집 모드로 전환해야 한다. 편집 모드가 되면 [그림 8-8]과 같이 편집 가능한 상태가 된다.

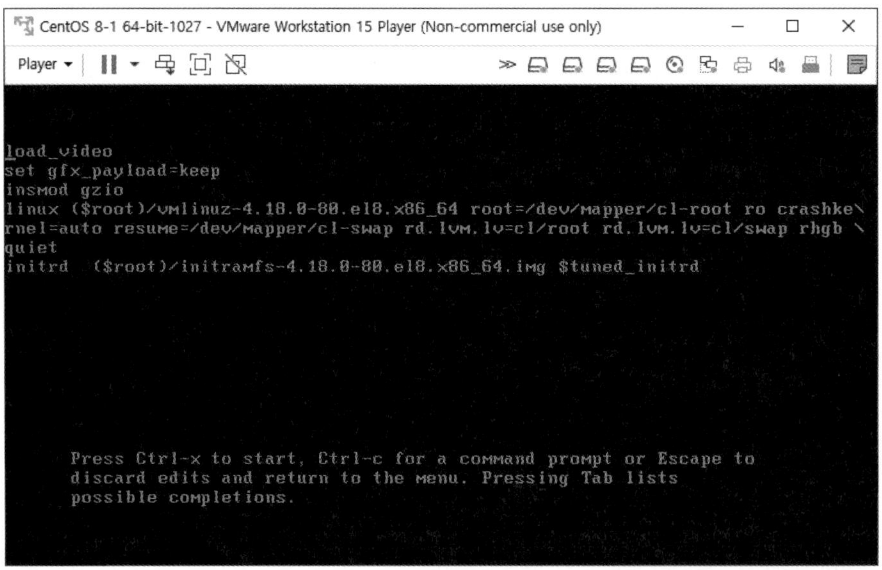


그림 8-8 GRUB 편집 화면

### ❸ 단일 사용자 모드로 수정하기

[그림 8-8]에서 커서를 아래로 이동하여 [그림 8-9]와 같이 리눅스 커널 정보가 있는 행에서 ro crach부터 quiet까지 삭제하고 rd.break enforcing=0를 추가한다. rd.break는 부팅 단계에서 초기 단계만 수행한다는 뜻이며, enforcing=0은 selinux는 강제로 적용하지 않도록 한다는 뜻이다. selinux는 15장에서 다시 다룬다.

TIP selinux는 보안 설정이다. 강제로 적용하지 않도록 한다는 것은 보안을 해제한다는 의미다.

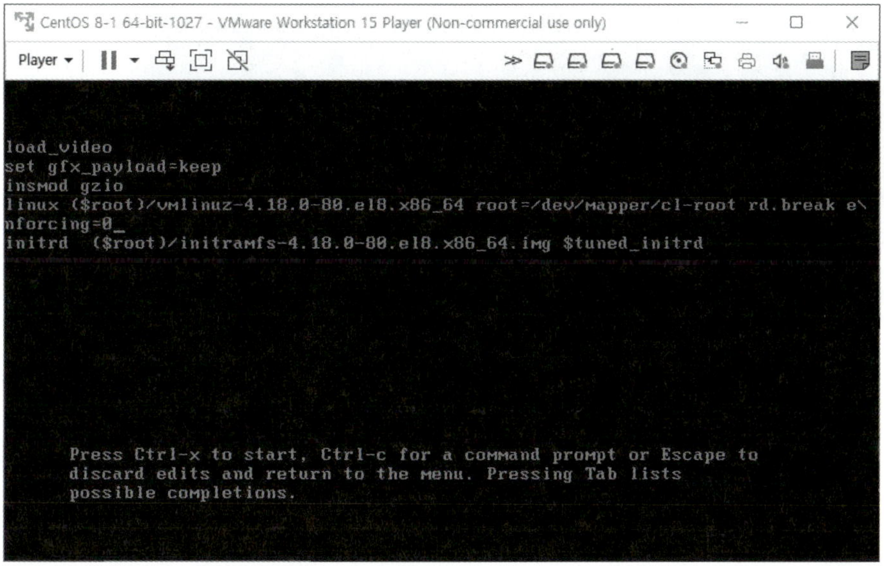


**그림 8-9** root 암호 복구를 위한 리눅스 커널 항목 수정 화면

### ❹ 재시작하기

Ctrl+x를 눌러 재시작한다. rd.break enforcing=0를 추가했다면 단일 사용자 모드로 부팅하여 [그림 8-10]과 같이 바로 root 계정으로 동작한다.

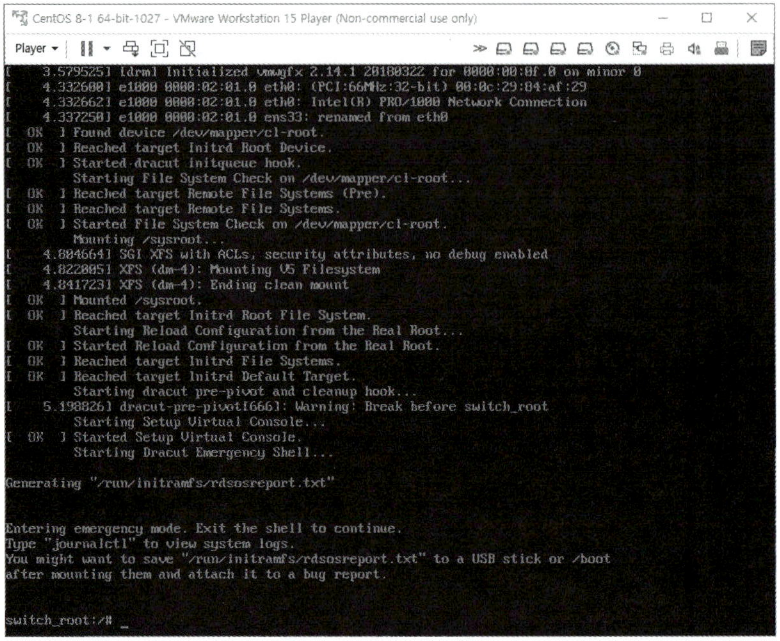


**그림 8-10** root 암호 복구를 위한 화면

[그림 8-10]과 같이 부팅된 경우 루트 파일 시스템이 읽기 전용으로 마운트되므로 읽기/쓰기 모드로 다시 마운트해야 한다. 또한 시스템의 메시지가 기본적으로 한글로 출력되는데 콘솔 모드에서는 한글이 출력되지 않기 때문에 언어를 영어로 바꿔야 한다. 이제 passwd 명령으로 암호를 변경할 수 있다.

```
switch_root:/# mount -o remount,rw /sysroot  → /sysroot를 rw모드로 다시 마운트
switch_root:/# chroot /sysroot               → /sysroot 디렉터리를 root 디렉터리로 설정
sh-4.4# LANG=en_US.UTF-8                     → 언어 변경
sh-4.4# passwd                               → 암호 재설정
Changing password for user root.
New password:
Retype new password:
passwd: all authentication tokens updated succesfully.
sh-4.4# touch /.autorelabel                  → SELinux enable
sh-4.4# exit
exit
switch_root:/# exit
```

root 암호를 수정한 후 exit 명령을 두 번 입력하면 시스템이 다시 부팅된다.

## 연습문제

**01** 리눅스의 부팅 단계를 올바로 나열한 것은 무엇인가?

① 부트 로더 단계 → 바이오스 단계 → 커널 초기화 단계 → systemd 단계 → 로그인 프롬프트 출력
② 바이오스 단계 → 커널 초기화 단계 → 부트 로더 단계 → systemd 단계 → 로그인 프롬프트 출력
③ 부트 로더 단계 → 커널 초기화 단계 → 바이오스 단계 → systemd 단계 → 로그인 프롬프트 출력
④ 바이오스 단계 → 부트 로더 단계 → 커널 초기화 단계 → systemd 단계 → 로그인 프롬프트 출력

**02** 런레벨 중 재시작을 지시하는 런레벨은 무엇인가?

① 0 ② 2 ③ 6 ④ 5

**03** 1분 후에 시스템을 재시작하도록 설정한 명령은 무엇인가?

① shudown -h +1 ② shutdown -r +1
③ shutdown -c +1 ④ shutdown -k +1

**04** 리눅스의 부팅 과정을 5단계로 나누어 설명하시오.

**05** 부트 로더의 역할을 설명하시오.

**06** 부팅 과정에서 부트 스플래시가 출력되는 도중에 부팅 메시지를 확인하려면 어떻게 해야 하는가?

**07** systemd의 역할을 설명하시오.

**08** 런레벨에 대해 설명하시오.

09 런레벨과 systemd의 target 유닛이 어떤 관계인지 설명하시오.

10 device 유닛에 무엇이 있는지 확인하려면 어떤 명령을 사용해야 하는가?

11 abc.service 유닛이 동작 중인지(active) 확인하는 명령은 무엇인가?

12 abc.service 유닛을 시작하는 무엇인가?

13 시스템에 문제가 있어서 단일 사용자 모드로 전환해야 한다. 기존 런레벨을 이용하는 방법과 systemd를 이용하는 방법을 각각 설명하시오.

14 시스템을 종료하는 방법을 두 가지 이상 설명하시오.

15 시스템을 2분 후에 종료하려고 한다. 사용자들에게 메시지를 보내고 종료하려면 어떻게 해야 하는가?

16 시스템 종료를 취소하는 명령은 무엇인가?

17 슈퍼데몬의 역할을 설명하시오.

18 독자형 데몬과 슈퍼데몬에 의한 호출형의 차이를 설명하시오.

19 root 암호를 잊어버렸을 때 암호를 다시 설정하는 방법을 설명하시오.

# CHAPTER 09
# 소프트웨어 관리



**학습목표**

- RPM 패키지를 설치하거나 삭제할 수 있다.
- dnf를 이용하여 패키지를 설치하거나 삭제할 수 있다.
- 파일을 묶어 아카이브 파일을 만들고 압축할 수 있다.
- 프로그램을 스스로 컴파일할 수 있다.
- makefile을 작성하고 make 명령으로 실행 파일을 만들 수 있다.

# 00 개요

## 1 리눅스 학습 맵에서 9장의 위치

9장에서는 3단계의 세 번째 항목인 패키지 관리를 다룬다. 리눅스를 설치할 때 기본적인 패키지가 설치되지만 필요에 따라 패키지를 설치하거나 삭제하기도 한다. 업무에 필요한 서비스를 제공하기 위해서는 다양한 패키지를 설치하거나 소스를 직접 컴파일하여 설치할 수 있어야 한다. 리눅스 시스템을 운영하는 관리자로서 꼭 수행해야 할 업무이므로 열심히 익혀보자.

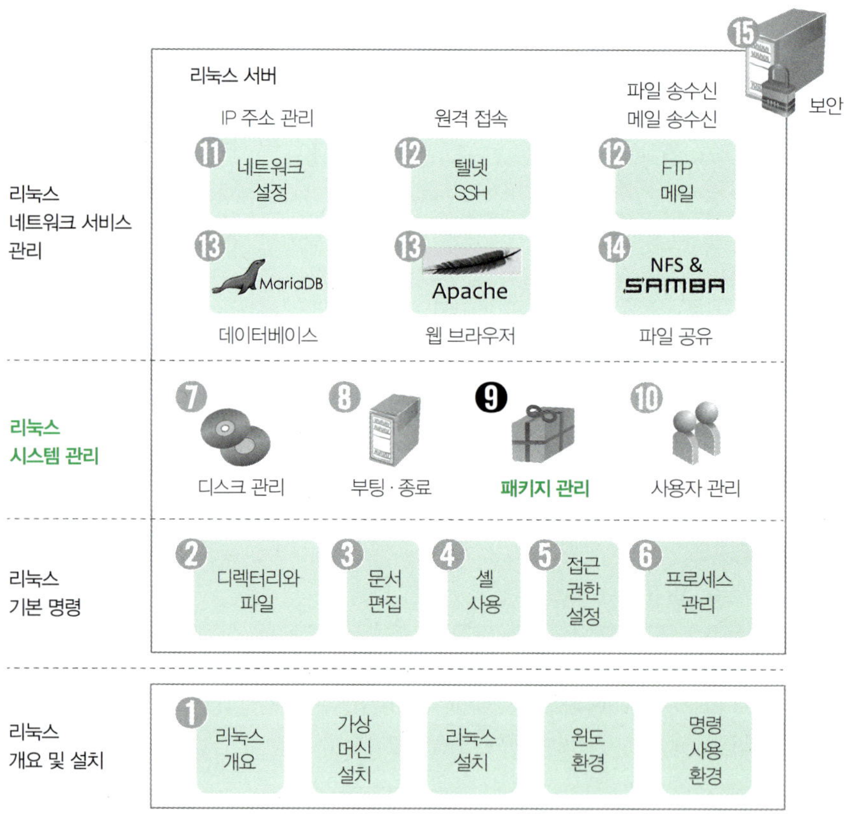

## 2 9장의 내용 구성

CentOS 리눅스는 RPM 형식의 패키지를 사용한다. RPM은 간편하게 설치할 수 있도록 구성된 패키지로서 간단한 명령으로 패키지를 설치 및 삭제하고 정보를 확인할 수 있다. 다만 패키지의 의존성에 문제가 있을 경우 관리자가 일일이 확인하고 순서대로 설치해야 하는 단점이 있다. 그래서 이를 보완하여 패키지의 의존성을 자동으로 해결하면서 패키지를 설치해주는 관리 도구인 dnf가 등장했다. dnf는 기존의 yum을 대체한 것으로, 네트워크만 연결되어 있으면 자동으로 dnf 저장소의 정보를 확인하기 때문에 패키지의 의존성 문제를 해결하면서 설치할 수 있다.

하지만 모든 패키지가 바이너리 형태로 제공되는 것은 아니며, 소스 코드로 배포되는 패키지를 내려받아 설치해야 할 때도 있다. 이 경우, 보통 소스 코드를 묶어 하나의 아카이브 파일로 만들고 이를 압축하여 배포한다. 따라서 시스템 관리자라면 아카이브 파일을 생성하고 푸는 명령과 압축 명령의 사용법을 알아야 한다. 또한 소스 코드를 컴파일하여 실행 파일을 생성해야 하므로 gcc 컴파일러의 사용법도 알아야 한다. 시스템 관리자의 길이 쉽지 않은 것은 이처럼 다양한 분야의 지식을 갖춰야 하기 때문이다. 그러나 차분히 공부하다 보면 어느새 그 길에 서 있는 자신을 발견하게 될 것이다.

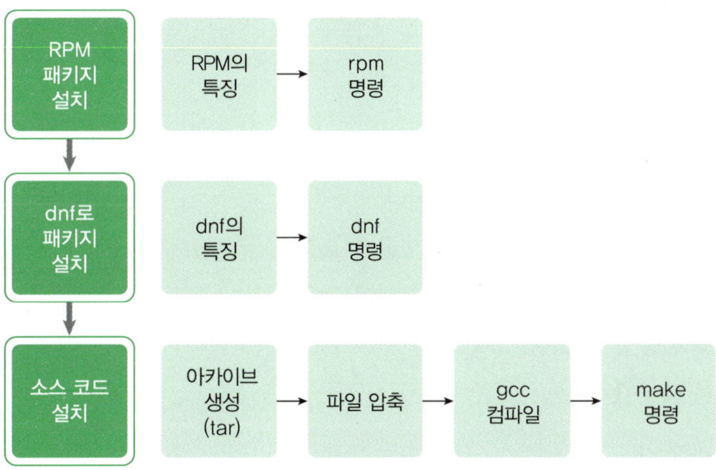

# 01 RPM 패키지 설치

리눅스에서 소프트웨어는 소스 코드 형식 또는 바로 설치하여 사용할 수 있는 패키지 형태로 배포된다. 먼저 소스 코드로 배포하는 경우, 대부분 하나의 아카이브 파일로 묶은 후 압축하여 배포한다(아카이브 파일의 생성 · 추출 · 압축 방법은 3절에서 다룬다). 그리고 패키지로 배포하는 경우가 있는데 리눅스에서 주로 사용하는 패키지는 RPM과 .deb, 두 가지다. 이 중 .deb 패키지는 데비안 계열(예 우분투)에서 사용하며, CentOS에서는 RPM 패키지를 주로 사용한다. 이 절에서는 RPM 패키지의 구성과 사용법을 알아본다.

## 1 RPM 패키지의 특징과 구조

RPMRedhat Package Manager은 대표적인 리눅스 회사인 레드햇에서 만든 패키지 관리 도구로 파일을 쉽게 설치할 수 있다.

### RPM의 특징

RPM은 다음과 같은 특징이 있다.

- 바이너리 파일로 구성되어 있어 컴파일이 필요 없다.
- 패키지의 파일들이 관련 디렉터리로 바로 설치된다.
- 한 번에 설치된 패키지의 파일을 일괄적으로 삭제할 수 있다.
- 기존에 설치된 패키지를 삭제하지 않고 바로 업그레이드할 수 있다.
- 패키지의 설치 상태를 검증할 수 있다.
- 패키지에 대한 정보를 제공한다.

반면 RPM의 단점은 다음과 같다.

- 패키지 의존성에 따라 관련 패키지가 먼저 설치되어 있지 않으면 설치할 수 없다.

RPM의 단점을 해결하기 위해 의존성이 있는 패키지까지 자동으로 설치해주는 패키지 관리 도구로 dnf가 등장했다. dnf는 2절에서 살펴본다.

### RPM 패키지의 이름 구성

RPM 패키지의 이름은 일반적으로 [그림 9-1]과 같이 구성된다.

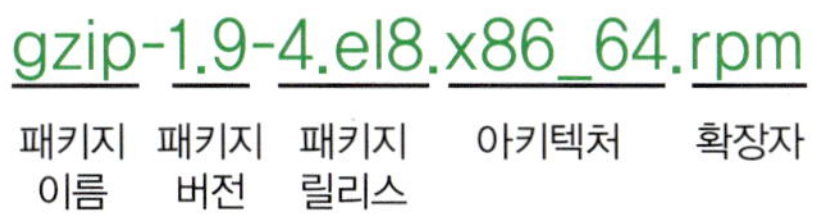


그림 9-1 RPM 패키지의 이름 구성

- 패키지 이름: RPM 패키지 이름의 첫 번째 항목은 패키지의 이름이 나온다.
- 패키지 버전: 두 번째 항목으로 패키지의 버전을 의미한다.
- 패키지 릴리즈: 릴리즈는 해당 버전에서 몇 번째 만들어진 것인지를 나타내며, '4.el8'에서 4는 네 번째 만들어진 패키지임을 뜻하고, el8은 CentOS 8용으로 만들어진 것임을 의미한다.
- 아키텍처: 사용하는 시스템 아키텍처로 x86은 인텔 x86 CPU를 뜻하고 64는 64비트 운영체임을 의미한다.
- 확장자: RPM 패키지의 확장자는 .rpm을 사용하여 다른 패키지와 구분한다.

### RPM 패키지 명령

RPM 패키지는 rpm 명령으로 사용할 수 있다. rpm 명령의 일반적인 옵션은 다음과 같다.

**rpm**

- **기능** RPM 패키지를 관리한다.
  --quiet: 최대한 출력을 줄이고 오류 메시지만 출력한다.
  --help: 도움말을 출력한다.
  --version: 사용중인 rpm의 버전을 출력한다.

현재 사용 중인 rpm의 버전을 알아보자.

```
[user1@localhost ~]$ rpm --version
RPM 버전 - 4.14.2
```

나머지 자세한 것은 rpm 명령의 각 기능을 통해 알아보자.

## 2 RPM 패키지 설치하기

rpm 명령으로 패키지를 설치할 때의 일반적인 형식은 다음과 같다.

```
rpm -i [설치옵션] [패키지명]
```

- **기능** RPM 패키지를 설치한다.
- **설치옵션** -h: #(해시)를 출력한다.
  -v: 설치 과정에 대한 메시지를 출력한다.
  --replacefiles: 이미 설치된 다른 패키지의 파일을 덮어쓰면서라도 패키지를 강제로 설치한다.
  --replacepkgs: 패키지가 이미 설치되어 있어도 다시 설치한다.
  --test: 설치하지는 않고 충돌 사항이 있는지만 점검하고 보고한다.

### RPM 패키지 다운로드하기

패키지 설치를 실습하기 위해 CentOS 패키지가 필요하다. CentOS를 설치할 때 사용한 iso 파일에서는 RPM 패키지를 찾을 수 없고, 네트워크를 통해 RPM 패키지를 다운로드해야 한다. RPM 패키지는 http://pkgs.org 또는 http://rpmfind.net에서 다운받을 수 있다. 여기서는 pkgs.org 사이트를 이용한다. 먼저 '현재 활동'을 선택하여 데스크바를 띄우고 파이어폭스 웹 브라우저를 동작시키고 http://pkgs.org에 접속한다.

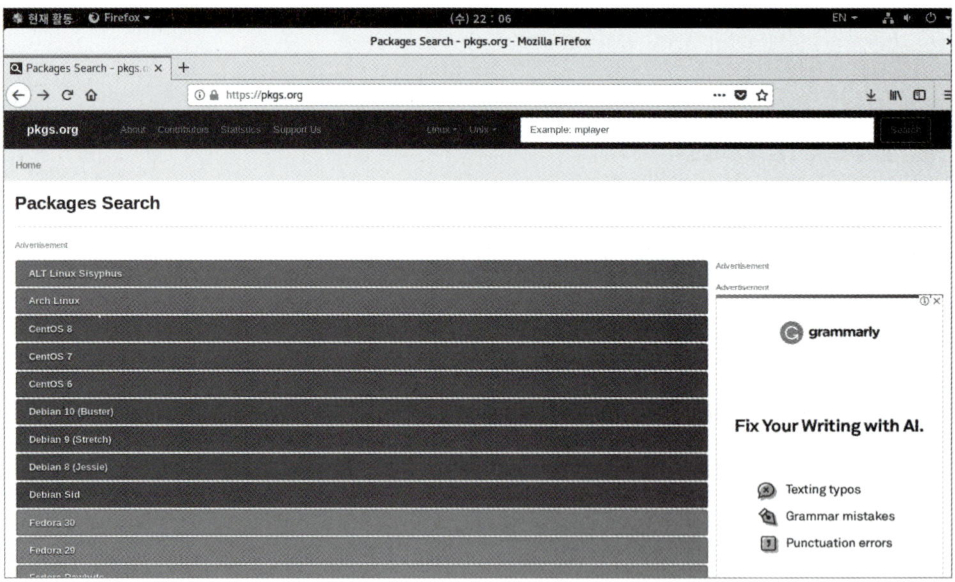


그림 9-2 파이어폭스에서 pkgs.org 접속 화면

터미널 에뮬레이터인 xterm을 설치해보자. pkgs.org에서 xterm을 검색하면 여러 버전이 나오는데 CentOS 8 버전을 선택한다. 검색 결과 중 xterm-331-1.el8.x86_64.rpm을 선택하면 패키지에 대한 자세한 설명이 나온다. [그림 9-3]을 보면 다운로드 항목이 있는데 바이너리 패키지인 xterm-331-1.el8.x86_64.rpm을 선택한다. rpm 파일을 선택하면 열기 선택 창이 열리는데 여기서 'Save File'을 선택한다.

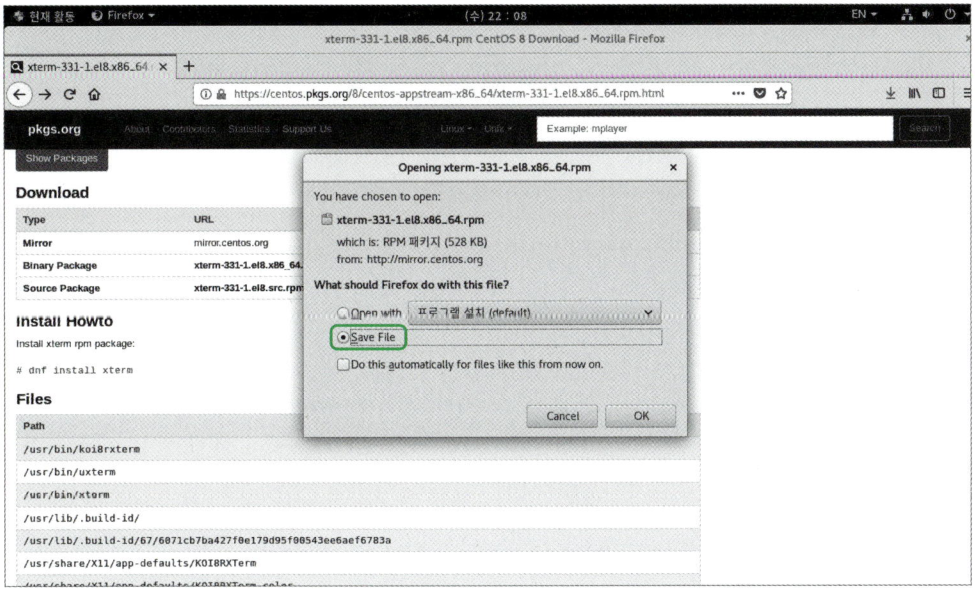

그림 9-3 xterm 다운로드

내려받은 xterm 패키지 파일은 사용자 홈 디렉터리의 다운로드 디렉터리에 저장되어 있다.

```
[user1@localhost ~]$ ls 다운로드
xterm-331-1.el8.x86_64.rpm
```

### 패키지 설치와 의존성

패키지 파일을 내려받았으니 이제 설치해보자. 패키지를 설치할 때는 일반적으로 -ivh 옵션을 사용한다. 이렇게 하면 앞에서 설치 과정에 대한 메시지와 #를 출력하여 사용자가 진행 상황을 알 수 있도록 해준다. root 계정으로 전환하고 다운로드 디렉터리로 이동하여 설치 명령을 실행한다.

```
[user1@localhost ~]$ su -
암호:
[root@localhost ~]# cd ~user1/다운로드
[root@localhost 다운로드]# pwd
/home/user1/다운로드
[root@localhost 다운로드]# rpm -ivh xterm-331-1.el8.x86_64.rpm
오류: Failed dependencies:
        libXaw.so.7()(64bit) is needed by xterm-331-1.el8.x86_64
        xterm-resize = 331-1.el8 is needed by xterm-331-1.el8.x86_64
```

xterm 패키지를 설치하려면 libXaw.so.7과 xterm−resize가 필요하다는 오류 메시지가 출력되었다. 이와 같이 A라는 패키지를 설치하려면 B라는 패키지가 필요하다는 것이 패키지 의존성이다. 이 경우에는 먼저 libXaw와 xterm−resize 패키지를 설치해야 한다. 이 두 패키지를 내려받아 설치한다.

```
[root@localhost 다운로드]# rpm -ivh libXaw-1.0.13-10.el8.x86_64.rpm
Verifying...                          ################################# [100%]
준비 중...                            ################################# [100%]
Updating / installing...
   1:libXaw-1.0.13-10.el8             ################################# [100%]
[root@localhost 다운로드]# rpm -ivh xterm-resize-331-1.el8.x86_64.rpm
Verifying...                          ################################# [100%]
준비 중...                            ################################# [100%]
Updating / installing...
   1:xterm-resize-331-1.el8           ################################# [100%]
```

libXaw와 xterm−resize 패키지가 설치되었다. 이제 다시 xterm 패키지를 설치해보자.

```
[root@localhost 다운로드]# rpm -ivh xterm-331-1.el8.x86_64.rpm
Verifying...                          ################################# [100%]
준비 중...                            ################################# [100%]
Updating / installing...
   1:xterm-331-1.el8                  ################################# [100%]
```

위에서 보는 것처럼 xterm 패키지가 잘 설치되었다. 그렇다면 xterm 명령이 설치되었는지 확인해보자.

```
[root@localhost 다운로드]# whereis xterm
xterm: /usr/bin/xterm /usr/share/man/man1/xterm.1.gz
```

xterm은 X윈도 환경에서 터미널을 에뮬레이션해주는 프로그램으로, 실행해보면 [그림 9-4]와 같이 동작한다. xterm은 일반 사용자 계정에서 실행한다.

그림 9-4 xterm 동작 화면

### 패키지 강제 설치

이미 설치된 패키지를 다시 설치하면 다음과 같은 메시지가 출력된다.

```
[root@localhost 다운로드]# rpm -ivh xterm-331-1.el8.x86_64.rpm
Verifying...                          ################################# [100%]
준비 중...                             ################################# [100%]
        xterm-331-1.el8.x86_64 패키지는 이미 설치되어 있습니다
```

패키지가 이미 설치되어 있다면 이를 삭제하고 다시 설치하거나 아니면 강제로 설치할 수 있다. 강제로 패키지를 설치할 때는 --replacepkgs 옵션을 사용한다.

```
[root@localhost 다운로드]# rpm -ivh --replacepkgs xterm-331-1.el8.x86_64.rpm
Verifying...                          ################################# [100%]
준비 중...                            ################################# [100%]
Updating / installing...
   1:xterm-331-1.el8                  ################################# [100%]
```

## 3 RPM 패키지 업그레이드 설치

rpm 명령으로 패키지를 업그레이드하여 설치할 때의 일반적인 형식은 다음과 같다.

**rpm -U [설치옵션] 패키지명**

- **기능** RPM 패키지를 업그레이드한다.
- **설치옵션** -h: #를 출력한다.
  -v: 설치 과정에 대한 메시지를 출력한다.
  -U: 패키지를 업그레이드하여 설치한다.

패키지를 업그레이드할 때는 -Uvh 옵션을 사용한다. -U 옵션이 대문자임을 주의하라. -Uvh 옵션으로 패키지를 설치해보자. pkgs.org에서 lynx 패키지를 다운받는다. lynx는 텍스트 기반의 웹 브라우저다.

```
[root@localhost 다운로드]# ls ly*
lynx-2.8.9-2.el8.x86_64.rpm
[root@localhost 다운로드]# rpm -Uvh lynx-2.8.9-2.el8.x86_64.rpm
Verifying...                          ################################# [100%]
준비 중...                            ################################# [100%]
Updating / installing...
   1:lynx-2.8.9-2.el8                 ################################# [100%]
```

-U 옵션으로 패키지를 설치하면 기존에 설치되어 있던 패키지는 업그레이드하여 설치하고, 새로운 패키지는 그대로 설치해준다. 따라서 보통 -i 옵션보다는 -U 옵션을 더 많이 사용한다.

## 4 RPM 패키지 정보 검색

rpm 명령으로 패키지의 정보를 검색할 때는 -q 옵션을 사용한다.

**rpm -q [질의옵션]**

- **기능** RPM 패키지의 정보를 검색한다.
- **질의옵션** -a: 전체 패키지의 목록을 출력한다.
  -f 파일명: 파일명을 포함하고 있는 패키지명을 출력한다.
  -p 패키지명: 지정한 패키지의 상세 정보를 출력한다.
  -i: 자세한 정보를 출력한다.
  -R: 의존하고 있는 패키지의 목록을 출력한다.
  -l: 패키지 내의 파일을 출력한다.
  -s: 패키지 안에 들어 있는 파일의 상태를 출력한다.
  -d: 문서 파일만 출력한다.
  -c: 설정 파일만 출력한다.

### 전체 패키지 목록 출력하기: -qa 옵션

rpm -qa 명령은 현재 설치되어 있는 전체 패키지의 목록을 출력한다.

```
[root@localhost 다운로드]# rpm -qa
libblockdev-mdraid-2.19-7.el8.x86_64
iso-codes-3.79-2.el8.noarch
anaconda-core-29.19.0.40-1.el8.x86_64
harfbuzz-1.7.5-3.el8.x86_64
libertas-usb8388-firmware-20190111-92.gitd9fb2ee6.el8.noarch
liberation-fonts-common-2.00.3-4.el8.noarch
hypervvssd-0-0.27.20180415git.el8.x86_64
boost-program-options-1.66.0-6.el8.x86_64
xorg-x11-server-utils-7.7-27.el8.x86_64
ModemManager-glib-1.8.0-1.el8.x86_64
(생략)
```

### 특정 패키지 설치 여부 확인하기: -qa | grep

rpm -qa 명령과 grep 명령을 함께 사용하면 특정 패키지가 설치되어 있는지 확인할 수 있다. 다음 예는 패키지 목록 중 bash와 관련이 있는 것을 검색한 것이다.

```
[root@localhost 다운로드]# rpm -qa | grep bash
bash-completion-2.7-5.el8.noarch
bash-4.4.19-7.el8.x86_64
```

### 특정 파일을 포함하는 패키지 확인하기: -qf 옵션

특정 파일이 어떤 패키지에 속해 있는지 궁금할 때는 -f 옵션을 사용한다. 다음 예에서는 ls 명령이 어떤 패키지에 속해 있는지 확인해보았다.

```
[root@localhost 다운로드]# rpm -qf ls
오류: /home/user1/다운로드/ls 파일: 그런 파일이나 디렉터리가 없습니다
```

하지만 오류가 발생했다. 왜 그럴까? -f 옵션으로 파일을 지정할 때는 다음과 같이 절대 경로로 지정해야 한다. 다음 검색 결과를 보면 ls 명령이 coreutils 패키지에 속해 있음을 알 수 있다.

```
[root@localhost 다운로드]# rpm -qf /usr/bin/ls
coreutils-8.30-6.el8.x86_64
```

### 패키지의 상세 정보 확인하기: -qi 옵션

특정 패키지의 상세 정보를 확인하려면 -i 옵션을 사용해야 하는데 -qi 옵션만 사용할 때는 다음과 같이 패키지 이름을 지정한다. 이때 패키지 이름은 [그림 9-1]의 패키지 이름 구성에서 첫 번째 항목에 해당하는 부분을 지정하면 된다. 예를 들어 bash 패키지의 상세 정보를 확인하면 다음과 같다.

```
[root@localhost 다운로드]# rpm -qi bash
Name        : bash
Version     : 4.4.19
Release     : 7.el8
Architecture: x86_64
Install Date: 2019년 10월 27일 (일) 오후 08시 42분 43초
Group       : Unspecified
Size        : 6930052
License     : GPLv3+
Signature   : RSA/SHA256, 2019년 07월 02일 (화) 오전 05시 45분 45초, Key ID
```

```
05b555b38483c65d
Source RPM  : bash-4.4.19-7.el8.src.rpm
Build Date  : 2019년 05월 11일 (토) 오전 09시 30분 22초
Build Host  : x86-01.mbox.centos.org
Relocations : (not relocatable)
Packager    : CentOS Buildsys <bugs@centos.org>
Vendor      : CentOS
URL         : https://www.gnu.org/software/bash
Summary     : The GNU Bourne Again shell
Description :
The GNU Bourne Again shell (Bash) is a shell or command language
interpreter that is compatible with the Bourne shell (sh). Bash
incorporates useful features from the Korn shell (ksh) and the C shell
(csh). Most sh scripts can be run by bash without modification.
```

만약 -qi 옵션의 인자로 파일명을 지정하면 다음과 같은 오류 메시지가 출력된다. 패키지 이름이 아니기 때문이다.

```
[root@localhost 다운로드]# rpm -qi /usr/bin/ls
/usr/bin/ls 패키지가 설치되어 있지 않습니다
```

### 패키지의 상세 정보 확인하기: -qip 와 -qif 옵션

특정 패키지의 상세 정보를 확인하기 위해 -i 옵션을 사용할 때 -p나 -f 옵션을 함께 사용하여 지정한 패키지 또는 지정한 파일이 속한 패키지에 대한 상세 정보를 출력할 수 있다. 먼저 -f 옵션을 사용할 경우, 다음과 같이 해당 파일이 속한 패키지의 상세 정보가 출력된다.

```
[root@localhost 다운로드]# rpm -qif /usr/bin/ls
Name        : coreutils
Version     : 8.30
Release     : 6.el8
Architecture: x86_64
Install Date: 2019년 10월 27일 (일) 오후 08시 43분 37초
Group       : System Environment/Base
Size        : 7386440
License     : GPLv3+
```

```
Signature   : RSA/SHA256, 2019년 07월 02일 (화) 오전 06시 03분 05초, Key ID
05b555b38483c65d
Source RPM  : coreutils-8.30-6.el8.src.rpm
Build Date  : 2019년 05월 12일 (일) 오전 01시 08분 42초
Build Host  : x86-01.mbox.centos.org
Relocations : (not relocatable)
Packager    : CentOS Buildsys <bugs@centos.org>
Vendor      : CentOS
(생략)
```

-p 옵션을 사용할 때는 해당 패키지가 위치한 경로를 지정하거나 디렉터리로 이동해야 한다. 패키지명만 지정하면 다음과 같이 오류가 발생한다.

```
[root@localhost l]# rpm -qip bash
오류: bash(을)를 여는데 실패함: 그런 파일이나 디렉터리가 없습니다
```

패키지 파일이 위치한 디렉터리에서 패키지명을 지정하면 다음과 같이 패키지의 상세 정보를 출력한다.

```
[root@localhost 다운로드]# ls xte*
xterm-331-1.el8.x86_64.rpm  xterm-resize-331-1.el8.x86_64.rpm
[root@localhost 다운로드]# rpm -qip xterm-331-1.el8.x86_64.rpm
Name        : xterm
Version     : 331
Release     : 1.el8
Architecture: x86_64
Install Date: (not installed)
Group       : User Interface/X
Size        : 1538258
License     : MIT
Signature   : RSA/SHA256, 2019년 07월 02일 (화) 오전 11시 08분 19초, Key ID
05b555b38483c65d
Source RPM  : xterm-331-1.el8.src.rpm
Build Date  : 2019년 05월 15일 (수) 오전 08시 39분 47초
Build Host  : x86-02.mbox.centos.org
Relocations : (not relocatable)
```

```
Packager    : CentOS Buildsys <bugs@centos.org>
Vendor      : CentOS
(생략)
```

### 패키지가 설치한 파일 목록 확인하기: –ql 옵션

특정 패키지가 설치한 파일의 목록을 확인하려면 –l 옵션을 사용한다. 다음은 xterm 패키지가 설치한 파일의 목록을 출력한 것이다.

```
[root@localhost 다운로드]# rpm -ql xterm
[root@localhost 다운로드]# rpm -ql xterm
/usr/bin/koi8rxterm
/usr/bin/uxterm
/usr/bin/xterm
/usr/lib/.build-id
/usr/lib/.build-id/67
/usr/lib/.build-id/67/6071cb7ba427f0e179d95f00543ee6aef6783a
/usr/share/X11/app-defaults/KOI8RXTerm
/usr/share/X11/app-defaults/KOI8RXTerm-color
/usr/share/X11/app-defaults/UXTerm
(생략)
```

### 패키지의 의존성 확인하기 : –qR 옵션

앞에서 xterm 패키지를 설치할 때 의존성이 있는 패키지를 먼저 설치해야 했다. 이와 같이 특정 패키지가 어떤 파일과 의존성이 있는지 알아보려면 –R 옵션을 사용한다. 다음은 xterm 패키지의 의존성을 알아본 것이다.

```
[root@localhost 다운로드]# rpm -qR xterm
/bin/sh
libICE.so.6()(64bit)
libX11.so.6()(64bit)
libXaw.so.7()(64bit)
libXft.so.2()(64bit)
libXmu.so.6()(64bit)
(생략)
xterm-resize = 331-1.el8
```

## 5 RPM 패키지 삭제

rpm 명령으로 패키지를 삭제할 때는 -e 옵션을 사용한다.

**rpm -e 패키지명**

- **기능** RPM 패키지를 삭제한다.

앞에서 설치한 xterm 패키지를 삭제하면 다음과 같다. -qa 옵션으로 확인해보면 설치된 패키지 목록에 xterm은 없고 xterm-resize만 있다.

```
[root@localhost 다운로드]# rpm -e xterm
[root@localhost 다운로드]# rpm -qa | grep xterm
xterm-resize-331-1.el8.x86_64
```

**따라해보기** **패키지 정보 확인하고 설치하기**

❶ 파이어폭스에서 pkgs.org로 접속한다.

❷ pkgs.org에서 gnome-clocks를 검색한다.

❸ 아직 CentOS 8 버전이 없으므로, CentOS 7버전 gnome-clocks-3.28.0-1.el7.x86_64.rpm 패키지를 내려받는다.

❹ 설치할 패키지의 상세 정보를 확인한다.

```
[root@localhost 다운로드]# rpm -qip gnome-clocks-3.28.0-1.el7.x86_64.rpm
경고: gnome-clocks-3.28.0-1.el7.x86_64.rpm: Header V3 RSA/SHA256 Signature, key ID
f4a80eb5: NOKEY
Name        : gnome-clocks
Version     : 3.28.0
Release     : 1.el7
Architecture: x86_64
Install Date: (not installed)
Group       : Unspecified
Size        : 1397177
License     : GPLv2+
(생략)
```

❺ 패키지를 설치한다.

```
[root@localhost 다운로드]# rpm -ivh gnome-clocks-3.28.0-1.el7.x86_64.rpm
경고: gnome-clocks-3.28.0-1.el7.x86_64.rpm: Header V3 RSA/SHA256 Signature, key ID
f4a80eb5: NOKEY
오류: Failed dependencies:
        libgsound.so.0()(64bit) is needed by gnome-clocks-3.28.0-1.el7.x86_64
```

❻ 의존성이 있는 패키지를 추가로 설치해야 한다. gsound 패키지를 검색하여 내려받아 설치한 후, gnome-clocks를 다시 설치한다.

```
[root@localhost 다운로드]# rpm -ivh gsound-1.0.2-6.el8.x86_64.rpm
Verifying...                          ################################# [100%]
준비 중...                            ################################# [100%]
Updating / installing...
   1:gsound-1.0.2-6.el8               ################################# [100%]
[root@localhost 다운로드]# rpm -ivh gnome-clocks-3.28.0-1.el7.x86_64.rpm
경고: gnome-clocks-3.28.0-1.el7.x86_64.rpm: Header V3 RSA/SHA256 Signature, key ID
f4a80eb5: NOKEY
Verifying...                          ################################# [100%]
준비 중...                            ################################# [100%]
Updating / installing...
   1:gnome-clocks-3.28.0-1.el7        ################################# [100%]
```

❼ 패키지가 설치한 파일을 확인한다. 실행 파일의 이름을 알 수 있다.

```
[root@localhost 다운로드]# rpm -ql gnome-clocks
/usr/bin/gnome-clocks
/usr/share/applications/org.gnome.clocks.desktop
/usr/share/dbus-1/services/org.gnome.clocks.service
/usr/share/doc/gnome-clocks-3.28.0
/usr/share/doc/gnome-clocks-3.28.0/AUTHORS
/usr/share/doc/gnome-clocks-3.28.0/NEWS
/usr/share/doc/gnome-clocks-3.28.0/README
(생략)
```

❽ 실행 파일이 /usr/bin/gnome-clocks 임을 알았다. 일반 사용자 계정에서 실행한다.

```
[user1@localhost ~]$ gnome-clocks &
```

정상적으로 설치가 되었다면 다음 [그림 9-5]와 같은 시계가 실행되는 것을 확인할 수 있다.

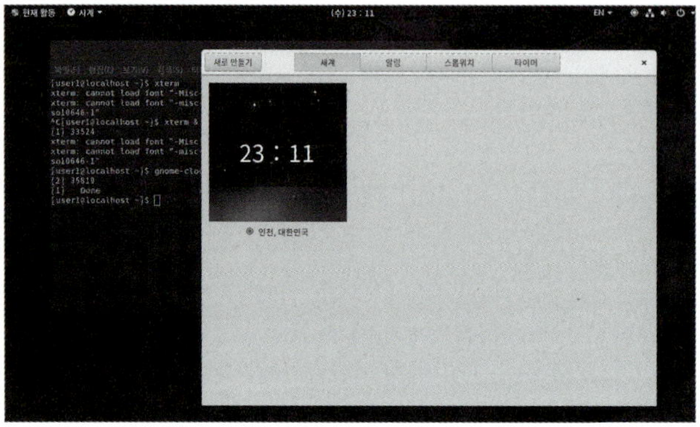


**그림 9-5** gnome-clocks 동작 화면

**혼자해보기** **패키지 정보 확인하고 설치하기**

❶ pkgs.org에서 sudoku를 검색한다.

❷ CentOS 8 버전용 sudoku 패키지가 없으므로 CentOS와 호환성이 있는 페도라 리눅스 중 Fedora 29에 있는 sudoku-savant-1.3-22.fc29.x86_64.rpm 패키지를 내려받고 설치한다.

❸ sudoku-savant-1.3-22.fc29.x86_64.rpm 패키지가 설치한 파일 중 실행 파일이 무엇인지 확인한다.

❹ sudoku-savant-1.3-22.fc29.x86_64.rpm 패키지가 설치한 실행 파일을 실행하고 다음과 같은 게임 화면인지 확인한다.

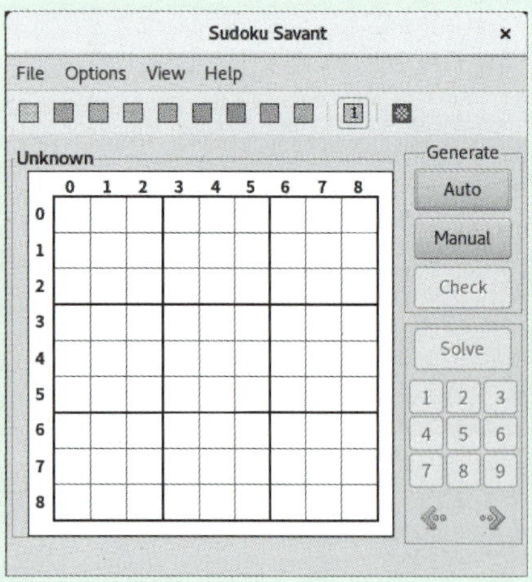

# 02 dnf를 이용한 패키지 설치

rpm 명령은 패키지를 쉽게 설치할 수 있도록 해준다. 그러나 앞에서 예제와 실습을 통해 살펴본 것처럼 RPM 패키지를 설치할 때 가장 불편한 점은 패키지의 의존성 문제이다. 어떤 패키지와 의존 관계가 있는지 매번 확인하는 것도 번거롭고, 의존 관계가 있는 패키지가 설치되었는지 일일이 확인하기도 어렵다. 이를 좀 더 손쉽게 해결할 수 있는 방법은 dnf인데, dnf를 사용하려면 네트워크가 연결되어 있어야 한다. 이 절에서는 dnf를 이용하여 패키지를 설치하는 방법을 알아본다.

## 1 dnf의 특징

dnf(dandified yum)는 RPM 기반의 리눅스 패키지 관리자로 기존의 패키지 관리자인 yum을 대체한 것이다. yum 명령을 확인해보면 dnf로 업그레이드 되었다는 설명이 나온다.

```
[root@localhost 다운로드]# man yum
YUM(8)                                DNF                                YUM(8)

NAME
       yum - redirecting to DNF Command Reference

SYNOPSIS
       dnf [options] <command> [<args>...]

DESCRIPTION
       DNF  is  the  next upcoming major version of YUM, a package manager for
       RPM-based Linux distributions. It roughly maintains  CLI  compatibility
       with YUM and defines a strict API for extensions and plugins.
(생략)
```

기존의 yum 명령도 dnf에 대한 심볼릭 링크로 유지하고 있다. 아직 CentOS 8의 이전 버전을 사용하고 있다면 dnf 대신에 yum 명령을 사용하면 된다.

```
[root@localhost 다운로드]# ls -l /usr/bin/yum
lrwxrwxrwx. 1 root root 5  5월 14  2019 /usr/bin/yum -> dnf-3
```

dnf는 페도라 22부터 정식으로 도입되었으며, CentOS는 버전 8에서 dnf를 도입했다. dnf의 사용법은 yum과 거의 비슷하여 쉽게 적응할 수 있다. yum과 마찬가지로 dnf도 패키지를 설치할 때 가장 번거로웠던 패키지 의존성 문제를 자동으로 해결했다는 점이 최대 장점이다. dnf의 특징은 다음과 같다.

- 패키지의 의존성을 자동으로 해결하여 설치 · 업그레이드 · 삭제할 수 있다.
- 설치 가능한 패키지에 대한 정보가 담긴 저장소repository를 가지고 있다.
- 저장소의 정보에 따라 패키지를 관리한다.

dnf의 기본 형식은 다음과 같다.

**dnf**

- **기능** RPM 기반의 패키지를 관리한다.
- **형식** dnf [옵션] [명령] [패키지명]
- **옵션** -h: 도움말을 출력한다.
  -y: 설치 과정의 모든 질문에 yes로 대답한다.
  -v: 자세한 메시지를 출력한다.
- **명령** install: 패키지를 설치한다.
  upgrade: 패키지를 업데이트한다.
  check-update: 패키지를 확인한다.
  search: 패키지를 검색한다.
  remove: 패키지를 삭제한다.
  list: 패키지의 목록을 확인한다.
  info: 패키지의 정보를 확인한다.
- **사용 예** dnf install xterm
  dnf list all

## 2 패키지 목록 확인

dnf list 명령의 출력 형식은 다음과 같다.

패키지명.아키텍처 버전-릴리스 저장소 또는 @설치한 저장소

옵션 없이 dnf list만 실행하면 현재 설치되어 있는 패키지 목록과 업그레이드가 가능한 패키지 목록이 출력되는데 dnf list all 명령과 같은 결과이다. dnf list 명령의 실행 결과는 다음과 같다.

```
[root@localhost 다운로드]# dnf list | more
마지막 메타 데이터 만료 확인 : 0:29:30 전에 2019년 11월 14일 (목) 오후 09시 56분 43초.
설치된 패키지
GConf2.x86_64                                              3.2.6-22.el8
                              @AppStream
ModemManager.x86_64                                        1.8.0-1.el8
                              @anaconda
ModemManager-glib.x86_64                                   1.8.0-1.el8
                              @anaconda
NetworkManager.x86_64                                      1:1.14.0-14.el8
                              @anaconda
NetworkManager-adsl.x86_64                                 1:1.14.0-14.el8
                              @anaconda
NetworkManager-bluetooth.x86_64                            1:1.14.0-14.el8
                              @anaconda
(생략)
```

dnf list 명령에서 사용할 수 있는 옵션은 [표 9-1]과 같다.

**표 9-1 dnf list 명령의 옵션**

| 형식 | 기능 |
|---|---|
| dnf list --all | 이미 설치되었거나 설치 가능한 모든 패키지 목록을 출력한다. |
| dnf list --available | dnf 저장소에서 설치 가능한 모든 패키지 목록을 출력한다. |
| dnf list --upgrades | dnf 저장소에서 업그레이드가 가능한 패키지 목록을 출력한다. |
| dnf list --installed | 이미 설치된 패키지 목록을 출력한다. |
| dnf list --installed 패키지명 | 지정한 패키지가 설치되어 있는지 확인한다. |

■ dnf list --available

dnf 저장소에서 설치 가능한 패키지들의 목록을 보려면 available 옵션을 지정한다. 명령의 실행 결과는 다음과 같다. 실행 결과에서 AppStream과 BaseOS는 저장소를 의미한다. BaseOS 저장소는 운영체제의 핵심 기능과 관련된 패키지를 가지고 있고, AppStream 저장소는 부가적인 패키지와 모듈을 가지고 있다.

```
[root@localhost 다운로드]# dnf list --available
마지막 메타 데이터 만료 확인 : 0:35:39 전에 2019년 11월 14일 (목) 오후 09시 56분 43초.
사용 가능한 패키지
CUnit.i686                                              2.1.3-17.el8
                         AppStream
CUnit.x86_64                                            2.1.3-17.el8
                         AppStream
GConf2.i686                                             3.2.6-22.el8
                         AppStream
Judy.x86_64                                             1.0.5-18.module_el8.0.0+35+
6f2527ed                 AppStream
LibRaw.i686                                             0.19.1-1.el8
                         AppStream
LibRaw.x86_64                                           0.19.1-1.el8
                         AppStream
ModemManager.i686                                       1.8.0-1.el8
                         BaseOS
ModemManager-glib.i686                                  1.8.0-1.el8
                         BaseOS
NetworkManager.i686                                     1:1.14.0-14.el8
                         BaseOS
NetworkManager-adsl.i686                                1:1.14.0-14.el8
                         BaseOS
(생략)
```

■ dnf list --upgrades

dnf 저장소의 패키지 중에서 업그레이드가 가능한 패키지의 목록을 보려면 upgrades 옵션을 지정한다. 이 옵션은 dnf check-update 명령과 같은 기능을 수행한다. 명령의 실행 결과는 다음과 같다.

```
[root@localhost 다운로드]# dnf list --upgrades
마지막 메타 데이터 만료 확인 : 0:42:14 전에 2019년 11월 14일 (목) 오후 09시 56분
 43초.
사용 가능한 업그레이드
anaconda-core.x86_64                          29.19.0.43-1.el8_0
            AppStream
anaconda-gui.x86_64                           29.19.0.43-1.el8_0
            AppStream
anaconda-tui.x86_64                           29.19.0.43-1.el8_0
            AppStream
anaconda-widgets.x86_64                       29.19.0.43-1.el8_0
            AppStream
appstream-data.noarch                         8-20190215.el8_0
            AppStream
bash.x86_64                                   4.4.19-8.el8_0
            BaseOS
bind-export-libs.x86_64                       32:9.11.4-17.P2.el8_0.1
            BaseOS
(생략)
```

■ dnf list --installed

현재 시스템에 설치되어 있는 패키지의 목록을 출력할 때는 --installed 옵션을 지정한다. dnf list --installed 명령의 실행 결과는 dnf list 명령 실행 결과의 전반부와 동일하게 출력되고 뒷부분은 달라질 것이다. 따라서 명령의 실행 예는 생략한다.

## 3 패키지 설치

dnf로 패키지를 설치할 때는 'dnf install 패키지명'의 형식을 사용한다. 패키지를 설치할 때 의존성이 있는 패키지는 자동으로 함께 설치된다. dnf 명령은 패키지를 설치하기 위해 우선 dnf 저장소를 검색하는데, 한 저장소에서 패키지를 찾지 못하면 자동으로 다른 미러 사이트를 검색하여 패키지를 찾는다. 앞 절에서 설치했다가 삭제한 xterm 패키지를 dnf로 설치하는 과정을 예로 살펴보자.

다음 예를 보면 dnf로 패키지를 설치할 때 먼저 의존성이 있는 패키지의 존재 여부를 확인하고 함께 설치해야 할 패키지 목록을 보여준다. 또한 내려받을 파일의 크기와 실제로 설치되었

을 때 필요한 디스크 용량을 알려주고 계속 진행할 것인지 물어본다.

```
[root@localhost 다운로드]# dnf install xterm
마지막 메타 데이터 만료 확인 : 0:56:45 전에 2019년 11월 14일 (목) 오후 09시 56분 43초.
종속성이 해결되었습니다.
==================================================================
꾸러미                    아키텍처     버전              리포지토리        크기
==================================================================
Installing:
 xterm                    x86_64      331-1.el8         AppStream       528 k
약한 의존성 설치하기:
 xorg-x11-fonts-misc      noarch      7.5-19.el8        AppStream       5.8 M

거래 요약
==================================================================
설치  2 꾸러미

총 다운로드 크기 : 6.3 M
설치 크기 : 8.3 M
이게 괜찮습니까 [y / N] :
```

이때 N이라고 대답하면 설치가 종료되고, y라고 대답하면 설치가 진행된다. 여기서는 y를 입력하여 패키지 설치를 진행해본다.

```
이게 괜찮습니까 [y / N] : y
패키지 다운로드중:
(1/2): xterm-331-1.el8.x86_64.rpm                 703 kB/s | 528 kB     00:00
(2/2): xorg-x11-fonts-misc-7.5-19.el8.noarch.rp   1.6 MB/s | 5.8 MB     00:03
------------------------------------------------------------------------------
합계                                               1.2 MB/s | 6.3 MB     00:05
트랜잭션 점검 실행 중
트랜잭션 검사가 성공했습니다.
트랜잭션 테스트 실행 중
트랜잭션 테스트가 완료되었습니다.
거래 실행 중
  준비 중입니다  :                                                        1/1
  Installing   : xorg-x11-fonts-misc-7.5-19.el8.noarch                    1/2
```

```
  스크립틀릿 실행: xorg-x11-fonts-misc-7.5-19.el8.noarch                    1/2
  Installing    : xterm-331-1.el8.x86_64                                  2/2
  스크립틀릿 실행: xterm-331-1.el8.x86_64                                  2/2
  확인 중        : xorg-x11-fonts-misc-7.5-19.el8.noarch                    1/2
  확인 중        : xterm-331-1.el8.x86_64                                  2/2

설치됨:
  xterm-331-1.el8.x86_64          xorg-x11-fonts-misc-7.5-19.el8.noarch

완료되었습니다!
```

dnf는 설치할 패키지를 다운받아 패키지를 확인하고(Verifying) 설치를 진행한다.

TIP Verifying은 트랜잭션 점검, 테스트를 의미하는 것이다.

## 4 패키지 업그레이드

이미 설치되어 있는 패키지를 dnf로 업그레이드할 때는 'dnf upgrade 패키지명'과 같은 형식으로 입력한다. 패키지명을 지정하지 않고 'dnf upgrade'만 입력하면 현재 설치되어 있는 패키지에서 업그레이드가 필요한 전체 패키지에 대해 업그레이드를 진행하므로 주의해야 한다. 다음 예에서는 앞서 dnf list --upgrades 명령으로 확인했던 bash.x86_64 패키지의 업그레이드를 진행해본다.

```
[root@localhost 다운로드]# dnf upgrade bash.x86_64
마지막 메타 데이터 만료 확인 : 1:01:29 전에 2019년 11월 14일 (목) 오후 09시 56분 43초.
종속성이 해결되었습니다.
================================================================================
 꾸러미          아키텍처         버전                        리포지토리         크기
================================================================================
Upgrading:
 bash           x86_64          4.4.19-8.el8_0              BaseOS          1.5 M

거래 요약
================================================================================
업그레이드  1 꾸러미

총 다운로드 크기 : 1.5 M
이게 괜찮습니까 [y / N] :
```

업그레이드할 때도 설치 과정과 똑같이 의존 관계의 패키지가 있을 경우 함께 업그레이드된다. 이와 같이 의존성 문제를 완전히 자동으로 해결해주는 것이 dnf의 가장 큰 강점이다. y를 입력하면 업그레이드가 진행된다. 업그레이드가 완료된 화면은 생략한다.

## 5 패키지 정보 검색

특정 패키지의 정보를 dnf로 확인하려면 'dnf info 패키지명'을 입력한다. dnf로 패키지의 정보를 검색하면 어떤 정보가 출력되는지 다음 예를 통해 확인해보자.

```
[root@localhost 다운로드]# dnf info xterm
마지막 메타 데이터 만료 확인 : 1:04:45 전에 2019년 11월 14일 (목) 오후 09시 56분 43초.
설치된 패키지
이름          : xterm
버전          : 331
릴리즈        : 1.el8
아키텍처      : x86_64
크기          : 1.5 M
소스          : xterm-331-1.el8.src.rpm
리포지터리    : @System
레포에서      : AppStream
요약          : Terminal emulator for the X Window System
URL           : https://invisible-island.net/xterm
라이선스      : MIT
설명          : The xterm program is a terminal emulator for the X Window System.
              : It provides DEC VT102 and Tektronix 4014 compatible terminals for
              : programs that can't use the window system directly.
```

dnf info 명령은 앞의 예에서와 같이 패키지 이름, 버전, 릴리즈, 아키텍처, 패키지 파일 크기, 저장소(리포지터리Repository, 레포에서From repo), 요약, URL, 라이선스, 설명 등의 정보를 출력한다.

## 6 패키지 삭제

dnf로 패키지를 삭제하려면 'dnf remove 패키지명' 명령을 사용한다. 다음 예는 앞에서 dnf

로 설치한 xterm 패키지를 삭제하는 것이다.

```
[root@localhost 다운로드]# dnf remove xterm
종속성이 해결되었습니다.
================================================================
 꾸러미                    아키텍처      버전            리포지토리     크기
================================================================
삭제 중:
 xterm                    x86_64       331-1.el8       @AppStream    1.5 M
사용되지 않는 종속성 제거:
 xorg-x11-fonts-misc      noarch       7.5-19.el8      @AppStream    6.8 M

거래 요약
================================================================
삭제  2 꾸러미

자유 공간 : 8.3 M
이게 괜찮습니까 [y / N] :
```

패키지를 삭제할 때도 의존성을 확인한 후 해당 패키지와 더 이상 사용하지 않는 의존성 패키지도 삭제한다. 삭제할 것인지 물어보는 질문에 y를 입력해야 패키지가 삭제된다.

**따라해보기** **dnf로 패키지 설치하기**

❶ gimp 패키지를 dnf로 설치해보자. Gimp는 GNU Image Manipulation Program의 약자로 그래픽 편집툴이다. 우선 gimp가 이미 설치되어 있는지 확인한다.

```
[root@localhost 다운로드]# dnf list --installed gimp
오류: 목록과 일치하는 패키지가 없습니다.
```

❷ gimp 패키지를 설치해보자. 다음에서 보는 것처럼 의존성이 있는 패키지를 포함하여 25개를 설치해야 한다.

```
[root@localhost 다운로드]# dnf install gimp
마지막 메타 데이터 만료 확인 : 1:24:27 전에 2019년 11월 14일 (목) 오후 09시 56분 43초.
종속성이 해결되었습니다.
```

```
==================================================================
 꾸러미              아키텍처
                             버전                                    리포지토리
                                                                           크기
==================================================================
Installing:
 gimp            x86_64 2:2.8.22-15.module_el8.0.0+36+bb6a76a2 AppStream  15 M
종속성 설치:
 OpenEXR-libs    x86_64 2.2.0-11.el8                           AppStream 675 k
 SDL             x86_64 1.2.15-32.el8                          AppStream 217 k
 babl            x86_64 0.1.52-1.el8                           AppStream 322 k
 dcraw           x86_64 9.27.0-9.el8                           AppStream 267 k
 gegl            x86_64 0.2.0-38.el8                           AppStream 805 k
 gimp-libs       x86_64 2:2.8.22-15.module_el8.0.0+36+bb6a76a2 AppStream 1.4 M
 ilmbase         x86_64 2.2.0-11.el8                           AppStream 115 k
 libmng          x86_64 2.0.3-7.el8                            AppStream 184 k
 libopenraw      x86_64 0.1.2-4.el8                            AppStream 200 k
 libspiro        x86_64 20150131-8.el8                         AppStream  40 k
 libwmf          x86_64 0.2.9-8.el8_0                          AppStream 143 k
 libwmf-lite     x86_64 0.2.9-8.el8_0                          AppStream  77 k
 pygobject2      x86_64 2.28.7-4.module_el8.0.0+36+bb6a76a2    AppStream 237 k
 pygtk2          x86_64 2.24.0-24.module_el8.0.0+36+bb6a76a2   AppStream 932 k
 python2         x86_64 2.7.15-24.module_el8.0.0+193+7850e68f  AppStream 107 k
 python2-cairo   x86_64 1.16.3-6.module_el8.0.0+36+bb6a76a2    AppStream  90 k
 python2-libs    x86_64 2.7.15-24.module_el8.0.0+193+7850e68f  AppStream 6.0 M
 python2-pip     noarch 9.0.3-13.module_el8.0.0+32+017b2cba    AppStream 2.0 M
 python2-setuptools
                 noarch 39.0.1-11.module_el8.0.0+32+017b2cba   AppStream 643 k
 suitesparse     x86_64 4.4.6-11.el8                           AppStream 1.0 M
 tbb             x86_64 2018.2-9.el8                           AppStream 160 k
 atlas           x86_64 3.10.3-6.el8                           BaseOS    6.4 M
 libgfortran     x86_64 8.2.1-3.5.el8                          BaseOS    636 k
 libquadmath     x86_64 8.2.1-3.5.el8                          BaseOS    167 k
Enabling module streams:
 gimp                   2.8
 python27               2.7
```

```
거래 요약
================================================================
설치  25 꾸러미

총 다운로드 크기 : 38 M
설치 크기 : 158 M
이게 괜찮습니까 [y / N] :
```

❸ y를 입력하여 설치를 진행한다.

```
패키지 다운로드중:
(1/25): SDL-1.2.15-32.el8.x86_64.rpm              47 kB/s | 217 kB     00:04
(2/25): babl-0.1.52-1.el8.x86_64.rpm              40 kB/s | 322 kB     00:08
(3/25): dcraw-9.27.0-9.el8.x86_64.rpm             41 kB/s | 267 kB     00:06
(4/25): OpenEXR-libs-2.2.0-11.el8.x86_64.rpm      43 kB/s | 675 kB     00:15
(5/25): gegl-0.2.0-38.el8.x86_64.rpm              42 kB/s | 805 kB     00:19
(6/25): ilmbase-2.2.0-11.el8.x86_64.rpm           44 kB/s | 115 kB     00:02
(7/25): libmng-2.0.3-7.el8.x86_64.rpm             46 kB/s | 184 kB     00:04
(생략)
설치됨:
  gimp-2:2.8.22-15.module_el8.0.0+36+bb6a76a2.x86_64
  OpenEXR-libs-2.2.0-11.el8.x86_64
  SDL-1.2.15-32.el8.x86_64
(생략)
  python2-libs-2.7.15-24.module_el8.0.0+193+7850e68f.x86_64
  python2-pip-9.0.3-13.module_el8.0.0+32+017b2cba.noarch
  python2-setuptools-39.0.1-11.module_el8.0.0+32+017b2cba.noarch
  suitesparse-4.4.6-11.el8.x86_64
  tbb-2018.2-9.el8.x86_64
  atlas-3.10.3-6.el8.x86_64
  libgfortran-8.2.1-3.5.el8.x86_64
  libquadmath-8.2.1-3.5.el8.x86_64

완료되었습니다!
```

❹ 설치된 패키지의 상세 정보를 확인한다.

```
[root@localhost 다운로드]# dnf info gimp
마지막 메타 데이터 만료 확인 : 1:38:30 전에 2019년 11월 14일 (목) 오후 09시 56분 43초.
설치된 패키지
이름          : gimp
시대          : 2
버전          : 2.8.22
릴리즈        : 15.module_el8.0.0+36+bb6a76a2
아키텍처      : x86_64
크기          : 65 M
소스          : gimp-2.8.22-15.module_el8.0.0+36+bb6a76a2.src.rpm
리포지터리    : @System
레포에서      : AppStream
요약          : GNU Image Manipulation Program
URL           : http://www.gimp.org/
라이선스      : GPLv3+ and GPLv3
설명          : GIMP (GNU Image Manipulation Program) is a powerful image
              : composition and editing program, which can be extremely useful
              : for creating logos and other graphics for webpages. GIMP has many
              : of the tools and filters you would expect to find in similar
              : commercial offerings, and some interesting extras as well. GIMP
              : provides a large image manipulation toolbox, including channel
              : operations and layers, effects, sub-pixel imaging and
              : anti-aliasing, and conversions, all with multi-level undo.
```

❺ 설치된 패키지를 실행해보기 위해 rpm 명령으로 실행 파일을 확인한다.

```
[root@localhost 다운로드]# rpm -ql gimp | more
/etc/gimp
/etc/gimp/2.0
/etc/gimp/2.0/controllerrc
/etc/gimp/2.0/gimprc
/etc/gimp/2.0/gtkrc
/etc/gimp/2.0/menurc
/etc/gimp/2.0/sessionrc
/etc/gimp/2.0/templaterc
/etc/gimp/2.0/unitrc
```

```
/usr/bin/gimp
/usr/bin/gimp-2.8
(생략)
```

❻ 실행 파일인 /usr/bin/gimp를 일반 사용자 계정에서 실행하면 [그림 9-6]과 같은 gimp 창이 뜬다.

```
[user1@localhost ~]$ gimp &
```

그림 9-6 gimp 동작 화면

**혼자해보기** dnf로 패키지 설치하기

❶ 설치할 수 있는 패키지 목록을 확인한다. 패키지 목록에서 git-gui를 선택한다 (실습 상황에 따라 다른 것을 선택할 수도 있다).

❷ 의존성 때문에 같이 설치되는 패키지는 무엇인지 확인한다.

❸ 패키지를 설치한다.

❹ 실행 파일을 확인한다.

❺ 패키지를 실행시켜 다음과 같이 잘 동작하는지 확인한다.

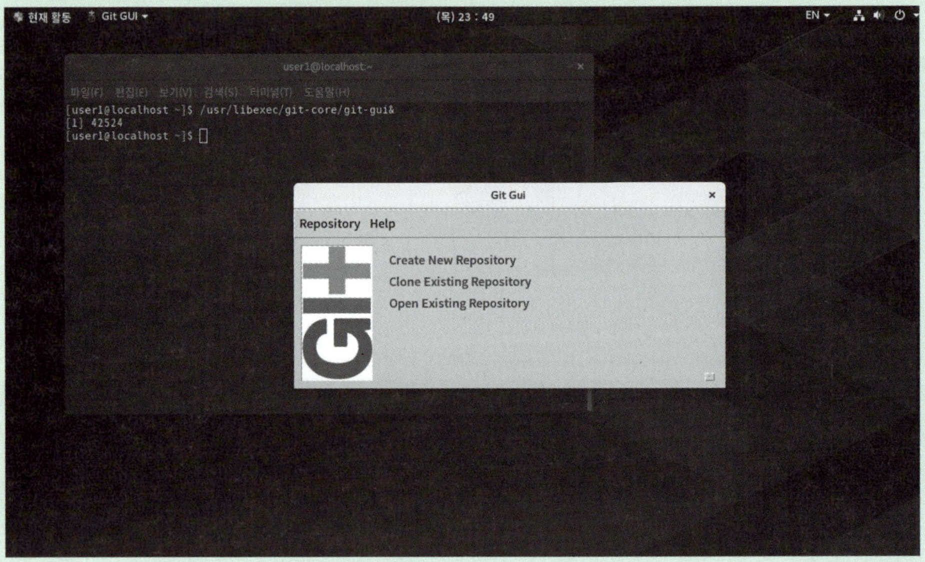

# 03 파일 아카이브와 압축

아카이브archive는 원래 '보관소, 저장소'라는 뜻이지만 리눅스에서는 '파일을 묶어서 하나로 만든 것'이라는 의미로 사용된다. 이 절에서는 파일과 디렉터리를 하나의 아카이브 파일로 만드는 방법과 파일을 압축하는 방법을 살펴본다.

## 1 파일 아카이브

tartape archive 명령은 원래 여러 파일이나 디렉터리를 묶어서 마그네틱 테이프와 같은 이동식 저장 장치에 보관하기 위해 사용하는 명령이었다. 그러나 지금은 다른 시스템과 파일을 주고받거나, 백업을 하기 위해 여러 파일이나 디렉터리를 하나의 아카이브 파일로 생성하거나, 기존 아카이브에서 파일을 추출하기 위해 사용한다. tar 명령의 기본 형식은 다음과 같다.

**tar**

- **기능** 파일과 디렉터리를 묶어 하나의 아카이브 파일을 생성한다.
- **형식** tar 기능[옵션] [아카이브 파일] [파일명]
- **기능** c: 새로운 tar 파일을 생성한다.
  t: tar 파일의 내용을 출력한다.
  x: tar 파일에서 원본 파일을 추출한다.
  r: 새로운 파일을 추가한다.
  u: 수정된 파일을 업데이트한다.
- **옵션** f: 아카이브 파일이나 테이프 장치를 지정한다. 파일명을 '-'로 지정하면 tar 파일 대신 표준 입력에서 읽어들인다.
  v: 처리하고 있는 파일의 정보를 출력한다.
  h: 심볼릭 링크의 원본 파일을 포함한다.
  p: 파일 복구 시 원래의 접근 권한을 유지한다.
  j: bzip2로 압축하거나 해제한다.
  z: gzip으로 압축하거나 해제한다.
- **사용 예** tar cvf unix.tar Unix
  tar xvf unix.tar

### 아카이브 생성하기: cvf 옵션

tar 명령을 이용하여 여러 파일이나 디렉터리를 묶어서 아카이브 파일을 생성할 수 있다. tar 명령을 실습해보기 위해 현재 사용자가 root 계정이면 일반 사용자(user1)로 돌아오고 홈 디렉터리 아래의 linux_ex 디렉터리로 이동한다.

```
[root@localhost 다운로드]# exit
logout
[user1@localhost ~]$ cd linux_ex
[user1@localhost linux_ex]$ ls
ch2/  ch3/  ch4/  ch5/  ch6/
```

이제 ch2 디렉터리를 tar 파일로 만들어보자. 아카이브를 생성하려면 Ccreate 기능을 사용해야 한다. v 옵션은 처리 중인 파일의 이름을 화면에 출력하는 것으로, 지정하지 않아도 괜찮지만 파일이 올바로 처리되는지 확인하려면 사용하는 것이 좋다. f 옵션에는 생성될 아카이브의 이름을 지정하는데, f 다음에 오는 이름을 아카이브명으로 간주한다. 파일명에는 특별한 제약이 없지만 확장자를 .tar로 지정하면 나중에 파일 관리를 쉽게 할 수 있어서 좋다. f가 지정되어 있으면 tar은 첫 번째 이름을 아카이브명으로, 두 번째부터 마지막 이름까지를 묶을 파일명으로 간주한다.

```
[user1@localhost linux_ex]$ tar cvf ch2.tar ch2
ch2/
ch2/temp/
ch2/temp/hosts
ch2/temp/text1
ch2/temp/text2
ch2/data1.cp
ch2/data1.sl
ch2/data1.ln
ch2/test
ch2/data
[user1@localhost linux_ex]$ ls
ch2/  ch2.tar  ch3/  ch4/  ch5/  ch6/
```

위의 예에서 보듯이 tar 명령으로 파일을 묶어서 아카이브 파일을 만들어도 원본 파일은 그대로 있다. 따라서 tar 파일을 만들었을 경우 원본 파일이나 디렉터리를 그대로 두면 디스크 용량을 두 배로 차지하므로 tar 파일을 다른 매체로 복사하거나 원본 파일을 삭제하는 것이 바람직하다.

### 아카이브의 내용 확인하기: tvf 옵션

아카이브의 내용을 확인할 때는 ttable of contents 기능을 사용한다. 앞서 언급했듯이 v 옵션은 파일의 상세 정보를 보기 위해 지정하는 것으로, 이 옵션을 지정하지 않으면 tar 파일에 저장된 파일의 이름만 출력된다.

```
[user1@localhost linux_ex]$ tar tvf ch2.tar
drwxrwxr-x user1/user1       0 2019-11-15 00:19 ch2/
drwxrwxr-x user1/user1       0 2019-11-15 00:08 ch2/temp/
-rw-r--r-- user1/user1     158 2019-11-15 00:08 ch2/temp/hosts
-rw-r--r-- user1/user1     158 2019-11-15 00:08 ch2/temp/text1
-rw-r--r-- user1/user1     158 2019-11-15 00:08 ch2/temp/text2
-rw-r--r-- user1/user1     158 2019-11-15 00:15 ch2/data1.cp
lrwxrwxrwx user1/user1       0 2019-11-15 00:15 ch2/data1.sl -> data1
-rw-r--r-- user1/user1     158 2019-11-15 00:16 ch2/data1.ln
-rw-rw-r-- user1/user1       0 2019-11-15 00:18 ch2/test
-rw-r--r-- user1/user1  692241 2019-11-15 00:19 ch2/data
```

위의 예처럼 아카이브에 포함된 파일의 상세 정보를 볼 수 있다. ls -l 명령의 결과와 흡사하며, 각 항목의 의미는 다음과 같다.

- -: 파일의 종류(b, c, d, l, s, p 등)
- rw-r--r--: 접근 권한
- user1/user1: 파일 소유자와 파일의 소속 그룹
- 숫자: 파일 크기
- 날짜와 시간: 파일을 마지막으로 수정한 일시
- 이름: 파일명

### 아카이브 풀기: xvf 옵션

아카이브를 풀 때는 다음과 같이 xextract 기능을 사용한다. 다음 예는 ch2.tar을 ch9 디렉터리

로 이동한 후 파일을 추출하는 것이다.

```
[user1@localhost linux_ex]$ mkdir ch9
[user1@localhost linux_ex]$ mv ch2.tar ch9
[user1@localhost linux_ex]$ cd ch9
[user1@localhost ch9]$ tar xvf ch2.tar
ch2/
ch2/temp/
ch2/temp/hosts
ch2/temp/text1
ch2/temp/text2
ch2/data1.cp
ch2/data1.sl
ch2/data1.ln
ch2/test
ch2/data
[user1@localhost ch9]$ ls
ch2/  ch2.tar
```

파일은 아카이브를 생성할 때 저장한 원래의 경로에 복사된다. 위의 예에서 ch2.tar은 파일을 묶을 때 경로를 현재 디렉터리로 지정했기 때문에 파일이 현재 위치에 저장된다. 따라서 아카이브를 풀기 전에 tvf 기능을 이용하여 아카이브의 파일 경로를 확인한 후 적당한 위치로 이동하여 작업을 수행하는 것이 바람직하다.

### 아카이브 업데이트하기: uvf 옵션

아카이브를 만든 다음 일부 파일 내용이 바뀌었다면 다음 예와 같이 uupdate 기능을 이용하여 수정된 파일을 추가할 수 있다. u 기능은 지정한 파일이 아카이브에 없는 파일이거나, 아카이브에 있는 파일이지만 수정된 파일일 때 아카이브의 마지막에 추가한다. 다음 예를 보면 기존 파일(ch2/data)에 변경 사항이 없을 경우 u 기능을 지정하여 아카이브를 수정해도 변경되는 것이 없다. touch 명령을 사용하여 ch2/data 파일의 수정 시간을 변경한 뒤 u 기능을 사용하면 ch2/data가 아카이브에 추가된다. 이 경우 아카이브에서 파일을 추출할 때 앞부터 순서대로 추출되므로 나중에 추가된 파일이 마지막에 추출된다.

```
[user1@localhost ch9]$ touch ch2/data
[user1@localhost ch9]$ tar uvf ch2.tar ch2
ch2/data
[user1@localhost ch9]$ tar tvf ch2.tar
drwxrwxr-x user1/user1       0 2019-11-15 00:19 ch2/
drwxrwxr-x user1/user1       0 2019-11-15 00:08 ch2/temp/
-rw-r--r-- user1/user1     158 2019-11-15 00:08 ch2/temp/hosts
-rw-r--r-- user1/user1     158 2019-11-15 00:08 ch2/temp/text1
-rw-r--r-- user1/user1     158 2019-11-15 00:08 ch2/temp/text2
-rw-r--r-- user1/user1     158 2019-11-15 00:15 ch2/data1.cp
lrwxrwxrwx user1/user1       0 2019-11-15 00:15 ch2/data1.sl -> data1
-rw-r--r-- user1/user1     158 2019-11-15 00:16 ch2/data1.ln
-rw-rw-r-- user1/user1       0 2019-11-15 00:18 ch2/test
-rw-r--r-- user1/user1  692241 2019-11-15 00:19 ch2/data
-rw-r--r-- user1/user1  692241 2019-11-15 21:42 ch2/data
```

### 아카이브에 파일 추가하기: rvf 옵션

이미 생성된 아카이브에 파일을 추가하는 기능은 $r_{\text{replace}}$이다. 아카이브에 파일이 이미 있는지 확인하고 추가하는 u 기능과 달리 r 기능은 지정한 파일을 무조건 아카이브의 마지막에 추가한다.

```
[user1@localhost ch9]$ cp /etc/services .
[user1@localhost ch9]$ tar rvf ch2.tar services
services
[user1@localhost ch9]$ tar tvf ch2.tar
drwxrwxr-x user1/user1       0 2019-11-15 00:19 ch2/
drwxrwxr-x user1/user1       0 2019-11-15 00:08 ch2/temp/
-rw-r--r-- user1/user1     158 2019-11-15 00:08 ch2/temp/hosts
-rw-r--r-- user1/user1     158 2019-11-15 00:08 ch2/temp/text1
-rw-r--r-- user1/user1     158 2019-11-15 00:08 ch2/temp/text2
-rw-r--r-- user1/user1     158 2019-11-15 00:15 ch2/data1.cp
lrwxrwxrwx user1/user1       0 2019-11-15 00:15 ch2/data1.sl -> data1
-rw-r--r-- user1/user1     158 2019-11-15 00:16 ch2/data1.ln
-rw-rw-r-- user1/user1       0 2019-11-15 00:18 ch2/test
-rw-r--r-- user1/user1  692241 2019-11-15 00:19 ch2/data
-rw-r--r-- user1/user1  692241 2019-11-15 21:42 ch2/data
-rw-r--r-- user1/user1  692241 2019-11-15 22:10 services
```

### 아카이브 생성하고 압축하기

아카이브를 생성하면서 동시에 압축을 할 수도 있다. 압축을 하면 아카이브 파일의 크기가 작아지므로 디스크 공간이 부족할 때 이용하면 좋다. 보통 tar로 아카이브를 만든 다음 gzip 같은 압축 명령으로 압축을 했으나 동시에 처리할 수 있도록 옵션이 추가된 것이다. 다음 예는 gzip으로 압축한 경우다. gzip으로 압축할 경우 z 옵션을 사용한다. 아카이브명에 .gz를 붙여서 gzip으로 압축된 것임을 표시하는 것이 좋다.

```
[user1@localhost ch9]$ tar czvf ch2.tar.gz ch2
ch2/
ch2/temp/
ch2/temp/hosts
ch2/temp/text1
ch2/temp/text2
ch2/data1.cp
ch2/data1.sl
ch2/data1.ln
ch2/test
ch2/data
[user1@localhost ch9]$ ls
ch2/  ch2.tar  ch2.tar.gz  services
```

gzip 외에 bzip2로도 압축할 수 있다. bzip2로 압축할 경우 j 옵션을 사용한다. 역시 아카이브명에 .bz2를 붙여서 bzip2로 압축된 것임을 표시하는 것이 좋다.

```
[user1@localhost ch9]$ tar cvjf ch2.tar.bz2 ch2
ch2/
ch2/temp/
ch2/temp/hosts
ch2/temp/text1
ch2/temp/text2
ch2/data1.cp
ch2/data1.sl
ch2/data1.ln
ch2/test
ch2/data
[user1@localhost ch9]$ ls
ch2/  ch2.tar  ch2.tar.bz2  ch2.tar.gz  services
```

tar 파일로 생성한 것과 압축한 파일의 크기를 비교해보자. 다음과 같이 bzip2로 압축한 파일의 크기가 더 작다.

```
[user1@localhost ch9]$ ls -l
합계 3316
drwxrwxr-x. 3 user1 user1      90 11월 15 00:19 ch2/
-rw-rw-r--. 1 user1 user1 2088960 11월 15 22:10 ch2.tar
-rw-rw-r--. 1 user1 user1  129738 11월 15 22:12 ch2.tar.bz2
-rw-rw-r--. 1 user1 user1  142983 11월 15 22:12 ch2.tar.gz
-rw-r--r--. 1 user1 user1  692241 11월 15 22:10 services
```

압축한 아카이브 파일의 내용은 tvf로 확인이 가능하며 xvf로 추출할 수 있다.

```
[user1@localhost ch9]$ tar tvf ch2.tar.gz
drwxrwxr-x user1/user1        0 2019-11-15 00:19 ch2/
drwxrwxr-x user1/user1        0 2019-11-15 00:08 ch2/temp/
-rw-r--r-- user1/user1      158 2019-11-15 00:08 ch2/temp/hosts
-rw-r--r-- user1/user1      158 2019-11-15 00:08 ch2/temp/text1
-rw-r--r-- user1/user1      158 2019-11-15 00:08 ch2/temp/text2
-rw-r--r-- user1/user1      158 2019-11-15 00:15 ch2/data1.cp
lrwxrwxrwx user1/user1        0 2019-11-15 00:15 ch2/data1.sl -> data1
-rw-r--r-- user1/user1      158 2019-11-15 00:16 ch2/data1.ln
-rw-rw-r-- user1/user1        0 2019-11-15 00:18 ch2/test
-rw-r--r-- user1/user1   692241 2019-11-15 21:42 ch2/data
```

## 2 파일 압축

파일을 압축하는 여러 가지 명령이 있지만 여기서는 다른 명령에 비해 압축률이 상대적으로 좋고 오픈 소스인 gzip과 bzip2의 사용법을 살펴본다.

### gzip/gunzip: .gz 파일

gzip 명령은 지정한 파일을 압축하여 '파일명.gz' 파일을 생성한다.

**gzip**

- **기능** 파일을 압축한다.
- **형식** gzip [옵션] [파일명]
- **옵션** -d: 파일 압축을 해제한다.
  -l: 압축된 파일의 정보를 보여준다.
  -r: 하위 디렉터리를 탐색하여 압축한다.
  -t: 압축 파일을 검사한다.
  -v: 압축 정보를 화면에 출력한다.
  -9: 최대한 압축한다.
- **사용 예** gzip a.txt
  gzip -v b.txt c.txt

다음은 gzip 명령을 사용한 예다. 먼저 앞에서 실습한 ch2.tar.gz 파일을 삭제하고 압축해 본다.

```
[user1@localhost ch9]$ rm ch2.tar.gz
[user1@localhost ch9]$ gzip ch2.tar
[user1@localhost ch9]$ ls
ch2  ch2.tar.bz2  ch2.tar.gz  services
```

gzip에서 -l 옵션을 사용하면 압축 파일에 대한 정보를 확인할 수 있다. 다음 예를 보면 알 수 있듯이 파일의 원래 크기와 압축된 크기, 압축률, 원본 파일명을 출력한다.

```
[user1@localhost ch9]$ gzip -l ch2.tar.gz
         compressed        uncompressed  ratio uncompressed_name
             427891             2088960  79.5% ch2.tar
```

■ **압축 파일의 내용 보기: zcat 명령**

zcat 명령은 압축된 파일의 내용을 출력한다.

**zcat**

- **기능** gzip으로 압축된 파일의 내용을 출력한다.
- **형식** zcat [파일명]
- **사용 예** zcat abc.gz
  zcat abc

앞에서 압축한 ch2.tar.gz의 내용을 zcat로 확인하면 다음과 같다. tar로 묶여 있는 각 파일의 내용이 출력된다.

```
ch2/

01750



main localhost4 localhost4.localdomain4
::1         localhost localhost.localdomain localhost6 localhost6.localdomain6



in4
::1         localhost localhost.localdomain localhost6 localhost6.localdomain6



in4
::1         localhost localhost.localdomain localhost6 localhost6.localdomain6



in4
::1         localhost localhost.localdomain localhost6 localhost6.localdomain6

--More--
```

■ **압축 풀기: gunzip 명령**

gzip으로 압축한 파일은 gunzip 명령으로 복원할 수 있다. gzip은 다른 압축 명령과 달리 별도의 압축 풀기 명령을 사용하지 않고 −d 옵션(gzip −d ch2.tar.gz)으로도 압축 파일을 풀 수 있다.

**gunzip**

- **기능** gzip로 압축된 파일의 압축을 푼다.
- **형식** gunzip [파일명]
- **사용 예** gunzip abc.gz
  gunzip abc

앞에서 압축한 ch2.tar.gz을 gunzip으로 풀어보자.

```
[user1@localhost ch9]$ gunzip ch2.tar.gz
[user1@localhost ch9]$ ls
ch2  ch2.tar  ch2.tar.bz2  services
```

### bzip2/bunzip2: .bz2 파일

bzip2는 gzip에 비해 대체로 압축률은 좋지만 속도가 약간 느리다. bzip2 명령은 지정한 파일을 압축하여 '파일명.bz2' 파일을 생성한다.

**bzip2**

- **기능** 파일을 압축한다.
- **형식** bzip2 [옵션] [파일명]
- **옵션** -d: 파일 압축을 해제한다.
  -l: 압축된 파일의 정보를 보여준다.
  -t: 압축 파일을 검사한다.
  -v: 압축 정보를 화면에 출력한다.
  --best: 최대한 압축한다.
- **사용 예** bzip2 abc.txt
  bzip2 -v a.txt b.txt

다음은 bzip2 명령을 사용한 예다. 먼저 앞에서 실습한 ch2.tar.bz2 파일을 삭제한 다음 압축을 실행한다.

```
[user1@localhost ch9]$ rm ch2.tar.bz2
[user1@localhost ch9]$ bzip2 ch2.tar
[user1@localhost ch9]$ ls
ch2  ch2.tar.bz2  services
```

#### ■ 압축 파일의 내용 보기: bzcat 명령

bzcat 명령은 zcat 명령과 마찬가지로 압축된 파일의 내용을 출력한다.

**bzcat 명령**

- **기능** 압축된 파일의 내용을 출력한다.
- **형식** bzcat [파일명]
- **사용 예** bzcat abc.bz2
  bzcat abc

앞에서 압축한 ch2.tar.bz2의 내용을 bzcat으로 확인하면 tar로 묶여 있는 각 파일의 내용이 출력된다.

### ■ 압축 풀기: bunzip2 명령

bzip2로 압축한 파일은 bunzip2 명령으로 복원할 수 있다.

**bunzip2**

- **기능** bzip2로 압축된 파일의 압축을 푼다.
- **형식** bunzip2 [파일명]
- **사용 예** bunzip2 abc.txt.bz2
  bunzip2 abc.txt

앞에서 압축한 ch2.tar.bz2를 bunzip2로 풀어보자.

```
[user1@localhost ch9]$ bunzip2 ch2.tar.bz2
[user1@localhost ch9]$ ls
ch2  ch2.tar  services
```

**혼자해보기 아카이브 생성하고 파일 압축하기**

❶ 현재 디렉터리의 위치를 파악하고 user1의 홈 디렉터리 아래 linux_ex 디렉터리로 이동한다.
❷ ch3 디렉터리를 아카이브 파일로 묶는다. 파일명은 ch3.tar로 한다.
❸ ch3.tar 파일의 내용을 확인한다.
❹ ch3.tar 파일을 ch9 디렉터리로 이동한다.
❺ ch3.tar 파일을 bzip2로 압축한다.
❻ ch3.tar.bz2 파일의 압축을 푼다.
❼ ch3.tar 파일을 푼다.

# 04 소프트웨어 컴파일

리눅스에서 패키지를 설치할 때는 기존에 RPM 형식으로 만들어서 배포한 것을 이용하면 된다. 그런데 가끔은 직접 소스를 가지고 소프트웨어를 설치해야 할 경우가 있다. 또한 개인적으로 리눅스에서 프로그램을 직접 작성해야 할 경우도 있다. 이를 위해 리눅스에서 어떻게 소스를 컴파일하여 실행 파일을 생성하는지 알아두어야 한다.

## 1 컴파일러 설치

사용자가 작성한 프로그램은 시스템이 이해할 수 있는 형태로 변환해야 실행할 수 있다. 시스템이 이해할 수 있는 형태란 기계어를 의미한다. 일반적으로 실행 파일이라 부르는 파일이 기계어로 된 파일이다. 사용자가 사용하는 고급 언어(예 C 언어)를 기계어(실행 파일)로 변환하는 과정을 컴파일이라 하며, 이러한 기능을 가진 소프트웨어를 컴파일러라고 한다. 예를 들어 C 언어로 작성한 프로그램을 컴파일하려면 C 컴파일러가 필요하다. 리눅스 자체가 C 언어로 만들어졌고 C 언어를 많이 사용하므로 여기서는 C 컴파일러를 설치하고 사용하는 방법을 간단히 살펴본다.

먼저 시스템에 C 컴파일러가 설치되어 있는지 알아보자. 리눅스에서 사용하는 C 컴파일러는 GNU C 컴파일러로 패키지 이름이 gcc이다. 이를 rpm 명령으로 확인해본다.

```
[user1@localhost ~]$ rpm -qa | grep gcc
libgcc-8.2.1-3.5.el8.x86_64
```

gcc 라이브러리libgcc는 설치되어 있지만 gcc 컴파일러는 없다. 아래와 같이 dnf로 gcc 패키지를 설치한다.

```
[root@localhost ~]# dnf install gcc
CentOS-8 - AppStream                          1.8 kB/s | 4.3 kB     00:02
CentOS-8 - Base                               1.6 kB/s | 3.9 kB     00:02
```

```
CentOS-8 - Extras                                    636  B/s ¦ 1.5 kB     00:02
종속성이 해결되었습니다.
=================================================================================
 꾸러미                 아키텍처    버전                       리포지토리       크기
=================================================================================
Installing:
 gcc                    x86_64      8.2.1-3.5.el8              AppStream       23 M
종속성 설치:
 cpp                    x86_64      8.2.1-3.5.el8              AppStream       10 M
 isl                    x86_64      0.16.1-6.el8               AppStream      841 k
 glibc-devel            x86_64      2.28-42.el8.1              BaseOS         1.0 M
 glibc-headers          x86_64      2.28-42.el8.1              BaseOS         465 k
 kernel-headers         x86_64      4.18.0-80.11.2.el8_0       BaseOS         1.6 M
 libxcrypt-devel        x86_64      4.1.1-4.el8                BaseOS          25 k

거래 요약
=================================================================================
설치  7 꾸러미

총 다운로드 크기 : 37 M
설치 크기 : 97 M
이게 괜찮습니까 [y / N] : y
(생략)
설치됨:
  gcc-8.2.1-3.5.el8.x86_64                  cpp-8.2.1-3.5.el8.x86_64
  isl-0.16.1-6.el8.x86_64                   glibc-devel-2.28-42.el8.1.x86_64
  glibc-headers-2.28-42.el8.1.x86_64 kernel-headers-4.18.0-80.11.2.el8_0.x86_64
  libxcrypt-devel-4.1.1-4.el8.x86_64

완료되었습니다!
```

## 2 간단한 C 프로그램 컴파일 및 실행

gcc가 제대로 동작하는지 확인해보자. 먼저 간단한 C 프로그램을 작성해야 한다. 전통적으로 처음 작성하는 C 프로그램은 'Hello World.'를 출력하는 아주 간단한 프로그램이다.

### C 프로그램 컴파일하기

vi로 소스 코드를 바로 작성해보자. user1의 ch9 디렉터리에서 작성한다. C 언어를 모르더라도 걱정하지 말라. 다음 예를 보고 오타 없이 입력만 하면 된다.

```
[root@localhost ~]# exit
logout
[user1@localhost ~]$ cd linux_ex/ch9
[user1@localhost ch9]$ vi hello.c

#include <stdio.h>

int main() {
    printf("Hello, World.\n");
}

:wq
```

입력이 끝났으면 이제 컴파일을 할 차례다. 컴파일 명령은 간단하게 'gcc 소스 파일명'과 같이 입력하면 된다. 소스 코드에 오류가 없으면 실행 파일이 생성된다. 실행 파일의 이름은 사용자가 지정하지 않으면 기본적으로 a.out으로 생성된다.

```
[user1@localhost ch9]$ gcc hello.c
[user1@localhost ch9]$ ls
a.out*  ch2/  ch2.tar  hello.c  services
```

### C 프로그램 실행하기

이제 a.out을 실행할 수 있다. 만약 다음과 같이 a.out을 찾을 수 없다고 나오면 현재 디렉터리가 경로에 설정되어 있지 않기 때문이므로 경로를 지정해야 한다.

```
[user1@localhost ch9]$ a.out
bash: a.out: 명령을 찾을 수 없습니다...
파일 검색에 실패했습니다: Cannot update read-only repo
```

경로를 지정하여 실행하면 프로그램이 실행되어 'Hello, World.'가 출력된다. 혹시 처음 C

프로그램을 작성하고 실행해본 것이라면 축하한다.

```
[user1@localhost ch9]$ ./a.out
Hello, World.
```

### 실행 파일명 변경하기

gcc로 생성한 기본 실행 파일은 a.out이다. 이를 사용자가 원하는 이름으로 지정하려면 -o 옵션을 사용한다. 다음 예를 살펴보자.

```
[user1@localhost ch9]$ gcc -o hello hello.c
[user1@localhost ch9]$ ./hello
Hello, World.
```

## 3 make 명령 사용하기

앞에서 살펴본 hello.c는 아주 간단한 프로그램이다. 하지만 실제 패키지는 많은 파일로 복잡하게 구성되어 있다. 따라서 이를 gcc로 일일이 컴파일하여 하나의 실행 파일로 만드는 것은 매우 번거로운 작업인데, 이를 간단하게 해결할 수 있도록 해주는 것이 make 명령이다. make 명령은 makefile(또는 Makefile)에 설정된 정보를 읽어서 여러 소스 파일을 컴파일하고 링크하여 최종 실행 파일을 만들어준다. 실제로 소스로 배포되는 많은 오픈 소스 소프트웨어는 소스 코드와 함께 makefile을 배포한다. 여기서는 makefile을 만들고 사용하는 방법을 간단히 살펴본다.

### make 명령 설치하기

make 명령이 설치되어 있는지 확인하고, 만약 명령이 없다면 설치한다.

```
[user1@localhost ch9]$ rpm -qa | grep make
[user1@localhost ch9]$ su -
암호:
[root@localhost ~]# dnf install make
마지막 메타 데이터 만료 확인 : 0:13:15 전에 2019년 11월 15일 (금) 오후 10시 27분 42초.
종속성이 해결되었습니다.
```

```
================================================================================
 꾸러미          아키텍처        버전                        리포지토리         크기
================================================================================
Installing:
 make            x86_64          1:4.2.1-9.el8               BaseOS             498 k

거래 요약
================================================================================
설치  1 꾸러미

총 다운로드 크기 : 498 k
설치 크기 : 1.4 M
이게 괜찮습니까 [y / N] : y
(생략)
설치됨:
  make-1:4.2.1-9.el8.x86_64

완료되었습니다!
```

### 소스 파일 준비하기

make 명령을 사용하기 위해 먼저 소스 파일을 준비한다. 소스 파일은 다음과 같이 두 개로 구성되어 있다. 각각 vi로 입력하고 저장한다. 먼저 첫 번째 파일을 작성한다.

```
[user1@localhost ch9]$ vi one.c
#include <stdio.h>

extern int two();

int main() {
    printf("Go to Module Two--\n");
    two();
    printf("End of Module One.\n");
}
:wq
```

이전과 같이 입력하고 그냥 gcc로 컴파일하면 다음과 같은 오류 메시지가 출력된다. two()가 무엇인지 모르겠다는 것이다.

```
[user1@localhost ch9]$ gcc one.c
/tmp/ccVPk4wM.o: In function `main':
one.c:(.text+0x14): undefined reference to `two'
collect2: error: ld returned 1 exit status
```

두 번째 파일을 만들어보자. 이 파일에 two()가 정의되어 있다.

```
[user1@localhost ch9]$ vi two.c
#include <stdio.h>

int two() {
    printf("In Module Two--\n");
    printf("--- This is a Module Two.\n");
    printf("End of Module Two.\n");
}
:wq
```

이제 one.c와 two.c 모두 준비되었다. 그럼 이 두 파일을 어떻게 연결해서 컴파일할까?

### makefile 작성하기

makefile은 어떤 소스를 읽고 어떻게 컴파일하여 최종적으로 어떤 실행 파일을 만들면 되는지 make 명령에 알려주는 설정 파일이다. 앞에서 작성한 one.c와 two.c 파일을 컴파일하고 연결하여 실행 파일 one을 만들기 위한 makefile을 간단한 형태로 만들어보면 다음과 같다.

```
[user1@localhost ch9]$ vi makefile
TARGET=one
OBJECTS=one.o two.o

${TARGET} : ${OBJECTS}
        gcc -o ${TARGET} ${OBJECTS}

one.o : one.c
        gcc -c one.c
```

```
two.o : two.c
        gcc -c two.c
:wq
```

위의 makefile에서 TARGET이나 OBJECTS는 사용자가 임의로 정한 매크로다. gcc에서 –c 옵션은 .c 파일을 컴파일하여 오브젝트 파일인 .o 파일을 생성하는데 이 .o 파일들을 연결하여 실행 파일을 만드는 것이다. 실행 파일의 이름을 one으로 했으므로 다음과 같이 실행하면 된다.

```
[user1@localhost ch9]$ make
gcc -c one.c
gcc -c two.c
gcc -o one one.o two.o
[user1@localhost ch9]$ ./one
Go to Module Two--
In Module Two--
--- This is a Module Two.
End of Module Two.
End of Module One.
```

**01** audit-2.8-4.el8.x86_64.rpm 패키지를 설치하는 명령은 무엇인가?

① rpm -avh audit-2.8-4.el8.x86_64.rpm
② rpm -ivh audit-2.8-4.el8.x86_64.rpm
③ rpm -svh audit-2.8-4.el8.x86_64.rpm
④ rpm -qvh audit-2.8-4.el8.x86_64.rpm

**02** zip 파일이 속한 패키지의 상세 정보를 출력하는 명령은 무엇인가?

① rpm -qf zip
② pm -qf /usr/bin/zip
③ rpm -qif zip
④ rpm -qif /usr/bin/zip

**03** tar 명령으로 만든 cent.tar 파일의 세부 내용을 보는 명령은 무엇인가?

① tar rvf cent.tar
② tar xvf cent.tar
③ tar tvf cent.tar
④ tar ivf cent.tar

**04** 패키지를 설치할 때 의존성이 있는 패키지란 무엇을 의미하는가?

**05** tar 명령이 포함된 패키지를 확인하는 명령은 무엇인가?

**06 05**번에서 검색한 패키지의 상세 정보를 확인하는 명령은 무엇인가? 상세 정보 중에서 라이선스 항목의 내용은 무엇인가?

**07 05**번에서 검색한 패키지가 설치한 전체 파일 목록을 확인하는 명령은 무엇인가?

**08 05**번에서 검색한 패키지와 의존성이 있는 패키지를 확인하는 명령은 무엇인가?

**09** tar 관련 패키지의 업그레이드가 가능한지 알아보는 dnf 명령은 무엇인가?

**10** dnf 명령으로 업그레이드가 가능한 전체 패키지 목록을 확인하고 그중 특정 패키지를 선택하여 업그레이드하려고 한다. 관련 명령을 순서대로 나열하시오.

**11** tar 패키지의 상세 정보를 확인하는 dnf 명령은 무엇인가?

**12** gnome과 관련된 패키지 중 dnf로 설치가 가능한 패키지를 하나 골라 설치하고 실행하시오.

**13** 실습 디렉터리 중 ch4 디렉터리의 아카이브 파일을 만드는 명령은 무엇인가?

**14** 문제 **13**번에서 생성한 아카이브를 gzip과 bzip2로 각각 압축한 다음 파일 크기를 비교하시오.

**15** make 명령을 이용할 경우 단순히 여러 파일을 연결하여 실행 파일 하나를 만드는 것 외에 중요한 장점이 하나 더 있다. 본문의 예제에서 touch two.c를 실행한 후 다시 make를 실행하면 어떤 점이 눈에 띄는가?

**16** 본문의 makefile을 참고하여 소스 파일 three.c가 추가된 경우로 makefile을 수정하시오.

# CHAPTER 10

# 사용자 관리



**학습목표**

- 사용자 계정과 관련된 파일의 구조를 이해하고 설명할 수 있다.
- 사용자 계정과 그룹을 생성 · 수정 · 삭제할 수 있다.
- UID와 EUID의 차이를 이해하고 설명할 수 있다.
- 사용자 확인 명령으로 사용자 정보를 관리하고 확인할 수 있다.
- 파일 및 디렉터리의 소유자와 소유 그룹을 변경할 수 있다.
- 사용자와 그룹별로 디스크 쿼터를 설정할 수 있다.

# 00 개요

## 1 리눅스 학습 맵에서 10장의 위치

10장에서는 3단계의 마지막 항목인 사용자 관리를 다룬다. 이 장의 학습을 통해 리눅스 시스템에 사용자와 그룹을 생성하는 등 사용자 관리 업무를 수행할 수 있다. 또한 사용자별로 디스크 사용량을 제한할 수도 있다. 여러 명이 동시에 사용하는 리눅스 시스템에서는 사용자를 잘 관리하는 업무가 매우 중요하다. 관리자는 사용자들에게 적절한 권한을 부여하면서 시스템을 운영해야 하므로 내용을 잘 이해해야 한다.

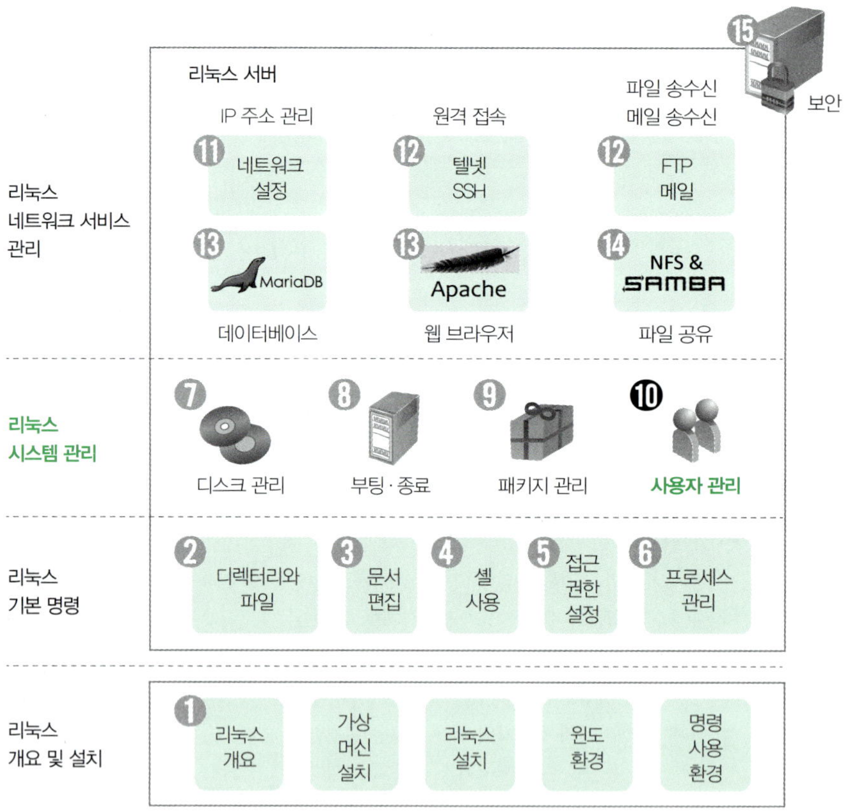

## 2 10장의 내용 구성

리눅스는 여러 명이 사용하는 시스템이므로 사용자를 등록하고 관리하는 방법을 알아야 한다. 1장에서 리눅스를 설치할 때 일반 사용자 계정으로 user1을 생성했다. 이제 다른 계정을 생성하고, 계정의 정보를 수정하며, 더 이상 사용하지 않는 계정을 삭제하는 방법을 배운다. 리눅스에서 사용자는 하나 이상의 그룹에 소속되어 있으므로 그룹을 생성하고 수정하고 삭제하는 방법과 사용자의 소속 그룹을 추가하는 방법을 살펴본다.

사용자 계정에는 암호가 설정되어야 한다. 이 암호의 사용 가능 기간을 설정하는 패스워드 에이징 방법도 알아본다. 리눅스에서는 그룹에도 암호를 설정할 수 있으며, 암호는 사용자의 현재 그룹을 바꿀 때 사용한다. 또한 사용자의 정보를 확인하고 소속 그룹을 확인하는 명령을 살펴본다. 파일이나 디렉터리를 생성하면 이를 생성한 사용자의 계정과 그룹이 파일 및 디렉터리의 소유자와 소유 그룹이 된다. 시스템 관리자는 필요시 파일 및 디렉터리의 소유자와 소유 그룹을 다른 계정으로 변경할 수 있다. 끝으로 사용자에게 디스크 쿼터를 할당하는 방법을 다룬다.

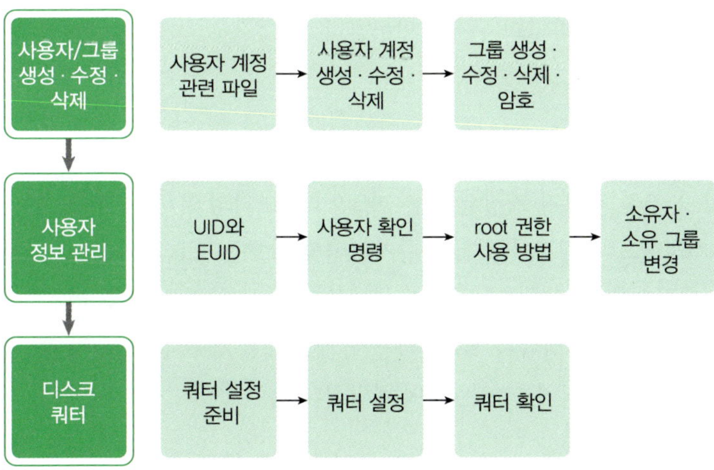

# 01 사용자 계정 관련 파일

리눅스는 여러 명이 시스템을 사용하는 다중 사용자 시스템이므로 사용자를 구별하고 사용자에게 적절한 자원을 할당하는 방법이 필요하다. 리눅스에서는 사용자 계정이 사용자를 구별하는 역할을 한다. 사용자 계정은 사용자가 시스템에 접근할 수 있는 유일한 방법이고, 시스템 관리자의 입장에서도 사용자의 접근 권한을 통제할 수 있는 중요한 수단이다. 따라서 사용자 계정 관리는 시스템 관리자의 주요 업무 중 하나다.

사용자 계정 관리에는 사용자가 시스템에 적절한 권한을 가지고 접근할 수 있도록 사용자 계정을 새로 만들거나 사용자 정보를 수정하고, 계정 사용 기한이 만료되는 등의 이유로 사용자 계정을 삭제하는 업무 등이 포함된다. 리눅스에서 사용자 계정과 관련된 파일은 /etc/passwd, /etc/shadow, /etc/login.defs, /etc/group, /etc/gshadow 등 모두 다섯 개다. 이 절에서는 사용자 계정과 관련된 파일의 구조를 알아본다.

## 1 /etc/passwd 파일

/etc/passwd 파일은 사용자 계정 정보가 저장된 기본 파일이다. 초기의 유닉스에서는 암호도 /etc/passwd 파일에 저장했으나 해킹의 위험이 증가하면서 암호는 /etc/shadow 파일에 별도로 저장한다. root 계정으로 수정이 가능하지만, /etc/passwd 파일은 사용자 계정이 저장되는 중요한 파일이므로 함부로 수정하지 말고, 사용자 계정의 추가 · 삭제 · 수정 등 변경 사항이 있을 때는 관련된 명령으로 작업을 하는 것이 바람직하다.

### /etc/passwd 파일의 구조

/etc/passwd 파일은 한 행에 사용자 한 명에 대한 정보가 기록되며, 쌍점(:)으로 구분되는 일곱 개의 항목으로 구성되어 있다. /etc/passwd 파일을 구성하는 기본 항목은 다음과 같다.

로그인 ID : x : UID : GID : 설명 : 홈 디렉터리 : 로그인 셸

❶ ❷ ❸ ❹ ❺ ❻ ❼

그림 10-1 /etc/passwd 파일의 사용자 계정 정보 구성

❶ 로그인 ID: 로그인 ID는 사용자 계정의 이름을 뜻하며 사용자 ID, 사용자 이름, 로그인 이름이라고도 한다. 로그인 ID는 32자를 넘을 수 없으나 소문자, 대문자, 숫자, 언더스코어(_), 하이픈(–)을 사용할 수 있다. 다만, 하이픈으로 시작하거나 로그인 ID 전체가 숫자이면 안 되고, 중복되는 이름을 사용해서는 안 된다.

❷ x: 초기 유닉스 시스템에서 사용자 암호를 저장하던 항목이다. 요즘은 보안상의 이유로 사용자 암호를 /etc/shadow 파일에 별도로 보관하고 있다. 이 항목은 역사적인 이유로 이전 프로그램과의 호환성을 위해 그대로 유지하고 있으며 x로 표시한다.

❸ UID: 사용자 ID 번호로 시스템이 사용자를 구별하기 위해 사용하는 번호이다. 일반적으로 0~999번과 65534번은 시스템 사용자를 위한 UID로 예약되어 있다. 시스템 사용자 계정은 시스템이 관리 업무를 위해 내부적으로 사용하려고 예약되어 있는 계정이므로 임의로 수정하지 않는다. 일반 사용자는 UID 1000번부터 할당된다.

기본적으로 등록되는 시스템 사용자의 ID를 살펴보면 다음과 같다. 이는 리눅스 배포판에 따라 다를 수 있다.

- 0(root): root 사용자 계정
- 1(bin): 명령어 관리를 위한 계정
- 2(daemon): 시스템 데몬 계정
- 3(adm): 시스템 로그와 관련된 계정
- 4(lp): 프린트 서비스와 관련된 계정
- 65534(nfsnobody): 사용자의 UID로 NFS와 관련된 계정

로그인 ID가 다르더라도 UID가 같으면 리눅스 시스템은 같은 사용자로 판단한다. 즉 사용자 이름이 root가 아닌 다른 이름, 예를 들어 user1이더라도 user1의 UID가 0번이면 시스템은 root 계정으로 인식한다는 것이다. 따라서 시스템 관리자는 시스템 계정의 UID가 중복되지 않도록 주의해야 한다.

❹ GID: 그룹 ID를 나타낸다. 리눅스에서 사용자는 무조건 한 개 이상의 그룹에 소속된다. 사용자의 기본 그룹은 사용자를 등록할 때 정해지며, 특별히 소속 그룹을 지정하지 않으면 자동적으로 로그인 ID가 그룹으로 등록된다. 시스템에 등록된 그룹에 대한 정보는 /etc/group 파일에 저장되어 있다.

❺ 설명: 사용자의 실명이나 부서명, 연락처 등 사용자에 대한 일반적인 정보가 기록되는 부분이다. 설명은 유닉스에서 유래된 역사적인 이유로 GECOS라고 부르기도 한다.

❻ 홈 디렉터리: 사용자 계정에 할당된 홈 디렉터리의 절대 경로를 기록한다. 사용자가 로그인할 때 자동적으로 로그인되는 디렉터리가 홈 디렉터리다. 홈 디렉터리 아래에 다른 디렉터리나 파일을 생성할 수 있다.

❼ 로그인 셸: 사용자의 로그인 셸을 지정한다. 로그인 셸은 사용자가 로그인할 때 기본적으로 동작하는 셸이다. 현재 CentOS에서는 배시셸(/bin/bash)을 기본 셸로 사용하고 있다.

### /etc/passwd 파일의 예

다음은 /etc/passwd 파일의 예이다. /etc/passwd 파일은 누구나 읽을 수 있도록 접근 권한이 설정되어 있다.

```
[user1@localhost ~]$ cat /etc/passwd
root:x:0:0:root:/root:/bin/bash
bin:x:1:1:bin:/bin:/sbin/nologin
daemon:x:2:2:daemon:/sbin:/sbin/nologin
adm:x:3:4:adm:/var/adm:/sbin/nologin
lp:x:4:7:lp:/var/spool/lpd:/sbin/nologin
sync:x:5:0:sync:/sbin:/bin/sync
shutdown:x:6:0:shutdown:/sbin:/sbin/shutdown
(생략)
sshd:x:74:74:Privilege-separated SSH:/var/empty/sshd:/sbin/nologin
avahi:x:70:70:Avahi mDNS/DNS-SD Stack:/var/run/avahi-daemon:/sbin/nologin
tcpdump:x:72:72::/:/sbin/nologin
user1:x:1000:1000:user1:/home/user1:/bin/bash
```

위의 /etc/passwd 파일에서 adm 계정을 살펴보면 UID가 3번, GID가 4번으로 설정되어 있다. /etc/group 파일을 보면 GID 4는 adm 그룹이다. 홈 디렉터리는 /var/adm으로 되어 있고, 셸이 /sbin/nologin으로 설정되어 있다. root 계정을 제외하고 시스템 계정에는 /bin/bash 같은 정상적인 셸이 설정되지 않도록 해야 한다. 일반 사용자 계정인 user1의 UID가 1000번으로 정의된 것을 확인할 수 있다.

## 2 /etc/shadow 파일

/etc/shadow 파일은 보안 문제 때문에 사용자 암호에 관한 정보를 별도로 관리하는 파일이다. 아래 명령의 결과에서 확인할 수 있듯이 /etc/passwd 파일은 누구나 읽을 수 있지만 /etc/shadow 파일은 읽기 권한이 없다. 그러나 root 계정으로는 /etc/shadow 파일의 내용을 볼 수 있다.

```
[user1@localhost ~]$ ls -l /etc/passwd /etc/shadow
-rw-r--r--. 1 root root 2484 11월  2 10:05 /etc/passwd
----------. 1 root root 1312 11월 12 22:16 /etc/shadow
```

### /etc/shadow 파일의 구조

/etc/shadow 파일에는 사용자 암호 외에 사용자 계정과 관련된 부가적인 정보도 저장된다. /etc/shadow-는 /etc/shadow의 백업 파일이다. /etc/shadow 파일은 [그림 10-2]와 같이 아홉 개의 항목으로 구성되어 있으며 각 항목은 :으로 구분된다.

| 로그인 ID | : | 암호(패스워드) | : | 최종 변경일 | : | MIN | : | MAX | : | WARNING | : | INACTIVE | : | EXPIRE | : | Flag |
|---|---|---|---|---|---|---|---|---|---|---|---|---|---|---|---|---|
| ❶ | | ❷ | | ❸ | | ❹ | | ❺ | | ❻ | | ❼ | | ❽ | | ❾ |

그림 10-2 /etc/shadow 파일의 정보 구성

❶ 로그인 ID: 사용자 계정의 이름으로 /etc/passwd 파일의 로그인 ID와 같다.

❷ 암호(패스워드): 실제 비밀번호가 암호화되어 저장된다. 비밀번호는 일방향 암호여서 원래 어떤 문자인지 복호화할 수 없다. 사용자가 로그인할 때 입력하는 비밀번호를 다시 암호화하여 이 암호와 비교하는 것이다. 이 암호 항목에 아무 값도 없으면 암호가 지정되지 않은 계정임을 뜻한다. 시스템 계정에는 !!가 표시되어 있다.

❸ 최종 변경일: 암호가 마지막으로 변경된 날짜를 지정한다. 이 날짜는 일반적인 연월일 형태로 기록되는 것이 아니라, 유닉스의 전통을 따라 1970년 1월 1일을 기준으로 날수를 기록한다. 예를 들어 2019년 11월 17일 암호가 변경되었으면 18217로 기록되는데, 이는 1970년 1월 1일부터 18217일이 된다는 뜻이다.

❹ MIN: MIN을 비롯해 MAX, WARNING, INACTIVE, EXPIRE 항목을 패스워드 에이징이라고 한다. 각각 패스워드와 관련된 사용 기간을 지정한다. MIN은 암호를 변경한 후 사용해야 하는 최소 기간이다. 예를 들어 MIN이 3이면 암호 변경 후 최소한 3일은 그 암호를 그대로 사용해야 한다.

❺ MAX: 암호를 사용할 수 있는 최대 기간이다. 예를 들어 MAX가 30이면 암호를 30일 동안만 사용할 수 있다는 것으로, 30일이 지나기 전에 암호를 변경해야 한다. 이 기간이 지나면 새로운 암호를 입력하게 한다.

❻ WARNING: 암호가 만료되기 전에 경고를 시작하는 날수이다. 예를 들어 WARNING이 7이면 암호가 만료되기 7일 전부터 로그인할 때 경고 메시지가 나타난다.

❼ INACTIVE: 암호가 만료된 후에도 이 항목에 지정한 날수 동안은 로그인이 가능하도록 한다. 예를 들어 INACTIVE 값이 10이면 암호가 만료된 후에도 10일 동안은 로그인이 가능하며, 사용자는 이 기간 동안 암호를 변경해야 한다. 이 기간이 지나면 계정이 잠겨버리는데, 이럴 경우 관리자에게 문의해야만 해결할 수 있다.

❽ EXPIRE: 사용자 계정이 만료되는 날로, 이 날짜가 지나면 해당 계정으로 로그인할 수 없다. 이 항목은 최종 변경일처럼 1970년 1월 1일을 기준으로 한 날수로 표시된다.

❾ Flag: 향후 사용할 목적으로 비워둔 항목이다.

### /etc/shadow 파일의 예

/etc/shadow 파일의 예를 보면 다음과 같다. 이 파일은 root 계정으로 변경한 뒤 확인할 수 있다.

```
[root@localhost ~]# cat /etc/shadow
root:$6$gApgn70bknODIV9b$.LI9TlJZJWu22OQqGCMbNzqkwkCXNVj6sxlZzAcStFHC9sdP8Uf5wh7qLCJ
LK9TXFIfEWjzzOMaOv2e7whJOW0:18212:0:99999:7:::
bin:*:18027:0:99999:7:::
daemon:*:18027:0:99999:7:::
adm:*:18027:0:99999:7:::
(생략)
sshd:!!:18196::::::
avahi:!!:18196::::::
tcpdump:!!:18196::::::
user1:$6$Tlpv2Ayml5Zl/ceT$gMCCcICUzf0kJwZCF4Z47WcbrgibTN7vqHgBytkuiVJ4H2mCaV91.
vXbXBHwMeXqYEYGcRzT0R/IacSYvorIU/:18217:0:99999:7:::
```

root 계정과 user1 계정만 암호가 설정되어 있고 나머지 시스템 계정은 암호가 !!로 설정되어 있음을 알 수 있다. user1 계정의 패스워드 에이징 정보를 보면 MIN이 0, MAX가 99999, WARNING이 7로 설정되어 있다. 이는 /etc/login.defs 파일에 설정되어 있는 기본값을 적용한 것이다.

## 3 /etc/login.defs 파일

/etc/login.defs 파일은 사용자 계정의 설정과 관련된 기본 값을 정의한 파일이다. 먼저 파일의 내용을 살펴보자. 이 파일은 주석이 잘되어 있어서 주석만 보아도 각 항목의 역할을 이해할 수 있다.

```
[root@localhost ~]# cat /etc/login.defs
(생략)
MAIL_DIR        /var/spool/mail
#MAIL_FILE      .mail

# Password aging controls:
#
#       PASS_MAX_DAYS   Maximum number of days a password may be used.
#       PASS_MIN_DAYS   Minimum number of days allowed between password changes.
#       PASS_MIN_LEN    Minimum acceptable password length.
#       PASS_WARN_AGE   Number of days warning given before a password expires.
#
```

```
PASS_MAX_DAYS   99999
PASS_MIN_DAYS   0
PASS_MIN_LEN    5
PASS_WARN_AGE   7

#
# Min/max values for automatic uid selection in useradd
#
UID_MIN                  1000
UID_MAX                 60000
# System accounts
SYS_UID_MIN               201
SYS_UID_MAX               999

#
# Min/max values for automatic gid selection in groupadd
#
GID_MIN                  1000
GID_MAX                 60000
# System accounts
SYS_GID_MIN               201
SYS_GID_MAX               999

(생략)
CREATE_HOME     yes

# The permission mask is initialized to this value. If not specified,
# the permission mask will be initialized to 022.
UMASK           077

# This enables userdel to remove user groups if no members exist.
#
USERGROUPS_ENAB yes

# Use SHA512 to encrypt password.
ENCRYPT_METHOD SHA512
```

/etc/login.defs 파일에서 정의하는 기본 값은 [표 10-1]과 같다.

표 10-1 /etc/login.defs 파일의 내용

| 항목 | 기본 값 | 의미 |
|---|---|---|
| MAIL_DIR | /var/spool/mail | 기본 메일 디렉터리 |
| PASS_MAX_DAYS | 99999 | 패스워드 에이징 |
| PASS_MIN_DAYS | 0 | |
| PASS_WARN_AGE | 7 | |
| PASS_MIN_LEN | 5 | 패스워드의 최소 길이 |
| UID_MIN, UID_MAX | 1000~60000 | 사용자 계정의 UID 범위 |
| SYS_UID_MIN, SYS_UID_MAX | 201~999 | 시스템 계정의 UID 범위 |
| GID_MIN, GID_MAX | 1000~60000 | 사용자 계정의 GID 범위 |
| SYS_GID_MIN, SYS_GID_MAX | 201~999 | 시스템 계정의 GID 범위 |
| CREATE_HOME | yes | 홈 디렉터리 생성 여부 |
| UMASK | 077 | umask 값 설정 |
| USERGROUPS_ENAB | yes | 사용자 계정 삭제 시 그룹 삭제 여부 |
| ENCRYPT_METHOD | SHA512 | 암호화 기법 |

## 4 /etc/group 파일

/etc/group 파일은 그룹의 정보가 저장된 파일이다. 리눅스에서 사용자는 기본적으로 하나 이상의 그룹에 속해 있다. 사용자가 속한 그룹 중 /etc/passwd 파일의 GID 항목에 지정된 그룹이 기본 그룹이며, 사용자가 속한 2차 그룹은 /etc/group 파일에 지정한다.

### /etc/group 파일의 구조

/etc/group 파일은 다음과 같이 네 항목으로 구성되어 있으며, 각 항목은 :으로 구분된다.

그룹 이름 : x : GID : 그룹 멤버

❶ ❷ ❸ ❹

그림 10-3 /etc/group 파일의 정보 구성

❶ 그룹 이름: 그룹의 이름이다.

❷ x: 그룹의 암호를 저장하는 곳으로, 예전 유닉스에서는 비어 있거나 * 표시를 했다. 리눅스에서는 여기에 암호화된 그룹 암호를 저장하거나 /etc/gshadow 파일에 그룹 암호를 저장한다. 그룹 암호는 newgrp 명령으로 자신이 속하지 않은 그룹으로 전환할 때 필요하다. 이는 newgrp 명령을 설명할 때 다시 살펴본다.

❸ GID: 그룹을 식별하는 번호로, [표 10-1]과 같이 1000~60000은 사용자 정의 그룹의 GID로 사용한다.

❹ 그룹 멤버: 그룹에 속한 멤버들의 사용자 계정 이름으로 쉼표(,)로 사용자를 구분한다. 사용자의 2차 그룹을 나타낸다.

### /etc/group 파일의 예

다음은 /etc/group 파일의 예로 user1 그룹도 생성되어 있다. 리눅스의 경우, 사용자 계정을 생성할 때 특별히 지정하지 않으면 사용자 이름과 같은 이름으로 그룹을 생성한다.

```
[root@localhost ~]# cat /etc/group
root:x:0:
bin:x:1:
daemon:x:2:
sys:x:3:
adm:x:4:
(생략)
gnome-initial-setup:x:977:
insights:x:976:
sshd:x:74:
avahi:x:70:
slocate:x:21:
tcpdump:x:72:
user1:x:1000:
```

## ❺ /etc/gshadow 파일

/etc/gshadow 파일은 그룹 암호가 저장된 파일이다. 유닉스에는 없으며 리눅스에서 별도로 만든 파일이다. 유닉스에서는 그룹에 암호가 필요할 경우 /etc/group 파일의 그룹 암호 자리에 암호화된 그룹 암호를 설정했는데, 리눅스에서는 /etc/shadow 파일과 비슷하게 /etc/gshadow 파일을 만든 것이다.

### /etc/gshadow 파일의 구조

/etc/gshadow 파일도 :으로 구분되는 네 항목으로 구성되어 있다.

그룹 이름 : 그룹 암호 : 관리자 : 그룹 멤버
❶ ❷ ❸ ❹

그림 10-4 /etc/gshadow 파일의 정보 구성

❶ 그룹 이름: 그룹의 이름이다.

❷ 그룹 암호: 암호화된 그룹 암호다.

❸ 관리자: 그룹의 암호나 멤버를 바꿀 수 있는 사용자 계정으로 여러 개일 경우 쉼표로 구분한다.

❹ 그룹 멤버: 그룹에 속한 멤버들의 사용자 계정 이름이며, 쉼표로 사용자를 구분한다.

### /etc/gshadow 파일의 예

다음은 /etc/gshadow 파일의 예로 아직 암호가 설정된 그룹이 없다.

```
[root@localhost ~]# cat /etc/gshadow
root:::
bin:::
daemon:::
sys:::
adm:::
(생략)
gnome-initial-setup:!::
insights:!::
sshd:!::
avahi:!::
slocate:!::
tcpdump:!::
user1:!::
```

# 02 사용자 계정 관리 명령

사용자가 시스템에 접근하려면 사용자 계정이 반드시 필요하다. 사용자 계정은 시스템 관리자가 만들어주어야 하는 것이므로 관리자는 사용자 계정과 관련된 명령을 잘 알고 있어야 한다. 사용자 계정 관리에는 사용자 계정의 등록과 삭제, 등록된 계정 관련 정보 수정 등의 업무가 포함된다. 이 절에서는 사용자 계정을 관리하는 데 필요한 명령을 익힌다.

## 1 사용자 계정 생성

사용자 계정을 생성할 때는 useradd 명령을 사용한다. 우분투와 달리 CentOS의 adduser 명령은 useradd에 대한 심볼릭 링크다.

```
[root@localhost ~]# ls -l /usr/sbin/adduser
lrwxrwxrwx. 1 root root 7  5월 11  2019 /usr/sbin/adduser -> useradd
```

useradd 명령을 사용할 때 지정하는 옵션은 /etc/passwd 파일에 저장되는 각 항목에 해당한다.

**useradd**

- **기능** 사용자 계정을 생성한다.
- **형식** useradd [옵션] [로그인 ID]
- **옵션** -u uid: UID를 지정한다.
  - -o: UID의 중복을 허용한다.
  - -g gid: 기본 그룹의 GID를 지정한다.
  - -G gid: 2차 그룹의 GID를 지정한다.
  - -d 디렉터리명: 홈 디렉터리를 지정한다.
  - -s 셸: 기본 셸을 지정한다.
  - -c 설명: 사용자의 이름 등 부가적인 설명을 지정한다.
  - -D: 기본 값을 설정하거나 출력한다.
  - -e 유효 기간: EXPIRE 항목을 설정한다(YYYY-MM-DD).

-f 비활성 일수: INACTIVE 항목을 설정한다.
-k 디렉터리: 계정 생성시 복사할 초기 파일이나 디렉터리를 설정해놓은 디렉터리를 지정한다.

- **사용 예** useradd user2
  useradd -m -d /home/user2 user2
  useradd -m -d /home/user2 -u 2000 -g 100 -s /bin/ksh user2
  useradd -D -d /export/home

### 옵션 없이 계정 생성하기

그동안 user1 계정만 사용하느라 좀 지겨웠을 것이다. 이제 새로운 계정을 만들어보자. 옵션 없이 useradd 명령으로 user2 계정을 만들고 홈 디렉터리와 /etc/passwd 파일을 확인해보면 홈 디렉터리가 생성되고 /etc/passwd 파일에도 user2 계정이 추가되었음을 알 수 있다.

```
[root@localhost ~]# useradd user2
[root@localhost ~]# ls /home
user1  user2
[root@localhost ~]# tail -2 /etc/passwd
user1:x:1000:1000:user1:/home/user1:/bin/bash
user2:x:1001:1001::/home/user2:/bin/bash
```

터미널을 하나 더 띄우고 su 명령을 사용하여 user1 사용자에서 user2 사용자로 전환해보자. 암호를 물어볼 것이다. user2 계정의 암호가 뭐더라? 그렇다. 아직 암호를 설정하지 않았다.

```
[user1@localhost ~]$ su user2
암호:
```

다시 root 계정으로 돌아가서 /etc/shadow 파일을 확인해보면 user2 계정은 암호가 설정되지 않고 !!로 잠겨 있다.

```
[root@localhost ~]# grep user2 /etc/shadow
user2:!!:18218:0:99999:7:::
```

시스템 관리자는 사용자 계정을 추가할 때 반드시 초기 암호를 바로 설정해야 한다. 그리고 사용자에게 초기 암호를 알려주고 사용자가 다시 바꾸도록 권고해야 한다. user2 계정의 암호를 설정해보자.

```
[root@localhost ~]# passwd user2
user2 사용자의 비밀 번호 변경 중
새  암호:
새  암호 재입력:
passwd: 모든 인증 토큰이 성공적으로 업데이트 되었습니다.
```

다시 새로 열었던 터미널에서 user2 계정으로 전환해보자.

```
[user1@localhost ~]$ su - user2
암호:
[user2@localhost ~]$ pwd
/home/user2
```

### 기본 설정 값 확인하기: -D 옵션

사용자 계정을 설정할 때 참고하는 기본 설정 값은 -D 옵션으로 확인할 수 있다.

```
[root@localhost ~]# useradd -D
GROUP=100
HOME=/home
INACTIVE=-1
EXPIRE=
SHELL=/bin/bash
SKEL=/etc/skel
CREATE_MAIL_SPOOL=yes
```

-D 옵션으로 출력하는 기본 값의 의미는 다음과 같다.

- GROUP: 기본 등록 그룹의 GID로 100은 users 그룹이다.
- HOME: 홈 디렉터리의 생성 위치다.
- INACTIVE: -1이면 INACTIVE 기능이 비활성화된다. 0이면 암호가 만료되자마자 바로 계정이 잠긴다.
- EXPIRE: 계정 종료일을 지정한다.
- SHELL: 기본 로그인 셸을 지정한다.
- SKEL: 홈 디렉터리에 복사할 기본 환경 파일의 위치다.

• CREATE_MAIL_SPOOL: 메일 디렉터리의 생성 여부를 지정한다.

이 항목들은 /etc/default/useradd 파일에 저장되어 있다.

```
[root@localhost ~]# cat /etc/default/useradd
# useradd defaults file
GROUP=100
HOME=/home
INACTIVE=-1
EXPIRE=
SHELL=/bin/bash
SKEL=/etc/skel
CREATE_MAIL_SPOOL=yes
```

vi로 이 파일의 수정이 가능하지만 useradd -D 명령으로 수정하는 것이 바람직하다. -D 다음에 -bHOME, -eEXPIRE, -fINACTIVE, -gGID, -sSHELL를 지정하여 수정할 수 있는데, 예를 들어 EXPIRE의 값을 0으로 바꾸려면 다음과 같이 입력한다.

```
[root@localhost ~]# useradd -D -e 0
[root@localhost ~]# useradd -D
GROUP=100
HOME=/home
INACTIVE=-1
EXPIRE=0
SHELL=/bin/bash
SKEL=/etc/skel
CREATE_MAIL_SPOOL=yes
```

### /etc/skel 디렉터리의 역할

사용자 계정을 생성할 때 시스템 운영 정책에 따라 사용자 계정의 홈 디렉터리에 공통으로 배포해야 할 파일이 있을 수 있다. 예를 들어 .bash_profile 같은 초기화 파일을 공통으로 작성해놓고 사용자 계정에 복사하는 것이다. 이런 경우 /etc/skel 디렉터리에 파일을 만들어놓으면 사용자 계정을 생성할 때 자동으로 복사된다.

/etc/skel 디렉터리의 내용을 확인해보면 다음과 같다. 아래 파일들이 복사되고 있는 것이다.

```
[root@localhost ~]# ls -a /etc/skel
.  ..  .bash_logout  .bash_profile  .bashrc  .mozilla
```

### 옵션을 지정하여 사용자 계정 생성하기

다양한 옵션을 지정하여 사용자 계정을 생성해보자.

```
[root@localhost ~]# useradd -s /bin/sh -d /home/user3 -u 2000 -g 1000 -G 3 user3
```

위의 예를 보면, 기본 로그인 셸을 본셸로 지정하고 UID는 2000, GID는 1000, 2차 그룹은 3으로 지정했다. 명령의 실행 결과를 확인해보면 다음과 같다.

```
[root@localhost ~]# grep user3 /etc/passwd
user3:x:2000:1000::/home/user3:/bin/sh
[root@localhost ~]# grep user3 /etc/group
sys:x:3:user3
```

다른 옵션을 지정하여 사용자 계정을 생성해보자. 다음 예에서는 -e와 -f 옵션을 사용하여 EXPIRE와 INACTIVE 값을 지정하고, -c 옵션으로 설명 부분도 값을 지정했다.

```
[root@localhost ~]# useradd -e 2020-12-31 -f 5 -c "user4 test" user4
[root@localhost ~]# grep user4 /etc/passwd
user4:x:2001:2001:user4 test:/home/user4:/bin/bash
[root@localhost ~]# grep user4 /etc/shadow
user4:!!:18218:0:99999:7:5:18627:
```

생성된 계정의 정보를 확인해보면 UID가 2001번이다. useradd는 기존 UID 중 가장 큰 값에 1을 더하여 UID를 지정한다. /etc/shadow 파일에 EXPIRE와 INACTIVE 값이 설정된 것을 볼 수 있다. MAX와 MIN, WARNING 값을 지정하는 방법은 뒤에서 살펴볼 것이다.

## 2 사용자 계정 정보 수정

usermod 명령은 사용자 계정 정보를 수정할 때 사용한다. UID, GID, 홈 디렉터리, 기본

셸, 설명, 로그인 ID 등 계정과 관련된 모든 정보를 수정할 수 있다. 또한 패스워드 에이징 정보 중 INACTIVE와 EXPIRE 값을 지정할 수 있다.

**usermod**

- **기능** 사용자 계정 정보를 수정한다.
- **형식** usermod [옵션] [로그인 ID]
- **옵션** -u uid: UID를 수정한다.
  -o: UID의 중복을 허용한다.
  -g gid: 기본 그룹을 수정한다.
  -G gid: 2차 그룹을 수정한다.
  -d 디렉터리명: 홈 디렉터리를 수정한다.
  -s 셸: 기본 셸을 수정한다.
  -c 설명: 부가적인 설명을 수정한다.
  -f inactive: 계정 비활성화(INACTIVE) 날짜를 수정한다.
  -e expire: 계정 만료(EXPIRE) 날짜를 수정한다.
  -l: 계정 이름을 바꾼다.
- **사용 예** usermod -u 1111 user1
  usermod -d /home/user111 user1
  usermod -l user111 user1

여기서 잠깐 **사용 가능한 셸 확인**

chsh –l 명령으로 현재 시스템에서 사용 가능한 셸이 무엇인지 확인할 수 있다.

```
[root@localhost ~]# chsh -l
/bin/sh
/bin/bash
/usr/bin/sh
/usr/bin/bash
```

## UID 변경하기: –u 옵션

사용자 계정의 UID는 –u 옵션을 사용하여 바꿀 수 있다. 다음 예에서는 user3 계정의 UID를 2000번에서 1002번으로 바꿨다.

```
[root@localhost ~]# usermod -u 1002 user3
[root@localhost ~]# grep user3 /etc/passwd
user3:x:1002:1000::/home/user3:/bin/sh
```

사용자 계정의 UID는 -o 옵션을 사용하면 중복할 수 있다. user3 계정의 UID를 user2의 UID인 1001로 중복해보자. user2와 user3의 UID가 같은 값으로 변경되었다. 하지만 UID를 이렇게 같은 번호로 지정하는 것은 아주 특별한 경우에만 허용해야 한다. 리눅스는 UID가 같으면 로그인 ID가 달라도 같은 사용자로 인식하므로 보안에 문제가 생길 수 있기 때문이다.

```
[root@localhost ~]# usermod -u 1001 -o user3
[root@localhost ~]# tail -4 /etc/passwd
user1:x:1000:1000:user1:/home/user1:/bin/bash
user2:x:1001:1001::/home/user2:/bin/bash
user3:x:1001:1000::/home/user3:/bin/sh
user4:x:2001:2001:user4 test:/home/user4:/bin/bash
```

### 홈 디렉터리 변경하기: -d 옵션

사용자 계정의 홈 디렉터리를 변경하려면 -d 옵션을 사용한다. 다음 예에서는 user4 계정의 홈 디렉터리를 /home/user4에서 /home/user41로 바꿨다.

```
[root@localhost ~]# usermod -d /home/user41 user4
[root@localhost ~]# grep user4 /etc/passwd
user4:x:2001:2001:user4 test:/home/user41:/bin/bash
```

user4의 홈 디렉터리가 /home/user41로 바뀌어 설정되었지만 이는 /etc/passwd 파일의 설정 값만 바꾼 것으로 실제로 /home/user41 디렉터리가 생성되지는 않는다. 별도의 수작업으로 디렉터리를 만들고 파일을 옮겨야 한다.

```
[root@localhost ~]# ls /home/user41
ls: cannot access '/home/user41': 그런 파일이나 디렉터리가 없습니다
```

### 로그인 ID 변경하기: -l 옵션

-l 옵션으로 사용자 계정의 로그인 ID를 바꿀 수 있다. 로그인 ID를 바꿀 때는 홈 디렉터리도

같이 바꿔주는 것이 좋다. 물론 기존의 홈 디렉터리에 있던 파일이 자동으로 옮겨지지는 않으므로 별도로 디렉터리를 생성하고 이동해야 한다. 다음 예에서는 user4 계정의 로그인 ID를 user44로 바꾸면서 홈 디렉터리도 같이 변경했다.

```
[root@localhost home]# usermod -d /home/user44 -l user44 user4
[root@localhost home]# grep user44 /etc/passwd
user44:x:2001:2001:user4 test:/home/user44:/bin/bash
```

## 3 패스워드 에이징 관련 명령

패스워드 에이징의 정의는 앞에서 살펴보았으며 여기서는 패스워드 에이징과 관련된 명령을 살펴보자. 패스워드 에이징은 useradd, usermod, passwd, chage 명령으로 설정할 수 있다. chage는 패스워드 에이징을 관리하는 별도의 명령이다. 패스워드 에이징 항목과 명령의 관계를 [표 10-2]에 정리했다.

표 10-2 패스워드 에이징 관련 명령

| 항목 | useradd, usermod, passwd 명령 | chage 명령 |
|---|---|---|
| MIN | passwd -n 날수 | chage -m |
| MAX | passwd -x 날수 | chage -M |
| WARNING | passwd -w 날수 | chage -W |
| INACTIVE | useradd -f 날수<br>usermod -f 날수 | chage -I(대문자 i) |
| EXPIRE | useradd -e 날짜(YYYY-MM-DD)<br>usermod -e 날짜(YYYY-MM-DD) | chage -E |

### 기존 명령으로 패스워드 에이징 변경하기

user3 계정의 패스워드 에이징을 변경해보자. 현재 user3의 패스워드 에이징 설정 값은 다음과 같다.

```
[root@localhost home]# grep user3 /etc/shadow
user3:!!:18218:0:99999:7::0:
```

usermod 명령과 passwd 명령으로 MIN, MAX, WARNING, INACTIVE, EXPIRE를 다음과 같이 설정할 수 있다.

```
[root@localhost ~]# usermod -f 10 -e 2020-12-31 user3
[root@localhost ~]# passwd -n 2 -x 100 -w 5 user3
user3 사용자의 사용 기한 데이터 조정 중
passwd: 성공
[root@localhost ~]# grep user3 /etc/shadow
user3:!!:18218:2:100:5:10:18627:
```

user3 계정의 패스워드 에이징이 MIN은 2일, MAX는 100일, WARNING은 5일, INACTIVE는 10일, EXPIRE는 2020년 12월 31일로 설정되었다.

### 패스워드 에이징 변경 및 설정 내용 확인하기: chage

chage 명령을 사용하여 user44 계정의 패스워드 에이징을 user3과 같은 값으로 설정해 보자.

```
[root@localhost ~]# chage -m 2 -M 100 -W 5 -I 10 -E 2020-12-31 user44
[root@localhost ~]# grep user44 /etc/shadow
user44:!!:18218:2:100:5:10:18627:
```

chage 명령에는 설정 내용을 확인하는 –l(소문자 L) 옵션과 사용자가 암호를 변경한 마지막 날짜를 알려주는 –d 옵션이 있다. chage 명령으로 user3 계정의 패스워드 에이징을 확인해 보면 다음과 같다.

```
[root@localhost ~]# chage -l user3
마지막으로 암호를 바꾼 날                    :11월 18, 2019
암호 만료                                    : 2월 26, 2020
암호가 비활성화 기간                         : 3월 07, 2020
계정 만료                                    :12월 31, 2020
암호를 바꿀 수 있는 최소 날 수               : 2
암호를 바꿔야 하는 최대 날 수                : 100
암호 만료 예고를 하는 날 수                  : 5
```

## 4 사용자 계정 삭제

userdel 명령은 사용자 계정을 삭제한다. 사용자 계정을 삭제할 때 홈 디렉터리를 함께 삭제할 것인지 결정해야 한다.

**userdel**

- **기능** 사용자 계정을 삭제한다.
- **형식** userdel [옵션] [로그인 ID]
- **옵션** -r: 홈 디렉터리를 삭제한다.
  -f: 사용자가 로그인 중이어도 강제로 삭제한다.
- **사용 예** userdel user4
  userdel -r user4

### 사용자 계정만 삭제하기

userdel 명령에서 -r 옵션을 지정하지 않으면 사용자 계정만 삭제된다. 일반적으로는 사용자 계정이 삭제될 때 관련된 홈 디렉터리나 파일을 모두 삭제하는 것이 바람직하다. 물론 필요한 경우에는 계정만 삭제하고 파일은 그대로 둘 수도 있지만, 이렇게 남겨진 파일은 디스크 공간만 차지하므로 주기적으로 점검하여 삭제하는 것이 좋다.

다음 예는 user44 계정만 삭제하고 홈 디렉터리는 삭제하지 않은 경우이다. 계정은 삭제되었지만 홈 디렉터리(user4)는 남아 있다.

```
[root@localhost ~]# userdel user44
[root@localhost ~]# grep user44 /etc/passwd
[root@localhost ~]# ls /home
user1  user2  user3  user4
```

### 사용자 계정과 홈 디렉터리 삭제하기

userdel 명령에서 -r 옵션을 지정하면 사용자 계정과 홈 디렉터리가 함께 삭제된다. 다음 예에서는 user3 사용자 계정을 홈 디렉터리와 함께 삭제한다. 그런데 user3를 삭제했더니 현재 사용중이라고 한다. 이것은 다른 터미널에서 su 명령을 입력하여 user2 계정으로 접속했을 때 로그인하고 있는데, 앞의 실습에서 user2와 user3의 UID를 중복해 놓았기 때문에 같은 계정으로 처리된 것이다.

```
[root@localhost ~]# userdel -r user3
userdel: user user3 is currently used by process 4710
```

다른 터미널의 user2 계정에서 exit를 한 뒤에 userdel 명령을 다시 실행하며 정상적으로 삭제된다.

```
[root@localhost ~]# userdel  -r user3
[root@localhost ~]# grep user3 /etc/passwd
[root@localhost ~]# ls /home
user1  user2  user4
```

홈 디렉터리가 아니라 다른 곳에 위치한 사용자 계정 소유의 파일이 있을 수 있다. -r 옵션은 홈 디렉터리의 파일은 삭제하지만 다른 디렉터리에 있는 파일은 삭제하지 않는다. 관리자는 find 명령으로 해당 계정 소유의 파일을 모두 찾아서 삭제하는 것이 바람직하다. find 명령은 다음과 같은 형태로 사용한다.

```
find / -user UID -exec rm -r {} \;
```

user44(UID 2001) 계정과 관련된 파일을 검색하여 삭세하러면 다음과 같이 한다.

```
[root@localhost ~]# find / -user 2001 -exec rm -r {} \;
```

**따라해보기** **사용자 계정 생성 · 수정 · 삭제하기**

❶ 다음 표를 참고하여 test01, test02, test03 계정을 만든다.

| 로그인 ID | 로그인 셸 | UID | 2차 그룹 | 설명 |
|---|---|---|---|---|
| test01 | 본셸 | 2100 | 3 | test01 user |
| test02 | 배시셸 | 2200 | 4 | test02 user |
| test03 | 배시셸 | 2300 | 5 | test03 user |

```
[root@localhost ~]# useradd -u 2100 -G 3 -s /bin/sh -c "test01 user" test01
[root@localhost ~]# useradd -u 2200 -G 4 -s /bin/bash -c "test02 user" test02
[root@localhost ~]# useradd -u 2300 -G 5 -s /bin/bash -c "test03 user" test03
```

❷ 앞의 ❶번에서 생성한 사용자 계정을 확인한다.

```
[root@localhost ~]# grep test /etc/passwd
test01:x:2100:2100:test01 user:/home/test01:/bin/sh
test02:x:2200:2200:test02 user:/home/test02:/bin/bash
test03:x:2300:2300:test03 user:/home/test03:/bin/bash
```

❸ test01 사용자에 다음과 같은 패스워드 에이징을 설정한다.

| 항목 | MIN | MAX | WARNING | INACTIVE | EXPIRE |
|---|---|---|---|---|---|
| 설정 값 | 4 | 200 | 10 | 5 | 2020-06-30 |

```
[root@localhost ~]# chage -m 4 -M 200 -W 10 -I 5 -E 2020-06-30 test01
[root@localhost ~]# grep test01 /etc/shadow
test01:!!:18218:4:200:10:5:18443:
```

❹ test03 계정의 UID를 2010으로, 계정의 이름을 test33으로 수정한다.

```
[root@localhost ~]# usermod -u 2010 -l test33 test03
[root@localhost ~]# grep test33 /etc/passwd
test33:x:2010:2300:test03 user:/home/test03:/bin/bash
```

❺ test02 사용자를 홈 디렉터리까지 삭제한다.

```
[root@localhost ~]# userdel -r test02
[root@localhost ~]# grep test /etc/passwd
test01:x:2100:2100:test01 user:/home/test01:/bin/sh
test33:x:2010:2300:test03 user:/home/test03:/bin/bash
[root@localhost ~]# ls /home
test01  test03  user1  user2  user4
```

**혼자해보기** **사용자 계정 생성 · 수정 · 삭제하기**

❶ 다음 표를 참조하여 사용자 계정을 생성한다.

| 로그인 ID | 로그인 셸 | UID | 2차 그룹 | 설명 |
|---|---|---|---|---|
| han01 | 본셸 | 1500 | 1000 | han01 user |
| han02 | 배시셸 | 1501 | 1001 | han02 user |

❷ 앞의 ❶번에서 생성한 사용자 계정을 /etc/passwd 파일에서 확인한다.

❸ han01 사용자 계정의 이름을 han11로, han02 사용자의 UID를 1600으로 수정한다.

❹ usermod, passwd 명령으로 han02 사용자의 패스워드 에이징을 설정한다.

| 항목 | MIN | MAX | WARNING | INACTIVE | EXPIRE |
|---|---|---|---|---|---|
| 설정 값 | 3 | 150 | 5 | 7 | 2020-10-31 |

❺ chage 명령으로 han02 사용자의 패스워드 에이징 정보를 확인한다.

❻ han01, han02 사용자 계정을 홈 디렉터리까지 모두 삭제한다.

# 03 그룹 관리 명령

리눅스에서 사용자는 기본적으로 하나 이상의 그룹에 속하도록 되어 있다. 시스템 관리자는 사용자 계정을 만들거나 수정하는 것처럼 그룹도 새로 만들거나 기존 그룹의 정보를 수정하고 삭제할 수 있다. 시스템을 사용하는 사용자가 많아지면 업무나 기능에 따라 사용자들을 적절한 그룹으로 나누고 권한을 조정해야 하는데, 이는 시스템 보안을 위해 관리자가 해야 할 중요한 업무이다. 그룹 관리와 관련된 명령으로는 groupadd, groupmod, groupdel이 있다.

## 1 그룹 생성

groupadd 명령은 새로운 그룹을 생성할 때 사용한다. 새로 생성된 그룹은 /etc/group 파일에 저장된다.

**groupadd**

- **기능** 그룹을 생성한다.
- **형식** groupadd [옵션] [그룹명]
- **옵션** -g gid: 그룹의 GID를 지정한다.
  -o: GID의 중복을 허용한다.
- **사용 예** groupadd gtest
  groupadd -g 2020 gtest
  groupadd -g 2020 -o gtest

### 옵션 없이 그룹 생성하기

옵션을 지정하지 않고 groupadd로 새로운 그룹을 생성해보자. 옵션이 없으면 GID를 가장 마지막 번호의 다음 번호로 자동 설정한다.

```
[root@localhost ~]# groupadd gtest01
[root@localhost ~]# grep gtest /etc/group
gtest01:x:2301:
```

### GID를 지정하여 그룹 생성하기

특정 GID를 지정하여 그룹을 생성할 수도 있다. GID를 지정하는 데는 -g 옵션을 사용한다.

```
[root@localhost ~]# groupadd -g 3000 gtest02
[root@localhost ~]# grep gtest /etc/group
gtest01:x:2301:
gtest02:x:3000:
```

### GID를 중복하여 지정하기

그룹을 생성할 때 GID를 기존 GID와 중복으로 지정할 수 있다. gtest02 그룹과 같은 GID를 가진 gtest03 그룹을 생성해보자.

```
[root@localhost ~]# groupadd -g 3000 -o gtest03
[root@localhost ~]# grep gtest /etc/group
gtest01:x:2301:
gtest02:x:3000:
gtest03:x:3000:
```

## 2 그룹 정보 수정

groupmod 명령은 그룹의 GID나 그룹명을 수정할 때 사용한다.

**groupmod**

- **기능** 그룹 정보를 수정한다.
- **형식** groupmod [옵션] [그룹명]
- **옵션** -g gid: 그룹의 GID를 수정한다.
  -o: GID의 중복을 허용한다.
  -n 그룹명: 그룹명을 다른 이름으로 바꾼다.
- **사용 예** groupmod -g 3001 gtest
  groupmod -g 3001 -o gtest2
  groupmod -n gtest1 gtest

### GID 바꾸기

groupmod 명령에 -g 옵션을 지정하면 GID를 바꿀 수 있다. 다음 예에서는 gtest01 그룹의 GID를 2301에서 2500으로 바꿨다.

```
[root@localhost ~]# groupmod -g 2500 gtest01
[root@localhost ~]# grep gtest01 /etc/group
gtest01:x:2500:
```

### 그룹명 바꾸기

그룹명을 바꾸는 데는 -n 옵션을 사용한다. 그룹명이 바뀌면 기존 파일이나 디렉터리의 소속 그룹명도 자동으로 바뀐다. 이름만 바뀌었지 같은 GID이기 때문이다. 다음 예에서는 gtest01 그룹의 이름을 gtest11로 바꿨다.

```
[root@localhost ~]# groupmod -n gtest11 gtest01
[root@localhost ~]# grep gtest /etc/group
gtest02:x:3000:
gtest03:x:3000:
gtest11:x:2500:
```

## 3 그룹 삭제

그룹을 삭제할 때는 groupdel 명령을 사용한다.

**groupmod**

- **기능** 그룹을 삭제한다.
- **형식** groupdel [그룹명]
- **사용 예** groupdel gtest

삭제할 그룹의 이름만 지정하면 해당 그룹이 삭제된다. 다음 예에서는 gtest03 그룹을 삭제했다.

```
[root@localhost ~]# groupdel gtest03
[root@localhost ~]# grep gtest /etc/group
```

```
gtest02:x:3000:
gtest11:x:2500:
```

## 4 그룹 암호 설정하고 사용하기

리눅스는 유닉스와 달리 그룹의 암호를 설정하는 gpasswd 명령을 제공한다. gpasswd 명령은 단순히 그룹의 암호를 설정하는 것뿐만 아니라 그룹의 암호를 삭제하고 그룹에 멤버를 추가하거나 삭제하는 기능도 수행한다.

**gpasswd**

- **기능** /etc/group와 /etc/gshadow 파일을 관리한다.
- **형식** gpasswd [옵션] [그룹명]
- **옵션** -a 사용자 계정: 사용자 계정을 그룹에 추가한다.
  -d 사용자 계정: 사용자 계정을 그룹에서 삭제한다.
  -r: 그룹 암호를 삭제한다.
- **사용 예** gpasswd gtest01
  gpasswd -a test01 gtest01
  gpasswd -r gtest01

### 그룹에 멤버 추가하기

그룹에 멤버를 추가하려면 -a 옵션을 사용한다. 앞에서 만든 test01, test33 계정을 gtest11 그룹에 추가해보자. 먼저 gtest11 그룹을 확인해보면 멤버가 하나도 없다.

```
[root@localhost ~]# grep gtest11 /etc/group
gtest11:x:2500:
```

gtest11 그룹에 멤버를 추가하는 명령은 다음과 같다.

```
[root@localhost ~]# gpasswd -a test01 gtest11
사용자 test01을(를) gtest11 그룹에 등록 중
[root@localhost ~]# gpasswd -a test33 gtest11
사용자 test33을(를) gtest11 그룹에 등록 중
[root@localhost ~]# grep gtest11 /etc/group
gtest11:x:2500:test01,test33
```

### 그룹의 멤버 삭제하기

그룹의 멤버를 삭제하려면 -d 옵션을 사용한다. gtest11 그룹에 추가한 test01, test33 계정 중에서 test33 사용자를 삭제해보자.

```
[root@localhost ~]# gpasswd -d test33 gtest11
사용자 test33을(를) 그룹 gtest11에서 제거하는 중
[root@localhost ~]# grep gtest11 /etc/group
gtest11:x:2500:test01
```

### 그룹 암호 설정하고 제거하기

그룹에 암호를 설정하고 제거해보자. 먼저 gtest11 그룹에 암호를 설정한다.

```
[root@localhost ~]# gpasswd gtest11
gtest11 그룹의 암호를 바꾸는 중
새 암호:
새 암호를 다시 입력하십시오:
[root@localhost ~]# grep gtest11 /etc/gshadow
gtest11:$6$PFu4MS2Yv/Z$gDnCZDsyjxKC.b5noLzmLMjmMVnFQNBMR9YV324CnPcDnCu3p7nYcxzMZw9Hp
UqOOCZMi5a6ir669s2sKLm4P0::test01
```

/etc/gshadow 파일에 암호가 설정되었다. 그런데 그룹 암호는 어디에 사용하는 것일까? 그룹 암호의 용도를 알아보자.

- **소속 그룹 변경하기: newgrp**

  앞에서 사용자 계정을 생성할 때 기본 그룹이 할당된다고 했다. 사용자가 작업을 할 때 현재 소속 그룹을 기본 그룹이 아닌 다른 그룹으로 변경해야 할 일이 생길 수 있다. 예를 들면 user2 사용자의 현재 소속 그룹은 기본 그룹인 user2(GID: 1001)이지만 gtest11(GID: 2500) 그룹으로 변경해야 한다고 하자. 어떻게 변경할 수 있을까? 이때 사용하는 것이 newgrp 명령이다.

**newgrp**

- **기능** 소속 그룹을 다른 그룹으로 바꾼다.
- **형식** newgrp [그룹명]
- **사용 예** newgrp adm

user1의 현재 소속 그룹을 확인해보자. 소속 그룹을 확인하는 데는 id 명령을 사용한다. 이 명령은 4절에서 다시 설명할 테니 여기서는 실행 결과만 확인하자.

```
[root@localhost ~]# id user1
uid=1000(user1) gid=1000(user1) groups=1000(user1)
```

user1의 소속 그룹은 user1이고 2차 그룹은 없다. user1의 2차 그룹을 adm으로 등록한다.

```
[root@localhost ~]# gpasswd -a user1 adm
사용자 user1을(를) adm 그룹에 등록 중
[root@localhost ~]# id user1
uid=1000(user1) gid=1000(user1) groups=1000(user1),4(adm)
```

user1의 소속 그룹을 2차 그룹인 adm으로 바꿔보자. 아래와 같이 소속 그룹이 그냥 바뀐다.

```
[user1@localhost ~]$ newgrp adm
[user1@localhost ~]$ id
uid=1000(user1) gid=4(adm) groups=4(adm),1000(user1) context=unconfined_
u:unconfined_r:unconfined_t:s0-s0:c0.c1023
```

이제 newgrp 명령으로 user1의 소속 그룹을 gtest11로 바꿔보자.

```
[user1@localhost ~]$ newgrp gtest11
암호:
```

소속 그룹을 변경하려고 하니 암호를 물어본다. adm 그룹으로 바꿀 때는 그냥 바뀌었는데 왜 암호를 물어보는 것일까? adm 그룹은 user1의 2차 그룹이기 때문에 그냥 바뀌었지만, gtest11 그룹은 user1의 2차 그룹이 아니기 때문에 암호를 입력하라는 것이다. 이때 입력하는 것이 그룹 암호다. 앞에서 설정한 gtest11의 그룹 암호를 입력하면 소속 그룹이 변경된다.

```
[user1@localhost ~]$ newgrp gtest11
암호:
[user1@localhost ~]$ id
uid=1000(user1) gid=2500(gtest11) groups=2500(gtest11),4(adm),1000(user1)
context=unconfined_u:unconfined_r:unconfined_t:s0-s0:c0.c1023
```

### ■ 그룹 암호 삭제하기: -r 옵션

gtest11 그룹에 설정된 암호를 삭제해보자. 그룹 암호를 삭제하는 데는 -r 옵션을 사용한다.

```
[root@localhost ~]# gpasswd -r gtest11
[root@localhost ~]# grep gtest11 /etc/gshadow
gtest11:::test01
```

**따라해보기** **그룹 생성 · 수정 · 삭제하고 암호 설정하기**

❶ grp01, grp02 그룹을 생성하고 확인한다.

```
[root@localhost ~]# groupadd grp01
[root@localhost ~]# groupadd grp02
[root@localhost ~]# grep grp /etc/group
grp01:x:3001:
grp02:x:3002:
```

❷ grp02의 GID를 3100으로 바꾼다.

```
[root@localhost ~]# groupmod -g 3100 grp02
[root@localhost ~]# grep grp /etc/group
grp01:x:3001:
grp02:x:3100:
```

❸ grp02를 grp22로 바꾼다.

```
[root@localhost ~]# groupmod -n grp22 grp02
[root@localhost ~]# grep grp /etc/group
grp01:x:3001:
grp22:x:3100:
```

❹ grp01 그룹에 user1 사용자를, grp22 그룹에 user2 사용자를 추가한다.

```
[root@localhost ~]# gpasswd -a user1 grp01
사용자 user1을(를) grp01 그룹에 등록 중
[root@localhost ~]# gpasswd -a user2 grp22
```

```
사용자 user2을(를) grp22 그룹에 등록 중
[root@localhost ~]# grep grp /etc/group
grp01:x:3001:user1
grp22:x:3100:user2
```

❺ grp22 그룹에 암호를 설정한다.

```
[root@localhost ~]# gpasswd grp22
grp22 그룹의 암호를 바꾸는 중
새 암호:
새 암호를 다시 입력하십시오:
```

❻ 두 번째 터미널에서 user1의 소속 그룹을 grp22로 변경해본다.

```
[user1@localhost ~]$ newgrp grp22
암호:
[user1@localhost ~]$ id
uid=1000(user1) gid=3100(grp22) groups=3100(grp22),4(adm),1000(user1),3001(grp01)
context=unconfined_u:unconfined_r:unconfined_t:s0-s0:c0.c1023
```

❼ grp01, grp22 그룹을 삭제한다.

```
[root@localhost ~]# groupdel grp01
[root@localhost ~]# groupdel grp22
[root@localhost ~]# grep grp /etc/group
```

**혼자해보기** **그룹 생성 · 수정 · 삭제하기, 멤버 등록 · 삭제하기, 암호 설정하기**

❶ grphan 그룹을 생성하고 grpbook으로 변경한다.
❷ user1, user2 계정을 grpbook 그룹에 추가한다.
❸ grpbook 그룹에 암호를 설정한다.
❹ user2 계정을 grpbook 그룹에서 삭제한다.
❺ user1, user2 계정의 현재 소속 그룹을 grpbook 그룹으로 변경한다.
❻ grpbook 그룹을 삭제한다.

# 04 사용자 정보 관리 명령

지금까지 사용자 계정과 그룹을 생성하고 수정하고 삭제하는 명령을 살펴보았다. 이 외에도 사용자 정보를 관리하기 위해 알아야 할 개념과 명령이 있다. 이 절에서는 사용자와 관련된 여러 가지 명령을 살펴본다.

## 1 UID와 EUID

사용자 정보 관리 명령을 살펴보기 전에 UID와 EUIDeffective UID의 차이를 이해해야 한다. 여기서 UID는 실제 UID로 RUID라고도 하며, EUID는 유효 사용자 ID라고 한다. UID(RUID)는 사용자가 로그인할 때 사용한 계정의 UID를 의미하고, EUID는 현재 명령을 수행하는 주체의 UID를 의미한다. 좀 어려운가? 보통의 경우 UID와 EUID는 같으나, UID와 EUID가 달라지는 두 가지 경우가 있다.

- 실행 파일에 setuid가 설정되어 있는 경우: 해당 파일을 실행한 프로세스의 UID는 사용자 계정의 UID가 아니라 실행 파일 소유자의 UID가 된다. 이때 실행 파일 소유자의 UID를 EUID라고 한다. setuid는 이미 5장에서 살펴보았으므로 여기서는 EUID가 바뀌는 것만 이해하자.
- su 명령을 사용하여 다른 계정으로 전환한 경우: 사용자가 로그인을 하면 처음에는 UID와 EUID가 같은 값을 갖는다. 하지만 su 명령을 사용하여 다른 사용자로 전환하면 UID와 EUID가 달라진다. 예를 들어 [그림 10-5]와 같이 user1로 로그인하면 처음에는 UID와 EUID가 모두 user1(1000)이지만, 여기서 su user2를 사용하여 user2로 전환하면 UID는 user1, EUID는 user2가 된다. su 명령으로 사용자가 임시로 바뀌어 명령을 실행하는 주체가 user2가 되었다는 의미다.

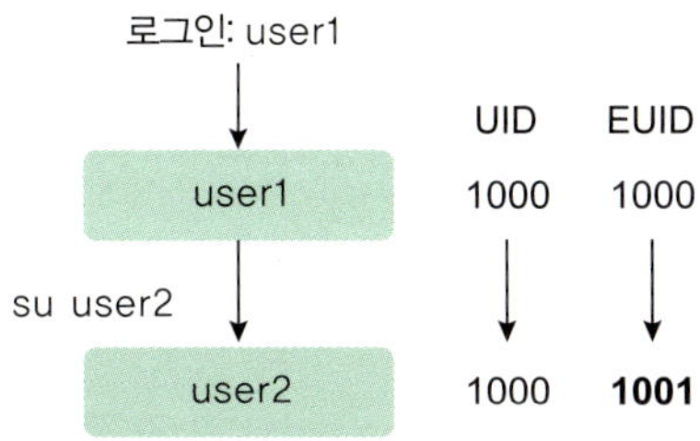


**그림 10-5 UID와 EUID의 관계**

다음에서 명령을 통해 확인해보자.

## 2 사용자 확인 명령

사용자와 관련된 명령에는 현재 로그인한 사용자를 확인하는 명령과 UID, EUID를 확인하는 명령, 소속 그룹을 확인하는 명령이 있다.

### 사용자 로그인 정보 확인하기: who, w 명령

어떤 사용자 계정이 로그인하는지, 로그인해서 현재 어떤 작업을 하고 있는지 확인하는 명령은 who, w이다.

#### ■ who 명령

who 명령은 현재 시스템에 로그인한 사용자의 이름과 로그인한 단말기 번호, 로그인 시간 등의 정보를 출력한다.

**who**

- **기능** 현재 시스템을 사용하는 사용자의 정보를 출력한다.
- **형식** who [옵션]
- **옵션** -q: 사용자명만 출력한다.
  -H: 출력 항목의 제목도 함께 출력한다.
  -b: 마지막으로 재부팅한 날짜와 시간을 출력한다.
  -m: 현재 사용자 계정의 정보를 출력한다.
  -r: 현재 런레벨을 출력한다.
- **사용 예** who
  who -b

who 명령을 옵션 없이 사용하면 사용자명 외에 부가적인 정보가 출력된다. 즉 사용자명, 사용자가 접속한 단말기 번호, 로그인한 시간, 외부 네트워크에서 접속했을 경우 외부 컴퓨터 이름이나 IP 주소가 출력된다.

```
[root@localhost ~]# who
user1    tty2         2019-11-17 21:35 (tty2)
user1    pts/0        2019-11-19 20:11 (192.168.122.1)
user1    pts/1        2019-11-18 20:46 (192.168.122.1)
user1    pts/2        2019-11-18 21:06 (192.168.122.1)
user1    pts/3        2019-11-19 20:56 (192.168.122.1)
```

who -H 명령은 다음과 같이 각 항목의 제목을 출력한다.

```
[root@localhost ~]# who -H
NAME     LINE         TIME             COMMENT
user1    tty2         2019-11-17 21:35 (tty2)
user1    pts/0        2019-11-19 20:11 (192.168.122.1)
user1    pts/1        2019-11-18 20:46 (192.168.122.1)
user1    pts/2        2019-11-18 21:06 (192.168.122.1)
user1    pts/3        2019-11-19 20:56 (192.168.122.1)
```

who -q 명령은 로그인한 사용자 수와 계정 이름을 출력한다.

```
[root@localhost ~]# who -q
user1 user1 user1 user1 user1
# users=5
```

who -b 명령은 사용자 정보를 출력하는 것이 아니라 시스템이 마지막으로 부팅한 날짜와 시간 정보를 출력한다. 다음 예는 2019년 11월 17일 21시 31분에 시스템이 부팅되었다는 의미다.

```
[root@localhost ~]# who -b
         system boot  2019-11-17 21:31
```

who -r 명령은 현재 런레벨을 출력한다. 다음 예는 2019년 11월 17일 21시 32분에 런레벨이 5로 되었음을 나타낸다. 런레벨 5는 리눅스 윈도로 부팅되었다는 의미다.

```
[root@localhost ~]# who -r
         run-level 5  2019-11-17 21:32
```

### ■ w 명령

w 명령은 현재 시스템에 로그인한 사용자의 정보 외에 사용자가 현재 실행 중인 작업에 대한 정보를 알려준다. w 명령의 인자로 사용자명을 지정하면 그 사용자의 정보만 출력한다.

> **w**
>
> • **기능** 현재 시스템을 사용하는 사용자의 정보와 작업 정보를 출력한다.
> • **형식** w [사용자명]

w 명령을 실행한 예를 살펴보자. who 명령에서 나온 출력 외에 활동에 대한 정보와 CPU 사용량, 시스템 로드 정보 등이 추가로 출력된다.

```
[root@localhost ~]# w
 21:10:10 up  5:58,  5 users,  load average: 0.14, 0.04, 0.01
USER     TTY      FROM             LOGIN@   IDLE   JCPU   PCPU WHAT
user1    tty2     tty2             일21    47:38m  1:15   0.02s /usr/libexec/gs
user1    pts/0    192.168.122.1    20:11    1.00s  0.24s  0.13s sshd: user1 [pr
user1    pts/1    192.168.122.1    월20    22:45m  0.36s  0.24s sshd: user1 [pr
user1    pts/2    192.168.122.1    월21    22:55m  0.03s  0.03s -bash
user1    pts/3    192.168.122.1    20:56    13:46  0.06s  0.03s bash
```

### ■ last 명령

last 명령은 사용자명과 로그인한 시간, 로그아웃한 시간, 터미널 번호나 IP 주소를 출력한다. 이 정보를 보면 누가 언제 로그인해서 로그아웃했는지를 한눈에 알 수 있다.

> **last**
>
> • **기능** 시스템에 로그인하고 로그아웃한 정보를 출력한다.
> • **형식** last

다음 예를 보면 시스템이 다운된 시간, 다시 부팅한 시간, root 사용자가 로그인한 시간 등을 알 수 있다.

```
[root@localhost ~]# last
user1    pts/3        192.168.122.1     Tue Nov 19 20:56   still logged in
user1    pts/0        192.168.122.1     Tue Nov 19 20:11   still logged in
user1    pts/2        192.168.122.1     Mon Nov 18 21:06    gone - no logout
user1    pts/1        192.168.122.1     Mon Nov 18 20:46    gone - no logout
user1    pts/0        192.168.122.1     Sun Nov 17 21:36 - 22:10 (1+00:33)
user1    tty2         tty2              Sun Nov 17 21:35    gone - no logout
(생략)
user1    tty2         tty2              Sun Oct 27 21:18 - crash (6+13:39)
reboot   system boot  4.18.0-80.el8.x8  Sun Oct 27 21:17 - 23:16 (13+01:59)
user1    tty2         tty2              Sun Oct 27 21:11 - down   (00:05)
reboot   system boot  4.18.0-80.el8.x8  Sun Oct 27 21:10 - 21:17  (00:06)

wtmp begins Sun Oct 27 21:10:43 2019
```

### UID와 EUID 확인하기: whoami, who am i, id 명령

현재 작업 중인 내가 누구인지, UID와 EUID는 무엇인지 확인하는 명령은 whoami, who am i, id이다. 각 명령은 다음과 같이 구별된다.

- UID 출력: who am i, who -m
- EUID 출력: whoami, id

user1로 로그인한 경우 위의 세 가지 명령을 실행하면 다음과 같이 모두 user1(1000)을 출력한다.

```
[user1@localhost ~]$ whoami
user1
[user1@localhost ~]$ id
uid=1000(user1) gid=2500(gtest11) groups=2500(gtest11),4(adm),1000(user1)
context=unconfined_u:unconfined_r:unconfined_t:s0-s0:c0.c1023
[user1@localhost ~]$ who am i
user1    pts/0        2019-11-19 20:11 (192.168.122.1)
```

이제 su 명령을 사용하여 사용자를 user2로 전환하고 다시 앞의 세 가지 명령을 실행해보면 다음과 같이 출력된다.

```
[user1@localhost ~]$ su - user2
암호:
[user2@localhost ~]$ whoami
user2
[user2@localhost ~]$ id
uid=1001(user2) gid=1001(user2) groups=1001(user2) context=unconfined_u:unconfined_
r:unconfined_t:s0-s0:c0.c1023
[user2@localhost ~]$ who am i
user1    pts/0        2019-11-19 20:11 (192.168.122.1)
[user2@localhost ~]$ who -m
user1    pts/0        2019-11-19 20:11 (192.168.122.1)
```

whoami와 id 명령은 user2를 출력하지만 who am i(who −m과 동일) 명령은 user1을 출력한다. 즉 who am i는 UID(RUID)를 출력하고 whoami와 id는 EUID를 출력하는 것이다.

### 소속 그룹 확인하기: groups 명령

현재 사용자 계정이 속해 있는 그룹을 확인하는 명령은 groups다.

**groups**

- **기능** 사용자 계정이 속한 그룹을 출력한다.
- **형식** groups [계정명]

특별히 사용자를 지정하지 않고 groups 명령을 실행하면 현재 사용자 계정이 속한 그룹을 출력한다.

```
[user1@localhost ~]$ groups
user1
```

사용자 계정을 인수로 지정하면 해당 사용자 계정이 속한 그룹 정보를 출력한다.

```
[user1@localhost ~]$ groups user2
user2 : user2
```

## 3 root 권한 사용 방법

일반 사용자가 root 권한을 사용하는 방법은 두 가지가 있다. 첫 번째 방법은 앞에서 했던 것처럼 su 명령을 사용하여 root 계정으로 전환하는 것이다. 이는 간단한 방법이기는 하지만 root 계정으로 전환하는 것이므로 모든 권한을 가지게 되어 보안상 매우 위험하다. 예를 들어 시스템 관리자가 출장을 가면서 필요시 시스템 관리 작업을 할 수 있도록 su 명령을 사용하여 일반 사용자가 root로 전환되게 했다면 위험한 일이기 때문이다.

두 번째 방법은 일반 사용자에게 시스템 관리 작업 중 특정 작업만 수행할 수 있는 권한을 주는 것이다. 예를 들면 사용자를 추가하거나 시스템을 종료할 수 있는 권한만 부여하는 것인데, sudo 명령으로 이와 같은 제한적인 권한 부여가 가능하다.

### sudo 권한 설정하기

일반 사용자가 sudo 명령으로 root 권한을 실행하려면 특정 권한을 부여받아야 한다. 이 권한은 /etc/sudoers 파일에 설정한다. 이 파일은 root 계정으로만 수정이 가능하다. /etc/sudoers 파일은 vi로 편집이 가능하지만 visudo 명령을 사용할 것을 권한다. visudo 명령은 파일을 수정한 후 문법이 맞는지 확인하고 저장한다. /etc/sudoers 파일의 설정 형식은 다음과 같다.

```
사용자 계정   호스트=명령어
```

/etc/sudoers 파일을 보면 root 계정의 경우 다음과 같이 설정되어 있다. 어디서나 어느 명령이든지 실행할 수 있음을 뜻한다.

```
root     ALL=(ALL)        ALL
```

특정 사용자에게 특정 명령을 수행할 수 있는 권한을 부여하려면 /etc/sudoers 파일에 다음과 같이 추가한다. 다음 예는 user2 사용자에게 localhost에서 사용자를 추가하고 수정할 수 있는 권한을 부여하는 것이다. 명령은 절대 경로로 표시하고, 명령이 여러 개일 경우 쉼표로 구분한다.

```
user2     localhost=/sbin/useradd, /sbin/usermod
```

### sudo 명령 사용하기

sudo 명령은 다음과 같은 형식으로 사용한다.

```
sudo 명령
```

예를 들어 user2 사용자가 사용자 계정을 추가하려고 한다면 다음과 같이 한다. 잠깐이기는 하지만 root 계정의 권한을 사용하는 것이므로 주의하라는 메시지가 뜬다.

```
[user1@localhost ~]$ su - user2
암호:
[user2@localhost ~]$ sudo useradd han01

로컬 시스템 관리자에게 일반적인 지침을 받았으리라 믿습니다.
보통 세 가지로 요약합니다:

    #1) 타인의 사생활을 존중하십시오.
    #2) 입력하기 전에 한 번 더 생각하십시오.
    #3) 막강한 힘에는 상당한 책임이 뒤따릅니다.

[sudo] user2의 암호:
```

이때 root 계정의 암호가 아니라 user2 계정의 암호를 입력하면 사용자 계정이 추가된다.

```
[user2@localhost ~]$ grep han /etc/passwd
han01:x:2101:2101::/home/han01:/bin/bash
```

sudo 명령 사용 시 암호를 입력하는 과정을 생략하려면 /etc/sudoers 파일에 다음과 같이 설정한다.

```
user2  localhost=NOPASSWD:/sbin/useradd, /sbin/usermod
```

이제 sudo 명령을 실행할 때 암호를 물어보지 않는다. 다음 예를 보면 user2 사용자가 han02 사용자 계정을 생성할 때 암호를 물어보지 않는다.

```
[user2@localhost ~]$ sudo useradd han02
```

### sudo 명령 사용 시 주의사항

sudo 명령을 사용할 때 일반 사용자에게 일부 권한을 적절하게 지정하여 효과를 볼 수 있지만 이에 따른 문제도 있으므로 주의해야 한다. 특히 귀찮다는 이유로 일반 사용자에게 모든 권한을 부여하는 것은 매우 위험하다. 해당 사용자 계정의 암호가 유출되면 root 계정의 암호가 유출된 것이나 마찬가지이기 때문이다. 따라서 sudo 명령을 사용할 수 있는 사용자의 선정과 명령 선택은 매우 신중하게 처리해야 한다는 것을 명심하기 바란다.

## 4 passwd 명령 활용하기

passwd 명령은 암호를 설정할 때만 사용하는 명령이 아니다. 이 밖에도 몇 가지 유용한 기능을 가지고 있다.

**passwd**

- **기능** 사용자 계정의 암호를 수정한다.
- **형식** passwd [옵션] [사용자 계정]
- **옵션** -l 사용자 계정: 지정한 계정의 암호를 잠근다.
  -u 사용자 계정: 암호 잠금을 해제한다.
  -d 사용자 계정: 지정한 계정의 암호를 삭제한다.

### 암호 잠그고 해제하기: -l 옵션과 -u 옵션

사용자 계정의 암호를 잠글 때는 -l 옵션을 사용한다. 다음 예는 user2 계정의 암호를 잠그는 것이다. /etc/shadow 파일을 보면 암호의 맨 앞에 !!가 있는데 이는 암호가 잠겼음을 의미한다.

```
[root@localhost ~]# passwd -l user2
user2 사용자의 비밀 번호 잠금
passwd: 성공
[root@localhost ~]# grep user2 /etc/shadow
user2:!!$6$zpumW0NLXo8IjNPz$UxTkiW5qoOMDaDRc4r8wjbLxEXV0dSqjcWWLvezpiAbvgR.
IDXD0RSC2e5omEUEfT.Ww3S1Ict6JkdfWy3i6n1:18218:0:99999:7:::
```

암호의 잠금을 해제하려면 -u 옵션을 사용한다. 다음 예는 앞에서 수행한 user2의 암호 잠금을 해제하는 것이다. 암호 항목에서 !!가 사라졌다.

```
[root@localhost ~]# passwd -u user2
user2 사용자의 비밀 번호 잠금 해제 중
passwd: 성공
[root@localhost ~]# grep user2 /etc/shadow
user2:$6$zpumW0NLXo8IjNPz$UxTkiW5qoOMDaDRc4r8wjbLxEXV0dSqjcWWLvezpiAbvgR.
IDXD0RSC2e5omEUEfT.Ww3S1Ict6JkdfWy3i6n1:18218:0:99999:7:::
```

### 암호 삭제하기: -d 옵션

사용자 계정의 암호를 삭제할 때는 -d 옵션을 사용한다. 다음 예는 user2 계정의 암호를 삭제하는 것이다. /etc/shadow 파일을 보면 암호 자리가 비어 있는데 이는 암호가 설정되어 있지 않음을 의미한다.

```
[root@localhost ~]# passwd -d user2
user2 사용자의 비밀 번호 삭제 중
passwd: 성공
[root@localhost ~]# grep user2 /etc/shadow
user2::18219:0:99999:7:::
```

사용자 계정의 암호가 없을 경우, user2로 로그인하거나 su user2로 사용자를 전환할 때 암호를 묻지 않는다. 두 번째 터미널에서 다음과 같이 해본다.

```
[user1@localhost ~]$ su user2
[user2@localhost user1]$
```

## 5 파일 및 디렉터리의 소유자와 소유 그룹 변경하기

파일이나 디렉터리는 해당 파일이나 디렉터리를 생성한 사용자의 계정과 그룹이 소유자와 소유 그룹으로 설정된다. 파일이나 디렉터리의 소유자를 변경할 필요가 있을 때 사용하는 chown과 chgrp 명령에 대해 알아보자.

### chown 명령

chown 명령은 파일과 디렉터리의 소유자와 소유 그룹을 변경할 때 사용한다.

**chown**

- **기능** 파일과 디렉터리의 소유자와 소유 그룹을 변경한다.
- **형식** chown [옵션] [사용자 계정] [파일명/디렉터리명]
- **옵션** -R: 서브 디렉터리의 소유자와 소유 그룹도 변경한다.
- **사용 예** chown user2 file1
  chown user2:grp01 file1
  chown -R user2 file1

예제를 통해 chown 명령 사용법을 알아보자. 먼저 user2 계정에 파일과 디렉터리를 생성한다.

```
[user2@localhost user1]$ cd ~user2
[user2@localhost ~]$ mkdir temp
[user2@localhost ~]$ cp /etc/hosts .
[user2@localhost ~]$ cp /etc/services temp
[user2@localhost ~]$ ls
hosts  temp
```

hosts 파일과 temp 디렉터리의 소유자와 그룹을 확인해보면 다음과 같이 user2로 되어 있다.

```
[user2@localhost ~]$ ls -l
합계 4
-rw-r--r--. 1 user2 user2 158 11월 19 21:34 hosts
drwxrwxr-x. 2 user2 user2  22 11월 19 21:34 temp
```

chown 명령은 일반 사용자가 사용할 수 없고 root 계정으로 할 수 있다. root 계정으로 로그인되어 있는 터미널에서 hosts 파일의 소유자를 user1로 바꾼다.

```
[root@localhost ~]# cd ~user2
[root@localhost user2]# chown user1 hosts
[root@localhost user2]# ls -l
합계 4
-rw-r--r--. 1 user1 user2 158 11월 19 21:34 hosts
drwxrwxr-x. 2 user2 user2  22 11월 19 21:34 temp
```

chown 명령으로 소유자와 그룹을 동시에 바꾸려면 다음과 같이 '사용자 계정:그룹명'으로 지정한다. 다음 예에서는 hosts 파일의 소유자를 다시 user2로 바꾸고 그룹은 han01로 동시에 바꾼다.

```
[root@localhost user2]# chown user2:han01 hosts
[root@localhost user2]# ls -l
합계 4
-rw-r--r--. 1 user2 han01 158 11월 19 21:34 hosts
drwxrwxr-x. 2 user2 user2  22 11월 19 21:34 temp
```

서브 디렉터리의 파일까지 한 번에 소유자나 소유 그룹을 변경하려면 -R 옵션을 사용한다. temp 디렉터리와 그 안의 파일까지 한 번에 소유자를 user1로, 그룹을 han01로 바꾸려면 다음과 같이 한다. temp 디렉터리와 그 아래에 있는 services 파일의 소유자와 그룹이 모두 바뀐 것을 확인할 수 있다.

```
[root@localhost user2]# chown -R user1:han01 temp
[root@localhost user2]# ls -l
합계 4
-rw-r--r--. 1 user2 han01 158 11월 19 21:34 hosts
drwxrwxr-x. 2 user1 han01  22 11월 19 21:34 temp
[root@localhost user2]# ls -l temp
합계 680
-rw-r--r--. 1 user1 han01 692241 11월 19 21:34 services
```

### chgrp 명령

chgrp 명령은 파일과 디렉터리의 소유 그룹을 변경할 때 사용한다.

**chgrp**

- **기능** 파일과 디렉터리의 소유 그룹을 변경한다.
- **형식** chgrp [옵션] [사용자 계정] [파일명/디렉터리명]
- **옵션** -R: 서브 디렉터리의 소유 그룹도 변경한다.
- **사용 예** chgrp han01 file1
  chgrp -R han01 file1

다음 예에서는 temp 디렉터리와 그 아래의 파일까지 한 번에 그룹을 user2로 바꿨다.

```
[root@localhost user2]# chgrp -R user2 temp
[root@localhost user2]# ls -l
합계 4
-rw-r--r--. 1 user2 han01 158 11월 19 21:34 hosts
drwxrwxr-x. 2 user1 user2  22 11월 19 21:34 temp
[root@localhost user2]# ls -l temp
합계 680
-rw-r--r--. 1 user1 user2 692241 11월 19 21:34 services
```

# 05 디스크 사용량(쿼터) 설정

리눅스는 기본적으로 여러 사용자가 함께 사용하는 시스템이므로 특정 사용자가 과도하게 디스크를 사용하는 것을 제한할 필요가 있다. 디스크 사용량을 제한하는 것을 디스크 쿼터라고 하는데 디스크 쿼터를 설정하는 방법은 두 가지가 있다. 하드디스크에서 사용자가 사용할 수 있는 파일의 전체 용량을 설정하는 방법과 사용자가 사용할 수 있는 총 파일 수를 설정하는 방법이다.

쿼터 값을 설정할 때 하드 리미트hard limit 와 소프트 리미트soft limit 두 가지 값이 있다. 하드 리미트는 사용자가 절대로 넘을 수 없는 최대치를 명시한 값이고, 소프트 리미트는 일정 시간 내에는 넘을 수 있는 한계치이다. 하지만 소프트 리미트도 정해진 시간이 지나면 하드 리미트 값이 적용되어 새로운 파일을 저장할 수 없게 된다. 할당된 디스크 쿼터를 초과할 경우, 사용자는 파일을 지워서 한계치 아래로 디스크 사용량을 줄이거나 관리자에게 용량 추가를 요청해야 한다.

## 1 쿼터 설정을 위한 사전 준비

디스크 쿼터는 사용자별 또는 그룹별로 설정할 수 있다. 디스크 쿼터를 설정하려면 파일 시스템의 마운트 옵션에 다음과 같은 쿼터 속성을 지정해야 한다.

- usrquota: 개별 사용자의 쿼터를 제한할 수 있는 속성
- grpquota: 개별 그룹의 쿼터를 제한할 수 있는 속성

쿼터 설정을 실습하기 위해 별도의 파일 시스템을 준비해보자. 7장에서 추가했던 디스크 중 /dev/sdd3을 사용한다. 우선 /home2 디렉터리를 만들고 /dev/sdd3 파일 시스템을 마운트하고, /etc/fstab 파일에도 등록한다.

```
[root@localhost ~]# mkdir /home2
[root@localhost ~]# mount /dev/sdd3 /home2
[root@localhost ~]# df -h
Filesystem           Size  Used Avail Use% Mounted on
(생략)
/dev/sdd3            380M  2.3M  354M   1% /home2
[root@localhost ~]# vi /etc/fstab

#
# /etc/fstab
# Created by anaconda on Sun Oct 27 07:40:56 2019
#
# Accessible filesystems, by reference, are maintained under '/dev/disk/'.
# See man pages fstab(5), findfs(8), mount(8) and/or blkid(8) for more info.
#
# After editing this file, run 'systemctl daemon-reload' to update systemd
# units generated from this file.
#


/dev/mapper/cl-root   /         xfs     defaults        0 0
UUID=8ec5646f-697a-4284-a1fc-44fa024cb134 /boot ext4    defaults        1 2
/dev/mapper/cl-swap   swap      swap    defaults        0 0
/dev/sdd3             /home2    ext4    defaults        1 1
~
:wq!
```

다음으로 /home2 디렉터리 아래에 홈 디렉터리를 가진 사용자 계정을 생성한다.

```
[root@localhost ~]# useradd -d /home2/qtest1 qtest1
[root@localhost ~]# useradd -d /home2/qtest2 qtest2
[root@localhost ~]# ls /home2
lost+found  qtest1  qtest2
[root@localhost ~]# tail -2 /etc/passwd
qtest1:x:2103:2103::/home2/qtest1:/bin/bash
qtest2:x:2104:2104::/home2/qtest2:/bin/bash
```

이제 /home2 파일 시스템에 쿼터를 적용해보자.

### 쿼터 속성 설정하기

파일 시스템의 마운트 옵션은 이미 살펴본 /etc/fstab 파일에 설정해야 한다. vi로 /etc/fstab 파일을 열어서 usrquota 속성을 추가해보자. usrquota는 defaults 속성 다음에 쉼표로 구분하여 설정한다. grpquota도 적용하려면 usrquota 다음에 추가하면 된다.

```
[root@localhost user2]# cd
[root@localhost ~]# vi /etc/fstab
(생략)
/dev/sdd3        /home2                    ext4    defaults,usrquota        1 1
~
:wq!
```

### 쿼터 속성 적용하기

/etc/fstab 파일에 쿼터 속성을 설정했다고 바로 적용되는 것이 아니다. 파일 시스템을 다시 마운트해야 한다. /home2 파일 시스템이 현재 사용중이므로 다음과 같이 한다.

```
[root@localhost ~]# mount -o remount /home2
```

usrquota 옵션이 설정되었는지 mount 명령으로 확인한다.

```
[root@localhost ~]# mount
(생략)
/dev/sdd3 on /home2 type ext4 (rw,relatime,seclabel,quota,usrquota)
```

### 쿼터 데이터베이스 파일 생성하기: quotacheck

파일 시스템에 옵션이 설정되었으면 사용자의 쿼터 정보를 저장하는 데이터베이스 파일을 생성해야 한다. 데이터베이스 파일은 quotacheck 명령으로 생성한다.

**quotacheck**

- **기능** 쿼터 파일을 생성 · 확인 · 수정하기 위해 파일 시스템을 스캔한다.
- **형식** quotacheck [옵션] [파일 시스템]
- **옵션** -a: 전체 파일 시스템을 스캔한다.
  -u: 사용자 쿼터를 확인한다.
  -g: 그룹 쿼터를 확인한다.
  -m: 파일 시스템을 리마운트하지 않는다.
  -v: 명령 진행 상황을 상세하게 출력한다.
- **사용 예** quotacheck -augvm
  quotacheck -ugvm /dev/sdb1

quotacheck 명령을 실행시키면 다음과 같이 파일 시스템을 확인한 후, 데이터베이스 파일이 있으면 디스크 사용량을 수정하고 데이터베이스 파일이 없으면 생성한다.

```
[root@localhost ~]# quotacheck -avugm
quotacheck: Your kernel probably supports journaled quota but you are not using it.
Consider switching to journaled quota to avoid running quotacheck after an unclean
shutdown.
quotacheck: Scanning /dev/sdd3 [/home2] done
quotacheck: Cannot stat old user quota file /home2/aquota.user: 그런 파일이나 디렉터리
가 없습니다. Usage will not be subtracted.
quotacheck: Old group file name could not been determined. Usage will not be
subtracted.
quotacheck: Checked 7 directories and 3 files
quotacheck: Old file not found.
```

그런데 quotacheck 명령으로 디스크를 스캔했는데 처음에 다음과 같은 메시지가 나온다.

```
quotacheck: Your kernel probably supports journaled quota but you are not
using it. Consider switching to journaled quota to avoid running quotacheck
after an unclean shutdown.
```

ext3 파일 시스템은 저널링 기능을 지원하는 저널 파일 시스템이다. 저널링 기능은 파일 시스템의 변경 사항을 추적하여 관리하는 것인데, 쿼터를 설정할 때 이 기능을 사용하라는 메시지다. 저널 쿼터를 사용하려면 /etc/fstab 파일을 다음과 같이 수정해야 한다.

- 사용자 쿼터만 지정하는 경우: usrjquota=aquota.user,jqfmt=vfsv0
- 그룹 쿼터만 지정하는 경우: grpjquota=aquota.grp,jqfmt=vfsv0
- 사용자 쿼터와 그룹 쿼터를 함께 지정하는 경우: usrjquota=aquota.user,grpjquota = aquota.grp,jqfmt=vfsv0

```
[root@localhost ~]# vi /etc/fstab
(생략)
/dev/sdd3       /home2    ext4     defaults,usrjquota=aquota.user,jqfmt=vfsv0  1 1
:wq!
[root@localhost ~]# mount -o remount /home2
```

quotacheck 명령을 다시 실행해보면 메시지가 나오지 않는다.

```
[root@localhost ~]# quotacheck -avugm
quotacheck: Scanning /dev/sdd3 [/home2] done
quotacheck: Old group file name could not been determined. Usage will not be
subtracted.
quotacheck: Checked 7 directories and 4 files
```

디스크 쿼터를 관리하는 데이터베이스는 다음과 같은 두 개 파일로 구성되어 있다.

- aquota.user: 사용자 쿼터 데이터베이스 파일
- aquota.group: 그룹 쿼터 데이터베이스 파일

데이터베이스 파일은 해당 파일 시스템의 최상위 디렉터리에 생성된다. 앞에서 quotacheck는 루트 파일 시스템을 확인한 것이므로 aquota.user 파일이 /home2 디렉터리에 생성되었다.

```
[root@localhost ~]# ls -l /home2/a*
-rw-------. 1 root root 7168 11월 19 22:48 /home2/aquota.user
```

### 쿼터 사용 활성화하기: quotaon 명령

쿼터용 데이터베이스 파일의 생성이 완료되었으면 quotaon 명령으로 쿼터를 활성화한다.

**quotaon**

- **기능** 파일 시스템의 쿼터 기능을 활성화한다.
- **형식** quotaon [옵션] [파일 시스템]
- **옵션** -a: 전체 파일 시스템의 쿼터 기능을 활성화한다.
  -u: 사용자 쿼터를 활성화한다.
  -g: 그룹 쿼터를 활성화한다.
  -v: 명령 진행 상황을 상세하게 출력한다.
- **사용 예** quotaon -augv
  quotacheck -ugv /home

/home2 파일 시스템의 쿼터를 활성화하면 다음과 같이 출력된다.

```
[root@localhost ~]# quotaon -uv /home2
/dev/sdd3 [/home2]: user quotas turned on
```

쿼터의 비활성화는 quotaoff 명령으로 실행한다. quotaoff 명령의 옵션은 quotaon 명령과 동일하다.

## 2 쿼터 설정 및 확인

사용자에게 디스크 쿼터를 할당하기 위한 준비가 완료되었다. 이제 쿼터를 설정해보자.

### 쿼터 설정하기: edquota 명령

쿼터 설정은 edquota 명령으로 수행한다.

**edquota**

- **기능** 쿼터를 설정한다.
- **형식** edquota [옵션] [사용자 계정 또는 그룹명]
- **옵션** -u: 사용자 쿼터를 설정한다.
  -g: 그룹 쿼터를 설정한다.
  -p: 쿼터 설정을 복사한다.
- **사용 예** edquota -u qtest1
  edquota -g han01
  edquota -p qtest1 qtest2

qtest1 사용자에게 쿼터를 할당해보자. edquota를 실행하면 vi로 쿼터를 편집할 수 있다. 다음 예를 보면 쿼터 설정 값 중 blocks, soft, hard는 현재 사용자가 사용하는 블록(KB 단위)과 소프트, 하드 리미트를 의미한다. 리미트 값이 0인 것은 사용량 제한이 없음을 뜻한다.

```
[root@localhost ~]# edquota -u qtest1
DDisk quotas for user qtest1 (uid 2103):
  Filesystem          blocks       soft       hard     inodes     soft     hard
  /dev/sdd3               14          0          0          7        0        0
~
~
```

qtest1의 쿼터를 설정해보자. 소프트 리미트는 100KB, 하드 리미트는 120KB로 설정한다. vi 명령을 사용하여 쿼터 값을 수정한 뒤 저장하고 종료하면 된다.

```
[root@localhost ~]# edquota -u qtest1
DDisk quotas for user qtest1 (uid 2103):
  Filesystem          blocks       soft       hard     inodes     soft     hard
  /dev/sdd3               14        100        120          7        0        0
~
:wq
```

### 쿼터 정보 확인하기: quota 명령

현재 설정된 쿼터는 quota 명령으로 확인할 수 있다.

**quota**

- **기능** 쿼터 정보를 출력한다.
- **형식** quota [옵션] [사용자 계정 또는 그룹명]
- **옵션** -u: 사용자 쿼터 정보를 출력한다.
  -g: 그룹 쿼터 정보를 출력한다.
- **사용 예** quota -u qtest1
  quota -g han01

qtest1 계정에 설정된 쿼터 정보를 확인해보면 다음과 같다. 그레이스grace는 소프트 리미트가 초과되어도 일정 기간 허용해주는 유예 기간을 의미한다.

```
[root@localhost ~]# quota qtest1
Disk quotas for user qtest1 (uid 2103):
     Filesystem  blocks   quota   limit   grace   files   quota   limit   grace
      /dev/sdd3      14     100     120                7       0       0
```

만약 할당된 쿼터를 초과하여 디스크를 사용하려고 하면 다음과 같은 메시지가 출력된다.

```
[qtest1@localhost root]$ cd
[qtest1@localhost ~]$ cp /etc/services .
sdd3: warning, user block quota exceeded.
sdd3: write failed, user block limit reached.
sdd3: write failed, user block limit reached.
cp: './services'에 쓰는 도중 오류 발생: 디스크 할당량이 초과됨
```

### 쿼터 설정 복사하기: edquota -p

한 사용자에게 설정한 쿼터를 다른 사용자에게 그대로 복사할 수 있다. 쿼터 설정 복사는 edquota -p 명령으로 한다. qtest1 사용자의 쿼터 설정을 qtest2 사용자에 복사해보자. 먼저 qtest2 사용자의 쿼터 설정 여부를 확인해보면 다음과 같이 쿼터 설정이 없다고 출력된다.

```
[root@localhost ~]# quota qtest2
Disk quotas for user qtest2 (uid 2104): none
```

이제 edquota -p 명령으로 qtest1 사용자의 쿼터 설정을 qtest2 사용자에 복사한 다음 쿼터 설정을 확인해보면 쿼터 설정이 복사되었음을 알 수 있다.

```
[root@localhost ~]# edquota -p qtest1 qtest2
[root@localhost ~]# quota qtest2
Disk quotas for user qtest2 (uid 2104):
     Filesystem  blocks   quota   limit   grace   files   quota   limit   grace
      /dev/sdd3      14     100     120                7       0       0
```

### 쿼터 정보 요약 출력하기: repquota 명령

파일 시스템 전체 사용자의 쿼터 설정을 요약하여 출력하는 명령은 repquota이다.

**repquota**

- **기능** 쿼터 정보를 요약하여 출력한다.
- **형식** repquota [옵션] [사용자 계정 또는 그룹명]
- **옵션** -a: 전체 파일 시스템의 쿼터 정보를 출력한다.
  -v: 사용량이 없는 쿼터의 정보도 출력한다.
  -u: 사용자 쿼터 정보를 출력한다.
  -g: 그룹 쿼터 정보를 출력한다.
- **사용 예** repquota -a
  repquota -u qtest1

현재 설정된 쿼터 정보를 확인해보면 다음과 같이 출력된다. qtest1과 qtest2 계정에 쿼터가 설정되었음을 알 수 있다.

```
[root@localhost ~]# repquota -a
*** Report for user quotas on device /dev/sdd3
Block grace time: 7days; Inode grace time: 7days
                        Block limits                File limits
User            used    soft    hard  grace    used  soft  hard  grace
----------------------------------------------------------------------
root      --      13       0       0              2     0     0
qtest1    +-     119     100     120  6days       8     0     0
qtest2    --      14     100     120              7     0     0
```

**따라해보기** **그룹 쿼터 설정하기**

❶ /etc/fstab 파일에서 /home2 파일 시스템에 그룹 쿼터 속성을 설정한다.

```
[root@localhost ~]# vi /etc/fstab
(생략)
/dev/sdd3       /home2    ext4    defaults,usrjquota=aquota.user,grpjquota=aquota.
grp,jqfmt=vfsv0 1 1
~
:wq
```

❷ /home2 파일 시스템을 리마운트한다.

```
[root@localhost ~]# mount -o remount /home2
```

❸ /home2 파일 시스템의 마운트 옵션을 확인한다.

```
[root@localhost ~]# mount
(생략)
/dev/sdd3 on /home2 type ext4 (rw,relatime,seclabel,jqfmt=vfsv0,usrjquota=aquota.
user,grpjquota=aquota.grp)
```

❹ quotacheck 명령으로 그룹 쿼터 데이터베이스를 생성한다.

```
[root@localhost ~]# quotacheck -vgm /home2
quotacheck: Scanning /dev/sdd3 [/home2] done
quotacheck: Cannot stat old group quota file /home2/aquota.grp: 그런 파일이나 디렉터리
가 없습니다. Usage will not be subtracted.
quotacheck: Checked 11 directories and 9 files
quotacheck: Old file not found.
[root@localhost ~]# ls /home2/a*
/home2/aquota.grp  /home2/aquota.user
```

❺ quotaon –g 명령으로 그룹 쿼터를 활성화한다.

```
[root@localhost ~]# quotaon -gv /home2
/dev/sdd3 [/home2]: group quotas turned on
```

❻ qtest1 그룹의 쿼터를 설정한다.

```
[root@localhost ~]# edquota -g qtest1
Disk quotas for group qtest1 (gid 2103):
  Filesystem                   blocks       soft       hard     inodes     soft     hard
  /dev/sdd3                       121       1200       1300          9        0        0
:wq
```

❼ qtest1 그룹의 쿼터 설정을 확인한다.

```
[root@localhost ~]# quota -g qtest1
Disk quotas for group qtest1 (gid 2103):
     Filesystem  blocks   quota   limit   grace   files   quota   limit   grace
      /dev/sdd3     121    1200    1300               9       0       0
```

**혼자해보기 디스크 쿼터 설정과 확인하기**

❶ /home2 디렉터리에 홈 디렉터리를 가진 qtest3 계정을 생성한다.
❷ qtest3 사용자의 쿼터를 설정한다. 소프트 리미트는 1MB, 하드 리미트는 2MB로 설정한다.
❸ qtest3 사용자의 쿼터가 제대로 설정되어 있는지 quota 명령으로 확인한다.
❹ qtest3 사용자의 쿼터 설정을 다른 사용자(qtest2)에 복사한다.
❺ qtest1 그룹의 그룹 쿼터를 qtest3 그룹에 복사한다.
❻ /home2 파일 시스템에 설정된 쿼터 정보를 요약하여 출력하고, 쿼터가 제대로 설정되어 있는지 확인한다.

## 연습문제

**01** 사용자 계정 han01의 로그인 셸을 본셸로 지정하여 생성하는 명령은 무엇인가?

① useradd -b sh han01 ② useradd -s sh han01
③ useradd -b /bin/sh han01 ④ useradd -s /bin/sh han01

**02** han01 계정의 암호를 사용할 수 있는 최대 기간을 200일로 지정하는 명령은 무엇인가?

① useradd -x 200 han01 ② usermod -x 200 han01
③ chage -M 200 han01 ④ chage -m 200 han01

**03** whoami 명령과 who am i 명령의 실행 결과가 다음과 같다. UID와 EUID를 바르게 짝지은 것은 무엇인가?'

```
$ whoami
han02
$ who am i
han01
```

① UID: han01 EUID: han01 ② UID: han02 EUID: han02
③ UID: han01 EUID: han02 ④ UID: han02 EUID: han01

**04** UID에 대해 설명하시오.

**05** 사용자 계정과 관련된 파일 중 암호를 /etc/shadow 파일에 별도로 저장하는 이유는 무엇인가?

**06** /etc/login.defs 파일의 용도를 설명하시오.

**07** 패스워드 에이징 정보란 무엇이며, 어떤 파일에 저장되는가?

**08** 그룹의 GID는 어떤 파일에서 확인할 수 있는가?

**09** 사용자의 기본 그룹은 어떤 파일에서 확인할 수 있는가?

**10** 다음 조건의 사용자 계정을 생성하는 명령은 무엇인가?

로그인 ID: hong01
UID: 3500
소속 2차 그룹: 1000
홈 디렉터리: /home2/hong01
로그인 셸: /bin/bash
설명: Ch9-Ex7
계정 사용 종료일(EXPIRE): 올해 12월 31일
패스워드 허용 유효 일자(INACTIVE): 5일

**11** 문제 **10**번에서 생성한 hong01 계정의 UID를 4500으로 변경하는 명령은 무엇인가?

**12** hong01 계정의 로그인 ID를 hong11로 바꾸는 명령은 무엇인가?

**13** hong11 계정의 패스워드 에이징 중 MAX를 30일, MIN을 3일로 바꾸는 명령은 무엇인가?

**14** 사용자 계정을 삭제할 때 -r 옵션이 있는 경우와 없는 경우의 차이를 설명하시오.

**15** 사용자 및 그룹 관련 명령 중 UID나 GID의 중복을 허용하는 명령은 무엇인가?

**16** 패스워드 에이징과 관련하여 INACTIVE와 EXPIRE 값을 설정하는 명령은 무엇인가?

**17** /etc/skel 디렉터리의 용도를 설명하시오.

**18** hong11 계정의 암호를 잠그는 명령은 무엇인가?

**19** 그룹에 설정된 그룹 암호의 용도를 설명하시오.

**20** hong01 그룹에 user1 사용자를 추가하는 명령은 무엇인가?

**21** hong11(UID 4500)로 로그인했다가 su user1(1000) 명령으로 사용자를 전환했다. UID와 EUID가 어떻게 변하는지 설명하시오.

**22** 현재 로그인한 사용자의 수와 계정 이름을 출력하는 명령은 무엇인가?

**23** hong11 계정에 sudo 명령으로 userdel을 실행할 수 있도록 설정하시오.

**24** abc.txt 파일의 현재 소유자는 hong11이고 소유 그룹은 hong01이다. 이 파일의 소유자는 user1로, 소유 그룹은 han01로 한 번에 바꾸는 명령은 무엇인가?

**25** /home2 파일 시스템에서 hong11 계정의 쿼터를 qtest1과 같게 설정하는 명령은 무엇인가?

**26** hong11 계정의 쿼터가 초과했다는 메시지가 출력되었다. 그 이유는 무엇이며, 어떻게 해결해야 하는가?

# PART 03

# 리눅스 네트워크 서비스 관리

# PART 03 리눅스 네트워크 서비스 관리

# CHAPTER 11
# 네트워크 설정



**학습목표**

- TCP/IP 프로토콜의 계층 구조를 이해하고 설명할 수 있다.
- MAC 주소와 IP 주소의 차이를 설명할 수 있다.
- 라우팅 테이블을 확인하고 기본 게이트웨이를 설정할 수 있다.
- 네트워크를 설정하여 외부 네트워크와 연결할 수 있다.
- 네트워크가 정상적으로 동작하는지 확인할 수 있다.
- 패킷을 캡처하여 저장하고 내용을 분석할 수 있다.

# 00 개요

## 1 리눅스 학습 맵에서 11장의 위치

11장에서는 4단계의 첫 번째 항목인 네트워크 설정을 다룬다. 이 장을 공부함으로써 리눅스 시스템에서 네트워크를 설정하고, 네트워크 연결에 문제가 발생하면 해결할 수 있는 지식을 얻게 될 것이다. 네트워크의 연결을 항시 유지하는 것은 리눅스 시스템을 운영하는 데 매우 중요하므로 이 장의 내용을 잘 이해하고 활용할 수 있도록 연습해야 한다.

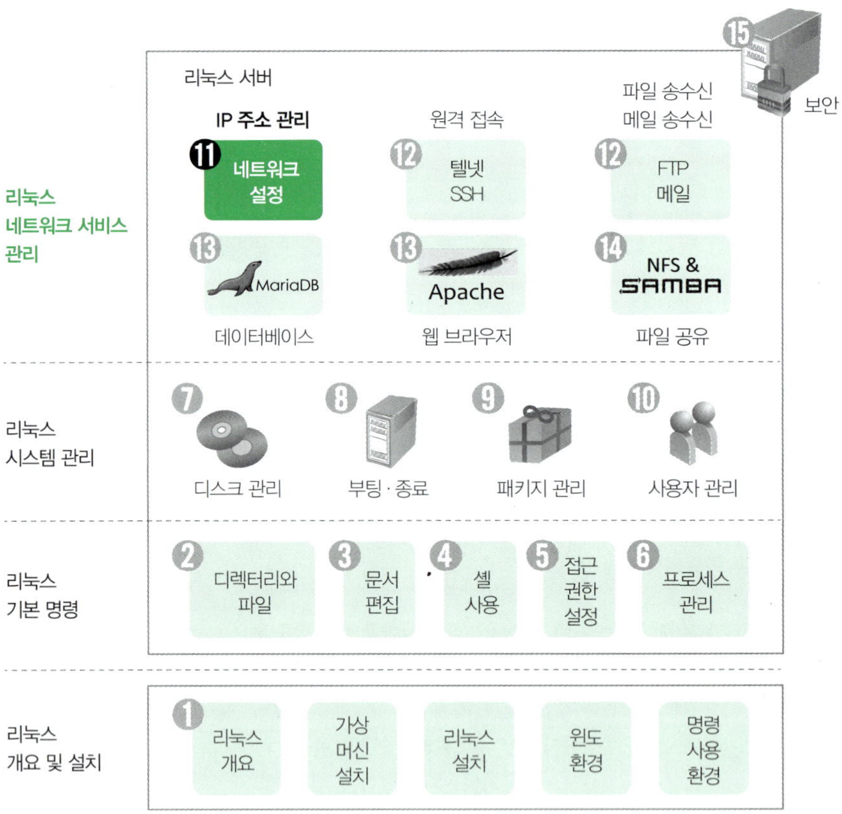

## 2 11장의 내용 구성

리눅스는 서버용으로 많이 사용하므로 다양한 네트워크 서비스를 제공한다. 네트워크 서비스를 제공하기 위해서는 당연히 네트워크를 설정해야 한다. 네트워크를 설정하려면 먼저 인터넷의 기본인 TCP/IP 프로토콜에 대한 기초 지식이 있어야 한다. TCP/IP에 대한 자세한 내용은 네트워크 과목에서 배울 수 있고, 여기서는 리눅스 네트워크를 설정하는 데 필요한 기초만 다룬다.

리눅스에서 네트워크를 설정하려면 IP 주소, 넷마스크, 게이트웨이, DNS가 모두 정확하게 설정되어야 한다. 따라서 이 장에서는 이를 설정하는 명령을 익히고 관련된 파일을 살펴볼 것이다. 네트워크가 설정된 이후에는 정상적으로 동작하는지 주기적으로 확인해야 하고 네트워크 관련 통계를 확인하는 방법도 알아야 한다. 네트워크가 연결되지 않았다면 서버로서의 역할을 수행할 수 없다. 그러므로 시스템 관리자는 주기적으로 네트워크의 상태를 확인하고 항상 잘 유지되도록 주의를 기울여야 한다.

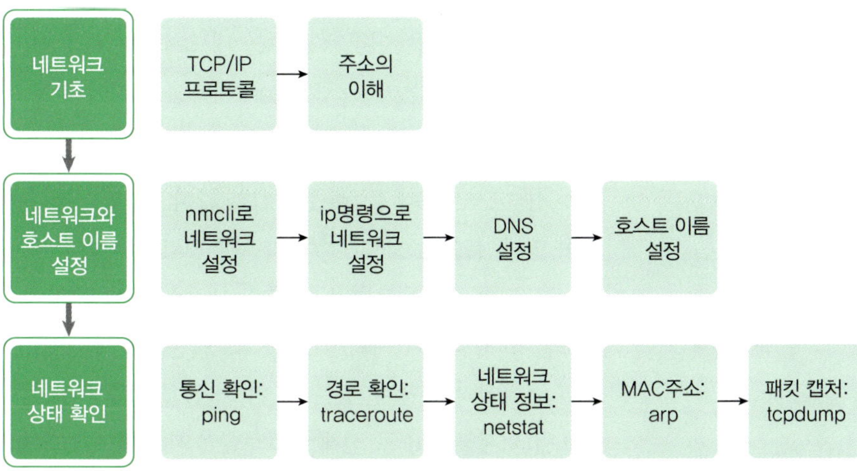

# 01 네트워크 기초

네트워크를 설정하는 방법을 살펴보기 전에 네트워크의 기초를 간략하게 짚고 넘어가자. 여기서는 네트워크의 설정과 관련된 기본적인 내용을 중심으로 간단히 알아볼 것이다. 보다 자세한 내용은 네트워크와 관련된 다른 자료를 참고하기 바란다. 네트워크를 공부해본 적이 있다면 이미 알고 있는 내용일 수도 있다.

## 1 TCP/IP 프로토콜

네트워크 설정을 다루기 전에 TCP/IP 프로토콜을 살펴보자. 프로토콜이란 컴퓨터와 컴퓨터 사이에 데이터를 어떻게 주고받을 것인지를 정의한 통신 규약이다. 즉 같은 프로토콜을 사용하는 기기 간에는 통신이 가능하다. 우리가 흔히 인터넷이라고 부르는 네트워크는 TCP/IP라는 프로토콜에 따라 데이터를 주고받는다. 따라서 TCP/IP 프로토콜의 기초를 알아야 다른 내용을 이해할 수 있다.

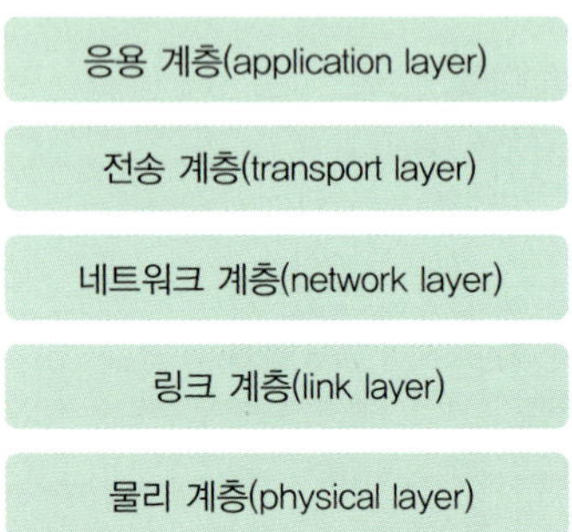


**그림 11-1** TCP/IP 프로토콜 모델

TCP/IP 프로토콜은 [그림 11-1]과 같이 5계층으로 구성되어 있다. [표 11-1]과 같이 각 계층별로 수행하는 역할이 구분되며, 각 계층별로 다양한 서비스를 제공하는 프로토콜이 지원된다. TCP/IP 프로토콜은 다양한 프로토콜의 집합이라고 할 수 있는데, 이 중 전송 계층의 TCP와 네트워크 계층의 IP로 전체 프로토콜을 대표하여 TCP/IP 프로토콜이라고 일컫는다.

이 장의 뒷부분에서 TCP, UDP, IP에 대해 부가적으로 설명할 것이다. 또한 응용 계층의 대부분은 네트워크 서버와 관련된 프로토콜이므로 12~14장에서 자세하게 살펴볼 것이다. TCP/IP에는 이 외에도 아주 많은 프로토콜이 있으나 여기서 모두 다루기는 어려우므로 이 정도만 알고 넘어가자.

**표 11-1** TCP/IP 프로토콜 모델의 계층별 역할과 대표 프로토콜

| 계층 | 기능 | 프로토콜 | 전송 단위 |
|---|---|---|---|
| 응용 계층 | 서비스 제공 응용 프로그램 | DNS, FTP, SSH, HTTP, 텔넷 | 메시지 |
| 전송 계층 | 응용 프로그램으로 데이터 전달, 데이터 흐름 제어 및 전송 신뢰성 담당 | TCP, UDP | 세그먼트 |
| 네트워크 계층 | 주소 관리 및 경로 탐색 | IP, ICMP | 패킷 |
| 링크 계층 | 네트워크 장치 드라이버 | ARP | 프레임 |
| 물리 계층 | 케이블 등 전송 매체 | 구리선, 광케이블, 무선 | 비트 |

## 2 주소

현재 일반 사용자들이 유선이나 무선 네트워크에서 사용하는 인터페이스는 거의 대부분 이더넷ethernet 방식이다. 그러므로 이 책에서는 이더넷 방식의 네트워크 인터페이스를 기준으로 설명한다. 이 외에 토큰링 같은 방식은 네트워크 관련 책을 참고하기 바란다.

우리는 일상생활에서 주소를 사용한다. 우편물을 받으려면 집 주소가 필요하고, 이메일을 보내려면 이메일 주소가 있어야 한다. 집 주소는 우리 집과 다른 집을 구별하는 역할을 한다. 이메일 주소도 사용자들을 구별하여 이메일이 수신자에게 전달될 수 있도록 한다. 이와 마찬가지로 컴퓨터에도 주소가 있다. 당연히 컴퓨터의 주소도 컴퓨터와 컴퓨터를 구별하는 역할을 한다. 컴퓨터의 주소는 MAC 주소, IP 주소, 호스트명이 있는데 각 주소의 특징과 역할을 알아보자.

### MAC 주소

MAC는 'media access control'의 약자로, MAC 주소는 하드웨어를 위한 주소이며 다른 말로 이더넷 주소, 하드웨어 주소, 물리 주소라고도 한다. 쉽게 말해 MAC 주소는 네트워크 인터페이스 카드(랜 카드)에 저장된 주소라고 생각하면 된다. MAC 주소는 기본적으로 네트워크 인터페이스 카드가 만들어질 때 부여되며 원칙적으로 수정할 수 없지만, 일부 네트워크 인터페이스 카드의 경우 사용자가 MAC 주소를 수정할 수 있도록 허용한다. 그러나 특별한 경우가 아니면 MAC 주소는 수정하지 않는 것이 좋다. MAC 주소는 각 하드웨어를 구별하는 역할을 수행한다.

MAC 주소는 : 이나 – 으로 구분되는 여섯 개의 16진수로 구성되며 총 48bit다. 이 중 앞의 세

자리는 제조사 번호이고 뒤의 세 자리는 일련번호이다. 예를 들어 [그림 11-2]에서 앞의 세 자리인 00:50:56은 제조사 번호이고, 뒤의 세 자리인 3e:3c:fe는 일련번호이다. 제조사 번호는 국제 표준 기구 중 하나인 IEEE에서 지정한다.

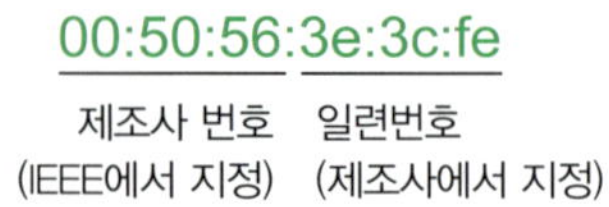

**그림 11-2** MAC 주소의 예

여기서 잠깐 **랜 카드 제조사 확인 방법**

MAC 주소로 제조사를 확인하는 방법이 있다. www.coffer.com/mac_find에서 MAC 주소 중 제조사 번호 부분을 검색하면 제조사를 알 수 있다. 예를 들어 00:50:56을 검색하면 vmware, inc.라는 검색 결과가 나온다.

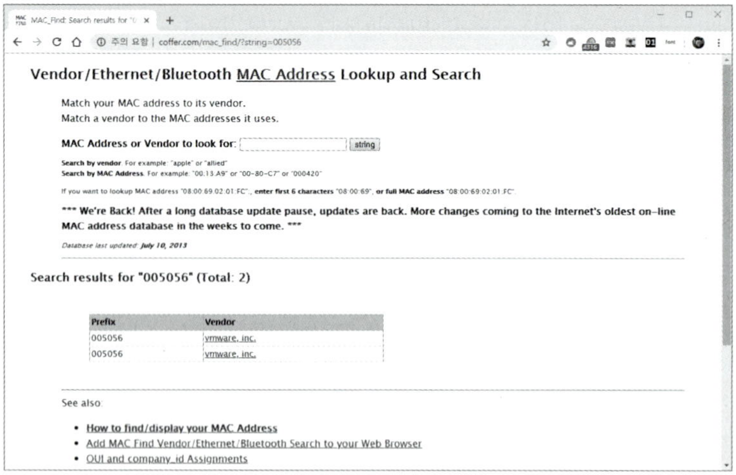

**그림 11-3** MAC 주소로 제조사 찾기

## IP 주소

컴퓨터가 인터넷에 연결되려면 IP 주소가 할당되어 있어야 한다. 우리가 보통 인터넷 주소라고 부르는 것이 IPinternet protocol 주소이다. IP 주소는 인터넷으로 연결된 네트워크에서 각 컴퓨터를 구분하기 위해 사용한다. IP 주소는 1 바이트 크기의 네 개 숫자로 구성되므로 총 4 바이트다.

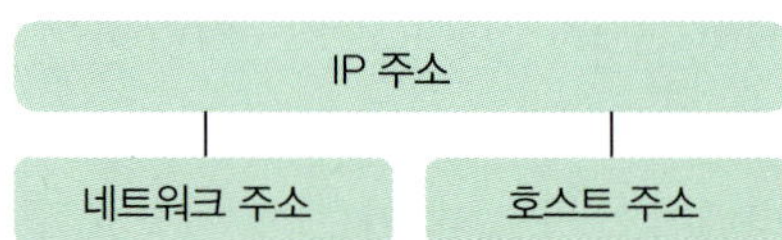

**그림 11-4** IP 주소의 구성

192.168.100.5와 같이 숫자 네 가지와 마침표(.)로 구성된 주소를 본 적이 있을 것이다. 이것이 바로 IP 주소다. TCP/IP 프로토콜의 3~5계층은 IP 주소를 사용한다. IP 주소는 [그림 11-4]와 같이 네트워크를 구분하는 네트워크 주소 부분과, 해당 네트워크 안에서 특정 컴퓨

터를 식별하는 호스트 주소 부분으로 나누어진다.

IP 주소는 총 32bit(4B) 중 몇 비트를 네트워크 부분으로 사용하고 나머지 몇 비트를 호스트 부분으로 사용하는지에 따라 A 클래스, B 클래스, C 클래스로 구분한다. 이 가운데 주로 접하게 되는 C 클래스의 구조를 살펴보자. 기본적으로 C 클래스는 앞의 3 바이트가 네트워크 부분이고 뒤의 1 바이트만 호스트 부분으로 사용한다. 따라서 호스트 부분으로 사용할 수 있는 숫자는 0~255인데, 0은 네트워크 주소를 나타내는 데 사용하고 255는 브로드캐스트 주소로 사용하므로 1~254를 호스트 주소로 할당할 수 있다. 예를 들어 192.168.100.5는 C 클래스이므로 네트워크 부분은 앞의 세 자리인 192.168.100이고, 뒤의 5는 호스트 부분이 된다.

192.168.100.5와 같은 형식의 IP 주소를 IPv4(IP 버전 4)라고 하는데 이미 이 주소는 고갈되어 더 이상 새로운 주소를 배정받을 수 없다. 이를 대체하기 위해 개발된 주소는 IPv6(IP 버전 6)로, 예를 들어 fe80::250:56ff:fe3e:3cfe와 같이 16진수로 표기하며 128bit 크기다. IPv6는 이 책에서 다루지 않는다.

### 넷마스크와 브로드캐스트 주소

앞에서 IP 주소가 네트워크 부분과 호스트 부분으로 구분되어 있다고 했다. 그러면 시스템은 어디가 네트워크 부분이고 어디가 호스트 부분인지 어떻게 알 수 있을까? 192.168.100.5에서는 어디까지가 네트워크 부분일까? IP 주소에서 네트워크 부분을 알려주는 역할을 하는 것이 넷마스크netmask이다. 넷마스크는 하나의 네트워크를 다시 작은 네트워크(서브넷)로 분리할 때도 사용하는데, 그래서 서브넷 마스크라고 부르기도 한다. 여기서 서브넷 나누기는 다루지 않으며, 넷마스크가 어떻게 네트워크 부분을 알려주는지만 살펴본다.

C 클래스 IP 주소의 경우 기본 넷마스크가 255.255.255.0이다. 이렇게 10진수로 보면 감이 오지 않을 것이다. [그림 11-5]를 보자.

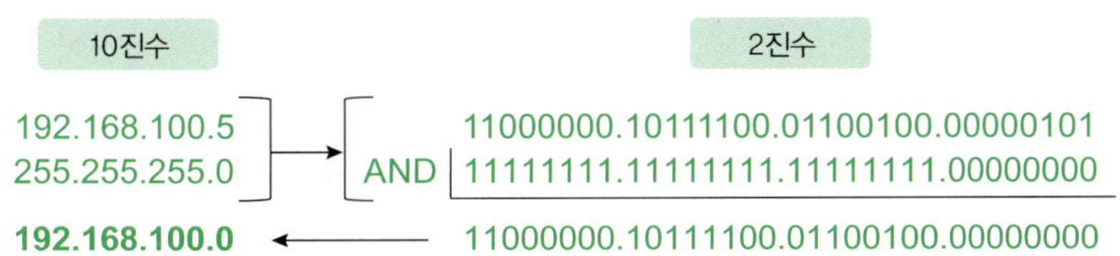


**그림 11-5 넷 마스크 계산의 예**

IP 주소와 넷마스크를 10진수에서 2진수로 바꾼 다음, 두 값을 가지고 AND 연산을 수행하면 네트워크 부분만 남고 호스트 부분은 0이 된다. AND 연산은 a AND b에서 b가 모두 1이면 a 값이 그대로 남고, b가 모두 0이면 결과 값은 0이 된다. 즉 넷마스크는 IP 주소와 AND 연산을 수행하여 네트워크 부분만 남기는 역할을 하는 것이다. IP 주소에서 어느 부분까지가 네트워크 주소인지를 알려주기 위해 넷마스크 값을 정확하게 설정해야 한다는 것을 잊지 말아야 한다.

브로드캐스트 주소는 같은 네트워크에 있는 모든 컴퓨터에 메시지를 보낼 때 사용하는 것으로 호스트 부분을 모두 1로 설정한다. 예를 들어 [그림 11-5]와 같이 IP 주소에서 네트워크 부분이 192.168.100.0이면 브로드캐스트 주소는 192.168.100.255가 된다.

### 호스트 이름

컴퓨터가 인터넷에 연결되려면 IP 주소가 있어야 한다고 앞서 언급했다. 이 주소를 사용하여 메일도 보내고 웹 사이트에도 접속한다. 그런데 컴퓨터가 숫자를 좋아하는 데 비해 사람은 숫자로 된 주소를 기억하기가 쉽지 않다. 네이버나 다음, 구글, 아니면 좋아하는 온라인 게임 사이트의 IP 주소가 무엇인지 알고 있는가? 네이버의 IP 주소가 202.179.177.21이라면 이것을 기억하고 있다가 사용하고 싶은가? 아무도 그렇지 않을 것이다.

사람은 숫자보다는 이름으로 된 것을 더 잘 기억한다. 그래서 등장한 것이 호스트 이름으로, 202.179.177.21 대신에 www.naver.com을 사용하는 것이다. 호스트 이름도 IP 주소처럼 두 부분으로 구성된다. 네이버의 경우 naver.com이 네트워크 부분, www가 호스트 부분에 해당한다. 개인용 PC라면 호스트 이름을 붙일 필요가 없겠지만, 웹 서버와 같이 네트워크 서비스를 제공하는 서버 컴퓨터는 용도에 따라 호스트 이름을 붙여서 사용해야 한다.

### 포트 번호

주소와 관련해 알아둘 것 중의 하나가 포트port 번호다. 포트 번호는 보통 주소에 포함되지는 않지만 각 서비스를 구분하는 번호이므로 기본 개념을 이해하고 있어야 한다. 택배 물건이 배달되는 과정에 빗대어 생각해보자. 택배 기사는 일단 주소를 보고 물건을 배달한다. 물건을 받은 엄마는 수신인을 보고 딸의 책상에 갖다놓는다.

이와 마찬가지로 사용자가 네트워크 서비스를 이용할 때 사용자의 패킷은 IP 주소를 보고 해당 서버 컴퓨터를 찾아간다. 서버 컴퓨터에 도착한 사용자의 패킷은 어떤 서비스를 요청했는지 확인한 다음 해당 데몬에 패킷을 전달한다. 예를 들어 웹 서비스를 요청했으면 웹 서버 데몬(httpd)에 전달하는 것이다. 이때 사용자가 어떤 서비스를 요청했는지 어떻게 알 수 있을까? 이를 구분해주는 것이 포트 번호다.

TIP 포트 번호는 TCP/IP 프로토콜의 4계층인 전송 계층에서 사용하는 번호다. 전송 계층이 하는 일이 해당 프로그램에 데이터가 정확하게 전달되도록 하는 것임을 기억하자.

앞에서 복사했던 /etc/services 파일을 기억할 것이다. 이 파일의 본래 역할은 각 서비스별로 포트 번호가 무엇인지 정의하는 것이다. 한 예로 ftp 서비스의 포트 번호는 21이다.

```
[user1@localhost ~]$ cat /etc/services
# /etc/services:
# $Id: services,v 1.49 2017/08/18 12:43:23 ovasik Exp $
#
# Network services, Internet style
# IANA services version: last updated 2016-07-08
#
(생략)
tcpmux          1/tcp                           # TCP port service multiplexer
tcpmux          1/udp                           # TCP port service multiplexer
rje             5/tcp                           # Remote Job Entry
rje             5/udp                           # Remote Job Entry
echo            7/tcp
echo            7/udp
(생략)
# 21 is registered to ftp, but also used by fsp
ftp             21/tcp
ftp             21/udp          fsp fspd
(생략)
```

/etc/services 파일에 저장된 포트 번호는 국제 표준으로 합의하여 사용하고 있는 것이며, 사용자가 개발한 네트워크 프로그램은 이 파일에 정의되지 않은 번호를 사용하여 서비스를 제공할 수 있다.

# 02 네트워크 설정

리눅스에서 네트워크를 사용하기 위해 설정해야 할 것은 다음과 같다. 물론 이것들은 리눅스뿐만 아니라 어떤 장치에서든 인터넷에 연결하기 위해 설정해야 할 주소다. 이러한 주소는 사용자가 임의로 마구 설정하여 사용할 수 있는 것이 아니며, 반드시 해당 기관의 네트워크 관리자에게 문의하여 정확한 주소를 받아야 한다. 하나라도 틀리면 네트워크 연결에 문제가 발생할 수 있기 때문이다. 물론 동적 IP로 관리하고 있다면 자동으로 설정될 테지만 수동으로 설정하는 방법을 반드시 알고 있어야 한다.

- IP 주소
- 넷마스크와 브로드캐스트 주소
- 게이트웨이(라우터) 주소
- DNS 주소

## 1 네트워크 관리자

CentOS는 네트워크 관리자NetworkManager가 네트워킹 서비스를 제공한다. 네트워크 관리자는 네트워크의 제어와 설정을 관리하는 데몬이다. 네트워크 관리자를 사용하여 IP주소 설정, 고정 라우터 설정, DNS 설정 등을 수행할 수 있다. 전통적으로 유닉스와 리눅스에서 제공하던 스크립트 파일인 ifcfg 형식의 네트워크 설정 파일도 계속 지원하고 있다. 사용자는 네트워크 관리자와 기존의 스크립트 파일 방식 모두 사용할 수 있다.

네트워크 관리와 관련된 도구는 [표 11-2]와 같다.

**표 11-2 네트워크 관리 도구**

| 도구 | 기능 |
|---|---|
| 네트워크 관리자 | 기본 네트워킹 데몬이다. |
| nmcli 명령 | 네트워크 관리자를 사용하는 명령 기반 도구이다. |
| [설정]-[네트워크] | 그놈에서 제공하는 GUI 기반 도구이다. |

| 도구 | 기능 |
|---|---|
| nm-connection-editor | 네트워크 관리자를 사용하는 GUI 기반 도구로, [제어판]-[네트워크]에서 설정할 수 없는 부분도 설정할 수 있다. |
| ip 명령 | 네트워크를 설정하는 명령을 제공한다. |

### 네트워크 관리자 설치하기

네트워크 관리자는 CentOS를 설치할 때 기본적으로 설치되지만, 설치되지 않은 경우에는 dnf 명령으로 설치하면 된다.

```
[root@localhost ~]# dnf install NetworkManager
```

### 네트워크 관리자 실행하기

네트워크 관리자는 시스템이 부팅할 때 자동으로 동작한다. 네트워크 관리자가 동작하고 있는지는 systemctl status 명령으로 확인할 수 있다. 다음 예에서는 네트워크 관리자가 active 상태이다.

```
[root@localhost ~]# systemctl status NetworkManager
● NetworkManager.service - Network Manager
   Loaded: loaded (/usr/lib/systemd/system/NetworkManager.service; enabled; ven>
   Active: active (running) since Tue 2019-11-19 22:20:49 KST; 2 days ago
     Docs: man:NetworkManager(8)
 Main PID: 1089 (NetworkManager)
    Tasks: 3 (limit: 11362)
   Memory: 12.5M
   CGroup: /system.slice/NetworkManager.service
           └─1089 /usr/sbin/NetworkManager --no-daemon

11월 22 06:43:10 localhost.localdomain NetworkManager[1089]: <info>  [157437259>
11월 22 06:43:10 localhost.localdomain NetworkManager[1089]: <info>  [157437259>
11월 22 06:43:10 localhost.localdomain NetworkManager[1089]: <info>  [157437259>
11월 22 06:58:09 localhost.localdomain NetworkManager[1089]: <info>  [157437348>
11월 22 06:58:09 localhost.localdomain NetworkManager[1089]: <info>  [157437348>
11월 22 06:58:09 localhost.localdomain NetworkManager[1089]: <info>  [157437348>
11월 22 06:58:09 localhost.localdomain NetworkManager[1089]: <info>  [157437348>
11월 22 06:58:09 localhost.localdomain NetworkManager[1089]: <info>  [157437348>
```

```
11월 22 06:58:09 localhost.localdomain NetworkManager[1089]: <info>  [157437348>
11월 22 06:58:09 localhost.localdomain NetworkManager[1089]: <info>  [157437348>
lines 1-20/20 (END)
```

만약 네트워크 관리자의 상태가 inactive라면 다음 명령으로 동작시킨다.

```
[root@localhost ~]# systemctl start NetworkManager
```

시스템이 부팅할 때마다 네트워크 관리자가 동작하게 하려면 다음과 같이 enable 명령을 실행한다.

```
[root@localhost ~]# systemctl enable NetworkManager
```

### 네트워크 관리자와 작업하기

네트워크 관리자는 네트워크 설정 정보를 연결 프로파일connection profile에 저장한다. 사용자는 네트워크 관리자를 직접 제어하지 않고 명령 기반 도구나 GUI 기반 도구를 사용한다. nmcli는 네트워크 관리자를 사용하는 명령 기반 도구이고, 그놈의 [설정]–[네트워크]나 nm–connection–editor는 GUI 기반 도구다. 이러한 도구를 사용하여 네트워크 설정을 변경하면 네트워크 관리자가 자동으로 인식한다. ip 명령도 네트워크를 설정할 수 있지만 이 명령으로 네트워크의 설정을 변경할 경우 네트워크 관리자가 자동으로 인식하지 못한다. 이는 뒤에서 다시 자세히 살펴볼 것이다.

## 2 GUI로 네트워크 설정

CentOS에서는 네트워크 설정을 위한 두 가지 GUI 도구를 제공한다. 하나는 그놈에 포함된 [설정]–[네트워크]이고, 또 하나는 네트워크 관리자와 함께 설치되는 nm–connection–editor로 둘 다 유사한 기능을 제공한다. GUI 도구를 활용한 설정은 직관적이어서 이해하기 쉬우니 여기서는 간단하게 설명하겠다.

### 그놈의 [설정]–[네트워크]로 설정하기

그놈은 윈도의 제어판처럼 시스템과 네트워크 설정을 위한 기능을 제공한다. [설정]은 CentOS에서 [현재 활동]–[프로그램 표시]–[설정]을 선택하여 실행하거나, 바탕화면에서 마우스 오른쪽 버튼을 클릭하여 선택하면 된다. [설정]에서 [네트워크]를 선택하면 [그림 11-6]과 같이 네트워크 설정 창이 뜬다. 네트워크 설정 창에서 유선의 오른쪽에 있는 를 선택하면 [그림 11-7]과 같은 유선 네트워크 설정 창이 뜨고, IPv4 메뉴에서 IP 주소와 네임서버(DNS), 라우팅 정보를 설정할 수 있다.

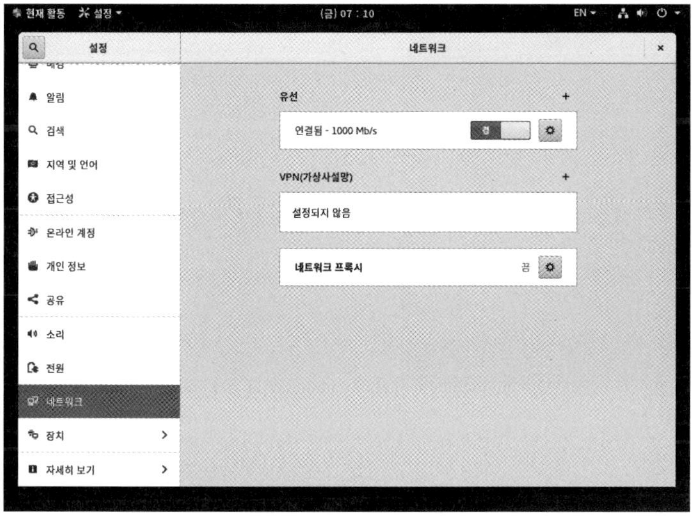


그림 11-6 그놈의 네트워크 설정 창

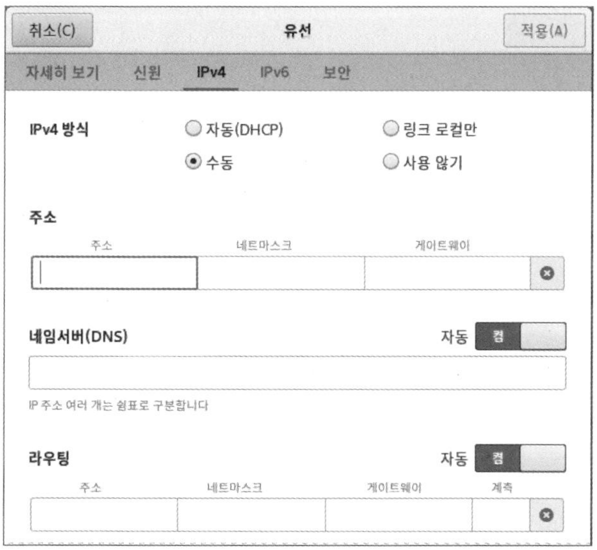


그림 11-7 유선 네트워크 설정 창

### nm-connection-editor로 설정하기

nm-connection-editor는 네트워크 관리자와 함께 설치되며, 터미널에서 실행하면 [그림 11-8]과 같은 창이 뜬다.

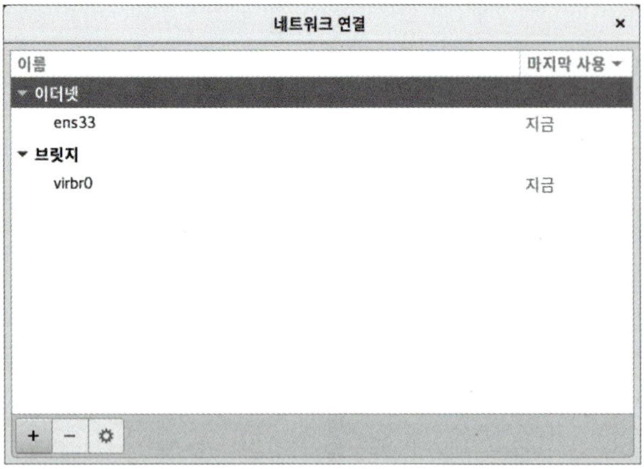


**그림 11-8** nm-connection-editor **창**

nm-connection-editor 창에서 설정할 장치명(ens33)을 선택하고 하단의 버튼을 누르면 [그림 11-9]와 같은 편집 창이 뜨는데 IPv4뿐만 아니라 이더넷, 802.1x 보안, IPv6, DCB, Proxy 등 네트워크와 관련된 다양한 기능을 설정할 수 있다.

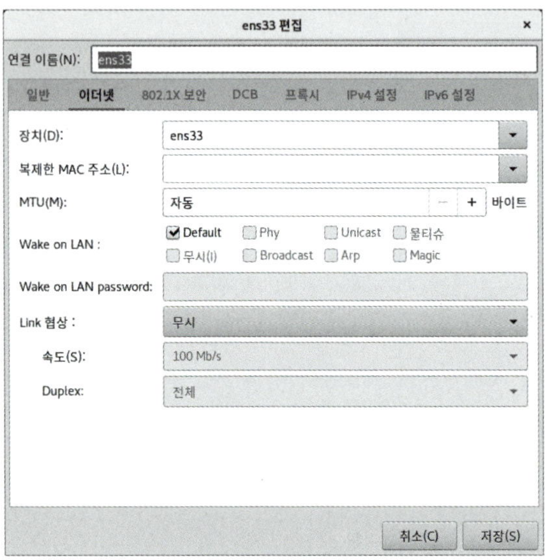


**그림 11-9** nm-connection-editor **편집 창**

## 3 nmcli 명령으로 네트워크 설정

네트워크 설정은 명령으로도 할 수 있다. 네트워크를 설정하는 명령은 네트워크 관리자와 함께 설치되는 nmcli 명령이며, 이와 별도로 리눅스가 제공하는 ip 명령을 사용할 수도 있다. nmcli 명령으로 유선 네트워크뿐만 아니라 와이파이 등 무선 네트워크, 보안 등 네트워크와 관련된 거의 모든 설정을 관리할 수 있다. nmcli는 명령 행에서 사용하는 명령은 물론이고 대화식 인터페이스도 제공한다. 여기서는 명령 행에서 자주 사용하는 명령을 중심으로 살펴보며, 그 외 자세한 사항은 man nmcli를 참고하기 바란다.

**nmcli**

- **기능** 명령 기반으로 네트워크 관리자를 설정한다.
- **형식** nmcli [옵션] 명령 {서브 명령}
- **옵션** -t: 실행 결과를 간단하게 출력한다.
  - -p: 사용자가 읽기 좋게 출력한다.
  - -v: nmcli의 버전을 출력한다.
  - -h: 도움말을 출력한다.
- **명령 {서브 명령}** general {status ¦ hostname}: 네트워크 관리자의 전체적인 상태를 출력하고, 호스트명을 읽거나 변경할 수 있다.
  - networking {on ¦ off ¦ connectivity}: 네트워크를 시작 · 종료하고 연결 상태를 출력한다.
  - connection {show ¦ up ¦ down ¦ modify ¦ add ¦ delete ¦ reload ¦ load }: 네트워크를 설정한다.
  - device {status ¦ show}: 네트워크 장치의 상태를 출력한다.
- **사용 예** nmcli general
  - nmcli networking on
  - nmcli con add type ethernet con-name test-net ifname ens33 ip4 192.168.1.10/24 gw4 192.168.1.254

### 네트워크의 전체 상태 살펴보기: general(gen) 명령

네트워크의 전체적인 상태는 nmcli의 general 명령으로 확인할 수 있다. nmcli를 사용할 때 명령을 줄여서 사용할 수도 있다. 예를 들어 general 대신에 gen만 입력해도 된다. general 명령의 서브 명령인 status가 없어도 같은 결과를 출력한다. 출력 결과를 보면 네트워크가 연결되어 있고 와이파이와 인터넷(WWAN)을 사용한다는 것을 알 수 있다.

```
[root@localhost ~]# nmcli general status
STATE    CONNECTIVITY  WIFI-HW  WIFI  WWAN-HW  WWAN
연결됨  전체            사용      사용  사용      사용
[root@localhost ~]# nmcli gen
STATE    CONNECTIVITY  WIFI-HW  WIFI  WWAN-HW  WWAN
연결됨  전체            사용      사용  사용      사용
```

### 네트워크를 활성화하고 비활성화하기: networking(net) 명령

networking 명령은 네트워크를 활성화on하거나 비활성화off한다. 또한 connectivity 서브 명령으로 네트워크의 연결 상태를 알려준다. connectivity가 출력하는 네트워크 상태는 다음 중 하나다.

- none(없음): 호스트가 아직 네트워크에 연결되어 있지 않다.
- limited(제한적): 호스트가 네트워크에 연결되어 있지만 인터넷과 연결되지는 않았다.
- full(전체): 호스트가 네트워크에 연결되어 있고 인터넷도 사용할 수 있다.
- unknown(알 수 없음): 네트워크 연결 상태를 알 수 없다.

다음 예와 같이 nmcli net off를 실행하면 네트워크의 연결이 비활성화된다. nmcli net on으로 다시 네트워크를 활성화한다.

```
[root@localhost ~]# nmcli net con
full
[root@localhost ~]# nmcli net off
[root@localhost ~]# nmcli net con
limited
[user1@localhost ~]$ nmcli net on
[user1@localhost ~]$ nmcli net con
full
```

### 네트워크를 설정하기: connetion(con) 명령

connection은 네트워크 설정과 관련된 거의 대부분의 기능을 수행한다. connection에서 사용하는 서브 명령은 [표 11-3]과 같다.

**표 11-3** connection의 서브 명령

| 서브 명령 | 기능 |
|---|---|
| show | 메모리와 디스크에 저장된 네트워크 연결 프로파일을 출력한다. 서브 명령을 지정하지 않을 경우 기본적으로 show를 실행한다. |
| up | 네트워크 연결을 시작한다. |
| down | 네트워크 연결을 중지한다. |
| modify | 연결 프로파일에서 속성을 추가 · 수정 · 삭제한다. |
| add | 새로운 연결을 생성한다. |
| delete | 연결의 설정을 삭제한다. |
| reload | 연결과 관련된 파일을 디스크에서 다시 읽어온다. |
| load | 디스크에서 하나 이상의 연결 파일을 읽어온다. |

### ■ 네트워크 연결 프로파일을 출력하기: show

nmcli connection show 명령은 연결 프로파일의 이름과 UUID, 네트워크 유형, 연결된 장치명을 출력한다. 다음 예를 보면 연결 프로파일의 이름이 ens33이고, UUID가 e10ec151-bd63-48d6-984f-05099c143557이며, 네트워크 유형은 이더넷, 연결된 장치의 이름은 ens33임을 알 수 있다. 출력 내용 중 이름은 연결 프로파일에 사용자가 지정한 ID이며, UUID는 시스템이 지정하는 것으로 둘 다 연결을 구분하는 역할을 한다. 다음 예에서는 이름이 장치명과 같게 출력되었지만 장치명을 의미하는 것은 아니다.

```
[root@localhost ~]# nmcli con show
NAME    UUID                                  TYPE      DEVICE
ens33   e10ec151-bd63-48d6-984f-05099c143557  ethernet  ens33
virbr0  d90bc0d1-6a97-4613-8764-f87957b72f70  bridge    virbr0
```

앞에서 출력된 결과를 보면 ens33과 virbr0가 출력되었다. virbr0는 Virtual Bridge 0로 vmware에서 사용한다. ens33이 실제로 외부와의 통신에 사용되는 네트워크 인터페이스의 명칭이다. 장치의 이름은 리눅스 배포판 버전과 하드웨어 환경에 따라 다를 수 있다.

### ■ 네트워크 연결을 중지하기: down

nmcli connection down 명령은 네트워크의 연결을 중지한다. 네트워크의 연결을 중지한 다음 show 명령으로 확인하면 ens33과 연결된 장치가 없다고 나온다. 터미널에서 보면 ens33과 virbr0의 색깔도 다르게 출력된다.

```
[root@localhost ~]# nmcli con down ens33
연결 'ens33'이(가) 성공적으로 비활성화되었습니다(D-Bus 활성 경로: /org/freedesktop/
NetworkManager/ActiveConnection/4).
[root@localhost ~]# nmcli con show
NAME     UUID                                  TYPE      DEVICE
virbr0   d90bc0d1-6a97-4613-8764-f87957b72f70  bridge    virbr0
ens33    e10ec151-bd63-48d6-984f-05099c143557  ethernet  --
```

■ **네트워크 연결을 시작하기: up**

nmcli connection up 명령은 네트워크의 연결을 시작한다. 네트워크 연결을 시작한 후 show 명령으로 확인하면 ens33 장치가 다시 연결되었음을 알 수 있다.

```
[root@localhost ~]# nmcli con up ens33
연결이 성공적으로 활성화되었습니다 (D-Bus 활성 경로: /org/freedesktop/NetworkManager/
ActiveConnection/5)
[root@localhost ~]# nmcli con show
NAME     UUID                                  TYPE      DEVICE
ens33    e10ec151-bd63-48d6-984f-05099c143557  ethernet  ens33
virbr0   d90bc0d1-6a97-4613-8764-f87957b72f70  bridge    virbr0
```

■ **네트워크 연결을 추가하기: add**

nmcli connection add 명령은 네트워크의 연결을 추가한다. 예를 들어 IPv4 이더넷 연결을 추가하려면 다음과 같은 형식으로 실행한다.

```
nmcli connection add type ethernet con-name connection-name ifname interface-name
ip4 address gw4 address
```

명령의 형식에서 볼드체 부분을 사용자가 지정해야 한다. 예를 들어 고정IP를 사용할 경우 다음과 같이 할 수 있다. IP 주소와 게이트웨이 주소는 실습 환경에 따라 적절하게 지정한다.

```
[root@localhost ~]# nmcli con add type ethernet con-name test-net ifname ens33 ip4
192.168.122.130/24 gw4 192.168.122.1
연결 'test-net' (c45dbfdf-8507-48e0-a399-d7d3f6c71d37)이 성공적으로 추가되었습니다.
```

• 연결 프로파일 이름(connection name): test−net

- 네트워크 장치명(ifname): ens33
- IPv4 주소: 192.168.122.130/24 (/24는 넷마스크를 표시: 255.255.255.0)
- 게이트웨이 주소(gw4): 192.168.122.1/24 (/24는 넷마스크를 표시: 255.255.255.0)

show 명령으로 확인해보면 test-net으로 연결이 추가되었음을 알 수 있다.

```
[root@localhost ~]# nmcli con show
NAME      UUID                                  TYPE      DEVICE
ens33     e10ec151-bd63-48d6-984f-05099c143557  ethernet  ens33
virbr0    d90bc0d1-6a97-4613-8764-f87957b72f70  bridge    virbr0
test-net  c45dbfdf-8507-48e0-a399-d7d3f6c71d37  ethernet  --
```

add 명령으로 연결을 추가한 후 새로운 이더넷 연결을 시작하려면 up 명령을 사용한다.

```
[root@localhost ~]# nmcli con up test-net ifname ens33
연결이 성공적으로 활성화되었습니다 (D-Bus 활성 경로: /org/freedesktop/NetworkManager/
ActiveConnection/6)
```

show 명령으로 확인해보면 test-net 연결에 장치명이 할당되었다. 뒤에서 다룰 ifconfig 명령으로 IPv4 주소를 확인해보면 192.168.122.130으로 바뀐 것을 알 수 있다.

```
[root@localhost ~]# nmcli con show
NAME      UUID                                  TYPE      DEVICE
test-net  c45dbfdf-8507-48e0-a399-d7d3f6c71d37  ethernet  ens33
virbr0    d90bc0d1-6a97-4613-8764-f87957b72f70  bridge    virbr0
ens33     e10ec151-bd63-48d6-984f-05099c143557  ethernet  --
[root@localhost ~]# ifconfig ens33
ens33: flags=4163<UP,BROADCAST,RUNNING,MULTICAST>  mtu 1500
        inet 192.168.122.130  netmask 255.255.255.0  broadcast 192.168.122.255
(생략)
```

만약 동적 IP 연결을 추가하려면 다음과 같은 형식을 사용한다. IP 주소가 동적으로 할당될 것이므로 IP 주소를 지정하는 부분이 없다. 고정 IP 연결과 마찬가지로 연결을 추가한 후 up 명령으로 연결을 시작해야 한다.

```
nmcli connection add type ethernet con-name connection-name ifname interface-name
```

### ■ 네트워크 연결 수정하기: modify(mod)

nmcli connection modify 명령은 기존의 연결 프로파일을 수정한다.

```
nmcli connection modify connection-name setting.property value
```

modify 명령에서 사용 가능한 setting과 property는 네트워크 관리자의 연결 프로파일에서 사용하는 설정과 속성으로 매우 다양한 값을 가지고 있다. [표 11-4]에 일부 설정과 속성을 정리했으며, 이와 관련된 자세한 사항은 man nm-settings에서 확인할 수 있다.

**표 11-4 설정과 속성의 예**

| 설정(setting) | 속성(property) | 값의 유형 | 기능 |
|---|---|---|---|
| connection | autoconnection | boolean (TRUE/FALSE) | 자원이 사용 가능해지면 네트워크 관리자가 자동으로 연결할지를 지정한다. |
| | id | 문자열 | 사용자가 읽을 수 있는 연결의 이름이다. |
| | interface-name | 문자열 | 네트워크 장치의 이름이다. |
| | type | 문자열 | 연결의 유형이다. |
| ipv4 | addresses | 주소 | IP 주소이다. |
| | dns | 주소 | DNS 서버의 IP 주소이다. |
| | gateway | 주소 | 게이트웨이 주소이다. |
| | method | 문자열 | IP 구성 방법으로 manual은 고정 IP 사용, auto는 동적 IP 사용을 의미한다. |
| | routes | 주소 | 네트워크의 경로를 설정한다 (예 ipv4.routes "192.168. 1.0/24 192.168.1.1"). |

예를 들어, 기존의 test-net 연결의 IPv4 주소를 변경하려면 다음과 같이 한다.

```
nmcli con mod test-net ipv4.addresses 192.168.122.131
```

다른 IP 주소를 추가하려면 +기호를 사용하고, 주소를 제거하려면 -기호를 사용한다. 다음 예는 주소를 추가한 것이다.

```
nmcli con mod test-net +ipv4.addresses 192.168.122.132
```

게이트웨이를 수정하려면 다음과 같이 한다.

```
nmcli con mod test-net ipv4.gateway 192.168.122.254
```

특정 네트워크로 가는 경로를 지정하려면 다음과 같이 한다.

```
nmcli con mod test-net +ipv4.routes "192.168.2.0/24 192.168.122.1"
```

연결 프로파일의 내용을 수정하면 up 명령으로 다시 적용해야 한다.

```
nmcli con up test-net ifname ens33
```

■ **네트워크 연결 삭제하기:** delete(del)

nmcli connection delete 명령은 연결 프로파일을 삭제한다.

```
nmcli connection delete connection-name
```

예를 들어 연결 프로파일 test-net을 삭제하려면 다음과 같이 한다.

```
[root@localhost ~]# nmcli con delete test-net
연결 'test-net'(c45dbfdf-8507-48e0-a399-d7d3f6c71d37)이(가) 성공적으로 삭제되었습니다.
[root@localhost ~]# nmcli con show
NAME    UUID                                  TYPE      DEVICE
ens33   e10ec151-bd63-48d6-984f-05099c143557  ethernet  ens33
virbr0  d90bc0d1-6a97-4613-8764-f87957b72f70  bridge    virbr0
```

■ **네트워크 연결 프로파일 읽어오기:** reload, load

네트워크 관리자는 연결 프로파일이 수정되었는지 자동으로 인식하지 않는다. reload는 디스크에서 모든 연결 프로파일을 다시 읽어오고, load는 특정 연결 프로파일을 지정하여 읽어온다. 연결 프로파일이 수작업으로 수정되었을 경우 네트워크 관리자에게 이를 알려 주기 위해 reload나 load 명령을 사용한다.

```
nmcli connection reload
nmcli connection load connection-name
```

### 네트워크 장치 상태보기: device(dev) 명령

device 명령은 네트워크 장치의 상태를 출력하고 관리한다. device 명령의 서브 명령은 여러 가지가 있지만 여기서는 status와 show만 살펴본다. 나머지 서브 명령은 man nmcli를 참고한다.

■ **네트워크 장치의 상태 보기: status**

status 명령은 네트워크 장치의 상태를 요약해서 출력한다.

```
[root@localhost ~]# nmcli dev status
DEVICE        TYPE      STATE           CONNECTION
ens33         ethernet  연결됨          ens33
virbr0        bridge    연결됨          virbr0
lo            loopback  관리되지 않음   --
virbr0-nic    tun       관리되지 않음   --
```

■ **네트워크 장치의 상세한 정보 보기: show**

show 명령은 네트워크 장치의 상세한 정보를 출력한다. show 명령 다음에 장치명을 지정하지 않으면 전체 장치에 대한 상세 정보가 출력된다.

```
[root@localhost ~]# nmcli dev show
GENERAL.DEVICE:                         ens33
GENERAL.TYPE:                           ethernet
GENERAL.HWADDR:                         00:0C:29:84:AF:29
GENERAL.MTU:                            1500
GENERAL.STATE:                          100 (연결됨)
GENERAL.CONNECTION:                     ens33
GENERAL.CON-PATH:                       /org/freedesktop/NetworkManager/ActiveC>
WIRED-PROPERTIES.CARRIER:               켜짐
IP4.ADDRESS[1]:                         192.168.122.129/24
IP4.GATEWAY:                            192.168.122.2
(생략)
```

show 명령 다음에 장치명을 지정하면 해당 장치의 상세 정보가 출력된다. 다음 예는 ens33 장치의 상세 정보를 출력한 것이다.

```
[root@localhost ~]# nmcli dev show ens33
GENERAL.DEVICE:                         ens33
GENERAL.TYPE:                           ethernet
GENERAL.HWADDR:                         00:0C:29:84:AF:29
GENERAL.MTU:                            1500
GENERAL.STATE:                          100 (연결됨)
GENERAL.CONNECTION:                     ens33
GENERAL.CON-PATH:                       /org/freedesktop/NetworkManager/ActiveC>
WIRED-PROPERTIES.CARRIER:               켜짐
IP4.ADDRESS[1]:                         192.168.122.129/24
IP4.GATEWAY:                            192.168.122.2
IP4.ROUTE[1]:                           dst = 0.0.0.0/0, nh = 192.168.122.2, mt>
IP4.ROUTE[2]:                           dst = 192.168.122.0/24, nh = 0.0.0.0, m>
IP4.DNS[1]:                             192.168.122.2
IP4.DOMAIN[1]:                          localdomain
IP6.ADDRESS[1]:                         fe80::ee96:beb:b86c:699e/64
IP6.GATEWAY:                            --
IP6.ROUTE[1]:                           dst = fe80::/64, nh = ::, mt = 100
IP6.ROUTE[2]:                           dst = ff00::/8, nh = ::, mt = 256, tabl>
lines 1-18/18 (END)
```

## 4 ip 명령으로 네트워크 설정

네트워크 설정은 ip 명령으로도 가능하다. ip 명령을 사용하여 네트워크 상태 확인, IP 주소 설정, 게이트웨이 설정을 할 수 있는데, ip 명령으로 설정한 것은 시스템을 재시작하면 사라진다. 설정한 내용이 시스템을 다시 시작한 후에도 적용되게 하려면 설정 파일에 저장해야 한다.

**ip**

- **기능** IP 주소, 게이트웨이, 네트워크 장치의 상태 등을 출력하고 관리한다.
- **형식** ip [옵션] 객체 [서브 명령]
- **옵션** -V: 버전을 출력한다.
  -s: 자세한 정보를 출력한다.
- **객체[서브명령]** address [add¦del¦show¦help]: 장치의 IP 주소를 관리한다(ip-address).
  route [add¦del¦help]: 라우팅 테이블을 관리한다(ip-route).

```
          link [set]: 네트워크 인터페이스를 활성화·비활성화한다.
```

• **사용 예** 

```
ip addr show
ip addr add 192.168.1.20/24 dev ens33
ip route show
ip route add 192.168.2.0/24 via 192.168.1.1 dev ens33
```

## 네트워크 장치의 주소 관리하기: address(addr) 명령

address 명령은 IP 주소의 정보를 출력하거나 설정하고 삭제한다.

### ■ 네트워크 장치의 정보 보기: show

show 명령은 네트워크 장치의 정보를 출력한다. show 명령 다음에 장치명을 지정하지 않으면 전체 장치에 대한 상세 정보가 출력된다. 다음 예는 전체 장치의 정보를 출력한 것이다. show 명령 없이 ip addr만 실행해도 같은 결과가 출력된다. link/ether는 이더넷 주소이고, inet은 IPv4 주소, inet6는 IPv6 주소이다.

```
[root@localhost ~]# ip addr show
1: lo: <LOOPBACK,UP,LOWER_UP> mtu 65536 qdisc noqueue state UNKNOWN group default
qlen 1000
    link/loopback 00:00:00:00:00:00 brd 00:00:00:00:00:00
    inet 127.0.0.1/8 scope host lo
       valid_lft forever preferred_lft forever
    inet6 ::1/128 scope host
       valid_lft forever preferred_lft forever
2: ens33: <BROADCAST,MULTICAST,UP,LOWER_UP> mtu 1500 qdisc fq_codel state UP group
default qlen 1000
    link/ether 00:0c:29:84:af:29 brd ff:ff:ff:ff:ff:ff
    inet 192.168.122.129/24 brd 192.168.122.255 scope global dynamic noprefixroute
ens33
       valid_lft 1082sec preferred_lft 1082sec
    inet6 fe80::ee96:beb:b86c:699e/64 scope link noprefixroute
       valid_lft forever preferred_lft forever
3: virbr0: <NO-CARRIER,BROADCAST,MULTICAST,UP> mtu 1500 qdisc noqueue state DOWN
group default qlen 1000
    link/ether 52:54:00:64:8e:0b brd ff:ff:ff:ff:ff:ff
    inet 192.168.124.1/24 brd 192.168.124.255 scope global virbr0
```

```
        valid_lft forever preferred_lft forever
4: virbr0-nic: <BROADCAST,MULTICAST> mtu 1500 qdisc fq_codel master virbr0 state
DOWN group default qlen 1000
    link/ether 52:54:00:64:8e:0b brd ff:ff:ff:ff:ff:ff
```

show 명령에 특정 장치를 지정하면 해당 장치의 정보만 출력된다. 다음 예는 ens33 장치의 정보만 출력한 것이다.

```
[root@localhost ~]# ip addr show ens33
2: ens33: <BROADCAST,MULTICAST,UP,LOWER_UP> mtu 1500 qdisc fq_codel state UP group
default qlen 1000
    link/ether 00:0c:29:84:af:29 brd ff:ff:ff:ff:ff:ff
    inet 192.168.122.129/24 brd 192.168.122.255 scope global dynamic noprefixroute
ens33
        valid_lft 1045sec preferred_lft 1045sec
    inet6 fe80::ee96:beb:b86c:699e/64 scope link noprefixroute
        valid_lft forever preferred_lft forever
```

■ IP 주소 설정하기: add

add 명령은 네트워크 장치에 IP 주소를 설정한다. ens33 장치에 ip 명령으로 고정 IP 주소를 설정하려면 다음과 같이 한다.

```
[root@localhost ~]# ip addr add 192.168.122.130/24 dev ens33
```

설정된 주소를 확인해보면 ens33 장치에 IPv4 주소가 두 개 설정되어 있다.

```
[root@localhost ~]# ip addr show ens33
2: ens33: <BROADCAST,MULTICAST,UP,LOWER_UP> mtu 1500 qdisc fq_codel state UP group
default qlen 1000
    link/ether 00:0c:29:84:af:29 brd ff:ff:ff:ff:ff:ff
    inet 192.168.122.129/24 brd 192.168.122.255 scope global dynamic noprefixroute
ens33
        valid_lft 946sec preferred_lft 946sec
    inet 192.168.122.130/24 scope global secondary ens33
        valid_lft forever preferred_lft forever
    inet6 fe80::ee96:beb:b86c:699e/64 scope link noprefixroute
        valid_lft forever preferred_lft forever
```

■ **IP 주소 삭제하기: del**

del 명령은 네트워크 장치에 설정된 IP 주소를 삭제한다. ens33 장치에 설정된 192.168.122.130 주소를 삭제하려면 다음과 같이 한다. show 명령으로 주소가 삭제된 것을 확인할 수 있다.

```
[root@localhost ~]# ip addr del 192.168.122.130/24 dev ens33
[root@localhost ~]# ip addr show ens33
2: ens33: <BROADCAST,MULTICAST,UP,LOWER_UP> mtu 1500 qdisc fq_codel state UP group
default qlen 1000
    link/ether 00:0c:29:84:af:29 brd ff:ff:ff:ff:ff:ff
    inet 192.168.122.129/24 brd 192.168.122.255 scope global dynamic noprefixroute
ens33
       valid_lft 1755sec preferred_lft 1755sec
    inet6 fe80::ee96:beb:b86c:699e/64 scope link noprefixroute
       valid_lft forever preferred_lft forever
```

## 라우팅 테이블과 게이트웨이 주소 관리하기: route 명령

ip route 명령은 라우팅 테이블을 출력하거나 게이트웨이를 설정하고 삭제한다. 우리는 인터넷을 통해 외부의 서버와 연결된다. 그 서버는 미국에 있을 수도 있고 유럽의 어느 나라에 있을 수도 있다. 그렇다면 전 세계 컴퓨터가 같은 네트워크에 연결되어 있는 것일까? 물론 같은 네트워크에 연결되어 있는 것은 아니다. 좀 더 정확하게 인터넷을 설명하자면 인터넷은 네트워크와 네트워크를 연결한 것이라고 할 수 있다.

이렇게 네트워크를 다른 네트워크와 연결할 때 연결점이 되는 장치를 게이트웨이라고 한다. 게이트웨이도 하나의 컴퓨터로 보통 라우터라고 부른다. 게이트웨이는 패킷을 보고 같은 네트워크로 보내는 것이 아니면 외부로 전송한다. 우체국의 역할을 한다고 생각하면 된다. 게이트웨이 주소가 설정되어 있지 않으면 같은 네트워크가 아닌 컴퓨터와는 접속할 수가 없다. 같은 네트워크와는 통신이 되는데 외부와 연결이 안 된다면 게이트웨이 주소를 올바로 설정했는지 확인해야 한다.

■ **라우팅 테이블 보기: show**

ip route show 명령은 현재 설정된 라우팅 테이블을 출력한다. 라우팅 테이블은 게이트웨이 정보를 가지고 있다. 다음 예를 보면 기본 게이트웨이 주소가 192.168.122.2이며, ens33 장치를 통해 접속한다.

```
[root@localhost ~]# ip route show
default via 192.168.122.2 dev ens33 proto dhcp metric 100
192.168.122.0/24 dev ens33 proto kernel scope link src 192.168.122.129 metric 100
192.168.124.0/24 dev virbr0 proto kernel scope link src 192.168.124.1 linkdown
```

■ **기본 게이트웨이 주소 설정하기: add**

ip route add 명령은 게이트웨이를 추가한다. 기본 게이트웨이 설정은 다음과 같이 한다.

```
[root@localhost ~]# ip route add default via 192.168.122.1 dev ens33
```

■ **라우팅 경로 설정하기: add**

기본 게이트웨이 이외에 경로를 추가하려면 다음과 같이 한다. 다음 예는 192.168.2.0 네트워크를 192.168.122.1을 통해서 접속한다는 의미다.

```
[root@localhost ~]# ip route add 192.168.2.0/24 via 192.168.122.1 dev ens33
default via 192.168.122.1 dev ens33
default via 192.168.122.2 dev ens33 proto dhcp metric 100
192.168.2.0/24 via 192.168.122.1 dev ens33
192.168.122.0/24 dev ens33 proto kernel scope link src 192.168.122.129 metric 100
192.168.124.0/24 dev virbr0 proto kernel scope link src 192.168.124.1 linkdown
```

■ **라우팅 경로 삭제하기: del**

라우팅 테이블에서 경로를 삭제하려면 ip route del 명령을 사용한다.

```
[root@localhost ~]# ip route del 192.168.2.0/24
[root@localhost ~]# ip route show
default via 192.168.122.1 dev ens33
default via 192.168.122.2 dev ens33 proto dhcp metric 100
192.168.122.0/24 dev ens33 proto kernel scope link src 192.168.122.129 metric 100
192.168.124.0/24 dev virbr0 proto kernel scope link src 192.168.124.1 linkdown
```

### 네트워크 인터페이스 활성화와 비활성화하기: link 명령

네트워크 인터페이스를 활성화 또는 비활성화하려면 ip link set 명령을 사용한다.

■ **네트워크 인터페이스 비활성화: down**

네트워크 인터페이스 비활성화는 다음과 같이 한다. 네트워크를 비활성화하면 state가 DOWN이 된다.

```
[root@localhost ~]# ip link set ens33 down
[root@localhost ~]# ip addr show ens33
2: ens33: <BROADCAST,MULTICAST> mtu 1500 qdisc fq_codel state DOWN group default
qlen 1000
    link/ether 00:0c:29:84:af:29 brd ff:ff:ff:ff:ff:ff
    inet 192.168.122.129/24 brd 192.168.122.255 scope global dynamic noprefixroute
ens33
       valid_lft 1220sec preferred_lft 1220sec
```

■ **네트워크 인터페이스 활성화: up**

네트워크 인터페이스 활성화는 다음과 같이 한다. 네트워크를 활성화하면 state가 UP이 되고 IP 주소도 할당된다.

```
[root@localhost ~]# ip link set ens33 up
[root@localhost ~]# ip addr show ens33
2: ens33: <BROADCAST,MULTICAST,UP,LOWER_UP> mtu 1500 qdisc fq_codel state UP group
default qlen 1000
    link/ether 00:0c:29:84:af:29 brd ff:ff:ff:ff:ff:ff
    inet 192.168.122.129/24 brd 192.168.122.255 scope global dynamic noprefixroute
ens33
       valid_lft 1798sec preferred_lft 1798sec
```

### 네트워크 설정을 파일에 저장하기

ip 명령으로 네트워크 인터페이스를 설정해도 시스템을 재시작하면 다시 설정해야 한다. 부팅할 때 네트워크가 설정되게 하려면 /etc/sysconfig/network-scripts/ifcfg-ens33 파일에 IP 주소와 넷마스크, 게이트웨이를 지정해야 한다. 파일명은 실습 환경에 따라, 네트워크 인터페이스의 이름에 따라 달라지므로 주의해야 한다. 1장에서 리눅스를 설치하면서 동적 IP(DHCP)를 사용하는 것으로 설정했기 때문에 ifcfg-ens33 파일의 내용은 다음과 같다.

```
[root@localhost ~]# more /etc/sysconfig/network
network          network-scripts/
[root@localhost ~]# more /etc/sysconfig/network-scripts/ifcfg-ens33
TYPE="Ethernet"
PROXY_METHOD="none"
BROWSER_ONLY="no"
BOOTPROTO="dhcp"
DEFROUTE="yes"
IPV4_FAILURE_FATAL="no"
IPV6INIT="yes"
IPV6_AUTOCONF="yes"
IPV6_DEFROUTE="yes"
IPV6_FAILURE_FATAL="no"
IPV6_ADDR_GEN_MODE="stable-privacy"
NAME="ens33"
UUID="e10ec151-bd63-48d6-984f-05099c143557"
DEVICE="ens33"
ONBOOT="yes"
```

ifcfg-ens33 파일의 설정 내용을 보면 IP를 할당하는 방식을 지정하는 BOOTPROTO의 값이 dhcp로 되어 있다. 이는 동적 IP를 사용하고 있다는 의미다. 고정 IP를 사용하려면 ifcfg-ens33 파일에서 다음 항목들을 수정하거나 추가해야 한다.

- BOOTPROTO: static(고정 IP 사용)
- IPADDR: IP 주소 설정
- NETMASK: 넷마스크 설정
- GATEWAY: 게이트웨이 주소 설정

다음 예는 고정 IP를 사용하도록 ifcfg-ens33 파일을 수정한 것이다. IP 주소와 넷마스크, 게이트웨이 주소 등은 예시이며 실습 환경이나 실무 환경에 맞춰 적절한 주소를 설정해야 한다.

```
[root@localhost ~]# cat /etc/sysconfig/network-scripts/ifcfg-ens33
TYPE=Ethernet
BOOTPROTO=static
IPADDR=192.168.122.130
NETMASK=255.255.255.0
```

```
GATEWAY=192.168.122.1
IPV4_FAILURE_FATAL=yes
(생략)
```

/etc/sysconfig/network-scripts/ifcfg-ens33 파일의 설정과 관련된 내용은 /usr/share/doc/initscripts/sysconfig.txt 파일의 ifcfg 항목을 참고한다. ifcfg 파일이 수정되어도 네트워크 관리자는 수정된 내용을 자동으로 인식하지 못한다. 수정된 내용을 다시 읽어들여야 한다.

```
nmcli connection reload
```

또는 load 명령으로 수정된 파일만 다시 읽도록 지정해야 한다.

```
nmcli con load /etc/sysconfig/network-scripts/ifcfg-ens33
```

## 5 ifconfig 명령으로 네트워크 설정

네트워크 인터페이스를 설정하는 전통적인 명령은 ifconfig이다.

**ifconfig**

- **기능** 네트워크 인터페이스의 IP 주소를 설정한다.
- **형식** ifconfig [인터페이스명] [옵션] [값]
- **옵션** -a: 시스템의 전체 인터페이스에 대한 정보를 출력한다.
  up/down: 인터페이스를 활성화 · 비활성화한다.
  netmask 주소: 넷마스크 주소를 설정한다.
  broadcast 주소: 브로드캐스트 주소를 설정한다.
- **사용 예** ifconfig ens33
  ifconfig ens33 192.168.1.2 netmask 255.255.255.0 broadcast 192.168.1.255

### 현재 설치된 네트워크 인터페이스 설정 보기

옵션 없이 ifconfig 명령을 사용하면 현재 설치된 네트워크 인터페이스의 설정 내용을 출력한다. IP 주소와 넷마스크, 브로드캐스트 주소는 사용자의 네트워크 환경에 따라 다르게 출력된다.

```
[root@localhost ~]# ifconfig
ens33: flags=4163<UP,BROADCAST,RUNNING,MULTICAST>  mtu 1500
        inet 192.168.122.129  netmask 255.255.255.0  broadcast 192.168.122.255
        inet6 fe80::ee96:beb:b86c:699e  prefixlen 64  scopeid 0x20<link>
        ether 00:0c:29:84:af:29  txqueuelen 1000  (Ethernet)
        RX packets 46  bytes 4589 (4.4 KiB)
        RX errors 0  dropped 0  overruns 0  frame 0
        TX packets 65  bytes 7132 (6.9 KiB)
        TX errors 0  dropped 0 overruns 0  carrier 0  collisions 0

lo: flags=73<UP,LOOPBACK,RUNNING>  mtu 65536
        inet 127.0.0.1  netmask 255.0.0.0
        inet6 ::1  prefixlen 128  scopeid 0x10<host>
        loop  txqueuelen 1000  (Local Loopback)
        RX packets 12  bytes 1056 (1.0 KiB)
        RX errors 0  dropped 0  overruns 0  frame 0
        TX packets 12  bytes 1056 (1.0 KiB)
        TX errors 0  dropped 0 overruns 0  carrier 0  collisions 0

virbr0: flags=4099<UP,BROADCAST,MULTICAST>  mtu 1500
        inet 192.168.124.1  netmask 255.255.255.0  broadcast 192.168.124.255
        ether 52:54:00:64:8e:0b  txqueuelen 1000  (Ethernet)
        RX packets 0  bytes 0 (0.0 B)
        RX errors 0  dropped 0  overruns 0  frame 0
        TX packets 0  bytes 0 (0.0 B)
        TX errors 0  dropped 0 overruns 0  carrier 0  collisions 0
```

보통 시스템에서 네트워크 인터페이스는 하나이지만 경우에 따라 두 개 이상 장착할 수도 있다. 앞에서 ifconfig 명령으로 출력된 결과를 보면 ens33과 lo, virbr0가 출력되었다. 이 중에서 lo는 로컬 루프백local loopback으로서 시스템 내부 통신용으로 사용된다. 위의 예를 보면 네트워크가 다음과 같이 설정되었음을 알 수 있다. 이 설정 값들은 사용자의 네트워크 환경에 따라 다르게 출력될 것이다.

- MAC 주소(ether): 00:0c:29:84:af:29
- IP 주소(inet): 192.168.122.129

- 넷마스크(netmask): 255.255.255.0
- 브로드캐스트 주소(broadcast): 192.168.122.255
- IPv6 주소(inet6): fe80::ee96:beb:b86c:699e

또한 RX는 부팅 후 현재까지 받은 패킷 수와 바이트 수를 알려주며, TX는 부팅 후 현재까지 보낸 패킷 수와 바이트 수를 알려준다.

### 특정 네트워크 인터페이스 설정보기

ifconfig 명령 다음에 네트워크 인터페이스의 이름을 지정하면 해당 인터페이스의 설정 내용만 출력된다.

```
[root@localhost ~]# ifconfig ens33
ens33: flags=4163<UP,BROADCAST,RUNNING,MULTICAST>  mtu 1500
        inet 192.168.122.129  netmask 255.255.255.0  broadcast 192.168.122.255
        inet6 fe80::ee96:beb:b86c:699e  prefixlen 64  scopeid 0x20<link>
        ether 00:0c:29:84:af:29  txqueuelen 1000  (Ethernet)
        RX packets 46  bytes 4589 (4.4 KiB)
        RX errors 0  dropped 0  overruns 0  frame 0
        TX packets 65  bytes 7132 (6.9 KiB)
        TX errors 0  dropped 0 overruns 0  carrier 0  collisions 0
```

### 네트워크 인터페이스 사용 해제하기: down 옵션

네트워크 인터페이스를 사용하지 않으려면 다음과 같이 down 옵션을 사용하여 비활성화한다.

```
[root@localhost ~]# ifconfig ens33 down
[root@localhost ~]# ifconfig ens33
ens33: flags=4098<BROADCAST,MULTICAST>  mtu 1500
        inet 192.168.122.129  netmask 255.255.255.0  broadcast 192.168.122.255
        ether 00:0c:29:84:af:29  txqueuelen 1000  (Ethernet)
        RX packets 43561  bytes 20663893 (19.7 MiB)
        RX errors 0  dropped 0  overruns 0  frame 0
        TX packets 11098  bytes 1153553 (1.1 MiB)
        TX errors 0  dropped 0 overruns 0  carrier 0  collisions 0
```

인터페이스가 다운되었을 때 flags를 보면 UP과 RUNNING이 출력되지 않는다. 네트워크와의 연결이 끊어진 것이다.

### 네트워크 인터페이스 활성화하기: up 옵션

네트워크 인터페이스를 비활성화 상태에서 다시 활성화하려면 up 옵션을 사용한다.

```
[root@localhost ~]# ifconfig ens33 up
[root@localhost ~]# ifconfig ens33
ens33: flags=4163<UP,BROADCAST,RUNNING,MULTICAST>  mtu 1500
        inet 192.168.122.129  netmask 255.255.255.0  broadcast 192.168.122.255
        ether 00:0c:29:84:af:29  txqueuelen 1000  (Ethernet)
        RX packets 121  bytes 12023 (11.7 KiB)
        RX errors 0  dropped 0  overruns 0  frame 0
        TX packets 85  bytes 9433 (9.2 KiB)
        TX errors 0  dropped 0 overruns 0  carrier 0  collisions 0
```

인터페이스를 up 옵션으로 활성화하면 flags에 UP과 RUNNING이 표시된다. 현재 시스템이 동적으로 IP 주소를 받아서 사용하고 있는 경우라면 자동으로 IP 주소가 설정될 것이다. 동적 IP를 사용하고 있지 않다면 관리자가 수작업으로 인터페이스를 설정해야 한다.

### 네트워크 인터페이스 설정하기

네트워크 인터페이스에 IP 주소를 수작업으로 설정하려면 다음과 같이 IP 주소와 넷마스크를 함께 설정해야 한다. 만약 서브넷으로 나누지 않고 기본 C 클래스를 사용한다면 넷마스크나 브로드캐스트 주소를 생략할 수도 있다.

```
ifconfig 인터페이스명 IP 주소 netmask 넷마스크 주소 broadcast 브로드캐스트 주소
```

ens33의 네트워크를 설정해보자. 다음 예에서는 IP 주소를 192.168.122.129에서 192.168.122.130로 바꾸어 설정했다. 실제로 이 부분을 따라 해볼 때는 자신의 네트워크 환경을 고려하여 주소를 설정하기 바란다. 다른 IP 주소를 사용하기가 어렵다면 기존의 IP 주소를 그대로 사용하여 실습해도 된다.

```
[root@localhost ~]# ifconfig ens33 192.168.122.130 netmask 255.255.255.0 broadcast
192.168.122.255
[root@localhost ~]# ifconfig ens33
ens33: flags=4163<UP,BROADCAST,RUNNING,MULTICAST>  mtu 1500
        inet 192.168.122.130  netmask 255.255.255.0  broadcast 192.168.122.255
        ether 00:0c:29:84:af:29  txqueuelen 1000  (Ethernet)
        RX packets 43740  bytes 20679245 (19.7 MiB)
        RX errors 0  dropped 0  overruns 0  frame 0
        TX packets 11134  bytes 1158238 (1.1 MiB)
        TX errors 0  dropped 0 overruns 0  carrier 0  collisions 0
```

### 게이트웨이 설정하기

게이트웨이의 설정과 확인은 route 명령으로 할 수 있다. route는 게이트웨이의 연결 정보를 관리하는 라우팅 테이블을 편집하는 명령이다. 라우팅 테이블이 제대로 설정되어 있지 않으면 외부 네트워크와 연결할 수 없다.

**route**

- **기능** 라우팅 테이블을 편집하고 출력한다.
- **형식** route [명령]
- **명령** add: 라우팅 경로나 기본 게이트웨이를 추가한다.
  del: 라우팅 경로나 기본 게이트웨이를 삭제한다.
- **사용 예** route
  route add default gw 192.168.1.1 dev ens33

route 명령으로 라우팅 테이블을 편집할 때 주로 사용하는 형식은 [표 11-5]와 같다.

**표 11-5** route 명령을 사용한 라우팅 테이블 편집

| 기능 | 명령 형식과 사용 예 |
|---|---|
| 라우팅 경로 추가(네트워크) | route add -net 네트워크 주소 netmask 넷마스크 dev 인터페이스명<br>route add -net 192.168.1.0 netmask 255.255.255.0 dev ens33 |
| 라우팅 경로 추가(호스트) | route add -host 호스트 주소 dev 인터페이스명<br>route add -host 192.168.1.5 dev ens33 |
| 라우팅 경로 제거(네트워크) | route del -net 네트워크 주소 netmask 넷마스크 [dev 인터페이스명]<br>route del -net 192.168.1.0 netmask 255.255.255.0 |

| 기능 | 명령 형식과 사용 예 |
|---|---|
| 라우팅 경로 제거(호스트) | route del –host 호스트 주소<br>route del –host 192.168.1.5 |
| 기본 게이트웨이 추가 | route add default gw 게이트웨이 주소 dev 인터페이스명<br>route add default gw 192.168.1.1 dev ens33 |
| 기본 게이트웨이 제거 | route del default gw 게이트웨이 주소<br>route del default gw 192.168.1.1 |
| 루프백(lo) 추가 | route add –net 127.0.0.0 netmask 255.0.0.0 dev lo |

■ **라우팅 테이블 보기: route**

route 명령만 사용하면 현재 라우팅 테이블을 출력한다.

```
[root@localhost ~]# route
Kernel IP routing table
Destination     Gateway         Genmask         Flags Metric Ref    Use Iface
default         _gateway        0.0.0.0         UG    100    0        0 ens33
192.168.122.0   0.0.0.0         255.255.255.0   U     100    0        0 ens33
192.168.124.0   0.0.0.0         255.255.255.0   U     0      0        0 virbr0
```

라우팅 테이블에서 출력하는 항목들은 [표 11-6]을 참조한다.

**표 11-6 라우팅 테이블의 출력 항목**

| 항목 | 기능 |
|---|---|
| Destination | 라우팅 대상 네트워크나 호스트의 주소 |
| Gateway | 게이트웨이 주소 또는 설정되어 있지 않으면 * 출력 |
| Genmask | 대상 네트워크의 넷마스크<br>255.255.255.255 : 대상이 호스트인 경우<br>0.0.0.0 : 기본(default) 경로 |
| Flags | U : 경로 활성화(UP)<br>H : 대상이 호스트<br>G : 게이트웨이로 사용<br>R : 동적 라우팅을 위한 경로 재생성<br>D : 데몬 또는 리다이렉트에 의해 동적으로 재설치<br>M : 라우팅 데몬 또는 리다이렉트에 의해 경로 수정<br>A : addrconf에 의해 설치<br>C : 캐시 항목<br>! : 경로 거부 |

| 항목 | 기능 |
|---|---|
| Metrics | 대상까지의 거리로 최근 커널에서는 사용되지 않지만 라우팅 데몬에서 사용할 수도 있다. |
| Ref | 해당 경로에 대한 참조 수이지만 리눅스 커널에서는 사용하지 않는다. |
| Use | 경로를 탐색한 수 |
| Iface | 패킷이 전달되는 인터페이스 이름 |

■ **기본 게이트웨이 설정하기:** add

기본 게이트웨이를 설정하려면 게이트웨이 주소를 알아야 한다. 여기서는 192.168.122.2를 예로 사용한다. 각자 실습 환경에 따라 게이트웨이 주소를 설정해보자.

```
[root@localhost ~]# route add default gw 192.168.122.2 dev ens33
[root@localhost ~]# route
Kernel IP routing table
Destination     Gateway         Genmask         Flags Metric Ref    Use Iface
default         _gateway        0.0.0.0         UG    0      0        0 ens33
default         _gateway        0.0.0.0         UG    100    0        0 ens33
192.168.122.0   0.0.0.0         255.255.255.0   U     100    0        0 ens33
192.168.124.0   0.0.0.0         255.255.255.0   U     0      0        0 virbr0
```

■ **기본 게이트웨이 삭제하기:** del

기본 게이트웨이 삭제는 다음과 같이 한다. 만약 실습 환경이 DHCP를 사용하고 있는 것이 아니라면 기본 게이트웨이를 삭제하지 않도록 한다. 게이트웨이가 설정되어 있지 않으면 네트워크를 사용할 수 없기 때문이다.

```
[root@localhost ~]# route del default gw 192.168.122.2
[root@localhost ~]# route
Kernel IP routing table
Destination     Gateway         Genmask         Flags Metric Ref    Use Iface
default         _gateway        0.0.0.0         UG    100    0        0 ens33
192.168.122.0   0.0.0.0         255.255.255.0   U     100    0        0 ens33
192.168.124.0   0.0.0.0         255.255.255.0   U     0      0        0 virbr0
```

## 6 DNS 설정

네트워크를 설정하기 위해 끝으로 알아야 할 것은 DNS 주소다. 앞에서 컴퓨터는 숫자를, 사람은 이름을 선호한다고 했다. 사용자가 www.naver.com이라고 입력하면 시스템은 이를 IP 주소로 바꿔서 네이버로 접속한다. 그럼 어떻게 이름을 주소로 변환하는 것일까? DNS가 바로 그 역할을 담당한다. DNS는 'domain name service'의 약자로 호스트명을 IP 주소로 바꾸는 역할을 수행한다. 만약 DNS가 설정되어 있지 않으면 이름으로 서버에 접속할 수 없으며 직접 IP 주소를 사용하여 접속해야 한다.

### DNS 서버 지정하기

리눅스는 DNS 서버의 주소를 /etc/resolv.conf 파일에 저장한다. /etc/resolv.conf 파일의 내용을 보면 다음과 같다. 서버의 IP 주소는 다를 수 있다. resolv.conf 파일은 키워드 name server 다음에 DNS 서버의 IP 주소를 지정한다. 네임 서버는 DNS 서버를 뜻하며 첫 번째 서버가 동작하지 않으면 두 번째 서버로 연결한다.

```
[root@localhost ~]# cat /etc/resolv.conf
# Generated by NetworkManager
search localdomain
nameserver 192.168.122.2
```

### nmcli 명령으로 DNS 설정하기

그전에는 DNS 서버의 주소를 가지고 있는 /etc/resolv.conf 파일을 수작업으로 편집했었으나 요즘에는 명령을 사용하여 편집한다. nmcli 명령으로 DNS를 지정하는 방법은 다음과 같다.

```
nmcli con mod connection-name ipv4.dns DNS주소
```

예를 들어 연결 프로파일 ens33에 구글의 DNS 서버 주소인 8.8.8.8과 8.8.4.4를 지정하려면 다음과 같이 한다.

```
[root@localhost ~]# nmcli con mod ens33 ipv4.dns "8.8.8.8 8.8.4.4"
[root@localhost ~]# nmcli con up ens33
연결이 성공적으로 활성화되었습니다 (D-Bus 활성 경로: /org/freedesktop/NetworkManager/
ActiveConnection/4)
```

```
[root@localhost ~]# cat /etc/resolv.conf
# Generated by NetworkManager
search localdomain
nameserver 192.168.122.2
nameserver 8.8.8.8
nameserver 8.8.4.4
```

### DNS 서버에 질의하기

DNS 서버에 특정 도메인의 정보를 질의하는 명령어는 nslookup이다.

**nslookup**

- **기능** DNS 서버와 대화식으로 질의하고 응답을 받는다.
- **형식** nslookup [도메인명]
- **사용 예** nslookup
  nslookup www.daum.net

nslookup 명령으로 특정 도메인의 주소를 검색해보자. nslookup 명령을 실행하면 다음과 같이 프롬프트가 >로 바뀐다. 이 상태에서 알고 싶은 도메인명을 입력하면 해당 도메인의 IP 주소가 출력된다. 다음 예를 보면 www.hanbit.co.kr의 IP 주소는 218.38.58.195임을 알 수 있다. nslookup 명령은 exit로 종료한다.

```
[root@localhost ~]# nslookup
> www.hanbit.co.kr
;; Got recursion not available from 192.168.122.2, trying next server
Server:         8.8.8.8
Address:    8.8.8.8#53

Non-authoritative answer:
Name:   www.hanbit.co.kr
Address: 218.38.58.195
> exit

[root@localhost ~]#
```

**따라해보기** **네트워크 설정하기**

이 실습에서 사용하는 IP 주소와 게이트웨이 주소는 실습 환경에 따라 다르게 설정한다.

❶ 현재 네트워크의 연결 상태를 확인한다.

```
[root@localhost ~]# nmcli gen status
STATE    CONNECTIVITY  WIFI-HW  WIFI  WWAN-HW  WWAN
연결됨   전체           사용     사용  사용     사용
```

❷ 새로운 연결 프로파일 follow-me를 생성한다. 여기서는 IP 주소를 192.168.122.131로 설정한다. 실습할 때는 실습 환경의 네트워크에서 사용하지 않는 IP 주소를 지정해야 한다. 게이트웨이 주소는 192.168.122.2다.

```
[root@localhost ~]# nmcli con add type ethernet con-name follow-me ifname ens33 ip4 
192.168.122.131 gw4 192.168.122.2
연결 'follow-me' (87b5ed0d-2b21-4990-8632-915b9c8c30ca)이 성공적으로 추가되었습니다.
```

❸ 연결 프로파일을 확인한다.

```
[root@localhost ~]# nmcli con show
NAME       UUID                                  TYPE      DEVICE
ens33      e10ec151-bd63-48d6-984f-05099c143557  ethernet  ens33
virbr0     41cb52cd-4ab1-4f96-8c8e-9b7843321fee  bridge    virbr0
follow-me  87b5ed0d-2b21-4990-8632-915b9c8c30ca  ethernet  --
```

❹ 연결 프로파일 follow-me를 적용한다.

```
[root@localhost ~]# nmcli con up follow-me
연결이 성공적으로 활성화되었습니다 (D-Bus 활성 경로: /org/freedesktop/NetworkManager/
ActiveConnection/5)
[root@localhost ~]# nmcli con show
NAME       UUID                                  TYPE      DEVICE
follow-me  87b5ed0d-2b21-4990-8632-915b9c8c30ca  ethernet  ens33
virbr0     41cb52cd-4ab1-4f96-8c8e-9b7843321fee  bridge    virbr0
ens33      e10ec151-
```

❺ ip 명령으로 IP 주소를 확인한다.

```
[root@localhost ~]# ip addr show ens33
2: ens33: <BROADCAST,MULTICAST,UP,LOWER_UP> mtu 1500 qdisc fq_codel state UP group
default qlen 1000
    link/ether 00:0c:29:84:af:29 brd ff:ff:ff:ff:ff:ff
    inet 192.168.122.131/32 brd 192.168.122.131 scope global noprefixroute ens33
       valid_lft forever preferred_lft forever
    inet6 fe80::f6d:a478:9c8d:6f16/64 scope link noprefixroute
       valid_lft forever preferred_lft forever
```

❻ ip 명령으로 라우팅 테이블을 확인한다.

```
[root@localhost ~]# ip route show
default via 192.168.122.2 dev ens33 proto static metric 100
192.168.122.2 dev ens33 proto static scope link metric 100
192.168.122.131 dev ens33 proto kernel scope link src 192.168.122.131 metric 100
192.168.124.0/24 dev virbr0 proto kernel scope link src 192.168.124.1 linkdown
```

❼ 연결 프로파일 follow-me에 DNS를 설정하고 활성화한다.

```
[root@localhost ~]# cat /etc/resolv.conf
# Generated by NetworkManager
[root@localhost ~]# nmcli con mod follow-me ipv4.dns "8.8.8.8 8.8.4.4"
[root@localhost ~]# nmcli con up follow-me
연결이 성공적으로 활성화되었습니다 (D-Bus 활성 경로: /org/freedesktop/NetworkManager/
ActiveConnection/6)
[root@localhost ~]# cat /etc/resolv.conf
# Generated by NetworkManager
nameserver 8.8.8.8
nameserver 8.8.4.4
```

❽ nslookup 명령으로 www.daum.net의 IP 주소를 확인한다.

```
[root@localhost ~]# nslookup
> www.daum.net
Server:         8.8.8.8
Address:        8.8.8.8#53

Non-authoritative answer:
www.daum.net    canonical name = www.g.daum.net.
Name:   www.g.daum.net
Address: 211.231.99.17
Name:   www.g.daum.net
Address: 211.231.99.80
> exit

[root@localhost ~]#
```

**혼자해보기 네트워크 설정하기**

'따라해보기'에서 변경한 내용을 다시 원상태로 바꿔보도록 하자.

❶ nmcli device 명령으로 장치의 상태를 확인한다.

❷ 연결 프로파일의 상태를 확인한다.

❸ 연결 프로파일 ens33을 적용한다.

❹ 현재 시스템에 설정된 IP 주소를 확인한다.

❺ 현재 라우팅 테이블의 내용을 확인한다.

❻ 현재 DNS 설정을 확인한다.

❼ nslookup 명령으로 www.centos.org의 IP 주소를 확인한다.

# 03 호스트 이름 설정

네트워크 서비스를 제공하는 서버 시스템이라면 IP 주소 외에 호스트 이름을 설정해야 한다. 서버를 IP 주소로 접속하라고 할 수는 없으니 말이다. 호스트 이름은 해당 기관의 도메인 이름에 서버에서 제공하는 대표적인 서비스의 이름을 붙이는 것이 편리하다. 예를 들어 기관의 도메인 이름이 han.server이고 주로 메일을 서비스하는 서버라면 mail.han.server라고 하는 것이다. 이렇게 붙인 이름은 호스트 이름 설정 파일에 저장하고 DNS에 등록해야 서비스를 제공할 수 있다. 여기서는 호스트 이름을 확인하는 방법과 호스트 이름 설정 파일에 대해 알아본다.

## 1 호스트 이름 확인

리눅스 시스템의 호스트 이름은 hostname, hostnamectl, uname -n 명령으로 확인할 수 있다.

### 호스트 이름을 출력하기: uname -n 명령

uname은 원래 시스템 정보를 출력하는 명령인데 여기에 -n 옵션을 사용하면 호스트 이름을 출력한다.

**uname**

- **기능** 시스템 정보를 출력한다.
- **형식** uname [옵션]
- **옵션** -m: 하드웨어 종류를 출력한다.
  -n: 호스트 이름을 출력한다.
  -r: 운영체제의 릴리즈 정보를 출력한다.
  -s: 운영체제의 이름을 출력한다.
  -v: 운영체제의 버전을 출력한다.
  -a: 위의 모든 정보를 출력한다.
- **사용 예** uname -n
  uname -a

uname -n 명령을 실행하면 다음과 같이 호스트 이름을 출력한다. 리눅스를 설치할 때 별도로 호스트 이름을 지정하지 않았기 때문에 기본값인 localhost.localdomain으로 설정되어 있다.

```
[root@localhost ~]# uname -n
localhost.localdomain
```

참고로 uname -a를 실행하면 호스트 이름을 포함하여 시스템 관련 정보가 출력된다.

```
[root@localhost ~]# uname -a
Linux localhost.localdomain 4.18.0-80.el8.x86_64 #1 SMP Tue Jun 4 09:19:46 UTC 2019
x86_64 x86_64 x86_64 GNU/Linux
```

### 호스트 이름을 출력 및 설정하기: hostname 명령

hostname 명령도 호스트 이름을 출력한다. 또한 이 명령으로 호스트 이름을 설정할 수도 있다.

**hostname**

- **기능** 호스트 이름을 출력하거나 설정한다.
- **형식** hostname [호스트 이름]
- **사용 예** hostname
  hostname mail.han.server

hostname 명령으로 호스트 이름을 검색하면 다음과 같이 출력된다.

```
[root@localhost ~]# hostname
localhost.localdomain
```

nmcli gen host 명령으로도 같은 결과를 얻을 수 있다.

```
[root@localhost ~]# nmcli gen host
localhost.localdomain
```

hostname 명령으로 호스트 이름을 설정하면 다음과 같다.

```
[root@localhost ~]# hostname mail.han.server
[root@localhost ~]# hostname
mail.han.server
```

### 호스트 이름을 검색 및 설정하기: hostnamectl 명령

hostnamectl 명령은 시스템의 호스트 이름을 관리한다. 이 명령으로 호스트 이름을 검색하거나 설정할 수 있다.

**hostnamectl**

- **기능** 호스트 이름을 검색하거나 설정한다.
- **형식** hostnamectl [옵션] [명령]
- **옵션** -h: 도움말을 출력한다.
  --version: 버전을 출력한다.
- **명령** status: 현재 호스트 이름과 관련 정보를 출력한다.
  set-hostname 호스트명: 호스트명을 호스트 이름으로 설정한다.
- **사용 예** hostnamectl
  hostnamectl status
  hostnamectl set-hostname mail.han.server

hostnamectl 명령으로 호스트 이름을 검색해보자. hostnamectl 명령으로 호스트 이름을 다시 localhost.localdomain으로 설정하면 다음과 같이 출력된다. 단순히 호스트 이름만 출력되는 것이 아니라 호스트 이름과 관련된 다른 정보도 출력된다.

```
[root@localhost ~]# hostnamectl set-hostname localhost.localdomain
[root@localhost ~]# hostnamectl
   Static hostname: localhost.localdomain
         Icon name: computer-vm
           Chassis: vm
        Machine ID: 66d91756595240f184044ad563d213f0
           Boot ID: 555c994a35b2468abcfcb4af8dd462b1
    Virtualization: vmware
  Operating System: CentOS Linux 8 (Core)
       CPE OS Name: cpe:/o:centos:centos:8
            Kernel: Linux 4.18.0-80.el8.x86_64
      Architecture: x86-64
[root@localhost ~]# hostname
localhost.localdomain
```

### 호스트 이름을 파일에 저장하기

hostname 명령으로 호스트 이름이 바뀌기는 했지만 시스템을 재시작하면 원래의 이름으로 돌아간다. 재시작해도 바뀐 호스트 이름이 유지되게 하려면 호스트 이름을 설정하는 파일 자체를 수정해야 한다. CentOS에서 호스트 이름을 저장하는 파일은 /etc/hostname이다. 호스트 이름을 저장하는 파일은 리눅스 배포판이나 버전에 따라 다를 수 있다. /etc/hostname 파일의 내용은 다음과 같다.

```
[root@localhost ~]# cat /etc/hostname
localhost.localdomain
```

이 파일은 단순하게 도메인 이름을 포함한 호스트 이름만 저장하고 있다. 이 파일의 내용을 수정하면 재시작해도 호스트 이름을 유지할 수 있다. 호스트 이름을 새로 정의할 때는 한 네트워크에서 같은 이름을 사용하는 다른 호스트가 있으면 안 된다는 것을 꼭 기억해야 한다. 따라서 사용자가 임의로 호스트 이름을 수정하면 안 되며 반드시 시스템 관리자와 상의해야 한다.

**따라해보기** **호스트 이름 설정하기**

❶ hostname 명령으로 호스트 이름을 mycentos.server로 설정한다.

```
[root@localhost ~]# hostname mycentos.server
[root@localhost ~]# hostname
mycentos.server
```

❷ hostnamectl 명령으로 호스트 이름과 관련 정보를 확인한다.

```
[root@localhost ~]# hostnamectl
   Static hostname: localhost.localdomain
Transient hostname: mycentos.server
         Icon name: computer-vm
           Chassis: vm
        Machine ID: 66d91756595240f184044ad563d213f0
           Boot ID: 555c994a35b2468abcfcb4af8dd462b1
    Virtualization: vmware
```

```
  Operating System: CentOS Linux 8 (Core)
       CPE OS Name: cpe:/o:centos:centos:8
            Kernel: Linux 4.18.0-80.el8.x86_64
      Architecture: x86-64
```

❸ hostnamectl 명령으로 호스트 이름을 localhost.localdomain으로 설정한다.

```
[root@localhost ~]# hostnamectl set-hostname localhost.localdomain
[root@localhost ~]# hostnamectl
   Static hostname: localhost.localdomain
         Icon name: computer-vm
           Chassis: vm
        Machine ID: 66d91756595240f184044ad563d213f0
           Boot ID: 555c994a35b2468abcfcb4af8dd462b1
    Virtualization: vmware
  Operating System: CentOS Linux 8 (Core)
       CPE OS Name: cpe:/o:centos:centos:8
            Kernel: Linux 4.18.0-80.el8.x86_64
      Architecture: x86-64
[root@localhost ~]# hostname
localhost.localdomain
```

# 04 네트워크 상태 확인

네트워크가 연결되었으면 네트워크의 상태를 주기적으로 확인하여 지속적인 서비스가 제공되도록 해야 한다. 네트워크의 상태를 확인하는 명령으로는 외부와 통신이 잘되는지 확인하는 명령, 라우팅 및 열려 있는 포트를 확인하는 명령, 네트워크의 이상 유무를 점검하기 위해 패킷을 캡처하는 명령이 있다.

## 1 통신 확인

네트워크에서 통신이 가능한지를 확인하는 대표적인 명령은 ping이다. ping은 시스템이 외부와 통신되는지 확인할 때도 사용하고, 외부 서버가 동작하는지 확인할 때도 사용한다.

**ping**

- **기능** 네트워크 장비에 신호(ECHO_REQUEST)를 보낸다.
- **형식** ping [옵션] [목적지 주소]
- **옵션** -a: 통신이 되면 소리를 낸다.
  -q: 테스트 결과를 지속적으로 보여주지 않고 종합 결과만 출력한다.
  -c 개수: 보낼 패킷 수를 지정한다.
- **사용 예** ping 192.168.1.1
  ping -a www.naver.com

### 옵션 없이 사용하기

옵션을 지정하지 않고 ping 명령을 사용하면 다음과 같이 계속 패킷을 보낸다. 패킷은 기본적으로 56B의 크기로 보낸다. 64B는 56B의 데이터에 8B의 헤더 정보를 더한 것이다.

```
[root@localhost ~]# ping 192.168.122.2
PING 192.168.122.2 (192.168.122.2) 56(84) bytes of data.
64 bytes from 192.168.122.2: icmp_seq=1 ttl=128 time=0.463 ms
64 bytes from 192.168.122.2: icmp_seq=2 ttl=128 time=0.536 ms
64 bytes from 192.168.122.2: icmp_seq=3 ttl=128 time=0.355 ms
```

```
64 bytes from 192.168.122.2: icmp_seq=4 ttl=128 time=0.251 ms
(생략)
```

ping은 -c 옵션으로 보낼 패킷 수를 지정하지 않으면 계속 패킷을 보낸다. 이 때 Ctrl+C로 ping을 종료해야 한다. ping이 종료되면 다음과 같이 통계 정보가 출력된다.

```
64 bytes from 192.168.122.2: icmp_seq=5 ttl=128 time=0.299 ms
64 bytes from 192.168.122.2: icmp_seq=6 ttl=128 time=0.208 ms
^C
--- 192.168.122.2 ping statistics ---
6 packets transmitted, 6 received, 0% packet loss, time 135ms
rtt min/avg/max/mdev = 0.208/0.352/0.536/0.115 ms
```

통계 정보로는 보낸 패킷 수, 보낸 패킷 중에서 받은 패킷 수, 보내고 받은 패킷 중 유실된 패킷의 비율, 통신 속도의 최솟값, 평균값, 최댓값이 출력된다. 위의 결과를 보면 여섯 개 패킷을 보내 모두 수신했으며, 유실된 것은 없고 평균 0.115밀리초 걸렸다는 것을 알 수 있다. 통신 시간이 낮을수록 네트워크의 상태가 양호하다는 것을 의미한다.

### -q 옵션 사용하기

-q 옵션을 사용하면 아무 메시지도 출력되지 않다가 Ctrl+C로 종료하면 통계 정보만 출력한다.

```
[root@localhost ~]# ping -q 192.168.122.2
PING 192.168.122.2 (192.168.122.2) 56(84) bytes of data.
^C
--- 192.168.122.2 ping statistics ---
3 packets transmitted, 3 received, 0% packet loss, time 12ms
rtt min/avg/max/mdev = 0.201/0.301/0.378/0.074 ms
```

### -c 옵션 사용하기

-c 옵션을 사용하면 보낼 패킷 수를 지정할 수 있다. 다음은 패킷 수를 세 개로 지정한 것이다.

```
[root@localhost ~]# ping -c 3 192.168.122.2
PING 192.168.122.2 (192.168.122.2) 56(84) bytes of data.
```

```
64 bytes from 192.168.122.2: icmp_seq=1 ttl=128 time=0.179 ms
64 bytes from 192.168.122.2: icmp_seq=2 ttl=128 time=0.322 ms
64 bytes from 192.168.122.2: icmp_seq=3 ttl=128 time=0.152 ms

--- 192.168.122.2 ping statistics ---
3 packets transmitted, 3 received, 0% packet loss, time 33ms
rtt min/avg/max/mdev = 0.152/0.217/0.322/0.076 ms
```

#### 도메인 이름 사용하기

ping 명령을 사용할 때 IP 주소가 아니라 도메인 이름을 지정할 수도 있다. 이는 보통 해당 도메인이 동작하는지 확인하기 위해 사용한다. 예를 들어 www.hanbit.co.kr 사이트가 통신 가능한 상태인지 확인하려면 다음과 같이 한다.

```
[root@localhost ~]# ping www.hanbit.co.kr
PING www.hanbit.co.kr (218.38.58.195) 56(84) bytes of data.
64 bytes from 218.38.58.195 (218.38.58.195): icmp_seq=1 ttl=54 time=3.56 ms
64 bytes from 218.38.58.195 (218.38.58.195): icmp_seq=2 ttl=54 time=3.36 ms
64 bytes from 218.38.58.195 (218.38.58.195): icmp_seq=3 ttl=54 time=5.19 ms
64 bytes from 218.38.58.195 (218.38.58.195): icmp_seq=4 ttl=54 time=4.57 ms
64 bytes from 218.38.58.195 (218.38.58.195): icmp_seq=5 ttl=54 time=8.09 ms
^C
--- www.hanbit.co.kr ping statistics ---
5 packets transmitted, 5 received, 0% packet loss, time 4011ms
rtt min/avg/max/mdev = 3.367/4.960/8.098/1.707 ms
```

하지만 시스템에 따라서 보안을 강화하기 위해 ping 패킷이 왔을 때 응답하지 않도록 설정하는 경우도 있으므로, ping으로 연결되지 않는다고 해서 무조건 해당 시스템이 동작하지 않는다는 것은 아니다.

### 2 네트워크 상태 정보 출력

netstat 명령은 네트워크 연결 상태, 라우팅 테이블, 인터페이스 관련 통계 정보 등을 출력하며, 현재 시스템에 열려 있는 포트가 무엇인지도 확인할 수 있다.

**netstat**

- **기능** 네트워크의 상태 정보를 출력한다.
- **형식** netstat [옵션]
- **옵션** -a: 모든 소켓 정보를 출력한다.
  -r: 라우팅 정보를 출력한다.
  -n: 호스트명 대신에 IP 주소로 출력한다.
  -i: 모든 네트워크 인터페이스 정보를 출력한다.
  -s: 프로토콜별로 네트워크 통계 정보를 출력한다.
  -p: 해당 소켓과 관련된 프로세스의 이름과 PID를 출력한다.
- **사용 예** netstat -rn
  netstat -s

### 라우팅 테이블 확인하기: –r 옵션

netstat 명령에 –r 옵션을 사용하면 라우팅 테이블을 확인할 수 있다. –n 옵션을 함께 사용하면 이름 대신 IP 주소를 출력한다. netstat –r로 출력되는 라우팅 테이블 정보는 route 명령의 출력 결과와 같다.

```
[root@localhost ~]# netstat -r
Kernel IP routing table
Destination     Gateway         Genmask         Flags   MSS Window  irtt Iface
default         _gateway        0.0.0.0         UG        0 0          0 ens33
192.168.122.0   0.0.0.0         255.255.255.0   U         0 0          0 ens33
192.168.124.0   0.0.0.0         255.255.255.0   U         0 0          0 virbr0
[root@localhost ~]# netstat -rn
Kernel IP routing table
Destination     Gateway         Genmask         Flags   MSS Window  irtt Iface
0.0.0.0         192.168.122.2   0.0.0.0         UG        0 0          0 ens33
192.168.122.0   0.0.0.0         255.255.255.0   U         0 0          0 ens33
192.168.124.0   0.0.0.0         255.255.255.0   U         0 0          0 virbr0
```

### 현재 열려 있는 포트 확인하기

네트워크로 통신을 할 때 현재 통신이 진행 중인 서비스는 해당 서비스 포트가 LISTEN 상태이므로 이를 통해 어떤 포트가 열려 있고 서비스 중인지 확인할 수 있다. 다음 예에서는 53번, 22번, 631번 등이 서비스 중임을 알 수 있다.

```
[root@localhost ~]# netstat -an ¦ grep LISTEN
tcp        0      0 192.168.124.1:53        0.0.0.0:*               LISTEN
tcp        0      0 0.0.0.0:22              0.0.0.0:*               LISTEN
tcp        0      0 127.0.0.1:631           0.0.0.0:*               LISTEN
tcp        0      0 0.0.0.0:111             0.0.0.0:*               LISTEN
tcp6       0      0 :::22                   :::*                    LISTEN
tcp6       0      0 ::1:631                 :::*                    LISTEN
tcp6       0      0 :::111                  :::*                    LISTEN
unix  2      [ ACC ]     STREAM     LISTENING     56043    /tmp/.esd-1000/socket
unix  2      [ ACC ]     STREAM     LISTENING     57479    @/tmp/dbus-wqf7exrE
(생략)
```

### 현재 열려 있는 포트를 사용 중인 프로세스 확인하기: -p 옵션

-p 옵션으로 현재 열려 있는 포트를 사용하는 프로세스를 확인한다. 다음 예를 보면 현재는 인터넷으로 연결된 ssh 서비스가 있고, 그 외에 유닉스 도메인 소켓(DGRAM)으로 내부 포트를 사용 중인 프로세스만이 있음을 알 수 있다. ssh는 12장에서 자세히 살펴본다.

```
[root@localhost ~]# netstat -p ¦ more
Active Internet connections (w/o servers)
Proto Recv-Q Send-Q Local Address           Foreign Address         State
  PID/Program name
tcp        0      0 localhost.localdoma:ssh 192.168.122.1:8561      ESTABLISHE
D 9298/sshd: user1 [p
tcp        0      0 localhost.localdoma:ssh 192.168.122.1:4643      ESTABLISHE
D 8396/sshd: user1 [p
Active UNIX domain sockets (w/o servers)
Proto RefCnt Flags       Type       State         I-Node   PID/Program name
  Path
unix  2      [ ]         DGRAM                    30735    978/chronyd
  /var/run/chrony/chronyd.sock
unix  2      [ ]         DGRAM                    55826    7199/systemd
  /run/user/1000/systemd/notify
unix  3      [ ]         DGRAM                    12604    1/systemd
  /run/systemd/notify
```

```
unix  2      [ ]         DGRAM                    12606    1/systemd
  /run/systemd/cgroups-agent
unix  28     [ ]         DGRAM                    12616    1/systemd
  /run/systemd/journal/dev-log
unix  8      [ ]         DGRAM                    12625    1/systemd
  /run/systemd/journal/socket
unix  2      [ ]         DGRAM                    37227    1213/systemd
--More--
```

### 인터페이스별 네트워크 통계 정보 확인하기: -i 옵션

현재 사용 중인 인터페이스별로 네트워크 통계 정보를 확인하려면 -i 옵션을 사용한다. RX-OK, TX-OK는 정상적으로 주고받은 패킷의 개수이다. RX-ERR, RX-DRP, RX-OVR, TX-ERR, TX-DRP, TX-OVR은 송수신 중에 오류가 발생한 패킷의 개수이다.

```
[root@localhost ~]# netstat -i
Kernel Interface table
Iface         MTU    RX-OK RX-ERR RX-DRP RX-OVR    TX-OK TX-ERR TX-DRP TX-OVR Flg
ens33        1500    12254      0      0 0          1683      0      0      0 BMRU
lo          65536       20      0      0 0            20      0      0      0 LRU
virbr0       1500        0      0      0 0             0      0      0      0 BMU
```

### 프로토콜별 네트워크 통계 정보 확인하기: -s 옵션

프로토콜별로 네트워크 통계 정보를 확인하려면 -s 옵션을 사용한다. 다음 예는 IP 프로토콜, ICMP 프로토콜, ICMPMSG 프로토콜, TCP/UDP 프로토콜별로 통계 정보를 출력한 것이다.

```
[root@localhost ~]# netstat -s
Ip:
    Forwarding: 1
    9195 total packets received
    1 with invalid addresses
    0 forwarded
    0 incoming packets discarded
    1697 incoming packets delivered
    1448 requests sent out
```

```
    12 dropped because of missing route
Icmp:
    33 ICMP messages received
    0 input ICMP message failed
    ICMP input histogram:
        destination unreachable: 8
        timeout in transit: 9
        echo replies: 16
    25 ICMP messages sent
    0 ICMP messages failed
    ICMP output histogram:
        destination unreachable: 9
        echo requests: 16
IcmpMsg:
        InType0: 16
        InType3: 8
        InType11: 9
        OutType3: 9
        OutType8: 16
Tcp:
    8 active connection openings
    2 passive connection openings
    0 failed connection attempts
    0 connection resets received
    2 connections established
    1398 segments received
    867 segments sent out
    0 segments retransmitted
    0 bad segments received
    2 resets sent
Udp:
    258 packets received
    8 packets to unknown port received
    0 packet receive errors
    538 packets sent
    0 receive buffer errors
    0 send buffer errors
(생략)
```

## 3 MAC 주소와 IP 주소 확인

같은 네트워크에 연결된 시스템들의 MAC 주소와 IP 주소를 확인하는 데는 arp 명령을 사용한다. arp는 'address resolution protocol'의 약자다.

**arp**

- **기능** ARP 캐시 정보를 관리한다.
- **형식** arp [IP 주소]
- **사용 예** arp
  arp 192.168.1.1

arp 명령을 수행하면 현재 같은 네트워크에 연결되어 있는 시스템의 MAC 주소와 IP 주소를 출력한다. 다음 예에서는 arp 명령으로 확인한 결과 두 개의 시스템이 연결되어 있다. HW address가 MAC 주소이다.

```
[root@localhost ~]# arp
Address                  HWtype  HWaddress           Flags Mask            Iface
192.168.122.254          ether   00:50:56:f4:c0:a5   C                     ens33
192.168.122.1            ether   00:50:56:c0:00:08   C                     ens33
_gateway                 ether   00:50:56:e0:83:93   C                     ens33
```

특정 시스템의 MAC 주소를 확인하려면 해당 시스템의 IP 주소를 지정한다.

```
[root@localhost ~]# arp 192.168.122.2
Address                  HWtype  HWaddress           Flags Mask            Iface
_gateway                 ether   00:50:56:e0:83:93   C                     ens33
```

## 4 패킷 캡처 명령

네트워크에서 주고받는 패킷을 캡처하여 확인하는 명령은 tcpdump이다. 이 명령은 네트워크의 상태를 확인하기 위해 패킷을 캡처하여 분석할 때 사용한다. 하지만 이 명령을 악용하면 해킹의 도구가 될 수도 있으므로 주의해야 한다.

**tcpdump**

- **기능** 네트워크 상의 트래픽을 덤프한다.
- **형식** tcpdump [옵션]
- **옵션** -c 패킷 수: 지정한 패킷 수만큼 덤프 받고 종료한다.
  -i 인터페이스명: 특정 인터페이스를 지정한다.
  -n: IP 주소를 호스트명으로 바꾸지 않는다.
  -q: 정보를 간단한 형태로 보여준다.
  -X: 패킷의 내용을 16진수와 ASCII로 출력한다.
  -w 파일명: 덤프한 내용을 지정한 파일에 저장한다.
  -r 파일명: 덤프를 저장한 파일에서 읽어온다.
  host 호스트명 또는 주소: 지정한 호스트가 받거나 보낸 패킷만 덤프한다.
  tcp port 번호: 지정한 포트 번호 패킷만 덤프한다.
  ip: IP 패킷만 덤프한다.
- **사용 예** tcpdump
  tcpdump -i eth0
  tcpdump -i eth0 -w DUMP.out
  tcpdump tcp port 22 and host 192.168.0.7

### 옵션 없이 사용하기

tcpdump 명령을 옵션 없이 수행하면 현재 시스템에서 주고받는 모든 패킷을 캡처하여 패킷의 헤더 부분 정보를 출력한다. 다음 예를 보면 ens33을 통해 캡처한 패킷을 출력하며, 로컬 호스트와 게이트웨이 및 192.168.122.1.4643 사이에 주고받은 패킷이 캡처된 것을 알 수 있다.

```
[root@localhost ~]# tcpdump
tcpdump: verbose output suppressed, use -v or -vv for full protocol decode
listening on ens33, link-type EN10MB (Ethernet), capture size 262144 bytes
15:20:41.791354 IP localhost.localdomain.ssh > 192.168.122.1.4643: Flags [P.], seq
1666118504:1666118712, ack 4143821824, win 352, length 208
15:20:41.791558 IP 192.168.122.1.4643 > localhost.localdomain.ssh: Flags [.], ack
208, win 4103, length 0
15:20:41.792833 IP localhost.localdomain.59569 > _gateway.domain: 4762+ PTR?
1.122.168.192.in-addr.arpa. (44)
15:20:41.812613 IP _gateway.domain > localhost.localdomain.59569: 4762 NXDomain 0/1/0
(99)
15:20:41.813846 IP localhost.localdomain.36244 > _gateway.domain: 63833+ PTR?
129.122.168.192.in-addr.arpa. (46)
```

```
15:20:41.832279 IP _gateway.domain > localhost.localdomain.36244: 63833 NXDomain
0/1/0 (101)
(생략)
```

tcpdump는 Ctrl+C로 종료하지 않으면 계속 캡처하여 출력한다. Ctrl+C로 종료하면 다음과 같이 캡처한 패킷의 개수를 출력하고 종료한다.

```
(생략)
15:20:42.086180 IP 192.168.122.1.4643 > localhost.localdomain.ssh: Flags [.], ack
38864, win 4104, length 0
^C
257 packets captured
258 packets received by filter
0 packets dropped by kernel
```

### 캡처할 패킷 개수 지정하기: –c 옵션

tcpdump 명령에 –c 옵션을 사용하여 캡처할 패킷 개수를 지정할 수 있다. 예를 들어 패킷을 세 개만 캡처하려면 다음과 같이 –c 3을 옵션으로 지정한다.

```
[root@localhost ~]# tcpdump -c 3
tcpdump: verbose output suppressed, use -v or -vv for full protocol decode
listening on ens33, link-type EN10MB (Ethernet), capture size 262144 bytes
15:24:35.105497 IP localhost.localdomain.ssh > 192.168.122.1.4643: Flags [P.], seq
1666158424:1666158632, ack 4143822976, win 352, length 208
15:24:35.105744 IP 192.168.122.1.4643 > localhost.localdomain.ssh: Flags [.], ack
208, win 4106, length 0
15:24:35.106974 IP localhost.localdomain.60553 > _gateway.domain: 48880+ PTR?
1.122.168.192.in-addr.arpa. (44)
3 packets captured
10 packets received by filter
0 packets dropped by kernel
```

### 캡처한 패킷 정보를 파일로 저장하기: –w 옵션

tcpdump 명령으로 캡처한 패킷 정보를 파일에 저장하려면 –w 옵션을 사용한다. 예를 들어 패킷 세 개를 캡처하여 dump.out 파일에 저장하려면 다음과 같이 한다.

```
[root@localhost ~]# tcpdump -c 3 -w dump.out
tcpdump: listening on ens33, link-type EN10MB (Ethernet), capture size 262144 bytes
3 packets captured
4 packets received by filter
0 packets dropped by kernel
```

그런데 패킷을 저장한 파일이 바이너리 파일이기 때문에 cat이나 vi 명령으로 파일 내용을 확인할 수 없다. file 명령으로 파일 종류를 확인하면 tcpdump 캡처 파일이라고 출력되며, cat 명령으로 dump.out 파일을 확인하면 다음과 같이 이상한 문자가 출력된다. 즉 캡처 파일의 내용을 확인하려면 –r 옵션을 사용해야 한다.

```
[root@localhost ~]# file dump.out
dump.out: tcpdump capture file (little-endian) - version 2.4 (Ethernet, capture
length 262144)
[root@localhost ~]# cat dump.out
▩ ▩▩]▩▩▩▩PV▩
▩▩. wU▩▩▩~▩▩b▩▩z#cO▩8▩▩P`v~▩▩▩▩]$I▩▩&▩Vt▩D▩▩r1▩▩:▩P+kp [▩#▩
E6▩k° ▩▩▩@Dh;▩@▩.)▩▩_▩▩&▩<8▩▩▩ ▩▩▩t▩▩,l▩t▩}▩R▩▩▩▩▩_.▩▩4▩r▩▩r▩
▩ ч ▩R▩▩=?▩▩]▩▩<<
)▩▩)PE(0}@▩▩z▩z▩#▩▩cO▩▩P        j▩▩]▩
                                <<
)▩▩)PV▩z
)▩▩)▩z▩[root@localhost ~]# PuTTYPuTTY^C
```

### 캡처한 패킷 파일 읽기: –r 옵션

tcpdump 명령으로 캡처한 패킷 정보를 저장한 파일의 내용을 읽으려면 –r 옵션을 사용한다. 앞에서 저장한 dump.out 파일의 내용을 확인해보면 다음과 같다.

```
[root@localhost ~]# tcpdump -r dump.out
reading from file dump.out, link-type EN10MB (Ethernet)
15:26:31.386944 IP localhost.localdomain.ssh > 192.168.122.1.4643: Flags [P.], seq
1666160184:1666160328, ack 4143823872, win 352, length 144
15:26:31.387226 IP 192.168.122.1.4643 > localhost.localdomain.ssh: Flags [.], ack
144, win 4105, length 0
15:26:31.757789 ARP, Request who-has localhost.localdomain (00:0c:29:84:af:29 (oui
Unknown)) tell 192.168.122.1, length 46
```

### 특정 포트로 송수신되는 패킷 캡처하기: tcp port 옵션

특정 포트로 송수신되는 패킷을 캡처하려면 tcp port 옵션을 사용한다. 다음 예는 192.168.122.1과 주고받는 패킷 중에서 22번 포트에 해당하는 패킷 세 개를 캡처하는 것이다. 22번 포트를 캡처하기 위해 ssh를 동작시킨다. 22번 포트를 사용하고 있지 않다면 캡처되는 것이 없을 수도 있다.

```
[root@localhost ~]# tcpdump -c 3 tcp port 22
tcpdump: verbose output suppressed, use -v or -vv for full protocol decode
listening on ens33, link-type EN10MB (Ethernet), capture size 262144 bytes
15:29:02.194338 IP localhost.localdomain.ssh > 192.168.122.1.4643: Flags [P.], seq
1666171144:1666171352, ack 4143831168, win 352, length 208
15:29:02.194765 IP 192.168.122.1.4643 > localhost.localdomain.ssh: Flags [.], ack
208, win 4104, length 0
15:29:02.246096 IP localhost.localdomain.ssh > 192.168.122.1.4643: Flags [P.], seq
208:512, ack 1, win 352, length 304
3 packets captured
3 packets received by filter
0 packets dropped by kernel
```

### 캡처한 내용을 ASCII로 보기: -X 옵션

캡처한 내용을 ASCII로 보려면 -X 옵션을 사용한다. 앞에서 저장한 dump.out 파일을 -X 옵션으로 출력해보면 다음과 같다. -q 옵션은 일부 정보를 생략하고 출력한다.

```
[root@localhost ~]# tcpdump -Xqr dump.out
reading from file dump.out, link-type EN10MB (Ethernet)
15:26:31.386944 IP localhost.localdomain.ssh > 192.168.122.1.4643: tcp 144
        0x0000:  4548 00b8 cfdd 4000 4006 f446 c0a8 7a81  EH....@.@..F..z.
        0x0010:  c0a8 7a01 0016 1223 634f 9638 f6fd bc00  ..z....#cO.8....
        0x0020:  5018 0160 767e 0000 b7ae ecc0 005d 2449  P..`v~.......]$I
        0x0030:  bb96 26ba 5674 8244 aab0 7231 e31d b73a  ..&.Vt.D..r1...:
        0x0040:  b350 2bd2 086b 7009 035b dd17 23e8 0dcf  .P+..kp..[..#...
        0x0050:  f598 812e e392 9677 5595 fbd8 7e8a f162  .......wU...~..b
        0x0060:  0a45 0136 8d6b c2b0 9ab6 b640 4468 3bff  .E.6.k.....@Dh;.
        0x0070:  40e8 2e29 82f4 5fbc 1503 c826 ba3c 3806  @..).._....&.<8.
        0x0080:  f7e8 ccde 8219 930f f79a eb16 74ba ae03  ...........t...
```

```
        0x0090:  2c6c eb74 fb7d ce52 d7c8 d117 d0f2 5f2e  ,l.t.}.R......_.
        0x00a0:  fccc 96bb 34f4 72a1 fb72 c0e5 8ed1 87c0  ....4.r..r......
        0x00b0:  5201 b0e4 8e3d 3fae                      R....=?.
(생략)
```

ASCII로 출력한 결과를 보면 무슨 의미인지 잘 모르겠지만 관심을 가지고 분석하면 내용을 파악할 수도 있다. 네트워크를 통해 주고받는 데이터의 내용이 노출되는 것이므로, 암호화되어 있지 않다면 중요 데이터가 그대로 공개될 수도 있다는 것을 알 수 있다.

**따라해보기** **네트워크 상태 확인하기**

❶ ping 명령으로 www.google.co.kr에 동작하는지 확인해본다.

```
[root@localhost ~]# ping www.google.co.kr
PING www.google.co.kr (172.217.25.227) 56(84) bytes of data.
64 bytes from nrt12s14-in-f227.1e100.net (172.217.25.227): icmp_seq=1 ttl=128
time=36.3 ms
64 bytes from nrt12s14-in-f227.1e100.net (172.217.25.227): icmp_seq=2 ttl=128
time=38.3 ms
64 bytes from nrt12s14-in-f227.1e100.net (172.217.25.227): icmp_seq=3 ttl=128
time=36.6 ms
64 bytes from nrt12s14-in-f227.1e100.net (172.217.25.227): icmp_seq=4 ttl=128
time=36.5 ms
64 bytes from nrt12s14-in-f227.1e100.net (172.217.25.227): icmp_seq=5 ttl=128
time=57.1 ms
64 bytes from nrt12s14-in-f227.1e100.net (172.217.25.227): icmp_seq=6 ttl=128
time=40.2 ms
64 bytes from nrt12s14-in-f227.1e100.net (172.217.25.227): icmp_seq=7 ttl=128
time=36.6 ms
^C
--- www.google.co.kr ping statistics ---
7 packets transmitted, 7 received, 0% packet loss, time 20ms
rtt min/avg/max/mdev = 36.330/40.225/57.085/7.007 ms
```

❷ netstat 명령으로 현재 열려 있는 tcp 포트를 사용하는 프로세스를 확인한다. 결과는 실습 환경에 따라 다를 수 있다.

```
[root@localhost ~]# netstat -pt
Active Internet connections (w/o servers)
Proto Recv-Q Send-Q Local Address           Foreign Address         State       PID/
Program name
tcp        0      0 localhost.localdoma:ssh 192.168.122.1:8561      ESTABLISHED
9298/sshd: user1 [p
tcp        0      0 localhost.localdoma:ssh 192.168.122.1:4643      ESTABLISHED
8396/sshd: user1 [p
```

❸ 웹 브라우저(파이어폭스)를 동작시키고 www.daum.net 사이트에 접속한다.

❹ tcp 포트 80으로 주고받는 패킷 다섯 개를 캡처하여 httpdump 파일에 저장한다.

```
[root@localhost ~]# tcpdump -c 5 -w httpdump tcp port 80
tcpdump: listening on ens33, link-type EN10MB (Ethernet), capture size 262144 bytes
5 packets captured
39 packets received by filter
0 packets dropped by kernel
```

❺ httpdump 파일에 저장한 패킷의 내용을 ASCII로 확인한다.

```
[root@localhost ~]# tcpdump -Xqr httpdump
reading from file httpdump, link-type EN10MB (Ethernet)
15:33:54.852218 IP localhost.localdomain.46650 > a23-46-229-27.deploy.static.
akamaitechnologies.com.http: tcp 0
        0x0000:  4500 0028 f86d 4000 4006 0aef c0a8 7a81  E..(.m@.@.....z.
        0x0010:  172e e51b b63a 0050 dc9f 5a20 6dbd 6957  .....:.P..Z.m.iW
        0x0020:  5010 7540 378e 0000                      P.u@7...
15:33:54.852759 IP a23-46-229-27.deploy.static.akamaitechnologies.com.http >
localhost.localdomain.46650: tcp 0
        0x0000:  4500 0028 7089 0000 8006 92d3 172e e51b  E..(p..........
        0x0010:  c0a8 7a81 0050 b63a 6dbd 6957 dc9f 5a21  ..z..P.:m.iW..Z!
        0x0020:  5010 faf0 b90f 0000 0000 0000 0000       P............
15:33:55.363864 IP localhost.localdomain.41922 > 117.18.237.29.http: tcp 0
        0x0000:  4500 0028 1a0d 4000 4006 8369 c0a8 7a81  E..(..@.@..i..z.
        0x0010:  7512 ed1d a3c2 0050 6fb8 d339 49c8 17bc  u......Po..9I...
        0x0020:  5010 780c 9d74 0000
(생략)
```

**01** IP 주소가 192.168.100.25이고 넷마스크가 255.255.255.0일 경우 IP 주소에서 네트워크 주소는 무엇인가?

① 192.168.100.25
② 192.168.100.0
③ 192.168.100.1
④ 192.168.100.255

**02** 네트워크 인터페이스 이름이 ens33이고, IP 주소가 192.168.100.35이고 넷마스크가 255.255.255.0, 게이트웨이 주소가 192.168.100.1일 때 이 네트워크의 IP 주소를 설정하는 명령이 아닌 것은 무엇인가?

① nmcli con add type ethernet con-name t-net ifname ens33 ip4 192.168.100.35/24 ge4 192.168.100.1
② ip addr add 192.168.100.35/24 dev ens33
③ ip route add 192.168.100.35/24 via 192.168.100.1 dev ens33
④ ifconfig ens33 192.168.100.35 netmask 255.255.255.0

**03** 시스템의 호스트 이름을 확인하는 명령이 아닌 것은 무엇인가?

① unmae -h
② hostname
③ uname -n
④ hostnamectl

**04** 프로토콜이란 무엇이며 왜 필요한가?

**05** MAC 주소와 IP 주소의 차이는 무엇인가?

**06** 넷마스크가 필요한 이유는 무엇인지 설명하시오.

**07** C 클래스 IP에서 넷마스크가 255.255.255.0이 아니고 255.255.255.128이라면 네트워크를 어떻게 구성한 것인지 설명하시오.

**08** 포트 번호가 필요한 이유를 간략하게 설명하시오.

**09** 새로운 서버의 네트워크를 설정하려고 한다. 네트워크를 설정하기 위해 반드시 알아야 할 것은 무엇인지 설명하시오.

**10** 네트워크 인터페이스의 이름이 eth1일 때 nmcli 명령을 사용하여 네트워크 연결을 추가하려면 어떻게 해야 하는가? IP 주소는 10.10.10.5이고 게이트웨이 주소는 10.10.10.1이다.

**11** 문제 **10**번에서 추가한 네트워크 연결을 활성화하는 명령은 무엇인가?

**12** nmcli 명령으로 게이트웨이를 10.10.10.254로 바꾸려면 어떻게 해야 하는가?

**13** 네트워크 인터페이스의 이름이 eth1일 때 ip 명령을 사용하여 IP 주소를 10.10.10.7로 설정하려면 어떻게 해야 하는가?

**14** ip 명령을 사용하여 기본 게이트웨이를 10.10.10.254로 설정하려면 어떻게 해야 하는가?

**15** 네트워크 인터페이스의 이름이 eth1일 때 ifconfig 명령을 사용하여 네트워크 연결을 설정하려면 어떻게 해야 하는가? IP 주소는 10.10.10.5이고 넷마스크는 255.255.255.128이다.

**16** DNS 주소가 8.8.8.2일 때 nmcli 명령을 사용하여 DNS를 설정하려면 어떻게 해야 하는가?

**17** www.centos.org의 IP 주소를 확인하는 방법은 무엇인가?

18 hostname 명령으로 호스트 이름을 설정했는데 재시작했더니 호스트 이름이 예전 이름으로 바뀌었다. 그 이유를 설명하시오.

19 hostnamectl 명령을 사용하여 호스트 이름을 cserver로 설정하려면 어떻게 해야 하는가?

20 서버가 외부 네트워크와 연결되지 않는다. 인터페이스도 제대로 설정했고 랜 케이블도 정상이라면 가장 먼저 무엇을 확인해야 하는가?

21 ping www.daum.net 명령을 실행했더니 알 수 없는 호스트라는 메시지가 출력되었다. 그 이유와 해결 방법을 설명하시오.

22 ping 192.168.100.1 명령을 실행했는데 아무 응답이 없다. 이는 무엇을 의미하는가?

23 netstat 명령으로 프로토콜별 통계 정보를 확인할 때 사용하는 옵션은 무엇인가?

24 특정 포트(예 80)로 주고받는 패킷 열 개를 저장하는 명령과 이 파일의 내용을 확인하는 명령은 각각 무엇인가?

CHAPTER 12

# 원격 접속과 FTP



**학습목표**

- 텔넷 서버를 설치하고 설정할 수 있다.
- 텔넷과 SSH를 이용하여 리눅스 시스템에 접속하여 작업할 수 있다.
- VNC를 설치하고 접속하여 작업할 수 있다.
- FTP 서버를 설치하고 설정할 수 있다.
- FTP 클라이언트로 FTP 서버에 접속하여 파일을 주고받을 수 있다.

# 00 개요

## 1 리눅스 학습 맵에서 12장의 위치

12장에서는 4단계의 두 번째 항목인 원격 접속과 FTP를 다룬다. 이 장의 학습을 통해 텔넷이나 SSH, VNC로 원격에서 리눅스 시스템에 접속하여 작업을 수행할 수 있다. 또한 FTP를 사용하여 리눅스 시스템과 파일을 주고받을 수 있다. 리눅스 시스템을 원격에서 접속하는 것은 시스템을 운영하는 데 매우 중요하므로 이 장의 내용을 잘 이해하고 활용할 수 있어야 한다.

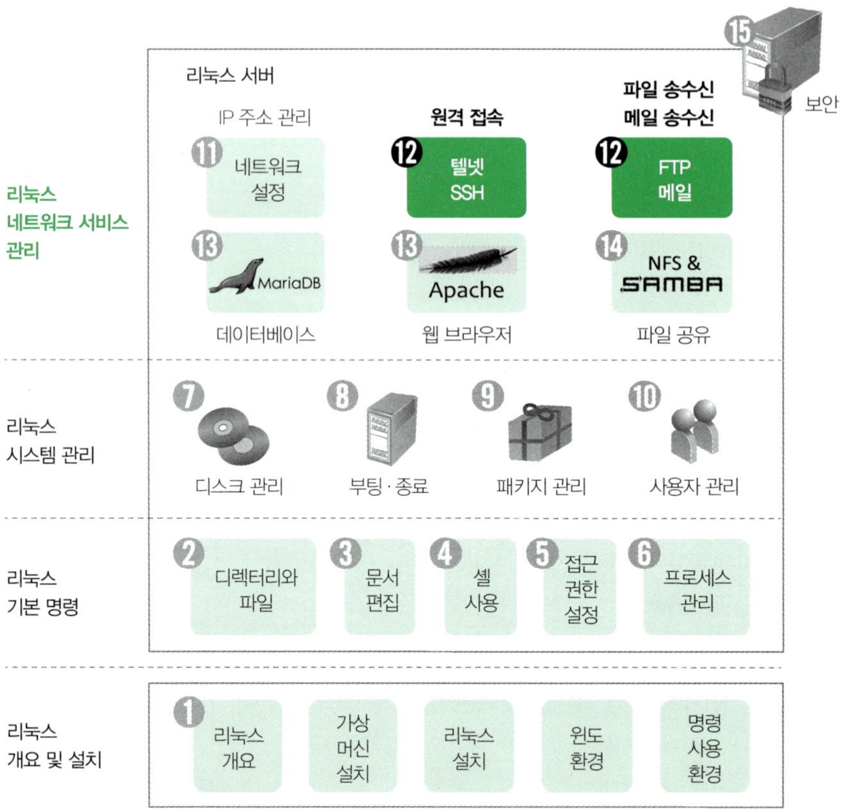

## 2 12장의 내용 구성

지금까지는 리눅스의 콘솔에서 터미널을 띄워놓고 작업했는데, 실무에서는 직접 리눅스 시스템에서 작업하기보다는 원격에서 리눅스 시스템에 접속하여 작업하는 경우가 일반적이다. 원격 접속은 기본적으로 TCP/IP 프로토콜 중 5계층에 있는 프로토콜을 사용하는데, 대표적인 것으로 텔넷과 SSH가 있다. 리눅스 시스템에는 기본적으로 SSH가 설치되어 있지만 텔넷 서버는 별도로 설치해야 한다. 이 밖에도 텍스트 모드에 익숙지 않은 사용자를 위해 원격에서 그래픽 모드로 접속할 수 있는 VNC 프로그램이 있는데 통신 속도가 약간 느리다는 것이 단점이다. 이 VNC도 추가로 설치해야 한다.

한편 리눅스 시스템과 터미널로 연결하여 작업하는 것 외에 파일을 주고받기 위해 사용하는 FTP 프로토콜도 있다. FTP로 리눅스와 리눅스 간에 그리고 리눅스와 윈도 간에 파일을 주고받을 수 있다. 리눅스 시스템에 FTP 서버가 기본으로 설치되지 않은 경우도 있는데, 이때는 사용자가 설치하고 설정해야 한다. 메일을 주고받기 위해서는 메일 서버와 클라이언트가 설치되어야 한다.

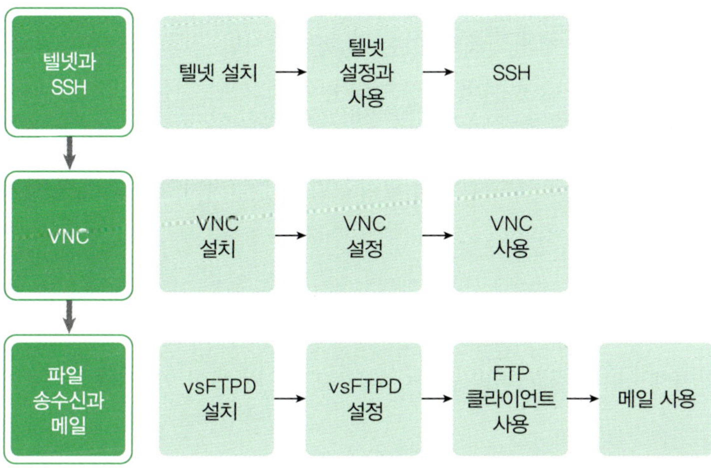

# 01 텔넷과 SSH

리눅스가 설치된 시스템에서 직접 리눅스를 사용하는 것은 물론이고 원격에서 리눅스 시스템에 접속하여 사용할 수도 있다. 사실 리눅스는 서버로 사용하는 경우가 많은데 서버는 대부분 IDC나 기계실같이 사용자와는 다른 위치에 있는 경우가 많다. 따라서 리눅스 시스템에 접속하여 사용자를 등록시키거나 패키지 설치 같은 일을 할 때 서버와 떨어져 있는 원격지에서 작업을 하는 경우가 많다. 이렇게 원격에서 리눅스에 접속하기 위해 주로 사용하는 텔넷과 SSH의 사용법을 살펴보자.

## 1 텔넷

텔넷Telnet은 원격에서 리눅스에 접속하는 프로그램의 이름이기도 하지만 원래는 프로토콜의 이름이다. 즉 11장에서 살펴본 TCP/IP 프로토콜 중 응용 계층에 위치한 프로토콜 중 하나다. 텔넷을 사용하려면 텔넷 클라이언트와 텔넷 서버가 필요하다. 텔넷 서비스를 제공하기 위해서는 텔넷 서버가 설치되어 있어야 하고, 텔넷으로 시스템에 접속하기 위해서는 텔넷 클라이언트가 있어야 한다. 먼저 시스템에 텔넷 서버와 텔넷 클라이언트가 설치되어 있는지 확인해보자.

```
[root@localhost ~]# rpm -qa | grep telnet
```

설치되어 있는 패키지를 확인해보니 텔넷 서버와 클라이언트 모두 설치되어 있지 않다.

### 텔넷 서버 설치하기

텔넷 서버와 클라이언트가 설치되어 있지 않은 것을 확인했으므로 텔넷 서버부터 설치해보자. CentOS에서는 텔넷 서버가 systemd 데몬에 의해 독자적으로 동작한다. 텔넷 서버의 패키지 이름은 telnet-server이다. 9장에서 배운 dnf를 이용하여 telnet-server를 설치한다.

```
[root@localhost ~]# dnf install telnet-server
마지막 메타 데이터 만료 확인 : 2:52:46 전에 2019년 11월 22일 (금) 오후 01시 51분 42초.
종속성이 해결되었습니다.
==============================================================================
 꾸러미              아키텍처       버전                      리포지토리        크기
==============================================================================
Installing:
 telnet-server        x86_64        1:0.17-73.el8           AppStream         48 k

거래 요약
==============================================================================
설치  1 꾸러미


총 다운로드 크기 : 48 k
설치 크기 : 60 k
이게 괜찮습니까 [y / N] : y
(생략)
설치됨:
  telnet-server-1:0.17-73.el8.x86_64

완료되었습니다!
```

다음으로 텔넷 클라이언트를 설치한다. 텔넷 클라이언트의 패키지 이름은 telnet이다.

```
[root@localhost ~]# dnf install telnet
마지막 메타 데이터 만료 확인 : 2:54:02 전에 2019년 11월 22일 (금) 오후 01시 51분 42초.
종속성이 해결되었습니다.
==============================================================================
 꾸러미          아키텍처       버전                      리포지토리         크기
==============================================================================
Installing:
 telnet         x86_64        1:0.17-73.el8           AppStream         72 k

거래 요약
==============================================================================
설치  1 꾸러미
```

```
총 다운로드 크기 : 72 k
설치 크기 : 123 k
이게 괜찮습니까 [y / N] : y
(생략)
설치됨:
  telnet-1:0.17-73.el8.x86_64

완료되었습니다!
```

텔넷 서버와 클라이언트의 준비가 끝났다. 텔넷 서버는 systemctl 명령으로 텔넷 서버를 활성화하면 바로 사용할 수 있다. 활성화할 서비스 이름은 telnet.socket이다.

```
[root@localhost ~]# systemctl start telnet.socket
[root@localhost ~]# systemctl status telnet.socket
● telnet.socket - Telnet Server Activation Socket
   Loaded: loaded (/usr/lib/systemd/system/telnet.socket; disabled; vendor pr>
   Active: active (listening) since Fri 2019-11-22 16:47:23 KST; 54s ago
     Docs: man:telnetd(8)
   Listen: [::]:23 (Stream)
 Accepted: 0; Connected: 0;
   CGroup: /system.slice/telnet.socket

11월 22 16:47:23 localhost.localdomain systemd[1]: Listening on Telnet Server>
lines 1-9/9 (END)
```

### 텔넷 사용하기

텔넷을 사용하여 리눅스에 접속해보자. 텔넷으로 로컬 호스트에 접속할 경우 다음과 같이 바로 접속을 허용한다. telnet 0에서 0은 로컬 호스트를 의미한다. 텔넷으로 접속한 상태에서 로그인하지 않고 종료하려면 Ctrl+d를 입력하면 된다. 로그인 프롬프트에서 아무 입력 없이 60초를 지나면 자동으로 종료된다.

```
[root@localhost ~]# telnet 0
Trying 0.0.0.0...
```

```
Connected to 0.
Escape character is '^]'.

Kernel 4.18.0-80.el8.x86_64 on an x86_64
localhost login:
```

텔넷은 텔넷 모드로 사용하는 방법과 바로 서버에 접속하는 방식으로 사용할 수 있다.

### ■ 텔넷 모드 사용하기

텔넷을 아무 인자 없이 사용하면 다음과 같이 〉 프롬프트가 뜨면서 텔넷 모드로 전환된다.

```
[root@localhost ~]# telnet
telnet>
```

여기서 open 명령을 사용하여 리눅스 시스템에 접속하거나, quit 명령을 사용하여 텔넷을 종료할 수 있다. 각자 본인의 리눅스 IP 주소를 입력한다.

```
[root@localhost ~]# telnet
telnet> open 192.168.122.129
Trying 192.168.122.129...
Connected to 192.168.122.129.
Escape character is '^]'.

Kernel 4.18.0-80.el8.x86_64 on an x86_64
localhost login:
```

### ■ 직접 서버로 접속하기

텔넷에 인자로 접속할 서버의 주소나 호스트 이름을 지정하면 바로 해당 시스템에 접속할 수 있다. 로컬 호스트에 접속할 때는 telnet 0이나 telnet localhost를 사용할 수 있으며, 로컬 호스트의 IP 주소를 지정해도 된다.

```
[root@localhost ~]# telnet localhost
Trying ::1...
Connected to localhost.
Escape character is '^]'.
```

```
Kernel 4.18.0-80.el8.x86_64 on an x86_64
localhost login:
```

```
[root@localhost ~]# telnet 192.168.122.129
Trying 192.168.122.129...
Connected to 192.168.122.129.
Escape character is '^]'.

Kernel 4.18.0-80.el8.x86_64 on an x86_64
localhost login:
```

### 윈도에서 텔넷 사용하기

윈도에서 텔넷을 사용하려면 윈도에서 제공하는 텔넷 클라이언트를 이용하거나 HPuTTY 같은 별도의 프로그램을 이용해야 한다.

#### ■ 윈도 텔넷 사용하기

윈도에서는 텔넷 클라이언트를 제공하지만 기본적으로 설정되어 있지는 않다. 윈도에서 텔넷을 사용하려면 [제어판]–[프로그램]–[프로그램 및 기능]에서 [Windows 기능 켜기/끄기]를 선택한다. 이때 [그림 12-1]과 같은 Windows 기능 창이 뜨는데, 여기서 'Telnet Client'를 선택하고 [확인]을 클릭하면 텔넷 클라이언트가 활성화된다.

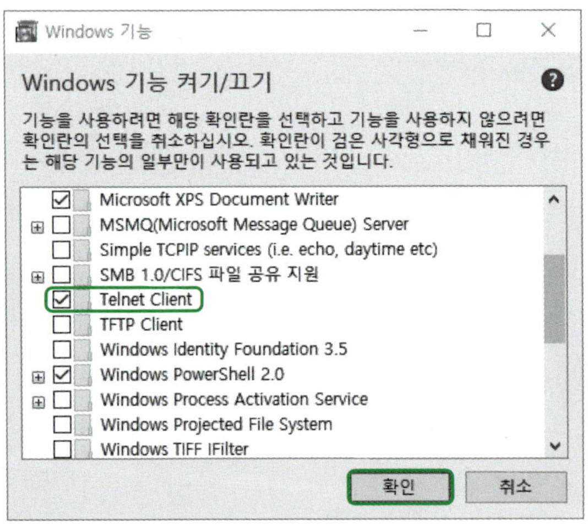


**그림 12-1** Windows 기능 켜기/끄기 창

윈도 텔넷 클라이언트는 [시작]-[실행]에서 telnet을 실행하면 [그림 12-2]와 같이 텔넷 창이 뜬다.

**그림 12-2 윈도 텔넷 창**

[그림 12-2]는 앞에서 설명한 텔넷 모드의 상태로, 여기서 [그림 12-3]과 같이 open 명령으로 리눅스에 접속할 수 있다.

**그림 12-3 윈도 텔넷으로 리눅스 접속**

그런데 텔넷은 보안에 문제가 있기 때문에 리눅스의 방화벽에서 기본적으로 막아놓고 있다. 따라서 [그림 12-3]과 같이 윈도 텔넷에서 접속하면 '연결 대상 192.168.122.129...호스트에 연결할 수 없습니다. 포트 23: 연결하지 못했습니다.'라는 메시지가 출력된다. 방화벽에서 허용해야 외부에서 텔넷으로 접속이 가능하다. 리눅스의 방화벽 설정과 관련된 명령은 15장에서 살펴볼 것이므로 여기서는 방화벽에 telnet을 허용하도록 설정하고 넘어가자. 이는 root 계정에서 수행해야 한다.

```
[root@localhost ~]# firewall-cmd --add-service=telnet
success
```

방화벽에 telnet을 추가하고 윈도 텔넷 창에서 다시 접속하면 [그림 12-4]와 같이 텔넷으로 리눅스에 접속할 수 있다.

**그림 12-4 윈도 텔넷으로 리눅스 접속 성공**

그런데 윈도의 한글과 리눅스 한글이 서로 맞지 않아 윈도 텔넷에서는 한글이 모두 깨져 보인다는 문제가 있다.

```
[user1@localhost ~]$ ls
at.out  linux_ex/  pw.dat  temp/  듦컬/  ?ㅆ슨 쒱뱊/  몄꽌/  붿깘?뷁(ㄹ)/  꿈뷞??  ?ㄴ
쭉/  ?쒶뗐/  ?뜻븉/
```

## ■ HPuTTY 사용하기

HPuTTY는 원격 접속 프로그램인 PuTTY의 한글화 버전이다. HPuTTY는 문자 집합을 선택할 수 있어 윈도 텔넷처럼 한글이 깨져 보이는 현상을 해결할 수 있다. HPuTTY는

hputty.org에서 내려받을 수 있다. 가장 최신 버전은 2019년 11월 현재 hputty-p0.66-t027-h004 버전으로, 설치 버전과 비설치 버전 중에 선택하여 사용할 수 있다. 비설치 버전은 내려받아서 그냥 실행하면 된다.

설치를 하여 putty.exe 파일을 실행하면 [그림 12-5]와 같은 설정 창이 나타난다. 여기서 호스트 이름이나 IP 주소를 입력하고 접속 형식으로 'Telnet'을 선택한다.

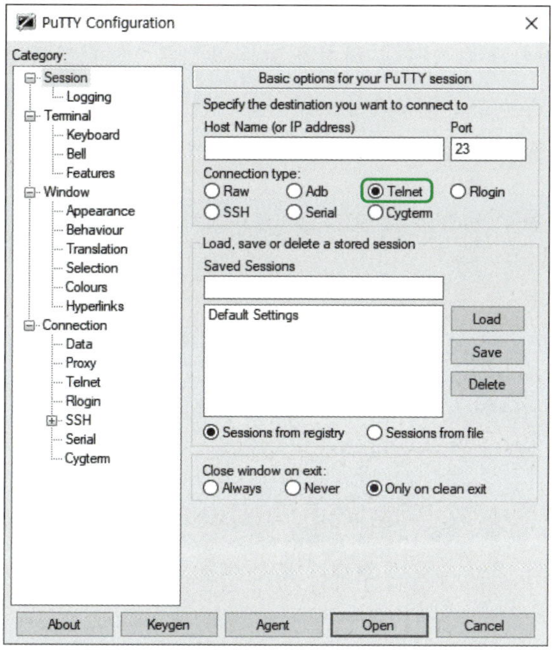


그림 12-5 HPuTTY 접속 창

HPuTTY는 기본 문자 집합을 UTF-8로 사용하므로 한글이 깨지지 않고 잘 보인다.

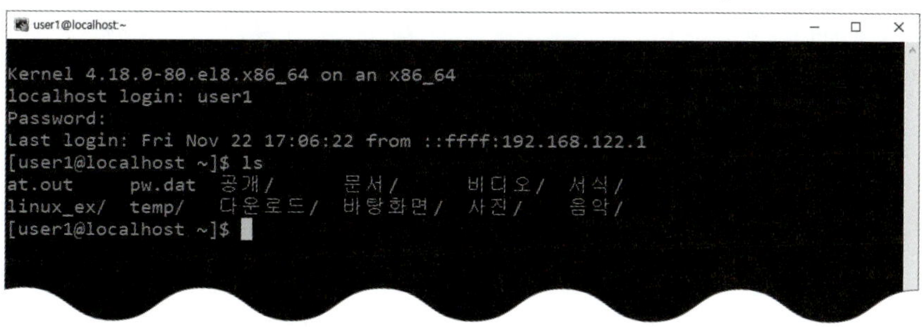


그림 12-6 HPuTTY로 텔넷 접속

## 2 SSH

텔넷은 원격에서 리눅스에 접속하는 대표적인 방법이기는 하지만 무시할 수 없는 큰 단점이 있다. 바로 텔넷 클라이언트와 리눅스 사이에 주고받는 데이터가 암호화되지 않는다는 것이다. 따라서 누군가가 tcpdump 같은 패킷 캡처 프로그램을 사용하여 패킷을 캡처할 경우 계정의 암호가 그대로 노출될 수 있다. 특히 root 계정의 암호가 노출될 수 있기 때문에 매우 위험한데 이를 방지하기 위해 나온 것이 SSHSecure Shell이다.

SSH는 텔넷처럼 원격에서 시스템에 접속할 수 있도록 하지만 모든 통신을 암호화하여 주고받는다. CentOS에서는 SSH 데몬이 기본으로 동작하며 ssh 클라이언트도 제공한다. 만약 openssh가 설치되어 있지 않다면 직접 설치하고 활성화해야 한다.

```
[root@localhost ~]# rpm -qa | grep ssh
openssh-7.8p1-4.el8.x86_64
qemu-kvm-block-ssh-2.12.0-64.module_el8.0.0+44+94c1b039.2.x86_64
openssh-server-7.8p1-4.el8.x86_64
openssh-clients-7.8p1-4.el8.x86_64
libssh2-1.8.0-7.module_el8.0.0+44+94c1b039.1.x86_64
libssh-0.8.5-2.el8.x86_64
```

SSH로 처음 접속하면 암호화 기법인 RSA를 사용한 인증 키를 생성할 것인지를 물어보는데, 이때 'yes'를 입력하면 접속이 된다. 인증 키가 등록된 후에는 다시 접속할 때 SSH 인증 키를 생성할 것인지 묻지 않는다.

```
[root@localhost ~]# ssh 192.168.122.129
The authenticity of host '192.168.122.129 (192.168.122.129)' can't be established.
ECDSA key fingerprint is SHA256:rLZag2a7wv1Ke0sgbmJ/kV1vnTezHXh+nHKJCtvKbDo.
ECDSA key fingerprint is MD5:ff:4a:0b:c1:c5:b4:86:4a:6e:29:0b:20:b4:0c:3f:50.
Are you sure you want to continue connecting (yes/no)?
```

윈도에서 SSH로 리눅스에 접속하려면 HPuTTY를 사용하면 된다. [그림 12-7]과 같이 HPuTTY 설정 창에서 접속 형식으로 'SSH'를 선택한다.

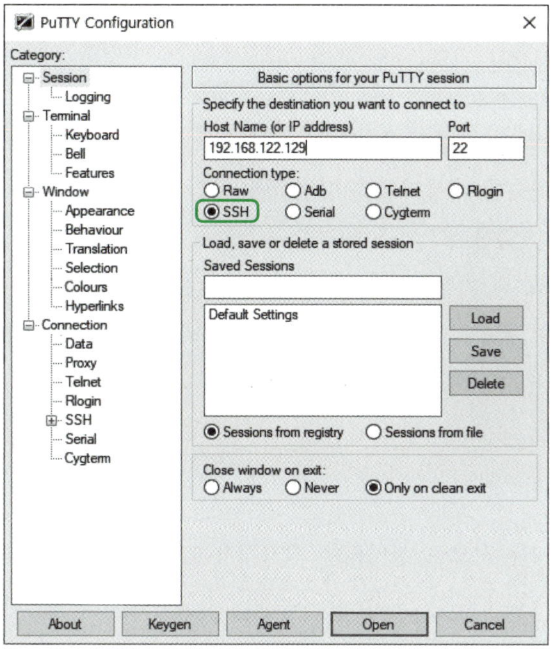

그림 12-7 HPuTTY로 SSH 접속

[그림 12-8]은 HPuTTY를 사용하여 SSH로 접속한 화면이다.

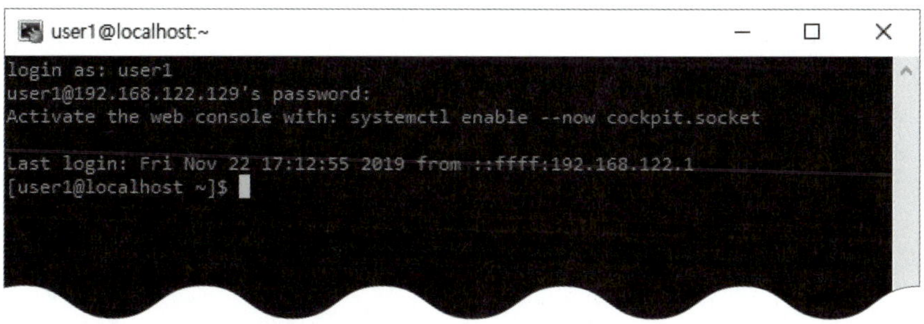

그림 12-8 HPuTTY로 SSH 접속된 화면

리눅스를 사용하다 보면 원격에서 접속해야 할 일이 많으므로 보안을 강화한 SSH를 사용하는 것이 바람직하다.

# 02 VNC

원격에서 텔넷이나 SSH로 리눅스에 접속하여 작업할 수 있지만 기본적으로 텍스트 모드라는 제약이 있다. 그래서 그래픽 환경에 익숙한 사용자들은 불편함을 느낄 수 있다. 그렇다면 원격에서는 그래픽 환경으로 접속할 수 없을까? 이를 해결할 수 있는 방법 중의 하나가 VNCVirtual Network Computing 서버이다. VNC의 기본적인 개념은 텔넷이나 SSH와 동일하다. 즉 리눅스 시스템에 VNC 서버를 설치하여 활성화하고 원격에서 VNC 클라이언트를 사용하여 접속하는 것이다. 그럼 VNC를 설치하여 사용해보자.

## 1 VNC 서버 설치 및 설정

리눅스에서는 VNC 패키지를 제공한다. 기본적으로 설치되는 패키지가 아니므로 관리자가 설치해야 한다.

### VNC 서버 설치하기

먼저 dnf로 VNC 서버를 설치해야 한다. 패키지 이름은 tigervnc-server이다.

```
[root@localhost ~]# dnf install tigervnc-server
마지막 메타 데이터 만료 확인 : 0:48:11 전에 2019년 11월 22일 (금) 오후 04시 53분 43초.
종속성이 해결되었습니다.
================================================================================
 꾸러미                아키텍처       버전                 리포지토리       크기
================================================================================
Installing:
 tigervnc-server       x86_64       1.9.0-9.el8          AppStream        252 k

거래 요약
================================================================================
설치  1 꾸러미
```

```
총 다운로드 크기 : 252 k
설치 크기 : 688 k
이게 괜찮습니까 [y / N] : y
(생략)
설치됨:
  tigervnc-server-1.9.0-9.el8.x86_64

완료되었습니다!
```

### VNC 서버 설정하기

VNC 서버는 systemd 데몬을 사용한다. 설정 파일은 /etc/systemd/system/vncserver@.service이다. 따라서 VNC 서버 설정은 root 계정에서 실행해야 한다.

❶ VNC 서버를 설정하려면 vncserver@.service 파일이 필요하다. 이 파일은 다음과 같이 /usr/lib 디렉터리에서 복사한다.

```
[root@localhost ~]# cd /etc/systemd/system
[root@localhost system]# cp /usr/lib/systemd/user/vncserver@.service .
```

❷ VNC 서버는 사용자별로 동작한다. 따라서 /etc/systemd/system/vncserver@.service 파일을 vi로 열고 [Service] 부분(50행)에 다음과 같이 User와 Group을 추가한다. 다음 예에서는 user1로 수정한다.

```
[root@localhost system]# vi vncserver@.service
(생략)
[Service]
Type=forking
User=user1
Group=user1

ExecStartPre=/bin/sh -c '/usr/bin/vncserver -kill %i > /dev/null 2>&1 || :'
ExecStart=/usr/bin/vncserver %i
ExecStop=/usr/bin/vncserver -kill %i

Restart=on-success
```

```
RestartSec=15

[Install]
WantedBy=default.target
:wq
```

VNC 사용자를 여러 명 등록하는 경우에는 설정 파일을 각각 만들어야 한다. 예를 들어 사용자 계정 user1과 user2를 VNC 사용자로 등록한다면 vncserver-user1@.service, vncserver-user2@.service와 같이 설정 파일을 두 개 만든다.

❸ VNC 서비스를 인식하도록 systemd를 다시 동작한다.

```
[root@localhost system]# systemctl daemon-reload
```

❹ VNC를 사용할 사용자 계정에서 VNC에 접속할 때 사용할 암호를 설정한다. 암호는 vncpasswd 명령으로 지정하며 최대 8자까지 가능하다. 여기서는 user1 계정에 설정한다.

```
[user1@localhost ~]$ vncpasswd
Password:
Verify:
Would you like to enter a view-only password (y/n)? n
A view-only password is not used
```

vncpasswd 명령으로 암호를 생성하면 사용자 홈 디렉터리에 .vnc 디렉터리를 만들고 여기에 passwd 파일을 생성하여 암호를 저장한다. VNC 사용자가 여러 명일 경우 암호 설정을 각 사용자 계정별로 수행해야 한다.

❺ vncserver를 동작시킨다. vncserver를 실행시킬 때는 디스플레이 번호를 지정한다. 디스플레이 번호는 1, 2, 3 등 임의로 지정한다. 여기서는 1번을 사용한다. 디스플레이 번호는 ':1'과 같이 콜론을 붙여서 지정한다. vncserver@:1을 실행하면 .vnc 디렉터리에 파일이 추가로 생성된다.

```
[root@localhost system]# systemctl start vncserver@:1.service
```

만약 위와 같이 실행했는데 "Job for vncserver@:1.service failed because a timeout was exceeded." 메시지가 출력된다면 SELinux를 중지시킨다. SELinux는 15장에서 다룰 것이다. 여기서는 다음 명령을 실행한 뒤 다시 vncserver를 동작시킨다.

```
[root@localhost ~]# setenforce 0
[root@localhost ~]# systemctl start vncserver@:1.service
```

❻ VNC 클라이언트에서 서버로 접속할 수 있도록 방화벽에 VNC 서버를 등록한다.

```
[root@localhost ~]# firewall-cmd —add-service=vnc-server
success
```

❼ vncserver가 동작하면 사용자 계정의 홈 디렉터리에 .vnc 디렉터리가 생성된다. 이 디렉터리에서 xstartup 파일을 수정한다.

```
[user1@localhost ~]$ cd .vnc
[user1@localhost .vnc]$ vi xstartup
#!/bin/sh

unset SESSION_MANAGER
unset DBUS_SESSION_BUS_ADDRESS
#/etc/X11/xinit/xinitrc                → 맨 앞에 #을 추가한다.

xsetroot -solid grey                   → 추가한다(vnc 바탕화면을 회색으로 바꾼다).
gnome-terminal &                       → 추가한다(터미널을 동작한다).
gnome-session &                        → 추가한다(gnome-session이 동작 안 할 수도 있다).
~
:wq
```

❽ vncserver를 중지시켰다가 다시 동작시킨다. VNC 서버의 동작을 중지할 때는 다음과 같이 한다.

```
systemctl stop vncserver@:display_number.service
```

```
[root@localhost ~]# systemctl stop vncserver@:1.service
[root@localhost ~]# systemctl start vncserver@:1.service
```

이것으로 VNC 서버 측 준비가 완료되었다. 이제 VNC 클라이언트를 살펴보자.

## 2 VNC 클라이언트 설치 및 사용

VNC 클라이언트는 리눅스와 윈도에서 모두 사용할 수 있다. 리눅스에서는 다른 리눅스 시스템에 원격 접속할 때 VNC 클라이언트를 사용할 수 있으며, 윈도에서는 리눅스 시스템에 접속할 때 텔넷이나 SSH 대신에 사용할 수 있다.

### 리눅스용 VNC 클라이언트 설치하고 사용하기

리눅스에서는 VNC 클라이언트는 tigervnc인데 dnf 명령으로 간단하게 설치할 수 있다.

```
[root@localhost ~]# dnf install tigervnc
마지막 메타 데이터 만료 확인 : 1:35:16 전에 2019년 11월 22일 (금) 오후 04시 53분 43초.
종속성이 해결되었습니다.
=================================================================
 꾸러미             아키텍처      버전                리포지토리       크기
=================================================================
Installing:
 tigervnc           x86_64       1.9.0-9.el8         AppStream       276 k
종속성 설치:
 fltk               x86_64       1.3.4-5.el8         AppStream       590 k
 mesa-libGLU        x86_64       9.0.0-15.el8        AppStream       185 k
 tigervnc-icons     noarch       1.9.0-9.el8         AppStream        46 k

거래 요약
=================================================================
설치  4 꾸러미

총 다운로드 크기 : 1.1 M
설치 크기 : 4.2 M
이게 괜찮습니까 [y / N] : y
(생략)
설치됨:
  tigervnc-1.9.0-9.el8.x86_64        fltk-1.3.4-5.el8.x86_64
  mesa-libGLU-9.0.0-15.el8.x86_64    tigervnc-icons-1.9.0-9.el8.noarch

완료되었습니다!
```

VNC 클라이언트의 명령어는 vncviewer다. vncviewer를 실행할 때 접속하려는 서버 주소와 함께 포트 번호나 디스플레이 번호를 지정해야 한다.

- vncviewer IP 주소: 디스플레이 번호(예 vncviewer 192.168.122.129:1)
- vncviewer IP 주소: 포트 번호(예 vncviewer 192.168.122.129:5901)

```
[user1@localhost ~]$ vncviewer 192.168.122.129:1
TigerVNC Viewer 64-bit v1.9.0
Built on: 2019-05-14 23:33
Copyright (C) 1999-2018 TigerVNC Team and many others (see README.rst)
See http://www.tigervnc.org for information on TigerVNC.

Fri Nov 22 21:50:36 2019
 DecodeManager: Detected 1 CPU core(s)
 DecodeManager: Decoding data on main thread
 CConn:        connected to host 192.168.122.129 port 5901
 CConnection: Server supports RFB protocol version 3.8
 CConnection: Using RFB protocol version 3.8
 CConnection: Choosing security type VeNCrypt(19)
 CVeNCrypt:   Choosing security type TLSVnc (258)
```

앞과 같이 vncviewer를 실행하면 [그림 12-9]와 같이 암호를 물어보는 팝업 창이 뜬다. 여기서 입력할 암호는 앞서 vncpasswd 명령으로 지정한 암호다.

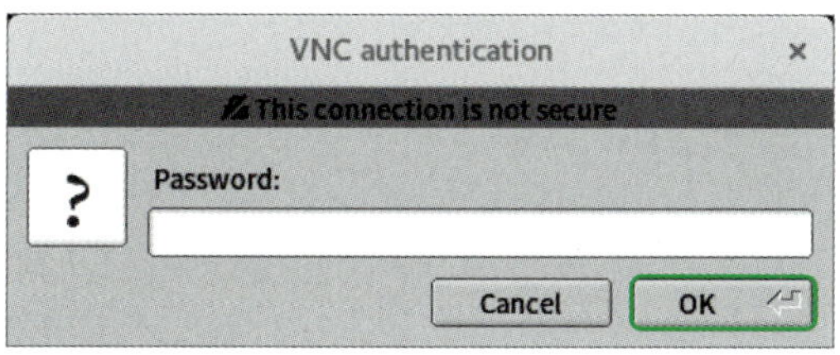


**그림 12-9** VNC 암호 입력 창

암호를 입력하고 [OK]를 클릭하면 [그림 12-10]과 같이 VNC 클라이언트 창이 열리고 서버에 접속한다.

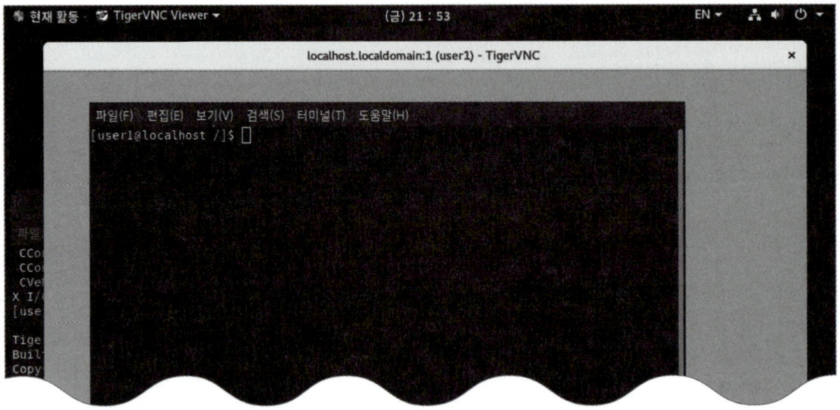


그림 12-10 VNC 클라이언트 접속 화면

### 윈도용 VNC 클라이언트 설치하고 사용하기

윈도용 VNC 클라이언트는 여러 가지가 있다.

- TigerVNC: www.tigervnc.com
- UltraVNC: www.uvnc.com/downloads/ultravnc.html

여기서는 UltraVNC를 내려받아 사용해본다. 2019년 11월 현재 UltraVNC의 최신 버전은 1.2.3.0이다. UltraVNC는 GPL 라이선스이므로 무료로 사용할 수 있다. UltraVNC Viewer만 설치하면 되는데, 윈도 패키지를 설치하는 것이므로 익숙할 것이다. 설치가 끝난 후 생성된 UltraVNC Viewer를 실행하면 [그림 12-11]과 같이 서버 설정 창이 뜬다. 여기서는 서버 주소와 포트 번호를 사용하여 접속해본다.

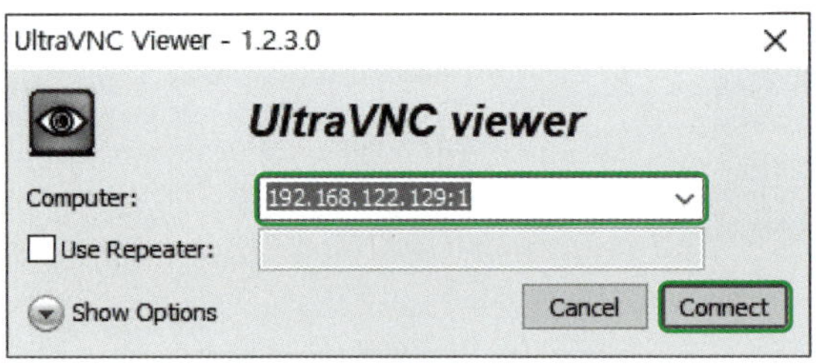


그림 12-11 UltraVNC 클라이언트: 서버 설정 창

서버 주소와 포트 번호를 입력하고 [Connect]를 클릭하면 [그림 12-12]와 같이 암호를 입력하는 창이 뜬다. 여기서도 vncpasswd로 지정한 암호를 입력하면 된다.

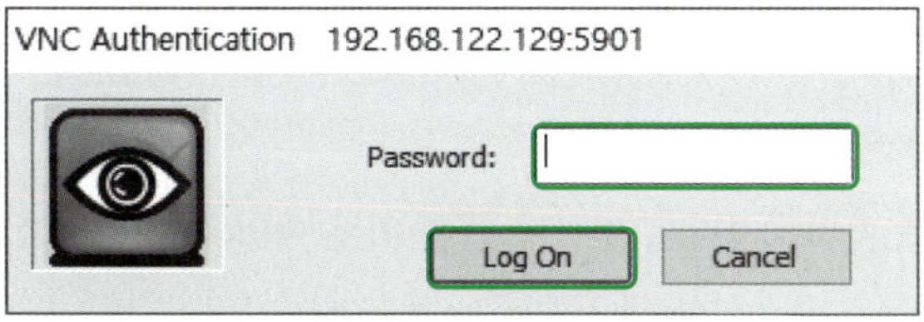


**그림 12-12** UltraVNC 클라이언트: 암호 입력 창

암호를 입력하고 [Log On]을 클릭하면 [그림 12-13]과 같이 리눅스 시스템에 접속된다. 이제 윈도에서 리눅스의 그래픽 인터페이스로 작업할 수 있다.

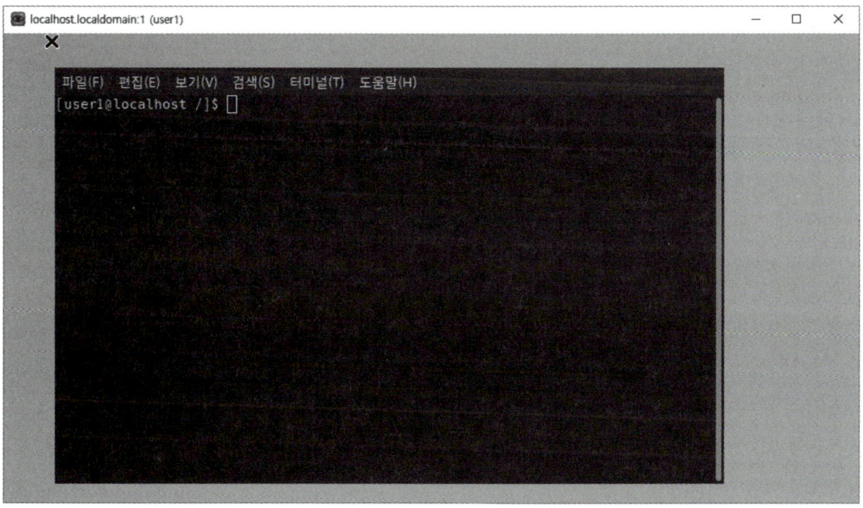


**그림 12-13** UltraVNC 클라이언트: 접속 완료 화면

VNC는 그래픽 인터페이스이므로 접속 속도와 응답 속도가 텔넷이나 SSH보다 느리다. VNC를 제대로 활용하려면 VNC 서버와 클라이언트 양측의 하드웨어 성능이 뒷받침되어야 한다. 어렵게 VNC를 설정하고 사용하기보다는 SSH를 사용하는 것이 빠르고 안전할 것이다. VNC를 그냥 사용하면 보안에 취약하다. SSH의 암호화 기능으로 VNC의 보안을 강화하려면 다음과 같이 -via 옵션을 사용한다.

```
vncviewer -via user@host:display_number
```

# 03 파일 송수신

인터넷을 통해 다른 시스템에 있는 파일을 가져오거나 로컬 시스템에 있는 파일을 다른 시스템으로 보내야 할 경우가 있다. 이렇게 파일을 송수신할 때 사용하는 대표적인 방법이 FTP다. FTP는 TCP/IP 프로토콜 중 5계층에 있는 프로토콜로, 리눅스뿐만 아니라 이 프로토콜에 따르는 다른 운영체제와도 파일을 주고받을 수 있다. FTP를 사용하려면 일단 리눅스 시스템에 FTP 서버와 클라이언트가 설치되어 있어야 한다.

## 1 FTP 서버 설치 및 설정

리눅스에서 사용하는 대표적인 FTP 서버는 vsFTPD Very Secure File Transfer Protocol Daemon다.

### FTP 서버 설치하기

CentOS에서 FTP 서버는 기본으로 설치되어 있지 않으므로 dnf 명령으로 설치해야 한다.

```
[root@localhost ~]# dnf install vsftpd
CentOS-8 - AppStream                           1.7 kB/s | 4.3 kB     00:02
CentOS-8 - Base                                1.5 kB/s | 3.9 kB     00:02
CentOS-8 - Extras                              524  B/s | 1.5 kB     00:02
종속성이 해결되었습니다.
==============================================================================
 꾸러미          아키텍처        버전                  리포지토리        크기
==============================================================================
Installing:
 vsftpd          x86_64          3.0.3-28.el8          AppStream         180 k

거래 요약
==============================================================================
설치  1 꾸러미

총 다운로드 크기 : 180 k
```

```
설치 크기 : 359 k
이게 괜찮습니까 [y / N] : y
(생략)
설치됨:
  vsftpd-3.0.3-28.el8.x86_64

완료되었습니다!
```

### FTP 서버 설정하고 동작시키기

vsFTPD의 설정은 /etc/vsftpd/vsftpd.conf 파일에서 한다. 사용자가 필요한 환경에 따라 설정 값을 조정할 수 있다. 설정 파일에 각 항목의 설명이 자세하게 나와 있으며, 대부분의 경우 특별히 변경할 설정 값이 없다.

```
[root@localhost ~]# more /etc/vsftpd/vsftpd.conf
# Example config file /etc/vsftpd/vsftpd.conf
#
# The default compiled in settings are fairly paranoid. This sample file
# loosens things up a bit, to make the ftp daemon more usable.
# Please see vsftpd.conf.5 for all compiled in defaults.
#
# READ THIS: This example file is NOT an exhaustive list of vsftpd options.
# Please read the vsftpd.conf.5 manual page to get a full idea of vsftpd's
# capabilities.
#
# Allow anonymous FTP? (Beware - allowed by default if you comment this out).
anonymous_enable=NO
#
# Uncomment this to allow local users to log in.
# When SELinux is enforcing check for SE bool ftp_home_dir
local_enable=YES
#
# Uncomment this to enable any form of FTP write command.
write_enable=YES
(생략)
```

vsFTPD는 systemd 데몬으로 관리한다. vsftpd를 시작하거나 중지하려면 다음과 같이 한다.

```
[root@localhost ~]# systemctl stop vsftpd.service
[root@localhost ~]# systemctl start vsftpd.service
```

리눅스에서 FTP 서비스를 제공하려면 방화벽에 신뢰할 수 있는 서비스로 FTP를 추가한다.

```
[root@localhost ~]# firewall-cmd --add-service=ftp
success
```

FTP 서버의 설치가 완료되었다. FTP 서버가 정상적으로 동작하는지 확인한다. FTP 클라이언트를 이용하여 접속할 수도 있지만 간단한 확인은 telnet 명령으로도 할 수 있다. 다음과 같이 '220 (vsFTPd 3.0.3)'이라는 메시지가 출력되면 FTP 서버가 제대로 동작하고 있는 것이다.

```
[root@localhost ~]# telnet 0 21
Trying 0.0.0.0...
Connected to 0.
Escape character is '^]'.
220 (vsFTPd 3.0.3)
```

FTP가 정상적으로 동작하는 것을 확인했으므로 quit로 종료한다.

```
220 (vsFTPd 3.0.3)
quit
221 Goodbye.
Connection closed by foreign host.
[root@localhost ~]#
```

## 2 FTP 클라이언트 설치 및 사용

FTP 클라이언트가 기본으로 설치되어 있지 않은 경우에는 dnf 명령으로 설치한다. FTP 클라이언트는 기본적으로 텍스트 모드이므로 몇 가지 명령을 알아야 사용할 수 있다.

### FTP 클라이언트 설치하기

FTP 클라이언트 패키지의 이름은 ftp다. dnf 명령으로 ftp를 설치해보자.

```
[root@localhost ~]# dnf install ftp
마지막 메타 데이터 만료 확인 : 0:15:23 전에 2019년 11월 23일 (토) 오전 09시 45분 35초.
종속성이 해결되었습니다.
=================================================================================
 꾸러미          아키텍처            버전                    리포지토리          크기
=================================================================================
Installing:
 ftp            x86_64            0.17-78.el8             AppStream          70 k

거래 요약
=================================================================================
설치  1 꾸러미

총 다운로드 크기 : 70 k
설치 크기 : 112 k
이게 괜찮습니까 [y / N] :y
(생략)
설치됨:
  ftp-0.17-78.el8.x86_64

완료되었습니다!
```

FTP 클라이언트가 동작하는지 확인해본다. FTP 클라이언트의 명령 이름은 ftp다. ftp가 정상적으로 동작하면 ftp〉 프롬프트가 출력된다. ftp를 종료하는 명령은 bye다.

```
[root@localhost ~]# ftp
ftp> bye
[root@localhost ~]#
```

### FTP 서버 접속하기

FTP 클라이언트에서 FTP 서버에 접속하고 파일을 주고받는 방법을 알아보자. FTP 클라이언트를 사용하려면 우선 FTP 서버의 호스트명(또는 IP 주소)과 로그인명, 암호를 알아야 한다. FTP는 기본적으로 두 컴퓨터 사이에 파일을 주고받는 것이므로 윈도에서 리눅스로 접속하는 실습을 한다. 윈도에는 기본적으로 ftp 클라이언트가 있다.

❶ 윈도의 cmd 창에서 ftp 명령으로 리눅스 시스템에 접속하면 다음과 같이 로그인명을 물어본다.

```
C:\Users\mind6>ftp 192.168.122.129
192.168.122.129에 연결되었습니다.
220 (vsFTPd 3.0.3)
200 Always in UTF8 mode.
사용자(192.168.122.129:(none)):
```

❷ 로그인명과 암호를 바르게 입력하면 로그인되었다는 메시지가 출력되고, 로그인명이나 암호가 틀리면 로그인에 실패했다는 메시지가 출력된다. 그리고 ftp 명령의 프롬프트인 ftp〉가 출력된다. 다음 예에서는 user1 사용자로 로그인했다.

```
C:\Users\mind6>ftp 192.168.122.129
192.168.122.129에 연결되었습니다.
220 (vsFTPd 3.0.3)
200 Always in UTF8 mode.
사용자(192.168.122.129:(none)): user1
331 Please specify the password.
암호:
230 Login successful.
ftp>
```

❸ 로그인명이나 암호를 잘못 입력한 경우에는 다음과 같은 메시지가 출력된다.

```
C:\Users\mind6>ftp 192.168.122.129
192.168.122.129에 연결되었습니다.
220 (vsFTPd 3.0.3)
200 Always in UTF8 mode.
사용자(192.168.122.129:(none)): user1
331 Please specify the password.
암호:
530 Login incorrect.
로그인하지 못했습니다.
ftp>
```

## FTP 내부 명령

FTP 클라이언트에서 사용할 수 있는 명령은 [표 12-1]과 같다.

**표 12-1 ftp의 내부 명령**

| 내부 명령 | 의미 |
|---|---|
| cd 원격 디렉터리 | 원격 호스트의 디렉터리를 이동한다. |
| lcd 지역 디렉터리 | 지역 호스트의 디렉터리를 이동한다. |
| pwd | 원격 호스트의 디렉터리를 출력한다. |
| !pwd | 지역 호스트의 디렉터리를 출력한다. |
| ls 또는 dir | 원격 호스트의 파일 목록을 출력한다. dir 명령은 상세한 파일 정보를 출력한다. |
| !ls | 지역 호스트의 파일 목록을 출력한다. |
| mkdir 원격 디렉터리 | 원격 호스트에 디렉터리를 생성한다. |
| rmdir 원격 디렉터리 | 원격 호스트의 디렉터리를 삭제한다. |
| get 원격 파일명 [지역 파일명] | 원격 파일 하나를 지역 호스트로 가져온다. 지역 파일명을 지정하면 지정한 파일명으로 저장하고, 지정하지 않으면 원격 파일명과 동일한 파일명으로 저장한다. |
| mget 원격 파일명 | 원격 호스트에서 여러 개의 파일을 가져온다. |
| put 지역 파일명 [원격 파일명] | 지역 파일 하나를 원격 호스트로 보낸다. 원격 파일명을 지정하면 지정한 파일명으로 저장하고, 지정하지 않으면 지역 파일명과 동일한 파일명으로 저장한다. |
| mput 지역 파일명 | 여러 개의 지역 파일을 보낸다. |
| prompt | mget이나 mput 명령 사용 시 파일 전송 여부를 물어볼 것인지를 결정한다. |
| hash | 파일이 전송되는 동안 #을 출력하여 진행 상황을 알려준다. |
| bin | 바이너리 파일을 송수신할 것임을 지정한다. |
| bye | ftp를 종료한다. |
| open | ftp로 접속할 호스트를 입력하도록 한다. |
| user | 사용자명을 다시 입력할 수 있도록 한다. |
| ? 또는 help [명령] | 명령에 대한 도움말을 출력한다. |

## 파일 송수신하기

ftp 명령으로 파일을 송수신할 때는 우선 dir이나 ls 명령으로 파일명을 확인하고 get, mget 명령으로 파일을 가져오거나 put, mput 명령으로 파일을 보낸다. get과 put 명령은 한 번에 파일 하나를 송수신하고, mget과 mput 명령은 한 번에 여러 개의 파일을 송수신할 수 있다.

mget이나 mput 명령을 사용하면 각 파일을 전송할 것인지 매번 물어보는데 prompt 명령으로 이를 설정하거나 해제할 수 있다.

■ **pwd, dir 명령 사용하기**

다음 예에서는 ftp로 리눅스 시스템에 접속한 후, pwd 명령으로 원격 시스템의 현재 디렉터리 위치를 확인하고 dir 명령으로 디렉터리의 내용을 확인했다. 만약 윈도 방화벽과 관련된 메시지가 뜨면 [확인] 버튼을 클릭한다. 한글이 깨져 보이는 것은 문자 집합의 차이 때문이므로 그냥 넘어간다.

```
230 Login successful.
ftp> pwd
257 "/home/user1" is the current directory
ftp> dir
200 PORT command successful. Consider using PASV.
150 Here comes the directory listing.
-rw-rw-r--    1 1000     1000            0 Nov 08 07:30 at.out
drwxrwxr-x    8 1000     1000           72 Nov 15 12:38 linux_ex
-rw-rw-r--    1 1000     1000        91646 Nov 08 06:16 pw.dat
drwxrwxr-x    2 1000     1000            6 Nov 03 02:32 temp
drwxr-xr-x    2 1000     1000            6 Oct 27 12:11 공개
drwxr-xr-x    2 1000     1000         4096 Nov 14 12:44 다운로드
drwxr-xr-x    2 1000     1000            6 Oct 27 12:11 문서
drwxr-xr-x    2 1000     1000            6 Oct 27 12:11 바탕화면
drwxr-xr-x    2 1000     1000            6 Oct 27 12:11 비디오
drwxr-xr-x    2 1000     1000            6 Oct 27 12:11 사진
drwxr-xr-x    2 1000     1000            6 Oct 27 12:11 서식
drwxr-xr-x    2 1000     1000            6 Oct 27 12:11 음악
226 Directory send OK.
ftp: 0.07초 12.09KB/초
ftp>
```

■ **get 명령 사용하기**

이제 파일을 하나 가져오자. 파일 하나를 가져오는 것이므로 get 명령을 사용하여 linux_ex/ch2 디렉터리에 있는 data 파일을 가져온다. 만약 이 파일이 없다면 다른 파일을 가져온다.

```
ftp> cd linux_ex/ch2
250 Directory successfully changed.
ftp> dir
200 PORT command successful. Consider using PASV.
150 Here comes the directory listing.
-rw-r--r--    1 1000     1000       692241 Nov 14 15:19 data
-rw-r--r--    1 1000     1000          158 Nov 14 15:15 data1.cp
-rw-r--r--    1 1000     1000          158 Nov 14 15:16 data1.ln
lrwxrwxrwx    1 1000     1000            5 Nov 14 15:15 data1.sl -> data1
drwxrwxr-x    2 1000     1000           45 Nov 14 15:08 temp
-rw-rw-r--    1 1000     1000            0 Nov 14 15:18 test
226 Directory send OK.
ftp: 0.05초 8.25KB/초
ftp> get data
200 PORT command successful. Consider using PASV.
150 Opening BINARY mode data connection for data (692241 bytes).
226 Transfer complete.
ftp: 0.02초 32963.86KB/초
ftp>
```

■ mget 명령 사용하기

여러 파일을 내려받을 때는 mget 명령을 사용하는 것이 편리하다. 예를 들어 data1.cp와 data1.ln 파일을 한 번에 가져오려면 다음과 같이 한다.

```
ftp> mget data1.cp data1.ln
200 Switching to ASCII mode.
mget data1.cp?
```

그런데 mget 명령을 사용할 때는 각 파일을 수신할 것인지 물어본다. 이에 일일이 대답하기 귀찮으면 mget을 사용하기 전에 다음과 같이 prompt 명령을 입력하면 된다. 위의 예에서 n으로 대답한 뒤 다음 예제를 따라 해본다.

```
ftp> mget data1.cp data1.ln
200 Switching to ASCII mode.
mget data1.cp? n
mget data1.ln? n
```

```
ftp> prompt
대화형 모드 끔 .
ftp> mget data1.cp data1.ln
200 Switching to ASCII mode.
200 PORT command successful. Consider using PASV.
150 Opening BINARY mode data connection for data1.cp (158 bytes).
226 Transfer complete.
ftp: 0.00초 158000.00KB/초
200 PORT command successful. Consider using PASV.
150 Opening BINARY mode data connection for data1.ln (158 bytes).
226 Transfer complete.
ftp: 0.00초 158.00KB/초
ftp>
```

prompt 명령을 입력했더니 '대화형 모드 끔'이 되었다고 나온다. 대화형 모드란 사용자에게 여러 개의 파일을 송수신할 때마다 송수신할 것인지 물어보는 것을 뜻한다. 대화형 모드 끄기가 되었다는 것은 매번 물어보는 기능을 비활성화했다는 의미로, mget 명령을 사용할 때 수신 여부를 매번 물어보지 않고 바로 전송한다.

### ■ hash 명령 사용하기

ftp로 파일을 송수신할 때 진행 상황이 나타나도록 하려면 hash 명령을 사용한다. hash 명령은 파일이 송수신 중이라는 표시로 #을 출력한다. 다음 예를 보자.

```
ftp> hash
해시 표시 인쇄 켬  ftp: (2048바이트/해시 표시) .
ftp> get data
200 PORT command successful. Consider using PASV.
150 Opening BINARY mode data connection for data (692241 bytes).
################################################################################################
################################################################################################
################################################################################################
#########################226 Transfer complete.
ftp: 0.06초 10987.95KB/초
ftp>
```

■ **bye 명령 사용하기**

ftp 접속을 종료하는 명령은 bye다.

```
ftp> bye
221 Goodbye.

C:\Users\jw>
```

## ❸ 익명 FTP 사용 방법

익명 FTP란 FTP 서비스를 제공하는 호스트에 등록된 로그인명을 몰라도 익명으로 ftp를 이용할 수 있도록 하는 것이다. 이때 사용하는 로그인명은 anonymous이며, 암호에는 자신의 이메일 주소를 입력하면 된다. 익명 FTP 서비스는 시스템 관리자가 이 서비스를 제공하도록 설정해놓은 호스트만 서비스 제공이 가능하다. 익명 FTP의 허용은 /etc/vsftpd/vsftpd.conf 파일에서 한다. vsFTPD는 기본적으로 익명 FTP를 허용한다. 설정이 바뀌었으므로 vsFTPD 서비스를 다시 동작시킨다.

```
[root@localhost ~]# vi /etc/vsftpd/vsftpd.conf
(생략)
anonymous_enable=YES          → NO에서 YES로 수정하고 저장
(생략)
[root@localhost ~]# systemctl stop vsftpd
[root@localhost ~]# systemctl start vsftpd
```

윈도에서 익명으로 접속해보자. 다음과 같이 로그인 이름으로 anonymous를 사용하고, 암호는 적당한 이메일 주소를 입력한다.

```
C:\Users\mind6>ftp 192.168.122.129
192.168.122.129에 연결되었습니다.
220 (vsFTPd 3.0.3)
200 Always in UTF8 mode.
사용자(192.168.122.129:(none)): anonymous
331 Please specify the password.
암호:
230 Login successful.
ftp>
```

**따라해보기** **FTP로 파일 보내고 받기**

❶ 윈도에서 ftp로 리눅스 시스템에 접속한다. user1 계정을 사용한다.

```
C:\Users\mind6>ftp 192.168.122.129
192.168.122.129에 연결되었습니다.
220 (vsFTPd 3.0.3)
200 Always in UTF8 mode.
사용자(192.168.122.129:(none)): user1
331 Please specify the password.
암호:
230 Login successful.
ftp>
```

❷ linux_ex/ch3 디렉터리로 이동하고 디렉터리의 내용을 확인한다.

```
ftp> cd linux_ex/ch3
250 Directory successfully changed.
ftp> dir
200 PORT command successful. Consider using PASV.
150 Here comes the directory listing.
-rw-rw-r--    1 1000     1000           86 Nov 01 13:33 exec.txt
-rw-rw-r--    1 1000     1000          146 Nov 01 15:09 exec2.txt
-rw-rw-r--    1 1000     1000          276 Nov 01 15:10 test.txt
226 Directory send OK.
ftp: 0.02초 9.18KB/초
ftp>
```

❸ prompt와 hash 명령을 사용하여 대화형 모드를 끄고 # 표시를 활성화한다.

```
ftp> prompt
대화형 모드 끔 .
ftp> hash
해시 표시 인쇄 켬  ftp: (2048바이트/해시 표시) .
ftp>
```

❹ exec로 시작하는 모든 파일을 가져온다. 파일의 크기가 작아 #이 표시되지 않는다.

```
ftp> mget exec*
200 Switching to ASCII mode.
200 PORT command successful. Consider using PASV.
150 Opening BINARY mode data connection for exec.txt (86 bytes).
226 Transfer complete.
ftp: 0.00초 86000.00KB/초
200 PORT command successful. Consider using PASV.
150 Opening BINARY mode data connection for exec2.txt (146 bytes).
226 Transfer complete.
ftp: 0.00초 146000.00KB/초
ftp>
```

❺ 윈도에 있는 data 파일을 리눅스 시스템으로 보낸다.

```
ftp> put data
200 PORT command successful. Consider using PASV.
150 Ok to send data.
####################################################################################################
####################################################################################################
####################################################################################################
##################
226 Transfer complete.
ftp: 0.06초 11537.35KB/초
ftp>
```

❻ ftp를 종료한다.

```
ftp> bye
221 Goodbye.

C:\Users\jw>
```

# 04 메일 송수신

지메일, 네이버 메일 등 다양한 웹 메일 서비스는 이제 우리 삶에서 필수품으로 자리 잡았다. 리눅스에서도 이메일 서비스를 이용할 수 있다. 보편화된 웹 메일과 비교하면 불편하지만 시스템 내부에서도 메시지를 주고받기 위해 필요하니 이를 간단히 살펴보자. CentOS에서는 메일 서버와 클라이언트를 기본으로 설치하지 않으므로 사용자가 설치해야 한다.

## 1 메일 서버 설치 및 설정

리눅스에서 사용하는 기본 메일 서버는 sendmail이다. 먼저 dnf 명령으로 sendmail을 설치한다.

```
[root@localhost ~]# dnf install sendmail
마지막 메타 데이터 만료 확인 : 0:50:52 전에 2019년 11월 23일 (토) 오전 09시 45분 35초.
종속성이 해결되었습니다.
=============================================================
 꾸러미          아키텍처       버전                 리포지토리      크기
=============================================================
Installing:
 sendmail        x86_64         8.15.2-31.el8        AppStream       770 k
종속성 설치:
 procmail        x86_64         3.22-47.el8          AppStream       180 k

거래 요약
=============================================================
설치  2 꾸러미

총 다운로드 크기 : 950 k
설치 크기 : 2.2 M
이게 괜찮습니까 [y / N] : y
(생략)
```

```
설치됨:
  sendmail-8.15.2-31.el8.x86_64           procmail-3.22-47.el8.x86_64

완료되었습니다!
```

### 메일 서버 설정하고 동작시키기

sendmail과 관련된 설정 파일은 /etc/mail/sendmail.mc이다. sendmail의 설정은 어렵기로 소문나 있다. 여기서는 설정 파일을 수정하지는 않고 메일이 동작하는지만 확인한다.

```
[root@localhost ~]# more /etc/mail/sendmail.mc
divert(-1)dnl
dnl #
dnl # This is the sendmail macro config file for m4. If you make changes to
dnl # /etc/mail/sendmail.mc, you will need to regenerate the
dnl # /etc/mail/sendmail.cf file by confirming that the sendmail-cf package is
dnl # installed and then performing a
dnl #
dnl #     /etc/mail/make
dnl #
include(`/usr/share/sendmail-cf/m4/cf.m4')dnl
VERSIONID(`setup for linux')dnl
OSTYPE(`linux')dnl
dnl #
dnl # Do not advertize sendmail version.
dnl #
dnl define(`confSMTP_LOGIN_MSG', `$j Sendmail; $b')dnl
dnl #

(생략)
```

sendmail을 사용하려면 systemd로 sendmail을 동작시키고 방화벽에서 25번 포트(SMTP)를 허용해야 한다. sendmail을 시작하거나 중지하려면 다음과 같이 한다.

```
[root@localhost ~]# systemctl stop sendmail.service
[root@localhost ~]# systemctl start sendmail.service
```

리눅스에서 메일 서비스를 제공하려면 방화벽에 신뢰할 수 있는 서비스로 SMTP를 추가한다.

```
[root@localhost ~]# firewall-cmd --add-service=smtp
```

메일 서버가 정상적으로 동작하는지 확인한다. FTP와 마찬가지로 telnet으로 확인한다. 메일 서버의 포트 번호는 25번이다. 다음과 같이 220으로 시작하는 메시지가 출력되면 메일 서버가 정상적으로 동작하고 있는 것이다.

```
[root@localhost ~]# telnet 0 25
Trying 0.0.0.0...
Connected to 0.
Escape character is '^]'.
220 localhost.localdomain ESMTP Sendmail 8.15.2/8.15.2; Sat, 23 Nov 2019 10:40:46
+0900
```

메일이 정상적으로 동작하는 것을 확인했으므로 quit로 종료시킨다.

```
220 localhost.localdomain ESMTP Sendmail 8.15.2/8.15.2; Sat, 23 Nov 2019 10:40:46
+0900
quit
221 2.0.0 localhost.localdomain closing connection
Connection closed by foreign host.
[root@localhost ~]#
```

## 2 메일 클라이언트 설치 및 설정

리눅스에서 사용하는 기본 메일 클라이언트는 mailx이다. 먼저 dnf로 mailx를 설치한다.

```
[root@localhost ~]# dnf install mailx
마지막 메타 데이터 만료 확인 : 0:00:25 전에 2019년 11월 23일 (토) 오전 10시 41분 12초.
종속성이 해결되었습니다.
================================================================================
 꾸러미            아키텍처          버전                        리포지토리        크기
================================================================================
Installing:
```

```
 mailx           x86_64          12.5-29.el8          BaseOS          257 k

거래 요약
================================================================
설치  1 꾸러미

총 다운로드 크기 : 257 k
설치 크기 : 491 k
이게 괜찮습니까 [y / N] :
(생략)
설치됨:
  mailx-12.5-29.el8.x86_64

완료되었습니다!
```

메일 클라이언트가 설치한 명령은 mailx다. 이 명령으로 단말기에서 메일을 보내거나 읽을 수 있다.

**mailx**

- **기능** 메일을 보내거나 읽는다.
- **형식** mailx [옵션] [이메일 주소]
- **옵션** -s: 메일 제목 지정
- **사용 예** mailx
  mailx user2@hanbitbook.co.kr

### 메일 보내기

메일은 수신자의 주소와 제목, 본문 내용으로 구성된다. 수신자의 주소는 같은 시스템에 등록된 내부 사용자라면 사용자명만 알면 되고, 다른 시스템에 있는 외부 사용자의 경우 '사용자명@호스트명' 형태로 지정해야 한다.

다음 예는 내부 사용자에게 메일을 보내는 것을 알아보기 위해 작성한 메일이다. user2 사용자가 user1 사용자에게 메일을 보내는 경우다.

```
[user2@localhost ~]$ mailx user1
Subject: Hello
mail test
bye.
.
EOT
[user2@localhost ~]$
```

user1 사용자에게 메일을 보내기 위해 'mailx user1'을 입력하면 바로 'Subject:'가 출력되는데, 이는 메일의 제목을 입력하라는 뜻이다. 제목을 입력하면 커서가 다음 행으로 이동하고 기다리는데, 이는 메일의 본문을 입력하라는 뜻이다. 본문을 다 입력하고 .(마침표)와 Enter↵ 또는 Ctrl+d를 누르면 메일이 자동으로 전송된다.

같은 메일을 여러 사용자에게 전송하려면 mailx 명령 다음에 수신자를 차례로 나열하면 된다.

```
[user2@localhost ~]$ mailx user1 user3 user4
```

메일 내용을 파일로 이미 작성해놓았으면 표준 입력 방향 전환을 이용한다. 다음 예와 같이 하면 mail.txt 파일의 내용이 user1 사용자에게 전송된다.

```
[user2@localhost ~]$ mailx user1 < mail.txt
```

이 때 메일 제목을 별도로 지정하고 싶으면 -s 옵션을 사용한다.

```
[user2@localhost ~]$ mailx -s test mail user1 < mail.txt
```

메일을 작성하는 도중 취소하고 싶을 때는 Ctrl+c를 두 번 누른다. 취소된 메시지는 홈 디렉터리에 dead.letter라는 이름으로 저장되며, 나중에 다시 사용할 수 있다.

```
[user2@localhost ~]$ mailx user1
Subject: test mail2
test
^C
(Interrupt -- one more to kill letter)
^C"/home/user2/dead.letter" 1/5
```

### 메일 읽기

도착한 메일은 자동적으로 기본 메일박스에 저장된다. 리눅스 배포판에 따라 기본 메일박스의 위치가 조금씩 다르다. CentOS에서는 /var/spool/mail 디렉터리 아래에 사용자명으로 된 파일을 만들고 메일을 저장한다. user1 사용자의 경우 /var/spool/mail/user1 파일에 새로 도착한 메일이 저장되는 것이다.

도착한 메일이 있을 경우에는 프롬프트에서 작업을 하면서 Enter↵를 입력하면 메일이 있음을 알리는 메시지가 출력된다. 도착한 메일은 mailx를 사용하여 읽을 수 있다.

```
[user1@localhost ~]$
You have new mail in /var/spool/mail/user1
```

메일이 없을 때 mailx 명령을 입력하면 다음과 같이 메일이 없다는 메시지를 출력한다.

```
[user2@localhost ~]$ mailx
No mail for user2
```

mailx 명령으로 메일을 읽을 때 사용할 수 있는 내부 명령이 [표 12-2]에 정리되어 있다.

**표 12-2 mailx의 내부 명령**

| 내부 명령 | 의미 |
|---|---|
| 메일 번호 | 해당 번호의 메일을 읽는다. |
| d 메일 번호 | 메일을 삭제한다. 번호를 지정하면 해당 메일이 지워지고, 번호를 지정하지 않으면 마지막에 읽은 메일이 지워진다. |
| u 메일 번호 | 지워진 메일을 복원한다. |
| Enter↵ | 다음 메일을 읽는다. |
| h | 메일 헤더 목록을 다시 출력한다. |
| r | 메일에 답장을 보낸다. |
| s 파일명 | 메일을 지정한 파일명으로 저장한다. |
| q | 읽은 메일을 홈 디렉터리의 mbox 파일에 보관하고 종료한다. |
| x | 읽은 메일을 별도로 저장하지 않고 종료한다. |
| ? 또는 l | 사용할 수 있는 내부 명령의 목록을 보여준다. |

이제 user1에게 온 메일을 읽는 기능을 살펴보자. 메일을 읽기 위해 mailx 명령을 입력하면

다음과 같이 출력된다.

```
[user1@localhost ~]$ mailx
Heirloom Mail version 12.5 7/5/10.  Type ? for help.
"/var/spool/mail/user1": 1 message 1 new
>N  1 user2@localhost.loca  Sat Nov 23 10:47  22/848   "Hello"
&
```

출력 내용의 첫 번째 행에는 mailx의 버전과 도움말이 필요할 경우 '?'를 입력하라는 메시지가 출력된다. 다음 행을 보면 한 개의 신규 메시지가 있음을 알 수 있다. 세 번째 행의 메일 목록에서 각 항목의 의미는 [표 12-3]과 같다.

**표 12-3 메일 목록의 출력 형식**

| 항목 | 의미 |
|---|---|
| 〉 | 현재 메일 표시 |
| N | 메일의 상태 표시<br>• N : 새로 도착한 메일이다.<br>• U : 이전에 수신했지만 아직 읽지 않은 메일이다.<br>• R : 새로운 메일이며 이미 있다.<br>• O : 이전에 읽었던 메일로 저장되어 있는 메일이다. |
| 1 | 메일 번호 |
| user2 | 메일을 보낸 사용자명 |
| Sat Nov 23 10:47 | 메일이 전송된 날짜와 시간 |
| 22/848 | 헤더를 포함한 메일의 행 수(22행)와 문자 수(848자) |
| Hello | 메일 제목 |

&는 mailx 명령 내부에서 사용하는 프롬프트로, 여기서 사용할 수 있는 명령이 [표 12-2]의 mailx 내부 명령이다. 메일을 읽으려면 Enter↵를 누르거나 메일 번호 1을 입력하면 된다.

```
& 1
Message  1:
From user2@localhost.localdomain  Sat Nov 23 10:47:47 2019
Return-Path: <user2@localhost.localdomain>
From: user2@localhost.localdomain]
Date: Sat, 23 Nov 2019 10:47:46 +0900
```

```
To: user1@localhost.localdomain
Subject: Hello
User-Agent: Heirloom mailx 12.5 7/5/10
Content-Type: text/plain; charset=us-ascii
Status: R

mail test
bye.

&
```

### 답장 보내기

mailx에서 메일을 읽은 다음 답장을 보내는 내부 명령은 r이다. 이전에 읽은 메일에 대한 답장을 보내려면 r 명령과 함께 해당 메일 번호를 지정해야 한다. 지금 읽은 메일에 대한 답장을 보내기 위해 r 명령을 입력하면 주소와 제목이 자동으로 나타난다. 답장의 내용을 입력하고 .(마침표)나 Ctrl+d를 누르면 답장이 발송된다. 다음 예에서는 마지막에 .(마침표)를 입력했다.

```
& r
To: user1@localhost.localdomain user2@localhost.localdomain
Subject: Re: Hello

user2@localhost.localdomain wrote:

> mail test
> bye.
mail test pass
good!
.
EOT
&
```

### 메일 삭제하고 복구하기

읽은 메일은 삭제할 수 있으며 잘못 삭제한 메일을 복구할 수도 있다. 읽은 메일을 보관하지 않고 삭제하려면 d 명령을, 잘못 삭제한 메일을 복구하려면 u 명령을 사용한다. 다음 예는 1

번 메일을 삭제했다가 다시 복구하는 것을 보여준다. 'd 1'을 입력하면 1번 메일이 삭제되고 2번 메일만 남는다. 이때 'u 1'로 1번 메일을 복구하면 1번 메일은 이미 읽은 메일로 간주되어 복구된 뒤 메일의 상태가 A로 표시된다.

```
& d 1
New mail has arrived.
Loaded 1 new message
 N  2 user1                  Sat Nov 23 11:26  28/1035  "Re: Hello"
& h
>N  2 user1                  Sat Nov 23 11:26  28/1035  "Re: Hello"
& u 1
& h
>A  1 user2@localhost.loca   Sat Nov 23 10:47  22/848   "Hello"
 N  2 user1                  Sat Nov 23 11:26  28/1035  "Re: Hello"
&
```

### 메일 종료하기

메일 작업을 마친 후 mailx를 종료하려면 q나 x 명령을 사용한다. q 명령으로 종료하면 읽은 메일과 읽지 않은 메일이 자동으로 저장된다. 읽은 메일을 포함하여 모든 메일은 /var/spool /mail/사용자명 파일에 저장된다.

```
& q
Held 2 messages in /var/spool/mail/user1
You have mail in /var/spool/mail/user1
[user1@localhost ~]$
```

**01** 텔넷으로 접속했더니 다음과 같은 메시지가 출력되었다. 무엇이 잘못 되었는가?

```
C:\Users\mind6>telnet 192.168.122.129
연결 대상 192.168.122.129...호스트에 연결할 수 없습니다. 포트 23: 연결하지 못했습니다.
```

① 텔넷 설치가 잘못 되었다.
② 방화벽에서 텔넷을 허용하지 않았다.
③ 방화벽에서 텔넷을 허용했다.
④ 192.168.122.129는 원래 없는 호스트다.

**02** ftp에서 크기가 큰 바이너리 파일을 내려받기 위해서 get 명령 전에 실행해야 하는 명령은 무엇인가?

① hash ② mget ③ prompt ④ bin

**03** han01 계정에서 mailx로 읽은 메일은 어디에 보관되는가?

① /var/spool/mail/han01 ② /var/adm/mail/han01
③ ~han01/mbox ④ 보관되지 않고 삭제된다.

**04** 텔넷의 최대 단점을 간단히 설명하시오.

**05** 텔넷과 SSH의 차이를 설명하시오.

**06** 텔넷으로 리눅스 시스템에 접속했더니 다음과 같은 메시지가 출력되었다. 무엇이 문제인지 설명하시오.

```
[user1@localhost ~]$ telnet 192.168.122.129
Trying 192.168.122.129...
telnet: connect to address 192.168.122.129: Connection refused
[user1@localhost ~]$
```

**07** VNC를 사용하여 test01 사용자가 접속할 수 있도록 설정하는 과정을 설명하시오.

**08** ftp 명령으로 리눅스 시스템에 접속하여 a.txt, b.txt, c.txt 파일을 가져오려는데 각 파일마다 수신할 것인지를 물어보아 번거롭다. 어떤 명령을 사용하지 않았기 때문인가?

**09** ftp 명령으로 파일을 가져오는데 파일이 수신되고 있는지 알 수가 없다. 파일을 수신 중이라는 표시를 하는 방법을 설명하시오.

**10** ftp 명령으로 a.zip 파일을 가져왔는데 압축이 풀리지 않고 정상적인 압축 파일이 아니라고 한다. 전송 과정 중에 어떤 실수를 했기 때문인지 설명하시오.

**11** 리눅스 시스템에서 ftp로 파일을 가져오려고 하는데 해당 시스템에 내 계정이 없다면 어떻게 ftp로 접속할 수 있는가?

**12** 이미 작성되어 있는 파일(msg.txt) 내용을 메일로 보내려고 한다. 제목은 'Hello User'이고 수신자는 user3일 때 메일을 보내는 명령을 기술하시오.

**13** mailx에서 읽은 메일을 실수로 삭제했을 때 복구하는 명령은 무엇인가?

CHAPTER 13

# DB 서버와 웹 서버



**학습목표**

- 데이터베이스가 무엇인지 이해하고 설명할 수 있다.
- MariaDB를 설치하고 데이터베이스를 구축하여 사용할 수 있다.
- 아파치 웹 서버를 설치하고 웹 페이지를 구축하여 사용할 수 있다.
- APM이 연동되도록 설치할 수 있다.
- 공개 게시판을 설치하고 웹 사이트에 연결할 수 있다.

# 00 개요

## 1 리눅스 학습 맵에서 13장의 위치

13장에서는 4단계의 세 번째 항목인 MariaDB와 웹 서버를 다룬다. 이 장을 공부함으로써 MariaDB로 데이터베이스를 구축하고 사용할 수 있으며, 아파치 웹 서버를 사용하여 웹 서비스를 제공하고 APM을 연동하여 게시판 같은 웹 응용 프로그램을 활용할 수 있다. APM을 활용한 웹 서비스는 리눅스의 중요한 서비스이므로 내용을 잘 이해하고 활용할 수 있도록 연습한다.

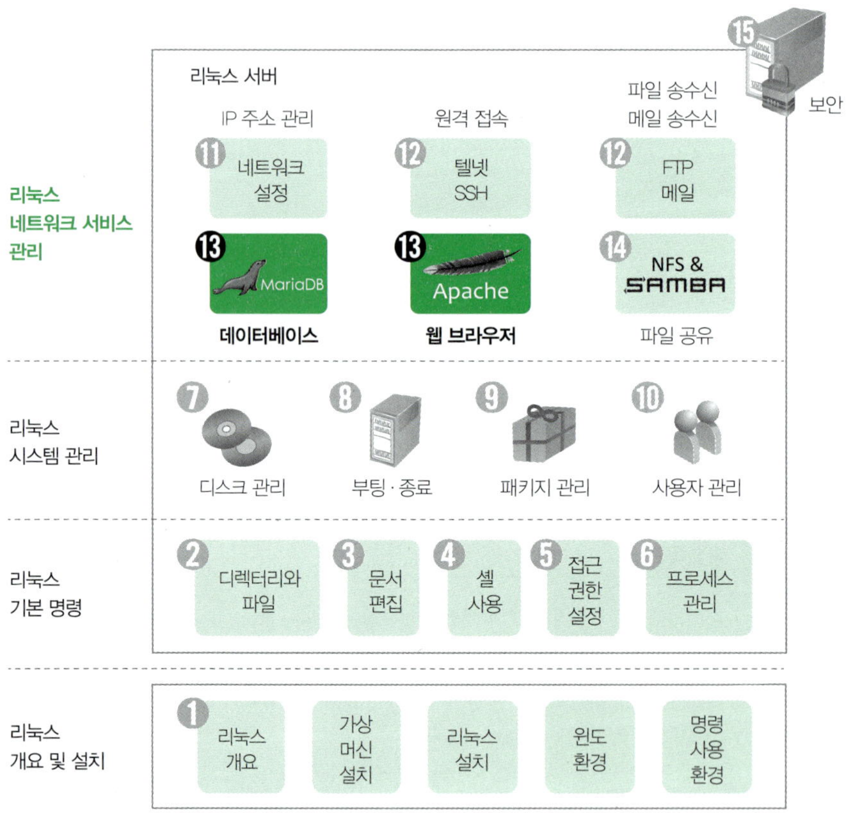

## 2 13장의 내용 구성

리눅스는 데이터베이스를 만들고 관리하기 위한 데이터베이스 관리 시스템을 제공한다. 리눅스가 제공하는 대표적인 데이터베이스 관리 시스템은 MySQL이었으나 새롭게 MySQL과 호환되는 MariaDB가 등장하였다. MySQL과 MariaDB는 공개 소프트웨어이면서도 강력한 기능을 제공한다. 이 장에서는 MariaDB를 이용하여 데이터베이스를 구축하는 방법을 알아본다. 리눅스 시스템을 이용하여 많이 제공하는 서비스 중 하나는 웹 서비스일 것이다. 리눅스에서 웹 서비스는 시스템 자체의 웹 사이트와 사용자별 웹 사이트를 구축할 수 있도록 한다.

이 장에서는 아파치 웹 서버를 설치하고, 시스템과 사용자별로 웹 사이트를 구축하는 방법을 알아본다. 아파치, MySQL과 웹 프로그래밍 언어인 PHP를 함께 묶어서 APM이라 부르는데, 이는 리눅스에서 웹 서비스를 제공하기 위한 필수 요소로 자리 잡았다. 따라서 APM을 연동하고, 이를 활용한 대표적 웹 요소인 게시판을 설치하고 사용해본다. APM을 기반으로 한 웹 서비스는 리눅스의 대표 서비스이므로 이 장의 내용을 잘 이해하고 활용하기를 바란다.

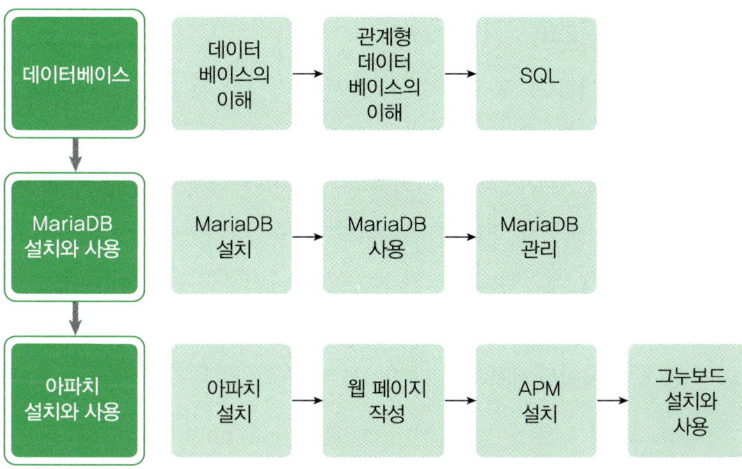

# 01 데이터베이스

데이터베이스database, DB는 데이터를 모아놓은 것을 의미한다. 그럼 아무 상관 없는 데이터를 모아놓기만 하면 데이터베이스가 되는 것일까? 그렇지는 않다. 서로 관련성을 가진 데이터들을 데이터 간의 중복성을 최소화해서 체계적으로 모아놓은 것이 바로 데이터베이스다. 데이터베이스는 내부적으로 어떤 체계로 어떻게 구성하는가에 따라 몇 가지 형태로 나뉜다. 그중 현재는 데이터를 테이블 구조로 구성하는 관계형 데이터베이스relational database, RDB가 널리 사용되고 있다. 이 절에서는 관계형 데이터베이스를 중심으로 데이터베이스의 기본 개념을 알아본다.

## 1 관계형 데이터베이스의 기본 개념

관계형 데이터베이스는 데이터를 테이블(표)로 표현한다. 문서를 작성할 때 흔히 만드는 표를 생각하면 이해하기 쉬울 것이다. 관계형 데이터베이스는 이와 같이 데이터를 항목으로 구분하여 테이블로 구성하는 것이다. 이렇게 구성하면 테이블의 생성이나 항목의 분할과 결합을 자유롭게 할 수 있어서 편리하다. 이 때문에 관계형 데이터베이스는 데이터베이스 시장의 주류로 자리잡고 있다. 이 책에서 관계형 데이터베이스의 모든 것을 설명하기는 어려우며, 리눅스에 관계형 데이터베이스인 MariaDB를 설치하고 사용하는 데 필요한 기초적인 내용만 다룰 것이다. 데이터베이스나 관계형 데이터베이스에 대한 보다 자세한 내용은 관련 전문 서적을 참고하기 바란다.

### 관계형 데이터베이스 관련 용어

관계형 데이터베이스에서 사용하는 몇 가지 기본 용어를 알아두어야 다음 절에서 MariaDB를 사용할 때 이해하기 쉬울 것이다.

- 데이터: 각 항목에 저장되는 값이다.
- 테이블: 데이터를 체계화하여 행과 열의 형태로 구성한 것으로 테이블 이름을 붙인다.
- 데이터베이스: 관련 있는 데이터를 체계적으로 저장한 것으로, 데이터는 테이블 형태로

저장된다. 데이터베이스에는 하나 이상의 테이블이 있을 수 있다. 데이터베이스 이름을 붙인다.

- 필드: 테이블의 열을 의미하며 칼럼이라고도 한다.
- 레코드: 테이블에 저장한 한 행의 정보를 의미하며 튜플tuple이라고도 한다. 한 행에는 여러 필드의 값이 저장될 수 있다.
- 키: 레코드를 구성하는 필드에서 각 레코드를 구분할 수 있는 필드 값을 말한다. 예를 들어 학생 데이터를 구성하는 레코드라면 학번 필드가 키가 될 수 있다. 키로 선택된 필드의 값은 중복될 수 없다. 키는 기본 키primary key와 그 외 다른 키가 있을 수 있다.

### 관계형 데이터베이스의 예

학생 데이터베이스를 예로 데이터베이스와 테이블의 개념을 살펴보자. 학생과 관련된 데이터는 학생의 신상 데이터나 성적 데이터, 장학 데이터 등 여러 가지가 있다. 일반적으로 데이터베이스를 구축할 때는 하나의 테이블에 모든 데이터 필드를 만들지 않고 적절히 여러 개의 테이블로 분산한다. 여기서는 [그림 13-1]과 같이 학생 신상 데이터와 성적 데이터로 두 개의 테이블을 만들었다.

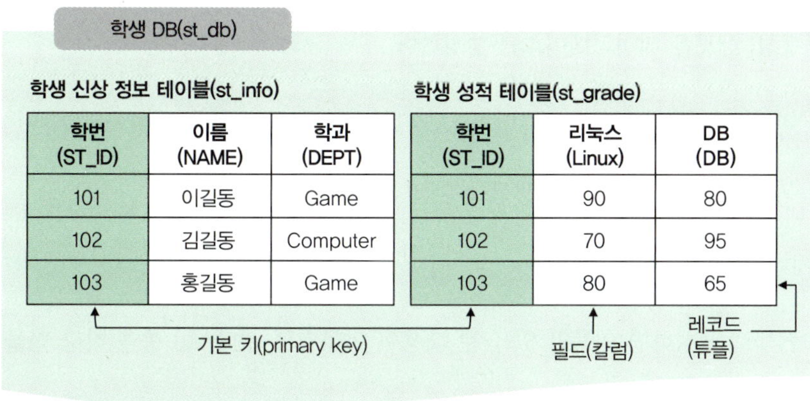


| 학번 (ST_ID) | 이름 (NAME) | 학과 (DEPT) |
|---|---|---|
| 101 | 이길동 | Game |
| 102 | 김길동 | Computer |
| 103 | 홍길동 | Game |

| 학번 (ST_ID) | 리눅스 (Linux) | DB (DB) |
|---|---|---|
| 101 | 90 | 80 |
| 102 | 70 | 95 |
| 103 | 80 | 65 |

**그림 13-1 학생 데이터베이스의 예**

[그림 13-1]을 보면 데이터베이스의 이름이 '학생 DB'이고 이 데이터베이스에 학생 신상 정보와 학생 성적 테이블이 있다. 학생 신상 정보 테이블은 학번, 이름, 학과라는 세 필드로 구성되어 있고, 학생 성적 테이블은 학번, 리눅스, DB라는 세 필드로 구성되어 있다. 각 테이블에는 레코드가 세 개씩 저장되어 있다. 학번을 기본 키로 사용하고 있는데, 기본 키는 테이블

에서 각 레코드를 구분할 때도 사용하고 테이블과 테이블의 데이터를 연결할 때도 사용한다. [그림 13-1]의 데이터베이스는 2절에서 MariaDB로 구축해볼 것이다.

## 2 SQL 기초

관계형 데이터베이스를 생성하고, 테이블을 만들고, 데이터를 입력하거나 삭제하고 수정할 때 사용하는 언어를 SQLstructured query language이라 하는데, SQL을 알아야 관계형 데이터베이스를 사용할 수 있다. 여기서는 SQL의 기초적인 내용만 다룬다.

### 데이터베이스 관련 SQL

먼저 데이터베이스의 생성, 삭제, 조회, 사용과 관련된 SQL을 살펴보자. SQL의 각 문장은 C 언어처럼 ;으로 끝나야 한다. SQL은 특별히 지정하지 않으면 기본적으로 대문자·소문자를 구별하지 않는다.

❶ 데이터베이스 목록 확인: 기존의 데이터베이스 목록을 출력한다.

```
show databases;
```

❷ 데이터베이스 생성: 새로운 데이터베이스를 생성한다.

```
create database 데이터베이스명;
```

예를 들어 다음과 같이 데이터베이스를 생성할 수 있다.

```
create database st_db;
```

데이터베이스를 새로 생성하면 이름만 있을 뿐 내용이 아무것도 없다. 빈 통을 하나 만들었다고 생각하면 된다.

❸ 데이터베이스 삭제: 지정한 데이터베이스를 삭제한다.

```
drop database 데이터베이스명;
```

데이터베이스를 삭제하면 해당 데이터베이스에 있던 모든 테이블도 함께 삭제된다.

❹ 사용할 데이터베이스 지정: 여러 데이터베이스 중에서 작업할 데이터베이스를 선택한다.

```
use 데이터베이스명;
```

## 테이블 관련 SQL

테이블과 관련된 SQL문은 다음과 같다.

❶ 테이블 목록 확인: 현재 데이터베이스에 있는 테이블의 목록을 출력한다.

```
show tables;
```

❷ 테이블 생성: 새로운 테이블을 생성한다. 새로운 테이블을 생성하려면 사용할 수 있는 자료형을 알아야 한다. SQL에서 사용하는 기본 자료형은 [표 13-1]과 같다.

**표 13-1 테이블 필드의 자료형**

| 자료형 | 설명 | 예 |
|---|---|---|
| varchar(n) | 최대 n개의 크기를 가진 가변 문자열 | varchar(10) |
| char(n) | n개의 크기를 가진 고정 문자열 | char(5) |
| int | 정수형 숫자 | 10 |
| float | 실수형 숫자 | 10.1 |
| date | 날짜 | 2020-01-26 |
| time | 시간 | 02:56:30 |

테이블을 생성할 때는 테이블의 구조를 정의해야 한다. 다음과 같이 테이블명 다음에 괄호를 열고 필드명과 필드명의 자료형을 지정한다.

```
create table 테이블명(필드명1 필드명1의 자료형, 필드명2 필드명2의 자료형, ...);
```

예를 들어 다음과 같이 테이블을 생성할 수 있다.

```
create table st_info (ST_ID int, NAME varchar(20), DEPT varchar(25));
```

❸ 테이블 구조 확인: 지정한 테이블의 구조를 출력한다.

```
explain 테이블명;
```

❹ 테이블 수정: 테이블의 구조를 변경한다.

```
alter table 테이블명 수정 명령;
```

수정할 내용에 따라 사용 예를 살펴보자.

- 테이블에 필드 추가: alter table 테이블명 add 필드명 자료형

  예 `alter table st_info add AGE int;`

- 필드의 자료형 변경: alter table 테이블명 modify 필드명 자료형

  예 `alter table st_info modify AGE float;`

- 필드 삭제: alter table 테이블명 drop column 필드명

  예 `alter table st_info drop column AGE;`

- 기본 키 추가: alter table 테이블명 add constraint 제약 조건명 primary key (필드명)

  예 `alter table st_info add constraint pk_stinfo primary key (ST_ID);`

제약 조건명은 사용자가 정하면 된다. 처음 테이블을 생성하면서 기본 키를 지정할 때 다음과 같이 한다.

예 `create table st_info (ST_ID int Not NULL primary key, NAME varchar(20), DEPT varchar(25));`

❺ 테이블 삭제: 지정한 테이블을 삭제한다.

```
drop table 테이블명;
```

### 레코드 삽입·삭제·수정 관련 SQL

테이블에 데이터를 입력하거나 삭제할 때는 레코드 단위로 작업한다. 레코드를 삽입하거나 삭제 및 수정하려면 다음 SQL문을 사용해야 한다.

❶ 레코드 삽입: 테이블에 새로운 레코드를 추가한다.

```
insert into 테이블명 values (값1, 값2, ...);
```

삽입하는 레코드는 테이블을 생성할 때 지정한 자료형에 맞는 데이터를 입력해야 한다. 다음 예와 같이 레코드를 삽입한다.

```
insert into st_info values (101, '이길동', 'Game');
```

❷ 레코드 수정: 기존 레코드를 수정한다.

```
update 테이블명 set 필드명1=수정할 값1, 필드명2=수정할 값2, ... where 조건;
```

조건에 맞는 레코드를 찾아 지정한 필드의 값을 수정한다. 다음 예는 학생 신상 정보 테이블(st_info)에서 학번이 103인 레코드의 학과(DEPT)를 Computer로 수정한 것이다.

```
update st_info set DEPT='Computer' where ST_ID=103;
```

❸ 레코드 삭제: 테이블에서 해당 레코드를 삭제한다.

```
delete from 테이블명 where 조건;
```

예를 들어 다음과 같이 삭제한다.

```
delete from st_info where ST_ID=103;
```

### 레코드 검색 관련 SQL

테이블에 저장된 레코드를 검색할 때는 다음과 같이 select문을 사용한다.

```
select 필드명1, 필드명2, ... from 테이블명 where 조건;
```

예를 들어 다음과 같이 한다.

❶ select * from st_info;

❷ select NAME from st_info where ST_ID=101;

❸ select Linux, DB from st_grade where ST_ID=101;

❶은 학생 신상 정보 테이블(st_info)의 모든 레코드를 검색하는 것이다. ❷는 학생 신상 정보 테이블에서 학번(ST_ID)이 101인 학생의 이름(NAME)을 검색하는 것이다. ❸은 학생 성적 테이블(st_grade)에서 학번이 101인 학생의 리눅스와 DB 성적을 검색하는 것이다.

만약 학번이 101인 학생의 이름과 리눅스 성적을 알고 싶다면 어떻게 검색할까? 이름과 성적 데이터는 각기 다른 테이블에 저장되어 있는데 말이다. 이럴 때는 양쪽 테이블에 공통으로 적용되는 기본 키를 이용하여 검색할 수 있다. 다음과 같이 학생의 이름과 리눅스 성적을 조회하는데, 이렇게 테이블을 연결하는 것을 조인join이라고 한다.

예
```
select st_info.NAME, st_grade.Linux
from st_info, st_grade
where st_info.ST_ID=101 and st_grade.ST_ID=101;
```

### 접근 권한 관련 SQL

시스템 관리자가 데이터베이스를 만들고 일반 사용자들이 사용하도록 설정해야 할 때 다음과 같이 grant문을 사용한다. 예를 들어 그누보드 같은 게시판을 설치하려면 데이터베이스가 필요하다. 이때 관리자가 데이터베이스를 만들고, 이 데이터베이스에 대한 모든 권한을 해당 사용자에게 부여하는 것이다.

```
grant all privileges on DB명.* to 사용자 계정@localhost identified by '패스워드';
```

앞에서 생성한 학생 DB(st_db)에 대한 사용권을 user1 사용자에게 부여하려면 다음과 같이 하면 된다.

```
grant all privileges on st_db.* to user1@localhost identified by '123456';
```

이것으로 아주 기초적인 SQL 사용법을 살펴보았다. 물론 SQL은 앞에서 설명한 것보다 훨씬 다양하고 복잡한 기능을 제공한다. 추가적으로 필요한 기능은 다른 책을 참고하고, 여기서는 앞서 배운 SQL을 가지고 MariaDB를 설치하여 사용해보자.

# 02 MariaDB 설치와 사용

데이터베이스를 생성하고 관리하는 시스템을 데이터베이스 관리 시스템database management system, DBMS이라고 한다. 리눅스에서는 대표적인 오픈 소스 DBMS인 MySQL을 사용했으나 데이터베이스로 유명한 오라클에서 인수한 후 불확실한 라이선스 상태에 대한 반발로 MariaDB가 등장했다. CentOS는 MySQL과 MariaDB를 모두 제공하고 있다. 이 절에서 학습할 MariaDB는 MySQL과의 호환성을 유지하고 있어 사용에 별다른 어려움이 없다.

## 1 MariaDB 설치 및 사용

MariaDB 서버는 dnf 명령으로 설치할 수 있다. MariaDB 서버의 패키지 이름은 mariadb-server이다.

```
[root@localhost ~]# dnf install mariadb-server
CentOS-8 - AppStream                              2.9 kB/s | 4.3 kB     00:01
CentOS-8 - Base                                   1.5 kB/s | 3.9 kB     00:02
CentOS-8 - Extras                                 636  B/s | 1.5 kB     00:02
종속성이 해결되었습니다.
===========================================================================
 꾸러미             아키텍처
                            버전                                    리포지토리
                                                                            크기
===========================================================================
Installing:
 mariadb-server    x86_64 3:10.3.11-2.module_el8.0.0+35+6f2527ed AppStream  16
종속성 설치:
 mariadb           x86_64 3:10.3.11-2.module_el8.0.0+35+6f2527ed AppStream 6.2
 mariadb-common    x86_64 3:10.3.11-2.module_el8.0.0+35+6f2527ed AppStream  62
 mariadb-connector-c
                   x86_64 3.0.7-1.el8                            AppStream 148
 mariadb-connector-c-config
```

```
                   noarch 3.0.7-1.el8                              AppStream  13
 mariadb-errmsg    x86_64 3:10.3.11-2.module_el8.0.0+35+6f2527ed AppStream 232
 perl-DBD-MySQL    x86_64 4.046-2.module_el8.0.0+72+668237d8      AppStream 156
약한 의존성 설치하기:
 mariadb-backup    x86_64 3:10.3.11-2.module_el8.0.0+35+6f2527ed AppStream 6.2
 mariadb-gssapi-server
                   x86_64 3:10.3.11-2.module_el8.0.0+35+6f2527ed AppStream  49
 mariadb-server-utils
                   x86_64 3:10.3.11-2.module_el8.0.0+35+6f2527ed AppStream 1.6
Enabling module streams:
 mariadb                   10.3
 perl-DBD-MySQL            4.046

거래 요약
============================================================================
설치  10 꾸러미

총 다운로드 크기 : 31 M
설치 크기 : 162 M
이게 괜찮습니까 [y / N] :
```

y를 입력하여 설치해보자.

```
(생략)
설치됨:
  mariadb-server-3:10.3.11-2.module_el8.0.0+35+6f2527ed.x86_64
  mariadb-backup-3:10.3.11-2.module_el8.0.0+35+6f2527ed.x86_64
  mariadb-gssapi-server-3:10.3.11-2.module_el8.0.0+35+6f2527ed.x86_64
  mariadb-server-utils-3:10.3.11-2.module_el8.0.0+35+6f2527ed.x86_64
  mariadb-3:10.3.11-2.module_el8.0.0+35+6f2527ed.x86_64
  mariadb-common-3:10.3.11-2.module_el8.0.0+35+6f2527ed.x86_64
  mariadb-connector-c-3.0.7-1.el8.x86_64
  mariadb-connector-c-config-3.0.7-1.el8.noarch
  mariadb-errmsg-3:10.3.11-2.module_el8.0.0+35+6f2527ed.x86_64
  perl-DBD-MySQL-4.046-2.module_el8.0.0+72+668237d8.x86_64

완료되었습니다!
```

MariaDB 서버의 설치가 끝났다. 너무 간단한가? 이제 MariaDB 서버를 활성화하고 사용해 보자.

### MariaDB 활성화하기

mariadb.service를 활성화하면 MariaDB 서버가 활성화된다. systemctl 명령으로 mariadb.service를 활성화하고 ps 명령으로 확인해보면 동작하는 데몬의 이름이 mariadb가 아니라 mysqld이다. 서비스 이름과 데몬 이름을 헷갈리지 않도록 한다. 다음 예를 보면 mysqld가 정상적으로 동작 중임을 알 수 있다.

```
[root@localhost ~]# systemctl start mariadb.service
[root@localhost ~]# ps -ef | grep mariadb
root       5266   3078  0 13:48 pts/0    00:00:00 grep --color=auto mariadb
[root@localhost ~]# ps -ef | grep mysqld
mysql      5191      1  2 13:47 ?        00:00:00 /usr/libexec/mysqld --basedir=/usr
root       5256   3078  0 13:47 pts/0    00:00:00 grep --color=auto mysqld
```

이제 MariaDB를 사용해보자. MariaDB 서버를 동작시켰으니 MariaDB에 접속하기만 하면 된다. MariaDB를 사용하기 위한 명령은 mysql이다. 지금은 설정된 계정과 암호가 없으므로 그냥 사용한다. MariaDB 관리 부분에서 계정과 암호를 설정하는 방법을 살펴볼 것이다.

MariaDB의 기본 프롬프트는 MariaDB [(none)]>이다. MariaDB에서 종료하려면 exit를 입력한다.

```
[root@localhost ~]# mysql
Welcome to the MariaDB monitor.  Commands end with ; or \g.
Your MariaDB connection id is 8
Server version: 10.3.11-MariaDB MariaDB Server

Copyright (c) 2000, 2018, Oracle, MariaDB Corporation Ab and others.

Type 'help;' or '\h' for help. Type '\c' to clear the current input statement.

MariaDB [(none)]>
```

1절에서 살펴본 SQL문을 하나씩 사용해보자.

### 데이터베이스 목록 확인하기

데이터베이스 목록을 확인하는 명령은 show databases였다. 다음을 보면 MariaDB에는 기본적으로 information_schema 등 3개의 데이터베이스가 있다.

```
MariaDB [(none)]> show databases;
+--------------------+
| Database           |
+--------------------+
| information_schema |
| mysql              |
| performance_schema |
+--------------------+
3 rows in set (0.002 sec)
```

### 데이터베이스 생성 및 사용하기

[그림 13-1]의 데이터베이스를 생성해보자. SQL 명령이 오류 없이 실행되면 'Query OK' 메시지가 출력된다. st_db를 생성하고 show databases 명령으로 확인해보면 데이터베이스가 생성되었음을 알 수 있다.

```
MariaDB [(none)]> create database st_db;
Query OK, 1 row affected (0.001 sec)

MariaDB [(none)]> show databases;
+--------------------+
| Database           |
+--------------------+
| information_schema |
| mysql              |
| performance_schema |
| st_db              |
+--------------------+
4 rows in set (0.001 sec)
```

데이터베이스에 테이블을 만드는 작업을 하려면 사용할 데이터베이스를 use 명령으로 지정해야 한다. 앞에서 생성한 st_db를 사용하도록 명령을 실행해보자. 프롬프트의 (none)이 st_db로 바뀌었는데, 이는 현재 사용하고 있는 데이터베이스가 st_db임을 알려준다.

```
MariaDB [(none)]> use st_db;
Database changed
MariaDB [st_db]>
```

### 테이블 생성 및 구조 확인하기

이제 테이블을 생성해보자. 먼저 테이블이 있는지 확인해보면 아무것도 없음을 알 수 있다.

```
MariaDB [st_db]> show tables;
Empty set (0.001 sec)
```

[그림 13-1]의 학생 신상 정보 테이블(st_info)을 생성해보자. 테이블을 생성할 때 기본 문자 집합을 utf8로 설정해야 한글이 깨지지 않는다. 필드 정보 다음에 'default charset=utf8'을 추가하면 기본 문자 집합이 설정된다.

```
MariaDB [st_db]> create table st_info (ST_ID int, NAME varchar(20), DEPT varchar(25))
default charset=utf8;
Query OK, 0 rows affected (0.006 sec)
```

두 번째로 학생 성적 테이블(st_grade)을 생성해보자. 이 테이블에는 한글 데이터를 입력하지 않을 것이므로 문자 집합을 설정하지 않아도 된다. 앞의 예를 참조하면 쉽게 생성할 수 있을 것이다. 이 테이블은 학번과 성적으로 이루어지므로 자료형을 모두 int로 지정한다.

```
MariaDB [st_db]> create table st_grade (ST_ID int, Linux int, DB int);
Query OK, 0 rows affected (0.004 sec)
```

show tables 명령을 사용하여 테이블이 정상적으로 생성되었는지 확인해보자. 다음과 같이 st_db에 테이블 두 개가 생성되었음을 알 수 있다.

```
MariaDB [st_db]> show tables;
+-----------------+
| Tables_in_st_db |
+-----------------+
| st_grade        |
| st_info         |
+-----------------+
2 rows in set (0.001 sec)
```

다음으로 테이블의 구조를 확인해보자. 'expain 테이블명'을 사용하면 구조를 확인할 수 있다.

```
MariaDB [st_db]> explain st_info;
+--------+-------------+------+-----+---------+-------+
| Field  | Type        | Null | Key | Default | Extra |
+--------+-------------+------+-----+---------+-------+
| ST_ID  | int(11)     | YES  |     | NULL    |       |
| NAME   | varchar(20) | YES  |     | NULL    |       |
| DEPT   | varchar(25) | YES  |     | NULL    |       |
+--------+-------------+------+-----+---------+-------+
3 rows in set (0.004 sec)

MariaDB [st_db]> explain st_grade;
+--------+---------+------+-----+---------+-------+
| Field  | Type    | Null | Key | Default | Extra |
+--------+---------+------+-----+---------+-------+
| ST_ID  | int(11) | YES  |     | NULL    |       |
| Linux  | int(11) | YES  |     | NULL    |       |
| DB     | int(11) | YES  |     | NULL    |       |
+--------+---------+------+-----+---------+-------+
3 rows in set (0.001 sec)
```

### 기본 키 추가하기

앞에서 출력한 테이블의 구조를 보면 기본 키가 설정되지 않았는데 ST_ID 필드를 기본 키로 설정해보자. Null은 값이 없다는 것이므로 기본 키 값이 Null을 허용하면 이상하다. Null 값을 허용하지 않도록 먼저 수정한다.

```
MariaDB [st_db]> alter table st_info modify ST_ID int Not Null;
Query OK, 0 rows affected (0.012 sec)
Records: 0  Duplicates: 0  Warnings: 0

MariaDB [st_db]> alter table st_grade modify ST_ID int Not Null;
Query OK, 0 rows affected (0.010 sec)
Records: 0  Duplicates: 0  Warnings: 0
```

이제 ST_ID 필드를 기본 키로 설정한다.

```
MariaDB [st_db]> alter table st_info add constraint pk_stinfo primary key(ST_ID);
Query OK, 0 rows affected (0.011 sec)
Records: 0  Duplicates: 0  Warnings: 0

MariaDB [st_db]> alter table st_grade add constraint pk_stgrade primary key(ST_ID);
Query OK, 0 rows affected (0.013 sec)
Records: 0  Duplicates: 0  Warnings: 0
```

제대로 설정이 되었는지 explain 명령으로 확인해보자. explain 명령의 결과를 보면 두 테이블 모두 ST_ID 필드의 Null을 허용하지 않고 기본 키로 설정되었다.

```
MariaDB [st_db]> explain st_info;
+-------+-------------+------+-----+---------+-------+
| Field | Type        | Null | Key | Default | Extra |
+-------+-------------+------+-----+---------+-------+
| ST_ID | int(11)     | NO   | PRI | NULL    |       |
| NAME  | varchar(20) | YES  |     | NULL    |       |
| DEPT  | varchar(25) | YES  |     | NULL    |       |
+-------+-------------+------+-----+---------+-------+
3 rows in set (0.002 sec)

MariaDB [st_db]> explain st_grade;
+-------+---------+------+-----+---------+-------+
| Field | Type    | Null | Key | Default | Extra |
+-------+---------+------+-----+---------+-------+
| ST_ID | int(11) | NO   | PRI | NULL    |       |
| Linux | int(11) | YES  |     | NULL    |       |
| DB    | int(11) | YES  |     | NULL    |       |
+-------+---------+------+-----+---------+-------+
3 rows in set (0.001 sec)
```

### 레코드 입력하기

테이블이 준비되었으니 [그림 13-1]의 데이터를 입력해보자.

```
MariaDB [st_db]> insert into st_info values (101, '이길동', 'Game');
Query OK, 1 row affected, 1 warning (0.002 sec)

MariaDB [st_db]> insert into st_info values (102, '김길동', 'Computer');
Query OK, 1 row affected, 1 warning (0.002 sec)

MariaDB [st_db]> insert into st_info values (103, '홍길동', 'Game');
Query OK, 1 row affected, 1 warning (0.001 sec)

MariaDB [st_db]> insert into st_grade values (101, 90, 80);
Query OK, 1 row affected (0.001 sec)

MariaDB [st_db]> insert into st_grade values (102, 70, 95);
Query OK, 1 row affected (0.002 sec)

MariaDB [st_db]l> insert into st_grade values (103, 80, 65);
Query OK, 1 row affected (0.001 sec)
```

데이터를 모두 입력한 후 제대로 입력되었는지는 다음의 검색에서 확인해본다.

### 레코드 검색하기

테이블의 데이터를 검색하는 다양한 예를 실행해보자.

❶ st_info 테이블의 전체 레코드를 출력한다.

```
MariaDB [st_db]> select * from st_info;
+--------+----------+-----------+
| ST_ID | NAME     | DEPT      |
+--------+----------+-----------+
|   101 | 이길동   | Game      |
|   102 | 김길동   | Computer |
|   103 | 홍길동   | Game      |
+--------+----------+-----------+
3 rows in set (0.001 sec)
```

❷ 학번이 101인 학생의 이름과 학과를 검색해보자.

```
MariaDB [st_db]> select NAME, DEPT from st_info where ST_ID=101;
+-----------+-------+
| NAME      | DEPT |
+-----------+-------+
| 이길동    | Game |
+-----------+-------+
1 row in set (0.001 sec)
```

❸ 학번이 101인 학생의 리눅스 성적을 검색해보자.

```
MariaDB [st_db]> select Linux from st_grade where ST_ID=101;
+--------+
| Linux |
+--------+
|    90 |
+--------+
1 row in set (0.001 sec)
```

❹ 학번이 101인 학생의 이름과 학과, DB 성적을 한 번에 검색해보면 다음과 같다.

```
MariaDB [st_db]> select st_info.NAME, st_info.DEPT, st_grade.DB
    -> from st_info, st_grade
    -> where st_info.ST_ID=101 and st_grade.ST_ID=101;
+-----------+-------+------+
| NAME      | DEPT | DB   |
+-----------+-------+------+
| 이길동    | Game |   80 |
+-----------+-------+------+
1 row in set (0.000 sec)
```

### 데이터 수정하기

테이블의 데이터가 잘못되었다면 수정해야 한다. 예를 들어 학번이 101인 학생의 DB 성적을 80점에서 90점으로 수정해야 한다면 다음과 같이 update 문장을 사용한다. select로 확인해보면 90점으로 수정되었음을 알 수 있다.

```
MariaDB [st_db]> update st_grade set DB=90 where ST_ID=101;
Query OK, 1 row affected (0.002 sec)
Rows matched: 1  Changed: 1  Warnings: 0

MariaDB [st_db]> select * from st_grade where ST_ID=101;
+-------+-------+------+
| ST_ID | Linux | DB   |
+-------+-------+------+
|   101 |    90 |   90 |
+-------+-------+------+
1 row in set (0.000 sec)
```

## 2 MariaDB 관리

MariaDB를 관리하기 위해 사용하는 명령으로 mysqladmin이 있다. 이 명령으로 MariaDB 계정의 암호를 설정하고 상태도 확인할 수 있다.

**mysqladmin**

- **기능** MariaDB 서버를 관리한다.
- **형식** mysqladmin [옵션]
- **옵션** version: MariaDB 서버의 버전 정보를 출력한다.
  status: MariaDB 서버의 현재 상태 정보를 출력한다.
  password 암호: 계정의 암호를 지정한다.
- **사용 예** mysqladmin password "123456"

### MariaDB 상태 정보 출력하기

mysqladmin status 명령은 MariaDB 서버의 현재 상태 정보를 출력한다.

```
[root@localhost ~]# mysqladmin status
Uptime: 2536  Threads: 7  Questions: 36  Slow queries: 0  Opens: 23  Flush tables: 1
Open tables: 13  Queries per second avg: 0.014
```

상태 정보로 출력되는 주요 항목은 다음과 같다.

- Uptime: 서버가 동작한 시간을 초 단위로 표시
- Threads: 현재 동작 중인 MariaDB 서버의 스레드 수
- Questions: 서버가 동작한 이후 처리한 질의 수
- Slow queries: 일정 시간보다 처리 시간이 길어진 질의 수
- Opens: 서버가 열었던 테이블 수
- Flush tables: flush, refresh, reload 명령을 수행한 횟수
- Open tables: 현재 열려 있는 테이블 수

### MariaDB 버전 정보 출력하기

mysqladmin version 명령은 MariaDB 서버의 버전 정보를 출력한다. 이 때 MariaDB 서버의 상태 정보도 같이 출력된다.

```
[root@localhost ~]# mysqladmin version
mysqladmin  Ver 9.1 Distrib 10.3.11-MariaDB, for Linux on x86_64
Copyright (c) 2000, 2018, Oracle, MariaDB Corporation Ab and others.

Server version          10.3.11-MariaDB
Protocol version        10
Connection              Localhost via UNIX socket
UNIX socket             /var/lib/mysql/mysql.sock
Uptime:                 43 min 55 sec

Threads: 7  Questions: 37  Slow queries: 0  Opens: 23  Flush tables: 1  Open tables:
13  Queries per second avg: 0.014
```

### MariaDB 서버 암호 설정하기

mysqladmin password 명령으로 MariaDB 서버에 암호를 설정할 수 있다.

```
[root@localhost ~]# mysqladmin password '123456'
```

암호를 설정하기 전에는 mysql 명령으로 바로 접속할 수 있었지만, 암호를 설정한 뒤 mysql 명령으로 접속하려고 하면 다음과 같이 오류 메시지가 출력된다.

```
[root@localhost ~]# mysql
ERROR 1045 (28000): Access denied for user 'root'@'localhost' (using password: NO)
```

암호를 입력하기 위해 -u 옵션으로 계정 이름을 지정하고, -p 옵션으로 암호를 입력할 것이라고 알려주어야 한다. 그러면 암호를 물어보는데 정상적인 암호를 입력하면 접속이 된다.

```
[root@localhost ~]# mysql -u root -p
Enter password:
Welcome to the MariaDB monitor.  Commands end with ; or \g.
Your MariaDB connection id is 14
Server version: 10.3.11-MariaDB MariaDB Server

Copyright (c) 2000, 2018, Oracle, MariaDB Corporation Ab and others.

Type 'help;' or '\h' for help. Type '\c' to clear the current input statement.

MariaDB [(none)]>
```

**따라해보기** **테이블 생성 및 레코드 입력 · 검색 · 수정**

❶ 앞에서 사용한 st_db 데이터베이스를 그대로 사용한다.

```
MariaDB [(none)]> use st_db;
```

❷ 새로운 테이블을 추가한다. 테이블 구조는 다음을 참조한다.

테이블 이름: st_janghak

| 학번(ST_ID) | 장학금(Money) |
|---|---|
| 101 | 500000 |
| 102 | 1000000 |
| 103 | 1500000 |

```
MariaDB [st_db]> create table st_janghak (ST_ID int Not Null primary key, Money int);
Query OK, 0 rows affected (0.014 sec)
```

❸ st_janghak 테이블의 구조를 확인한다.

```
MariaDB [st_db]> explain st_janghak;
+--------+---------+------+-----+---------+-------+
| Field  | Type    | Null | Key | Default | Extra |
+--------+---------+------+-----+---------+-------+
| ST_ID  | int(11) | NO   | PRI | NULL    |       |
| Money  | int(11) | YES  |     | NULL    |       |
+--------+---------+------+-----+---------+-------+
2 rows in set (0.003 sec)
```

❹ 2번의 테이블을 참조하여 데이터를 입력한다.

```
MariaDB [st_db]> insert into st_janghak values (101, 500000);
Query OK, 1 row affected (0.001 sec)

MariaDB [st_db]> insert into st_janghak values (102, 1000000);
Query OK, 1 row affected (0.002 sec)

MariaDB [st_db]> insert into st_janghak values (103, 1500000);
Query OK, 1 row affected (0.001 sec)
```

❺ st_janghak 테이블의 모든 레코드를 검색하여 데이터가 제대로 입력되었는지 확인한다.

```
MariaDB [st_db]> select * from st_janghak;
+--------+---------+
| ST_ID  | Money   |
+--------+---------+
|    101 |  500000 |
|    102 | 1000000 |
|    103 | 1500000 |
+--------+---------+
3 rows in set (0.001 sec)
```

❻ st_info 테이블에 나이(Age) 필드를 추가한다.

```
MariaDB [st_db]> alter table st_info add Age int;
Query OK, 0 rows affected (0.003 sec)
Records: 0  Duplicates: 0  Warnings: 0

MariaDB [st_db]> explain st_info;
+-------+-------------+------+-----+---------+-------+
| Field | Type        | Null | Key | Default | Extra |
+-------+-------------+------+-----+---------+-------+
| ST_ID | int(11)     | NO   | PRI | NULL    |       |
| NAME  | varchar(20) | YES  |     | NULL    |       |
| DEPT  | varchar(25) | YES  |     | NULL    |       |
| Age   | int(11)     | YES  |     | NULL    |       |
+-------+-------------+------+-----+---------+-------+
4 rows in set (0.001 sec)
```

❼ 새로 추가한 Age 필드에 값을 입력한다.

```
MariaDB [st_db]> update st_info set Age=20 where ST_ID=201801;
Query OK, 1 row affected (0.002 sec)
Rows matched: 1  Changed: 1  Warnings: 0

MariaDB [st_db]> update st_info set Age=21 where ST_ID=201802;
Query OK, 1 row affected (0.001 sec)
Rows matched: 1  Changed: 1  Warnings: 0

MariaDB [st_db]> update st_info set Age=19 where ST_ID=201803;
Query OK, 1 row affected (0.001 sec)
Rows matched: 1  Changed: 1  Warnings: 0

MariaDB [st_db]> select * from st_info;
+-------+----------+----------+-----+
| ST_ID | NAME     | DEPT     | Age |
+-------+----------+----------+-----+
|   101 | 이길동   | Game     |  20 |
|   102 | 김길동   | Computer |  21 |
|   103 | 홍길동   | Game     |  19 |
+-------+----------+----------+-----+
3 rows in set (0.001 sec)
```

❽ 학번, 이름, 나이, 리눅스 성적, 장학금이 출력되도록 검색해보자.

```
MariaDB [st_db]> select st_info.ST_ID, st_info.NAME, st_info.Age, st_grade.Linux, st_
janghak.Money
       -> from st_info, st_grade, st_janghak
       -> where st_info.ST_ID=st_grade.ST_ID and st_info.ST_ID=st_janghak.ST_ID;
+-------+----------+-------+-------+---------+
| ST_ID | NAME     | Age   | Linux | Money   |
+-------+----------+-------+-------+---------+
|   101 | 이길동   |    20 |    90 |  500000 |
|   102 | 김길동   |    21 |    70 | 1000000 |
|   103 | 홍길동   |    19 |    80 | 1500000 |
+-------+----------+-------+-------+---------+
3 rows in set (0.001 sec)

MariaDB [st_db]>
```

**혼자해보기 데이터베이스 생성, 테이블 생성, 레코드 입력 · 검색**

다음 예를 기준으로 데이터베이스를 구축해보자.

– 데이터베이스 이름: BookDB

– 테이블:

1) 이름: Author

| 저자 번호(a_no) | 이름(a_name) | 나이(age) |
|---|---|---|
| 201 | 이저자 | 35 |
| 202 | 김저자 | 40 |

2) 이름: Book

| 책 번호(b_no) | 서명(b_name) | 저자 번호(a_no) |
|---|---|---|
| A01 | Linux 실습 | 201 |
| A02 | DB 개론 | 201 |
| B01 | 소설 A | 301 |

❶ 데이터베이스를 생성한다.
❷ 테이블을 생성한다.
❸ 테이블의 구조를 확인한다.
❹ 테이블에 데이터를 입력한다.
❺ Author 테이블의 모든 데이터를 검색한다.
❻ Author 테이블과 Book 테이블에서 '이저자'의 책 이름과 나이를 검색한다.
❼ Book 테이블에서 '소설A'의 저자번호를 301에서 202로 수정한다.
❽ Book 테이블에서 책 번호가 B01인 레코드를 검색하여 제대로 수정되었는지 확인한다.

# 03 웹 서버 설치와 사용

리눅스 시스템이 많이 사용되고 있는 분야 중의 하나는 웹 서비스다. 웹 서비스를 제공하려면 리눅스에 웹 서버가 설치되어 있어야 한다. 전 세계적으로 가장 널리 사용되고 있는 웹 서버인 아파치Apache는 리눅스에서 무료로 사용할 수 있다. 리눅스에 아파치를 설치해보자.

## 1 아파치 설치 및 접속

CentOS 8에는 아파치 웹 서버가 설치되어 있지 않다.

```
[root@localhost ~]# rpm -qa ¦ grep httpd
```

아파치의 패키지 이름은 httpd다. dnf 명령으로 httpd를 설치한다.

```
[root@localhost ~]# dnf install httpd
마지막 메타 데이터 만료 확인 : 0:53:20 전에 2019년 11월 23일 (토) 오후 01시 54분 40초.
종속성이 해결되었습니다.
==================================================================
 꾸러미          아키텍처
                         버전                                  리포지토리
                                                                       크기
==================================================================
Installing:
 httpd          x86_64 2.4.37-12.module_el8.0.0+185+5908b0db AppStream 1.7 M
종속성 설치:
 apr            x86_64 1.6.3-9.el8                           AppStream 125 k
 apr-util       x86_64 1.6.1-6.el8                           AppStream 105 k
 centos-logos-httpd
                noarch 80.5-2.el8                            AppStream  24 k
 httpd-filesystem
                noarch 2.4.37-12.module_el8.0.0+185+5908b0db AppStream  35 k
 httpd-tools    x86_64 2.4.37-12.module_el8.0.0+185+5908b0db AppStream 102 k
```

```
 mod_http2       x86_64 1.11.3-3.module_el8.0.0+185+5908b0db  AppStream 158 k
약한 의존성 설치하기:
 apr-util-bdb    x86_64 1.6.1-6.el8                           AppStream  25 k
 apr-util-openssl
                 x86_64 1.6.1-6.el8                           AppStream  27 k
Enabling module streams:
 httpd                  2.4

거래 요약
==========================================================================
설치  9 꾸러미

총 다운로드 크기 : 2.3 M
설치 크기 : 6.0 M
이게 괜찮습니까 [y / N] : y
(생략)
설치됨:
  httpd-2.4.37-12.module_el8.0.0+185+5908b0db.x86_64
  apr-util-bdb-1.6.1-6.el8.x86_64
  apr-util-openssl-1.6.1-6.el8.x86_64
  apr 1.6.3-9.el8 x86 64
  apr-util-1.6.1-6.el8.x86_64
  centos-logos-httpd-80.5-2.el8.noarch
  httpd-filesystem-2.4.37-12.module_el8.0.0+185+5908b0db.noarch
  httpd-tools-2.4.37-12.module_el8.0.0+185+5908b0db.x86_64
  mod_http2-1.11.3-3.module_el8.0.0+185+5908b0db.x86_64

완료되었습니다!
```

### 아파치 활성화하기

아파치를 활성화하는 서비스의 이름은 httpd.service이다. systemctl 명령으로 시작하면 된다. httpd는 독자형으로 동작하는 데몬으로, ps 명령으로 확인해보면 httpd 데몬이 여러 개 동작하고 있다.

```
[root@localhost ~]# systemctl start httpd
[root@localhost ~]# ps -ef | grep httpd
root        6519      1  1 14:51 ?        00:00:00 /usr/sbin/httpd -DFOREGROUND
apache      6520   6519  0 14:51 ?        00:00:00 /usr/sbin/httpd -DFOREGROUND
apache      6521   6519  0 14:51 ?        00:00:00 /usr/sbin/httpd -DFOREGROUND
apache      6522   6519  0 14:51 ?        00:00:00 /usr/sbin/httpd -DFOREGROUND
apache      6523   6519  0 14:51 ?        00:00:00 /usr/sbin/httpd -DFOREGROUND
root        6736   3078  0 14:51 pts/0    00:00:00 grep --color=auto httpd
```

### 웹 서버 접속하기

먼저 방화벽에서 http 서비스를 등록한다.

```
[root@localhost ~]# firewall-cmd --add-service=http
success
```

윈도에서 웹 브라우저를 띄우고 리눅스의 웹 서버에 접속해보자. 웹 브라우저에서 http://IP 주소를 입력하면 접속할 수 있다. 그런데 [그림 13-2]와 같은 오류 메시지 창이 나올 수 있다.

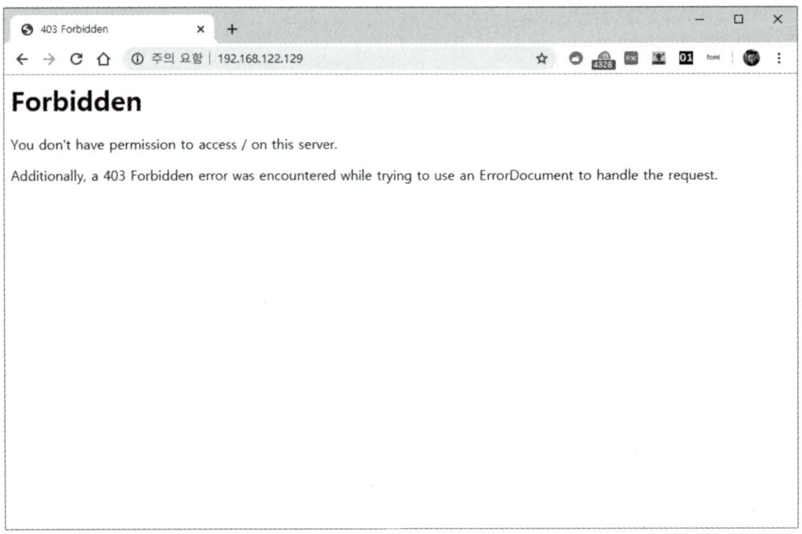


**그림 13-2** 아파치 웹 서버 초기 오류 화면

이것은 아파치 웹 서비스 디렉터리인 /var/www/html에 기본 파일이 없기 때문이다. 만약 디렉터리에 기본 html 파일이 있으면 그 파일이 출력된다.

```
[root@localhost ~]# cd /var/www/html
[root@localhost html]# ls -l
합계 0
```

웹 서버가 정상적으로 동작하는지 확인하기 위해 웹 페이지를 만들어보자. HTML을 몰라도 걱정할 것 없다. 아주 간단한 것을 출력할 것이다. 다음 내용을 vi로 작성하여 이 디렉터리에 저장한다. 파일명은 index.html로 한다. 만약 HTML을 잘 안다면 내용을 추가해도 좋다.

```
[root@localhost html]# vi index.html
<html>
<head>
<title>
html test
</title>
</head>
<body>
My First Web Page!!!
</body>
</html>
~
:wq
```

웹 브라우저로 다시 리눅스에 접속해보자. 이제 [그림 13-2]가 아니라 새로 작성한 내용이 [그림 13-3]과 같이 출력되면, 웹 서버가 정상적으로 작동하고 있음을 의미한다.

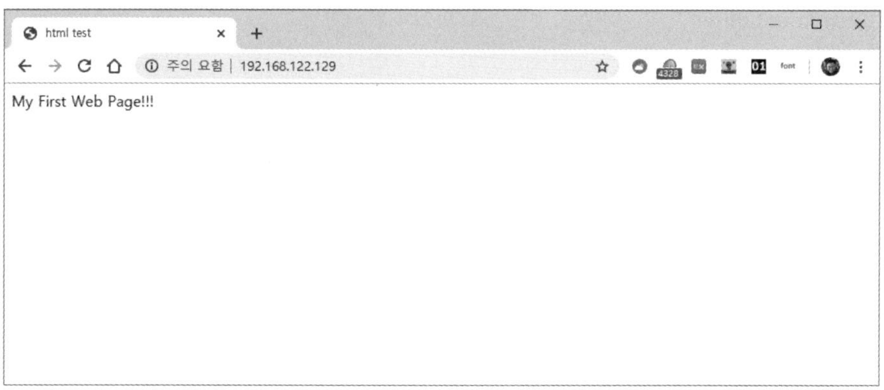


**그림 13-3** 웹 페이지 출력 화면

## 2 일반 사용자 계정에 웹 설정

/var/www/html 디렉터리는 웹 서버의 기본 디렉터리로, 리눅스를 사용하는 여러 사용자가 공용으로 사용할 수 있는 디렉터리가 아니다. 일반 사용자 계정에서 웹 페이지를 작성하고 서비스하는 방법을 알아보자.

### 일반 사용자 계정을 위한 웹 설정하기

일반 사용자 계정에서 웹 서비스를 제공하려면 아파치 설정 파일을 수정해야 한다. 아파치 웹 서버의 설정 파일 중 사용자 계정의 웹 설정과 관련된 파일은 /etc/httpd/conf.d/userdir.conf 파일이다. 다음 순서를 따라 작업한다.

❶ vi로 /etc/httpd/conf.d/userdir.conf 파일을 열어 다음과 같이 수정한다(볼드체로 표시된 부분). 'UserDir disabled'는 사용자 디렉터리에서 웹 페이지 구축을 허용할 것인지 확인하는 부분이므로 이를 #으로 주석 처리하면 허용한다는 의미다. 'UserDir public_html'은 사용자 디렉터리에서 public_html을 웹 페이지의 기본 디렉터리로 사용한다는 것을 뜻한다.

```
[root@localhost html]# vi /etc/httpd/conf.d/userdir.conf
(생략)
<IfModule mod_userdir.c>
    #
    # UserDir is disabled by default since it can confirm the presence
    # of a username on the system (depending on home directory
    # permissions).
    #
    # UserDir disabled                   → 앞에 #을 추가한다.

    #
    # To enable requests to /~user/ to serve the user's public_html
    # directory, remove the "UserDir disabled" line above, and uncomment
    # the following line instead:
    #
    UserDir public_html                  → 앞의 #을 삭제한다.
</IfModule>
(생략)

:wq
```

❷ httpd의 설정 파일이 수정되었으므로 httpd.service를 다시 동작시킨다.

```
[root@localhost html]# systemctl restart httpd.service
```

❸ 사용자의 홈 디렉터리에서 다음 작업을 한다.

- 다른 터미널에서 user1 계정으로 로그인하여 홈 디렉터리에 public_html 디렉터리를 만든다.

```
[user1@localhost ~]$ mkdir pubic_html
```

- 디렉터리의 접근 권한을 조정한다.

```
[user1@localhost ~]$ chmod 701 .
[user1@localhost ~]$ chmod 701 public_html
```

### 일반 사용자 계정에서 웹 페이지 작성하기

이제 일반 사용자 계정에서 웹 페이지를 작성하기 위한 준비가 끝났다. 앞에서 index.html 파일을 작성한 것처럼 여기서도 public_html 디렉터리 아래에 index.html 파일을 만들고 확인해본다.

❶ public_html 디렉터리 아래에 index.html 파일을 생성한다.

```
[user1@localhost ~]$ cd public_html
[user1@localhost public_html]$ vi index.html
<html>
<head>
<title>user1 html test</title>
</head>
<body>
User1 Web Page!!!
</body>
</html>

:wq
```

❷ 웹 브라우저에서 다음과 같이 입력하여 html 문서를 확인한다. IP 주소는 자기 리눅스 시

스템의 IP 주소를 입력한다. 사용자 계정 앞에 ~를 넣는 것을 잊으면 안 된다.

```
http://192.168.0.13/~user1
```

❸ 만약 [그림 13-4]처럼 브라우저에서 403 Forbidden 오류가 발생한다면 앞의 과정에서 접근 권한을 잘못 조정했거나 SELinux로 보안이 걸려 있기 때문이다.

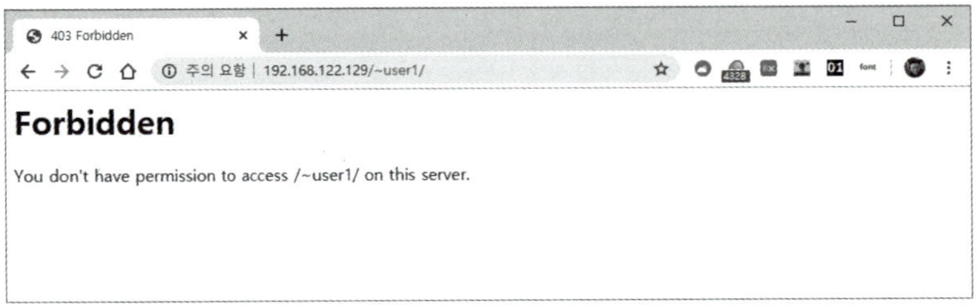


**그림 13-4** 403 오류 화면

권한을 다시 확인한 뒤 SELinux의 보안을 해제하고 확인해본다. SELinux는 15장에서 자세하게 다룰 것이며, 여기서는 그냥 SELinux 기능을 정지하고 웹 페이지에 접속한다.

```
[root@localhost html]# setenforce 0
```

❹ 브라우저에서 html 문서의 내용을 다시 확인해본다. [그림 13-5]와 같이 보이면 정상적으로 처리된 것이다.

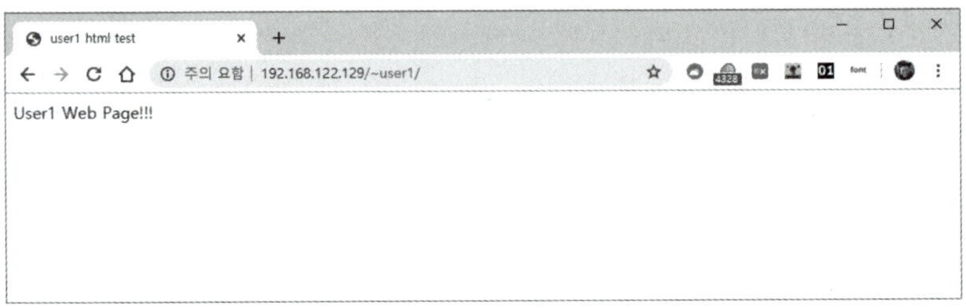


**그림 13-5** 사용자 웹 페이지 출력 화면

## 3 APM과 게시판 설치

리눅스의 아파치 웹 서버와 웹 프로그래밍 언어인 PHP, 데이터베이스인 MySQL을 묶어서 APM이라고 부른다. MySQL이 MariaDB로 대체되었으므로 여기서 APM의 M은 MySQL이 아니라 MariaDB를 의미한다.

일반적으로 아파치와 PHP, 데이터베이스가 연동되도록 설치하고 이를 이용한 웹 응용 프로그램을 사용한다. 우리가 웹 페이지에서 흔히 사용하는 게시판도 APM을 이용하여 개발된 것이 많다. PHP를 설치하여 APM을 완성하고, 공개 게시판을 설치하여 APM이 제대로 동작하는지 확인해보자.

### APM 설치하기

이미 앞에서 MariaDB와 아파치를 설치했으므로 이제 PHP를 설치하여 APM을 연동한다. APM을 연동하기 위해 설치해야 할 PHP 패키지는 php, php-gd, php-mysqlnd인데 dnf로 한 번에 설치한다. 의존성이 있는 패키지를 포함하여 총 여덟 개의 패키지가 설치된다.

```
[root@localhost html]# dnf install php php-gd php-mysqlnd
마지막 메타 데이터 만료 확인 : 1:33:01 전에 2019년 11월 23일 (토) 오후 01시 54분 40초.
종속성이 해결되었습니다.
================================================================================
 꾸러미              아키텍처
                        버전                                      리포지토리
                                                                         크기
================================================================================
Installing:
 php            x86_64 7.2.11-1.module_el8.0.0+56+d1ca79aa    AppStream 1.5 M
 php-gd         x86_64 7.2.11-1.module_el8.0.0+56+d1ca79aa    AppStream  83 k
 php-mysqlnd    x86_64 7.2.11-1.module_el8.0.0+56+d1ca79aa    AppStream 190 k
종속성 설치:
 nginx-filesystem
                noarch 1:1.14.1-9.module_el8.0.0+184+e34fea82 AppStream  24 k
 php-cli        x86_64 7.2.11-1.module_el8.0.0+56+d1ca79aa    AppStream 3.1 M
 php-common     x86_64 7.2.11-1.module_el8.0.0+56+d1ca79aa    AppStream 653 k
 php-pdo        x86_64 7.2.11-1.module_el8.0.0+56+d1ca79aa    AppStream 122 k
약한 의존성 설치하기:
 php-fpm        x86_64 7.2.11-1.module_el8.0.0+56+d1ca79aa    AppStream 1.6 M
Enabling module streams:
 nginx                 1.14
 php                   7.2
```

```
거래 요약
================================================================
설치  8 꾸러미

총 다운로드 크기 : 7.3 M
설치 크기 : 26 M
이게 괜찮습니까 [y / N] : y
(생략)
설치됨:
  php-7.2.11-1.module_el8.0.0+56+d1ca79aa.x86_64
  php-gd-7.2.11-1.module_el8.0.0+56+d1ca79aa.x86_64
  php-mysqlnd-7.2.11-1.module_el8.0.0+56+d1ca79aa.x86_64
  php-fpm-7.2.11-1.module_el8.0.0+56+d1ca79aa.x86_64
  nginx-filesystem-1:1.14.1-9.module_el8.0.0+184+e34fea82.noarch
  php-cli-7.2.11-1.module_el8.0.0+56+d1ca79aa.x86_64
  php-common-7.2.11-1.module_el8.0.0+56+d1ca79aa.x86_64
  php-pdo-7.2.11-1.module_el8.0.0+56+d1ca79aa.x86_64

완료되었습니다!
```

### PHP의 동작 확인하기

PHP가 정상적으로 동작하는지 확인해보자. 아파치에 PHP 모듈이 추가된 것이므로 httpd.service를 다시 동작시켜야 한다. MariaDB도 다시 동작시킨다.

```
[root@localhost html]# systemctl restart httpd
[root@localhost html]# systemctl restart mariadb
```

PHP의 동작을 확인하기 위해 /var/www/html에 다음과 같이 파일을 만든다.

```
[root@localhost html]# vi phpinfo.php
<?php phpinfo(); ?>

:wq
```

웹 브라우저에서 http://IP주소/phpinfo.php로 접속했을 때 [그림 13-6]과 같이 출력되면 아파치와 PHP가 정상적으로 연동된 것이다.

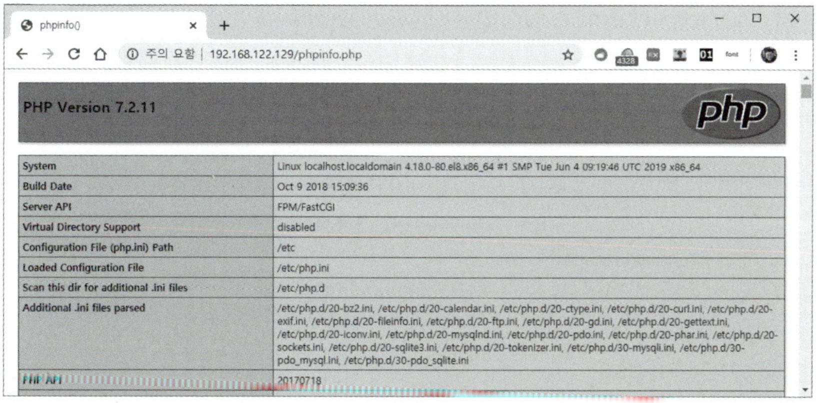


**그림 13-6** PHP 동작 확인 화면

## 게시판 설치하기

게시판은 리눅스 APM 환경에서 활용할 수 있는 대표적인 웹 프로그램이다. 리눅스에서 동작하는 게시판 중 오픈 소스로 제공되는 것으로 그누보드가 잘 알려져 있다. 다음 순서에 따라 그누보드를 설치해본다.

❶ 먼저 그누보드를 내려받아야 한다. 리눅스에서 웹 브라우저(파이어폭스)를 실행하여 그누보드 사이트(sir.kr)에 접속하여 내려받는다. 2019년 11월 현재 그누보드5 5.3.3.3 버전(gnuboard5.3.3.3.tar.gz)이 안정화되어 있는 최신 버전이다.

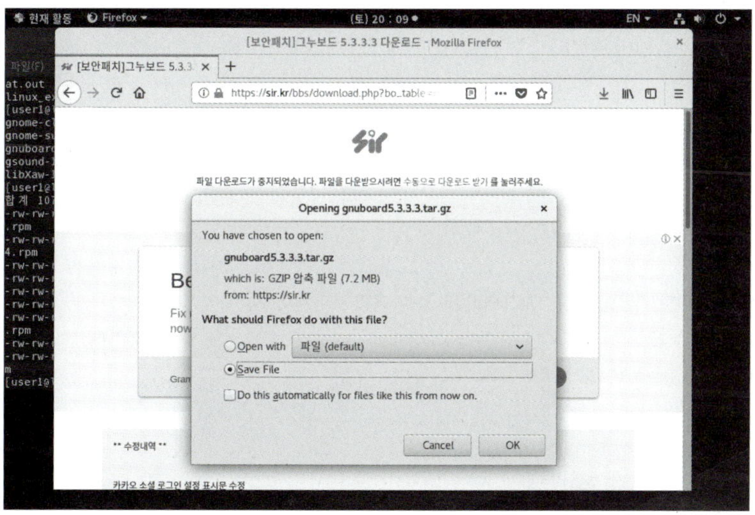


**그림 13-7** 그누보드 최신 버전 다운로드

❷ 내려받은 파일을 /var/www/html로 복사한다. 필자는 user1 계정에서 파이어폭스를 실행하여 내려받았기 때문에 ~user1/다운로드 디렉터리에 파일이 다운로드되었다. 다음과 같이 gnuboard5 디렉터리를 만들고 복사한다.

```
[root@localhost html]# mkdir gnuboard5
[root@localhost html]# cp ~user1/다운로드/gnuboard5.3.3.3.tar.gz gnuboard5
[root@localhost html]# ls gnuboard5/
gnuboard5.3.3.3.tar.gz
```

❸ tar로 묶인 압축 파일을 모두 푼다.

```
[root@localhost html]# cd gnuboard5
[root@localhost gnuboard5]# tar xzvf gnuboard5.3.3.3.tar.gz
(생략)
theme/basic/tail.php
theme/basic/tail.sub.php
theme/basic/theme.config.php
[root@localhost gnuboard5]# ls
LICENSE.txt  config.php              head.sub.php  perms.sh
_common.php  css                     img           plugin
_head.php    extend                  index.php     skin
_tail.php    g4_import.php           install       tail.php
adm          g4_import_run.php       js            tail.sub.php
bbs          gnuboard5.3.3.3.tar.gz  lib           theme
common.php   head.php                mobile
```

❹ 그누보드가 사용할 데이터베이스를 구축한다.

```
[root@localhost gnuboard5]# mysql -u root -p
Enter password:
Welcome to the MariaDB monitor.  Commands end with ; or \g.
Your MariaDB connection id is 8
Server version: 10.3.11-MariaDB MariaDB Server
(생략)
MariaDB [(none)]> create database gnu;
Query OK, 1 row affected (0.001 sec)
```

```
MariaDB [(none)]> exit
Bye
[root@localhost gnuboard5]#
```

❺ 이제 윈도에서 웹 브라우저로 접속하여 설정한다. 접속할 주소는 http://IP 주소/gnuboard5이다. 내려받은 그누보드의 tar 파일을 풀어놓은 디렉터리에 따라 웹 브라우저로 접속할 때 경로명도 달라져야 한다. 웹 브라우저로 접속하면 [그림 13-8]과 같은 메시지 창이 뜬다. DB 설정이 없다는 것이다. ❹번에서 생성한 DB를 아직 설정하지 않은 것이므로 [그누보드5 설치하기]를 클릭한다.

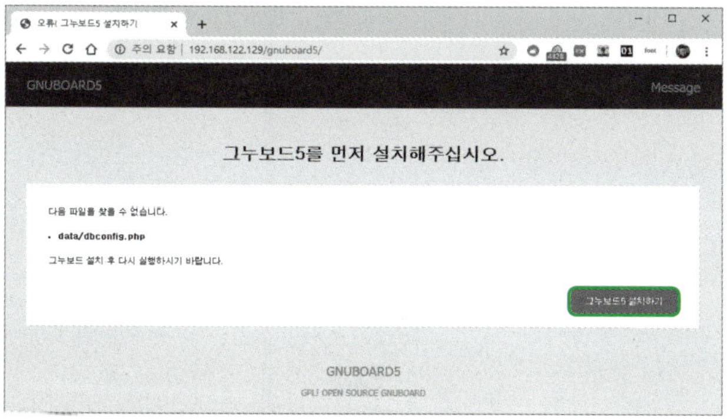


**그림 13-8 그누보드 설치 - DB 설정 오류 화면**

❻ [그누보드5 설치하기]를 클릭하면 [그림 13-9]와 같은 화면이 출력된다. 지시에 따라 data 디렉터리를 만들고 접근 권한을 707로 수정한다.

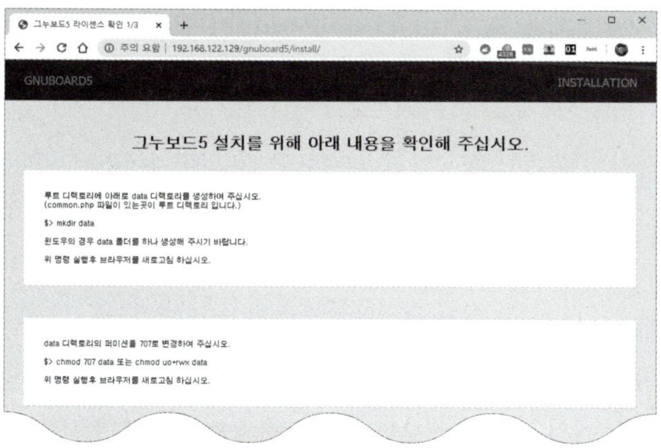


**그림 13-9 그누보드 설치-data 디렉터리 생성**

```
[root@localhost gnuboard5]# mkdir data
[root@localhost gnuboard5]# chmod 707 data
[root@localhost gnuboard5]# ls -ld data
drwx---rwx. 2 root root 6 11월 23 17:55 data
```

❼ 접근 권한을 조정한 후 브라우저에서 새로 고침을 하면 [그림 13-10]과 같이 라이선스를 동의하는 창이 뜬다. 라이선스에 동의해야 설치를 계속 진행할 수 있다.

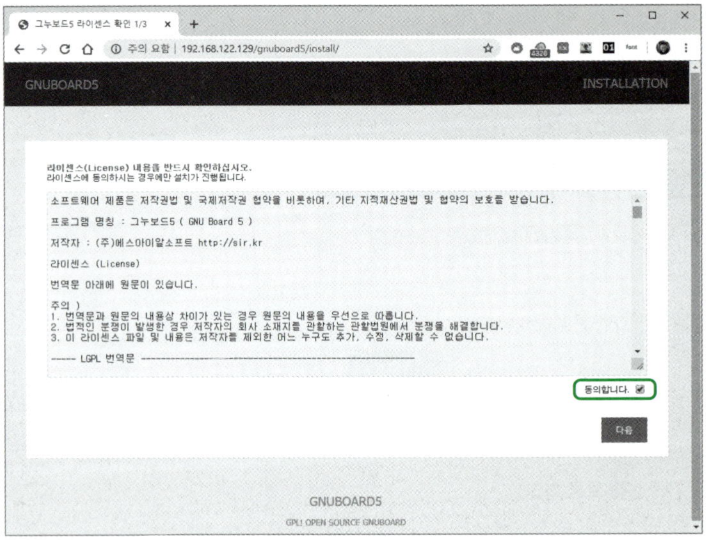


**그림 13-10 그누보드 설치 - 라이선스 확인**

❽ MariaDB에 설정한 DB 정보와 그누보드 관리자 정보를 입력한다. MariaDB 정보에서 사용자 정보는 다음과 같이 일반 사용자에게 해당 데이터베이스에 대한 권한을 부여하고 지정한다. MariaDB의 root 계정을 그냥 사용할 경우 보안에 문제가 생길 수 있다.

```
MariaDB [(none)]> grant all privileges on gnu.* to gnuser@localhost identified by
'123456';
Query OK, 0 rows affected (0.026 sec)
```

여기서 지정한 gnuser 사용자는 리눅스 시스템에 로그인할 때 필요한 계정이 아니라 MariaDB 사용자 계정이다. 그누보드의 최고관리자admin 암호도 지정한다. 실습에서 암호는 편의상 123456으로 했으나 실무에서는 이보다 강력한 암호를 사용해야 한다.

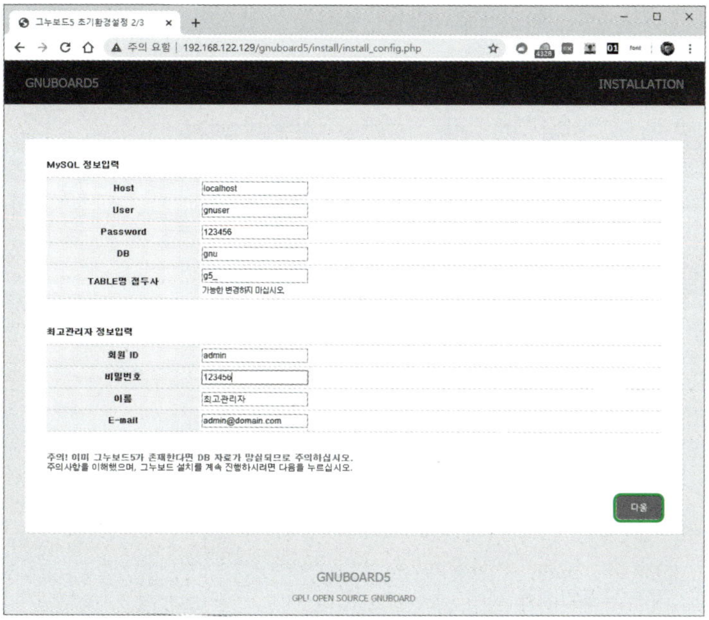

그림 13-11 그누보드 설치 - DB 정보와 관리자 암호 설정

❾ 그누보드 설치가 완료되었다. [새로운 그누보드5로 이동]을 클릭한다.

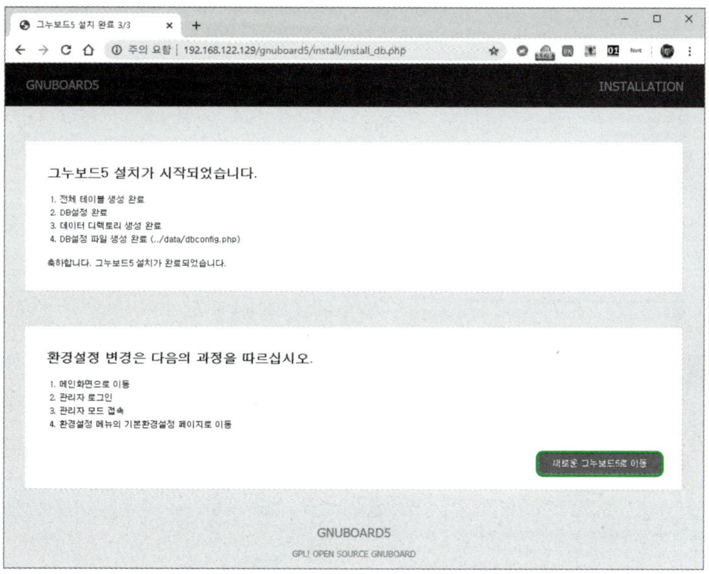

그림 13-12 그누보드 설치 - 설치 완료

⑩ 메인 화면은 [그림 13-13]과 같다. 이것으로 게시판 설치를 마쳤으며 APM이 정상적으로 연동된다는 것을 확인했다.

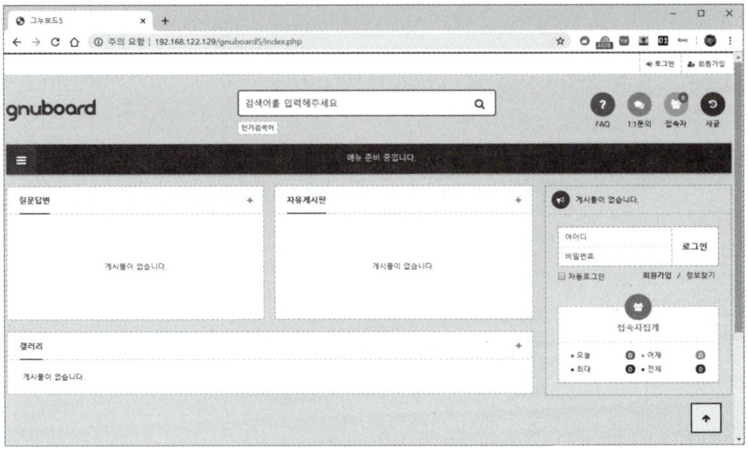

**그림 13-13 그누보드 설치 - 그누보드 메인 화면**

**따라해보기** **사용자 웹 페이지 구축하고 게시판 연결하기**

[그림 13-13]의 다음 작업은 무엇일까? 사용자 웹 페이지에 게시판을 어떻게 연결할까? 다음 순서대로 따라 해본다.

❶ [그림 13-13]에서 admin 계정으로 로그인한 다음 최고관리자님 아래 [관리자]를 클릭하면 관리자메인 화면으로 전환한다.

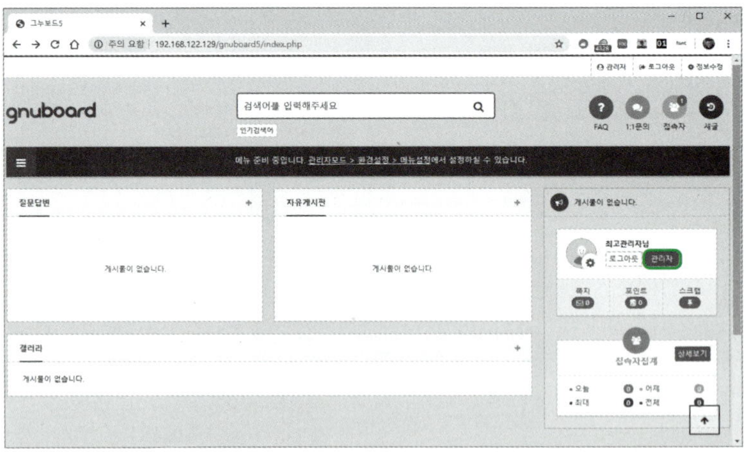

(a) admin 로그인 화면

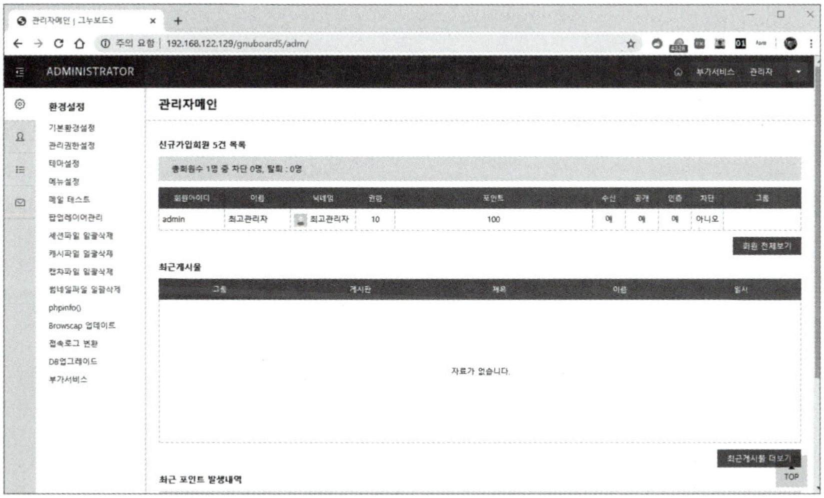

(b) 관리자메인 화면

**그림 13-14 그누보드 사용**

❷ 게시판을 만들려면 먼저 게시판 그룹을 생성해야 한다. 관리자 메인 화면에서 [게시판관리]–[게시판그룹관리]를 선택한다.

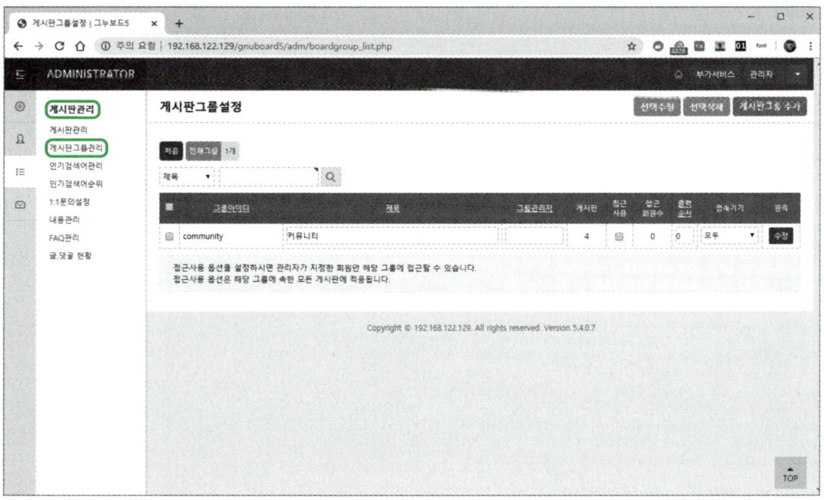

**그림 13-15 그누보드 사용 – 게시판그룹관리 선택**

❸ 게시판 관리 화면에서 오른쪽 상단의 [게시판그룹 추가]를 클릭한다.

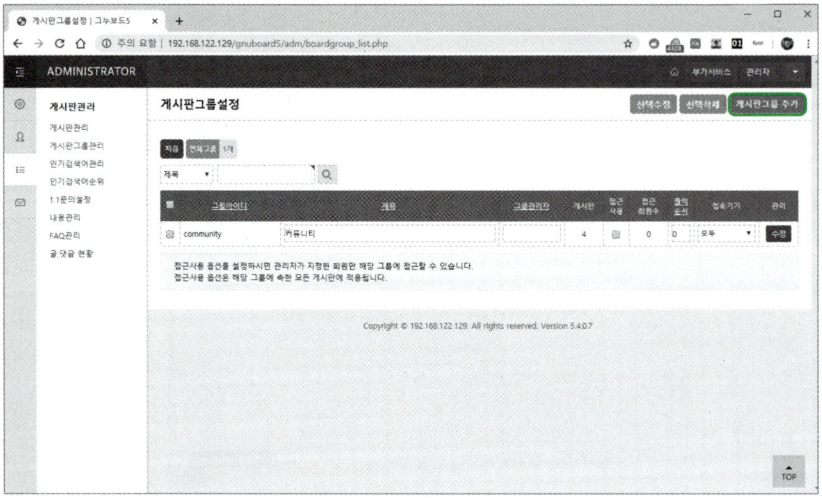

그림 13-16 그누보드 사용 - 게시판그룹 추가 선택

❹ [게시판그룹 추가]를 클릭하면 게시판 그룹 생성 화면이 나타난다. 여기서 그룹 ID와 그룹 제목만 입력하고 [확인]을 클릭하면 게시판 그룹이 생성된다.

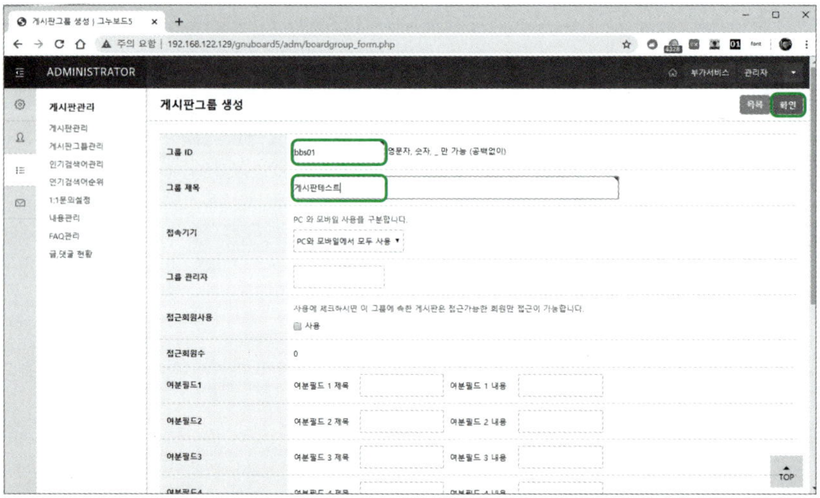

그림 13-17 그누보드 사용 - 게시판그룹 생성 화면

❺ 게시판그룹 생성이 완료되면 [게시판 생성] 버튼이 나타나는데 이 버튼을 클릭하면 게시판 생성 화면이 출력된다.

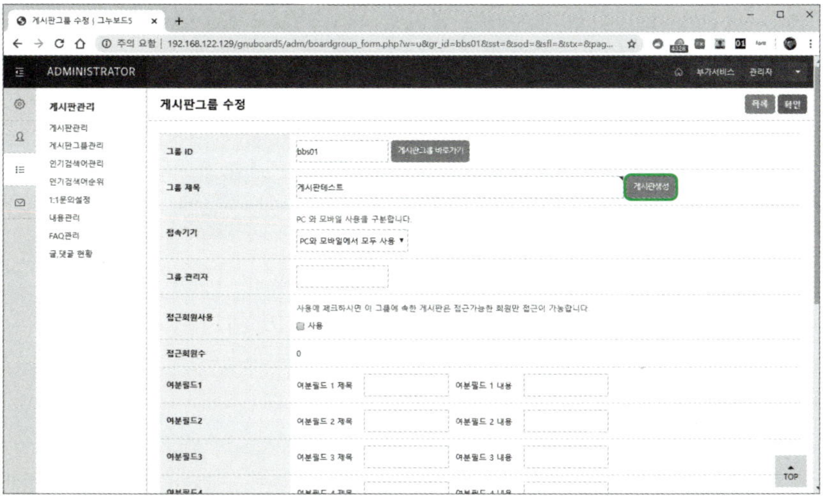

그림 13-18 그누보드 사용 - 게시판생성 버튼 클릭

❻ [그림 13-19]와 같은 게시판 생성 화면에는 게시판의 여러 속성을 설정하는 항목이 있으나 여기서는 간략하게 기본 게시판만 생성한다. TABLE 항목에 게시판 이름을 입력하고 게시판 제목을 입력한다. 또한 게시판 권한 설정에서 게시판 관리자를 지정하고 [확인]을 클릭하면 게시판이 생성된다.

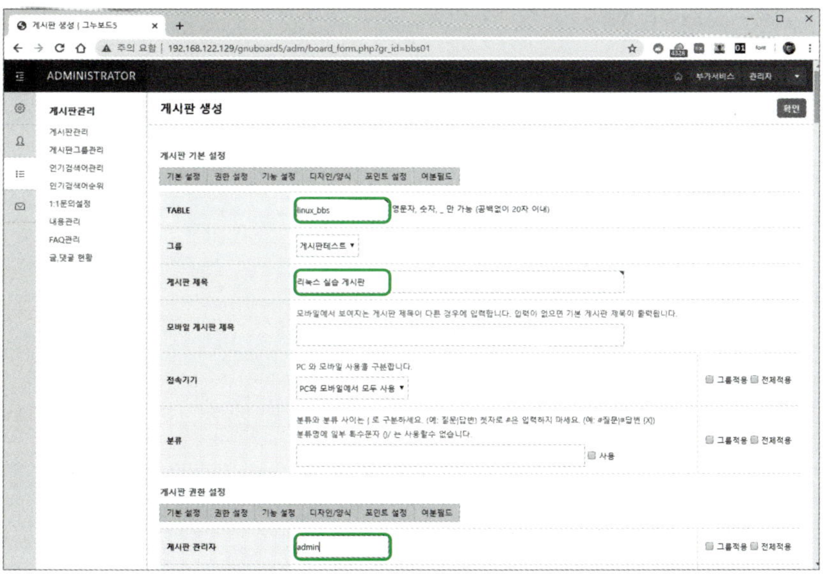

그림 13-19 그누보드 사용 - 게시판 생성 화면

❼ [그림 13-20]에서 [확인]을 클릭하면 게시판이 생성되고 게시판 수정 화면이 출력된다. 게시판과 관련한 설정 중 수정할 것이 있으면 수정할 수 있다.

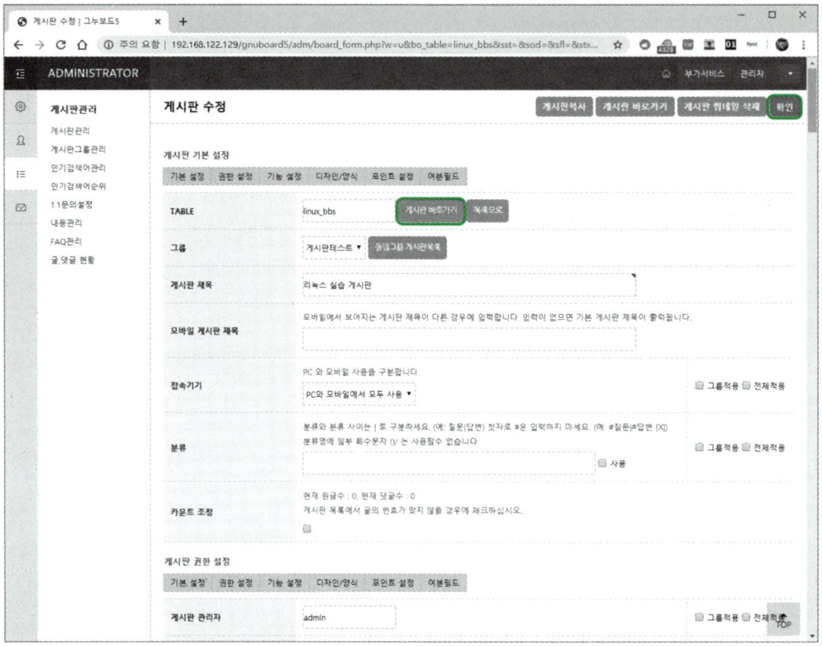

그림 13-20 그누보드 사용 - 게시판 수정 화면

❽ [그림 13-20]에서 '게시판 바로가기' 버튼을 클릭하면 해당 게시판 화면으로 바로 이동한다. 게시판 관리 화면에서 게시판 이름을 클릭해도 같은 화면으로 이동한다. [그림 13-21]에서 글쓰기 버튼을 클릭하여 게시물을 작성할 수 있다. 나중에 웹 페이지에 이 게시판을 연결하기 위해서 브라우저 상단의 주소를 복사해두어야 한다.

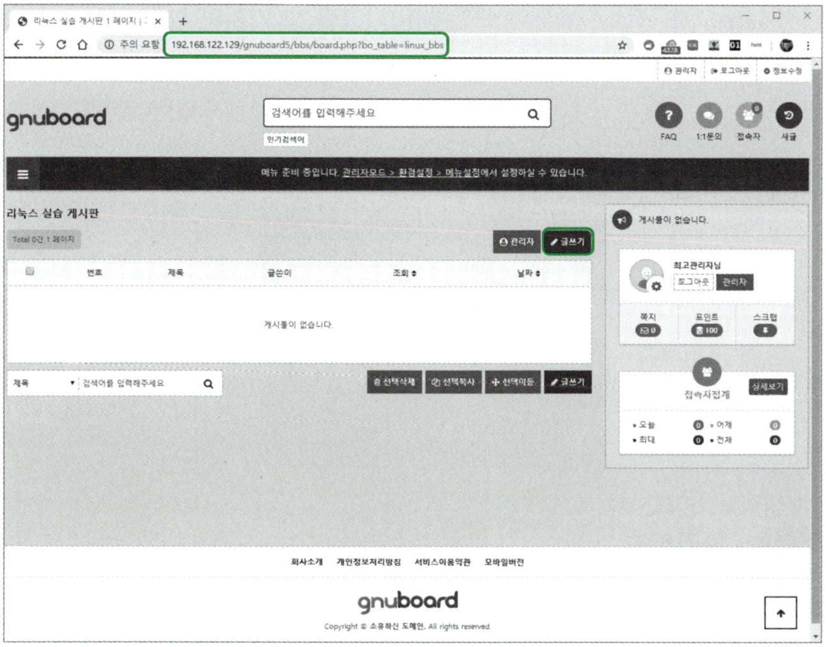

그림 13-21 그누보드 사용 - 게시판 화면

❾ 이제 마지막 단계다. 앞에서 user1 사용자의 홈 디렉터리에 public_html 디렉터리를 만들고 index.html 파일을 작성했다. 이 파일을 다음과 같이 수정한다. 게시판 주소는 [그림 13-21]의 URL 부분을 복사해서 붙이면 된다.

```
[user1@localhost ~]$ cd public_html
[user1@localhost public_html]$ vi index.html
<html>
<head>
<title>bbs test</title>
</head>
<body>
User1 Web Page!!! <br><br>
<a href=http://192.168.122.129/gnuboard5/bbs/board.php?bo_table=linux_bbs>리눅스 실습 
게시판 연결</a>
</body>
</html>

:wq
```

⑩ 웹 브라우저에서 http://IP 주소/~user1에 접속하면 [그림 13-22]와 같이 '리눅스 실습 게시판 연결' 링크가 출력된다. 이 링크를 클릭하면 [그림 13-21]의 게시판이 나온다. 이것으로 게시판을 연결하는 작업이 모두 완료되었다. 게시판 설정 조정 등 그누보드5와 관련된 보다 자세한 내용은 sir.kr 사이트를 참고하기 바란다.

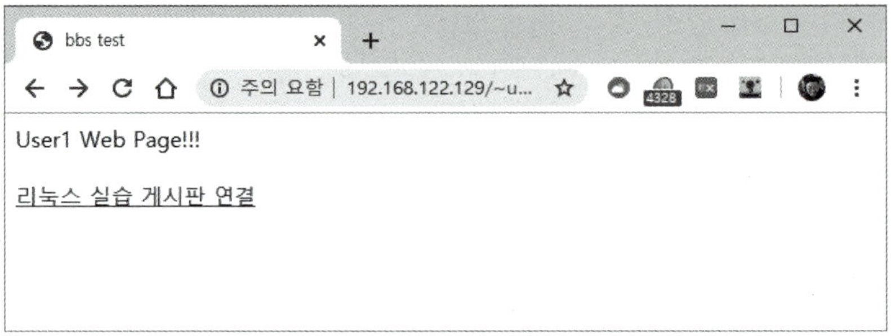


**그림 13-22 그누보드 사용 – 게시판 연결**

**혼자해보기 사용자 웹 페이지 구축하고 게시판 연결하기**

새로운 사용자 계정에서 웹 페이지를 구축하고 게시판을 연결해보자. user2 사용자 계정에서 작업한다.

❶ user2 계정에 public_html 디렉터리를 생성하고 접근 권한을 조정한다.

❷ 기본 웹페이지를 생성한다. public_html 디렉터리에 index.html 파일을 생성한다. html 파일은 다음 예제를 참고한다.

```
<html>
<head>
<title>user2 web page test</title>
</head>
<body>
<h1>User2 Web Page!</h1>
</body>
</html>
```

❸ 웹 브라우저에서 웹 페이지에 접속하여 확인한다.

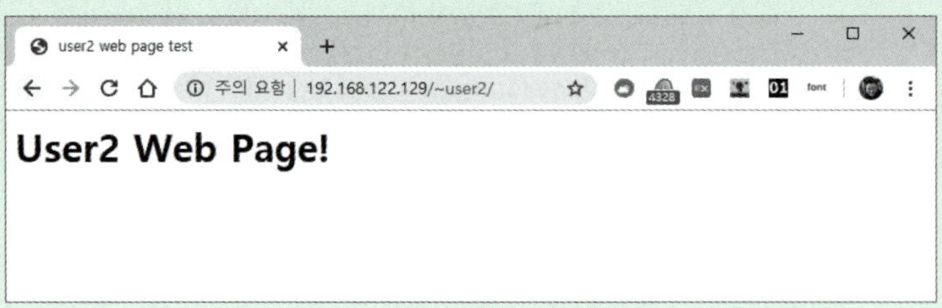

❹ 그누보드에서 user2에게 할당할 게시판을 생성한다.

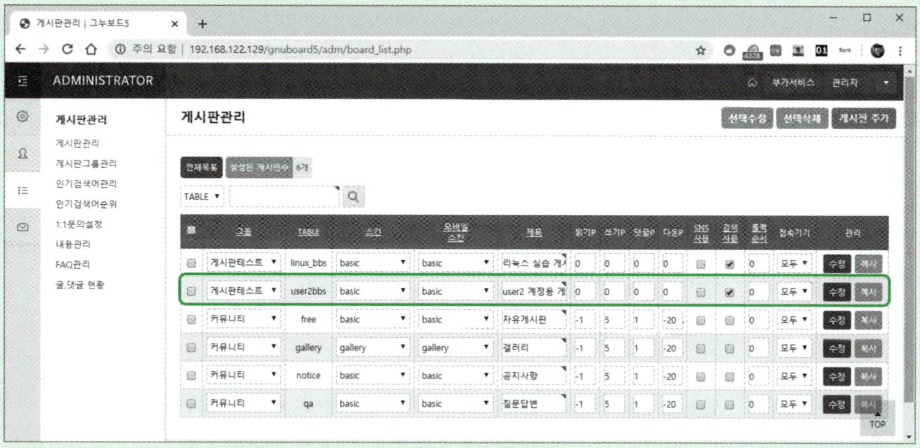


❺ 게시판을 연결할 수 있도록 ❷번에서 작성한 html 파일을 수정한다.

❻ user2 웹 페이지에서 게시판이 연결되는지 확인한다.

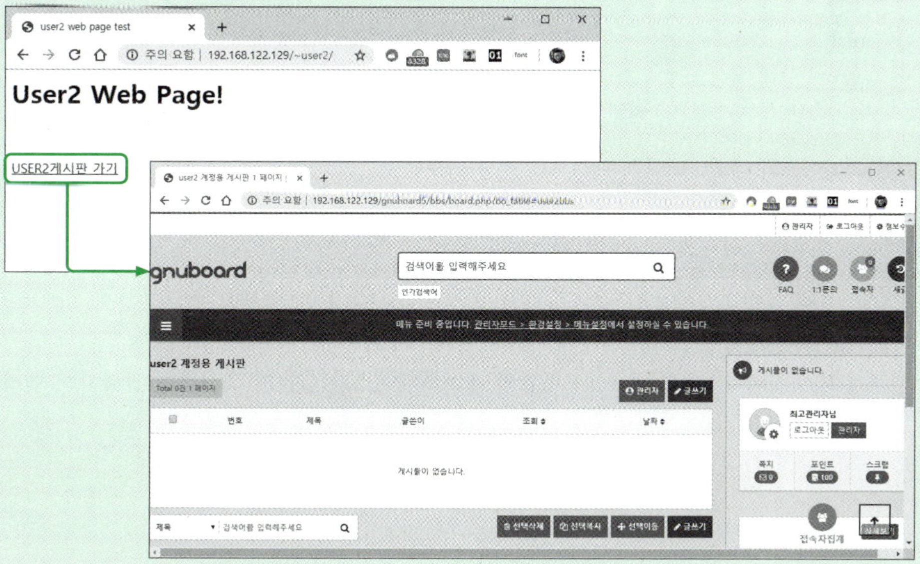

## 연습문제

**01** MariaDB에서 데이터베이스 udb를 삭제하는 명령은 무엇인가?

① remove udb  ② drop udb
③ del udb  ④ quit udb

**02** 본문 631쪽 혼자해보기에서 실습한 Author 테이블에 연락처(Tel) 필드를 추가하는 명령은 무엇인가? 자료형은 문자형으로 한다.

① create table Author (Tel varchar(25));
② alter table Author add Tel varchar(25);
③ update table Author (Tel varchar(25));
④ insert table Author (Tel varchar(25));

**03** 아파치에서 일반 사용자 계정에 웹 페이지를 만들기 위해 생성하는 기본 디렉터리는 무엇인가?

① public  ② /var/www/html
③ www  ④ public_html

**04** 데이터베이스와 데이터베이스 관리 시스템을 비교하여 설명하시오.

**05** 관계형 데이터베이스에서 데이터를 관리하는 구조를 간략하게 설명하시오.

**06** 관계형 데이터베이스 이외에 어떤 구조의 데이터베이스가 있는지 조사하여 간략하게 설명하시오.

**07** 필드와 레코드의 차이를 설명하시오.

※ 음반을 관리하는 데이터베이스를 구축하려고 한다. 다음 물음에 답하시오(08~13번).

**08** 음반을 관리하기 위한 항목을 도출하고 이를 테이블 두 개로 설계하시오. 데이터도 세 개 이상 만드시오.

**09** 데이터베이스 이름을 music_db로 하여 MariaDB에 데이터베이스를 생성하시오.

**10** 문제 **08**번에서 설계한 테이블 두 개를 music_db에 생성하시오.

**11** 문제 **10**번에서 생성한 테이블의 구조를 확인하시오.

**12** 문제 **08**번에서 만든 데이터를 각 테이블에 입력하시오.

**13** 두 테이블을 연결하여 전체 항목을 검색하도록 select 문장을 만드시오.

**14** user3 사용자를 등록하고 이 사용자의 웹 페이지를 생성하시오. 게시판 두 개를 연결하시오.

# CHAPTER 14
# NFS와 삼바



**학습목표**

- NFS를 설정하고 디렉터리를 공유할 수 있다.
- 윈도에서 공유한 폴더를 리눅스에서 마운트하여 사용할 수 있다.
- 리눅스에서 공유한 디렉터리를 윈도에서 연결할 수 있다.
- 삼바를 통해 윈도와 리눅스의 폴더를 공유할 수 있다.

# 00 개요

## 1 리눅스 학습 맵에서 14장의 위치

14장에서는 4단계의 네 번째 항목인 디렉터리 공유를 다룬다. 이 장의 학습을 통해 리눅스 시스템 사이의 디렉터리를 공유할 수 있고, 윈도와 리눅스 시스템 사이에서도 폴더와 디렉터리를 공유할 수 있다. 시스템의 디스크를 적절히 배분하여 사용하는 것은 관리자로서 시스템을 운영하기 위해 꼭 필요한 업무이므로 이 장의 내용을 잘 이해해야 한다.

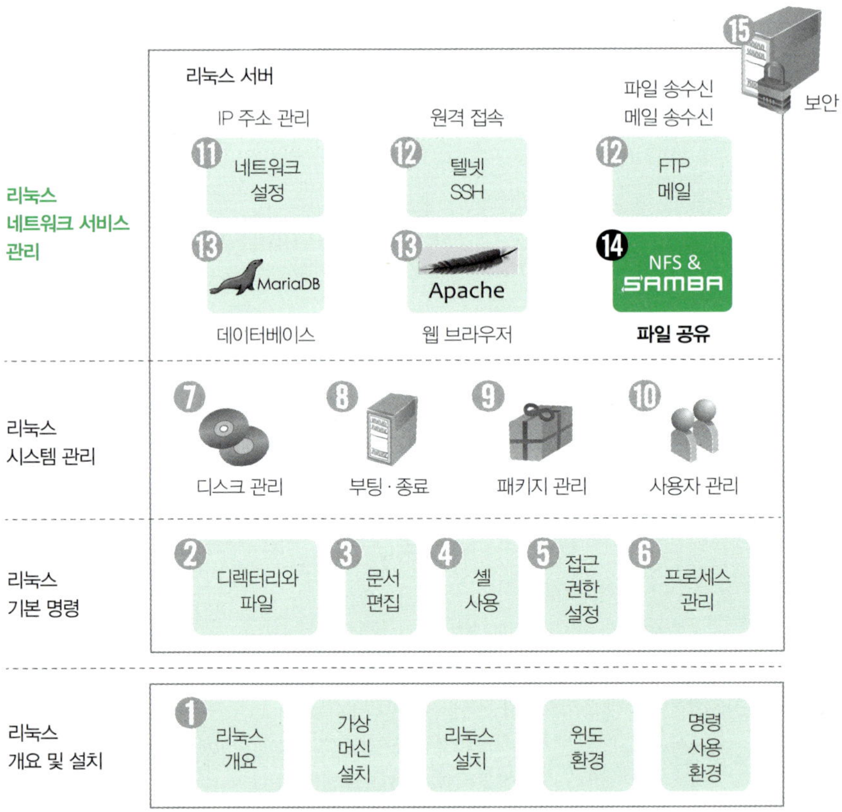

## 2 14장의 내용 구성

리눅스 시스템은 단독으로 사용할 수도 있지만 다른 시스템의 디스크를 공유하여 사용할 수도 있다. 이는 한 시스템의 디스크 용량이 부족하거나, 공동 프로젝트를 진행하면서 디렉터리를 공유할 필요가 있을 때 유용하게 적용할 수 있다. 이렇게 네트워크를 통해 디스크를 공유하는 것을 네트워크 파일 시스템이라 한다.

리눅스에서는 네트워크 파일 시스템의 또 다른 형태로 제공하는 삼바Samba를 사용하여 윈도와 리눅스 사이에 디렉터리를 공유할 수 있고, 리눅스와 리눅스 사이에서도 디렉터리를 공유하여 사용할 수 있다. 시스템의 디스크는 용량에 제한이 있으므로 시스템 사이에 디스크를 공유하는 것은 전체적인 디스크 용량 관리 측면에서 중요한 업무다. 또한 리눅스와 윈도 사이에 디렉터리를 공유하는 것은 사용자들의 효율적인 업무 수행을 위해 꼭 필요한 기능이다. 장비를 효율적으로 운영하는 것은 시스템 관리자의 핵심적인 업무 중 하나이므로 이 장의 내용을 잘 이해하고 실무에 적용하기를 바란다.

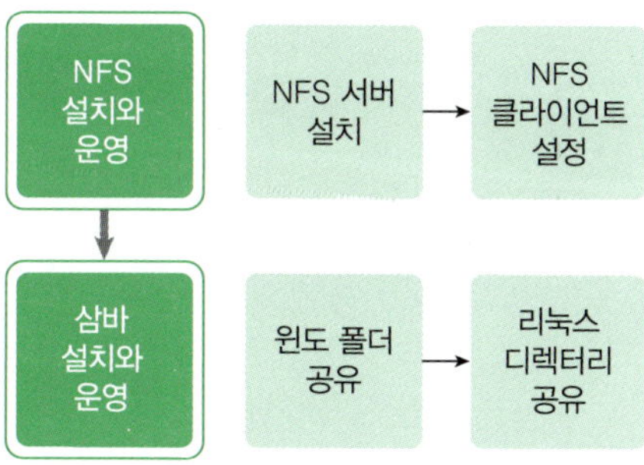

# 01 NFS 설치와 운영

NFS는 'network file system'의 약자로, 네트워크를 통해 다른 시스템의 디스크를 연결하여 사용하는 것을 말한다. 윈도에서 폴더를 공유하는 것과 같다고 생각하면 된다. 이를 위해서는 NFS 서버가 설치되어 있어야 하고, NFS 서버 측에서 디스크를 공유해야 한다. 개념적으로도 복잡할 것은 없다. 쉽게 말해 [그림 14-1]과 같이 다른 시스템에서 공유한 디스크를 디렉터리 계층 구조에 마운트하면 되는 것이다.

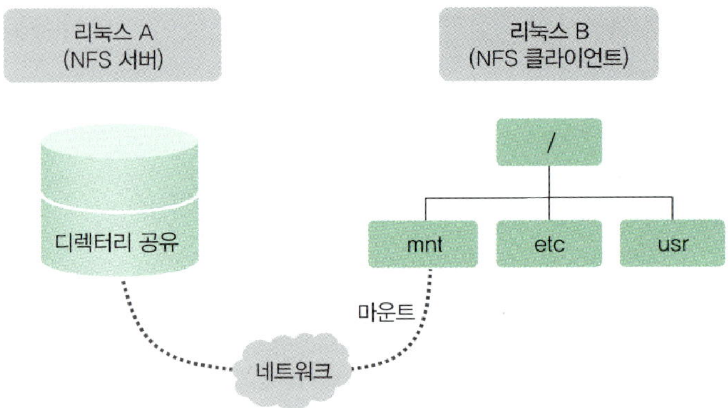


그림 14-1 NFS의 개념도

이미 디스크를 마운트하는 방법은 알고 있으므로, 디스크를 공유하고 공유된 디스크를 확인하는 방법만 알면 NFS를 쉽게 구축할 수 있다. 이를 차근차근 살펴보자.

## 1 NFS 서버 설치 및 설정

13장까지는 리눅스 시스템 하나에서 모든 것을 해볼 수 있었다. 그러나 [그림 14-1]에서 보듯이 NFS를 공부하려면 리눅스 시스템이 두 개 있어야 한다. 따라서 NFS를 살펴보기 전에 새로운 리눅스 시스템을 준비해야 하므로 1장을 참조하여 리눅스를 추가로 설치한다.

## NFS 패키지 설치 확인하기

두 번째 시스템이 준비되었는가? 두 번째 리눅스 시스템은 linux2라고 부르자. linux2가 NFS 서버 역할을 할 것이다. NFS 서버에는 nfs-utils 패키지가 설치되어 있어야 한다. 이를 먼저 확인해보자.

```
[root@linux2 ~]# rpm -qa | grep nfs-utils
nfs-utils-2.3.3-14.el8.x86_64
```

리눅스 시스템에는 기본으로 nfs-utils 패키지가 설치되어 있다. 만약 자신의 리눅스 시스템에 nfs-utils가 설치되어 있지 않다면 dnf로 설치한다.

## 서버 설정하기

NFS 서버를 설정해보자. NFS 서버에서 클라이언트가 사용할 수 있도록 디렉터리를 공유하는 작업을 익스포팅exporting이라고 하며, 설정 파일은 /etc/exports다. 이 파일에 설정할 내용은 다음과 같다. 클라이언트 주소는 공백문자로 구분하여 여러 개 지정할 수 있다.

```
익스포팅할 디렉터리    클라이언트 주소(NFS 옵션)
```

/etc/exports 파일에서 클라이언트 주소는 클라이언트의 호스트 이름이나 IP 주소, 와일드카드(*)를 모두 허용한다. [표 14-1]에 NFS 옵션을 정리했다.

**표 14-1** NFS 옵션

| 옵션 | 기능 |
|---|---|
| rw | NFS 서버 디렉터리에 읽기, 쓰기를 모두 허용한다. |
| ro | NFS 서버 디렉터리에 읽기만 허용한다(기본값). |
| sync/async | sync는 클라이언트가 NFS 서버에 쓰기 작업을 하면 바로 반영한다(기본값).<br>async는 클라이언트가 NFS 서버에 쓰기 작업을 하면 바로 반영하지 않는다. 서버에 문제가 발생했을 때 데이터 불일치가 발생할 수 있다. |
| root_squash<br>no_root_squash | root_squash: 클라이언트가 uid/gid 0(root 계정)으로 접속해도 서버에서는 이를 anonymoun uid/gid로 취급한다.<br>no_root_squash: root squash를 정지한다. 서버에서도 root 권한을 사용할 수 있다. |
| anonuid<br>anongid | anonymous 계정의 uid와 gid를 명시적으로 설정한다. |

NFS를 설정하려면 먼저 공유할 디렉터리를 지정해야 한다. 기존 디렉터리를 지정해도 되고, NFS를 위해 새로운 디렉터리를 만들어도 된다. 여기서는 linux2 시스템의 /home 디렉터리에 share 디렉터리를 만들고 이 디렉터리를 공유한다. 디렉터리의 접근 권한은 707로 한다.

```
[root@linux2 ~]# cd /home
[root@linux2 home]# mkdir share
[root@linux2 home]# chmod 707 share
[root@linux2 home]# ls -l
합계 4
drwx---rwx.  2 root  root     6 11월 26 20:17 share
drwx------. 15 user1 user1 4096 11월 26 20:13 user1
```

linux2 시스템의 /home/share 디렉터리를 공유하려면 다음과 같이 설정한다. IP 주소는 자신의 환경에 따라 바꾼다.

```
[root@linux2 home]# vi /etc/exports
/home/share      192.168.122.129(rw)

:wq
```

NFS 서버가 공유한 내용을 확인하는 명령은 exportfs다.

**exportfs**

- **기능** NFS 서버에서 익스포팅한 내용을 관리한다.
- **형식** exportfs [옵션]
- **옵션** -a: 설정 파일에 지정한 모든 디렉터리를 익스포팅·언익스포팅한다.
  -v: 상세 동작 내용을 출력한다.
  -u IP 주소:경로: 경로로 지정한 디렉터리의 익스포팅을 해제한다.
  -o NFS옵션 IP 주소:경로: 경로로 지정한 디렉터리를 익스포팅하고 IP 주소로 지정한 클라이언트의 접속을 허용한다.
- **사용 예** exportfs
  exportfs -v
  exportfs -o rw 10.10.10.1:/home/pub

exportfs 명령으로 linux2가 공유한 것이 제대로 적용되었는지 확인해보면 다음과 같다. 만약 exportfs –o 명령으로 공유시켰다면 /etc/exports 파일에 저장되지는 않는다.

```
[root@linux2 home]# exportfs -a
[root@linux2 home]# exportfs
/home/share     192.168.122.129
```

이제 NFS 서버를 시작시키면 된다. NFS 서버를 시작시키는 서비스 이름은 nfs-server.service이다.

```
[root@linux2 home]# systemctl start nfs-server.service
```

당연히 잊지 말고 방화벽에서 nfs를 열어줘야 한다.

```
[root@linux2 home]# firewall-cmd --add-service=nfs
success
```

NFS 서버가 설정되었으니 이제 클라이언트를 확인해보자.

### NFS 클라이언트 설정하기

사실 NFS 클라이언트는 특별히 설정할 것이 없다. mount 명령을 사용하여 NFS 서버가 공유한 디렉터리를 연결하기만 하면 된다.

```
[root@localhost ~]# mount -t nfs 192.168.122.128:/home/share /mnt
```

df 명령으로 확인해보면 NFS로 마운트된 것을 알 수 있다.

```
[root@localhost ~]# df
Filesystem                  1K-blocks    Used Available Use% Mounted on
(생략)
192.168.122.128:/home/share  17811456 4403968  13407488  25% /mnt
```

현재 linux2의 /home/share에는 파일이 하나도 없으므로 파일을 하나 생성해서 클라이언트에서도 보이는지 확인해보자.

```
[root@linux2 home]# cd share
[root@linux2 share]# touch linux2.txt
[root@linux2 share]# ls
linux2.txt
```

linux2에서 linux2.txt 파일을 touch 명령으로 생성했다. 클라이언트에서 확인해보자.

```
[root@localhost ~]# cd /mnt
[root@localhost mnt]# ls
linux2.txt
```

클라이언트에서도 linux2.txt 파일이 잘 확인된다. 반대의 경우도 살펴보자. 클라이언트에서 생성하고 서버(linux2)에서 확인한다.

```
[root@localhost mnt]# touch client.txt
[root@localhost mnt]# ls
client.txt  linux2.txt
```

```
[root@linux2 share]# ls
client.txt  linux2.txt
```

### /etc/fstab 파일에 NFS 파일시스템 마운트 설정하기

리눅스를 부팅할 때 NFS 서버의 디렉터리를 계속 마운트하려면 다음과 같은 형식으로 /etc/fstab 파일에 설정해야 한다.

```
NFS 서버 주소: 익스포팅한 디렉터리 클라이언트의 마운트 포인트 NFS옵션
```

/etc/fstab 파일에 NFS 서버의 마운트를 지정할 때 사용할 수 있는 주요 NFS 옵션은 [표 14-2]와 같다.

**표 14-2** NFS 마운트 옵션

| 옵션 | 기능 |
|---|---|
| fg | 첫 번째 NFS 마운트 시도에서 타임아웃이 발생하면 마운트 시도를 즉시 중단한다(기본 값). |
| hard | 타임아웃이 발생하면 'Server not responding'이라는 메시지를 출력하고 무한정 재시도한다(이 때문에 시스템이 부팅하지 못할 수도 있다). |
| soft | 타임아웃이 발생하면 프로그램에 오류를 보고하고 부팅을 진행한다. |

앞에서 지정한 /home/share 디렉터리를 부팅할 때도 다시 마운트하려면 클라이언트에서 /etc/fstab 파일에 다음과 지정해야 한다.

```
192.168.122.128:/home/share  /mnt  nfs  fg,soft  1  2
```

### NFS 서버의 공유 내용 확인하기

클라이언트에서 NFS 서버의 공유 내용을 확인할 때는 showmount 명령을 사용한다.

> **showmount**
>
> - **기능** NFS 서버의 공유 내용을 출력한다.
> - **형식** showmount [옵션]
> - **옵션** -e 서버 주소: 서버의 공유 내용을 출력한다.
> - **사용 예** showmount -e 10.10.10.1

showmount 명령을 사용해보자.

```
[root@localhost mnt]# showmount -e 192.168.122.128
clnt_create: RPC: Unable to receive
```

showmount 명령으로 linux2의 정보를 확인하려고 했더니 위와 같이 오류 메시지가 출력되었다. 이것은 linux2에서 showmount와 관련된 포트를 열지 않았기 때문이다. 다음과 같이 linux2의 방화벽에서 관련 포트를 열어준다.

```
[root@linux2 home]# firewall-cmd --add-port=20048/udp
success
[root@linux2 home]# firewall-cmd --add-port=111/udp
success
```

이제 다시 클라이언트에서 showmount 명령으로 확인해보자. 다음과 같이 192.168.122.129 시스템에 /home/share 디렉터리를 익스포팅하고 있다는 정보가 출력된다.

```
[root@localhost mnt]# showmount -e 192.168.122.128
Export list for 192.168.122.128:
/home/share 192.168.122.129
```

# 02 삼바 설치와 활용

1절에서 설정한 것은 리눅스의 디렉터리를 다른 리눅스 시스템과 공유하는 것이었다. 그럼 윈도와 리눅스는 서로 디렉터리를 공유할 수 없을까? 당연히 가능하다. 리눅스에서는 윈도와 디렉터리나 프린터 등을 공유하기 위해 삼바를 제공한다. 윈도와 리눅스를 공유하는 방식은 [그림 14-2]와 같이 두 가지가 있다.

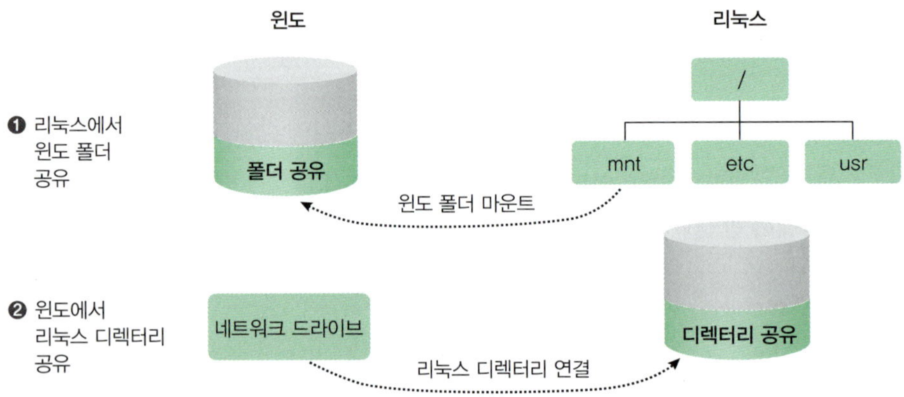


**그림 14-2 윈도와 리눅스의 폴더 · 디렉터리 공유 방법**

❶ 리눅스에서 윈도의 폴더를 공유한다.

❷ 윈도에서 리눅스의 디렉터리를 공유한다.

각각 어떻게 설정하고 공유하는지 살펴보자.

## 1 리눅스에서 윈도 폴더 공유하기

리눅스에서 윈도 폴더를 공유할 때는 리눅스가 삼바 클라이언트가 되고 윈도가 삼바 서버 역할을 한다. 그러나 정확하게 얘기하면 윈도에서는 삼바 서버를 별도로 설치할 필요가 없다. 윈도가 원래 가지고 있는 기능인 폴더 공유 기능을 사용하면 되기 때문이다. 리눅스와 윈도에서 해야 할 작업을 [표 14-3]에 정리했다.

**표 14-3 리눅스에서 윈도 폴더를 공유하기 위해 해야 할 작업**

| 리눅스 | 윈도 |
|---|---|
| 삼바 클라이언트(samba-client) 설치<br>삼바 마운트(mount -t cifs) | 리눅스 사용자 추가<br>폴더 공유 |

## 윈도 설정하기: 공유 폴더 생성하기

윈도에서는 윈도의 폴더를 사용할 사용자를 추가하고 폴더를 공유하기만 하면 된다. 윈도에서 공유 폴더를 생성해보자. 다음 예는 윈도 10을 기준으로 한 것으로, 다른 버전이라면 차이가 조금 있을 수 있다.

❶ C: 드라이브에 Samba-Win 폴더를 생성하고 마우스 오른쪽 버튼을 클릭하여 속성 창을 띄운다. 속성 창의 '공유' 탭에서 [고급 공유(D)]를 클릭하고 고급 공유 창에서 '선택한 폴더 공유(S)'에 체크 표시를 한 뒤 [확인]을 클릭한다.

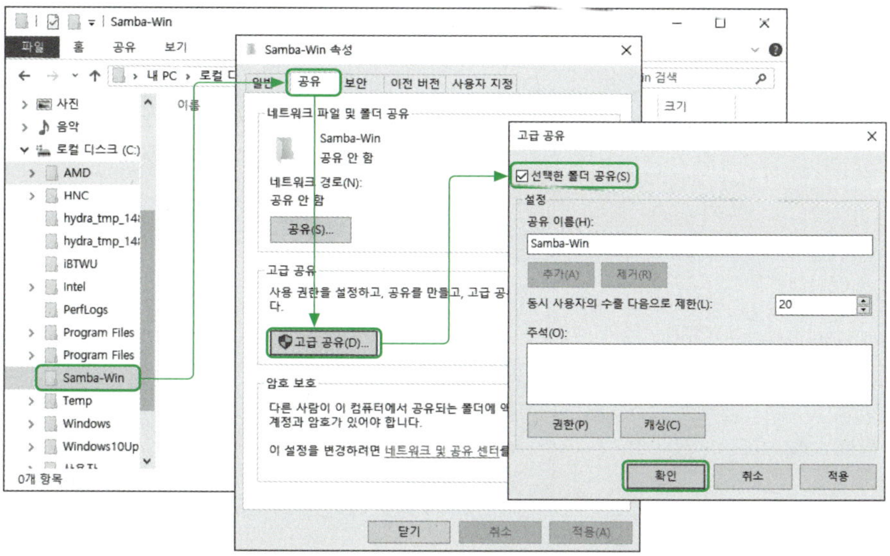


**그림 14-3 윈도에 폴더 생성 및 공유 설정**

❷ [그림 14-3]에서 [확인]을 클릭하면 속성 창에서 네트워크 경로가 출력된다. [공유(S)]를 클릭하면 파일 공유 창이 뜨는데, 여기서 'Everyone' 사용자를 선택하여 추가하고 권한으로 '읽기/쓰기'를 선택한 다음 [공유(H)]를 클릭한다. 만약 '공유(H)'를 클릭했을 때 공유에 사용하는 네트워크가 개인 네트워크인지 공용 네트워크인지 선택하는 창이 뜨면 개인 네트워크를 선택한다.

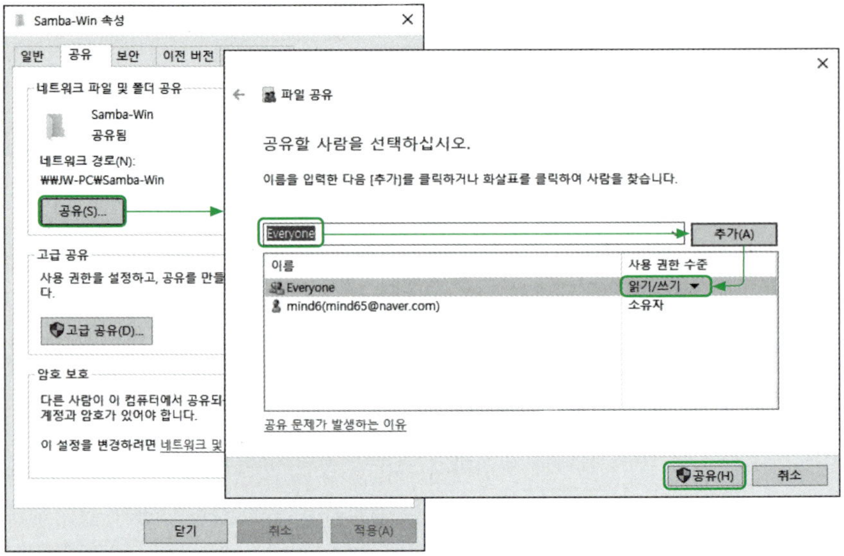

그림 14-4 공유할 사람 선택

❸ 폴더가 공유되었다는 메시지 창이 뜨면 [완료(D)]를 클릭한다. 속성 창에서 최종 설정 내용을 확인하고 [닫기]를 클릭한다.

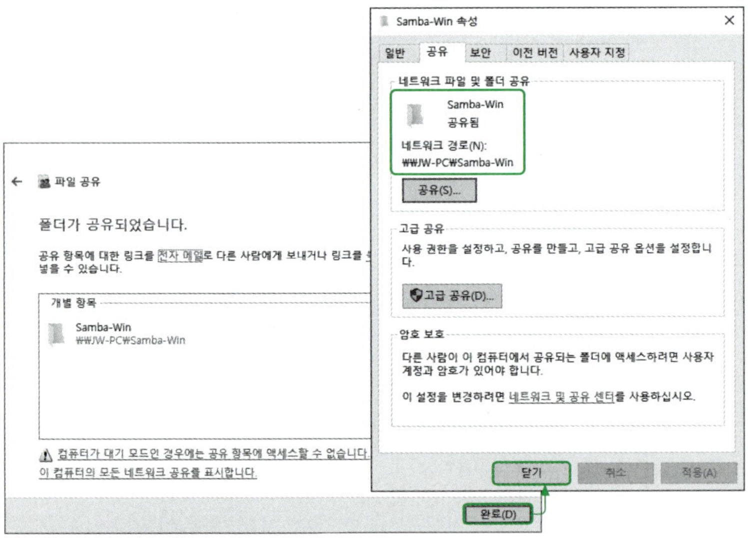

그림 14-5 공유 완료

❹ 리눅스에서 이 폴더에 접속했을 때 파일이 보이는지 확인하기 위해 test.txt 파일을 하나 생성해놓는다.

### 윈도 설정하기: 공유 사용자 생성하기

리눅스에서 공유 폴더에 접근할 때 사용할 사용자를 생성해보자.

❶ [시작]-마우스 오른쪽 버튼 클릭-[설정]-[계정]을 선택하면 사용자 설정 창이 뜬다. 여기서 [가족 및 다른 사용자]를 클릭하면 계정을 추가할 수 있다.

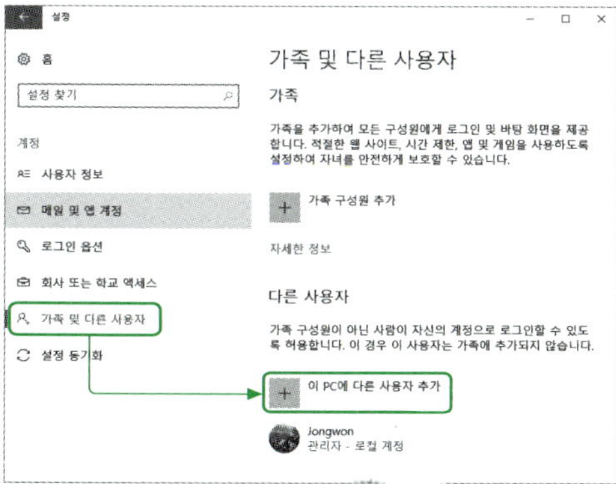


그림 14-6 사용자 설정 창

❷ [그림 14-6]에서 [이 PC에 다른 사용자 추가]를 클릭하면 새 사용자 창이 뜬다. 사용자 이름은 root로 해야 한다. 사용자가 생성되면 계정 이름에서 마우스 오른쪽 버튼을 클릭하여 암호를 설정한다.

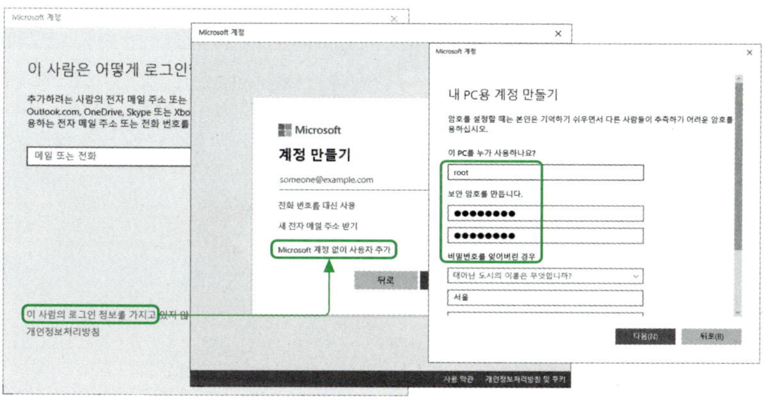


그림 14-7 사용자 설정

### 리눅스 설정하기

리눅스에서는 삼바 클라이언트를 설치해야 하는데, samba-client와 samba-common 패키지가 설치되어 있어야 한다. 이미 설치되어 있는지 먼저 확인한다.

```
[root@localhost mnt]# rpm -qa | grep samba
samba-common-4.9.1-8.el8.noarch
samba-client-libs-4.9.1-8.el8.x86_64
samba-common-libs-4.9.1-8.el8.x86_64
```

삼바 클라이언트가 설치되어 있지 않으므로 dnf 명령으로 설치한다.

```
[root@localhost mnt]# dnf install samba-client
마지막 메타 데이터 만료 확인 : 0:50:26 전에 2019년 11월 26일 (화) 오후 08시 30분 26초.
종속성이 해결되었습니다.
==============================================================================
 꾸러미              아키텍처       버전                  리포지토리      크기
==============================================================================
Installing:
 samba-client        x86_64        4.9.1-8.el8           BaseOS          636 k

거래 요약
==============================================================================

설치  1 꾸러미


총 다운로드 크기 : 636 k
설치 크기 : 2.1 M
이게 괜찮습니까 [y / N] : y
(생략)
설치됨:
  samba-client-4.9.1-8.el8.x86_64

완료되었습니다!
```

삼바 클라이언트 명령은 smbclient다.

**smbclient**

- **기능** 서버의 SMB/CIFS 자원에 접근하기 위해 사용하는 클라이언트다.
- **형식** smbclient [옵션]
- **옵션** -L 서버 주소: 서버에서 이용할 수 있는 서비스 목록을 출력한다.
  -U 사용자 계정: 삼바 서버에 접속할 사용자를 지정한다.
- **사용 예** smbclient -L 10.10.10.1
  smbclient //서버주소/디렉터리 -U 사용자 계정

다음 예는 smbclient -L 명령으로 앞서 공유한 윈도의 자원을 확인하는 것이다. 윈도의 IP 주소를 미리 확인해놓아야 하는데, 이는 윈도 cmd 창에서 ipconfig 명령으로 쉽게 확인할 수 있다. smbclient 명령에서 물어보는 암호는 앞에서 설정한 윈도의 root 계정 암호다.

```
[root@localhost /mnt]# smbclient -L 192.168.1.200
Enter SAMBA\root's password:          → 윈도에서 설정한 암호를 입력한다.

        Sharename       Type      Comment
        ---------       ----      -------
        ADMIN$          Disk      원격 관리
        C$              Disk      기본 공유
        D$              Disk      기본 공유
        E$              Disk      기본 공유
        F$              Disk      기본 공유
        H$              Disk      기본 공유
        IPC$            IPC       원격 IPC
        print$          Disk      프린터 드라이버
        Samba-Win       Disk
        Users           Disk
Reconnecting with SMB1 for workgroup listing.
Connection to 192.168.1.200 failed (Error NT_STATUS_RESOURCE_NAME_NOT_FOUND)
Failed to connect with SMB1 -- no workgroup available
```

앞에서 공유한 Samba-Win이 보인다. 이제 이 폴더를 리눅스로 마운트하면 된다. 다음과 같이 리눅스 디스크를 마운트할 때와 지정하는 형식이 약간 다르니 주의한다. 윈도 파일 시스템이므로 마운트할 때 디스크 종류를 cifs로 지정한다.

```
mount -t cifs //윈도우IP주소/공유폴더이름  마운트 포인트
```

마운트할 디렉터리로 /sambawin을 만들고 윈도 폴더를 마운트하였더니 다음과 같은 오류가 나는 경우가 있다. /sbin 디렉터리 아래에 mount.cifs 파일이 보이지 않는다. 이는 cifs와 관련된 유틸리티가 설치되어 있지 않은 것이다.

```
[root@localhost mnt]# mkdir /sambawin
[root@localhost mnt]# mount -t cifs //192.168.1.200/Samba-Win /sambawin
mount: /sambawin: bad option; for several filesystems (e.g. nfs, cifs) you might
need a /sbin/mount.<type> helper program.
[root@localhost mnt]# ls /sbin/mount.*
/sbin/mount.fuse  /sbin/mount.nfs  /sbin/mount.nfs4
```

dnf 명령으로 cifs-utils 패키지를 설치한다.

```
[root@localhost mnt]# dnf install cifs-utils
마지막 메타 데이터 만료 확인 : 0:54:08 전에 2019년 11월 26일 (화) 오후 08시 30분 26초.
종속성이 해결되었습니다.
==================================================================
 꾸러미              아키텍처        버전                리포지토리      크기
==================================================================
Installing:
 cifs-utils          x86_64         6.8-2.el8           BaseOS          93 k

거래 요약
==================================================================
설치  1 꾸러미


총 다운로드 크기 : 93 k
설치 크기 : 191 k
이게 괜찮습니까 [y / N] : y
(생략)
설치됨:
  cifs-utils-6.8-2.el8.x86_64

완료되었습니다!
[root@localhost mnt]# ls /sbin/mount.*
/sbin/mount.cifs  /sbin/mount.fuse  /sbin/mount.nfs  /sbin/mount.nfs4
```

/sbin/mount.cifs 파일이 생성되었다. 이제 다시 마운트할 디렉터리로 /sambawin을 만들고 윈도 폴더를 마운트한다. 마운트할 때 암호를 물어보면 역시 윈도에서 설정한 root 계정의 암호를 입력한다.

```
[root@localhost mnt]# mount -t cifs //192.168.1.200/Samba-Win /sambawin
Password for root@//192.168.1.200/Samba-Win:  ********
[root@localhost mnt]# cd /sambawin
[root@localhost sambawin]# ls
test.txt
```

윈도에서 Samba-Win 폴더에 생성해놓은 test.txt 파일이 보인다. 리눅스에서 /sambawin 폴더에 파일을 하나 생성하고 윈도에서 보이는지 확인해본다.

```
[root@localhost sambawin]# cp /etc/hosts .
[root@localhost sambawin]# ls
hosts  test.txt
```

[그림 14-8]을 보면 윈도에서도 hosts 파일이 잘 보이므로 공유가 성공적으로 진행된 것이다.

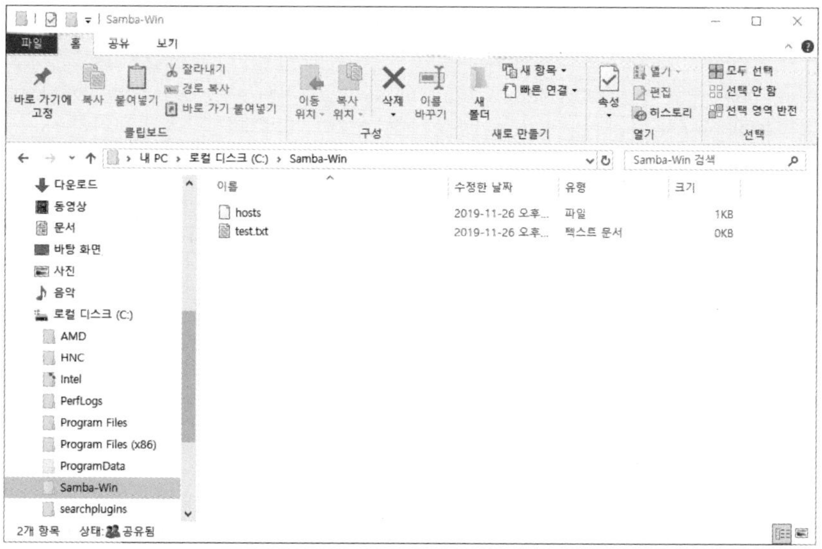


**그림 14-8 윈도와 리눅스의 폴더 공유**

## 2 윈도에서 리눅스 디렉터리 공유하기

이제 반대의 경우를 설정해보자. 리눅스에서 공유한 디렉터리를 윈도에서 공유하는 것이다. 물론 리눅스에서 공유한 디렉터리는 윈도뿐만 아니라 다른 리눅스에서도 공유할 수 있다. [표 14-4]에서 보듯이 리눅스에서 해야 할 작업은 많지만 윈도에서는 특별히 할 작업이 없다. 리눅스에서 삼바 설정이 완료되면 접속만 하면 된다.

**표 14-4 리눅스에서 삼바 서버 역할을 위해 해야 할 작업**

| 리눅스 | 윈도 |
|---|---|
| 삼바 서버(samba) 설치<br>삼바 서버 설정<br>방화벽 오픈<br>공유할 디렉터리 생성 | 리눅스 디렉터리 공유 |

### 리눅스 삼바 설정하기

앞에서 언급했듯이 리눅스에는 삼바 서버가 설치되어 있지 않으니 먼저 삼바 서버를 설치하자.

❶ 삼바 서버의 이름은 samba다. samba를 dnf로 설치한다.

```
[root@localhost sambawin]# dnf install samba
마지막 메타 데이터 만료 확인 : 1:06:26 전에 2019년 11월 26일 (화) 오후 08시 30분 26초.
종속성이 해결되었습니다.
===========================================================================
 꾸러미                   아키텍처      버전                리포지토리      크기
===========================================================================
Installing:
 samba                   x86_64       4.9.1-8.el8          BaseOS        708 k
종속성 설치:
 samba-common-tools      x86_64       4.9.1-8.el8          BaseOS        461 k
 samba-libs              x86_64       4.9.1-8.el8          BaseOS        177 k
```

```
거래 요약
==============================================================
설치  3 꾸러미

총 다운로드 크기 : 1.3 M
설치 크기 : 3.5 M
이게 괜찮습니까 [y / N] : y
(생략)
설치됨:
  samba-4.9.1-8.el8.x86_64             samba-common-tools-4.9.1-8.el8.x86_64
  samba-libs-4.9.1-8.el8.x86_64

완료되었습니다!
```

❷ 삼바 서버를 설치한 후에는 설정을 해야 한다. 삼바 서버의 설정 파일은 /etc/samba/smb.conf다.

```
[root@localhost sambawin]# cd /etc/samba
[root@localhost samba]# ls
lmhosts  smb.conf  smb.conf.example
```

smb.conf에서 반드시 수정할 내용은 [표 14-5]와 같다. 실제로 실습할 때는 사용자의 환경에 따라 수정한다.

**표 14-5 삼바 서버 설정**

| 항목 | 설명 | 설정 값의 예 |
|---|---|---|
| workgroup | • 리눅스와 윈도에서 공유할 작업 그룹의 이름으로 윈도에 설정된 작업 그룹(내 PC→속성)으로 설정한다. | WORKGROUP |
| security | • 클라이언트가 Samba에 접속할 때 확인하는 인증 레벨<br>– user: smbpasswd –a로 생성한 사용자만 허용한다.<br>– share: 인증 절차 없이 사용한다. | user |
| hosts allow | • 리눅스에 접근을 허용할 호스트를 지정한다.<br>• 특정 IP나 호스트 이름, 네트워크 주소를 지정한다.<br>• 이 항목이 없으면 만들어서 넣는다. | 192.168.122. |

❸ 이제 삼바 서버를 동작시킨다. 동작시킬 서비스는 smb.service와 nmb.service다. 데몬이 잘 동작하는지도 확인한다.

```
[root@localhost samba]# systemctl start smb.service
[root@localhost samba]# systemctl start nmb.service
[root@localhost samba]# ps -ef | grep smbd
root      20043      1  0 21:43 ?        00:00:00 /usr/sbin/smbd --foreground
--no-process-group
root      20045  20043  0 21:43 ?        00:00:00 /usr/sbin/smbd --foreground
--no-process-group
root      20046  20043  0 21:43 ?        00:00:00 /usr/sbin/smbd --foreground
--no-process-group
root      20047  20043  0 21:43 ?        00:00:00 /usr/sbin/smbd --foreground
--no-process-group
root      20053  14295  0 21:43 pts/2    00:00:00 grep --color=auto smbd
[root@localhost samba]# ps -ef | grep nmb
root      20051      1  0 21:43 ?        00:00:00 /usr/sbin/nmbd --foreground
--no-process-group
root      20055  14295  0 21:43 pts/2    00:00:00 grep --color=auto nm
```

❹ 방화벽에서 삼바 관련 포트를 열어준다.

```
[root@localhost samba]# firewall-cmd --add-service=samba
success
```

❺ selinux는 정지 상태로 한다.

```
[root@localhost samba]# setenforce 0
```

❻ 삼바로 접속을 허용할 사용자 계정의 암호를 지정한다. 암호는 smbpasswd로 지정한다.

**smbpasswd**

- **기능** 사용자의 삼바 접속 암호를 설정한다.
- **형식** smbpasswd [옵션]
- **옵션** -a 계정: 지정한 계정의 암호를 설정한다.
  -x 계정: 지정한 계정의 암호를 삭제한다.
  -d 계정: 지정한 계정을 사용 불가로 표시한다.
  -e 계정: 지정한 계정을 사용할 수 있도록 한다.
- **사용 예** smbpasswd
  smbpasswd -a user1

```
[root@localhost samba]# smbpasswd -a user1
New SMB password:
Retype new SMB password:
Added user user1.
```

## 윈도 설정하기

윈도에서는 새로 설치할 것이 없고 리눅스의 디렉터리를 네트워크 드라이브로 연결하면 된다.

❶ 탐색기의 네트워크 항목에서 마우스 오른쪽 버튼을 클릭하면 네트워크 드라이브 연결을 선택할 수 있다. [네트워크 드라이브 연결(N)]을 선택하면 네트워크 드라이브 연결 창이 뜬다.

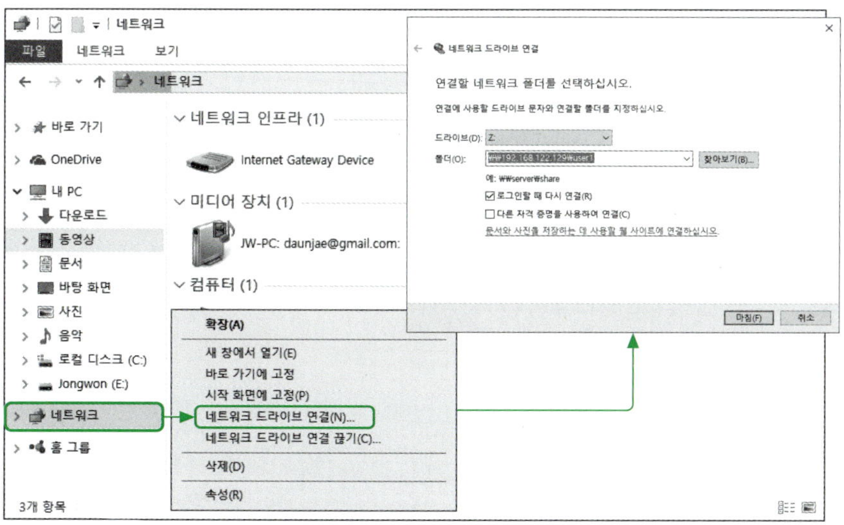

그림 14-9 윈도에서 네트워크 드라이브 연결

❷ 네트워크 드라이브 연결 창에서 폴더에 '₩₩리눅스 서버 IP 주소₩사용자 계정'을 입력하고 [마침(F)] 버튼을 클릭하면 연결 시도 창이 뜨면서 바로 암호를 입력하는 창이 나온다. 여기서는 smbpasswd로 설정한 계정과 암호를 입력한다.

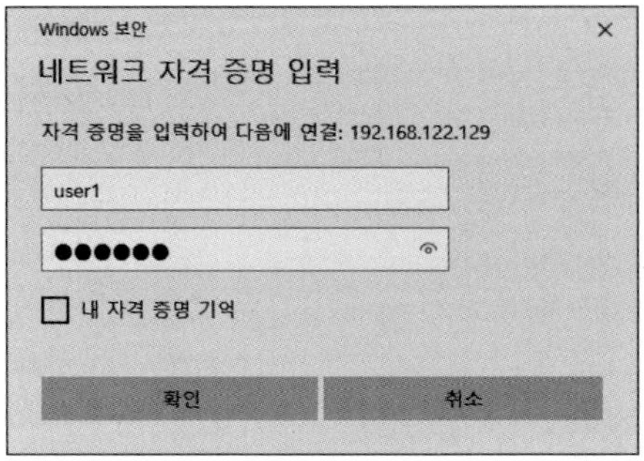


그림 14-10 네트워크 자격 증명 입력

❸ 계정과 암호를 입력하고 [확인] 버튼을 클릭하면 해당 계정의 홈 디렉터리가 윈도의 드라이브에 연결된다. 드라이브 문자는 Z부터 시작해서 연결되는 순서에 따라 거꾸로 할당된다.

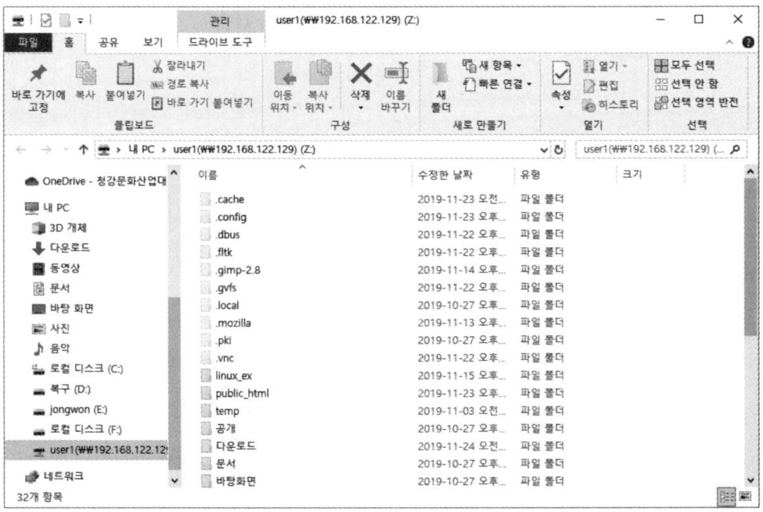


그림 14-11 삼바 디렉터리 연결 완료

### 리눅스 클라이언트로 삼바 서버 접속하기

리눅스에서도 다른 리눅스 시스템에서 공유한 삼바 디렉터리에 접속할 수 있다. 리눅스에서는 smbclient 명령을 사용한다. linux2 시스템에서 삼바 클라이언트를 설치한 후에 smbclient 명령을 사용하여 다음과 같이 접속하면 프롬프트가 smb: ₩>로 바뀐다.

```
[root@linux2 share]# smbclient //192.168.122.129/user1 -U user1
Enter SAMBA\user1's password:
Try "help" to get a list of possible commands.
smb: \>
```

ls 명령을 실행해보자.

```
smb: \> ls
  .                                   D        0  Tue Nov 26 20:26:30 2019
  ..                                  D        0  Tue Nov 19 21:25:26 2019
  .mozilla                           DH        0  Wed Nov 13 21:38:46 2019
  .bash_logout                        H       18  Sat May 11 09:16:55 2019
  .config                            DH        0  Sat Nov 23 17:30:27 2019
  .esd_auth                           H       16  Sun Oct 27 21:11:51 2019
  .ICEauthority                       H    15898  Sat Nov 23 11:43:48 2019
  .local                             DH        0  Sun Oct 27 21:11:52 2019
  .cache                             DH        0  Sat Nov 23 11:42:03 2019
  바탕화면                          D        0  Sun Oct 27 21:11:56 2019
  다운로드                          D        0  Sun Nov 24 11:26:26 2019
(생략)
  .fltk                              DH        0  Fri Nov 22 18:31:06 2019
  .vnc                               DH        0  Fri Nov 22 21:47:51 2019
  .viminfo                            H    12554  Sat Nov 23 20:36:45 2019

        17811456 blocks of size 1024. 12290536 blocks available
smb: \>
```

**따라해보기** **리눅스의 공유 디렉터리를 윈도에서 연결하기**

앞에서는 user1 계정의 디렉터리를 삼바를 통해 윈도와 공유했다. 이 실습에서는 공유 디렉터리를 만들고 사용자들이 공유하는 방법을 알아본다.

❶ 공유할 디렉터리를 생성하고 접근 권한을 707로 설정한다. 공유되었는지 확인하기 위해 파일을 하나 복사해놓는다.

```
[root@localhost samba]# mkdir /home/samba
[root@localhost samba]# chmod 707 /home/samba
[root@localhost samba]# cp /etc/hosts /home/samba
[root@localhost samba]# ls /home/samba
hosts
```

❷ /etc/samba/smb.conf 파일을 수정하여 ❶번에서 설정한 공유 디렉터리를 지정한다. vi로 smb.conf 파일을 열고 파일의 마지막에 다음과 같이 추가한다. 만약 공유 디렉터리의 이름이 /home/samba가 아니면 여기서 수정해야 한다. share라는 이름은 다른 이름으로 고쳐도 된다. 이 이름은 윈도에서 접속할 때 경로명으로 사용한다.

```
[root@localhost samba]# vi smb.conf
(생략)
[share]
        path = /home/samba
        public = yes
        writable = yes

:wq
```

❸ 환경 설정 파일이 수정되었으므로 smb.service 서비스를 다시 시작한다.

```
[root@localhost samba]# systemctl restart smb.service
```

❹ 윈도에서 공유 디렉터리에 접속한다. 접속할 주소는 '₩₩서버 주소₩share'로 지정한다. 정상적으로 공유되어 ❶번에서 복사해놓은 파일을 확인할 수 있다.

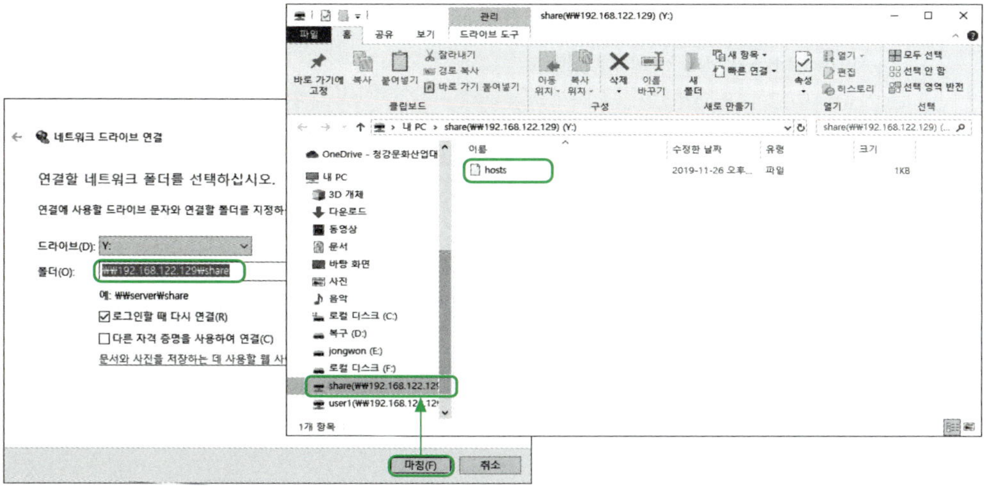

**그림 14-12 공유 디렉터리 연결**

**01** NFS 서버(192.168.100.25)가 공유한 내용을 클라이언트에서 확인하는 명령은 무엇인가?

① showmount -e 192.168.100.25
② exportfs 192.168.100.25
③ mount -s 192.168.100.25
④ exportfs -o rw 192.168.100.25

**02** 윈도(192.168.100.35)에서 공유한 자원의 내용을 리눅스에서 확인하기 위한 명령은 무엇인가?

① smbmount 192.168.100.35
② samba 192.168.100.35
③ smbclient -L 192.168.100.35
④ samba -s 192.168.100.35

**03** 삼바 접속을 허용할 사용자 계정 han01의 암호를 설정하는 명령은 무엇인가?

① passwd han01
② smbpasswd -a han01
③ smbpasswd -x han01
④ smbpasswd -d han01

**04** /home/nfs 디렉터리를 10.10.10.5의 시스템에게 읽기 전용으로 공유하도록 설정하려고 한다. /etc/exports 파일에 어떻게 설정해야 하는가?

**05** 문제 **04**번의 설정을 exportfs 명령으로 하려면 어떻게 해야 하는가?

**06** NFS 옵션 중 sync와 async의 차이를 설명하시오.

**07** NFS 설정이 바뀌어 NFS 서버를 다시 시작하는 명령은 무엇인가?

**08** 문제 **04**번에서 공유한 것을 클라이언트의 /home/nfs로 마운트되는 명령은 무엇인가? 서버 주소는10.10.10.1이라고 가정한다.

**09** 문제 **08**번에서 마운트한 NFS 디렉터리를 부팅할 때도 자동으로 마운트되게 하려면 어떻게 해야 하는가?

**10** 문제 **09**번에서 마운트를 하도록 설정한 다음 재시작했는데 'Server not responding'이라는 메시지만 출력되고 부팅이 진행되지 않는다. 무엇이 문제인가? 이런 일이 발생하지 않도록 설정하는 방법을 설명하시오.

**11** 윈도에서 공유한 smb-share 폴더를 /home/smb 디렉터리로 마운트하려면 어떻게 해야 하는가? 윈도 시스템의 IP 주소는 10.10.10.1이라고 가정한다.

**12** 리눅스의 삼바 서버 환경 설정 파일인 smb.conf에서 반드시 수정해야 할 두 가지 항목은 무엇인가?

**13** 삼바 서버에 접속할 때 사용할 han01 계정의 암호를 설정하는 명령은 무엇인가?

**14** 리눅스 시스템(IP 주소: 10.10.10.5)의 han01 디렉터리를 공유하기 위해 윈도의 네트워크 드라이브 연결에서 입력할 폴더명은 어떤 형식으로 입력해야 하는가?

**15** 리눅스 시스템(IP 주소: 10.10.10.5)에 다른 리눅스 시스템에서 삼바로 접속하여 han01 계정의 디렉터리를 공유하려면 어떻게 해야 하는가?

# PART 04

# 리눅스 보안

# PART 04 리눅스 보안

# CHAPTER 15
# 리눅스 보안의 기초



**학습목표**

- 정보 보안의 중요성을 이해하고 보안의 3요소를 설명할 수 있다.
- 로그가 무엇인지 이해하고 로그 파일을 관리할 수 있다.
- 방화벽을 설정하여 서비스나 포트를 허용하거나 차단할 수 있다.
- 보안 관리 도구를 이해하고 사용할 수 있다.

# 00 개요

## 1 리눅스 학습 맵에서 15장의 위치

15장은 4단계의 마지막 항목인 정보 보안의 기초를 다룬다. 이 장을 학습함으로써 보안의 중요성을 이해하고, 로그를 관리하며 방화벽을 설정할 수 있다. 또한 NMap, PAM, SELinux 같은 보안 강화 도구에 대해 알고 사용할 수 있다. 시스템의 보안 유지는 시스템 관리자의 필수 업무이므로 이 장의 내용을 잘 이해해야 한다.

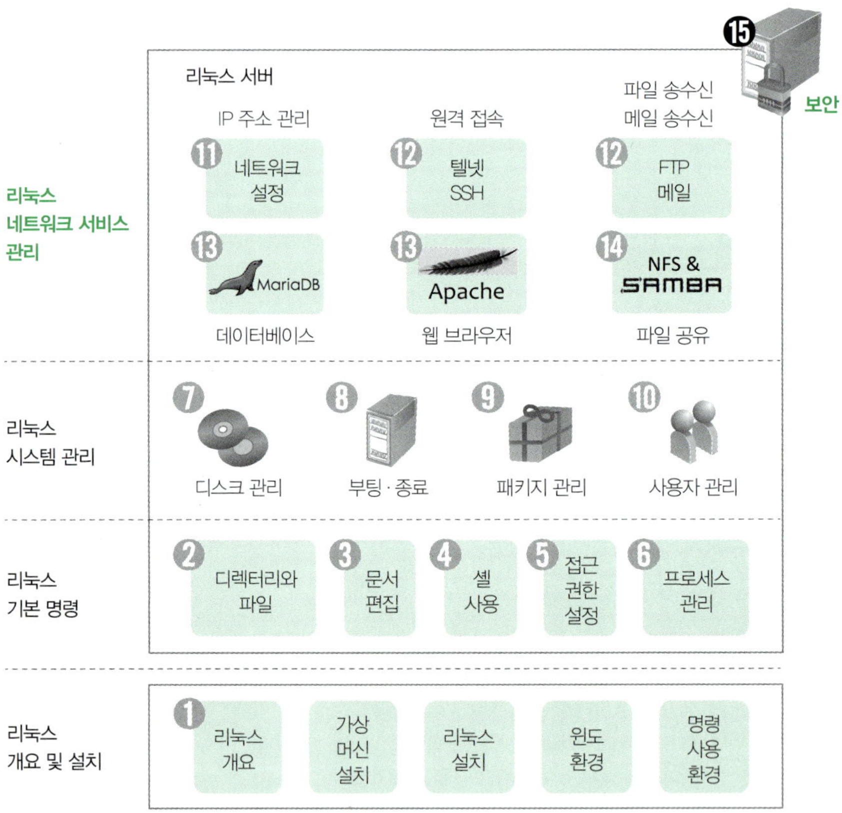

## 2 15장의 내용 구성

리눅스는 데스크톱용으로 사용되기도 하지만 기본적으로 여러 가지 서비스를 제공하는 서버용으로 많이 사용된다. 리눅스 시스템이 서비스를 제공하려면 네트워크에 연결되어 있어야 한다. 그러나 리눅스 시스템이 네트워크에 연결되는 순간 더 이상 안전하지 않다. 시스템의 안전을 위협하는 바이러스나 웜을 비롯해 DDOS, 랜섬웨어 등 다양한 해킹 시도가 증가하고 있기 때문이다. 따라서 보안에 대한 기본적인 내용을 이해하고 있어야 한다.

리눅스는 보안 관리를 위해 로그 기능을 제공한다. 로그는 시스템의 여러 서비스가 동작하면서 남기는 메시지로, 이 메시지를 잘 살펴서 이상이 없는지 확인해야 한다. 리눅스가 제공하는 서비스는 매우 다양한데, 이 중에서 해당 시스템이 네트워크를 통해 제공할 서비스만 방화벽을 통과하도록 해야 한다. 방화벽은 외부의 침입을 차단하는 가장 기본적인 도구다. 시스템 관리자는 NMap 같은 네트워크 탐색 도구를 사용하여 불필요한 서비스가 열려 있지는 않은지 주의해서 살펴야 한다. 또한 리눅스의 보안을 강화하는 인증 기능을 제공하는 PAM과 보다 강력한 접근 권한을 제공하는 SELinux에 대해 알고 있어야 한다. 보안 관련 사고는 그 피해가 매우 심각하므로 시스템 관리자는 보안에 대해 깊이 있게 공부할 필요가 있다.

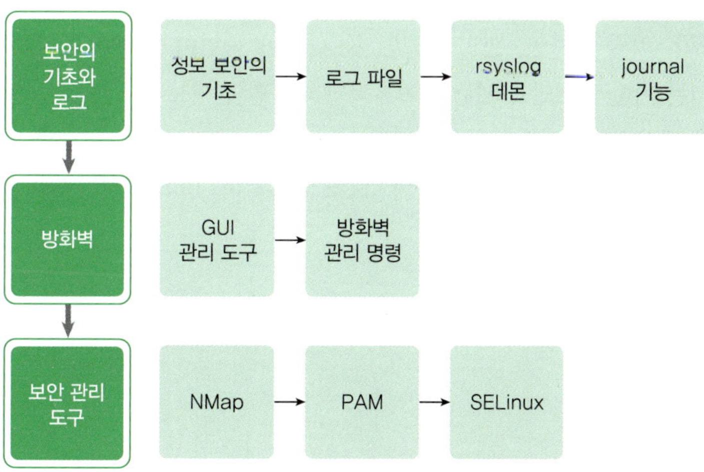

# 01 정보 보안의 기초

리눅스는 커널을 비롯한 모든 시스템 프로그램과 각종 서비스를 제공하는 응용 프로그램의 소스도 공개되어 있는 오픈 소스다. 이는 보안의 위협 요소이면서 반대로 보안의 위협을 조기에 발견할 수 있다는 장점도 된다. 즉 해커가 소스 코드를 보고 취약 부분을 찾아내어 해킹을 시도할 위험도 있지만, 전 세계의 수많은 프로그래머가 소스 코드를 보고 보안에 문제가 있을 만한 요소를 찾아내어 조기에 제거할 수도 있기 때문이다. 하지만 시스템 관리자의 입장에서는 누군지도 모르는 프로그래머가 모든 보안 문제를 해결해주리라 믿고 가만히 있을 수는 없다. 시스템 관리자라 하더라도 모든 보안 위협을 막을 수는 없지만 최대한 버틸 수 있는 시스템을 만들어야 할 책임이 있다.

## 1 정보 보안의 정의

정보 보안에는 물리적 보안, 기술적 보안, 관리적 보안 등 다양한 측면이 있지만 이를 모두 다룰 수는 없고, 여기서는 기술적 보안과 관련된 기본적인 내용만 살펴보겠다. 정보 보안은 정보 자산을 여러 가지 위협으로부터 보호하여 기밀성confidentiality, 무결성integrity, 가용성availability을 유지하는 것이다. 이 세 가지를 정보 보안의 3요소라고 하며, 영어의 머리 글자를 따서 'CIA 삼각형'이라고도 한다.

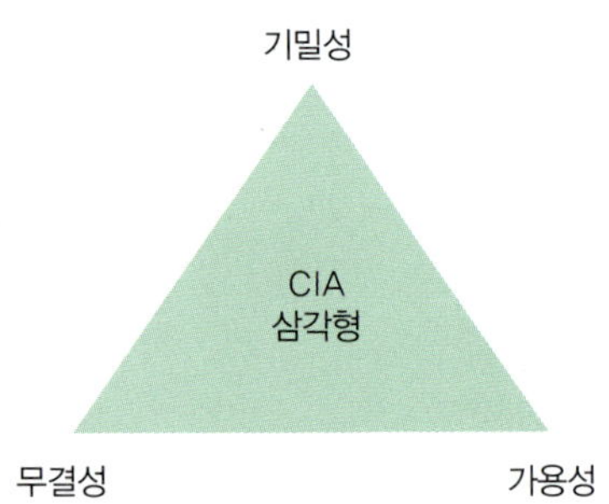


**그림 15-1 정보 보안의 3요소**

### 기밀성

기밀성은 허가받은 사용자만이 해당 정보에 접근할 수 있도록 하는 것이다. 다시 말해 정보가 불법적으로 공개되거나 노출되지 않도록 하는 것이다. 이와 관련된 요소에는 각종 서비스를 사용할 때 사용자를 인증하는 것과 읽기 · 쓰기 등의 접근 제어, 데이터의 암호화 등이 있다.

### 무결성

무결성은 정보가 무단으로 변조되지 않았음을 의미한다. 무결성은 해당 정보가 완전하고 정확하다는 것을 보장한다. 즉 믿을 수 있는 정보라는 뜻이다. 무결성을 유지하기 위해서는 정보가 원본과 동일하다는 것을 보증하는 여러 가지 전자 서명 기법을 활용한다.

### 가용성

가용성은 필요할 때 인가를 받은 사용자가 정보나 서비스에 접근할 수 있는 것을 말한다. 정보가 있어도 필요한 순간에 접근할 수 없다면 의미가 없다. 최근 뉴스에 가끔 등장하는 DDOS 공격이나 홈페이지를 다운시키는 공격은 가용성을 제공하지 못하도록 하는 공격이라고 할 수 있다. 가용성은 외부의 공격에 의해 문제가 발생하기도 하지만 전력의 불안정이나 하드웨어와 소프트웨어의 결함에 의해 발생할 수도 있으므로 시스템 관리자는 주기적으로 시스템의 상태를 점검해야 한다.

## 2 보안 기본 조치

시스템 관리자가 보다 안전한 리눅스 시스템을 유지하기 위해 기본적으로 주의를 기울이고 점검해야 할 사항은 다음과 같다.

### 불필요한 서비스 통제하기

보안 위협은 네트워크를 통해 발생한다. 따라서 꼭 필요하지 않은 서비스 포트는 모두 막아두는 것이 좋다. 일반적으로 모든 포트를 막고 서비스를 제공하려는 포트만 열어주는 것이 바람직하다. 서비스를 통제하는 데는 불필요한 서비스 자체를 제거하는 방법과 방화벽에서 패킷을 필터링하는 방법을 함께 사용하는 것이 바람직하다.

### 소프트웨어 패치 실시하기

CentOS나 우분투 같은 주요 리눅스 배포판은 이미 제공한 소프트웨어에 대한 패치를 지속적으로 제공하고 있다. 시스템 관리자는 패치의 발표에 주의를 기울이고 있다가 패치가 나오면 즉시 설치해야 한다. 그런데 원래 패치는 드러난 어떤 문제를 고치는 경우가 대부분이므로 시스템의 상태를 재확인할 필요가 있다.

### 주기적으로 점검하기

시스템에 언제 어떤 문제가 발생할지 알 수 없다. 그러므로 프로세스의 목록과 사용자의 상태, 서비스의 동작 상태, 네트워크 연결 상태, 디스크의 남은 용량 등을 주기적으로 확인해야 한다. 점검할 항목을 체크리스트로 만들고 매일, 매주 등 주기를 정해 점검하는 습관을 길러야 한다. 또한 시스템과 네트워크의 점검을 도와주는 도구를 적극 활용하는 것이 좋다.

### 백업하기

여러 가지 보안 대책을 설정하고 주기적으로 점검한다고 해도 문제는 어디선가 발생한다. 이때를 대비하여 주요 시스템 설정과 소프트웨어, 사용자 데이터 등을 주기적으로 백업해야 한다. 또한 문제가 발생했을 때 빠르게 복구하는 방법도 연습해두어야 한다.

### 공부하는 시스템 관리자

해킹 기법이 날로 교묘해져 이를 방어하기 위해 다양한 보안 기술이 등장하고 있다. 또한 시스템이 계속 업그레이드되고 네트워크가 더욱 복잡해지며 사용자의 요구 수준은 점점 높아지고 있다. 따라서 예전에 배운 지식을 고수하고 구닥다리 기술에 의지한다면 도태되고 말 것이다. 시스템 관리자는 늘 공부하는 자세로 신기술의 검토와 적용, 안정적인 서비스 운영 등을 위해 꾸준히 노력해야 한다.

# 02 시스템 로그

로그는 커널과 리눅스 시스템이 제공하는 여러 서비스 및 응용 프로그램이 발생시키는 메시지를 뜻한다. 로그를 저장하고 있는 파일을 로그 파일이라고 하는데, 리눅스 시스템에는 다양한 로그 파일이 있고 각 로그 파일에 저장되는 정보의 종류도 다양하다. 로그 파일을 통해 시스템의 상태를 확인할 수 있으므로, 보안 사고에 대비하며 사고가 발생했을 때는 원인을 규명하고 침입 경로를 추적하기 위해 가장 기본적으로 로그 파일을 확인하게 된다. 따라서 시스템 관리자는 로그 파일의 내용을 잘 확인할 필요가 있다. 이 절에서는 리눅스 시스템에서 생성되는 로그 파일에는 어떤 것들이 있는지 살펴본다.

## 1 주요 로그 파일

리눅스 시스템에는 기본 로그 파일을 비롯해 다양한 로그 파일이 있으며 대부분의 로그 파일은 /var/log 디렉터리에 있다. 시스템에 따라 /var/log 디렉터리의 파일 종류나 개수가 다르게 출력될 것이므로 다음 예는 참고만 한다.

```
[root@localhost ~]# cd /var/log
[root@localhost log]# ls
README                    dnf.rpm.log             qemu-ga
Xorg.9.log                dnf.rpm.log-20191103    samba
anaconda                  dnf.rpm.log-20191110    secure
audit                     dnf.rpm.log-20191117    secure-20191103
boot.log                  dnf.rpm.log-20191126    secure-20191110
boot.log-20191113         firewalld               secure-20191117
boot.log-20191116         gdm                     secure-20191126
boot.log-20191118         glusterfs               speech-dispatcher
boot.log-20191120         hawkey.log              spooler
boot.log-20191123         hawkey.log-20191103     spooler-20191103
boot.log-20191126         hawkey.log-20191110     spooler-20191110
boot.log-20191128         hawkey.log-20191117     spooler-20191117
```

```
btmp                          hawkey.log-20191126    spooler-20191126
btmp-20191101                 httpd                  sssd
chrony                        insights-client        swtpm
(생략)
```

/var/log 디렉터리의 내용을 보면 같은 파일명에 날짜가 붙은 파일이 여러 개 있다. 이는 로그를 계속 한 파일에 저장하면 파일의 크기가 너무 커져서 파일의 내용을 보거나 관리할 때 불편하기 때문이다. 시스템 관리자는 날짜가 오래된 로그 파일은 백업을 하고 삭제해야 한다. 시스템이 여러 가지 서비스를 제공하기 시작하면 로그 파일에 기록되는 내용도 급격히 증가하고, 이 파일들이 디스크에서 차지하는 용량을 무시할 수 없다.

로그 파일의 소유자는 거의 대부분 root 계정이고, 보안이 필요한 경우 600으로 설정된다. 즉 root 계정만 읽거나 쓸 수 있게 설정되는 것이다. 보안의 측면에서도 일반 사용자 계정에서 로그 파일의 내용을 함부로 볼 수 없게 하는 것이 바람직하다.

```
[root@localhost log]# ls -l
합계 10832
-rw-r--r--. 1 root   root     1040  5월 23  2019 README
-rw-r--r--. 1 root   root    20159 10월 27 21:11 Xorg.9.log
drwxr-xr-x. 2 root   root      280 10월 27 20:54 anaconda
drwx------. 2 root   root       23 10월 27 21:10 audit
-rw-------. 1 root   root        0 11월 28 21:06 boot.log
-rw-------. 1 root   root    15041 11월 13 21:06 boot.log-20191113
-rw-------. 1 root   root    12717 11월 16 21:39 boot.log-20191116
-rw-------. 1 root   root     7549 11월 18 21:46 boot.log-20191118
-rw-------. 1 root   root     7715 11월 20 20:23 boot.log-20191120
(생략)
```

### 주요 로그 파일

리눅스 시스템이 생성하는 주요 로그 파일은 [표 15-1]과 같다.

표 15-1 리눅스의 주요 로그 파일

| 로그 파일 | 설명 |
|---|---|
| /var/log/anaconda/* | 리눅스 설치 과정에서 발생한 메시지를 기록한다. |
| /var/log/audit/* | auditd 데몬이 생성한 정보를 기록한다. |
| /var/log/boot.log | 부팅 시 서비스 데몬의 실행 상태를 기록한다. |
| /var/log/btmp | 실패한 로그인 기록으로 바이너리 파일이어서 last -f /var/log/btmp 또는 lastb 명령으로 확인할 수 있다. |
| /var/log/cron | cron 실행 결과와 오류 메시지를 기록한다. |
| /var/log/cups/* | cupsd 데몬이 생성하는 로그를 기록한다. cupsd 데몬은 인터넷 프린팅 프로토콜을 지원하는 데몬이다. |
| /var/log/dnf.log | dnf 명령으로 설치된 패키지와 관련된 메시지를 기록한다. |
| /var/log/httpd/* | 아파치 웹 서버에 의해 생성된 메시지를 기록한다. |
| /var/log/journal/* | journald 데몬이 관리하는 메시지를 기록한다. |
| /var/log/firewalld | firewalld 데몬이 생성하는 메시지를 기록한다. |
| /var/log/lastlog | 각 계정의 가장 최근 로그인 정보를 기록하며 lastlog 명령으로 확인할 수 있다. |
| /var/log/mail/* | 메일 송수신과 관련된 메시지를 기록한다. |
| /var/log/mariadb/* | MariaDB에 의해 생성된 메시지를 기록한다. |
| /var/log/messages | 시스템 공통 로그로 시스템의 부팅과 커널, 대부분의 서비스가 생성하는 메시지를 저장한다. 단, rsyslog가 설치되어 있어야 한다. |
| /var/log/samba/* | 삼바에 의해 생성된 메시지를 기록한다. |
| /var/log/wtmp | 로그인 정보를 기록하며 last 명령으로 확인할 수 있다. |
| /var/log/xferlog | ftp 서버의 데이터 전송 내역을 기록한다. |

## 로그 파일 관리하기

/var/log 디렉터리에 있는 README 파일의 내용을 확인해보면 다음과 같다.

```
[root@localhost log]# cat README
You are looking for the traditional text log files in /var/log, and
they are gone?

Here's an explanation on what's going on:

You are running a systemd-based OS where traditional syslog has been
```

```
replaced with the Journal. The journal stores the same (and more)
information as classic syslog. To make use of the journal and access
the collected log data simply invoke "journalctl", which will output
the logs in the identical text-based format the syslog files in
/var/log used to be. For further details, please refer to
journalctl(1).

Alternatively, consider installing one of the traditional syslog
implementations available for your distribution, which will generate
the classic log files for you. Syslog implementations such as
syslog-ng or rsyslog may be installed side-by-side with the journal
and will continue to function the way they always did.

Thank you!

Further reading:
        man:journalctl(1)
        man:systemd-journald.service(8)
        man:journald.conf(5)
        http://0pointer.de/blog/projects/the-journal.html
```

README 파일의 내용을 간단하게 요약하면 전통적인 로그 관리 방법인 syslog가 journal 기능으로 대체되었다는 것이다. journal은 기존의 syslog 형식에 따라 로그를 저장하고, 저장된 로그에 접근하기 위해 journalctl 명령을 사용한다. 이 명령은 기존의 /var/log 디렉터리에 있는 파일과 같은 텍스트 기반 형식으로 로그 내용을 출력한다. 예를 들면 리눅스 시스템의 기존 로그 파일 중 대표라고 할 수 있는 /var/log/messages 파일은 rsyslog가 동작해야 생성된다. journal에서 messages 파일을 대체하는 것은 journalctl 명령이다.

```
[root@localhost log]# journalctl
-- Logs begin at Thu 2019-11-28 20:49:36 KST, end at Thu 2019-11-28 21:06:01 KS>
11월 28 20:49:36 localhost.localdomain kernel: Linux version 4.18.0-80.el8.x86_>
11월 28 20:49:36 localhost.localdomain kernel: Command line: BOOT_IMAGE=(hd0,ms>
11월 28 20:49:36 localhost.localdomain kernel: Disabled fast string operations
11월 28 20:49:36 localhost.localdomain kernel: x86/fpu: Supporting XSAVE featur>
11월 28 20:49:36 localhost.localdomain kernel: x86/fpu: Supporting XSAVE featur>
11월 28 20:49:36 localhost.localdomain kernel: x86/fpu: Supporting XSAVE featur
(중략)
```

journal 데몬과 journalctl 명령의 사용법은 뒤에서 다시 자세하게 살펴볼 것이다.

## 2 rsyslog 데몬

리눅스 시스템의 로그 파일 중 일부 파일은 rsyslog라는 로그 관리 데몬에 의해 통제된다. CentOS 8에는 rsyslog가 기본으로 설치되어 있다.

```
[root@localhost log]# rpm -qa | grep rsyslog
rsyslog-gnutls-8.37.0-9.el8.x86_64
rsyslog-8.37.0-9.el8.x86_64
rsyslog-relp-8.37.0-9.el8.x86_64
rsyslog-gssapi-8.37.0-9.el8.x86_64
[root@localhost log]# systemctl status rsyslog
● rsyslog.service - System Logging Service
   Loaded: loaded (/usr/lib/systemd/system/rsyslog.service; enabled; vendor pre>
   Active: active (running) since Thu 2019-11-28 20:50:24 KST; 32min ago
     Docs: man:rsyslogd(8)
           http://www.rsyslog.com/doc/
 Main PID: 1568 (rsyslogd)
(생략)
```

rsyslog가 동작하고 있으므로 /var/log 디렉터리에 기본 로그 파일인 messages 파일이 생성되어 있다.

```
[root@localhost log]# ls mess*
messages           messages-20191110  messages-20191126
messages-20191103  messages-20191117
```

journal과 rsyslog는 시스템에 공존할 수 있으며 journal 데몬이 기본 도구 역할을 한다. 여기서는 rsyslog에 대하여 간략하게 살펴본다.

### 필터

rsyslog 서비스를 설정하는 파일은 /etc/rsyslog.conf다. 이 파일에는 어떤 로그를 어떻게 처리할 것인지를 규칙rule으로 정의해놓았다. 텍스트 파일이므로 관리자가 vi로 수정할 수 있다. 규칙은 로그 메시지 중 어떤 메시지를 선택할 것인지를 정의한 필터(선택자selector라고도 함) 부분과 선택된 메시지를 어떻게 처리할 것인지를 정의한 동작action 부분으로 구성된다. 규칙은 한 행에 필터와 동작으로 작성하고 공백문자나 탭으로 구분한다.

rsyslog의 필터는 기능명facility과 우선순위priority로 구성되며 다음과 같은 형식으로 작성한다.

```
기능명.우선순위
```

■ **기능명**

기능명은 로그 메시지를 생성하는 프로그램을 지정한 것이다. 기능명은 [표 15-2]의 키워드 중에서 하나를 사용한다.

**표 15-2 rsyslog 필터의 기능명**

| 기능명 | 코드 | 관련 프로그램 |
|---|---|---|
| * | – | 모든 기능 |
| mark | – | rsyslog 내부용 |
| kern | 0 | 시스템 커널 |
| user | 1 | 사용자 프로세스 |
| mail | 2 | sendmail과 기타 메일 관련 프로그램 |
| daemon | 3 | 일반적인 시스템 데몬 |
| auth | 4 | 인증 관련 명령 |
| syslog | 5 | rsyslog 데몬 내부 메시지 |
| lpr | 6 | 인쇄 시스템 |
| news | 7 | 유즈넷 뉴스 시스템 |
| uucp | 8 | uucp 통신(현재는 사용하지 않음) |
| cron | 9 | cron 데몬 |
| authpriv | 10 | 보다 민감한 보안 메시지 |
| ftp | 11 | ftp 데몬 |
| local0~7 | 16~23 | 여덟 가지 로컬 메시지 |

■ **우선순위**

메시지의 심각도를 나타내는 우선순위는 [표 15-3]의 키워드를 사용한다. 심각도는 emerg부터 debug까지 8단계로 구분하지만 각 단계를 명확하게 구분하기 어려울 수도 있다.

**표 15-3 rsyslog 메시지의 우선순위**

| 우선순위 | 의미 | 우선순위 | 의미 |
|---|---|---|---|
| emerg | 매우 긴급한 비상 상태 | warning | 경고 메시지 |
| alert | 긴급한 상태 | notice | 단순 메시지 |
| crit | 중대한 상태 | info | 정보성 메시지 |
| err | 오류 상태 | debug | 디버깅용 메시지 |

### ■ 필터 구성

기능명과 우선순위를 결합하는 방법을 [표 15-4]의 예를 통해 살펴보자.

**표 15-4 rsyslog 필터 구성의 예**

| 필터 구성 | 의미 |
|---|---|
| kern.* | 우선순위에 상관없이 커널의 모든 로그 메시지를 선택한다. |
| mail.crit | 메일에서 crit 이상 우선순위(crit, alert, emerg)의 모든 로그 메시지를 선택한다. |
| cron.!info,!debug | cron에서 info와 debug를 제외한 모든 로그 메시지를 선택한다. |
| mail.=info | 메일에서 심각도가 info인 경우만 로그 메시지를 선택한다. |

## 동작

동작은 필터가 선택한 메시지를 어떻게 처리할지를 정의한 것이다. 동작은 메시지를 파일로 저장하거나 메일로 전송하기, 화면으로 출력하기 등이 있다. [표 15-5]의 예를 통해 동작을 어떻게 지정하는지 알아보자.

**표 15-5 rsyslog 동작의 종류**

| 필터와 동작 | 의미 |
|---|---|
| *.* @192.168.1.50 | 메시지를 192.168.1.50의 rsyslog 데몬으로 보낸다. |
| *.* @@abc.com:18 | 메시지를 abc.com의 18번 포트로 TCP를 통해 보낸다. |
| *.* 파일명 | 메시지를 지정한 파일에 저장한다. |
| *.* user1, user2 | 메시지를 user1, user2 사용자의 화면에 출력한다. |
| *.* * | 메시지를 현재 로그인한 모든 사용자에게 보낸다. |
| cron.* ~ | cron이 발생시킨 모든 메시지를 무시한다. |
| kern.* ^exe;form | 커널이 발생시킨 메시지를 form에 따라 형식을 조정하여 exe 프로그램에 전달하고 exe 프로그램을 실행한다. |

예를 들어 커널이 발생시킨 메시지 중 우선순위가 crit 이상인 메시지를 /var/log/kern.log 파일에 저장하려면 다음과 같이 설정한다.

```
kern.crit     /var/log/kern.log
```

만약 위의 메시지를 파일에도 저장하고 user1 사용자에게도 메시지를 출력하려면 다음과 같이 각각 두 줄로 작성해야 한다.

```
kern.crit     /var/log/kern.log
kern.crit     user1
```

## 3 journal 기능

journal은 systemd 데몬의 구성 요소로 로그 파일의 관리를 담당하며, 전통적으로 로그를 관리해온 rsyslog 데몬과 병행하여 사용할 수 있다. 로깅 데이터는 journald 데몬이 수집 · 가공하여 journals라고 불리는 바이너리 파일로 저장한다. 이 파일에는 커널이나 사용자 프로세스의 메시지, 시스템 서비스의 표준 출력과 표준 오류 등이 저장되며 사용자가 편집할 수 없다. journald 데몬의 실행 파일 이름은 systemd-journald이다.

```
[root@localhost log]# ps -ef | grep journald
root        739      1  0 20:49 ?        00:00:00 /usr/lib/systemd/systemd-journald
root       8961   8503  0 21:32 pts/1    00:00:00 grep --color=auto journald
```

journal이 저장한 로그를 보려면 journalctl 명령을 사용한다.

**journalctl**

- **기능** journal 로그를 관리한다.
- **형식** journalctl [옵션]
- **옵션** -n 행수: 가장 최근에 기록된 로그 중 행수만큼 출력한다.
  - -r: 가장 최근 로그가 먼저 출력된다.
  - -o {short|verbose}: 지정한 형식으로 출력한다.
    - short: syslog 형식으로 출력한다.
    - verbose: 로그의 상세한 내용까지 출력한다.
  - -f: 최근 로그를 자동으로 출력한다.
  - -p 우선순위: 우선순위로 필터링하여 출력한다.

-b 시간: 현재 부팅 이후의 로그만 출력한다.
--since=시간 --until=시간: 시간을 필터링하여 출력한다.
필드명=값: 필드명으로 필터링하여 출력한다.

• **사용 예** journalctl
journalctl -o verbose

root 권한이 없는 일반 사용자는 journalctl 명령으로 해당 계정이 생성한 로그 내용만 볼 수 있다. 만약 일반 사용자가 adm 그룹에 속해 있다면 전체 로그를 볼 수 있다.

### 로그 파일의 전체 내용 보기

옵션 없이 journalctl 명령을 실행하면 로그 파일의 전체 내용이 출력된다.

```
[root@localhost log]# journalctl
-- Logs begin at Thu 2019-11-28 20:49:36 KST, end at Thu 2019-11-28 21:35:23 KS>
11월 28 20:49:36 localhost.localdomain kernel: Linux version 4.18.0-80.el8.x86_>
11월 28 20:49:36 localhost.localdomain kernel: Command line: BOOT_IMAGE=(hd0,ms>
11월 28 20:49:36 localhost.localdomain kernel: Disabled fast string operations
11월 28 20:49:36 localhost.localdomain kernel: x86/fpu: Supporting XSAVE featur>
11월 28 20:49:36 localhost.localdomain kernel: x86/fpu: Supporting XSAVE featur>
11월 28 20:49:36 localhost.localdomain kernel: x86/fpu: Supporting XSAVE featur>
11월 28 20:49:36 localhost.localdomain kernel: x86/fpu: xstate_offset[2]:  576,
(생략)
```

### 가장 최근의 로그 내용 보기: -n 옵션

로그 파일에 기록된 내용 중 가장 최근의 로그를 확인하려면 -n 옵션으로 보려는 행수를 지정한다. 예를 들어 가장 최근의 로그를 다섯 행만 보려면 다음과 같이 한다.

```
[root@localhost log]# journalctl -n 5
-- Logs begin at Thu 2019-11-28 20:49:36 KST, end at Thu 2019-11-28 21:35:23 KS>
11월 28 21:35:23 localhost.localdomain systemd[1]: Starting Network Manager Scr>
11월 28 21:35:23 localhost.localdomain dbus-daemon[965]: [system] Successfully >
11월 28 21:35:23 localhost.localdomain systemd[1]: Started Network Manager Scri>
11월 28 21:35:23 localhost.localdomain nm-dispatcher[9008]: req:1 'dhcp4-change>
11월 28 21:35:23 localhost.localdomain nm-dispatcher[9008]: req:1 'dhcp4-change>
lines 1-6/6 (END)
```

### 로그의 상세한 내용 보기: -o 옵션

로그의 전체 항목을 자세하게 보려면 -o 옵션을 사용한다. 예를 들어 가장 마지막 로그를 자세히 보려면 다음과 같이 한다. 로그의 항목을 보면 호스트 이름과 UID, GID 등 상세한 정보가 모두 기록되고 어느 데몬에서 발생한 메시지인지도 기록되었음을 알 수 있다.

```
[root@localhost log]# journalctl -n 1 -o verbose
-- Logs begin at Thu 2019-11-28 20:49:36 KST, end at Thu 2019-11-28 21:35:23 KS>
Thu 2019-11-28 21:35:23.657169 KST [s=8cbe837be28e451bb6a8601fa926a953;i=aa4;b=>
    _BOOT_ID=0febc7c6b14942b6964da09ce522bac5
    _MACHINE_ID=66d91756595240f184044ad563d213f0
    _HOSTNAME=localhost.localdomain
    PRIORITY=6
    SYSLOG_FACILITY=3
    _UID=0
    _GID=0
    _SYSTEMD_SLICE=system.slice
    _CAP_EFFECTIVE=3fffffffff
    _TRANSPORT=syslog
    _SELINUX_CONTEXT=system_u:system_r:NetworkManager_t:s0
    SYSLOG_IDENTIFIER=nm-dispatcher
    _COMM=nm-dispatcher
    _EXE=/usr/libexec/nm-dispatcher
    _CMDLINE=/usr/libexec/nm-dispatcher
    _SYSTEMD_CGROUP=/system.slice/NetworkManager-dispatcher.service
    _SYSTEMD_UNIT=NetworkManager-dispatcher.service
    MESSAGE=req:1 'dhcp4-change' [ens33]: start running ordered scripts...
    _PID=9008
    _SYSTEMD_INVOCATION_ID=4a598a8eac164dfdb2f853b485da1ab4
    _SOURCE_REALTIME_TIMESTAMP=1574944523657169
lines 1-23/23 (END)
```

### 로그를 자동으로 출력하기: -f 옵션

-f 옵션은 로그에 새로운 기록이 저장될 때마다 자동으로 출력한다. 이 옵션을 사용하면 로그를 출력한 후 프롬프트를 출력하지 않고 다음 로그가 저장되면 출력하기 위해 기다리고 있다. 이 기능은 관리자가 로그 메시지를 실시간으로 확인하기 위해 주로 사용한다.

```
[root@localhost log]# journalctl -f
-- Logs begin at Thu 2019-11-28 20:49:36 KST. --
11월 28 21:35:23 localhost.localdomain dbus-daemon[965]: [system] Activating via
systemd: service name='org.freedesktop.nm_dispatcher' unit='dbus-org.freedesktop.
nm-dispatcher.service' requested by ':1.16' (uid=0 pid=1116 comm="/usr/sbin/
NetworkManager --no-daemon " label="system_u:system_r:NetworkManager_t:s0")
11월 28 21:35:23 localhost.localdomain NetworkManager[1116]: <info>
[1574944523.5936] dhcp4 (ens33): state changed bound -> bound
11월 28 21:35:23 localhost.localdomain systemd[1]: Starting Network Manager Script
Dispatcher Service...
11월 28 21:35:23 localhost.localdomain dbus-daemon[965]: [system] Successfully
activated service 'org.freedesktop.nm_dispatcher'
11월 28 21:35:23 localhost.localdomain systemd[1]: Started Network Manager Script
Dispatcher Service.
11월 28 21:35:23 localhost.localdomain nm-dispatcher[9008]: req:1 'dhcp4-change'
[ens33]: new request (4 scripts)
11월 28 21:35:23 localhost.localdomain nm-dispatcher[9008]: req:1 'dhcp4-change'
[ens33]: start running ordered scripts...
11월 28 21:46:01 localhost.localdomain anacron[8635]: Job `cron.monthly' started
11월 28 21:46:01 localhost.localdomain anacron[8635]: Job `cron.monthly' terminated
11월 28 21:46:01 localhost.localdomain anacron[8635]: Normal exit (2 jobs run)
█                        → 새로운 로그를 기다리고 있다.
```

### 우선순위로 필터링하여 출력하기: -p 옵션

[표 15-3]의 우선순위로 필터링하여 로그를 출력하려면 -p 옵션을 사용한다. 예를 들어 오류 상태(err) 로그만 출력하려면 다음과 같이 한다. 실제 터미널에서 보면 오류 메시지가 빨간색으로 출력된다.

```
[root@localhost log]# journalctl -p err
-- Logs begin at Thu 2019-11-28 20:49:36 KST, end at Thu 2019-11-28 21:46:01 KS>
11월 28 20:49:40 localhost.localdomain kernel: sd 0:0:0:0: [sda] Assuming drive>
11월 28 20:49:40 localhost.localdomain kernel: sd 0:0:1:0: [sdb] Assuming drive>
11월 28 20:49:40 localhost.localdomain kernel: sd 0:0:2:0: [sdc] Assuming drive>
11월 28 20:49:40 localhost.localdomain kernel: sd 0:0:3:0: [sdd] Assuming drive>
11월 28 20:49:53 localhost.localdomain kernel: piix4_smbus 0000:00:07.3: SMBus >
```

```
11월 28 20:50:00 localhost.localdomain systemd[1]: Failed to start Enable File >
11월 28 20:50:45 localhost.localdomain spice-vdagent[2432]: Cannot access vdage>
11월 28 20:50:53 localhost.localdomain kernel: [drm:vmw_stdu_crtc_page_flip [vm>
11월 28 20:52:15 localhost.localdomain spice-vdagent[7965]: Cannot access vdage>
11월 28 20:52:30 localhost.localdomain kernel: [drm:vmw_stdu_crtc_page_flip [vm>
lines 1-11/11 (END)
```

### 시간으로 필터링하여 출력하기: -b, --since --until

현재 부팅 이후의 로그만 출력하려면 -b 옵션을 사용하고, 특정 시간 이후나 시간의 범위를 정하려면 --since=시간 [--until=시간] 옵션을 사용한다. 예를 들어 2019년 11월 28일 12:00 이후의 로그만 출력하려면 다음과 같이 한다.

```
[root@localhost log]# journalctl --since="2019-11-28 12:00"
-- Logs begin at Thu 2019-11-28 20:49:36 KST, end at Thu 2019-11-28 21:50:37 KS>
11월 28 20:49:36 localhost.localdomain kernel: Linux version 4.18.0-80.el8.x86_>
11월 28 20:49:36 localhost.localdomain kernel: Command line: BOOT_IMAGE=(hd0,ms>
11월 28 20:49:36 localhost.localdomain kernel: Disabled fast string operations
11월 28 20:49:36 localhost.localdomain kernel: x86/fpu: Supporting XSAVE featur>
11월 28 20:49:36 localhost.localdomain kernel: x86/fpu: Supporting XSAVE featur>
11월 28 20:49:36 localhost.localdomain kernel: x86/fpu: Supporting XSAVE featur>
11월 28 20:49:36 localhost.localdomain kernel: x86/fpu: xstate_offset[2]:  576,>
11월 28 20:49:36 localhost.localdomain kernel: x86/fpu: Enabled xstate features>
11월 28 20:49:36 localhost.localdomain kernel: BIOS-provided physical RAM map:
(생략)
```

시간의 범위를 지정하려면 --until 옵션을 같이 사용한다.

```
[root@localhost log]# journalctl --since="2019-11-28 21:00" --until="2019-11-28
22:00"
-- Logs begin at Thu 2019-11-28 20:49:36 KST, end at Thu 2019-11-28 21:50:37 KS>
11월 28 21:00:00 localhost.localdomain systemd[1]: Starting dnf makecache...
11월 28 21:00:07 localhost.localdomain dnf[8606]: CentOS-8 - AppStream         >
11월 28 21:00:12 localhost.localdomain dnf[8606]: CentOS-8 - Base              >
11월 28 21:00:14 localhost.localdomain dnf[8606]: CentOS-8 - Extras            >
(생략)
```

```
11월 28 21:50:23 localhost.localdomain NetworkManager[1116]: <info>  [157494542>
11월 28 21:50:23 localhost.localdomain NetworkManager[1116]: <info>  [157494542>
11월 28 21:50:23 localhost.localdomain systemd[1]: Starting Network Manager Scr>
11월 28 21:50:23 localhost.localdomain dbus-daemon[965]: [system] Successfully >
11월 28 21:50:23 localhost.localdomain systemd[1]: Started Network Manager Scri>
11월 28 21:50:23 localhost.localdomain nm-dispatcher[9155]: req:1 'dhcp4-change>
11월 28 21:50:23 localhost.localdomain nm-dispatcher[9155]: req:1 'dhcp4-change>
11월 28 21:50:37 localhost.localdomain cupsd[1131]: REQUEST localhost - - "POST>
lines 60-82/82 (END)
```

### 필드명으로 필터링하여 출력하기: -F

로그 기록 중 특정 필드의 값만 확인하고 싶을 때는 -F 옵션을 사용한다. 필드명은 앞의 예에서 journalctl -n 1 -o verbose로 자세하게 출력한 로그 기록을 참조한다. 예를 들어 로그 메시지를 생성한 systemd 서비스가 무엇인지 확인하려면 다음과 같이 입력한다.

```
[root@localhost log]# journalctl -F _SYSTEMD_UNIT
systemd-tmpfiles-clean.service
dnf-makecache.service
session-4.scope
cups.service
sssd-kcm.service
session-2.scope
user@1000.service
realmd.service
colord.service
wpa_supplicant.service
packagekit.service
bolt.service
libvirtd.service
kdump.service
(생략)
```

필드명의 특정 값을 지정하면 좀 더 구체적으로 로그 기록을 필터링할 수 있다. 예를 들어 UID가 0(root)인 사용자가 crond.service에서 발생한 로그 기록을 필터링하여 확인하면 다음과 같이 한다.

```
[root@localhost log]# journalctl _UID=0 _SYSTEMD_UNIT=crond.service
-- Logs begin at Thu 2019-11-28 20:49:36 KST, end at Thu 2019-11-28 22:01:01 KS>
11월 28 20:50:10 localhost.localdomain crond[1154]: (CRON) STARTUP (1.5.2)
11월 28 20:50:10 localhost.localdomain crond[1154]: (CRON) INFO (RANDOM_DELAY w>
11월 28 20:50:16 localhost.localdomain crond[1154]: (CRON) INFO (running with i>
11월 28 21:01:01 localhost.localdomain CROND[8626]: (root) CMD (run-parts /etc/>
11월 28 21:01:01 localhost.localdomain anacron[8635]: Anacron started on 2019-1>
11월 28 21:01:01 localhost.localdomain anacron[8635]: Will run job `cron.daily'>
11월 28 21:01:01 localhost.localdomain anacron[8635]: Will run job `cron.monthl>
11월 28 21:01:01 localhost.localdomain anacron[8635]: Jobs will be executed seq>
11월 28 21:06:01 localhost.localdomain anacron[8635]: Job `cron.daily' started
11월 28 21:06:01 localhost.localdomain anacron[8635]: Job `cron.daily' terminat>
11월 28 21:46:01 localhost.localdomain anacron[8635]: Job `cron.monthly' started
11월 28 21:46:01 localhost.localdomain anacron[8635]: Job `cron.monthly' termin>
11월 28 21:46:01 localhost.localdomain anacron[8635]: Normal exit (2 jobs run)
11월 28 22:01:01 localhost.localdomain CROND[9279]: (root) CMD (run-parts /etc/>
lines 1-15/15 (END)
```

### 여기서 잠깐 GUI 기반 로그 관리 도구

그놈은 로그를 관리할 수 있는 GUI 도구인 로그뷰어를 제공한다. 그놈 로그뷰어의 패키지는 pkgs.org 사이트에서 검색하여 설치하면 된다. 리눅스 콘솔에서는 처음 로그인한 계정에서 gnome-system-log를 실행해야 한다. 만약 root 계정으로 로그인하지 않았다면 로그뷰어를 실행하기 위해 사용자의 암호를 물어본다.

# 03 방화벽 관리

로그는 시스템의 상태를 알려주는 메시지다. 로그를 보고 시스템에 이상이 있는지 확인할 수 있을 뿐만 아니라 어떤 상황이 발생한 이후에 남긴 기록도 볼 수 있다. 즉 로그는 사전에 외부의 공격을 차단할 수 없다. 네트워크를 통한 외부의 접속을 차단하려면 방화벽을 사용해야 한다.

우리는 이미 네트워크 서비스를 다루는 앞의 여러 장에서 방화벽에 서비스나 포트를 추가하는 작업을 했다. 이 절에서는 firewall 데몬 서비스를 사용하는 방법만 간략하게 살펴본다. 방화벽 자체에 대한 보다 자세한 내용은 보안 관련 전문 서적을 참고하기 바란다.

## 1 방화벽 동작 확인

먼저 방화벽이 동작 중인지 확인해보자. 방화벽의 서비스 이름은 firewalld.service다. 다음 예를 보면 방화벽 서비스가 동작(active) 중임을 알 수 있다. 만약 방화벽이 설치되어 있지 않다면 설치해야 하고, 설치는 되어 있지만 동작하지 않는다면 동작시켜야 한다.

```
[root@localhost log]# systemctl status firewalld.service
● firewalld.service - firewalld - dynamic firewall daemon
   Loaded: loaded (/usr/lib/systemd/system/firewalld.service; enabled; vendor p>
   Active: active (running) since Thu 2019-11-28 20:50:09 KST; 1h 19min ago
     Docs: man:firewalld(1)
 Main PID: 1050 (firewalld)
    Tasks: 2 (limit: 11362)
   Memory: 25.0M
   CGroup: /system.slice/firewalld.service
           └─1050 /usr/libexec/platform-python -s /usr/sbin/firewalld --nofork >

11월 28 20:50:04 localhost.localdomain systemd[1]: Starting firewalld - dynamic>
11월 28 20:50:09 localhost.localdomain systemd[1]: Started firewalld - dynamic >
lines 1-12/12 (END)
```

방화벽을 시작하거나 종료하려면 다음 명령을 사용한다.

```
systemctl stop firewalld.service
```

```
systemctl start firewalld.service
```

## 2 GUI 도구로 방화벽 설정

firewall 데몬은 동적으로 방화벽을 관리할 수 있도록 하며 IPv4와 IPv6를 모두 지원한다. 방화벽을 동적으로 관리한다는 것은 언제든지 방화벽의 설정을 변경할 수 있고 즉시 적용된다는 것이다. 방화벽의 변경 내용을 실행하기 위해 별도로 변경 내용을 저장하고 적용하는 과정이 필요 없다. 방화벽을 다시 실행하기 위해 기존의 네트워크 연결이 중단되는 일은 없다는 것이다.

방화벽을 관리하는 GUI 도구인 firewall-config를 dnf로 설치한다.

```
[root@localhost ~]# dnf install firewall-config
(생략)
설치됨:
  firewall-config-0.6.3-7.el8.noarch

완료되었습니다!
```

root로 로그인한 것이 아니므로 리눅스 콘솔로 로그인한 계정에서 firewall-config를 실행하면 root 계정의 암호를 물어본다. 암호를 입력하면 [그림 15-2]와 같이 창이 뜬다.

```
[user1@localhost ~]$ firewall-config &
```

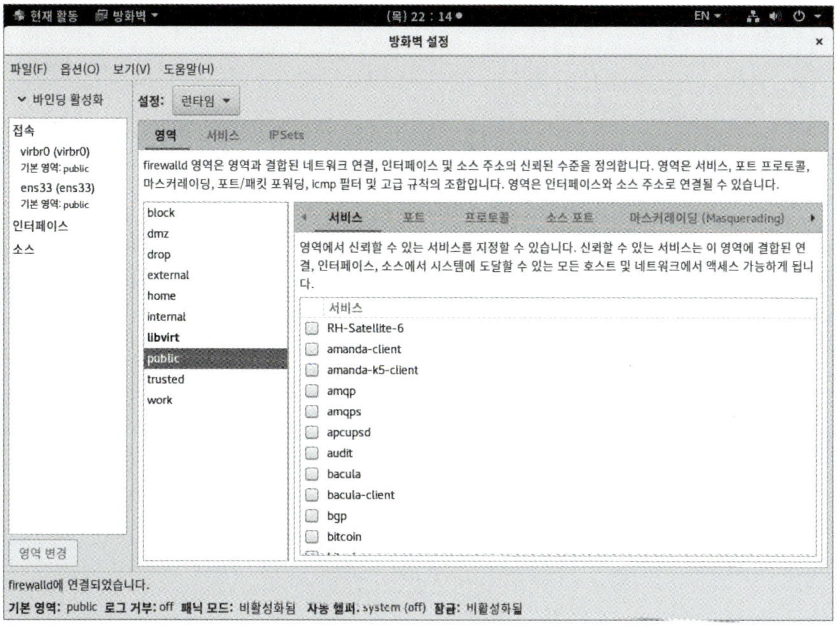


그림 15-2 방화벽 설정 창

firewall-config의 사용법을 간단하게 살펴보자. 방화벽에서 서비스를 열거나 닫으면 현재 시스템을 사용 중인 다른 사용자들에게도 영향을 미치므로 주의해야 한다.

### 설정

현재 설정하는 내용을 바로 적용할 것인지를 결정한다. 설정의 값이 '런타임'이라면 서비스나 포트 등의 항목을 변경했을 때 즉시 적용되지만 시스템을 다시 시작하면 초기화된다. 예를 들어 서비스의 telnet 체크박스에 체크 표시를 하면 바로 적용되지만 시스템을 다시 시작하면 telnet 서비스가 허용되지 않는 것이다. 설정의 값이 '영구적'이라면 설정한 내용이 시스템을 다시 시작해도 그대로 적용된다.

### 영역

방화벽은 네트워크를 신뢰도 수준에 따라 여러 개의 영역으로 구분하여 사용할 수 있다. 영역은 [표 15-6]과 같이 구분되며 이 영역 중 하나를 기본 영역으로 지정할 수 있다. 현재의 기본 영역은 public이다. 영역은 시스템 관리자가 추가 · 삭제 · 편집할 수 있다.

표 15-6 영역의 종류

| 영역 | 내용 |
|---|---|
| block | 모든 네트워크 접속 요청이 거부된다. |
| dmz | dmz로 구분된 영역에 있는 컴퓨터만 공개적으로 접근이 가능하다. |
| drop | 모든 접속 요청이 거부되고 응답도 하지 않는다. 내부에서 외부로 접속하는 것만 가능하다. |
| external | 외부 네트워크를 위해 사용하는 영역으로 선택된 서비스만 접속이 허용된다. |
| home | 홈 영역으로, 대체로 이 영역에 있는 다른 컴퓨터를 믿을 수 있다. 선택된 서비스만 접속이 허용된다. |
| internal | 내부 네트워크를 위한 것으로 대체로 이 영역에 있는 다른 컴퓨터를 믿을 수 있다. 선택된 서비스만 접속이 허용된다. |
| libvirt | 가상화 서비스를 제공하는 영역이다. |
| public | 공개 영역으로 선택된 서비스만 접속이 허용된다. |
| trusted | 이 영역에 있는 컴퓨터의 모든 네트워크 연결을 허용한다. |
| work | 작업 영역으로, 대체로 이 영역에 있는 다른 컴퓨터를 믿을 수 있다. 선택된 서비스만 접속이 허용된다. |

## 방화벽 설정하기

방화벽에서는 서비스, 포트, 프로토콜, 마스커레이딩, 포트 포워딩, ICMP 필터를 설정할 수 있다.

- 서비스 항목은 http, ssh, ftp 같은 이미 잘 알려져 있는 서비스 중 신뢰할 수 있는 서비스를 열거나 닫는 것이다. 신뢰할 수 있는 서비스는 체크박스에 체크 표시를 하면 된다.
- 포트와 소스 포트 항목은 서비스 목록에 없는 네트워크 서비스를 열어주기 위해 해당 서비스의 포트 번호를 직접 지정할 때 사용한다. 포트를 추가할 때는 [그림 15-3]과 같이 포트 번호와 프로토콜(tcp, udp)을 선택하면 된다.

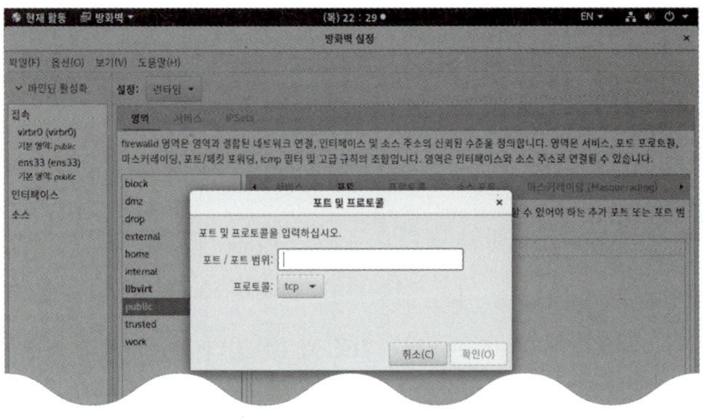


그림 15-3 포트 추가 창

- 프로토콜 항목은 서비스 목록에 없는 네트워크 서비스를 열어주기 위해 해당 프로토콜을 직접 지정할 때 사용한다. 프로토콜을 추가할 때는 [그림 15-4]와 같이 기존 프로토콜 이름을 선택하거나 직접 입력한다.

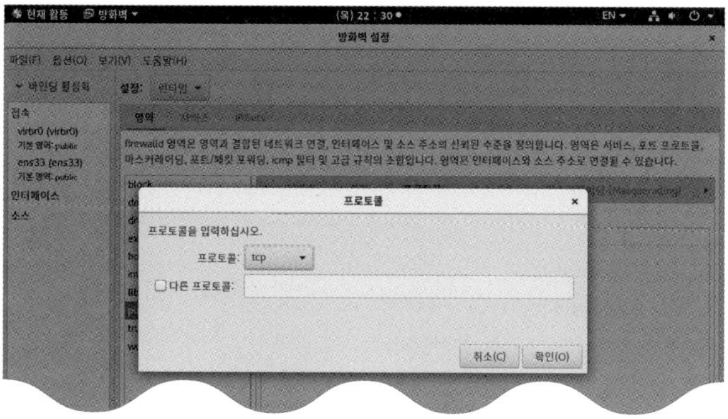


**그림 15-4 프로토콜 추가 창**

- 마스커레이딩은 내부의 IP 주소를 하나의 외부용 주소로 변환하는 것으로, 리눅스 시스템을 라우터 기능으로 사용할 때 적용한다. 포트 포워딩은 마스커레이딩과 함께 사용하는데, 외부에서 들어오는 패킷을 내부 주소의 특정 포트로 전달하는 것이다.
- ICMP 필터는 ICMP 프로토콜로 보내는 메시지에서 거부할 유형을 표시하는 것이다. 예를 들어 'echo reply'를 거부한다면 해당 시스템은 ping 명령에 응답하지 않게 된다.

## 3 방화벽 관리 명령

방화벽은 명령으로도 관리할 수 있다. 앞 장에서 사용했던 firewall-cmd 명령을 좀 더 자세하게 알아보자.

**firewall-cmd**

- **기능** firewalld를 설정한다.
- **형식** firewall-cmd [옵션]
- **옵션** -v: firewalld의 버전을 출력한다.
  -h: 도움말을 출력한다.
  --reload: 방화벽의 규칙을 다시 읽어온다.
  --get-default-zone: 기본 영역을 출력한다.
  --set-default-zone=영역 이름: 기본 영역을 설정한다.
  --add-ACTION: ACTION을 추가한다.
  --remove-ACTION: ACTION을 제거한다.
  ACTION: service=서비스명, port=포트 번호/프로토콜(tcp/udp)
  --list-services: 허용된 서비스 목록을 출력한다.
  --list-ports: 허용된 포트 목록을 출력한다.
  --permanent: 방화벽에 저장한다. reload나 재시작을 해야 적용된다.
- **사용 예** firewall-cmd --add-service=telnet
  firewall-cmd --remove-service=telnet
  firewall-cmd --add-port=5500/tcp
  firewall-cmd --list-services

### 허용하는 서비스 목록 보기

현재 방화벽에서 허용하는 서비스 목록을 확인하는 옵션은 --list-services다. 다음 예에서는 허용하는 서비스가 cockpit, dhcpv6-client, ssh인데 이는 시스템에 따라 다를 수 있다.

```
[root@localhost log]# firewall-cmd --list-services
cockpit dhcpv6-client ssh
```

### 서비스 추가하기

telent 서비스를 허용하도록 방화벽에 추가해보자. 서비스를 추가한 뒤 다시 허용 목록을 확인한다. 다음 예를 보면 telnet이 추가되었음을 알 수 있다.

```
[root@localhost log]# firewall-cmd --add-service=telnet
success
[root@localhost log]# firewall-cmd --list-services
cockpit dhcpv6-client ssh telnet
```

### 서비스 삭제하기

이번에는 방화벽에서 telnet 서비스를 삭제해보자. 서비스를 삭제한 뒤 역시 허용 목록을 확인해 보면 telnet이 삭제되었다. 서비스를 삭제할 때는 그 서비스를 사용하는 사용자가 있는지 확인한 뒤 삭제해야 한다. 갑자기 서비스 연결이 끊어지면 사용자가 작업하던 내용을 잃어버릴 수도 있으므로 주의해야 한다.

```
[root@localhost log]# firewall-cmd --remove-service=telnet
success
[root@localhost log]# firewall-cmd --list-services
cockpit dhcpv6-client ssh
```

### 포트 추가하기

방화벽에 포트를 추가해보자. 포트를 추가할 때는 tcp나 udp 프로토콜을 지정해야 한다. 어떤 프로토콜인지 확실하게 모른다면 둘 다 추가하며, 포트를 추가한 뒤 목록에서 확인한다. 다음 예에서는 임의로 5000번 포트를 추가했다.

```
[root@localhost log]# firewall-cmd --add-port=5000/tcp
success
[root@localhost log]# firewall-cmd --add-port=5000/udp
success
[root@localhost log]# firewall-cmd --list-ports
5000/tcp 5000/udp
```

### 포트 삭제하기

방화벽에 추가한 포트를 삭제해보자. 다음 예에서는 앞서 추가한 5000번 포트를 삭제했다.

```
[root@localhost log]# firewall-cmd --remove-port=5000/tcp
success
[root@localhost log]# firewall-cmd --remove-port=5000/udp
success
[root@localhost log]# firewall-cmd --list-ports

[root@localhost log]#
```

### 설정 내용 저장하기

--permanent 옵션은 바로 적용되지는 않지만 방화벽에 설정 내용을 저장한다. 이 옵션으로 지정한 항목을 적용하려면 reload를 하거나 firewalld를 다시 시작해야 한다. 런타임과 방화벽에 저장하기를 동시에 하려면 런타임 적용과 permanent 옵션 적용을 모두 실행해야 한다. --permanent 옵션은 제일 먼저 나와야 한다. 예를 들어 방화벽에서 telnet 서비스 허용을 런타임으로 바로 적용하기와 저장하기를 함께 실행하려면 다음과 같이 한다.

```
[root@localhost log]# firewall-cmd --add-service=telnet
success
[root@localhost log]# firewall-cmd --permanent --add-service=telnet
success
```

# 04 보안 관리 도구

로그 관리와 방화벽 설정은 리눅스의 보안을 위해 가장 기본적으로 사용하는 도구다. 이 외에도 리눅스의 보안을 위한 도구가 여러 가지 있는데, 여기서는 네트워크 포트를 점검하는 도구인 NMap과 사용자 인증 관련 기능인 PAM, 리눅스의 보안을 강화한 SELinux를 살펴본다.

## 1 NMap

NMap은 내 서버나 원격의 서버가 사용 중인 포트, 운영체제 등을 스캔하여 출력한다. NMap은 네트워크 관리용으로도 사용되고, 취약한 포트가 사용 중인지 확인이 가능하여 보안용으로도 사용된다. 그러나 스캔하는 것만으로도 보안 침입을 위한 준비 과정으로 간주하므로 원격 서버를 마구 스캔하면 안 된다.

### NMap 설치하기

NMap은 리눅스에 기본적으로 설치된 명령이 아니므로 관리자가 추가적으로 설치해야 사용할 수 있다. dnf로 NMap을 설치해보자. 설치할 패키지는 nmap이다.

```
[root@localhost log]# dnf install nmap
(생략)
설치됨:
  nmap-2:7.70-4.el8.x86_64

완료되었습니다!
```

nmap 명령의 기본 형식은 다음과 같다.

**nmap**

- **기능** 네트워크를 탐색하고 보안을 점검한다.
- **형식** nmap [옵션] [목적지 주소]
- **옵션** -sS: TCP SYN을 스캔한다.

-sT: TCP 연결을 스캔한다.
-sP: ping을 스캔한다.
-sU: UDP를 스캔한다.
-sO: IP 프로토콜을 스캔한다.
-O: 운영체제를 확인한다.
-v: 스캔 결과를 상세하게 출력한다.
-p 포트 번호: 지정한 포트만 스캔한다.
(예 -p22; -p1-65535; -p U:53,111,T:21-25,80)
-F: 빠른 모드(Fast mode)로 기본 스캔보다 적은 수의 포트만 스캔한다.

- **사용 예** nmap 192.168.0.1
nmap -O 192.168.0.1
nmap -sT -O -v 192.168.0.1

### 옵션 없이 nmap 실행하기

아무 옵션 없이 nmap을 실행하면 지정한 호스트에서 현재 열려 있는 포트를 요약하여 출력한다. 다음 예는 localhost를 스캔한 것이다. 22, 111, 631번 포트가 열려 있음을 알 수 있다.

```
[root@localhost log]# nmap localhost
Starting Nmap 7.70 ( https://nmap.org ) at 2019-11-28 22:47 KST
Nmap scan report for localhost (127.0.0.1)
Host is up (0.000019s latency).
Other addresses for localhost (not scanned): ::1
Not shown: 997 closed ports
PORT    STATE SERVICE
22/tcp  open  ssh
111/tcp open  rpcbind
631/tcp open  ipp

Nmap done: 1 IP address (1 host up) scanned in 1.69 seconds
```

### 특정 서버 스캔하기

IP 주소를 사용하여 특정 서버를 지정하고 -O 옵션도 지정했다. -O 옵션은 해당 시스템의 운영체제 정보를 알려준다. 윈도가 설치되어 있는 PC를 스캔하면 다음과 같이 출력된다.

```
[root@localhost log]# nmap -O 192.168.1.200
Starting Nmap 7.70 ( https://nmap.org ) at 2019-11-28 22:53 KST
Nmap scan report for 192.168.1.200
Host is up (0.0017s latency).
Not shown: 994 filtered ports
PORT     STATE SERVICE
135/tcp  open  msrpc
139/tcp  open  netbios-ssn
445/tcp  open  microsoft-ds
902/tcp  open  iss-realsecure
912/tcp  open  apex-mesh
5357/tcp open  wsdapi
Warning: OSScan results may be unreliable because we could not find at least 1 open
and 1 closed port
Device type: general purpose
Running: Microsoft Windows XP|7|2012
OS CPE: cpe:/o:microsoft:windows_xp::sp3 cpe:/o:microsoft:windows_7 cpe:/
o:microsoft:windows_server_2012
OS details: Microsoft Windows XP SP3, Microsoft Windows XP SP3 or Windows 7 or
Windows Server 2012

OS detection performed. Please report any incorrect results at https://nmap.org/submit/ .
Nmap done: 1 IP address (1 host up) scanned in 27.23 seconds
```

이 스캔 결과로 알 수 있는 것은 다음과 같다.

- 이 시스템에서 열려 있는 포트는 135/tcp 등 총 6개다.
- 이 시스템의 운영체제는 마이크로소프트 윈도이다.
- 이 시스템을 스캔하는 데 27.23초가 걸렸다.

### UDP 포트 스캔하기

UDP 포트가 열려 있는지 확인하려면 -sU 옵션을 사용한다. 다음 예에서는 localhost의 UDP 포트를 스캔한다.

```
[root@localhost log]# nmap -sU -v localhost
Starting Nmap 7.70 ( https://nmap.org ) at 2019-11-28 22:58 KST
Initiating UDP Scan at 22:58
Scanning localhost (127.0.0.1) [1000 ports]
Discovered open port 111/udp on 127.0.0.1
Completed UDP Scan at 22:58, 2.69s elapsed (1000 total ports)
Nmap scan report for localhost (127.0.0.1)
Host is up (0.00012s latency).
Other addresses for localhost (not scanned): ::1
Not shown: 998 closed ports
PORT     STATE         SERVICE
111/udp  open          rpcbind
5353/udp open|filtered zeroconf

Read data files from: /usr/bin/../share/nmap
Nmap done: 1 IP address (1 host up) scanned in 2.75 seconds
           Raw packets sent: 1068 (31.037KB) | Rcvd: 2134 (91.718KB)
```

위의 실행 결과를 보면 localhost에는 UDP 포트 111, 5353번이 열려 있음을 알 수 있다.

### 특정 네트워크를 대상으로 포트 스캔 하기

네트워크 주소를 지정하면 특정 네트워크 전체를 스캔할 수 있다. 이 경우 네트워크에 연결되어 있는 전체 시스템의 포트 상태를 일괄적으로 점검할 수 있다. 다음 예는 192.168.1.0 네트워크를 스캔한 것이다. /24는 24비트로 192.168.1.까지가 네트워크 주소임을 나타낸다. 네트워크 전체를 스캔하는 것이므로 실행하는 데 시간이 필요하다.

```
[root@localhost log]# nmap -sT -O -v 192.168.1.0/24
Starting Nmap 7.70 ( https://nmap.org ) at 2019-11-28 22:59 KST
Initiating Ping Scan at 22:59
Scanning 256 hosts [4 ports/host]
Completed Ping Scan at 23:00, 6.24s elapsed (256 total hosts)
Initiating Parallel DNS resolution of 256 hosts. at 23:00
Completed Parallel DNS resolution of 256 hosts. at 23:00, 8.18s elapsed
Initiating Connect Scan at 23:00
Scanning 64 hosts [1000 ports/host]
```

```
Discovered open port 53/tcp on 192.168.1.1
Discovered open port 80/tcp on 192.168.1.1

(생략)
Nmap scan report for 192.168.1.62
Host is up (0.00033s latency).
All 1000 scanned ports on 192.168.1.62 are filtered
Warning: OSScan results may be unreliable because we could not find at least 1 open
and 1 closed port
Device type: general purpose
Running: Microsoft Windows XP|7|2012
OS CPE: cpe:/o:microsoft:windows_xp::sp3 cpe:/o:microsoft:windows_7 cpe:/o:microsoft:
windows_server_2012
OS details: Microsoft Windows XP SP3, Microsoft Windows XP SP3 or Windows 7 or
Windows Server 2012

Nmap scan report for 192.168.1.63
Host is up (0.0032s latency).
All 1000 scanned ports on 192.168.1.63 are filtered
Warning: OSScan results may be unreliable because we could not find at least 1 open
and 1 closed port
Device type: general purpose
Running: Microsoft Windows XP|7|2012
OS CPE: cpe:/o:microsoft:windows_xp::sp3 cpe:/o:microsoft:windows_7 cpe:/o:microsoft:
windows_server_2012
OS details: Microsoft Windows XP SP3, Microsoft Windows XP SP3 or Windows 7 or
Windows Server 2012
(생략)
```

## 2 PAM

사용자가 시스템의 서비스를 사용하는 데는 사용자의 신원을 확인하는 인증authentication이 필요하다. 전통적으로 각 프로그램은 사용자를 인증하는 자신만의 방법을 가지고 있다. CentOS에서는 많은 프로그램이 중앙 집중화된 인증 기법을 사용하는데 이 기법이 바로 PAM이다. PAM은 'pluggable authentication modules'의 약자로 우리말로는 삽입형 인증 모듈이라고 번역할 수 있다. PAM은 모듈 방식으로 구성되어 있어 시스템 관리자가 필요에 따라 인증 모듈을 추가 · 삭제 · 편집할 수 있다. 여기서는 PAM의 설정 파일만 간단하게 살펴보므로 자세한 내용은 리눅스 보안과 관련된 다른 책을 참고하기 바란다.

### PAM 설정 파일

PAM 모듈은 /etc/pam.d 디렉터리에 설정 파일을 가지고 있다. 설정 파일은 각 서비스별로 존재한다. 현재 /etc/pam.d 디렉터리의 내용은 다음과 같다. sshd, samba, crond, vsftpd 등 그동안 다루었던 서비스에 대한 설정 파일도 있음을 알 수 있다. 패키지가 설치되면서 서비스 이름과 같은 이름으로 PAM 설정 파일을 /etc/pam.d 디렉터리에 생성한 것이다. 각 설정 파일에는 해당 서비스를 이용하기 위해 어떻게 인증할 것인지를 설정해놓았다. 설정 파일의 내용은 뒤에 다시 살펴본다.

```
[root@localhost log]# ls /etc/pam.d
atd                gdm-launch-environment  postlogin         su
chfn               gdm-password            remote            su-l
chsh               gdm-pin                 runuser           sudo
cockpit            gdm-smartcard           runuser-l         sudo-i
config-util        liveinst                samba             system-auth
crond              login                   smartcard-auth    systemd-user
cups               other                   smtp              vlock
fingerprint-auth   passwd                  smtp.sendmail     vmtoolsd
gdm-autologin      password-auth           sshd              vsftpd
gdm-fingerprint    polkit-1                sssd-shadowutils  xserver
```

### PAM 설정 파일 형식

PAM 설정 파일은 다음과 같은 형식으로 구성된다.

```
<모듈 인터페이스> <제어 플래그> <모듈 이름> <모듈 인자>
```

■ **모듈 인터페이스**

현재 모듈 인터페이스는 다음과 같이 네 가지가 가능하다. 각각은 인증 과정의 각 단계에 대응한다.

- auth: 이 모듈은 사용자를 인증하는 데 사용된다. 예를 들어 암호가 정확한지를 확인한다. 또한 이 모듈은 그룹 지정에도 적용된다.
- account: 이 모듈은 접근이 허용되는지를 확인한다. 예를 들어 사용자 계정이 유효한지 또는 사용자가 해당 날짜에 로그인할 수 있는지를 확인한다.
- password: 이 모듈은 사용자 계정의 암호를 바꾸는 데 사용된다.
- session: 이 모듈은 사용자의 세션을 설정하고 관리한다. 또한 사용자의 홈 디렉터리를 마운트하는 것과 같이 접근을 허용하는 데 필요한 부가적인 작업을 수행한다.
- 각 모듈은 이와 같은 인터페이스를 일부 또는 전부 제공한다. 예를 들어 sshd 모듈은 앞의 네 가지 모듈 인터페이스를 모두 제공한다.

### ■ 제어 플래그

모든 PAM 모듈은 수행 후에 성공이나 실패를 생성한다. 제어 플래그는 특정 모듈의 성공과 실패를 어떻게 처리할 것인지를 알려준다. 제어 플래그는 다음 여섯 가지 중 하나를 설정한다.

- required: 해당 모듈은 인증을 계속하기 위해 반드시 성공해야 한다. 만약 실패하면 사용자는 다른 모든 모듈의 테스트가 끝날 때까지 결과를 받지 못한다.
- requisite: 해당 모듈은 인증을 계속하기 위해 반드시 성공해야 한다. 그러나 만약 이 지점에서 실패하면 사용자는 실패에 대한 메시지를 즉시 받는다.
- sufficient: 실패하면 이 모듈의 결과가 무시된다. 만약 이 모듈이 성공하고 앞선 required 모듈 중 실패가 없으면 인증 성공을 리턴한다.
- optional: 이 모듈의 결과는 무시된다. 이 모듈은 해당 인터페이스에 다른 모듈이 없는 경우에만 인증에 성공하는 데 필요하다.
- include: 모듈 인자로 지정한 설정 파일에서 모든 행을 읽어온다.
- substack: 모듈 인자로 지정한 설정 파일에서 모든 행을 읽어오는데, 종료 동작에 대한 평가 때문에 모듈 스택의 나머지 동작을 무시하지 않는다.

### ■ 모듈 이름

모듈 이름은 삽입 가능한 것을 지정한다. 예전 버전에서는 모듈의 절대 경로를 사용했으나 현재는 PAM 모듈이 /lib64/security 디렉터리에 위치하여 디렉터리 이름은 생략하고 바로 모듈 이름만 지정한다.

```
[root@localhost log]# ls /lib64/security
pam_access.so          pam_keyinit.so         pam_sepermit.so
pam_cap.so             pam_lastlog.so         pam_shells.so
pam_chroot.so          pam_limits.so          pam_ssh_add.so
pam_console.so         pam_listfile.so        pam_sss.so
pam_cracklib.so        pam_localuser.so       pam_stress.so
pam_debug.so           pam_loginuid.so        pam_succeed_if.so
(생략)
```

■ **모듈 인자**

모듈 인자는 인증 과정에서 정보가 필요한 일부 모듈에 정보를 전달한다. 예를 들면 pam_userdb.so 모듈은 사용자 정보가 저장된 버클리 DB에 대한 경로 정보가 필요하다.

### PAM 파일의 예

PAM 파일에는 같은 모듈 인터페이스를 가진 모듈이 여러 개 설정될 수 있다. 이 모듈들은 같은 목적을 위해 함께 사용되는 것이다. PAM 파일의 예를 통해 그 구성을 살펴보자. 다음은 /etc/pam.d/vsftpd 파일의 내용이다. 맨 앞의 숫자는 설명을 위해 붙인 행 번호다.

```
1 #%PAM-1.0
2 session    optional     pam_keyinit.so    force revoke
3 auth       required     pam_listfile.so item=user sense=deny file=/etc/vsftpd/
ftpusers onerr=succeed
4 auth       required     pam_shells.so
5 auth       include      password-auth
6 account    include      password-auth
7 session    required     pam_loginuid.so
8 session    include      password-auth
```

❶ 1행은 주석이다. 주석은 #으로 시작한다.

❷ 2행은 프로세스를 호출할 때 사용자의 기본 암호가 아니라 세션 암호를 사용한다.

❸ 3~5행은 로그인 인증을 위한 모듈이다.

- pam_listfile.so: 이 모듈은 /etc/vsftpd/ftpusers 파일에 기반하여 서비스 이용을 허용하거나 거부한다. 이 파일에 사용자 이름이 있으면 ftp 서비스 이용을 거부한다.

- pam_shells.so: 이 모듈은 사용자의 셸이 /etc/shells 파일에 있는 정당한 셸인지 확인한다.
- password-auth: password-auth 파일에 설정된 내용을 읽어온다. 이 파일에는 암호와 관련하여 자세하게 설정하고 있다.
- pam_listfile.so와 pam_shells.so 모듈은 required이므로 인증을 계속하기 위해 반드시 성공해야 한다.

❹ 6행은 계정의 유효성을 확인하는 것으로 password-auth 파일의 설정에 따라 확인한다.

❺ 7~8행의 session은 로그 기록을 남기고, password-auth 파일의 설정에 따라 확인한다.

## 3 SELinux

SELinux는 'Security-Enhanced Linux'의 약자로 미국의 NSANational Security Agency가 개발한 것이다. SELinux는 침입자가 root 권한을 획득할 경우 시스템의 모든 부분이 해킹당할 수 있는 위험을 보완하기 위해 만들어졌다. SELinux는 침입자가 특정 프로그램을 해킹하여 root 권한을 가졌더라도 다른 프로그램에서는 root 권한을 행사하지 못하도록 한다. 이를 위해 SELinux는 기존의 접근 제어와는 다른 좀 더 강력한 접근 제어 기능을 제공한다. 여기서 SELinux의 전체 내용을 다루기는 어려우므로 기본 개념만 간략하게 살펴본다. SELinux에 대한 보다 자세한 내용은 리눅스 보안 관련 자료를 참고하기 바란다.

### SELinux의 기초

SELinux는 리눅스 커널에 강제 접근 제어mandatory access control, MAC를 구현한 것으로 기존의 임의적 접근 제어discretionary access control, DAC 외에 추가적인 접근 제어를 한다. SELinux를 사용할 때 파일, 디렉터리, 장치 등은 객체object로 정의되고 사용자, 프로세스, 프로그램은 주체subject로 정의된다. 대부분의 운영체제는 주체가 객체를 사용할 때 DAC를 적용한다. DAC를 사용하는 운영체제에서는 사용자가 자신이 소유한 파일(객체)을 통제할 수 있다. 예를 들어 리눅스에서는 사용자가 자신의 홈 디렉터리에 중요한 정보가 저장된 파일을 생성하고 이를 누구나 읽을 수 있도록 설정할 수 있다. DAC에만 의존하는 방법은 보다 강력한 보안을 구현하는 데 적합하지 않다. DAC는 오직 사용자의 계정과 소유권에만 기반하여 접근 제어를 하기 때문이다. DAC는 사용자의 역할이나 프로그램의 기능과 신뢰도, 데이터의 민감성과 무결성 등을 고려하지 않는다.

SELinux는 MAC를 리눅스 커널에 추가했다. CentOS에서는 MAC가 기본적으로 동작한다. MAC는 보안 정책을 시스템의 파일과 프로세스에 전반적으로 강제 적용할 수 있도록 한다. MAC는 파일의 유형이나 사용자의 역할에 따라 접근할 수 있는지를 세부적으로 정의하여 통제한다. MAC에 대한 자세한 내용은 리눅스 보안 관련 자료를 참고하기 바란다. 다만 여기서는 SELinux가 바이러스 체크 프로그램 같은 것이 아니며, 방화벽이나 암호 같은 다른 보안 시스템을 모두 대체하는 것도 아니고 종합 보안 솔루션도 아니라는 것만 기억하자.

### SELinux 설정 파일

SELinux를 설정하는 파일은 /etc/selinux/config로 이 파일의 내용은 다음과 같다.

```
[root@localhost log]# cat /etc/selinux/config

# This file controls the state of SELinux on the system.
# SELINUX= can take one of these three values:
#     enforcing - SELinux security policy is enforced.
#     permissive - SELinux prints warnings instead of enforcing.
#     disabled - No SELinux policy is loaded.
SELINUX=enforcing
# SELINUXTYPE= can take one of these three values:
#     targeted - Targeted processes are protected,
#     minimum - Modification of targeted policy. Only selected processes are
protected.
#     mls - Multi Level Security protection.
SELINUXTYPE=targeted
```

이 설정 파일은 SELinux의 세부 정책을 설정하는 파일이 아니며, SELinux를 사용할 것인지를 결정하고 어떤 정책을 적용할 것인지를 지정한다.

- SELINUX: SELinux를 사용할 것인지를 결정한다. 이 항목의 값이 Enforcing인 경우에는 SELinux를 적용한다. Permissive인 경우에는 SELinux 정책이 강제로 적용되지 않고 경고 메시지만 출력된다. Disable인 경우에는 SELinux가 적용되지 않는다.
- SELINUXTYPE: SELinux 정책 유형으로, 타깃으로 정해진 프로세스만 보호할 것인지, 선택된 프로세스만 보호할 것인지를 지정한다.

이 파일을 수정하면 시스템을 재시작해야 적용된다.

### SELinux 설정 명령

SELinux의 적용 여부를 바꾸기 위해 매번 /etc/selinux/config 파일을 수정하고 재시작할 수는 없다. SELinux의 적용을 즉시 바꾸려면 명령을 사용해야 한다. getenforce 명령은 현재 SELinux의 상태를 알려주며, setenforce 명령으로는 SELinux의 상태를 바꿀 수 있다.

❶ 현재 SELinux의 상태를 알아보자. 다음 예에서는 Enforcing 상태인데 이는 실습 상태에 따라 다를 수 있다.

```
[root@localhost log]# getenforce
Enforcing
```

❷ SELinux의 적용을 중지하려면 setenforce 0 명령을 사용한다. 적용을 중지한 후 getenforce 명령으로 상태를 확인해본다.

```
[root@localhost log]# setenforce 0
[root@localhost log]# getenforce
Permissive
```

SELinux의 상태가 Enforcing에서 Permissive로 바뀌었다. SELinux의 적용이 중지된 것이다.

❸ 다시 SELinux를 적용하려면 setenforce 1 명령을 실행한다.

```
[root@localhost log]# setenforce 1
[root@localhost log]# getenforce
Enforcing
```

**01** CentOS에서 로그 파일이 저장되는 기본 디렉터리는 어디인가?

① /var/centos ② /var/adm
③ /var/log ④ /var/adm/log

**02** rsyslog의 필터를 인증 관련 명령이 발생시킨 메시지 중 우선순위가 오류(err) 상태 이상인 메시지를 root 계정으로 보내도록 설정하는 무엇인가?

① kern.err root ② auth.err root
③ syslog.err root ④ user.err root

**03** 방화벽에 ftp 서비스를 추가하는 명령은 무엇인가?

① firewall-cmd --add-list=ftp
② firewall-cmd --add-port=ftp
③ firewall-cmd --get-service=ftp
④ firewall-cmd --add-service=ftp

**04** 정보 보안 3요소에 대하여 간략하게 설명하시오.

**05** /var/log 디렉터리의 내용을 보면 같은 파일명에 날짜가 붙은 파일이 여러 개 있다. 이렇게 관리하는 이유를 설명하시오.

**06** 로그 관리 데몬에 다음과 같이 설정되어 있다. 각각의 의미를 설명하시오.

- kern.err /var/log/kernel.log
- mail.warning @logserver
- cron.=crit root

**07** 특정 기간(예를 들어 일주일 전부터 오늘 날짜까지)의 로그만 필터링하여 확인하는 journalctl 명령은 무엇인가?

**08** 방화벽에서 다음과 같은 작업을 명령으로 수행하려고 한다. 각각을 처리하기 위한 명령을 기술하시오.

- 현재 허용 중인 포트 목록 보기
- 6000번 포트를 TCP 프로토콜만 허용하기
- http 서비스 허용하기
- 6000번 포트 삭제하기
- 현재 허용 중인 서비스 목록 보기

**09** IP 주소가 10.10.10.2인 시스템을 nmap으로 포트 스캔을 하려고 한다. 다음을 처리하기 위해서는 nmap의 옵션을 어떻게 설정해야 하는가?

- 운영체제 스캔
- 열려있는 UDP 포트 스캔
- 시스템의 TCP 포트 스캔
- 80번 포트가 열려 있는지 확인

**10** PAM 설정에서 모듈 인터페이스 네 가지를 설명하시오.

**11** PAM 설정에서 제어 플래그 중 required와 requisite의 차이가 무엇인지 설명하시오.

**12** SELinux를 도입하게 된 이유 중 하나인 DAC 방식 인증의 문제점을 설명하시오.

# CHAPTER 16
# 프로젝트

01 프로젝트의 개요와 환경 구성

02 프로젝트 시나리오

**시나리오**

- 리눅스 시스템 설치하고 디스크 2 마운트하기
- 리눅스 시스템에 사용자를 등록하고 사용자 계정에 쿼터 설정하기
- 리눅스 시스템 1에 MariaDB를 설치하고 동작 확인하기
- 리눅스 시스템 1에 아파치 웹 서버를 설치하고 웹 페이지 작성하기
- 리눅스 시스템 2에 FTP 서버 설치하고 동작 확인하기
- 리눅스 시스템 1과 2를 NFS로 연동하고 디렉터리 공유하기
- 리눅스 시스템 1과 윈도를 삼바로 공유하기

# 01 프로젝트의 개요와 환경 구성

지금까지 리눅스를 설치하고 사용하는 방법과 시스템 관리자로서 반드시 알아야 할 리눅스 시스템 관리 명령을 살펴보았으며, 여러 가지 네트워크 기반의 서비스를 구축하고 설정하는 방법을 공부했다. 여기서는 이제까지 배운 내용을 바탕으로 종합 프로젝트를 수행해본다.

## 1 프로젝트의 개요

프로젝트는 앞에서 개별적으로 살펴본 것을 종합적으로 이해하고 실습하는 내용으로 다음과 같이 구성되어 있다.

- 리눅스 설치
- 파일 시스템 생성 및 마운트
- 사용자 및 그룹 등록
- 디스크 쿼터 설정
- NFS 설정
- 삼바 설정
- 데이터베이스 설정
- 웹 설정
- FTP 설정
- SSH 설정
- gcc 설치

## 2 프로젝트의 환경 구성

프로젝트는 중소 규모의 사무실이나 프로젝트 팀에서 일반적으로 적용할 수 있는 구성 형태다. 실제 현장이라 생각하고 실습에 임하면 학습 효과가 더욱 좋을 것이다. 프로젝트에서는 리눅스를 두 개 설치하고 윈도와 연결하는 것도 포함된다. 프로젝트 환경을 어떻게 구성할 것인지 물리적 구성과 논리적 구성으로 나누어 살펴보자.

### 프로젝트 환경의 물리적 구성

프로젝트의 물리적인 환경은 [그림 16-1]과 같이 윈도가 설치된 두 대의 PC에 VMware Workstation Player를 설치하고 여기에 리눅스를 설치한 형태로 구성된다. 물론 한 대의 PC에 리눅스를 두 개 설치해도 되지만 PC의 램이 충분하지 않을 경우 시스템의 성능이 떨어져서 제대로 실습하기 어렵다. 따라서 물리적으로 두 대의 PC에 각각 VMware Workstation Player를 설치하고 리눅스를 설치할 것을 권고한다. PC는 램이 8GB 이상이어야 하며, 하드디스크의 여유 공간이 100GB 이상인 것이 좋다.

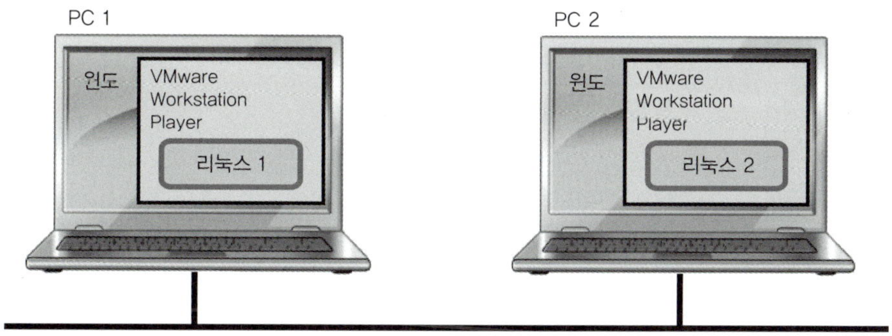


**그림 16-1 프로젝트 환경의 물리적 구성**

### 프로젝트 환경의 논리적 구성

프로젝트의 논리적인 환경은 [그림 16-2]와 같이 윈도 한 대와 리눅스 두 대로 구성된다. 각 시스템별로 프로젝트와 관련된 서버와 클라이언트를 설치해야 한다. [표 16-1]에는 각 시스템별로 기본 하드웨어 사양과 설치할 소프트웨어의 목록을 정리했다.

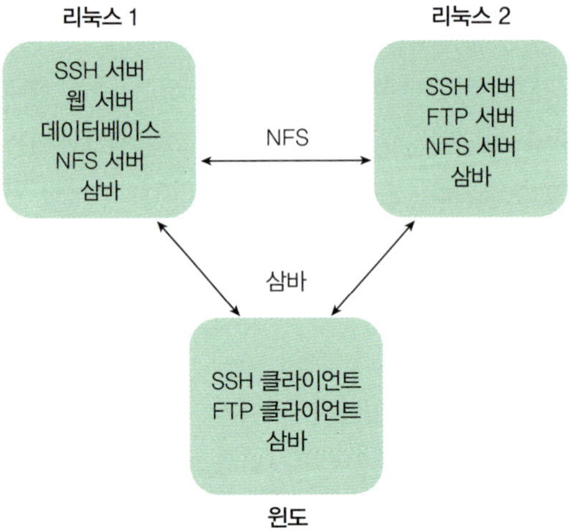


**그림 16-2 프로젝트 환경의 논리적 구성**

**표 16-1 각 시스템별 구성 요소**

| 시스템 | 구성 요소 | |
|---|---|---|
| 리눅스 1 | 하드웨어 | 램 1GB 이상, 디스크1 20GB, 디스크2 5GB |
| | 소프트웨어 | SSH 서버, 웹 서버, MariaDB 서버, NFS 서버, 삼바 서버 · 클라이언트 |
| 리눅스 2 | 하드웨어 | 램 1GB 이상, 디스크1 20GB |
| | 소프트웨어 | SSH 서버, FTP 서버, NFS 서버, 삼바 서버 · 클라이언트 |
| 윈도 | 하드웨어 | 램 8GB 이상, 디스크 여유 공간 100MB 이상 |
| | 소프트웨어 | SSH 클라이언트, FTP 클라이언트, 웹 브라우저, 삼바 |

# 02 프로젝트 시나리오

PC가 준비되고 VMWare Workstation Player가 설치되었으면 다음 시나리오에 따라 프로젝트를 수행해보자. 기본적인 시나리오는 다음과 같다.

회사가 리눅스에서 동작하는 온라인 게임을 개발하는 프로젝트를 시작하게 되었다. 이 프로젝트는 클라이언트와 서버 부분으로 팀을 나누어 진행할 계획이다. 이에 따라 클라이언트 개발을 하는 프로젝트 A 팀, 서버 개발을 하는 프로젝트 B 팀을 만들고 각 팀별로 세 명씩 배치했다.

과도한 디스크 낭비를 방지하기 위해 각 사용자별로 디스크를 1GB로 제한한다. 프로젝트 A 팀은 게임 홍보를 위한 웹 사이트를 구축하는 업무를 추가로 담당하고, 프로젝트 B 팀은 파일 송수신을 위해 FTP를 설치한다. 두 팀 사이의 정보 공유를 위해 NFS를 사용하여 디스크를 공유하고, 윈도를 사용하는 마케팅 팀과의 정보 공유를 위해 삼바를 설치한다. NFS와 삼바는 두 번째 디스크에 파일 시스템을 설치하여 마운트하고 이 디렉터리를 공유하도록 한다.

프로젝트 진행을 위해 우선적으로 해야 할 작업은 다음과 같다.

- 리눅스 설치와 디스크 추가 설치
- 사용자 등록과 디스크 쿼터 설정
- DB와 웹 서버 설정
- 웹 페이지 작성과 게시판 설치
- NFS와 삼바로 디스크 공유

### 시나리오 1 리눅스 시스템 설치하고 디스크 2 마운트하기

두 시스템에 모두 리눅스를 설치한다. 리눅스는 디스크 1에 설치하며 자동 파티션을 사용한다. 리눅스 설치가 완료되면 리눅스 1에 디스크 2를 연결하고 파일 시스템을 생성한 후 /nfs 디렉터리에 마운트한다. 또한 SSH가 동작하는지 확인하고 윈도에 HPuTTY를 설치하여 윈도에서 터미널로 리눅스에 접속할 수 있도록 한다.

### 시나리오 2 리눅스 시스템에 사용자를 등록하고 사용자 계정에 쿼터 설정하기

[표 16-2]를 참조하여 리눅스 시스템에 사용자 계정과 그룹을 등록하고 디스크 쿼터를 설정한다.

**표 16-2 사용자 계정 정보**

| 항목 | 리눅스 시스템 1 | 리눅스 시스템 2 |
|---|---|---|
| 사용자 계정 이름 | proja1<br>proja2<br>proja3<br>market | projb1<br>projb2<br>projb3 |
| 그룹 이름 | ProjA | ProjB |
| 홈 디렉터리 | /home/ProjA/proja1<br>/home/ProjA/proja2<br>/home/ProjA/proja3<br>/home/ProjShare | /home/ProjA/projb1<br>/home/ProjA/projb2<br>/home/ProjA/projb3 |
| 디스크 쿼터 | 1GB | 1GB |

### 시나리오 3 리눅스 시스템 1에 MariaDB를 설치하고 동작 확인하기

리눅스 시스템 1에 MariaDB를 설치하고 [표 16-3]의 데이터베이스를 구축한다. 데이터베이스 이름은 PROJS, 테이블명은 proj_list로 한다.

**표 16-3 사용자 정보 데이터베이스**

| id | 100 | 101 | 102 | 201 | 202 | 203 |
|---|---|---|---|---|---|---|
| name | proja1 | proja2 | proja3 | projb1 | projb2 | projb3 |
| proj | ProjA | ProjA | ProjA | ProjB | ProjB | ProjB |
| dept | Design | Program | Art | Program | Design | Program |

### 시나리오 4 리눅스 시스템 1에 아파치 웹 서버를 설치하고 웹 페이지 작성하기

리눅스 시스템 1에 아파치 웹 서버를 설치하고 APM을 연동한다. 또한 프로젝트를 소개하는 간단한 웹 페이지를 생성하고 게시판을 연결한다.

### 시나리오 5 리눅스 시스템 2에 FTP 서버 설치하고 동작 확인하기

리눅스 시스템 2에 FTP 서버를 설치하고 윈도에서 접근할 수 있도록 허용한다. 윈도에는 FTP 클라이언트를 설치한다. 윈도에서 자신의 이력을 간단하게 소개하는 me.txt 파일을 만들고 projb1 계정의 홈 디렉터리에 업로드한다.

### 시나리오 6 리눅스 시스템 1과 2를 NFS로 연동하고 디렉터리 공유하기

리눅스 시스템 1의 /home/ProjShare 디렉터리를 리눅스 시스템 2와 공유한다. 리눅스 시스템 2에도 /home/ProjShare 디렉터리를 만들고 이 디렉터리에 리눅스 시스템 1의 /home/ProjShare 디렉터리를 연결한다. 여기서는 실습의 편의를 위해 /home/ProjShare 디렉터리의 접근 권한을 777로 하지만, 실제 환경에서는 팀 간에 로그인 ID를 공유하여 사용할 수 있도록 하는 것이 바람직하다.

### 시나리오 7 리눅스 시스템 1과 윈도를 삼바로 공유하기

리눅스 시스템 1에 삼바 서버를 설치하고 /home/ProjShare 디렉터리를 윈도와 공유한다. 삼바 디렉터리에 생성된 파일은 윈도 그리고 리눅스 시스템 1과 리눅스 시스템 2에서 모두 볼 수 있어야 한다.

# 찾아보기